어느 요기의 자서전

Autobiography of a Yogi

파라마한사 요가난다
(1893년 1월 5일~1952년 3월 7일)
프렘아바타, '사랑의 화신'(410쪽 각주 참조)

어느 요기의 자서전

파라마한사 요가난다 저

서문
에번스 웬츠(W. Y. Evans-Wenz) 박사

———

"너희는 표적과 기사를 보지 못하면
도무지 믿지 아니하리라."

(〈요한복음〉 4:48)

Self-Realization Fellowship
FOUNDED 1920
Paramahansa Yogananda

미국 캘리포니아 주 로스앤젤레스
Self-Realization Fellowship에서 출간한 영어판 원제:
Autobiography of a Yogi

ISBN-13 : 978-0-87612-083-5
ISBN-10 : 0-87612-083-4

Self-Realization Fellowship에서 한국어로 번역

Copyright © 2018 Self-Realization Fellowship

《Autobiography of a Yogi》는 구자라트어, 그리스어, 네덜란드어, 네팔어, 노르웨이어, 덴마크어, 독일어, 라트비아어, 러시아어, 루마니아어, 리투아니아어, 말라얄람어, 마라티어, 베트남어, 벵골어, 불가리아어, 산스크리트어, 세르비아어, 스웨덴어, 스페인어, 아랍어, 아르메니아어, 아삼어, 아이슬란드어, 알바니아어, 에스토니아어, 영어, 오리야어, 우르두어, 우크라이나어, 이탈리아어, 일본어, 중국어(간체 및 번체), 카자흐어, 칸나다어, 크로아티아어, 타이어, 타밀어, 터키어, 텔루구어, 펀자브어, 페르시아어, 포르투갈어, 폴란드어, 프랑스어, 핀란드어, 필리핀어, 한국어, 헝가리어, 히브리어, 힌디어로 출간되었습니다.

 Self-Realization Fellowship 국제출판위원회의 허가를 받음

2018년 한국어 초판 발행
First edition in Korea, 2018
2018년 1쇄
This printing, 2018

ISBN-13 : 978-0-87612-820-6
ISBN-10 : 0-87612-820-7

1099-J5592

파라마한사 요가난다의 영적 유산
저술, 강연 및 비공식 담화

파라마한사 요가난다는 자신의 가르침을 전 세계에 널리 펴고 후세를 위해 순수하고 완전한 상태로 보전하기 위해 1920년에 Self-Realization Fellowship*을 설립했습니다. 미국에 처음 왔을 때부터 폭넓은 저술과 강연 활동을 펼친 그는 요가의 명상 과학과 균형 잡힌 삶의 실천, 모든 종교의 근원적 통일성 등의 주제를 아우르는 방대한 저작을 남겼습니다. 그의 독특하고도 광범위한 영적 유산은 오늘날에도 살아 숨 쉬면서 세계 곳곳에서 진리를 탐구하는 수많은 사람에게 영감을 주고 있습니다.

Self-Realization Fellowship은 위대한 스승의 바람에 따라 《파라마한사 요가난다 전집(The Complete Works of Paramahansa Yogananda)》을 출간하고 영구히 보존하는 과업을 계속해 왔습니다. 여기에는 그가 생전에 발표한 모든 책의 최종판 외에도, 1952년에 세상을 떠날 때까지 출간되지 않은 채 남아 있던 저술과 Self-Realization Fellowship의 잡지에 수년간 완결되지 않은 형태로 연재되었던 글, 그리고 기록은 되었지만 생전에 출간되지 않은 수백 차례의 영감 넘치는 강연과 비공식 담화 등 여러 가지 새로운 출판물이 포함됩니다.

파라마한사 요가난다는 가까운 제자들 중에서 Self-Realization Fellowship 출판위원회를 설립할 사람을 몸소 선발하고 훈련시키는 한편, 자신의 가르침을 정리하고 발표하는 일에 구체적인 지침을 내려 주었습니다. SRF 출판 위원회의 임원들(탈속과 무욕의 봉사에 평생을 바칠 것을 서원한 남녀 수도자들)은 이러한 지침을 성스러운 책무로 받아들여, 경애하는 스승이 온 인류에게 베푸는 가

---

* 직역하면 '참나 실현 교우회'. 파라마한사 요가난다는 Self-Realization Fellowship이라는 이름이 '참나 실현(Self-Realization)을 통한 신과의 친교(Fellowship), 그리고 진리를 탐구하는 모든 영혼과의 우애'를 의미한다고 설명했다. 용어집과 'Self-Realization Fellowship의 목표와 이상' 참조.

르침이 본연의 힘과 진정성을 길이 간직하도록 힘쓸 것입니다.

Self-Realization Fellowship 엠블럼(위에 표시)은 파라마한사 요가난다가 자신의 가르침을 전하는 공인 기구로 설립한 비영리 협회를 나타내기 위해 직접 디자인한 것입니다. SRF의 모든 출판물과 기록물에 표시되는 Self-Realization Fellowship의 이름과 엠블럼은 해당 저작이 파라마한사 요가난다가 설립한 단체에서 제작되었으며 그의 가르침을 그 자신이 의도했던 대로 전달한다는 것을 보증해 줍니다.

—Self-Realization Fellowship

'미국의 성자'
루터 버뱅크(Luther Burbank)의
영전에 바칩니다.

감사의 말

이 책의 원고를 편집하느라 오랫동안 애쓴 프랫 양(L. V. Pratt: 타라 마타)에게 나는 큰 빚을 졌습니다. 자신의 인도 여행 일지를 인용할 수 있도록 허락해 준 라이트 씨(C. Richard Wright)에게도 고마움을 전합니다. 아울러, 서문을 써 주시고 여러 가지 제안과 격려를 해 주신 에번스 웬츠(W. Y. Evans Wentz) 박사에게 깊은 감사를 드립니다.

1945년 10월 28일
파라마한사 요가난다

| 차례 |

| 삽화 목록 |

| 서문 |

요가난다의 《자서전》은 인도의 현인들에 관해 영어로 쓰인 많지 않은 책 가운데 하나이자, 더욱이 저널리스트나 외국인이 쓴 것이 아니라 그 땅에서 태어나 수련을 쌓은 사람이 쓴, 한마디로 요기가 요기들에 관해 쓴 책이라는 사실 때문에 그 가치가 더욱 빛을 발한다. 현대 힌두 성자들의 비범한 삶과 능력을 곁에서 직접 보고 기록한 이 책은 시대에 부합하면서도 시간을 뛰어넘는다는 점에서 중요성을 지닌다. 독자들은 내가 영예롭게도 인도와 미국에서 교우했던 이 걸출한 저자에게 마땅히 찬사를 보내야 할 것이다. 그의 흔치 않은 삶의 기록은 여태껏 서구에서 간행된 것 가운데 힌두의 정신과 가슴의 깊이, 그리고 인도의 영적 자산을 가장 밝게 드러낸 저작임에 틀림없다.

이 책에 그 일대기가 소개된 현자 스리 유크테스와르 기리를 만난 것은 나에게 크나큰 영광이었다. 졸저 《티베트 요가와 비밀 교의(Tibetan Yoga and Secret Doctrines)》*의 권두 삽화에는 경애하는 성인의 사진이 실려 있다. 내가 스리 유크테스와르를 처음 만난 것은 벵골 만에 면한 오리사 주의 푸리에서였다. 당시에 그는 바닷가 근처의 조용한 아슈람에 기거하면서 젊은 제자들의 영적 수련에 힘쓰고 있었다. 그는 미국과 아메리카 대륙, 그리고 영국 사람들의 복

---

* Oxford University Press, 1958.

리에 깊은 관심을 표하고, 자신의 수제자 파라마한사 요가난다가 멀리 캘리포니아에서 어떤 활동을 하고 있는지 물었다. 그는 1920년에 가장 아끼던 제자를 자신의 특사로 서양에 보냈었다.

스리 유크테스와르는 표정과 목소리가 온화하고 성정이 쾌활하여, 제자들 마음에 존경심이 절로 우러나게 만드는 풍모를 지녔다. 그 지역 사람이든 아니든 그를 아는 이는 누구나 지극한 존경심을 보였다. 출가 수행자의 주황색 옷을 입고 아슈람 문간에 서서 나를 반갑게 맞이하던 그 흰칠하고 꼿꼿한 은자의 모습이 지금도 생생히 떠오른다. 약간 곱슬한 머리카락을 길게 늘어뜨리고 얼굴에는 수염이 풍성했다. 몸은 강건해 보이면서도 늘씬하게 균형이 잡히고, 발걸음에 활기가 넘쳤다. 그는 이름난 자가나트 사원이 있는 성도 푸리를 속세의 거처로 선택했다. 이곳은 인도의 각 주를 대표하는 수많은 힌두교도가 매일 같이 '우주를 다스리는 신' 자가나트를 참배하러 오는 성지다. 바로 이곳에서 스리 유크테스와르는 윤회의 가지가 뿌듯한 결실을 맺은 것을 보고 1936년 이승의 덧없는 존재를 떠나 타계했다.

나는 스리 유크테스와르의 고결하고 성스러운 품성에 대해 이처럼 증언할 수 있게 된 것을 참으로 기쁘게 생각한다. 세간을 멀리한 채 자족했던 그는 제자 파라마한사 요가난다가 후세를 위해 이 책에 서술한 이상적 삶에 거리낌 없이 그리고 조용히 자신을 바쳤다.

에번스 웬츠(W. Y. Evans-Wentz) 박사[*]
옥스퍼드 대학교 지저스 칼리지

---

[*] 《티베트 요가와 비밀 교의》, 《티베트의 위대한 요기 밀라레파》, 《티베트 사자의 서》를 비롯하여 동양의 지혜와 요가 전통에 관한 여러 고전들을 저술하고 번역했다.

파라마한사 요가난다를 만난 일은 내 삶에서 잊을 수 없는 기억으로 아로새겨
져 있다. (…) 그의 얼굴을 들여다본 순간, 온몸에서 발산하는 영성의 빛 때문
에 눈이 부실 정도였다. 한없이 온화하고 자애로운 그의 표정이 따뜻한 햇살처
럼 나를 감쌌다. (…) 나는 그가 수도자임에도 지극히 일상적인 문제에까지 미
치는 이해력과 통찰력을 지닌 것을 알 수 있었다. 이 사람이야말로 인도가 오
래 간직해 온 지혜의 정수를 세계에 널리 알리는 진정한 인도 대사라는 생각이
들었다.

전 주미 인도 대사

비나이 센(Binay R. Sen) 박사

　

파라마한사 요가난다와 개인적 친분이 있는 사람들에게는 그의 삶과 존재 자
체가 그를 통해 세상에 알려진 옛 지혜의 힘과 진실성을 보여 주는 확실한 증거
였다. 그의 자서전을 접한 수많은 독자들은 몸에서 발산하는 것 같은 영적 위광
이 책 속에 담겨 있다고 증언했다. 60여 년 전 처음 출간되어 걸작이라는 찬사
를 받았던 이 책은 헤아릴 수 없이 위대한 삶의 이야기를 들려줄 뿐 아니라 동양

의 영적 사고, 특히 신과 직접 교감하는 독특한 과학을 흥미진진하게 풀어내면서 지금껏 소수만이 접할 수 있었던 지식의 영역을 서구 대중에게 열어 보이고 있다.

오늘날 《어느 요기의 자서전》은 전 세계 독자들에게 영성 문학의 고전으로 인정받고 있다. 이 머리말에서는 책에 얽힌 예사롭지 않은 내력을 소개하고자 한다.

❖ ❖ ❖

책을 쓰는 것은 오래 전부터 예견되었던 일이다. 현대에 요가를 부흥시키는 씨앗 구실을 한 19세기의 큰 스승 라히리 마하사야는 이런 예언을 했다. "내가 떠나고 오십 년쯤 지나면 서양에서 요가에 대한 깊은 관심이 일어나 내 삶의 행적이 글로 남겨질 것이다. 요가의 가르침이 이 땅에 널리 퍼져, 온 인류가 한 아버지를 직접 인식하는 합일을 이루고 인류애를 굳게 다지는 데 이바지할 것이다."

여러 해 뒤에 라히리 마하사야의 숭고한 제자 스와미 스리 유크테스와르는 이 예언을 스리 요가난다에게 들려주었다. "그 가르침을 전파하고 거룩한 삶을 글로 펴내는 일이야말로 네가 반드시 이뤄 내야 할 사명이다."

파라마한사 요가난다는 라히리 마하사야가 타계한 지 꼭 오십 년이 지난 1945년에 《어느 요기의 자서전》을 끝냈다. 이로써 라히리 마하사야의 비범한 삶을 처음으로 상세하게 소개하고 인도에 예로부터 전해 오는 영혼의 과학을 세상 사람들에게 전하라는 구루의 명이 모두 완수된 것이다.

❖ ❖ ❖

《어느 요기의 자서전》은 파라마한사 요가난다가 오랜 기간에 걸쳐 공을 들인 과업이었다. 초창기부터 구루를 가까이 모신 제자 가운데 한 사람인 스리 다야 마타*는 이렇게 회상했다.

---

* 스리 다야 마타는 1931년에 파라마한사 요가난다가 로스앤젤레스 시를 굽어보는 마운트 워싱턴 꼭대기에 설립한 수도

"1931년에 내가 마운트 워싱턴에 왔을 때 파라마한사지께서는 이미 《자서전》 집필을 시작하셨어요. 한번은 그분의 서재에서 비서 일을 보고 있다가 그동안 쓰신 첫 부분에서 '호랑이 스와미'가 나오는 대목을 읽어 보는 은혜를 입었어요. 스승께서는 원고를 잘 보관하라고 이르시면서, 지금 쓰고 계신 책에 들어갈 내용이라고 설명해 주시더군요. 나머지는 대부분 그 뒤 1937년에서 1945년 사이에 집필하셨어요."

1935년 6월에 스리 요가난다는 스승 스리 유크테스와르를 마지막으로 뵙기 위해 (유럽과 팔레스타인을 거쳐) 인도로 돌아갔다. 그는 1936년 10월까지 인도에 머물면서 《자서전》에 필요한 여러 가지 사실 자료를 모으고 성자와 현인들에 관한 이야기를 정리했다. 이들의 삶은 책 속에서 잊을 수 없을 만큼 생생하게 그려지고 있다. 훗날 그는 말했다. "나는 라히리 마하사야의 삶을 글로 남기라는 스리 유크테스와르의 당부를 한시도 잊은 적이 없었다. 인도에 머무는 동안 나는 기회가 닿을 때마다 요가바타의 직계 제자와 일가친지들을 만났다. 그들과 나눈 대화를 여러 권의 노트에 기록하는 한편, 사실들과 날짜들을 확인하고 사진과 옛 편지며 문서들을 수집했다."

1936년 말에 미국으로 돌아온 스리 요가난다는 그가 없는 사이 제자들이 스승을 위해 캘리포니아 남부 해안의 엔시니타스에 지은 아슈람에서 대부분의 시간을 보냈다. 그곳은 여러 해 전에 시작한 글쓰기를 마무리하는 데 전념할 수 있는 이상적인 장소였다.

스리 다야 마타는 회고한다.

"평온한 바닷가 아슈람에서 보낸 나날들이 지금도 기억에 생생해요. 스승께서는 챙겨야 할 일이 너무 많아서 매일 《자서전》에만 매달릴 수가 없으셨지만, 보통은 저녁에 시간을 내시고 또 짬이 날 때마다 틈틈이 펜을 잡으셨어요. 그러다가 1939년인가 40년 무렵부터는 책에만 전념하실 수 있었지요. 새벽부터 다음날 새벽까지 말 그대로 하루 종일 글만 쓰셨으니까요! 타라 마타와 내 동생 아난다

공동체에 합류했다. 그녀는 1955년부터 2010년 타계할 때까지 Self-Realization Fellowship의 회장으로 봉사했다.

마타, 그리고 스랏다 마타와 나, 이렇게 제자들 몇이 곁에서 도와드렸어요. 한 부분씩 타이핑이 끝나면 편집을 맡은 타라 마타에게 원고를 넘겨주셨지요.

얼마나 소중한 추억이었던지! 스승께서는 신비한 일화들을 써 내려가면서 그 때의 체험을 마음속에 되새기시는 듯했어요. 그분의 숭고한 바람은 성자와 위대한 스승들을 모시면서 누린 기쁨과 자신의 신성한 깨달음에서 얻은 계시를 함께 나누는 것이었어요. 스승께서는 가끔씩 손을 멈추고, 시선을 위로 향한 채 몸을 전혀 움직이지 않으면서 신과 깊은 교감을 나누는 사마디 상태에 빠지곤 하셨어요. 그럴 때면 엄청나게 강렬하고 신성한 사랑의 기운이 온 방에 가득 찼어요. 우리 제자들은 그 자리에 있는 것만으로도 의식이 한껏 고양되는 것을 느꼈지요.

마침내 1945년, 책이 완성된 날은 모두들 환희에 젖었어요. 파라마한사지께서는 '신이여, 그대는 이 수행자에게 참으로 큰 가족을 주셨습니다!' 라는 마지막 문장을 쓰고는 펜을 놓으시면서 기쁨에 겨운 듯 외치셨어요.

'드디어 끝났다. 이 책은 내가 떠난 뒤 나의 사자(使者)가 되어 수많은 사람의 삶을 바꾸어 놓을 것이다.' "

이어서 출판사를 찾는 일은 타라 마타가 맡았다. 파라마한사 요가난다는 1924년에 샌프란시스코에서 강연과 강좌를 베푸는 동안 타라 마타를 만났다. 보기 드문 영적 통찰력을 지닌 그녀는 손꼽히는 제자 중 한 사람이 되었다. 스승은 그녀의 편집 능력을 높이 평가하여, 여태까지 만나 본 가운데 제일 명석한 두뇌를 가졌다고 치켜세우곤 했다. 요가난다는 그녀가 인도 경전에 해박한 지식과 식견을 가진 것을 알아보고 한번은 이렇게 말하기도 했다. "위대한 구루 스리 유크테스와르를 빼고는, 타라 마타만큼 인도 철학 얘기를 즐겁게 나누었던 사람은 없다."

타라 마타는 원고를 들고 뉴욕 시로 갔다. 그러나 출판사를 찾는 것은 쉬운 일이 아니었다. 인습에 젖은 사람들이 위대한 작품의 진가를 첫눈에 알아보지 못하는 것은 흔히 있는 일이다. 새롭게 도래한 원자 시대에 물질과 에너지와 정신이 미묘하게 얽혀 있다는 사실이 밝혀지면서 인류의 집단의식이 크게 확장되었음에도 불구하고, 당시의 출판업자들은 '히말라야에 궁전을 짓는' 이야기라든가 '두 개의 몸을 가진 성자' 이야기를 받아들일 준비가 되어 있지 않았다.

타라 마타는 한 해 동안 가구도 없고 찬물만 나오는 아파트에 살면서 출판사를 찾아다녔다. 마침내 그녀는 반가운 소식을 전보로 알렸다. 명망 있는 뉴욕의 필로소피컬 라이브러리 출판사에서 《자서전》의 출판을 수락한 것이다. 스리 요가난다는 이렇게 얘기했다. "그녀가 이 책을 위해 들인 정성은 이루 말로 다할 수 없다. (…) 그녀가 없었다면 책은 빛을 보지 못했을 것이다."

1946년 크리스마스를 며칠 앞두고 그토록 기다리던 책이 마운트 워싱턴에 도착했다.

❖ ❖ ❖

전 세계 독자들과 언론의 호평이 줄을 이었다. 컬럼비아 대학 출판사는 《종교평론(Review of Religions)》에서 "지금까지 영어로든 다른 언어로든 요가를 이런 식으로 소개한 책은 없었다"고 평했다. 《뉴욕 타임스》는 "보기 드문 이야기"라는 찬사를 보냈다. 《뉴스위크》는 다음과 같이 보도했다. "요가난다의 책은 육체가 아닌 영혼의 자서전이다. 동양의 유려한 표현 양식으로 거침없이 써 내려간 이 책은 매혹적이면서도 알기 쉽게 풀어 낸 종교적 삶의 주해서다."

다음은 그간에 발표된 서평에서 발췌한 것이다.

> San Francisco Chronicle: "요가난다는 눈을 뗄 수 없게 만드는 글솜씨로 설득력 있게 요가를 소개한다. (…) 독자들은 비웃으러 왔다가 기도하며 돌아간다."
> United Press: "요가난다는 비전(秘傳)하는 동양의 교의를 극히 솔직하고 명쾌하게 해설한다. 그의 책은 영적 모험들로 가득 찬 삶의 이야기를 전해 준다."
> The Times of India: "이 현자의 자서전은 독자의 마음을 사로잡는다."

Saturday Review: "서양의 독자들에게 지울 수 없는 감동과 흥미를 불러일으킨다."

Grandy's Syndicated Book Reviews: "독자를 몰입시키고 영감을 자극하는 뛰어난 문학성!"

West Coast Review of Books: "어떤 종교를 믿고 있든, 독자는 《어느 요기의 자서전》에서 인간의 영혼이 지닌 힘을 새삼 확인하고 기뻐할 것이다."

인디애나 주 포트웨인, News-Sentinel: "인류가 스스로를 깊이 이해할 수 있도록 도와주는 순수한 계시 (…) 지극히 인간적인 이야기 (…) 숨 막힐 정도로 기지 넘치고 진심 어린 목소리로 들려주는, 어떤 소설보다도 매혹적인 자서전의 걸작."

영국, Sheffield Telegraph: "기념비적인 작품."

책이 여러 언어로 번역되면서 전 세계의 신문과 잡지에 더 많은 서평이 실렸다.

로마, Il Tempo del Lunedi: "모든 사람의 가슴속에 잠자는 염원과 갈망에 호소하여 독자의 마음을 뒤흔들어 놓을 책."

상하이, China Weekly Review: "이 책은 특히 기적을 먼 과거의 이야기로 치부하는 습관에 길든 현대의 기독교인들에게 예사롭지 않은 메시지를 던져 준다. (…) 철학적인 담론은 대단히 흥미롭다. 요가난다는 종교적 차이를 뛰어넘은 영적 차원에 머문다. 읽어 볼 가치가 큰 책이다."

네덜란드, Haagsche Post: "독자의 넋을 울리고 영원한 감동을 주는 지혜의 진언들."

독일의 월간 문예지 Welt und Wort: "지극히 인상적이다. (…) 《어느 요기의 자서전》은 처음으로 요기가 침묵을 깨고 자신의 영적 체험을 들려준다는 점에서 독보적인 가치를 지닌다. 예전 같으면 사람들은 회의의 눈길을 보냈을 것이다. 그러나 오늘날 세계가 처한 상황은 이런 책의 가치를 인정하지 않을 수 없게 만든다. (…) 저자의 본뜻은 인도 요가가 기독교 가르침과 대립하는 것이 아니라 하나의 위대한 목표를 향해 나아가는 동반자임을 일깨우는 것이다."

그리스, Eleftheria: "이 책은 독자가 사고의 지평을 무한으로 넓히고 피부색이나 인종에 관계없이 전 인류를 위해 가슴을 불태울 수 있음을 깨닫게 해 준다. 가히 영감으로 쓰였다고 할 만한 책이다."

오스트리아, Neue Telta Zeittung: "금세기에 가장 심원하고 가장 중요한 메시지의 하나."

볼리비아, La Paz: "우리 시대의 독자들은 이처럼 아름답고, 깊고, 진실한 책을 다시 찾아보기 힘들 것이다. 풍부한 지식과 생생한 체험으로 가득 찬 이 책에서 가장 눈부신 장은 육체적 죽음을 넘어선 삶의 신비를 다룬 부분이다."

독일, Schleswig-Holstetnische Tagespost: "이제까지 들어 본 적이 없는 매혹적인 삶을 놀랍도록 강렬하고 선명하게 그려 낸 이 책은 처음부터 끝까지 숨 돌릴 틈을 주지 않는다. 이 뛰어난 전기는 영혼의 혁명을 불러올 힘을 지니고 있다."

책은 곧 재판에 들어가고, 1951년에는 제3판이 나왔다. 파라마한사 요가난다는 본문의 일부를 고쳐 쓰고 때가 지난 활동이나 계획과 관련된 내용을 삭제하는 한편, 1940~1951년을 아우르는 가장 긴 마지막 장을 추가했다. 그는 새 장의 각주에서 이렇게 밝혔다. "49장의 새로운 내용은 대부분 1951년의 제3판에 추가된 것이다. 아울러 이 장에서는 초판과 재판을 읽은 여러 독자의 요청에 따라 인도, 요가, 베다 철학 등에 관한 갖가지 질문에 답변했다."[*]

---

[*] 파라마한사 요가난다가 추가로 개정한 내용은 1956년의 제7판에 가서야 포함되었다. 편집자 주에서는 다음과 같이 그 연유를 밝히고 있다. "이 1956년 미국 판에는 파라마한사 요가난다가 1949년에 영국 런던 판에서 개정한 내용과 1951년에 추가로 개정한 내용이 포함되었다. 1949년 10월 25일자 '런던 판 주석'에서 파라마한사 요가난다는 이렇게 기술했다. '이 책의 런던 판을 준비하는 과정에서 내용을 약간 고치고 덧붙일 수 있는 기회가 주어졌다. 마지막 장의 새로운 내용 외에도 미국 판의 독자들이 보내온 질문에 답하는 각주들을 추가했다.' 저자가 1951년에 추가한 개정은 원래 1952년의 미국 제4판에 실으려 했던 것이다. 그때 《어느 요기의 자서전》의 판권은 뉴욕의 한 출판사가 소유하고 있었다. 1946년 당시 뉴욕에서는 책을 인쇄할 때 각 페이지를 전기판으로 떴다. 그러다 보니 쉼표 하나라도 추가하려면 페이지 전체의 연판을 따로 떼어 쉼표를 끼워 넣고 다시 접합해야 한다. 뉴욕 출판사는 많은 수의 연판을 재접합하는 데 드는 비용 때문에 저자가 1951년에 개정한 내용을 제4판에 포함시키지 않았다.
1953년 말 SRF는 뉴욕의 출판사로부터 《어느 요기의 자서전》의 모든 판권을 사들였다. 1954년과 1955년에 제5판과 제6판이 간행되었지만, 그 사이 SRF 편집부는 다른 업무에 쫓겨 개정 내용을 전기판에 통합하는 방대한 작업에 손을 댈 수

❖ ❖ ❖

스리 요가난다는 1951년 판의 주석에서 술회했다. "나는 수천 명의 독자가 보낸 편지를 받고 크나큰 감동을 받았다. 독자들의 성원과 더불어 책이 여러 언어로 번역되었다는 사실에 고무된 나는 서구 세계가 내 책에서 다음과 같은 질문에 긍정적인 대답을 발견했다는 믿음을 갖게 되었다. '태고의 요가 과학이 현대인의 삶에 가치 있는 기여를 할 수 있는가?'"

해를 거듭하면서 '수천 명의 독자'가 수백만 명으로 늘어나고, 《어느 요기의 자서전》이 지닌 영속적·보편적인 호소력은 나날이 빛을 더해 갔다. 처음 출판된 지 60년이 지난 지금까지도 이 책은 형이상학과 영성 분야의 베스트셀러 목록에 이름을 올리고 있다. 이것은 좀처럼 보기 드문 현상이다! 수많은 언어로 번역된 이 책은 이제 전 세계의 대학에서 동양 철학과 종교로부터 영문학, 심리학, 사회학, 인류학, 역사, 그리고 심지어 경영에 이르는 다양한 과정의 교재로 사용되고 있다. 한 세기 전에 라히리 마하사야가 예언한 대로, 요가와 명상의 가르침과 오랜 전통이 그야말로 지구를 한 바퀴 돈 것이다.

형이상학 학술지 《뉴프론티어》(1986년 10월)는 이런 평을 실었다. "전 세계의 수많은 사람들에게 영감을 준 《어느 요기의 자서전》으로 널리 알려진 파라마한사 요가난다는 간디가 그랬던 것처럼 주류 사회에 영성을 불어넣었다. 요가난다는 '요가'라는 단어가 우리의 일상어로 자리 잡도록 하는 데 그 누구보다 큰 공헌을 했다고 해도 과언이 아니다."

미국 베다 연구 협회 회장이자 명망 있는 학자인 데이비드 프롤리(David Frawley) 박사는 격월간지 《요가 인터내셔널》(1996년 10월/11월호)에서 이렇게 말했다. "요가난다는 서양 요가의 아버지라고 할 수 있다. 그의 요가는 요즘 인

없었다. 하지만 이윽고 제7판에서 과업이 성취되었다." 1956년 이후에도 파라마한사 요가난다가 타계하기 전 타라 마타에게 일러 둔 말씀에 따라 몇 가지 편집상의 수정이 이루어졌다.
《어느 요기의 자서전》의 초기 판본에서는 저자의 호칭을 '파람한사'로 표기했다. 이는 묵음인 a를 철자에서 생략하는 벵골어의 관행에 따른 것이다. 이후의 판본에서는 베다에 바탕을 둔 이 칭호의 신성한 의미가 온전히 전달되도록 하기 위해 표준 산스크리트 음역을 사용했다. 파라마(지고의)와 한사(백조)에서 따온 '파라마한사'는 신성한 참나를 깨닫고 참나와 영(靈)의 지고한 합일을 실현한 자를 의미한다.

기를 얻고 있는 육체적 요가가 아니라 영적 요가, 진정한 의미의 요가인 참나를 실현하는 과학이다."

캘커타 대학교 교수 아슈토시 다스(Achutosh Das) 박사는 공언한다. "새 시대의 우파니샤드로 일컬어지는 《어느 요기의 자서전》은 세계 곳곳에서 진리를 탐구하는 사람들의 영적 갈증을 채워 주었다. 인도에서 우리는 인도의 성자들과 철학을 소개한 이 책이 엄청난 반향을 일으키는 것을 놀라움과 감탄의 시선으로 지켜보았다. 우리는 사나타나 다르마(영원한 진리의 법칙)의 감로가 《어느 요기의 자서전》이라는 황금 잔에 담긴 것에 커다란 자부심을 느꼈다."

구 소련에서도 이 책은 공산 체제하에서 책을 접할 수 있었던 소수의 독자에게 깊은 인상을 남겼다. 전직 인도 대법관 크리슈나 아이어(V. R. Krishna Iyer)는 상트페테르부르크(당시 레닌그라드) 근처의 소도시를 방문해서 교수들과 간담을 나눈 일화를 들려준다. "사람이 죽으면 어떻게 될지 생각해 본 적이 있느냐고 묻자 (…) 교수 한 사람이 말없이 안으로 들어가더니 책 한 권을 가지고 나왔다. 그것은 《어느 요기의 자서전》이었다. 나는 적잖이 놀랐다. 마르크스와 레닌의 유물론 철학이 지배하는 국가에서 정부 기관의 공직자가 파라마한사 요가난다의 책을 보여 주다니! 그는 말했다. '인도의 정신은 우리에게 낯설지 않다는 것을 알아주십시오. 우리는 이 책에 기록된 내용을 모두 진실로 받아들입니다.'"

《인도 저널》(1995년 4월 21일자)에는 이런 기사가 실렸다. "해마다 출간되는 수천 권의 책 중에는 즐거움을 주는 것도 있고, 정보를 주는 것도 있고, 깨우침을 주는 것도 있다. 독자가 이 세 가지를 모두 갖춘 책을 만난다면 큰 행운이라고 할 수 있다. 《어느 요기의 자서전》은 한 걸음 더 나아가 마음과 영혼의 창문을 열어 주는 책이다."

최근에 서점과 비평가, 독자들은 한결같이 이 책을 현대의 가장 영향력 있는 영성 도서 중 하나로 꼽았다. 저자와 학자들로 구성된 하퍼콜리스 출판사의 심사원단은 1999년 《어느 요기의 자서전》을 '금세기의 100대 영성 도서'로 선정했으며, 톰 버틀러 보던(Tom Butler-Bowden)은 2005년에 '50대 영성 고전(50 Spiritual Classic)'을 발표하면서 "지금까지 쓰인 영성 도서 가운데 가장 재미있고 깊은 깨우침을 주는 책이라는 찬사를 받아 마땅하다"라고 평했다.

❖ ❖ ❖

마지막 장에서 파라마한사 요가난다는 동서고금을 막론한 종교의 성자와 현인들이 증언해 온 심원한 약속을 일깨워 준다.

신은 사랑이다. 창조를 위한 그분의 계획은 오직 사랑에만 뿌리를 두고 있다. 박식한 논리보다는 오히려 단순한 생각이 사람의 마음에 위안을 주지 않는가? 실재의 핵심을 꿰뚫었던 성자들은 하나같이 신의 계획이 존재할 뿐 아니라 아름답고 기쁨으로 가득 차 있다고 증언했다.

《어느 요기의 자서전》이 나온 지도 어느덧 반세기를 넘긴 오늘, 이 영감에 찬 저작을 처음 만나는 독자나 삶의 여정에서 오랜 동반자로 간직해 온 독자들 모두가 영혼의 창을 열고 수수께끼처럼 보이는 삶의 심연에 놓여 있는 초월적 진리에 대한 믿음을 굳건히 다지게 되기를 바란다.

Self-Realization Fellowship
캘리포니아 주 로스앤젤레스
2007년 7월

영원한 정의의 법칙

신생 독립국 인도(1947년)의 국기는 주황색, 흰색, 초록색의 띠로 이루어져 있다. 남색의 다르마 차크라(法輪)는 기원전 3세기에 아소카 대왕이 사르나트에 세운 석주의 문양에서 따온 것이다.

영원한 정의의 법칙을 상징하는 법륜은 지상에서 가장 찬란했던 왕국을 기리는 뜻도 지니고 있다. 영국의 역사가 롤린슨(H. G. Rawlinson)은 말한다. "40년에 걸친 아소카의 치세는 역사상 그 유례를 찾아보기 어렵다. 그는 시대를 뛰어넘어 마르쿠스 아우렐리우스 황제, 성 바울, 콘스탄티누스 대제와 비교되곤 한다. (…) 그리스도가 탄생하기 250년 전에 아소카는 정복 전쟁의 참혹한 결과에 양심의 가책을 느끼고 정책 수단으로서의 전쟁을 포기하겠다고 선언하는 용기를 보였다."

아소카가 물려받은 영토에는 인도, 네팔, 아프가니스탄, 발루치스탄 등이 포함되어 있었다. 최초의 세계주의자였던 그는 버마, 실론, 이집트, 시리아, 마케도니아 등지에 선물과 축복을 가득 실은 종교·문화 사절단을 파견했다.

비교 철학자 마송 우르셀(P. Masson-Oursel)은 말한다. "마우리아 왕조의 3대 왕인 아소카는 역사상 가장 위대한 철학자 군주의 한 사람이었다. 그가 체현한 것처럼 활력과 자비, 정의와 관용을 한데 아우른 사람은 없었다. 그는 자기 시대의 살아 있는 화신과 같았지만, 우리에게는 무척 현대적인 인물로 다가온다. 오랜 치세에 걸쳐 그는 마치 한낱 몽상가의 바람처럼 보이는 일을 성취했다. 더 바랄 것이 없는 물질적 권력을 누리면서도 평화를 이룩한 것이다. 그는 자신의 광대한 영토를 넘어서 여러 종교인들이 품어 온 꿈을 실현했다. 그것은 바로 온 인류를 포용하는 보편적 질서였다."

"다르마(우주 법칙)는 일체중생의 행복을 염원한다." 오늘까지 남아 있는 바위 칙령과 석주 비문에서 아소카는 광활한 제국의 신민들에게 행복이란 신심과 덕행에 뿌리를 두고 있음을 일깨워 준다.

수천 년 동안 이 땅이 누려 온 명망과 번영을 되살리고자 열망하는 현대 인도는 새 국기에서 '신이 아낀' 군주 아소카의 영에 경의를 표한다.

카이버 고개 카슈미르
페샤와르 탁실라 • 스리나가르
•라왈핀디
펀자브 암리차르
라호르.
발루치스탄 •심라
데라둔
하르드와르 라니케트
모라다바드• •나이니탈
델리 연합주• 티베트
라지푸타나 •바레일리 네팔 •에베레스트 산
무트라 브린다반
모헨조다로 •아그라 다르질링
고라크푸르 쿠치 베하르
파트나
•카라치 알라하바드 바나라스 벵골
푸룰리아 •비우르
•치토르 •구르니
중앙 인도 지방 행정부 •세람포어
란치 다크시네스와르 캘커타•
우자인 비하르 오리사.
•바로다 중앙 주
나시크 •아잔타 와르다
•엘로라 푸리
봄베이
•푸나 하이데라바드
•하이데라바드
벵골 만
아라비아 해 마이소르 마두라
방갈로르 콘지베람
•마이소르
•탄조르
마두라
라메스와람
실론
콜롬보

India

1947년 이전. 현재 북서 지역의 일부는 파키스탄에, 북동 지역의 일부는 방글라데시에 속한다.

1
부모님과 어린 시절

궁극적인 진리를 추구하는 가운데 구루*와 제자가 친밀한 관계를 맺는 것은 인도 문화의 오랜 전통을 이루어 왔다.

나 자신도 이런 운명의 손길에 이끌려 그리스도 같은 현인을 만났다. 그분의 아름다운 삶은 후세에 길이 전해질 것이다. 그분은 인도의 참다운 자산이라고 할 수 있는 위대한 스승들 가운데 한 사람이었다. 세대를 거듭해 가면서 이러한 스승들이 나타난 덕택에 인도는 고대 이집트나 바빌로니아와 같은 쇠락의 운명을 면할 수 있었던 것이다.

아주 어렸을 적의 기억을 더듬어 가다 보면 시간의 흐름을 거슬러 전생의 내 모습들이 문득문득 떠오른다. 히말라야의 설원을 떠도는 요기†였던 아득한 기억이 생생히 되살아난다. 이런 과거의 모습은 차원을 뛰어넘는 어떤 고리를 통해 미래의 모습까지도 엿볼 수 있게 해 주었다.

나는 지금도 젖먹이 시절의 수치스러운 무력감을 기억한다. 제대로 걷지도 못하고 생각을 마음껏 표현하지도 못한다는 사실에 분한 마음이 들었다. 몸이 말을 듣지 않을 때면 내면으로부터 기도하는 심정이 복받쳐 올랐다. 삶의 격렬한 감정이 여러 가지 언어의 어휘들을 통해 마음속에서 소리 없이 표출되었다. 내

---

* 영적 스승. 《구루 기타》 17절에서는 구루를 '어둠을 쫓아내는 자'로 풀이하고 있다(gu는 '어둠', ru는 '쫓아내는 것').
† 요가 수행자. '합일'을 뜻하는 '요가'는 고래로부터 전해 오는 신에 대한 명상의 과학이다(26장 '크리야 요가의 과학' 참조).

적인 언어의 혼란 속에서도 내 귀는 점차 주위에서 들려오는 뱅골어의 음절을 알아듣는 데 익숙해져 갔다. 어른들 눈에는 장난감이나 발가락에 정신이 팔린 갓난아기의 마음속이 이처럼 아득하다니!

마음속은 끓어오르는데 아무 반응이 없는 몸 때문에 나는 줄기차게 울어댔다. 이런 나의 고뇌로 인해 온 가족이 어쩔 줄 몰라 하던 모습이 눈에 선하다. 한편으로는 행복했던 추억들도 밀려온다. 꼭 껴안아 주시던 어머니의 손길, 처음으로 떠듬떠듬 옹알이를 하던 일, 아장아장 걸음마를 배우던 일……. 쉬 잊히고 마는 어린 시절의 이런 작은 성취감들이 커서도 자신감을 가지는 자연스러운 밑바탕이 되는 것이리라.

기억의 범위가 이처럼 멀리까지 미치는 것이 유별난 일은 아니다. '삶'과 '죽음'의 극적인 전이를 거치는 동안에도 끊어짐 없이 자아의식을 유지하는 것으로 알려진 요기들이 적지 않기 때문이다. 인간이 단지 육체로만 이루어졌다면 육체의 소멸과 더불어 개인의 정체성도 사라져 버릴 것이다. 그러나 수천 년을 전해 내려오는 선지자들의 말이 참이라면, 인간은 본질적으로 형체가 없고 어디에나 있는 영적 존재다.

상식을 벗어난 일 같지만 유아기의 기억이 선명하게 남아 있는 경우가 그렇게 드물지만은 않다. 나는 여러 나라를 여행하면서 믿을 만한 사람들이 아주 어린 시절을 회상하는 얘기를 종종 들었다.

나는 1893년 1월 5일, 인도의 북동부 히말라야 산맥 자락에 있는 고라크푸르에서 태어나 여덟 살 때까지 그곳에서 지냈다. 우리는 모두 팔남매로 아들딸이 각각 넷이었다. 그 가운데 넷째이자 차남으로 태어난 나의 이름은 무쿤다 랄 고시*였다.

우리 부모님은 뱅골 사람으로 크샤트리아† 출신이었다. 두 분 모두 성인에 버금가는 성품을 타고나셨다. 두 분 사이에 오가는 사랑은 잔잔하면서도 고결하여

---

* 내 이름은 1915년에 유서 깊은 수도회인 스와미 교단에 입문하면서 '요가난다'로 바뀌었다. 1935년에 나의 구루는 그 앞에 '파라마한사'라는 영적 칭호를 붙여 주었다(286쪽과 494쪽 참조).
† 카스트의 제2계급으로, 원래는 통치자와 전사의 계급이었다.

경박스럽게 겉으로 드러나는 법이 없었다. 부모님의 완벽한 화합은 팔남매가 일으키는 어수선한 분위기를 차분히 가라앉혀 주는 중심 역할을 했다.

아버지 바가바티 차란 고시는 친절하면서도 근엄하고, 때로는 엄격하셨다. 우리 남매들은 아버지를 마음 깊이 사랑하면서도 존경심을 표하기 위해 일정한 거리를 유지했다. 뛰어난 수학자이자 논리학자인 아버지는 언제나 지성의 준칙을 따르는 분이셨다. 반면에 빼어난 외모와 어진 성품을 지녔던 어머니는 오로지 사랑으로 우리를 가르치셨다. 어머니가 돌아가신 뒤에 아버지는 가슴속에 감춰 두었던 다정함을 조금씩 드러내 보이셨다. 그럴 때면 아버지의 눈길이 어느덧 어머니의 눈길로 바뀌는 것처럼 느껴지곤 했다.

우리는 어릴 적부터 어머니 앞에서 경전을 익히느라 쓰라린 달콤함을 맛보았다. 어머니는《마하바라타》나《라마야나》*에서 그때그때 교훈이 될 만한 이야기를 골라, 한편으로는 훈계하고 한편으로는 풀이하며 들려주셨다.

어머니는 아버지에 대한 존경을 나타내기 위해 오후마다 아이들의 옷매무새를 꼼꼼히 챙겨 주면서 일을 마치고 돌아오는 아버지를 마중하게 하셨다. 아버지는 인도에서 손꼽히는 대기업인 '벵골-나그푸르 철도회사'에서 부사장 비슷한 직책을 맡고 계셨다. 어린 시절에는 아버지가 일 때문에 전근을 갈 때마다 우리 가족도 여러 도시로 이사를 다녀야 했다.

어머니는 형편이 어려운 사람들에게 아낌없이 베푸셨다. 아버지도 인정이 많은 분이셨지만, 법과 질서를 존중하는 마음이 씀씀이에까지 미쳤다. 언젠가는 어머니가 가난한 사람들을 도와주느라 보름 동안 쓴 돈이 아버지의 한 달 치 봉급을 넘긴 적도 있었다.

그러자 아버지가 말씀하셨다. "내가 부탁하고 싶은 것은 다만 자비를 베풀더라도 정도를 지켰으면 하는 것이오." 하지만 아무리 부드러운 어조를 띠었다고 해도 어머니는 남편의 나무람을 견딜 수가 없었다. 어머니는 우리 앞에선 서운한 기색을 전혀 내비치지 않은 채 마차를 불렀다.

* 이 두 서사시에는 인도의 역사와 신화와 철학이 모두 담겨 있다.

"안녕히 계세요. 저는 친정으로 갈 거예요." 예로부터 이 말은 곧 최후통첩이나 다름없었다!

우리는 놀라움과 슬픔에 사로잡혔다. 때마침 외삼촌이 찾아오셨다가 아버지를 보고는 오랜 연륜에서 우러나온 슬기로운 충고를 들려주셨다. 아버지가 몇 마디 달래는 말씀을 하시자 어머니도 흔쾌히 마차를 그냥 돌려보내셨다. 내가 목격한 두 분 사이의 유일한 다툼은 이렇게 끝이 났다. 하지만 잊히지 않는 일화가 한 가지 더 있다.

"불쌍한 아낙네가 도와달라고 왔는데 10루피만 주세요." 어머니의 미소에는 상대방을 설득하는 힘이 담겨 있었다.

"10루피씩이나? 1루피면 충분할 텐데." 그러고서 아버지는 이렇게 해명을 덧붙였다. "우리 아버지와 조부모님이 갑자기 돌아가셨을 때 나는 처음으로 가난이 무엇인지 실감했소. 아침 식사로 조그만 바나나 한 개만 먹고 몇 마일을 걸어서 학교에 가야 했지. 나중에 대학에 다닐 때는 어느 돈 많은 판사한테 한 달에 1루피만 도와 달라고 청하기까지 했소. 그런데 이 판사는 단돈 1루피도 하찮게 여기면 안 된다고 하면서 부탁을 거절하더군."

"그 돈을 거절당한 일이 가슴에 사무치셨나 보군요!" 어머니는 언뜻 그럴싸한 논리를 펼쳤다. "이 아낙네도 절박할 때 10루피를 거절당한 기억 때문에 두고두고 괴로워하기를 바라시나요?"

"내가 졌소!" 아버지는 태곳적부터 말싸움에 밀린 남편들이 취하는 몸짓을 하면서 지갑을 열었다. "여기 10루피 지폐가 있으니 내 호의를 전해 주구려."

아버지는 새로운 제안이다 싶으면 일단 "안 된다"고 고개부터 젓는 경향이 있었다. 어머니가 낯선 사람에게 너무 쉽게 동정을 베푼다고 말린 것은 말하자면 이런 조심성이 습관처럼 드러난 것이라고 할 수 있다. 바로 승낙하기를 꺼리는 것도 실은 '심사숙고'의 원칙을 지키려는 데 본뜻이 있었다. 아버지는 매사에 사리분별이 바르고 치우침이 없는 분이셨다. 내가 어떤 부탁을 하든지 타당한 근거를 제시하기만 하면 아버지는 그것이 방학 여행이든, 새 오토바이든 늘 청을 들어주시곤 했다.

아버지는 자식들을 엄하게 키웠지만 스스로에 대해서는 가혹하리만큼 엄격한 태도를 보이셨다. 이를테면 아버지는 한 번도 극장에 간 적이 없었고, 머리를 식히고 싶을 때는 영성 수련을 하거나 《바가바드 기타》*를 읽으셨다. 사치와는 거리가 멀었던 아버지는 한 켤레뿐인 신발을 닳아 헤질 때까지 신으셨다. 자동차가 널리 보급된 후에는 우리도 차를 샀지만 여전히 아버지는 매일 전차를 타고 출근하셨다.

아버지는 권력을 위해 돈을 모으는 일 따위에는 관심이 없으셨다. 언젠가는 캘커타 은행을 설립하고 나서 주식을 배당받아 큰 이익을 얻을 수 있는 기회를 마다한 적도 있었다. 아버지는 단지 시간이 허락하는 한 시민의 의무를 다하고 싶었을 뿐이었다.

아버지가 퇴직하고 연금 생활을 한 지 몇 년 뒤에 영국에서 벵골-나그푸르 철도회사의 장부를 검사하기 위해 회계사 한 사람을 인도에 파견한 일이 있었다. 이 조사관은 아버지가 밀린 보너스를 한 번도 청구한 적이 없다는 것을 알고 놀라서 회사에 이렇게 보고했다.

"이분은 세 사람 몫의 일을 했습니다! 보상금으로 125,000루피(41,250달러)를 지급해야겠습니다." 회사 측에서는 아버지에게 그 액수가 적힌 수표를 보내 왔다. 아버지는 이 일을 대수롭지 않게 생각해서 가족에게 이야기하는 것조차 잊고 계셨다. 한참 뒤에 막냇동생 비슈누가 은행 계좌에 큰돈이 입금되어 있는 것을 알고 아버지께 여쭈었다.

그러자 아버지는 이렇게 말씀하셨다. "물질적인 이익을 가지고 호들갑을 피울 게 무어냐? 마음의 평온을 구하는 사람은 재물을 얻었다고 기뻐하지도 않고, 잃었다고 슬퍼하지도 않는 법이다. 인간은 이 세상에 빈손으로 왔다가 빈손으로 떠난다는 사실을 알기 때문이지."

부모님은 결혼 초에 바나라스의 위대한 스승 라히리 마하사야의 제자가 되었

---

* 이 웅대한 산스크리트 시는 《마하바라타》 서사시의 일부를 이루는 힌두교 경전이다. 마하트마 간디는 이렇게 말했다. "《기타》에 대해 명상하는 사람은 그로부터 날마다 신선한 기쁨과 새로운 의미를 길어 낼 것이다. 《기타》로 풀 수 없는 영적 매듭은 하나도 없다."

구루 (갸나 프라바) 고시(1868~1904)
요가난다의 어머니, 라히리 마하사야의 제자

다. 이 교유를 통해 아버지의 타고난 금욕적 기질은 한층 더 강화되었다. 어머니는 언젠가 맏누이 로마에게 놀랄 만한 사실을 털어놓으셨다. "너희 아버지와 내가 부부로서 잠자리를 함께 하는 것은 일 년에 단 한 번, 아이를 가지려 할 때뿐이란다."

아버지가 라히리 마하사야를 만날 수 있도록 주선해 준 사람은 벵골-나그푸르 철도의 지선에서 근무하던 아비나시 바부*였다. 고라크푸르에서 지내던 시절에 아비나시는 인도의 성자들에 얽힌 여러 가지 흥미진진한 얘기들로 어린 내 마음을 설레게 해 주었다. 그는 언제나 자신의 구루에게 무한한 영광을 돌리는 것으로 이야기를 끝맺곤 했다.

"너희 아버지께서 라히리 마하사야의 제자가 된 사연을 들어 본 적이 있니?" 나른한 어느 여름날 오후, 아비나시는 우리 집 마당에 나와 함께 앉아 있다가 뜬

---

* '바부'는 벵골 사람의 이름 뒤에 붙이는 호칭이다.

바가바티 차란 고시(1853~1942)
요가난다의 아버지, 라히리 마하사야의 제자

금없는 질문을 던졌다. 나는 기대감에 찬 미소를 지으며 고개를 가로저었다.

"오래전, 네가 태어나기도 전에 나는 바나라스에 계신 우리 구루를 찾아 뵐 생각으로 직장 상사인 너희 아버지께 일주일만 휴가를 달라고 부탁드렸어. 그랬더니 너희 아버지는 코웃음을 치며 이렇게 말씀하셨단다. '무슨 광신자라도 될 생각이시오? 직장 생활을 계속하려거든 업무에 전념하세요.'

낙담한 나는 그날 오후 집에 가려고 숲길을 따라 걷고 있던 참에 가마를 타고 가던 너희 아버지를 만났단다. 아버지는 가마꾼들을 돌려보내고 나서 내 곁을 따라 걸으셨어. 그러면서 나를 위로하실 양으로 열심히 노력해서 출세를 하면 어떤 점이 좋은지 일러 주셨지. 하지만 이야기가 하나도 귀에 들어오질 않았어. 나는 속으로 이런 말만 되풀이했지. '라히리 마하사야! 나는 스승님을 뵙지 않고는 살 수 없습니다!'

숲길을 따라 고요한 들판의 가장자리에 이르자, 길게 자란 들풀의 물결 위로 늦은 오후의 햇살이 넘실거리고 있었어. 우리는 감탄에 젖어 걸음을 멈추었지.

그런데 불과 몇 걸음 떨어진 들판 위에 갑자기 위대한 구루의 모습이 나타난 거야!*

'바가바티, 직원을 너무 박대하는구려!' 구루의 목소리가 놀란 귀에 울려 퍼졌어. 그러고는 또다시 신비스럽게 사라져 버리지 않았겠니. 나는 무릎을 꿇고 외쳤지. '라히리 마하사야! 라히리 마하사야!' 너희 아버지는 한동안 넋을 잃은 듯 꼼짝도 하지 못하셨어.

'아비나시, 당신은 물론이고 나도 내일 휴가를 내서 바나라스로 떠나야겠소. 제자를 도와주려고 자유자재로 형체를 나타내는 이 위대한 라히리 마하사야가 누구인지 알아보아야겠소! 집사람도 함께 데리고 가서 영성의 길로 입문시켜 달라고 청할까 하는데, 우리를 그분께 안내해 주겠소?'

'그야 물론이지요.' 내 기도가 기적 같은 응답을 받은 데다 뜻밖에 일이 잘 풀리는 바람에 나는 기뻐서 어쩔 줄 몰랐어.

다음날 저녁 너희 부모님과 나는 바나라스로 가는 기차를 탔어. 이튿날 그곳에 도착해서 짐마차를 타고 한참을 더 갔지. 그러고는 다시 오솔길을 걸어 외따로 떨어진 구루의 거처에 이르렀어. 우리는 작은 거실로 들어가서 여느 때처럼 결가부좌를 틀고 정좌해 계신 스승 앞에 절을 올렸지. 그분은 꿰뚫는 듯한 두 눈을 깜박이다가 너희 아버지에게 시선을 멈추시더니 '바가바티, 직원을 너무 박대하는구려!' 하고 이틀 전에 들판에서 들었던 것과 똑같은 말씀을 하시는 거야. 그러고는 이렇게 덧붙이셨어. '아비나시가 나를 찾아오도록 허락해 주고 그대와 부인까지 함께 방문해 주니 참으로 반갑소.'

스승으로부터 크리야 요가†의 영성 수련법을 전수받은 너희 부모님의 기쁨은 이루 말할 수 없었단다. 너희 아버지와 나는 환영이 나타난 운명의 그날부터 한 스승을 모시는 절친한 사이가 되었지. 라히리 마하사야께서는 너의 출생에 각별한 관심을 가지셨어. 너의 삶은 틀림없이 그분의 삶과 맺어질 거야. 스승님의 축

---

* 위대한 스승들이 지니고 있는 놀라운 능력에 대해서는 30장 '기적의 법칙'에서 자세히 설명한다.
† 라히리 마하사야가 가르친 요가 행법으로, 감각의 동요를 진정시켜 우주 의식과의 무한한 합일을 이룰 수 있게 해 준다 (26장 참조).

복은 기대를 저버리는 법이 없거든."

라히리 마하사야는 내가 태어난 지 얼마 안 되어 세상을 떠났다. 화려하게 장식한 틀에 넣은 그의 사진은 아버지가 전근을 다닌 여러 도시에서 늘 우리 가족의 제단을 빛내 주었다. 아침저녁으로 어머니와 나는 임시로 꾸민 성소 앞에 향기로운 백단 즙에 살짝 담근 꽃송이를 바치고 명상을 하는 날이 많았다. 유향과 몰약, 그리고 온 가족의 마음이 담긴 기도와 더불어 우리는 라히리 마하사야를 통해 온전히 드러난 신성을 찬미했다.

그의 사진은 나의 삶에 크나큰 영향을 미쳤다. 내가 성장함에 따라 스승에 대한 생각도 함께 성장했다. 명상에 잠겨 있노라면 사진 속의 모습이 작은 틀에서 빠져 나와 살아 있는 형체를 띠고 내 앞에 앉아 있곤 했다. 하지만 빛을 발하는 그 몸의 발을 내가 만지려고 하면 어느새 다시 사진으로 돌아가곤 하는 것이었다. 유년기에서 소년기를 거치는 동안 내 마음속의 라히리 마하사야는 틀 속에 담긴 조그만 사진에서 벗어나 나를 일깨워 주는 살아 있는 존재로 탈바꿈했다. 시련이나 혼란을 겪을 때마다 그에게 기도를 드리면 어김없이 나의 내면을 울리는 그의 가르침이 마음을 달래 주었다.

처음에는 그가 이미 육신으로 존재하지 않는다는 사실이 몹시 슬펐다. 하지만 그가 어디에나 있다는 심원한 이치를 깨닫기 시작하면서부터는 더는 슬퍼하지 않게 되었다. 그는 자기를 보려고 지나치게 갈망하는 제자들에게 가끔씩 이런 메시지를 보냈다. "나는 언제나 너희 쿠타스타(영혼의 눈) 안에 있거늘, 어찌하여 나의 살과 뼈를 굳이 보러 오겠다고 하느냐?"

여덟 살 무렵에 나는 라히리 마하사야의 사진을 통해 불가사의한 치유의 은혜를 입었다. 이 경험을 계기로 나의 사랑은 더욱 깊어졌다. 나는 벵골의 이차푸르에 있는 우리 농장에 머무는 동안 그만 콜레라에 걸리고 말았는데, 회생할 가망은 거의 없었고 의사들도 더는 손을 쓸 수가 없었다. 그때 머리맡에 계시던 어머니가 황망한 몸짓으로 머리 위 벽에 걸린 라히리 마하사야의 사진을 보라고 가리키셨다.

"마음속으로 절을 드려라!" 어머니는 내가 손을 들어 예를 차릴 기력도 없다는 것을 알고 계셨다. "네가 진심으로 믿음을 보이고 가슴 깊이 그분 앞에 무릎을 꿇으면 목숨을 건질 게다!"

내가 눈길을 돌리자 사진에서 눈부신 빛이 뿜어져 나와 내 몸과 온 방을 감쌌다. 그러자 메스꺼움이 가라앉고 견딜 수 없던 온갖 증상이 말끔히 사라졌다. 병이 나은 것이었다. 갑자기 기운이 솟는 것을 느끼면서 나는 구루를 향한 어머니의 헤아릴 길 없는 믿음에 감사드리기 위해 몸을 숙여 어머니의 발을 어루만졌다. 어머니는 몇 번이고 작은 사진에 이마를 갖다 대셨다.

"오, 어디에나 계신 스승이시여, 당신의 빛이 내 아들을 살려 주셨습니다. 감사하고 또 감사합니다!"

치명적인 질병에서 나를 단번에 회생시켜 준 눈부신 빛을 어머니도 목격하셨던 것이다.

내가 가지고 있는 가장 소중한 물건 중 하나가 바로 그 사진이다. 라히리 마하사야가 직접 아버지에게 건네준 이 사진은 신성한 진동을 간직하고 있다. 이 사진에는 기적 같은 내력이 얽혀 있었다. 나는 아버지와 동문수학한 칼리 쿠마르 로이한테서 그 이야기를 들었다.

스승은 사진 찍는 것을 좋아하지 않았던 모양이다. 한번은 싫다고 하다가 마지못해 칼리 쿠마르 로이를 비롯한 제자들과 함께 사진을 찍게 되었다. 그런데 사진사가 건판을 확인해 보니 놀랍게도 제자들의 모습은 모두 선명하게 찍혔는데 라히리 마하사야가 당연히 있어야 할 자리는 텅 비어 있었다. 이 일을 두고 이러쿵저러쿵 말들이 많았다.

제자들 가운데 강가 다르 바부라는 사진 전문가가 있었는데, 그는 스승님도 자기만큼은 피할 수 없을 거라고 장담했다. 이튿날 아침, 구루가 병풍 앞에 놓인 나무 의자에 결가부좌를 하고 앉아 있을 때 강가 다르 바부가 사진 장비를 가지고 도착했다. 그는 행여 실수라도 있을까 세심한 주의를 기울이면서 사진을 열두 판이나 찍었다. 그러나 건판에는 하나같이 나무 의자와 병풍만 찍혀 있을 뿐 스승의 모습은 이번에도 온데간데없었다.

자존심이 여지없이 무너진 강가 다르 바부는 눈물을 머금고 구루를 찾았다. 라히리 마하사야는 한참 시간이 지난 뒤에야 침묵을 깨고 의미심장한 말을 던졌다.

"나는 영(靈)이다. 보이지 않으면서 어디에나 있는 존재를 사진기로 잡아낼 수 있겠느냐?"

"그럴 수 없다는 것을 이제 알겠습니다! 하지만 스승님, 저는 진정 스승님의 신성한 형체를 사진에 담고 싶었습니다. 제 소견이 좁았습니다. 오늘에야 저는 스승님 안에 영이 온전히 머물고 계시다는 것을 깨달았습니다."

"정 그렇거든 내일 아침에 오거라. 사진을 찍게 해 주마."

강가 다르 바부는 다시 사진기의 초점을 맞추었다. 이번에는 신성한 형체가 신비로운 투명 망토에 감춰지지 않고 선명하게 건판에 담겼다. 내가 알고 있는 한 스승은 두 번 다시 사진을 찍지 않았다.

그 사진은 이 책에도 실려 있다.[*] 라히리 마하사야의 수려한 이목구비는 보편적인 특색을 띠고 있어서 어느 인종에 속하는지 가늠하기가 어렵다. 수수께끼 같은 미소에는 신과의 교감에서 우러난 기쁨이 은은히 감돌고 있다. 반쯤 뜬 눈은 외부 세계에 대한 최소한의 관심을 나타내는 듯하기도 하고, 그런가 하면 반쯤 감겨 있어서 내면의 환희에 몰입해 있는 것처럼 보이기도 한다. 그는 하찮은 이승의 유혹은 전혀 안중에 없이, 당신을 애타게 찾는 구도자들의 영적 문제에만 온통 관심을 쏟고 있다.

구루의 사진이 지닌 영험을 통해 병이 치유된 직후에 나는 가슴 벅찬 영적 환시를 체험했다. 어느 날 아침 나는 침대에 앉아 있다가 깊은 몽상에 빠졌다.

"눈을 감았을 때 그 어둠 뒤에 있는 것은 무엇인가?" 이런 궁금증이 마음을 집요하게 파고들었다. 그 순간 엄청난 섬광이 번쩍하며 내면의 시야를 갈랐다. 산속의 동굴에 가부좌를 틀고 앉아 있는 성자들의 신성한 형상이 내 이마 속에서 빛나는 커다란 스크린에 한 편의 축소판 영화처럼 펼쳐졌다.

---

[*] 368쪽. SRF에서 사진의 사본을 구할 수 있다. 또한 400쪽에도 라히리 마하사야의 초상화가 실려 있다. 스리 파라마한사 요가난다는 1935~1936년에 인도에 머무는 동안 벵골인 화가를 시켜 원본 사진을 그림으로 표현하도록 했다. 나중에 그는 이 그림을 SRF 출판물에 사용할 라히리 마하사야의 공식 초상화로 지정했다. 이 그림은 마운트 워싱턴에 있는 파라마한사 요가난다의 거실에 걸려 있다.(편집자 주)

여섯 살 적의 스리 요가난다

"그대들은 누구십니까?" 나는 큰 소리로 물었다.

"우리는 히말라야의 요기다." 무어라 형언하기 어려운 목소리가 하늘에서 울려 퍼졌다. 심장이 고동쳤다.

"아, 저도 히말라야로 가서 그대들처럼 되고 싶습니다!" 어느덧 환시가 사라지고 나자 은백색 빛줄기들이 물결처럼 동심원을 그리며 무한히 확산되었다.

'이 불가사의한 광채는 무엇일까?'

그때 마치 구름이 속삭이는 듯한 목소리가 들려왔다. "나는 이슈와라*다. 나는

---

* 우주를 다스리는 신을 가리키는 산스크리트 이름. 어근 is는 '다스린다'는 뜻. 힌두교 경전에는 신을 가리키는 수많은 이름이 나오는데, 각각이 지니는 철학적 의미에는 미묘한 차이가 있다. 이슈와라로서의 신은 자신의 뜻에 따라 온 우주를 규칙적인 순환 속에서 창조하고 소멸시키는 존재다.

빛이다."

"저도 그대와 하나가 되고 싶습니다!"

신성한 황홀경이 서서히 가라앉은 후에도 성령 감응의 체험은 영원한 유산으로 남았다. '그분은 영원하고 언제나 새로운 기쁨이다!' 황홀했던 기억은 그날 이후로도 오랫동안 머릿속을 맴돌았다.

어린 시절의 추억 가운데 생각나는 것이 또 하나 있다. 지금까지도 그 흉터가 남아 있으니 말 그대로 지울 수 없는 기억이다. 어느 이른 아침, 나는 우마 누나와 함께 고라크푸르 집 마당에 있는 님나무 밑에 앉아 있었다. 누나는 나의 초급 뱅골어 공부를 도와주고 있었다. 나는 가끔씩 한눈을 팔며 앵무새들이 다 익은 님나무 열매를 쪼아 먹고 있는 광경을 바라보았다.

누나는 다리에 종기가 난 것을 보고 투덜대면서 연고 단지를 가져왔다. 나도 연고를 조금 찍어서 팔뚝에 발랐다.

"너는 왜 멀쩡한 팔에 약을 바르니?"

"응, 내일 종기가 날 것 같아. 종기가 생길 자리에 시험 삼아 연고를 발라 보는 거야."

"거짓말쟁이!"

"누나, 아침에 무슨 일이 생기는지 보고 나서 얘기해!" 나는 발끈했다.

누나는 들은 척도 않고 계속 놀려 댔다. 나는 목소리에 잔뜩 힘을 주고 천천히 대꾸했다.

"장담하지만, 내일이 되면 보이지 않는 의지의 힘이 작동해서 팔뚝 여기에 커다란 종기가 생기고 누나 종기는 지금보다 두 배나 더 커질 거야!"

아침에 보니 바로 그 자리에 혹 같은 종기가 돋고 우마의 종기는 밤톨만큼 부풀어 있었다. 누나는 비명을 지르며 어머니에게 달려갔다. "무쿤다가 마술을 부려요!" 어머니는 근엄한 얼굴로 말의 힘을 절대로 나쁜 곳에 쓰면 안 된다고 타이르셨다. 그 후로 나는 항상 어머니 말씀을 가슴에 새기고 따랐다.

팔에 생긴 종기는 수술로 치료했는데, 그때 칼로 쩬 자국이 지금까지도 또렷하게 남아 있다. 나의 오른팔은 인간의 순수한 말이 지닌 힘을 두고두고 상기시켜 준다.

단순하고 천진해 보이지만 정신을 한곳에 집중한 상태로 입 밖에 낸 말 한마디에 폭탄처럼 확실한 피해를 입힐 수 있는 힘이 숨겨져 있었던 것이다. 훗날 나는 말이 지닌 폭발적인 진동의 힘을 슬기롭게 사용하면 흉터를 남기거나 꾸지람을 듣지 않고도 사람들이 고통에서 벗어나도록 도와줄 수 있다는 사실을 깨닫게 되었다.*

우리 가족은 펀자브 지방의 라호르로 이사했다. 그곳에서 나는 칼리 여신†의 모습을 한 어머니 여신의 그림을 구했다. 그 그림은 우리 집 발코니에 조촐하게 꾸민 가족 성소를 신성하게 빛내 주었다. 이 성스러운 장소에서 기도를 드리면 무슨 일이든 뜻대로 이루어질 것이라는 확신이 들었다. 어느 날 우마 누나와 나는 그곳에 서서 아이들이 연 날리는 것을 구경하고 있었다. 우리 집 건너편에 좁다란 골목을 사이에 두고 서 있는 집의 지붕 위로 연 두 개가 날고 있었다.

"왜 그렇게 조용하니?" 누나가 장난스럽게 나를 밀치면서 말했다.

"응, 어머니 여신께서 내 소원을 다 들어주시면 얼마나 좋을까 하고 생각하던 참이야."

"그럼 저 연도 달라면 주시겠네?" 누나는 놀리듯이 웃었다.

"주시고말고." 나는 말없이 연을 갖고 싶다고 기도하기 시작했다.

인도에서는 연줄에 아교와 유리 가루를 먹인 연을 가지고 시합을 벌인다. 서로 상대방의 연줄을 끊으려고 다투다가 줄이 끊긴 연이 지붕 위로 날아가면 그것을 잡으러 쫓아다니는 재미가 그만이다. 우마 누나와 내가 서 있던 발코니는 지붕이 덮이고 우묵하게 들어간 곳이어서, 끊어진 연이 우리 손에 들어오는 것은 불가능할 것처럼 보였다. 연줄이 당연히 지붕에 걸릴 것이기 때문이었다.

골목길 건너편에서 아이들이 연싸움을 시작했다. 연줄 하나가 끊어지더니 곧

* 소리의 무한한 힘은 모든 원자 에너지의 이면에 숨겨진 우주적 진동의 힘인 옴(Aum, 태초의 소리)에서 비롯된다. 어떤 말이라도 명확한 인식과 깊은 집중의 상태에서 발화되면 대상을 실체화하는 힘을 갖게 된다. 소리를 내건 내지 않건 자기 암시를 반복하면 효과가 있다는 것이 쿠에이즘(Couéism)을 비롯한 심리 요법을 통해 입증되었다. 그 비결은 마음의 진동률을 끌어올리는 데 있다.
† 칼리는 영원한 모성의 측면을 나타내는 신의 상징이다.

바로 연이 우리 쪽으로 날아왔다. 바람이 갑자기 약해지면서 연이 한순간 정지된 채로 떠 있는 사이에 연줄이 맞은편 집 옥상의 선인장 줄기에 뒤엉켜 버렸다. 그러자 연은 길고 완벽한 원을 그리며 내 앞에 떨어졌다. 나는 여신의 선물을 우마 누나에게 건네주었다.

"기도를 들어주신 게 아니라 어쩌다 운이 좋았을 뿐이야. 혹시나 다른 연도 너한테 떨어지면 그때는 믿어 줄게." 말은 그렇게 해도 누나의 검은 눈동자에는 놀란 기색이 역력했다. 나는 다시 정성을 다해 기도를 드렸다. 다른 아이가 연줄을 너무 세게 잡아당기는 바람에 어이없이 연을 놓치고 말았다. 풀려난 연은 바람을 타고 춤을 추며 내 쪽으로 날아왔다. 이번에도 선인장 줄기가 나를 도와 연줄을 잡아 준 덕분에 아까처럼 연을 낚아챌 수 있었다. 나는 두 번째 선물을 보란 듯이 우마 누나에게 주었다.

"정말로 칼리 여신께서 네 기도를 들어주시나 보다! 어쩐지 기분이 으스스해지는 걸!" 누나는 겁먹은 새끼 사슴처럼 달아났다.

2
어머니의 죽음과 비전의 부적

어머니의 가장 큰 바람은 형이 결혼하는 것이었다. "아, 아난타의 배필을 볼 수만 있다면 세상에 더 행복한 일이 없을 텐데!" 어머니가 늘 하시는 말씀에는 집안의 대를 잇는 일을 무엇보다 중요하게 여기는 인도인 특유의 정서가 담겨 있었다.

아난타 형은 내가 열한 살쯤 되었을 무렵에 장가를 갔다. 어머니는 캘커타에 머물면서 기쁜 마음으로 결혼식 준비를 하셨다. 라호르에서 두 해를 보내고 나서 아버지는 다시 인도 북부의 바레일리로 전근하셨는데, 아버지와 나만 그 집에 남게 되었다.

나는 전에 로마와 우마 누나의 화려한 결혼식을 본 적이 있지만, 아난타 형은 장남이니만큼 모든 계획이 그야말로 정성스럽게 꾸며졌다. 어머니는 매일같이 먼 곳에서 캘커타로 올라오는 수많은 친척들을 맞이했다. 어머니는 손님들이 애머스트 가 50번지에 새로 마련한 큰 집에 편안히 묵도록 했다. 푸짐한 잔치 음식, 신랑을 신부 집까지 실어다 줄 화려한 가마, 형형색색으로 늘어선 등불, 판지로 만든 거대한 코끼리와 낙타, 영국·스코틀랜드·인도의 악사들로 구성된 관현악단, 여흥을 돋울 예능인들, 전통 의례를 치를 사제 등 무엇 하나 빠짐없이 채비가 갖추어졌다.

아버지와 나도 흥겨운 기분으로 혼례 날짜에 맞추어 가족들과 합류할 계획을 세우고 있었다. 하지만 큰 경사가 코앞으로 다가온 어느 날 나는 불길한 환시를 보았다.

바레일리에서 한밤중에 일어난 일이었다. 우리 집 베란다에서 아버지와 함께 잠을 자고 있다가, 침대 위에 쳐 놓은 모기장이 유달리 펄럭이는 소리에 잠이 깼다. 얇은 커튼이 갈라지면서 사랑하는 어머니의 모습이 눈앞에 나타났다.

"아버지를 깨우거라!" 어머니의 목소리는 속삭임에 가까웠다. "오늘 새벽 네 시에 첫 기차를 타거라. 나를 보려거든 서둘러 캘커타로 오거라!" 그러고서 생령과 같은 형체는 이내 사라져 버렸다.

"아버지, 아버지! 어머니가 돌아가실 것 같아요!" 겁에 질린 내 목소리에 놀란 아버지가 벌떡 일어나셨다. 나는 흐느끼며 불길한 소식을 전해 드렸다.

"네가 헛것을 본 게로구나." 아버지는 언제나처럼 갑작스런 상황을 받아들이려 하지 않으셨다. "네 어머니는 아주 건강하다. 행여라도 나쁜 소식이 들려오면 내일 떠나도록 하자."

"지금 가지 않으시면 두고두고 후회하실 거예요!" 그러고서 나는 비통한 마음을 이기지 못하고 이렇게 덧붙였다. "저도 아버지를 용서할 수 없을 거예요."

우울한 아침이 밝자 급기야 비보가 날아들었다. "모친 위독, 결혼식 연기, 급래."

아버지와 나는 허둥지둥 길을 나섰다. 기차를 갈아타는 역에서 숙부 한 분을 만났다. 기차가 망원경에 비치는 것처럼 점점 커지더니 굉음을 울리며 우리를 향해 다가왔다. 격한 감정이 치밀면서 불현듯 철길에 몸을 던지고 싶은 충동이 솟구쳤다. 어머니를 이미 여읜 것 같은 기분이 들면서, 갑자기 세상이 뼛속까지 텅 비어 버린 듯 견딜 수 없었다. 나는 이 땅에서 가장 소중한 친구로서 어머니를 사랑했다. 어머니의 따스한 검은 눈동자는 어린 시절의 크고 작은 슬픔을 달래주는 피난처 역할을 했다.

"아직 살아 계신가요?" 나는 걸음을 멈추고 숙부에게 마지막으로 물었다.

숙부는 내 얼굴에 드러난 절망감을 얼른 알아챘다. "그럼, 살아 계시고말고!" 그러나 나는 숙부의 말을 곧이들을 수 없었다.

캘커타 집에 도착했을 때 우리를 맞이한 것은 청천벽력 같은 죽음의 수수께끼뿐이었다. 나는 반쯤 넋이 나간 상태가 되었다. 내 마음에 체념이 자리 잡기까지는 오랜 세월이 걸렸다. 나의 절규는 천국의 문을 세차게 두드려 마침내 어머니 여신의 응답을 얻었다. 여신의 말씀은 곪아 가던 상처를 말끔히 치유해 주었다.

"네가 윤회를 거듭하는 동안 여러 어머니의 품속에서 너를 보살펴 온 것은 바로 나다. 나의 눈길 속에서 네가 그토록 찾아 헤매는 눈동자, 아름답고 검은 두 눈동자를 보거라!"

아버지와 나는 어머니의 화장식을 마친 후 곧 바레일리로 돌아왔다. 이른 아침마다 나는 가슴 아픈 기억을 되새기며 집 앞에 깔린 부드러운 금초록빛 잔디에 그늘을 드리우는 커다란 셰올리 나무까지 순례를 했다. 시정(詩情)에 젖을 때는 하얀 셰올리 꽃들이 제단에 바치는 제물처럼 잔디 위에 자기 몸을 뿌리고 있다는 생각이 들었다. 눈물과 이슬이 뒤섞인 상태로 나는 미지의 세계를 건너온 빛이 새벽을 뚫고 나타나는 것을 종종 목격했다. 신에 대한 갈망이 격한 고통처럼 나를 엄습했다. 거역할 수 없는 힘이 나를 히말라야로 끌어당기는 것처럼 느껴졌다.

성산(聖山)을 한동안 유람하고 막 돌아온 사촌 하나가 바레일리에 있는 우리 집에 들렀다. 나는 요기와 스와미*들이 살고 있는 높은 산 이야기에 열심히 귀를 기울였다.

"우리 히말라야로 도망가자." 어느 날 나는 바레일리에 있는 우리 집주인의 어린 아들 드와르카 프라사드에게 이렇게 제안했다. 하지만 반응은 시큰둥했다. 드와르카는 아버지를 뵈려고 방금 도착한 아난타 형에게 계획을 고해 바쳤다. 형은 어린 동생의 이 비현실적인 계획을 가볍게 웃어넘기기는커녕 일삼아 나를 놀려 댔다.

"주황색 옷은 어디 있니? 승복도 없이 스와미가 될 수는 없지!"

그러나 나는 형의 말을 듣고 오히려 왠지 모를 설렘을 느꼈다. 수도승이 되어 온 나라를 정처 없이 떠돌아다니는 내 모습이 눈앞에 선하게 떠오른 것이다. 어쩌면 이 말이 전생의 기억을 일깨운 것인지도 모른다. 어찌되었든 나는 유구한 전통을 지닌 수도회의 승복을 입게 될 운을 타고났다는 사실을 깨닫게 되었다.

어느 날 아침 드와르카와 한가롭게 이야기를 나누다가 갑자기 신을 향한 사랑

---

* 산스크리트어로 스와미는 '참나(Swa)와 하나가 된 자'를 뜻한다(24장 참조).

이 눈사태처럼 밀려오는 것을 느꼈다. 내가 열정적으로 쏟아내는 얘기를 친구는 귓전으로 흘려듣고 있었지만, 나 자신은 내가 하는 말에 진심으로 심취해 있었다.

그날 오후 나는 무작정 집을 뛰쳐나와 히말라야 산기슭에 있는 나이니탈로 향했다. 하지만 아난타 형이 부랴부랴 뒤를 쫓아오는 바람에 그만 애석하게도 바레일리로 돌아올 수밖에 없었다. 내가 할 수 있는 유일한 순례는 언제나처럼 새벽에 셰올리 나무를 찾는 것뿐이었다. 내 가슴은 지상과 천상의 두 어머니를 잃은 슬픔에 하염없이 흐느꼈다.

어머니의 죽음이 우리 가족에게 남긴 빈자리는 무엇으로도 메울 수 없었다. 아버지는 재혼하지 않고 사십 년 가까이 여생을 홀로 지내셨다. 자식들을 위해 힘겹게 어머니 역할까지 떠맡으면서 점차 눈에 띄게 부드러워지고 대하기가 편안해졌다. 아버지는 차분하면서도 슬기롭게 잡다한 집안 문제를 처리하셨다. 퇴근 후에는 당신의 방을 암자로 삼아 은둔자처럼 평온한 마음으로 크리야 요가를 수행하셨다. 어머니가 돌아가시고 한참 후에 나는 아버지의 불편을 덜어 드릴 생각으로 영국인 간호사를 고용하여 자잘한 일을 보살펴 드리도록 하려고 마음 먹은 적이 있었다. 그러나 아버지는 고개를 가로저으셨다.

"내 시중드는 일은 너희 어머니로 끝이다." 아버지는 평생에 걸친 어머니의 헌신을 떠올리시는 듯 눈빛이 아련해졌다. "다른 사람의 도움은 받아들일 수 없다."

어머니가 돌아가시고 열네 달이 지났을 때 어머니가 내게 중대한 유언을 남기셨다는 사실을 알게 되었다. 임종 자리를 지키고 있던 아난타 형이 어머니의 말씀을 받아 적어 두었던 것이다. 어머니는 일 년 뒤 내게 얘기해 주라고 당부하셨지만 형은 지금껏 미루어 왔던 터였다. 형은 어머니가 신붓감으로 점지해 둔 여자와 혼례를 치르기 위해 곧 캘커타로 돌아가야 했다.[*] 어느 날 저녁 형이 나를 곁으로 불렀다.

"무쿤다, 이제껏 너에게 이 기묘한 소식을 전해 줄 마음이 내키지 않았다." 형

---

[*] 부모가 자녀의 배필을 고르는 인도의 관습은 오랜 세월 속에서도 변함없이 유지되고 있다. 인도에서는 행복한 결혼 생활의 비율이 높은 편이다.

의 목소리에서 체념이 묻어났다. "행여나 집을 떠나려는 너의 갈망을 부채질하게 될까 봐 염려했던 게다. 그러나 어차피 너는 지금 신을 향한 열정으로 가득 차 있다. 얼마 전 히말라야로 떠나던 너를 붙들었을 때 나는 결심을 굳히게 되었다. 지엄한 약속을 이제 더는 미룰 수가 없구나." 형은 조그만 상자 하나를 건네며 어머니의 말씀을 들려주었다.

"사랑하는 내 아들 무쿤다! 이제부터 하는 말을 나의 마지막 축복으로 받아들이거라. 비로소 너의 출생에 얽힌 경이로운 사건들에 대해 이야기해야 할 때가 되었구나. 너에게 주어진 운명의 길을 내가 처음으로 알게 된 것은 네가 아직 내 품속에 있던 갓난아기 시절이었다. 그때 나는 너를 안고 바나라스에 있는 우리 구루 댁에 찾아갔다. 수많은 제자들 가운데 파묻힌 나는 깊은 명상에 잠겨 있는 라히리 마하사야 님의 모습을 먼발치로 간신히 뵐 수 있었다.

나는 너를 다독이면서 위대한 구루께서 알아보시고 축복을 내려 주시기를 기도하고 있었다. 소리 없는 나의 정성스런 소망이 점점 간절해지고 있을 때, 그분이 눈을 뜨시더니 나를 손짓으로 부르셨다. 나는 사람들이 터 준 길 사이로 나아가 성스러운 발에 절을 올렸다. 라히리 마하사야 님은 너를 무릎 위에 앉히고 손을 너의 이마에 대어 영성의 세례를 베풀어 주셨다.

'가녀린 어머니여, 그대의 아들은 요기가 될 것이오. 이 아이는 영혼의 기관차가 되어 뭇사람을 신의 왕국으로 이끌게 될 것이오.'

전지하신 구루께서 나의 내밀한 기도를 들어주신 것을 알고 내 가슴은 기쁨으로 뛰었다. 네가 태어나기 바로 전에 그분은 네가 당신의 길을 따를 거라고 말씀하셨단다.

내 아들아, 훗날 나와 네 누이 로마는 옆방에서 네가 미동도 없이 침대에 누워 있는 것을 보고 위대한 빛의 환시를 체험하고 있다는 것을 알았다. 너의 조그만 얼굴은 빛을 발하고 있었단다. 네가 신을 찾아 히말라야로 가겠다고 말했을 때 너의 목소리에는 철석같은 결의가 넘쳐흘렀다.

사랑하는 아들아, 이렇게 해서 나는 너의 앞길이 세속적인 야망과는 거리가 멀다는 것을 알게 되었다. 거기다가 평생에 다시없을 특이한 일을 겪으면서 나의

(위 왼쪽)
고등학생 시절의 요가난다(서 있
는 사람)와 큰형 아난타

(위 오른쪽)
1935년 캘커타에 있는 어릴 적 집
에서, 큰누나 로마(왼쪽), 파라마한
사 요가난다, 여동생 날리니

(아래)
요가난다지의 누나 우마의 어릴
적 모습

확신은 더욱 굳어졌다. 지금 이 마지막 말을 남기려는 것은 그 사건 때문이다.

그것은 펀자브에서 어떤 현인을 만난 일이었다. 우리 가족이 라호르에 살 때, 어느 날 아침 하인이 이렇게 고했다. '마님, 웬 사두* 한 분이 찾아와 무쿤다의 어머니를 뵈어야겠다고 떼를 씁니다.'

이 한마디 말이 가슴속 깊은 곳에 파문을 일으켰다. 나는 얼른 방문객을 맞으러 나갔다. 나는 발밑에 절을 하면서 내 앞에 서 있는 분이 진정한 신의 사람임을 알아차렸다.

'어머니여, 위대한 스승들이 나를 보낸 까닭은 그대가 이승에서 머물 날이 오래지 않다는 것을 알려주려는 것이오. 다음에 몸에 탈이 나면 마지막이 될 것이오.'† 그러고는 침묵이 흘렀다. 나는 아무런 두려움 없이 단지 장엄한 평화의 진동을 느꼈을 뿐이다. 마침내 그분이 다시 입을 열었다.

'그대는 은으로 된 부적을 지니게 될 것이오. 오늘은 부적을 주지 않겠소. 내 말이 참이라는 것을 보여 주기 위해, 내일 그대가 명상을 하는 동안 부적이 손 안에서 실체화될 것이오. 임종하는 자리에서 반드시 맏들 아난타에게 이르되, 부적을 잘 간직하고 있다가 한 해 뒤에 둘째 아들에게 건네주도록 해야 하오. 무쿤다는 위대한 스승들로부터 비전된 부적의 의미를 이해할 것이오. 그 아이는 세속적인 열망을 모두 떨쳐 버리고 비장한 각오로 신을 찾아 나설 준비가 되었을 때 부적을 받아야 하오. 무쿤다가 부적을 몸에 지니고 있는 동안 그 본연의 목적이 달성되면 부적은 사라질 것이오. 아무리 은밀한 곳에 숨기더라도 부적은 본디 있던 곳으로 돌아갈 것이오.'

나는 성자께 시주†를 하고 지극히 공경하는 마음으로 절을 올렸다. 그분은 시주는 받지 않고 축복의 말만 남긴 채 떠났다. 다음날 저녁 두 손을 모으고 앉아 명상에 잠겨 있노라니, 사두께서 말씀하신 대로 두 손바닥 사이에 은으로 된 부

---

* 금욕 생활과 영적 수행에 매진하는 고행자.

† 이 이야기로 미루어 어머니가 자신의 단명을 알고 있으면서도 함구하신 사실을 안 다음에야 비로소 나는 어머니가 아난타 형의 혼사를 왜 그처럼 서두르셨는지 이해하게 되었다. 어머니는 혼례를 치르기 전에 돌아가셨지만, 당연히 결혼식을 직접 보고 싶으셨던 것이다.

‡ 사두에게 존경을 표하는 관례.

적이 실체화되어 나타났다. 차갑고 부드러운 감촉으로 그것을 알 수 있었다. 이 태가 넘도록 소중하게 간직해 온 그 부적을 이제 아난타에게 맡긴다. 위대한 우리 구루께서 나를 무한의 품으로 인도해 주실 터이니 내가 떠나도 슬퍼하지 말아라. 잘 있거라 내 아들아. 우주의 어머니가 너를 보살펴 주실 것이다."

부적을 손에 쥐자 불꽃같은 광채가 온몸을 감싸면서 잠들어 있던 수많은 기억이 깨어났다. 예스런 아취를 지닌 둥근 부적에는 산스크리트 문자가 빼곡히 새겨져 있었다. 나는 그것이 보이지 않는 곳에서 내 앞길을 이끌어 주고 있는 전생의 스승들로부터 전해졌다는 것을 알았다. 부적에는 틀림없이 더 깊은 의미가 담겨 있을 테지만, 누구도 그 참뜻을 완전히 밝혀낼 수는 없을 것이다.[*]

훗날 내가 곤혹스러운 상황에 처해 있을 때 부적이 마침내 사라진 일이며, 부적을 잃은 것이 어떻게 해서 구루를 만나는 전조가 되었는지에 대한 얘기는 뒤로 미루기로 한다.

히말라야에 가려는 꿈을 이루지 못한 소년은 매일같이 부적의 날개를 타고 멀리멀리 날아오르곤 했다.

---

[*] 이 부적은 아스트랄계에서 만들어진 물건이었다. 이러한 물건은 그 구조상 언젠가는 이 지상에서 사라지게 되어 있다 (43장 참조).

부적에는 만트라(신성한 주문)가 새겨져 있었다. 소리와 바크(인간의 목소리)의 잠재력이 인도에서만큼 깊이 있게 연구된 곳은 없다. 우주 전체에 울려 퍼지는 옴의 진동(《성경》의 '말씀' 또는 '많은 물소리')은 창조, 유지, 파괴의 세 가지 구나(속성)를 지닌다(《타이티리야 우파니샤드》 1:8). 사람은 말을 할 때마다 옴의 세 가지 속성 중 하나를 작동시킨다. 모든 경전에서 강조하는, 인간이 진실을 말해야 한다는 계율에는 바로 이러한 참뜻이 숨겨져 있다.

부적에 새겨진 산스크리트 만트라를 올바르게 발음하면 영혼에 유익한 진동이 산출된다. 이상적인 구조를 지닌 산스크리트어 알파벳은 50개의 자모로 이루어져 있으며, 각각의 자모는 고정불변의 발음을 가지고 있다. 조지 버나드 쇼는 라틴어에 뿌리를 둔 영어 알파벳의 음성학적 불완전성에 대해 현명하면서도 기지에 넘치는 글을 썼다. 그는 26개의 문자가 음성의 버거운 짐을 견디지 못하고 허우적거리는 기존의 알파벳 대신 42개의 문자로 된 새로운 알파벳을 채택할 것을 강력히 촉구하면서 특유의 신랄한 비판을 가하고 있다("만약 영어에 새로운 알파벳을 도입하기 위해 내전을 치러야 한다 해도 나는 마다하지 않겠다." 윌슨의 《언어의 기적적인 탄생(The Miraculous Birth of Language)》에 부친 그의 서문 참조). 이러한 알파벳은 50개의 자모를 사용하여 발음의 모호함이 없는 산스크리트어의 음성학적 완전성에 근접한 체계일 것이다.

인더스 강 유역에서 인장이 발견되자 학자들은 인도의 산스크리트어 알파벳이 셈어로부터 '차용되었다'는 기존의 이론을 포기하지 않을 수 없었다. 최근에 모헨조다로와 하라파에서 위대한 힌두의 도시 유적이 발굴되어 '어렴풋이 추측할 수밖에 없는 아득한 시절부터 인도 땅에 뛰어난 문화가 존재했다'는 사실이 입증되었다(존 마샬 경의 《모헨조다로와 인더스 문명(Mohenjo-Daro and the Indus Civilization)》, 1931).

만일 인도에 위대한 고대 문명이 존재했다는 이 학설이 옳다면, 세계에서 가장 오래된 언어인 산스크리트어가 왜 가장 완벽한 언어인지에 대한 설명도 가능해진다(125쪽 각주 참조). 아시아 협회(Asiatic Society)의 설립자인 윌리엄 존스 경은 이렇게 말했다. "산스크리트어는 얼마나 오래 되었든 간에 경탄할 만한 구조를 가지고 있다. 그리스어보다 더 완벽하고 라틴어보다 더 어휘가 풍부하며 이 둘보다 치밀하고 정교하다."

《아메리카나 백과사전(Encyclopedia Americana)》에는 다음과 같이 기술되어 있다. "고전 교육의 부활 이래, 문화사에서 18세기 후반 서구 학자들이 산스크리트어를 발견한 것보다 중요한 사건은 없었다. 언어학, 비교 문법, 비교 신화학, 종교학 등은 산스크리트어의 발견과 더불어 성립되었거나 적어도 산스크리트어의 연구에 의해 깊은 영향을 받았다."

3
두 개의 몸을 가진 성자

"아버지, 말썽 피우지 않겠다고 다짐할 테니 바나라스에 유람을 다녀와도 될까요?"

여행을 좋아하는 나의 간절한 바람을 아버지가 꺾는 일은 좀처럼 없었다. 아버지는 내가 더 어릴 적에도 여러 도시와 성지에 다녀올 수 있도록 해 주셨다. 대개는 친구들과 함께 아버지가 마련해 주신 일등칸 열차를 타고 편안하게 여행했다. 방랑기가 있는 우리 집 식구들에게는 아버지가 철도 회사의 간부로 계신 것이 큰 행운이었다.

아버지는 한번 생각해 보마고 약속하셨다. 그리고 다음날 나를 부르시더니 바레일리에서 바나라스까지 가는 왕복 기차표와 여행에 쓸 돈, 그리고 편지 두 통을 건네주셨다.

"바나라스에 있는 친구 케다르 나트 바부와 사업상 의논할 일이 있는데, 그만 주소를 잃어버렸구나. 우리 두 사람의 친구인 스와미 프라나바난다를 통하면 편지를 그 친구에게 전해 줄 수 있을 게다. 나와 같은 스승을 모신 이 스와미는 영적으로 높은 경지에 이른 분이다. 그분을 뵈면 너한테도 많은 도움이 될 게다. 또 한 편지는 네 소개장이다."

아버지는 의미심장한 눈빛으로 이렇게 덧붙이셨다. "명심해라, 이제 더는 가출은 안 된다!"

나는 열두 해 동안 쌓인 열정을 안고 길을 떠났다(하지만 흐르는 세월에도 새로운 풍경과 낯선 얼굴들에서 느끼는 기쁨은 조금도 바래지 않았다). 바나라스에 도착하자마자 스와미의 거처를 찾았다. 대문이 열려 있어서 이층으로 올라가니 긴 홀처럼 생긴 방이 나왔다. 풍채가 좋은 사람이 허리에 두르는 옷만 걸치고 약간 솟은 단 위에 결가부좌를 하고 앉아 있었다. 주름 없는 얼굴과 머리는 말끔히 면도가 되어 있고, 입가에는 기쁨에 넘친 미소가 감돌았다. 그는 방해가 되지 않았을까 하는 나의 염려를 덮어 주려는 듯이 나를 오랜 친구처럼 맞이해 주었다.

"바바 아난드(벗에게 행복이 깃들기를)." 그는 아이처럼 천진한 목소리로 마음에서 우러난 인사를 건넸다. 나는 무릎을 꿇고 그의 발을 만졌다.

"스와미 프라나바난다이신가요?"

그는 고개를 끄덕였다. "너는 바가바티의 아들이지?" 내가 미처 주머니에서 편지를 꺼낼 틈도 없이 그가 먼저 물었다. 나는 놀라워하며 소개장을 건네주었지만, 이제는 그럴 필요도 없어 보였다.

"그래, 내가 케다르 나트 바부를 찾아 주마." 나는 성자의 투시력에 또 한 번 놀랐다. 그는 편지를 훑어보더니 다정하게 아버지의 안부를 물었다.

"지금 나는 두 가지 연금을 누리고 있단다. 하나는 옛날에 철도 회사에서 일할 때 상사였던 너희 아버지가 천거해 준 것이고, 또 하나는 내가 속세에서 의무를 성실하게 마쳤기 때문에 하늘에 계신 아버지가 마련해 주신 것이란다."

나는 무슨 말인지 이해가 되지 않았다. "하늘에 계신 아버지가 어떤 연금을 주시나요? 무릎 위에 돈을 떨구어 주시나요?"

그는 껄껄 웃었다. "이 연금은 한없는 마음의 평화를 말하는 거란다. 오랫동안 깊은 명상을 수행한 보상으로 주어지는 것이지. 나는 이제 돈이 필요 없단다. 기본적인 의식주는 충분히 해결되고 있거든. 언젠가는 너도 또 다른 연금의 의미를 이해하게 될 게다."

성자는 갑자기 대화를 멈추더니 꼼짝도 않고 근엄하게 앉아 있었다. 온몸에 스핑크스와 같은 풍모가 감돌았다. 처음에는 무언가를 주의 깊게 살피는 것처럼 두 눈이 반짝이더니 다시 점차 흐릿해졌다. 아버지 친구를 어떻게 만날 수 있는지 가르쳐 주기도 전에 입을 다물어 버리니 당황스러웠다. 조바심이 나서 주위를 둘러보니 텅 빈 방에는 우리 둘밖에 없었다. 무료해진 나는 단 아래 놓여 있는 나무 샌들을 멀거니 바라보았다.

"초토 마하사야*, 걱정할 것 없단다. 네가 만나려는 사람은 반 시간만 있으면 나타날 테니까." 요기는 내 마음을 읽고 있었다. 하기야 이런 상황에서는 그리 어려운 일도 아니겠지만!

그는 다시 뜻 모를 침묵에 빠졌다. 시계를 보고 삼십 분이 지난 것을 확인했을 때 스와미가 깨어났다.

"케다르 나트 바부가 거의 다 온 것 같군."

누군가 계단을 올라오는 소리가 들렸다. 갑자기 이해할 수 없는 상황이 닥치자 내 머리는 혼란에 휩싸였다. '누가 일러주지도 않았는데 아버지 친구가 어떻게 알고 이곳으로 왔을까? 내가 도착하고 나서부터 스와미는 나 말고는 아무하고도 얘기한 적이 없는데!'

나는 다짜고짜 방을 뛰쳐나와 계단을 내려갔다. 반쯤 내려갔을 때 보통 키에 마르고 피부가 흰 사람과 마주쳤다. 그는 서두르는 기색이 역력했다.

"케다르 나트 바부이신가요?" 내 목소리에는 흥분이 묻어났다.

"맞다. 너는 여기서 나를 기다리고 있는 바가바티의 아들이 아니냐?" 그는 친밀감이 담긴 미소를 지었다.

"선생님, 어떻게 여기로 오게 되셨나요?" 나는 불가해한 그의 출현에 당혹스럽다 못해 분한 마음이 들었다.

"오늘은 온통 알 수 없는 일뿐이로군! 한 시간쯤 전에 갠지스 강에서 목욕을 막 끝냈을 때 스와미 프라나바난다가 나를 찾아왔다. 내가 그 시간에 거기 와 있는 것을 어떻게 알았는지 놀랍더구나.

그가 이렇게 말하더군. '바가바티의 아들이 우리 집에서 자네를 기다리고 있네. 나하고 함께 가지 않겠나?' 나는 선뜻 동의했지. 우리는 나란히 걸었는데, 스와미는 나무 샌들을 신고서도 튼튼한 신발을 신은 나보다 걸음이 빨랐어.

---

* '초토 마하사야'는 인도의 여러 성자들이 나를 부르던 호칭으로, '작은 선생'이라는 뜻이다.

'자네가 우리 집에 도착하려면 얼마나 걸리겠나?' 스와미는 갑자기 걸음을 멈추더니 이렇게 물었어.

'반 시간 정도.'

그는 속내를 알 수 없는 표정을 지으며 말했어. '난 사정이 있어서 먼저 갈 테니 뒤에 오게. 우리 집에서 다시 만나세. 바가바티의 아들과 내가 기다리고 있을 걸세.'

내가 무어라 대꾸할 새도 없이 그는 나를 두고 재빨리 사람들 속으로 사라져 버렸어. 그래서 부랴부랴 걸음을 재촉해 이렇게 온 거란다."

설명을 듣고 나니 당혹감은 오히려 더 커졌다. 나는 그가 스와미를 안 지 얼마나 되었는지 물었다.

"우리는 지난해에 몇 차례 만났지만 최근에는 본 적이 없어. 오늘 가트(계단식 목욕장)에서 그를 다시 보니 무척 반갑더구나."

"도무지 믿을 수가 없군요! 제 정신이 이상한 걸까요? 아저씨가 환상을 보신 건가요, 아니면 정말로 그분을 만나신 건가요? 손을 잡아 보셨나요? 발소리도 들리던가요?"

"무슨 말을 하는 거냐!" 그는 노여움으로 얼굴을 붉혔다. "거짓말을 하는 게 아니다. 스와미가 알려 주지 않았다면 네가 여기서 나를 기다리고 있다는 걸 어떻게 알 수 있었겠니!"

"아니, 저기 계신 스와미 프라나바난다는 제가 한 시간쯤 전에 여기 왔을 때부터 한순간도 제 눈앞을 떠나지 않으셨어요." 나는 그 사이에 있었던 일을 모두 이야기하고, 스와미와 내가 나눈 대화를 그대로 들려주었다.

그는 눈이 휘둥그레졌다. "우리는 실재하는 시공 속에 살고 있는 것인가, 아니면 꿈을 꾸고 있는 것인가? 내 평생 이런 기적을 경험하리라고는 생각지도 못했더니! 이 스와미가 평범한 사람인 줄 알았는데, 이제 보니 또 다른 몸을 실체화해서 마음대로 부리는 능력을 가지고 있었구나!" 우리는 함께 성자가 있는 방으로 들어갔다. 케다르 나트 바부는 단 아래에 놓인 신발을 가리켰다.

"보렴, 저것이 가트에서 그가 신고 있던 바로 그 샌들이다." 바부가 귀엣말로 속삭였다. "아까도 지금처럼 허리옷만 걸치고 있었단다."

방문객이 절을 하는 사이 성자는 나를 돌아보며 장난기 섞인 미소를 지었다.

"이만한 일로 뭘 그리 놀라는가? 진정한 요기는 현상계의 불가사의한 통일성을 꿰뚫어볼 수 있다네. 나는 언제라도 멀리 캘커타에 있는 제자들을 만나 대화를 나눌 수 있지. 그들도 마찬가지로 거친 물질의 갖가지 장애를 마음대로 뛰어넘을 수 있다네."

스와미가 아스트랄계(靈界)의 원격 소통 능력*에 대해 얘기해 준 것은 어린 나의 가슴에 영적인 열망을 불러일으키려는 속셈이었을 것이다. 그러나 나는 열망이라기보다 단지 섬뜩한 기분을 느꼈을 뿐이다. 나는 언젠가 만나게 될 구루, 스리 유크테스와르를 통해서 신을 추구할 운명이었던 까닭에 프라나바난다를 스승으로 모셔야겠다는 생각은 들지 않았다. 나는 내 앞에 있는 것이 그의 본모습인지 아니면 분신인지 의심하면서 그를 바라보았다.

성자는 나의 불안감을 떨쳐 버리려는 듯이 영혼을 깨우는 눈길을 주면서 자신의 구루에 얽힌 흥미로운 얘기를 들려주었다.

"라히리 마하사야는 내가 만나 본 가장 위대한 요기셨다. 그분은 육체의 형상을 띤 신성 그 자체셨지."

나는 생각했다. '제자가 마음먹은 대로 분신을 실체화할 수 있을 정도라면 그 스승은 어떤 기적인들 이루지 못할까?'

"내 얘기를 들어 보면 구루의 도움이 얼마나 소중한지 알게 될 게다. 나는 다른 제자와 함께 매일 밤 여덟 시간씩 명상을 수행했다. 낮에는 철도 회사에서 일을 해야 했지. 직장 생활을 병행하기가 쉽지 않았기 때문에, 하루를 전부 신에게 바치고픈 마음이 간절했다. 팔 년 동안 나는 하룻밤의 절반을 명상으로 지새우

---

* 자연과학은 요기들이 정신과학을 통해 발견한 법칙들의 타당성을 독자적인 방식으로 확증하고 있다. 일례로 1934년 11월 26일, 로마왕립대학교에서 인간에게 원격 투시 능력이 있다는 사실을 입증하는 공개 실험을 실시했다. 신경심리학 교수인 주세페 칼리가리스 박사가 피험자의 신체 특정 부위를 압박하자 피험자는 벽 건너편에 있는 사람과 물체들을 상세히 묘사하는 반응을 나타냈다. 칼리가리스 박사는 피부의 특정 부위를 교란시키면 피험자에게 초감각적 인상이 촉발되어 평소에는 인식할 수 없었던 사물을 볼 수 있게 된다고 말했다. 그는 피험자가 벽 건너편의 물체를 알아볼 수 있도록 하기 위해 흉곽 오른쪽의 한 지점을 15분간 압박했다. 칼리가리스 박사는 신체의 특정 지점을 교란시키면 피험자가 이전에 본 적이 있는지 여부에 관계없이 아무리 멀리 있는 사물도 볼 수 있게 된다고 말했다.

면서 끈기 있게 노력했다. 그 결과는 놀라웠다. 가슴 벅찬 영적 인식이 내 마음을 밝게 비춰 주었다. 그러나 나와 무한자 사이에는 끝내 걷히지 않는 장막이 남아 있었다. 가히 초인적인 열성에도 불구하고, 정작 궁극적인 합일에 도달하려는 순간에는 번번이 좌절을 겪어야 했다. 어느 날 저녁 나는 라히리 마하사야를 찾아뵙고 내 마음을 신께 전해 줄 것을 부탁드렸다. 나의 끈질긴 간청은 밤새도록 이어졌다.

'천사와 같은 구루시여, 저는 영적 고뇌가 너무나 깊어서 그분을 직접 뵙지 않고는 삶을 지탱할 수 없을 지경에 이르렀습니다!'

'난들 어쩌겠느냐? 명상에 더욱 정진하는 수밖에 없지 않겠느냐!'

'오, 신과 같은 구루께 호소하옵니다! 저는 육체의 형상으로 제 앞에 서 계신 스승님을 보고 있습니다. 이제 스승님을 무한의 형상으로 인식할 수 있도록 은총을 베풀어 주소서!'

라히리 마하사야께서는 인자한 자태로 손을 내미셨다. '이제 가서 명상을 계속하거라. 브라흐마*께 네 마음을 전해 드렸느니라.'

나는 날아갈 듯한 기분으로 집에 돌아왔다. 그날 밤 명상을 하는 동안 그토록 애태우던 내 삶의 목표가 성취되었다. 지금 나는 매 순간 영혼의 연금을 누리고 있다. 그날 이후로는 한없는 기쁨의 창조주가 내 눈을 피해 미망의 장막 뒤로 숨어 버린 적이 없단다."

프라나바난다의 얼굴에는 신성한 빛이 흘러넘쳤다. 또 다른 세계의 평화가 내 가슴속에 밀려들면서 모든 두려움이 달아나 버렸다. 성자는 계속해서 뒷이야기를 들려주었다.

"몇 달 후에 나는 라히리 마하사야를 다시 찾아뵙고 크나큰 선물을 베풀어 주신 데 감사드린 후 또 한 가지 문제를 여쭈었다.

'거룩한 구루시여, 더는 직장 생활을 할 수가 없습니다. 저를 해방시켜 주십시

---

* 창조주로서의 신. '확장한다'는 뜻의 산스크리트 어근 'brih'에서 유래. 1857년 《애틀랜틱 먼슬리(Atlantic Monthly)》 지에 에머슨의 시 〈브라흐마(Brahma)〉가 발표되었을 때 대부분의 독자는 당혹스러워 했다. 에머슨은 빙그레 웃으며 말했다. "'브라흐마' 대신 '여호와'라고 하면 아무런 혼란도 느끼지 않을 거라고 말해 주십시오."

오, 한시도 브라흐마의 도취에서 벗어날 수 없습니다.'

'회사에 연금을 신청하거라.'

'근무한 햇수가 짧은데 어떤 사유를 대야 할까요?'

'떠오르는 대로 말하거라.'

그 다음날 나는 신청서를 제출했다. 의사가 때 이르게 연금을 청구하는 이유를 물었다.

'일을 할 때 척추가 짓눌리는 느낌이 듭니다. 통증이 온몸으로 퍼져 업무를 제대로 볼 수가 없습니다.'[*]

의사는 더 캐묻지 않고 내가 신속히 연금을 받을 수 있도록 추천해 주었다. 나는 의사와 너희 아버지를 포함한 철도 회사 간부들을 통해 라히리 마하사야의 신성한 뜻이 이루어졌다는 사실을 알고 있다. 그들은 자기도 모르는 사이에 위대한 구루의 영적 지시를 따른 것이지만, 그 덕분에 나는 신과 끊임없이 교감하는 삶을 누릴 자유를 얻게 되었다."

예사롭지 않은 사연을 털어놓은 후 스와미 프라나바난다는 또다시 긴 침묵 속으로 빠져 들었다. 내가 경의의 표시로 그의 발을 만지며 떠나려 하자 그는 이런 축복의 말을 해 주었다. "너의 삶은 탈속과 요가의 길을 가도록 운명 지어져 있다. 언젠가 너희 아버지와 함께 너를 다시 만날 날이 있을 거다." 이 두 가지 예언은 훗날 그대로 실현되었다.[†]

케다르 나트 바부와 나는 땅거미가 내려앉는 길을 함께 걸었다. 내가 아버지의 편지를 건네자 그는 가로등 밑에서 그것을 읽었다.

---

[*] 깊은 명상 수행할 때 성령을 최초로 경험하는 곳은 척추의 제단이며, 그 다음에 뇌로 이어진다. 이때 격정적인 희열이 복받쳐 오르지만 요기들은 그것이 밖으로 나타나는 것을 억제하는 법을 배운다.

우리가 만났을 당시에 프라나바난다는 참다운 깨달음의 경지에 도달해 있었다. 그러나 그가 직장 생활을 끝낸 것은 여러 해 전이었고, 그때는 아직 니르비칼파 사마디(304쪽, 512쪽 각주 참조)에 확고하게 자리 잡지 못한 상태였다. 완전하고 흔들림 없는 의식 상태에 이른 요기는 세속적인 의무를 수행하는 데 전혀 어려움을 느끼지 않는다.

퇴직 후 프라나바난다는 《바가바드 기타》에 대한 심도 깊은 주석서인 《프라나브 기타》를 힌두어와 벵골어로 저술했다.

두 개 이상의 몸으로 나타나는 능력은 파탄잘리의 《요가 수트라》(293쪽 각주 참조)에 언급된 싯디(요가의 힘)의 하나다. 동시에 두 곳에 존재하는 현상은 옛날부터 지금까지 수많은 성자들의 삶에서 나타났다. A. P. 쉼베르크는 《테레사 노이만 이야기(The Story of Therese Neumann)》에서 이 기독교의 성녀가 자신의 도움을 필요로 하는 먼 곳의 사람들 앞에 나타나 함께 대화를 나눈 사례들을 소개하고 있다.

[†] 27장 참조.

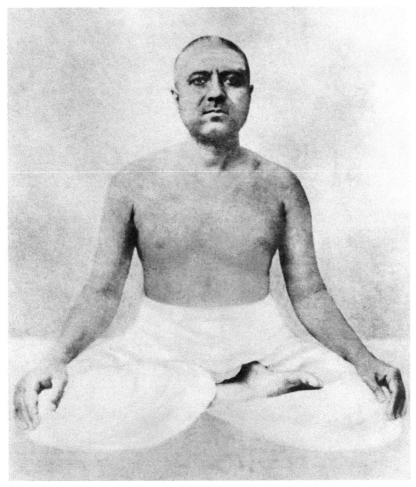

스와미 프라나바난다
바라나스의 '두 개의 몸을 가진 성자'

"너희 아버지가 내게 캘커타 지사에서 일을 맡아 달라고 하시는구나. 스와미 프라나바난다가 누리고 있는 연금을 하나만이라도 기대할 수 있다면 얼마나 좋겠니? 하지만 나는 바나라스를 떠날 수 없으니 그마저 힘들겠구나. 애석하지만 나는 아직 두 개의 몸을 가질 수가 없단다!"

4
좌절된 히말라야 탈주

"적당한 핑계를 대고 조퇴를 한 뒤에 마차를 불러. 그리고 우리 식구들 눈에 띄지 않게 골목에 마차를 세워 둬."

나는 함께 히말라야에 가기로 한 고등학교 친구 아마르 미테르에게 마지막으로 지시를 내렸다. 우리는 이튿날 달아나기로 날을 잡아 두었었다. 아난타 형이 감시의 눈을 늦추지 않고 있었기 때문에 신중을 기할 필요가 있었다. 내가 도망칠 궁리를 하는 낌새를 챈 형은 내 계획을 좌절시키려고 작심하고 있던 터였다. 어머니가 주신 부적은 영혼의 불씨처럼 내 속에서 소리 없이 피어오르고 있었다. 나는 환시 속에서 모습을 드러내곤 했던 스승을 히말라야의 설원 한복판에서 만나고 싶었다.

그 무렵 우리 가족은 아버지가 마지막으로 전근한 캘커타에 살고 있었다. 아난타 형은 인도의 가부장제 관습에 따라 형수를 우리 집으로 데려와 살림을 차렸다. 나는 그 집의 작은 다락방에서 매일 명상을 하면서 신을 만나러 가기 위한 마음의 준비를 다졌다.

왠지 꺼림칙한 빗줄기 사이로 잊지 못할 아침이 밝아 왔다. 길 밖에서 마차 바퀴 소리가 나는 것을 듣고 나는 서둘러 담요 한 장과 샌들 한 켤레, 허리옷 두 벌, 염주, 라히리 마하사야의 사진, 그리고 《바가바드 기타》를 다발로 묶었다. 나는 삼층의 내 방 창문으로 짐 보따리를 던졌다. 그리고는 계단을 뛰어 내려가다가 문간에서 생선을 사고 있던 숙부 곁을 지나쳤다.

"왜 그리 허둥대는 게냐?" 숙부는 의심스러운 눈으로 내 모습을 훑어보았다.

나는 애매한 웃음을 지어 보이고 골목길로 걸어갔다. 짐 보따리를 도로 챙긴 다음 음모를 꾸미는 사람처럼 주위를 살피면서 아마르를 만났다. 우리는 마차를 타고 찬드니 초크 시장으로 갔다. 아마르와 나는 몇 달 동안 점심을 거르면서 영국 옷 살 돈을 모아 두었다. 영리한 형이 틀림없이 탐정처럼 뒤를 쫓을 거라고 짐작하고, 유럽인 옷차림으로 형을 따돌릴 셈이었다.

우리는 기차역으로 가는 길에 잠시 마차를 세우고 사촌인 조틴 고시를 태웠다. 내가 '자틴다'라고 부르는 그는 히말라야의 구루를 동경하는 새로운 신도였다. 자틴다도 준비한 새 옷으로 갈아입었다. '변장은 이만하면 충분하겠지!' 우리 가슴은 한껏 부풀었다.

"이제 천으로 만든 신발만 구하면 된다." 나는 일행을 데리고 고무창 신발이 진열된 상점을 찾아갔다. "이 신성한 여행에 짐승을 살생해서 만든 가죽 물건이 있으면 안 돼." 나는 길거리에 멈춰 서서 《바가바드 기타》의 가죽 표지를 벗기고 영국산 사파리 모자(헬멧)에서 가죽 끈을 떼어냈다.

우리는 역에서 부르드완행 기차표를 샀다. 거기서 다시 기차를 갈아타고 히말라야 기슭에 있는 하르드와르까지 갈 계획이었다. 열차가 우리와 일심동체가 되어 내닫기 시작하자 나는 장밋빛 미래를 떠벌리기 시작했다.

"한번 상상해 봐! 우리는 스승들께 비법을 전수받고 우주 의식의 무아지경을 체험하게 될 거야. 우리 몸에 자력 같은 기운이 넘쳐서 히말라야의 야생 동물들이 고분고분 우리 곁으로 다가올 거야. 호랑이도 쓰다듬어 달라고 보채는 순한 고양이처럼 될 거야!"

아마르는 그야말로 넋을 잃을 만큼 황홀한 얘기에 도취한 듯이 미소를 머금었다. 그러나 자틴다는 눈길을 돌려 차창 밖으로 휙휙 스치는 풍경만 바라보고 있었다.

자틴다가 오랜 침묵을 깨고 이렇게 제안했다. "우리, 돈을 나눠 갖고 있기로 하자. 부르드완에서는 각자 따로 차표를 끊는 거야. 그러면 역무원도 우리가 함께 도망치고 있다는 걸 알아채지 못할 거야."

나는 아무런 의심 없이 동의했다. 해질녘에 기차가 부르드완에 멈춰 섰다. 자틴다는 매표소로 들어가고, 아마르와 나는 플랫폼에 앉아 있다가 십오 분이 넘도록 소식이 없어서 자틴다를 찾아 나섰다. 우리는 사방으로 돌아다니며 초조한 심정으로 자틴다의 이름을 외쳤다. 그러나 자틴다는 이미 작은 역을 감싸고 있는 어슴푸레한 어둠 속으로 사라져 버린 뒤였다.

나는 머리를 얻어맞은 것처럼 충격을 받고 맥이 탁 풀려 버렸다. 이런 어처구니없는 일을 신께서 모른 체 하시다니! 신을 만나려고 공들여 계획한 첫 번째 탈주의 단꿈이 처참하게 깨지는 순간이었다.

"아마르, 도로 집에 가야겠다." 나는 어린아이처럼 눈물을 흘리고 있었다. "자틴다가 의리 없이 사라져 버린 건 불길한 징조야. 이번 여행은 다 틀렸어."

"신을 만난다더니 고작 이거야? 친구의 배신이라는 작은 시험도 견딜 수 없는 거야?"

신의 시험이라는 아마르의 말에 나는 다시 마음을 다잡았다. 우리는 부르드완의 명물 과자 시타브호그(여신의 음식)와 모티추르(작고 둥근 캔디)를 먹고 기운을 차렸다. 몇 시간 후 우리는 바레일리를 경유해서 하르드와르로 가는 기차를 탔다. 다음날 모굴 세라이에서 기차를 갈아타려고 플랫폼에서 기다리는 동안 우리는 시급한 문제를 의논했다.

"아마르, 조금 있으면 역무원이 꼬치꼬치 캐물을지 몰라. 우리 형을 만만하게 보면 안 돼! 하지만 아무리 급해도 난 거짓말은 하지 않을 거야."

"무쿤다, 너는 아무 말 말고 가만히 있으면 돼. 내가 얘기하는 동안 쓸데없이 웃거나 히죽거리지 말고."

바로 그때 백인 역장이 다가와 말을 걸었다. 그는 전보 한 장을 흔들고 있었는데, 무슨 내용인지 금방 짐작이 갔다. "너희들 홧김에 가출한 거로구나."

"아니에요!" 역장이 그런 표현을 사용한 덕에 단호히 부인할 수 있게 된 것이 기뻤다. 인습을 벗어난 내 행동의 동기는 '홧김'이 아니라 '지극히 신성한 비애'였던 것이다.

역장은 아마르에게 화살을 돌렸다. 그때부터 두 사람 사이에 벌어진 재치의 대결은 아마르가 시킨 대로 진지한 표정을 유지하기가 힘들 정도였다.

"또 한 친구는 어디 있지?" 그 사나이는 목소리에 잔뜩 힘을 주면서 물었다. "자 어서 바른대로 대!"

"아저씨, 안경을 쓰고 계시면서도 저희 둘밖에 없는 게 보이지 않으세요?" 아마르는 넉살 좋게 웃었다. "저는 마술사가 아니에요. 무슨 수로 없는 아이를 만들어 내겠어요?"

역장은 이 당돌한 대꾸에 눈에 띄게 당황해하면서 역습할 기회를 노렸다. "네 이름은 뭐지?"

"저는 토머스라고 해요. 어머니는 영국 사람이고 아버지는 기독교로 개종한 인도 사람이에요."

"친구 이름은 뭐지?"

"톰슨이라고 해요."

이때쯤에는 뱃속에서 웃음이 치밀어 당장 터질 것 같았다. 때마침 기차가 출발을 알리는 기적을 울렸기 때문에 나는 무작정 기차를 향해 달려갔다. 아마르와 역장도 뒤따라 올라왔다. 우리 말을 곧이들은 역장은 친절하게도 우리를 백인 전용 객실에 넣어 주기까지 했다. 영국계 혼혈 소년들이 원주민 칸에 탄다는 사실이 마음에 걸렸던 것이 틀림없다. 역장이 예의를 갖추고 자리를 뜬 후에 나는 의자에 몸을 파묻고 한바탕 웃음을 터뜨렸다. 아마르는 노련한 백인 관리를 따돌린 것이 자못 흡족하다는 표정이었다.

플랫폼에서 옥신각신하는 동안 나는 전보를 훔쳐볼 수 있었다. 아난타 형이 친 전보의 내용은 이러했다. "가출한 영국인 차림의 벵골 소년 셋이 모굴 세라이를 경유해 하르드와르로 향하는 중. 내가 도착할 때까지 붙들어 두기 바람. 후사하겠음."

"아마르, 갈 곳을 표시한 기차 시간표를 집에 놓아두지 말라고 했잖아." 나는 책망하는 눈길을 보냈다. "형은 틀림없이 너희 집에서 시간표를 찾아냈을 거야."

아마르는 내 불평을 순순히 받아들였다. 기차는 바레일리에 잠시 정차했는데, 그곳에 드와르카 프라사드*가 아난타 형의 전보를 들고 우리를 기다리고 있었다. 드와르카는 한사코 우리를 붙잡아 두려 했다. 나는 우리가 철없는 생각으로 도망을 친 것이 아니라는 사실을 납득시켰다. 지난번에 그랬던 것처럼 이번에도 드와르카는 함께 히말라야로 가자는 나의 제안을 거절했다.

그날 밤 기차가 역에 머무는 동안 나는 반쯤 잠이 들어 있었는데, 또 역무원 한 사람이 아마르를 깨우더니 이것저것 캐물었다. 하지만 그도 역시 혼혈아 '토머스'와 '톰슨'의 마법에 넘어가고 말았다. 기차는 승리감에 젖은 우리를 태우고 동틀 무렵 하르드와르에 도착했다. 장엄한 산들이 멀리서 우리를 반기듯 어렴풋이 모습을 드러냈다. 우리는 곧바로 역을 빠져나와 도시의 군중 속에 섞여 자유를 만끽했다. 그곳에서 제일 먼저 한 일은 내국인 복장으로 갈아입는 것이었다. 우리가 백인처럼 꾸민 사실을 아난타 형이 용케 알아차렸기 때문이다. 어쩐지 붙잡힐 것만 같은 예감이 마음을 짓눌렀다.

우리는 서둘러 하르드와르를 떠나는 것이 좋겠다는 생각에 북쪽의 리시케시로 가는 차표를 끊었다. 리시케시는 오래전부터 높은 스승들의 발자취가 이어져 성지로 받들어지는 곳이었다. 내가 열차에 오른 뒤에도 아마르는 플랫폼에서 꾸물거리고 있다가 경관이 외치는 소리에 영락없이 붙들린 꼴이 되었다. 반갑지 않은 그 보호자는 아마르와 나를 경찰서로 데리고 가서 우리가 가지고 있던 돈을 압수했다. 경관은 짐짓 정중한 태도로 형이 도착할 때까지 우리를 붙잡아 두는 것이 자신의 의무라고 설명했다.

가출 소년들의 목적지가 히말라야였다는 것을 알고 난 경관은 기이한 이야기를 들려주었다.

"성자들한테 빠져 있는 모양이로구나! 그래도 너희는 바로 어제 내가 본 사람보다 더 비범한 성자를 만나지는 못할 거다. 동료와 내가 그를 처음 마주친 것은 닷새 전이었어. 우리는 어떤 살인범을 찾느라고 갠지스 강변을 따라 순찰을 도는 중이었지. 죽이든 살리든 기필코 범인을 잡아 오라는 상부의 지시였어. 이자는 순례자를 털려고 사두로 변장하고 다닌다는 거야. 그러다가 저만치 앞에서

* 44쪽에 언급.

범인과 인상착의가 비슷한 사람을 발견했어. 멈추라고 소리쳤지만 명령을 무시하더군. 우리는 단박에 달려가서 그자를 덮쳤지. 나는 등 뒤에서 있는 힘을 다해 도끼를 휘둘렀어. 그러자 그 사람의 오른팔이 잘려서 떨어져 나갈 지경이 되었지. 그런데 놀랍게도 이 기인은 비명을 지르지도 않고 다친 팔을 쳐다보지도 않은 채 마냥 잰걸음을 재촉하는 거야. 우리가 달려가 앞을 막아서자 그제야 차분한 목소리로 이렇게 말하는 것이었어.

'나는 당신들이 찾고 있는 살인범이 아니라오.'

고매한 성자처럼 보이는 사람을 해쳤다는 것을 알고 나는 심한 자책감에 빠졌어. 나는 그분의 발밑에 엎드려 용서를 빌고, 내 터번 자락으로 뿜어 나오는 피를 막아 드렸지.

'젊은이 입장에서는 오해할 만도 했소.' 그 성자는 좋은 말로 나를 달래 주었어. '너무 자책하지 말고 볼일을 보구려. 나는 어머니 여신께서 돌봐 주고 계시니 염려 마시오.' 그러고는 대롱거리는 팔을 어깨에 밀어 넣으니까 떡하니 붙어 버리지 않겠니. 어쩐 일인지 흐르던 피도 바로 멈추어 버렸단다.

'사흘 뒤 저쪽에 있는 나무 밑으로 나를 찾아오면 상처가 깨끗이 아물어 있을 거요. 그러면 당신도 자책감을 느끼지 않게 될 거요.'

그래서 어제 동료와 나는 가슴을 졸이며 그곳에 가 보았지. 사두가 먼저 와 있다가 우리를 보더니 자기 팔을 살펴보라고 하더군. 과연 팔에는 아무런 흉터도 다친 흔적도 없었단다.

'나는 리시케시를 거쳐 히말라야 깊은 산속으로 들어갈 거요.' 사두는 우리를 축복해 주고는 바로 떠나 버렸어. 나는 그분의 성덕을 통해 삶이 한결 고양된 것을 느낀단다."

경관은 경건함이 묻어나는 탄성과 함께 이야기를 끝맺었다. 그 경험을 통해 평상시에는 좀처럼 느낄 수 없었던 감동을 받은 것이 분명했다. 그는 감격에 겨운 표정을 지으며 그 기적이 소개된 기사 조각을 건네주었다. 흥미 위주로 윤색한 신문 보도가 흔히 그렇듯이(인도에서도 예외는 아니다) 기사는 다소 과장되어 사두의 목이 거의 잘릴 뻔했다고 적혀 있었다.

마치 그리스도처럼 박해자를 용서할 수 있는 위대한 요기를 만날 기회를 놓친 것이 무척 아쉬웠다. 인도는 지난 이백 년 동안 물질적으로는 궁핍했지만 여전히 고갈되지 않는 종교적 부의 원천을 간직하고 있다. 그렇기 때문에 이 경관처럼 세속적인 사람도 이따금씩 길가에서 영혼의 '거인'을 마주칠 수 있는 것이다.

우리는 기적 같은 이야기로 지루함을 덜어 준 경관에게 감사를 표했다. 보아하니 그는 자기가 더 운이 좋다는 것을 은근히 내세우고 싶었던 모양이다. 그는 별다른 노력 없이도 덕이 높은 성자를 만났는데, 우리는 그토록 헤매고도 스승의 발밑은커녕 살벌한 경찰서에 갇힌 신세가 되었으니!

히말라야가 바로 코앞이건만 이렇게 발이 묶이고 보니 너무나도 멀게만 느껴졌다. 나는 자유에 대한 열망이 갑절로 커진 것 같다고 아마르에게 말했다.

"기회를 봐서 몰래 빠져나가자. 성지 리시케시까지는 걸어서라도 갈 수 있어." 나는 호기롭게 웃어 보였다.

그러나 내 친구는 든든한 버팀목이었던 돈을 압수당하고 나서부터 비관론자로 변해 버렸다.

"그렇게 위험한 밀림 지대를 걸어서 건너려 하다가는 성지는커녕 호랑이 뱃속에서 여행을 마치게 될 거야!"

사흘 뒤에 아난타 형과 아마르의 형이 도착했다. 아마르는 이제 살았다는 듯이 자기 형을 반겼다. 하지만 나는 고집을 굽히지 않고 아난타 형을 호되게 몰아세웠다.

"네 기분은 다 이해한다." 형은 달래듯이 말했다. "내가 바라는 것은 단지 나와 함께 바나라스로 가서 현자 한 분을 만나 보자는 것뿐이다. 그리고 캘커타로 가서 슬픔에 잠겨 계신 아버지를 며칠만이라도 찾아뵙도록 하자. 그런 다음에 너는 여기서 다시 스승을 찾아 나서도 좋다."

그 사이 자기 형과 대화를 나누던 아마르는 나와 함께 하르드와르로 돌아갈 생각이 없다는 뜻을 비쳤다. 아마르는 가족의 따뜻한 정에 끌리고 있었다. 그러나 나는 내가 구루를 찾는 일을 절대로 포기하지 않으리라는 것을 알고 있었다.

우리 일행은 바나라스로 가는 기차를 탔다. 그곳에서 나의 기도는 뜻밖에도 즉각적인 응답을 얻었다.

아난타 형은 미리 세심한 계획을 세워 두었다. 하르드와르로 오는 길에 먼저 바나라스에 들러서 경전 권위자 한 분에게 나를 면담해 달라는 부탁을 해 두었던 것이다. 이 범학자(梵學者: 푼디트)는 아들과 함께 나를 설득해서 산야시*가 되려는 생각을 단념시켜 보겠다고 아난타 형에게 약속했다.

아난타 형은 그 집으로 나를 데리고 갔다. 혈기 넘치는 젊은 아들이 안마당에서 나를 맞이했다. 그는 나를 보더니 장황한 철학적 담론을 늘어놓았다. 그는 내 미래를 꿰뚫어 볼 수 있다고 호언하면서 수도승이 되겠다는 내 생각에 반대했다.

"자네가 고집을 부리고 일상의 책임을 저버린다면 불행의 늪에서 헤어나지 못하고 신도 찾을 수 없을 걸세! 속세에서 공덕을 쌓지 않고는 전생의 카르마(업보)†를 씻을 수 없다네."

그 말을 들으니 《바가바드 기타》에 나오는 불후의 구절‡이 입속에서 맴돌았다. "비록 크나큰 악업을 저지른 사람일지라도 날마다 정성껏 나에 대해 명상한다면 지난날의 악행이 빚은 결과에서 속히 벗어날 수 있다. 그는 곧 숭고한 혼이 되어 영원한 평화를 얻을 것이다. 분명히 알지어다. 나를 믿는 헌신자는 결코 멸망하지 않으리라."

그렇지만 힘이 넘치는 그 젊은이의 예언은 나의 확신을 살짝 흔들어 놓았다. 나는 마음에서 우러난 열정을 다 바쳐 묵묵히 신에게 기도했다.

'부디 저의 혼란을 잠재워 주소서. 당신께서 제게 바라는 것이 수행자의 삶인지 속인의 삶인지 지금 이 자리에서 답해 주십시오!'

이때 그 집의 울타리 바로 바깥에 고매한 용모의 사두가 서 있는 것이 눈에 띄었다. 그가 나를 보더니 가까이 오라고 불렀다. 자칭 예언자와 내가 나누는 열띤 대화를 우연히 들은 모양이었다. 나는 그의 평온한 두 눈에서 엄청난 힘이 넘쳐

---

* 출가 수행자. '버린다'는 뜻의 산스크리트어 동사 어근에서 유래.
† 현생이나 전생에서 저지른 과거의 행위에 따른 결과. 산스크리트어 동사 'kri(행하다)'에서 유래.
‡ 제9장 30~31절

흐르는 것을 느꼈다.

"젊은이, 저 무지한 사람의 얘기를 귀담아듣지 말게. 신께서 자네의 기도를 들으시고는, 현생에서 자네에게 주어진 유일한 길은 수행자의 삶이라는 걸 확실히 일깨워 주라고 내게 당부하셨다네."

나는 놀라움과 고마움이 뒤섞인 심정으로 이 결정적인 신탁에 흡족한 미소를 지었다.

그때 안마당에서 '무지한 사람'이 내게 소리쳤다. "그 사람을 가까이 하지 말게!" 그러자 성자처럼 나를 인도해 준 그 사두는 손을 들어 축복을 내려 주고 천천히 그곳을 떠났다.

"저 사두는 자네만큼이나 미쳐 있는 사람이야." 이 흥미로운 사실을 알려준 것은 백발의 범학자였다. 아버지와 아들은 애처롭다는 듯이 나를 바라보았다. "그도 역시 신을 찾겠다며 무작정 집을 뛰쳐나왔다고 하더군."

나는 발길을 돌렸다. 그분들 하고는 더 왈가왈부하고 싶지 않다고 형에게 말했다. 낙담한 형은 당장 떠나자는 내 말에 순순히 응했다. 우리는 곧 캘커타로 가는 기차에 올랐다.

"탐정 선생님, 내가 친구 둘과 도망쳤다는 걸 어떻게 알아 내셨나요?" 집으로 돌아오는 길에 나는 슬며시 궁금했던 일을 물어보았다. 형은 장난기 어린 웃음을 지었다.

"너희 학교에서 아마르가 교실을 나간 뒤 돌아오지 않은 사실을 알았지. 다음 날 아침 아마르네 집에 가서 갈 곳을 표시한 기차 시간표를 찾아냈어. 마침 아마르 아버지가 마차로 출근하느라 마부와 얘기를 하고 있더구나.

'우리 애가 오늘은 함께 타고 가지 않을 걸세. 어제 집에 안 들어왔어!'

아버지가 푸념을 늘어놓자, 듣고 있던 마부가 이런 얘기를 했어. '저희 동료가 그러는데, 아드님이 다른 소년 둘과 함께 백인 옷차림을 하고 하우라 역에서 기차를 타더랍니다요. 신고 있던 가죽신을 마부한테 선물로 주기도 했답니다.'

이렇게 해서 나는 기차 시간표, 세 소년, 영국 옷이라는 세 가지 단서를 얻게 되었지."

나는 우습기도 하고 분하기도 한 심정으로 형의 뒷얘기를 듣고 있었다. 마부에게 인심을 쓴 것이 엉뚱한 결과를 불러올 줄이야!

"나는 옳다구나 하고 기차 시간표에서 밑줄이 쳐진 역마다 서둘러 전보를 보냈지. 바레일리에도 표시가 되어 있기에 그곳에 사는 네 친구 드와르카한테 전보를 친 거야. 캘커타에서 이웃에 수소문을 해 보니, 자틴다가 하룻밤을 밖에서 자고 다음날 아침 서양인 차림으로 집에 돌아왔다고 하더군. 나는 자틴다를 불러내서 저녁을 사 주겠다고 했지. 좋은 말로 구슬렸더니 경계심을 풀고 순순히 응하더구나. 돌아오는 길에 나는 자틴다가 의심하지 않도록 조심하면서 경찰서로 데리고 갔어. 그 전에 미리 인상이 험한 경관 몇 사람한테 도와 달라고 부탁해 두었지. 자기를 에워싸고 쏘아보는 험악한 눈초리에 주눅이 든 자틴다는 그간의 이해할 수 없는 행동을 해명하기 시작했지.

'나는 들뜬 기분으로 히말라야를 향해 떠났어요. 스승들을 만난다는 기대감에 잔뜩 부풀어 있었지요. 그런데 무쿤다가 말하기를, 히말라야 동굴에서 우리가 무아경에 취해 있는 동안 호랑이들이 마법에 홀려 순한 고양이처럼 우리 곁에 둘러앉을 거라고 하는 바람에 그만 심장이 얼어붙고 이마에 식은땀이 맺혔어요. 나는 생각했어요. 우리의 영적 초능력으로 포악한 호랑이의 야성이 잠들지 않으면 어쩌지? 그래도 호랑이들이 집고양이처럼 우리를 다정하게 대해 줄까? 그러자 내가 호랑이 뱃속에 들어가 있는 모습이 눈에 선하게 떠올랐어요. 온몸을 한꺼번에 삼키는 것이 아니라 조금씩 나눠서 먹는 거예요.'"

자틴다 일로 쌓였던 노여움이 웃음 속에 날아가 버렸다. 배꼽을 잡는 이야기는 자틴다 때문에 겪은 고생을 보상하기에 충분했다. 솔직히 고백하자면, 자틴다도 경찰서 신세를 면하지 못했다는 사실이 약간이나마 위로가 되었다.

"아난타 다*는 탐정 기질을 타고났군요!" 나의 빈정거림에는 여전히 일말의 분노가 서려 있었다. "아무튼 자틴다가 배신하려고 그런 것이 아니라 알량한 자기보호 본능이 발휘된 것뿐이라는 사실을 알게 되어 기쁘다고 말해 주어야겠어요!"

---

* 나는 언제나 형을 '아난타 다'라고 불렀다. '다'는 큰형이나 큰오빠의 이름 뒤에 붙이는 존칭이다.

캘커타로 돌아오자 아버지는 고등학교를 마칠 때까지 만이라도 방랑벽을 좀 자제해 보라고 간절하게 당부하셨다. 내가 없는 동안 아버지는 덕망 높은 범학자 스와미 케발라난다를 정기적으로 집에 초빙하는 계획을 세워 두셨다.

"현자께서 네게 산스크리트어를 가르쳐 주실 게다." 아버지의 말씀은 확신에 차 있었다.

아버지는 학식이 높은 철인의 가르침을 통해 나의 종교적 갈망이 채워지기를 바라셨다. 그러나 상황은 엉뚱한 방향으로 흘러갔다. 새 선생님은 무미건조한 지식을 전달하는 일에는 전혀 관심을 보이지 않고 신을 염원하는 내 마음의 불씨를 부채질할 뿐이었다. 아버지는 모르셨지만, 스와미 케발라난다는 라히리 마하사야의 뛰어난 제자였다. 더없이 위대한 구루는 수천 명의 제자를 거느리고 있었다. 이들은 신성한 자력과도 같이 저항할 수 없는 힘에 말없이 이끌려 그를 따르게 된 사람들이었다. 나는 훗날 라히리 마하사야가 케발라난다를 종종 리시(깨달음을 얻은 현자)에 견주곤 했다는 사실을 알게 되었다.[*]

새 선생님의 수려한 얼굴에는 풍성하게 넘실거리는 머리카락과 수염이 뒤덮여 있었다. 그윽한 눈동자는 어린아이처럼 투명하고 순수했다. 호리호리한 몸의 움직임에는 언제나 평온한 신중함이 배어 있었다. 늘 온화하고 자애로운 선생님은 무한 의식 속에 굳건하게 자리 잡고 있었다. 우리는 함께 크리야 명상을 수행하면서 행복한 시간을 보냈다.

케발라난다는 고대 샤스트라(경전)의 권위자로 이름이 높았다. 선생님은 해박한 지식 덕분에 흔히 '샤스트리 마하사야'라고 불렸다. 그러나 나의 산스크리트어 공부는 이렇다 할 진전이 없었다. 나는 기회만 있으면 지루한 문법 공부는 덮어 두고 요가나 라히리 마하사야에 관한 얘기를 꺼냈다. 그러던 어느 날 선생님은 모처럼 스승과의 삶에 얽힌 얘기를 들려주었다.

---

[*] 우리가 만났을 때 케발라난다는 아직 스와미 교단에 입문하지 않은 상태였고, 사람들은 그를 '샤스트리 마하사야'라고 불렀다. 그러나 라히리 마하사야나 마스터 마하사야(9장)의 이름과 혼동되는 것을 피하기 위해 여기서는 훗날의 승명인 스와미 케발라난다로만 부르기로 한다. 최근에 그의 전기가 벵골어로 출간되었다. 1863년에 벵골의 쿨나 행정구에서 태어난 케발라난다는 68세에 바나라스에서 입적했다. 그의 속명은 아슈토시 차테르지였다.

"나는 십 년 동안 라히리 마하사야 님 곁에 머물 수 있는 크나큰 행운을 누렸다. 바나라스에 있는 구루의 집은 내가 매일 밤 찾는 순례지가 되었지. 구루는 언제나 일층에 있는 작은 응접실에 계셨다. 구루가 등받이 없는 나무 의자에 결가부좌를 틀면 제자들은 그 주위에 둥그렇게 둘러앉았다. 구루의 눈은 신성한 환희의 빛을 발하며 춤을 추었단다. 두 눈은 언제나 반쯤 감긴 채로 내면의 혜안을 통해 영원한 기쁨의 영역을 응시하고 있었지. 그분은 길게 말씀하시는 일이 별로 없었다. 이따금씩 도움이 필요한 제자가 있으면 가만히 응시하고 있다가 이윽고 치유의 말씀을 눈부신 폭포처럼 쏟아붓곤 하셨단다.

스승과 시선을 마주칠 때면 내면으로부터 형언할 수 없는 평화가 꽃처럼 피어났다. 무한의 연꽃에서 뿜어 나오는 것 같은 향기가 나를 감쌌다. 그분과 함께 있으면 며칠 동안 말 한마디 없이도 내 존재 전체를 뒤흔들어 놓는 체험이 되었지. 부질없는 상념으로 집중이 흐트러질 때는 구루의 발치에 앉아서 명상을 수행하곤 했단다. 그러면 정신이 오락가락하다가도 쉽게 추스를 수 있었지. 평범한 교사들 앞에서는 그런 인식에 이를 수 없었다. 스승은 살아 있는 신전이요, 신비로운 그 문은 신심을 지닌 모든 제자에게 열려 있었다.

라히리 마하사야 님은 책에 매달리는 경전 해석가가 아니셨어. 그분은 자유자재로 '신의 서재'를 드나들었단다. 전지(全知)의 샘에서 말씀과 생각이 분수처럼 솟는 듯했지. 그분은 먼 옛날의《베다》* 속에 감추어진 심원한 철학적 지혜를 밝혀내는 마법의 열쇠를 가지고 계셨다. 우리가 고대 문헌에 언급된 의식의 다양한 단계를 설명해 달라고 하면 구루는 미소를 띠며 부탁을 들어주시곤 했다.

'내가 직접 그러한 상태를 단계적으로 거치면서 인식하는 것을 그때그때 너희에게 일러주마.' 이렇듯이 구루는 경전을 달달 외워 두었다가 자기도 알지 못하

---

* 고대의 4대《베다》에는 100권이 넘는 정전(正典)이 현존한다. 에머슨은《저널(Journal)》지에서 베다 사상에 대해 다음과 같은 찬사를 보냈다.

"그 웅대함은 타오르는 열기와 같고, 깊은 밤과 같고, 막막한 바다와 같다.《베다》에는 모든 종교적 감성과 모든 숭고한 윤리가 담겨 있어 고결한 시적 정신을 차례차례 두드려 깨운다. (…) 책을 멀리 해도 피할 수 없다. 숲 속이나 연못 위의 배에 몸을 맡긴다 해도 자연이 이윽고 나를 브라흐만으로 만들어 놓는다. 영원한 필연, 영원한 보상, 헤아릴 수 없는 힘, 깨지지 않는 침묵 (…) 이것이 그 교의다. 마음의 평화와 순수와 절대적인 포기야말로 모든 죄를 씻어 주고 우리를 여덟 신(神)의 참 행복으로 이끌어 주는 특효약이라는 것을《베다》는 내게 일깨워 준다."

는 관념을 끄집어내는 교사들과는 근본적으로 달랐지.

과묵한 구루는 때때로 곁에 있는 제자에게 이렇게 이르시곤 했어. '경전의 구절들을 의미가 떠오르는 대로 풀이해 보거라. 올바른 해석을 내릴 수 있도록 내가 너의 생각을 이끌어 주마.' 여러 제자들은 이런 식으로 라히리 마하사야 님이 터득한 바를 기록하고 방대한 주석을 붙였다.

스승은 절대로 맹목적인 믿음을 권장하지 않으셨다. '말이란 껍데기에 불과하다. 너희 자신이 명상을 하는 동안 기쁨에 찬 교감을 통해 신의 존재에 대한 확신에 이르러야 한다.'

제자의 문제가 무엇이든 구루는 해결책으로 크리야 요가를 권하셨다.

'내가 더 이상 육신에 머물면서 너희를 인도할 수 없게 되더라도 요가의 열쇠는 그 효력을 잃지 않을 것이다. 이 수행법은 이론적 교시의 틀에 묶여 파묻히고 망각되어서는 안 된다. 크리야의 진정한 힘은 실천에서 나온다. 한시도 멈추지 말고 해방을 향한 길을 추구해야 한다.'

나 스스로도 크리야는 무한자를 추구하는 가운데 끊임없이 진화하는 자기 수양을 통해 구원을 얻는 가장 효과적인 방법이라고 생각한다. 모든 인간 속에 감춰져 있던 전능한 신이 크리야를 통해 라히리 마하사야와 수많은 제자의 육체를 빌어 모습을 나타낸 것이다."

케발라난다는 진심 어린 증언으로 이야기를 끝맺었다.

라히리 마하사야가 그리스도 같은 기적을 행하는 광경이 케발라난다의 눈앞에서 펼쳐진 적이 있었다. 어느 날 고매한 선생님이 그 이야기를 들려주셨다. 선생님은 우리 앞의 탁자 위에 놓인 산트크리트어 교본에서 눈길을 돌려 먼 곳을 바라보았다.

"눈 먼 제자 라무는 내게 깊은 연민의 정을 불러일으켰다. 내면에서 신성한 빛을 내뿜고 있는 우리 스승을 정성껏 섬기는 그가 빛을 볼 수 없다니! 어느 날 아침 라무에게 할 얘기가 있어서 찾아갔더니, 야자 잎으로 만든 푼카(천장에 매다는 부채)로 몇 시간째 쉬지 않고 구루께 부채질을 해 드리고 있더구나. 나는 라무가 방에서 나올 때까지 기다렸다가 따라갔다.

'라무, 자네 언제 눈이 멀었나?'

'태어날 때부터요. 아직 한 번도 제 눈으로 햇빛을 보는 축복을 누리지 못했답니다.'

'전능하신 우리 구루께서 도와주실 수 있을 걸세. 한번 간청을 해 보게나.'

다음날 라무는 송구스러운 마음으로 라히리 마하사야 님을 뵈었다. 이 제자는 영적인 풍요로도 부족하여 육체적 풍요까지 바란다는 것을 부끄럽게 여겼던 게다.

'스승님, 온 우주를 밝히는 분이 당신 안에 계십니다. 제 눈이 그분의 빛을 받아 미약한 햇빛이나마 감지할 수 있도록 해 주시길 바랍니다.'

'라무야, 누군지 나를 난처하게 만들려고 작정한 모양이구나. 내게는 먼눈을 고칠 힘이 없다.'

'스승님 안에 계신 신께서는 틀림없이 고쳐 주실 수 있을 것입니다.'

'그것은 전혀 다른 얘기다. 신의 손길이 미치지 않는 곳은 없다! 신비한 생명의 빛으로 별들과 신체의 세포를 밝히는 그분께서는 정녕 네 눈에 밝은 시력을 찾아 주실 수 있지.' 스승은 라무의 두 눈썹 사이*에 손을 대셨다.

'마음을 이곳에 집중시킨 채 이레 동안 쉬지 말고 신성한 라마†의 이름을 뇌거라. 그리하면 태양의 광채가 새날을 밝혀 줄 것이다.'

아, 그런데 일주일이 지나자 정말 그렇게 되었단다. 라무는 처음으로 자연의 아름다운 얼굴을 보았다. 전지한 스승께서 제자에게 가장 경모하는 성자 라마의 이름을 뇌도록 한 것이 주효했던 거야. 정성껏 일군 흙과 같은 라무의 믿음 위에 영원한 치유의 힘을 지닌 구루의 씨앗이 싹을 틔운 것이지."

케발라난다는 잠시 말을 끊었다가 다시 구루를 예찬했다.

"라히리 마하사야께서 행한 기적들을 보면 에고가 스스로를 원인적 힘으로 여

---

* '바른' 눈, 즉 영혼의 눈이 있는 자리. 죽음을 맞이한 사람의 의식은 보통 이 신성한 지점으로 이끌린다. 이는 죽은 사람의 눈동자가 위로 치켜져 있는 이유를 설명해 준다.
† 산스크리트 서사시 《라마야나》의 주인공인 신성한 인물.

기는 아만(我慢)*을 결코 용납하지 않은 것을 알 수 있다. 스승은 지고의 치유력에 자신을 완전히 내맡김으로써 그 힘이 자신을 통해 자유로이 흐르도록 한 것이다. 라히리 마하사야를 통해 기적처럼 치유된 수많은 육체도 결국은 화장터의 불길을 면하지 못했다. 그러나 그분이 이룩한 소리 없는 영적 깨우침, 그가 길러낸 그리스도와 같은 제자들은 불멸의 기적으로 남을 것이다."

나는 결국 산스크리트어 학자가 되지 못했지만, 케발라난다는 그보다 더 신성한 문법을 가르쳐 주었다.

---

* 아만(我慢), 즉 아함카라('내가 한다'는 뜻)는 인간과 창조주 사이의 분리를 전제하는 이원론의 근본 원인이다. 아함카라는 인간 존재가 마야(우주적 미망)의 지배를 받도록 함으로써 주체(에고)가 객체로 오인되도록 한다. 즉, 피조물이 스스로를 창조자인 것처럼 여기게 만드는 것이다(74쪽 각주, 335~336쪽, 346쪽 각주 참조).

　　진리를 깨달은 사람은 '나는 아무것도 행하는 것이 없다'고 생각할 것이다.
　　감각 기관이 감각 대상 사이에서 노닐고 있을 뿐임을 확실히 알기 때문이다. (제5장 8~9절)
　　모든 행동은 오로지 프라크리티에 의해 행해지며
　　참나는 그 행하는 자가 아님을 보는 사람은 바르게 보고 있는 것이다. (제13장 29절)
　　나는 비록 불생이요 불멸이며 만유의 주인이지만 스스로의 본성에 머물러 있으면서
　　내 자신의 신비로운 마야를 통해 이 세상에 나타난다. (제4장 6절)
　　세 가지 구나로 이루어진 나의 신성한 마야를 넘어서기는 참으로 어렵다.
　　그러나 내 안에서 안식을 취하는 사람은 이 마야를 넘어설 수 있다. (제7장 14절)
　　　　　　　　　　　　　－ 《바가바드 기타》(아놀드의 영어 번역을 한글로 옮김)

5
기적을 행하는 '향기 성자'

"범사에 기한이 있고 천하만사가 다 때가 있나니." [*]

나는 내 마음을 달래 줄 솔로몬의 지혜를 터득하지 못했다. 나는 집 밖으로 나갈 때마다 혹시나 내게 운명 지어진 구루의 얼굴을 마주치지 않을까 주위를 두리번거렸다. 그러나 나와 구루의 행로가 서로 교차한 것은 내가 고등학교를 마치고 난 뒤였다.

스리 유크테스와르가 내 삶 속으로 들어온 것은 내가 아마르와 함께 히말라야 탈주를 감행한 지 이태가 지난 어느 날이었다. 그 사이에 나는 여러 현자를 만났다. '향기 성자', '호랑이 스와미', '나겐드라 나트 바두리', '마스터 마하사야', 그리고 저명한 벵골인 과학자 '자가디스 찬드라 보세'가 바로 그들이다.

나는 '향기 성자'와의 만남을 예고하는 사건을 두 가지 겪었는데, 하나는 훈훈한 미담이었고 또 하나는 웃지 못 할 촌극이었다.

"신은 단순하다. 그 외에는 모두 복잡하다. 상대적인 자연의 세계에서 절대적인 가치를 찾지 말라."

힌두 사원의 칼리[†] 여신상 앞에 말없이 서 있는데 이런 철학적 잠언이 귓가에

---

[*] 〈전도서〉 3:1.
[†] 칼리는 자연에 내재하는 영원한 원리를 나타낸다. 칼리는 전통적으로 드러누운 시바 신, 즉 무한자의 형상을 밟고 서 있는 네 개의 팔을 가진 여성으로 그려진다. 자연 또는 현상계의 활동은 드러나지 않는 영(靈)에서 비롯되기 때문이다. 네 개의 팔은 기본적인 속성들을 상징하는데, 둘은 이로운 속성, 둘은 파괴적인 속성으로 물질 또는 창조의 본질적 이원성을 뜻한다.

울렸다. 뒤를 돌아보니 키가 큰 사람이 서 있었다. 옷차림으로 보아, 아니 옷차림을 갖추지 않은 것으로 보아 유랑하는 사두라는 것을 알 수 있었다.

"혼란에 빠진 제 생각을 꿰뚫어 보셨군요!" 나는 고맙다는 미소를 지어 보였다. "칼리 여신이 상징하는 자연의 자비로운 면과 가혹한 면 사이의 모순은 저보다 현명한 분들에게도 난제였나 봅니다!"

"자연의 신비를 풀 수 있는 사람은 드물지! 선과 악은 삶이 스핑크스처럼 모든 지성 앞에 던지는 수수께끼일세. 테베 시대처럼 지금도 사람들은 대부분 해답을 찾지 못한 채 벌로 자신의 목숨을 바치고 있지. 하지만 그때나 지금이나 홀로 우뚝 선 사람은 절대로 패배를 외치지 않는다네. 그는 이원성의 마야*에서 분열을 뛰어넘은 일원성의 진리를 파헤쳐 내지."

"확신에 찬 말씀이시군요."

"나는 오래전부터 힘겨운 자기 성찰을 행하고 있다네. 지혜를 향해 다가가는 더없이 고통스러운 길이지. 자기 자신을 집요하게 파고들면서 스스로의 생각을 냉혹하게 관찰하는 일은 준엄하고도 파괴적인 체험이라네. 아무리 완강한 에고도 철저히 분쇄되고 말지. 그러나 참된 자기 분석은 한 치도 빈틈없이 작동해서 밝은 눈을 얻게 해 준다네. 개체를 인정하는 '자기표현'의 길은 결국 신과 우주를 자기 나름대로 해석할 권리가 있다고 믿는 자만을 부를 뿐이지."

"그처럼 오만한 독자성 앞에서는 틀림없이 진리도 맥없이 발길을 돌릴 겁니다." 나는 토론하는 것이 즐거웠다.

"인간이 자만심을 떨쳐 버리기 전까지는 영원한 진리를 이해할 수 없다네. 수백 년 묵은 진흙탕 속에 던져진 인간의 마음은 무수한 속세의 미혹을 쫓는 혐오

---

* 우주적 미망. 원뜻은 '측정하는 자'이다. 마야는 측정할 수 없고 분리할 수 없는 것에 한계와 구분이 존재하는 것처럼 보이도록 만드는 창조의 마법적 힘이다. 에머슨은 마야에 대해 이런 시를 썼다.
>   미망은 아무도 몰래 일을 꾸미고,
>   셀 수 없이 많은 그물을 짠다.
>   겹겹이 베일에 묻혀 빽빽이 들어차는
>   그녀의 방종한 화신들은 실패를 모른다.
>   속기를 갈망하는 인간으로부터
>   믿음을 훔치는 마법사.

스와미 케발라난다

요가난다지의 산스크리트 선생님

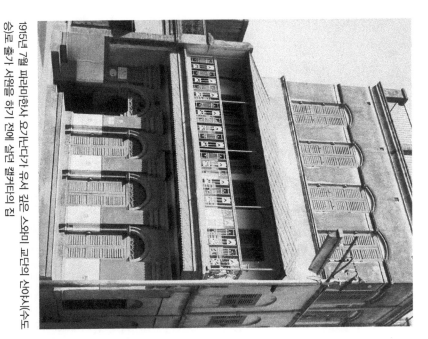

1915년 7월 파라마한사 요가난다가 뒤서 깎은 스와미 교단의 산야시(수도승)로 출가 서약을 하기 전에 살던 캘커타의 집

스러운 삶으로 가득 차 있어. 먼저 내면의 적과 싸워야 하는 이런 지경에서는 전쟁터의 피비린내 나는 싸움도 하찮은 것처럼 보일 정도라네. 이들은 무작정 힘으로 제압할 수 있는 이 세상의 적이 아닐세! 어디에나 숨어 있고, 지칠 줄 모르며, 우리가 잠들어 있을 때도 뒤를 좇는 이 무지한 욕망의 군대는 독기 서린 무기를 품에 감추고 우리를 멸망시킬 기회를 호시탐탐 노리고 있다네. 세속적인 운명에 굴복해서 이상을 저버리는 인간은 그야말로 생각이 모자라는 것이지. 무기력하고, 멍청하고, 수치스럽다고 할 수밖에 없지 않겠는가?"

"존경하는 선생님, 길을 잃고 헤매는 대중에게 연민을 느끼지 않으십니까?"

현자는 잠시 말이 없다가 이윽고 이렇게 에둘러 대답했다.

"모든 덕을 지녔지만 눈에 보이지 않는 신과 아무 덕도 지니지 못했지만 눈에 보이는 인간을 동시에 사랑하는 일은 종종 혼란을 일으키지! 그러나 그런 혼란은 지혜로 이겨 낼 수 있어. 내면을 탐구해 들어가면 곧 모든 인간 정신의 단일성, 그 이기적 동기의 바탕에 깔린 친족 관계가 드러난다네. 적어도 한 가지 의미에서 인류의 형제애를 확인할 수 있는 셈이지. 이러한 단일성을 깨닫고 나면 불현듯이 겸손한 마음이 일게 되지. 이 마음이 무르익으면 영혼 속에 잠재된 치유력을 알아보지 못하는 이웃에 대한 연민으로 발전하는 것이라네."

"모든 시대의 현자들이 선생님처럼 이 세상의 고난에 연민을 느꼈지요."

"천박한 사람만이 협소한 자기 고통에 집착한 나머지 다른 사람들의 고난에 무감각해지는 법이지."

근엄해 보이던 사두의 얼굴이 한결 부드러워졌다.

"날카로운 내성을 통해 자기 해부를 시도하는 사람은 넓고 보편적인 연민을 이해하게 된다네. 눈과 귀를 막는 에고의 요구에서 해방되는 것이지. 신에 대한 사랑은 그러한 토양에서 꽃피게 마련이야. 종국에 이르면 피조물은 자신의 창조주에게 시선을 돌리고 고뇌에 찬 물음을 던지게 되지. '신이여 왜, 무엇 때문에?' 무자비한 고통의 채찍질에 몰린 인간은 마침내 신에게로 이끌리게 된다네. 오직 무한한 실재의 아름다움만이 그의 마음을 사로잡기 때문이지."

현자와 내가 있는 곳은 장엄하기로 이름난 캘커타의 칼리가트 사원이었다.

나의 말동무는 화려하고 웅장한 사원을 손으로 휙 날려 버리는 시늉을 하면서 말했다.

"벽돌과 회반죽은 노래를 부르지 않는다네. 우리 마음은 근원적 존재의 음률에만 귀를 열지."

우리는 화사한 햇살을 받으며 입구 쪽을 향해 거닐었다. 그곳에는 수많은 신자들이 무리를 지어 오가고 있었다. 현자는 사려 깊은 눈빛으로 나를 바라보았다.

"자네는 젊네. 인도도 역시 젊지. 고대의 리시*들은 뿌리 깊은 영적 삶의 귀감을 제시했어. 그들의 해묵은 금언은 오늘 이 땅에도 그대로 살아 있다네. 물질주의의 책략에 견주어도 시대에 뒤떨어지지 않고 모자람이 없는 그 계율은 지금도 여전히 인도의 틀을 이루고 있지. 학자들이 선뜻 어림하기도 쉽지 않은 수천 년의 세월을 거치면서, 《베다》의 가치는 의심 많은 시간의 검증을 이겨 냈다네. 우리는 이것을 소중한 유산으로 간직해야 하네."

내가 달변의 사두에게 공손하게 작별 인사를 올리자 그는 앞일을 내다본 듯이 말했다.

"오늘 이곳을 떠난 후에 자네는 엉뚱한 일을 겪게 될 걸세."

나는 사원을 나와 정처 없이 발길을 옮겼다. 어느 길모퉁이를 돌아서다가 옛 친구와 마주쳤는데, 그는 한번 입을 열면 시간 가는 줄 모르고 수다를 늘어놓는 버릇이 있었다. 그는 대뜸 이렇게 말했다.

"금방 보내줄 테니, 우리가 못 본 사이에 있었던 일을 죄다 얘기해 보게."

"말도 안 돼! 얼른 가 봐야 해."

그러나 친구는 내 손을 붙잡고 어서 털어놓으라고 졸라 댔다. 나는 속으로 웃으면서 굶주린 이리 같다고 생각했다. 내가 얘기를 하면 할수록 더 걸신들린 듯이 캐고 드는 것이었다. 나는 마음속으로 칼리 여신에게 궁지에서 벗어나게 해 달라고 빌었다.

그러자 친구가 느닷없이 떠나 버렸다. 나는 안도의 한숨을 쉬면서, 다시 붙들

* '현자'를 뜻하는 리시는 머나먼 고대에 《베다》를 저술한 사람들이다.

려 수다에 말려들까 봐 걸음을 두 배로 재촉했다. 뒤에서 누가 쫓아오는 소리를 듣고 속도를 더 높였다. 나는 돌아볼 엄두가 나지 않았다. 그러나 녀석은 어느새 따라와서 어깨를 덥석 껴안는 것이었다.

"자네한테 간다 바바(향기 성자) 얘기를 해 준다는 걸 깜박했네. 그분은 저기, 저 집에 기거하신다네." 그러면서 조금 떨어진 집 한 채를 가리켰다. "꼭 만나 보게. 정말 재미있는 분이야. 진기한 경험이 될 걸세. 그럼, 또 보세." 그러고는 정말로 가 버렸다.

칼리가트 사원에서 사두가 들려준 비슷한 예언이 문득 떠올랐다. 호기심이 발동한 나는 그 집에 가 보았다. 안내를 받아 널찍한 응접실로 들어서니 한 무리의 사람들이 두꺼운 주황색 양탄자 위에 여기저기 동양풍으로 앉아 있었다. 그때 경외심에 가득 찬 속삭임이 내 귀를 울렸다.

"표범 가죽 위에 앉아 계신 간다 바바를 잘 보시오. 그분은 향기 없는 꽃에서 온갖 꽃의 천연 향을 낼 수 있고, 시든 꽃을 다시 활짝 피게 할 수도 있고, 사람 피부에서 매혹적인 향기가 배어 나오도록 할 수도 있다오."

내가 그 성자를 똑바로 바라보자 그도 순간 내게로 눈길을 돌렸다. 그는 뚱뚱한 체구에 턱수염을 기르고, 가무잡잡한 피부에 크고 번뜩이는 눈을 가지고 있었다.

"젊은이, 만나서 반갑네. 원하는 게 있으면 말해 보게. 향기를 맡게 해 줄까?"

"맡아서 뭐 하게요?" 나는 그의 말이 어딘지 유치하다고 생각했다.

"기적처럼 향기를 만드는 솜씨를 감상하는 거지."

"향기를 만드는 데도 신이 필요한가요?"

"아무렴. 어차피 향기는 신이 만드는 것이거늘."

"그렇지요. 하지만 신은 향기를 머금었다가 이내 시들어 버리는 꽃잎도 만드시지요. 선생님은 꽃을 실체화하실 수 있으신가요?"

"그럼. 하지만 나는 주로 향기를 만든다네, 젊은 친구."

"그렇다면 향수 공장이 문을 닫아야 하겠군요."

"그런 일은 없을 걸세! 나는 다만 신의 권능을 입증해 보이려는 것뿐이네."

"선생님, 신을 증명할 필요가 있을까요? 신은 모든 일, 모든 곳에서 기적을 행하고 계시지 않은가요?"

"그렇더라도 우리 역시 신의 무한한 창조성을 다채롭게 드러내 보일 필요가 있다네."

"그 비결을 터득하는 데 얼마나 걸리셨나요?"

"열두 해가 걸렸지."

"영적인 방법으로 향기를 만드느라 애쓰셨군요! 고결하신 성자님께서는 꽃 가게에서 몇 루피면 살 수 있는 향기 때문에 십이 년을 허비하신 것 같습니다."

"향기는 꽃과 더불어 사라진다네."

"향기는 죽음과 더불어 사라지지요. 어째서 오직 육체만을 즐겁게 해 주는 것을 얻으려 해야 하나요?"

"철학가 선생, 자네 얘기가 마음에 드네. 자, 오른손을 내밀어 보게." 그는 축복을 내려 주는 손짓을 했다.

나는 간다 바바에게서 조금 떨어져 있었는데, 내 몸에 손이 닿을 만큼 가까이 있는 사람이 아무도 없었다. 요기는 내가 내민 손을 건드리지 않았다.

"어떤 향기를 맡고 싶은가?"

"장미요."

"그대로 될지어다."

그러자 놀랍게도 손바닥 가운데에서 장미의 매혹적인 향기가 강하게 퍼져 나왔다. 나는 웃으면서 옆에 놓인 꽃병에서 향기 없는 커다란 꽃을 한 송이 뽑아 들었다.

"이 향기 없는 꽃송이에 재스민 향이 가득 넘치게 할 수 있나요?"

"그대로 될지어다."

그러자 바로 꽃잎에서 재스민 향기가 뿜어 나왔다. 나는 기적을 행하는 성자에게 감사를 드리고 제자 한 사람 옆에 가 앉았다. 그 제자는 간다 바바의 본이름이 비슷다난다이며, 티베트에 있는 스승에게 놀라운 요가의 비법을 전수받았다는 얘기를 들려주었다. 티베트 요기는 나이가 천 살도 넘는다는 것이었다.

"그분의 제자인 간다 바바께서는 언제나 방금 보신 것처럼 말만 가지고 기적을 행하시는 것은 아니랍니다." 그의 목소리에서는 스승에 대한 긍지가 역력히 묻어났다. "방법은 그때그때 상황에 따라 아주 달라지지요. 참으로 놀라운 분이에요! 스승님을 따르는 사람 중에는 캘커타의 지식층에 속한 분도 많아요."

나는 마음속으로 그 무리에 끼지는 않겠다고 다짐했다. 말 그대로 너무 '불가사의한' 구루는 내 취향에 맞지 않았다. 나는 간다 바바에게 정중하게 감사를 드리고 그곳을 떠났다. 천천히 집으로 걸어오면서 나는 하루 동안 벌어진 세 가지 색다른 만남을 되새겨 보았다.

그렇게 대문을 들어서다가 우마 누나와 마주쳤다.

"향수도 뿌리고, 점점 멋있어지는구나!" 나는 아무 말 없이 내 손에서 나는 냄새를 맡아 보라고 몸짓으로 일렀다. "어머, 정말 매혹적인 장미향이구나. 향기가 유별나게 진하네!"

나는 '정말 유별난' 일이라고 생각하면서 잠자코 아스트랄계의 향기가 배어 있는 꽃송이를 누나의 코 밑에 갖다 댔다.

"오, 내가 좋아하는 재스민 향이야!" 누나는 꽃을 움켜쥐었다. 향기가 없는 것으로 알고 있던 꽃에서 재스민 향이 나는 것을 보고 누나는 도무지 알 수 없다는 표정을 지었다. 그런 누나의 반응은, 간다 바바가 내게 자기 암시를 걸어서 혼자만 향기를 맡을 수 있게 만든 것이 아닐까 하는 의구심을 떨쳐 주었다.

나중에 내 친구 알라카난다가 '향기 성자'가 지닌 어떤 능력에 대해 얘기해 주었는데, 나는 이 세상에서 굶주림으로 고통 받고 있는 수많은 사람들이 그런 능력을 가지고 있다면 얼마나 좋을까 하고 생각했다.

알라카난다는 말했다. "나는 부르드완에 있는 간다 바바의 집에 백 명 남짓한 손님들과 함께 있었지. 축제가 열리고 있을 때였어. 그 요기는 허공에서 물체를 추출하는 능력을 가지고 있다고 소문이 자자했어. 나는 여흥 삼아 제철이 지난 밀감을 실체화해 달라고 부탁했지. 그러자 마자 잎에 담아 내온 루치*들이 부풀

---

* 둥글고 납작한 모양의 인도 빵.

어 오르는 거야. 불룩한 빵 껍질을 벗겨 보니 속에 깐 밀감이 하나씩 들어 있었어. 나는 약간 미심쩍어 하면서 밀감을 깨물어 보았지. 그랬더니 맛이 아주 달콤하더군."

여러 해가 지난 뒤에 나는 내면의 깨달음을 통해 간다 바바가 어떻게 이런 실체화 능력을 얻었는지 이해하게 되었다. 그러나 애석하게도 이 방법은 굶주리고 있는 이 세상 사람들의 영역을 벗어나 있다.

촉각, 시각, 미각, 청각, 후각 등 인간이 반응하는 다양한 감각 자극은 전자와 양성자에서 생기는 진동의 변화에서 비롯된다. 진동은 다시 프라나, 즉 '생명자(lifetron)'에 의해 통제된다. 프라나는 다섯 가지 감각의 이데아 실체로 가득 찬 영묘한 생명력 또는 원자보다도 미세한 에너지를 말한다.

간다 바바는 특정한 요가 행법을 통해 스스로를 프라나 에너지에 동조시킴으로써 생명자들이 진동 구조를 재배열하도록 유도하여 원하는 결과를 얻어 낼 수 있었던 것이다. 그가 행한 향기나 과일 따위의 기적은 이 세계의 진동을 실제로 실체화한 것이며, 최면술로 불러일으킨 내적 감각이 아니었다.

최면술은 마취제를 사용하면 위험해질 수 있는 환자에게 의사가 간단한 수술을 할 때 일종의 심리적인 마취제로 활용되어 왔다. 그러나 최면 상태를 자주 겪게 되면 해를 입을 수 있다. 부정적인 심리적 효과가 축적되었다가 때가 되면 뇌세포를 교란하기 때문이다.[*] 최면술은 다른 사람의 의식 영역으로 침입하는 것이다. 최면술의 일시적 현상은 신성한 깨달음을 얻은 사람이 행하는 기적과는 아무런 공통점도 없다. 신 안에서 깨어 있는 진정한 성자는 우주적 꿈을 꾸는 창조자에 동조시킨 의지를 통해 그의 꿈에 지나지 않는 이승에 변화를 일으킨다.[†]

---

[*] 서구 심리학자들이 수행하는 의식에 대한 연구는 주로 정신의학과 정신분석을 통해 치료되는 정신병과 잠재의식의 탐구에 국한되어 있다. 정상적인 정신 상태의 기원과 근본적 형성, 그리고 그 정서적 · 의지적 표현에 대한 연구는 거의 이루어지지 않고 있다. 인도 철학에서는 이를 경시하지 않고 중심적인 기본 주제로 다룬다. 상키야와 요가 체계에서는 정상적인 마음의 변상(變相)들 간의 다양한 연관 관계와 붓디(覺), 아함카라(我慢), 마나스(意根)의 특징적 기능에 대해 정확한 분류가 이루어진다.

[†] 우주는 모든 입자 하나하나에 표현되어 있다. 만물은 하나의 신비한 질료로 이루어져 있다. 한 방울의 이슬 속에 온 세계가 담겨 있는 것이다. 편재성의 참뜻은 모든 이끼와 거미줄 속에 신의 모습이 그 모든 부분들과 함께 나타난다는 것이다. (에머슨, 〈보상(Compensation)〉)

'향기 성자'가 행하는 것과 같은 기적은 구경거리는 될지언정 영적으로는 아무런 쓸모가 없다. 즐거움을 주는 것 외에는 별다른 목적이 없는 이런 일들은 진지하게 신을 추구하는 길에서 벗어난 것이다.

성자들은 특이한 능력을 과시하는 행위를 지탄한다. 페르시아의 신비주의자 아부 사이드는 물과 대기와 공간을 지배하는 초자연적인 능력을 자랑하는 어떤 파키르(이슬람 고행 수도자)들을 비웃은 일이 있었다.

아부 사이드는 점잖게 꾸짖었다. "개구리도 물속에서 편히 지낸다. 까마귀와 독수리는 마음대로 하늘을 날고, 악마는 동과 서에 동시에 나타난다. 참된 인간이란 이웃들과 어울려 올바르게 살아가는 사람, 사고파는 일을 하더라도 한순간도 신을 잊지 않는 사람이다!"[*] 페르시아의 이 위대한 스승은 또 다른 곳에서 종교적 삶에 대한 자신의 견해를 이렇게 밝혔다. "그것은 머릿속에 들어 있는 것(이기적인 욕망과 공명심)을 씻어 버리고, 손에 가지고 있는 것을 아낌없이 내주

---

[*] 사고파는 일을 할 때도 결코 신을 잊지 않는다! 궁극적인 이상은 손과 마음이 조화를 이루어 함께 일하는 것이다. 서구의 어떤 저술가들은 힌두교의 목표가 무위와 반사회적인 은둔을 지향하는 소극적 '도피'라고 주장한다. 하지만, 《베다》가 규정하는 삶의 네 가지 단계는 일반 대중을 위한 균형 잡힌 계획으로, 인생 주기의 절반은 학업과 가업에, 나머지 절반은 관조와 명상의 수행에 할당하고 있다(313쪽 각주 참조).

독신 수행은 참나 속에 자리 잡는 데 필수적이지만, 그 후에 스승들은 다시 속세로 돌아와 대중을 위해 봉사한다. 외부 세계의 일에 관여하지 않는 성자들도 사고와 신성한 진동을 통해서, 깨우치지 못한 사람들이 열성적으로 펼치는 인도주의 활동보다 더 귀중한 혜택을 이 세상에 베푼다. 위대한 이들은 저마다 자신의 방식으로, 그리고 종종 모진 반대를 무릅쓰면서 아무런 사심 없이 사람들을 격려하고 고양하기 위해 애쓴다. 힌두교의 종교적·사회적 이상이 단지 소극적인 것만은 아니다. 《마하바라타》에서 사칼로 다르마(온전한 미덕)라고 일컫는 아힘사(불상해)는 어떤 식으로든 남을 돕지 않는 것은 남을 해치는 것이라는 개념을 내포한다는 점에서 적극적인 계명인 것이다.

《바가바드 기타》 제3장 4~8절은 행위가 인간의 타고난 본성이라는 사실을 지적하고 있다. 무위는 '그릇된 행위'와 다름없다.

> 행위를 하지 않음으로써
> 행위에서 벗어나 무위(無爲)를 얻는 것은 아니며
> 행위를 포기함으로써 완전함에 이르는 것은 아니다.
> 한순간이라도 행위를 하지 않는 사람은 아무도 없다.
> 누구나 프라크리티에서 비롯된 세 가지 구나에 의해
> 행위하도록 되어 있기 때문이다.
> (…) 그러나 오, 아르주나여!
> 마음으로 감각 기관을 다스리면서
> 집착함이 없이 행위의 기관을 통해
> 카르마 요가(행동 원칙)를 실천하는 이야말로 뛰어난 사람이다.
> 그대에게 주어진 의무를 행하라.
>
> (아놀드의 영어 번역을 한글로 옮김)

는 것이며, 어떤 역경에 처하더라도 절대로 물러서지 않는 것이다!"

칼리가트 사원에서 만난 연민의 현자나 티베트에서 수련을 쌓은 요기도 구루를 찾는 나의 열망을 만족시키지는 못했다. 내 마음은 구루를 알아보는 법을 따로 배울 필요가 없었다. 마침내 스승을 만났을 때 나는 부지중에 환호성을 외쳤다. 그 외침은 오랜 정적 끝에 터졌기 때문에 더 크게 울려 퍼졌다. 그분은 오직 숭고한 본보기를 통해서만 나에게 참된 인간의 길을 가르쳐 주었다.

6
호랑이 스와미

"호랑이 스와미가 사는 곳을 알아냈어. 내일 찾아가 보자."

고등학교 시절 친구인 찬디가 반가운 제안을 했다. 수행자로 출가하기 전에 맨손으로 호랑이를 때려잡았다는 성자를 꼭 한번 만나보고 싶던 참이었다. 놀라운 무용담을 듣고 마음속에서 치기 어린 열정이 강하게 솟구쳤던 것이다.

다음날 아침은 겨울처럼 추웠지만 찬디와 나는 들뜬 기분으로 길을 나섰다. 우리는 캘커타 교외의 보와니푸르에서 한참을 헤맨 끝에 겨우 그 집을 찾았다. 나는 문에 달린 쇠고리 두 개를 귀청이 떨어져라 두드렸다. 그러자 하인 한 명이 요란한 소리에도 아랑곳하지 않고 어슬렁어슬렁 걸어 나왔다. 하인의 얄궂은 미소에는 방문객이 아무리 소란을 피워도 성자가 계신 집의 평온을 어지럽힐 수는 없다는 무언의 암시가 담겨 있었다.

은근히 책망하는 듯한 분위기를 느끼면서도 친구와 나는 응접실로 안내를 받게 되어 마냥 고마웠다. 그곳에서 한참을 기다리고 있노라니 초조한 생각이 들었다. 인도에서 구도자가 지켜야 할 첫 번째 불문율은 인내심이다. 스승은 자기를 만나려는 사람이 얼마나 열성적인지 일부러 시험해 보기도 한다. 서양에서는 의사들이 흔히 이런 심리적 책략을 사용하지만……

마침내 하인의 부름을 받은 찬디와 나는 침실로 들어섰다. 유명한 소홍* 스와

---

* 소홍은 승명이었다. 그는 '호랑이 스와미'로 널리 알려져 있었다.

미가 침대 위에 앉아 있었다. 우리는 어마어마한 그의 몸집을 보고 기묘한 충격을 받았다. 눈이 휘둥그레진 우리는 입을 다물지 못하고 서 있었다. 지금껏 그처럼 우람한 가슴이며 축구공 같은 이두박근을 본 적이 없었던 것이다. 거대한 목위에 얹혀 있는 험악하면서도 차분해 보이는 스와미의 얼굴은 늘어뜨린 머리카락과 턱수염, 콧수염으로 뒤덮여 있었다. 검고 그윽한 눈에는 비둘기 같기도 하고 호랑이 같기도 한 기색이 감돌았다. 그는 억센 허리에 두른 호랑이 가죽 외에는 아무 것도 입고 있지 않았다.

친구와 나는 용기를 내어 수도승에게 인사말을 건네고, 흉포한 호랑이를 상대로 이룩한 뛰어난 무용에 찬사를 표했다.

"밀림의 맹수 중에서도 사납기로 이름난 벵골 호랑이를 어떻게 맨주먹으로 제압할 수 있는지 말씀해 주지 않으시겠습니까?"

"젊은이들, 호랑이와 싸우는 일쯤은 아무 것도 아닐세. 필요하다면 당장이라도 보여줄 수 있지." 그는 어린아이처럼 웃었다. "자네들은 호랑이를 호랑이로 보지만, 나는 호랑이를 고양이처럼 여긴다네."

"스와미 님, 호랑이가 고양이라는 생각을 제 잠재의식에 억지로 주입할 수는 있겠지만, 호랑이도 그렇게 믿어 줄까요?"

"물론 힘도 필요하지! 갓난아이가 호랑이를 집고양이로 상상한다고 해서 싸움에 이길 수는 없겠지! 강력한 두 주먹이야말로 내가 믿는 무기라네."

그는 우리를 안뜰로 데리고 나가더니 벽 언저리를 주먹으로 쳤다. 그러자 벽돌이 와지끈 부서지며 바닥에 떨어졌다. 이빨이 빠진 것처럼 벽에 뻥 뚫린 구멍사이로 하늘이 훤히 보였다. 나는 놀라서 소스라쳤다. 단단한 벽에 붙어 있는 벽돌을 한 방에 날려 버릴 정도라면 틀림없이 호랑이 이빨도 부러뜨릴 수 있을 것이다!

"나와 같은 체력을 가진 사람은 많지만, 냉정한 확신을 겸비하고 있는 경우는 드물지. 신체가 아무리 강건해도 정신력이 약하면 맹수가 밀림에서 날뛰는 모습만 보아도 기절해 버릴 걸세. 대자연을 누비는 사나운 호랑이는 아편을 먹인 서커스 호랑이와는 전혀 다르지! 엄청난 괴력을 지닌 사람들도 무섭게 달려드는 벵골 호랑이 앞에서는 공포에 질려 옴짝달싹 못하고 당했다네. 호랑이가 사람을 스스로의 마음속에서 고양이처럼 겁에 질린 상태로 바꾸어 놓은 것이지. 그러나 아주 강건한 신체와 엄청나게 강인한 정신력을 가진 사람이라면 형세를 역전시켜 호랑이가 고양이처럼 무력하다고 믿게끔 만드는 일이 가능하다네. 나는 이런 일을 수도 없이 했지!"

나는 내 앞에 있는 거인이 호랑이를 고양이로 바꾸어 버리는 일을 얼마든지 해낼 수 있다는 사실을 기꺼이 믿고 싶었다. 그는 교훈을 주고 싶은 것 같았다. 찬디와 나는 공손하게 귀를 기울였다.

"마음이 완력을 지배한다네. 망치로 내리치는 힘이 거기에 가해진 에너지에 좌우되는 것처럼, 인간의 몸이라는 도구를 통해 표출되는 힘은 그 자신의 공격적인 의지와 용기에 좌우되는 법이야. 몸은 어김없이 마음에 의해 만들어지고 유지된다네. 과거의 삶에서 비롯된 본능의 압력을 통해 인간의 의식 속으로 강하거나 약한 성질이 조금씩 스며들게 되지. 이러한 성질은 습관으로 표현되고, 이는 다시 바람직하거나 바람직하지 않은 몸으로 나타나는 거야. 겉으로 약해 보이는 원인은 정신에 있다네. 습관에 묶인 몸이 마음을 망치는 악순환이 이어지는 것이지. 주인이 하인의 명령을 받는다면 하인의 손에 휘둘리게 되겠지. 마찬가지로 마음도 몸의 명령에 굴복함으로써 노예가 되는 것이라네."

이 놀라운 스와미는 우리의 간청에 못 이겨 자신의 삶에 얽힌 일화를 들려주마고 했다.

"나는 아주 일찍부터 호랑이와 싸우겠다는 야망을 품고 있었지. 그런데 뜻은 거창했지만 몸이 허약했어."

나는 놀라서 탄성을 내뱉었다. 지금은 곰처럼 우람한 어깨를 가진 이 사나이도 허약한 때가 있었다는 얘기가 좀처럼 믿기지 않았다.

"내가 불리한 조건을 극복할 수 있었던 것은 불굴의 의지력으로 건강과 체력을 증진시키기 위해 노력한 덕분이었지. 벵골 호랑이를 정복한 것은 바로 강인한 정신력이었음을 내가 누누이 강조하는 데는 그럴 만한 이유가 있다네."

"존경하는 스와미 님, 그러면 저도 호랑이와 싸울 수 있다고 생각하시는지요?"

내 마음에 이런 엉뚱한 야심이 떠오른 것은 이것이 처음이자 마지막이었다.

"물론이지. 그는 빙그레 웃었다. 하지만 호랑이도 여러 종류가 있다네. 그중에는 인간의 욕망이라는 밀림 속을 떠도는 녀석도 있지. 짐승을 때려눕히는 일은 영혼에 아무런 도움도 되지 않아. 그보다는 우리 내면을 배회하는 호랑이를 정복하는 편이 유익하지 않겠나?"

"선생님께서 어떻게 난폭한 호랑이를 길들이는 일에서 난폭한 정념을 길들이는 일로 돌아서게 되셨는지 들려주시겠습니까?"

호랑이 스와미는 한순간 침묵에 잠겼다. 눈길이 아련해지면서 지나간 시절의 광경들을 떠올리고 있는 듯했다. 부탁을 들어 줄지 말지 망설이고 있다는 것을 알 수 있었다. 마침내 그는 승낙의 미소를 지었다.

"명성이 절정에 달하자 나는 자만심에 도취되었다네. 호랑이와 싸우는 데 그치지 않고 갖은 재주를 부려 보기로 한 거야. 나의 야심은 난폭한 짐승을 길들여서 집에서 키우는 동물처럼 만드는 것이었지. 나는 사람들 앞에서 재주를 뽐내기 시작했고, 기대한 만큼 성공을 거두기도 했네.

그러던 어느 날 아버지께서 시름에 잠긴 표정으로 내 방에 들어오시더군.

'얘야, 충고할 말이 있다. 인과응보의 수레바퀴가 불러올 재앙에서 너를 구해 내야겠다.'

'아버지는 숙명론을 믿으시나요? 고작 미신 때문에 한창 활기를 띠던 일이 시들해져도 좋다는 말씀이신가요?'

'나는 숙명론자가 아니다. 다만 성전의 가르침대로 보편타당한 인과응보의 법칙을 믿는 것뿐이다. 밀림의 무리들은 네게 원한이 사무쳐 있다. 언젠가는 그 대가를 치르고 말 게다.'

'아버지, 정말 이해할 수 없군요! 호랑이가 어떤 짐승인지, 겉보기엔 멋져도 얼마나 잔인한지 아버지도 잘 아시잖아요. 혹시 알아요? 제 주먹을 맞고 우둔한 녀석들이 조금이나마 정신을 차리게 될지. 저는 호랑이한테 예의범절을 가르치는 밀림의 선생님이에요! 아버지, 저는 호랑이를 길들이려는 것이지 죽이려는 게 절대로 아니에요. 좋은 일을 하는데 왜 나쁜 일이 생기겠어요? 제 삶을 포기하라는 말씀은 그만 좀 하셨으면 좋겠어요.' 나는 아버지에게 이렇게 따지듯이 말했지."

찬디와 나는 그가 지난날에 겪은 곤경을 이해할 것 같은 심정으로 귀를 기울였다. 인도에서는 자식이 부모의 뜻을 쉽사리 거스를 수 없다. 호랑이 스와미는 이야기를 계속했다.

"아버지는 입을 꾹 다문 채 내 변명을 들으셨지. 그리고는 근엄한 표정으로 이런 이야기를 털어놓으셨어.

'얘야, 어느 성자가 직접 예언한 말을 들려주지 않을 수 없구나. 어제 내가 베란다에 앉아서 여느 때처럼 명상을 하고 있는데 수도승 한 분이 다가오더니 이런 말씀을 하셨다.

벗이여, 나는 싸움에 정신이 팔린 당신 아들에게 전할 말이 있어서 왔소. 아들에게 야만적인 행동을 멈추라고 이르시오. 그렇지 않으면 다음에 호랑이와 싸울 때 큰 상처를 입고 여섯 달 동안 사경을 헤매게 될 거요. 그런 다음에는 지난날의 허물을 벗고 수도승이 될 것이오.'

나는 이 얘기를 시큰둥하게 들었어. 아버지께서 환상에 빠진 광신자의 말에 넘어가셨다고 생각한 거지."

호랑이 스와미는 자신의 어리석음을 자책하는 듯한 몸짓을 하면서 속내를 털어놓았다. 그리고는 한참 동안 숙연하게 입을 다물고 있는 품이, 우리가 앞에 있다는 사실조차 잊은 듯했다. 그러다가 갑자기 차분하게 가라앉은 목소리로 하던 이야기를 계속 이어 나갔다.

"아버지의 훈계가 있은 지 오래지 않아 나는 쿠치 베하르의 주도를 방문하게 되었네. 이 아름다운 지방은 낯선 곳이어서 한적하게 기분을 전환할 수 있을 것으로 기대했지. 하지만 어디서나 그렇듯이 호기심에 찬 군중이 가는 곳마다 나를 따라다녔다네. 사람들이 수군거리는 소리가 귓가를 떠나지 않더군.

'저이가 야생 호랑이와 싸우는 사람이래.'

'저게 다리야, 나무 둥치야?'

'저 얼굴 좀 봐! 호랑이 왕이 환생한 게 틀림없어!'

무슨 일만 생기면 동네 꼬마들이 신문 속보처럼 떠들고 다니는 걸 자네들도 알 테지! 아낙네들의 입소문은 또 집집마다 얼마나 빠르게 퍼지는지! 몇 시간 만에 도시 전체가 나의 출현으로 흥분 상태에 빠지고 말았다네.

저녁이 되어 조용히 쉬고 있는데 내닫는 말발굽 소리가 들리지 않겠나. 그 소리는 내가 머물던 집 앞에서 멈추었네. 곧 이어 터번을 두른 건장한 경관들이 들이닥쳤어.

나는 당황해서 이렇게 생각했네. '이들은 인간의 법을 앞세워 못하는 짓이 없는 자들인데, 내가 알지도 못하는 일을 추궁하려는 것이나 아닌지 모르겠다.' 그러나 경관들은 뜻밖에 예의를 갖추어 절을 하는 게 아니겠나.

'선생님, 저희는 쿠치 베하르의 군주님을 대신해서 인사를 드리러 왔습니다. 전하께서 내일 아침에 선생님을 왕궁으로 모시고자 하십니다.'

나는 잠시 앞일을 생각해 보았지. 나는 조용한 여행이 이런 식으로 방해를 받은 것에 왠지 모를 회한을 느꼈네. 그러나 간절히 부탁하는 경관들의 태도에 마음이 움직여 결국 초대에 응하고 말았지.

다음날 나는 문 앞에서부터 정중한 호위를 받으면서 말 네 마리가 끄는 호화스러운 마차에 올랐다네. 하인 하나가 뜨거운 햇볕을 가려 주려고 화려한 일산을 받쳐 들고 서 있더군. 나는 마차를 타고 도시와 숲이 우거진 교외를 즐겁게 유람했지. 왕실의 귀하신 몸이 몸소 궁궐 입구까지 나와서 나를 맞이했어. 군주는 금실로 짠 자신의 비단 의자를 내게 권하고, 자기는 웃으면서 수수하게 생긴 의자에 앉더군.

나는 또 한 번 놀라면서 생각했지. '이렇게까지 예를 차릴 때는 틀림없이 대가를 바랄 것이다!' 군주는 의례적인 얘기를 몇 마디 건넨 뒤 의중을 드러내더군.

'그대가 맨주먹만 가지고 야생 호랑이와 싸울 수 있다는 소문이 온 나라에 파다한데 그것이 사실인가?'

'네, 사실입니다.'

'도무지 믿을 수가 없구나! 그대는 도시에서 흰 쌀밥을 먹고 자란 캘커타 출신의 벵골인이 아닌가? 솔직히 말해 보라. 아편을 먹여서 힘을 못 쓰는 짐승하고만

싸운 것이 아니냐?' 큰소리로 빈정대는 듯한 그의 말투에는 그 고장 사투리가 약간 섞여 있었어.

나는 무례한 질문에 아예 대꾸를 하지 않았지.

'새로 잡아 온 호랑이 라자 베굼*과 싸울 것을 그대에게 명한다. 만약 그대가 녀석을 제압해서 사슬로 묶어 놓고 온전한 정신으로 우리를 빠져나올 수 있다면 이 뱅골 호랑이를 하사하겠다! 거기에다 큰돈과 푸짐한 선물도 주겠다. 만약 그대가 녀석과 싸우기를 거절한다면 협잡꾼이라고 온 나라에 퍼뜨릴 것이다!'

그는 오만한 언사를 속사포처럼 퍼붓더군. 나는 홧김에 승낙을 하고 말았지. 군주는 흥분한 나머지 의자에서 반쯤 일어서더니 잔인한 미소를 흘리며 다시 주저앉는 거야. 맹수를 푼 투기장에 기독교도들을 몰아넣고 즐거워했던 로마 황제가 떠오르더군.

'대결은 일주일 후에 열릴 것이다. 그대에게 호랑이를 미리 보여줄 수 없는 것을 유감으로 생각한다.'

아마도 군주는 내가 그 짐승에게 최면술을 걸거나 몰래 아편을 먹이지는 않을까 걱정이 되었던 모양이지.

나는 왕궁을 빠져나왔어. 이번에는 화려한 일산도 호화롭게 치장한 마차도 보이지 않는 것이 우스웠지.

그때부터 한 주일 동안 나는 닥쳐올 시련에 대비해서 철저하게 몸과 마음을 준비했다네. 그 참에 하인을 통해 어처구니없는 소문을 듣게 되었네. 성자가 아버지에게 들려준 불길한 예언이 어쩌다 밖으로 퍼져서 점점 부풀려졌던 모양이야. 순박한 마을 사람들은 신들의 저주를 받은 악령이 호랑이로 환생해서 밤에는 갖가지 악마의 모습으로 나타나지만 낮에는 줄무늬가 난 짐승으로 지낸다고 믿었어. 이 악마의 호랑이는 나의 교만을 벌하기 위해 보내졌다는 거야.

또 다른 허황된 소문 가운데는 동물들이 호랑이 신에게 기원을 드렸더니 라자 베굼의 모습으로 응답이 이루어진 것이라는 얘기도 있었어. 호랑이종 전체를 욕

---

* '왕자 공주'라는 뜻이다. 이 야수가 수호랑이와 암호랑이를 합친 것만큼 흉포한 것을 나타내기 위해 이렇게 이름 지었다.

보인 무엄한 두 발 동물을 응징하기 위한 도구라는 거지. 털가죽도 없고 엄니도 없는 인간이 감히 날카로운 발톱과 강건한 네 다리로 무장한 호랑이에게 도전하다니! 마을 사람들은 굴욕을 당한 호랑이들의 원한이 하나로 뭉쳐 어둠의 법칙을 작동시키고 오만한 호랑이 조련사를 파멸시킬 힘을 얻게 된 것이라고 떠들어 댔다네.

또 내 하인이 귀띔해 주기를, 군주는 원래 사람과 짐승 사이에 싸움을 붙이는 데 도가 텄다는 것이었네. 그는 이미 수천 명을 수용할 수 있고 폭풍에도 견디는 대형 천막을 세워 두었어. 중앙에는 라자 베굼이 거대한 철제 우리에 갇혀 있고 그 주위를 안전 구역이 에워싸고 있었지. 녀석은 피가 얼어붙을 것 같은 포효를 끊임없이 내지르고 있었어. 호랑이를 더 사납게 만들려고 굶기기까지 했다는 거야. 아마도 군주는 내가 호랑이의 맛있는 먹잇감이 될 거라고 기대했던 모양이야!

진기한 시합을 알리는 북소리가 울리자 도시 안팎에서 몰려든 사람들이 표를 구하려고 장사진을 이뤘다네. 시합 당일에는 빈자리가 없어서 수백 명이 발길을 돌려야 했어. 천막 틈을 비집고 들어오는 사람도 수두룩했고, 꼭대기 좌석까지 발 디딜 틈도 없이 꽉 들어찼지."

호랑이 스와미의 이야기가 절정에 이르자 나도 덩달아 흥분이 고조되었다. 찬디도 넋이 나간 듯 말이 없었다.

"귀를 찢는 듯한 라자 베굼의 포효와 겁에 질린 군중의 함성 속에 내가 태연한 표정으로 등장했지. 허리에 두른 천 외에는 몸을 보호할 옷을 전혀 걸치지 않았어. 나는 안전 구역의 문에 채워진 빗장을 열고 들어가서 침착하게 다시 잠갔네. 피 냄새를 감지한 호랑이는 우레 같은 소리를 내며 쇠창살로 뛰어올라 격렬하게 나를 반겨 주었지. 관중들은 애처롭고 두려운 마음으로 숨을 죽였어. 내 꼴이 미친 듯이 날뛰는 맹수 앞에 놓인 어린 양처럼 보였을 테지.

나는 단숨에 우리 속으로 들어섰네. 그러나 내가 문을 쾅 닫는 순간 라자 베굼은 다짜고짜 나를 덮쳤어. 나는 오른손을 심하게 물어 뜯겼지. 호랑이들이 사족을 못 쓰는 인간의 피가 내 손에서 흘러내리는 것을 보니 오싹하더군. 성자의 예언이 들어맞으려는가 보다 싶었지.

나는 난생 처음 당한 부상의 충격에서 재빨리 정신을 가다듬었지. 피투성이가 된 손을 허리춤에 찔러 감추고는, 왼팔로 뼈가 으스러지도록 일격을 날렸다네. 야수는 비틀거리면서 뒷걸음을 치더니 우리 뒤쪽으로 빙빙 돌다가 다시 벼락 같이 달려드는 게 아니겠나. 나는 명성이 자자한 쇠주먹을 녀석의 머리에 빗발치듯 퍼부었지.

그러나 한번 피 맛을 본 라자 배굼은 마치 술꾼이 오랫동안 술 구경을 못 하다가 포도주를 한 모금 마신 것처럼 미친 듯이 날뛰는 것이었어. 야수는 귀청이 떨어질 듯이 으르렁거리면서 점점 더 사납게 덤벼들었지. 나는 한 손만 가지고 간신히 버티다 보니 발톱과 엄니 앞에 속수무책으로 당할 수밖에 없었다네. 그러나 나는 눈부신 솜씨로 응징을 가했지. 우리는 서로 피투성이가 된 채 사력을 다해 싸웠어. 우리 속은 한바탕 아수라장이 되어 피가 사방으로 튀고 야수의 목구멍에서는 고통과 살기가 뒤섞인 울부짖음 소리가 터져 나왔지.

'호랑이를 죽여라!' '총으로 쏴라!' 관중들의 날카로운 함성이 빗발쳤어. 그런데 사람과 짐승이 하도 빨리 움직이는 통에 경호병이 쏜 총알이 빗나가고 만 거야. 나는 의지력을 있는 대로 끌어 모아 벽력같은 고함을 지르면서 마지막 일격을 가했지. 드디어 호랑이가 거꾸러지더니 고요히 드러눕고 말았다네."

"마치 고양이처럼!" 내가 끼어들었다.

그 말에 스와미는 호탕한 웃음을 터뜨리고서 숨 막히는 이야기를 계속했다.

"라자 배굼은 마침내 무릎을 꿇었지. 하지만 녀석의 도도한 자만심을 짓밟는 일은 여기서 그치지 않았네. 나는 대담하게 찢어진 손으로 녀석의 턱을 벌렸어. 이 운명의 순간에 나는 쩍 벌어진 죽음의 함정 속에 내 머리를 집어넣었지. 그리고는 쇠사슬을 찾아 주위를 둘러보았어. 나는 바닥에 쌓아 놓은 사슬 한 가닥을 끌어다가 호랑이의 목을 쇠창살에 묶었네. 나는 의기양양하게 문 쪽으로 걸어 나왔지.

그러나 악령의 화신 같은 라자 배굼은 악마의 혈통에 걸맞은 기운을 남겨 두고 있었던 거야. 녀석은 믿을 수 없는 힘으로 쇠사슬을 물어 끊고 내 등 위로 뛰어올랐어. 녀석의 이빨에 어깨를 물린 나는 바닥에 나둥그러졌지. 그러나 나는 단숨에 흉악스런 녀석을 다시 깔아 눕히고 무참하게 두들겨 반쯤 기절시켜 버렸다네. 이번에는 좀 더 확실하게 녀석을 묶어 놓고 유유히 우리를 빠져나왔지.

나는 또다시 소란에 휩싸였어. 이번에는 격려의 갈채였지. 군중의 환호성은 마치 하나의 거대한 목구멍에서 터져 나오는 것 같았네. 처참할 정도로 상처를 입기는 했지만 어쨌든 시합의 세 가지 조건을 모두 완수했지. 호랑이를 기절시키고, 사슬로 묶고, 다른 사람의 도움 없이 혼자서 우리를 빠져나왔으니까. 게다가 그 사나운 짐승한테 얼마나 끔찍한 상처를 입히고 겁을 주었던지, 입 속에 머리가 들어 있는데도 천금 같은 기회를 포기할 지경이었으니까!

상처를 치료하고 나자 사람들이 화환을 씌워 주며 경의를 표했어. 금화가 수도 없이 발밑에 쏟아졌지. 도시 전체가 축제 분위기에 휩싸였어. 여태껏 그곳에서 가장 크고 사나운 호랑이를 때려눕힌 나의 위업을 두고 이러쿵저러쿵 떠드는 소리가 사방에서 끊이지 않았다네. 약속한 대로 라자 배굼도 하사받았지만 썩 달갑지 않았네. 내 마음속에 영적인 변화가 일어난 것이었어. 우리에서 빠져나오는 순간 세속적인 야심의 문도 함께 닫혀 버린 것이 아닌가 싶네.

그 후로는 비참한 시기가 이어졌어. 나는 여섯 달 동안 패혈증 때문에 빈사 상태로 누워 지냈다네. 쿠치 베하르를 떠날 수 있을 만큼 회복되기를 기다렸다가 곧바로 고향으로 돌아왔지.

나는 아버지께 머리 숙여 고백했네. '슬기로운 충고를 해 주신 그 성자님이야말로 저의 스승인 것을 이제야 알겠습니다. 아, 그분을 다시 뵐 수만 있다면!' 나는 진정으로 갈망했네. 그러던 어느 날 뜻밖에도 그 성자께서 찾아오신 거야.

그분은 차분하면서도 단호하게 말씀하셨어. '호랑이 길들이기는 그만하면 됐다. 나를 따라오너라. 인간의 마음속 밀림을 떠도는 무지라는 야수를 정복하는 법을 가르쳐 주마. 너는 관중에 익숙해져 있으니, 이제부터는 눈부시게 요가를 터득해 가는 네 모습을 보고 즐거워하는 천사의 무리를 너의 관중으로 삼거라.'

나는 성자와 같은 구루에 의해 영성의 길로 인도된 것일세. 그분은 오랫동안 쓰지 않아 녹이 슬고 삐걱거리는 내 영혼의 문을 열어 주셨지. 우리는 곧 손을 맞잡고 히말라야로 수행의 길을 떠났다네."

　찬디와 나는 파란만장한 삶의 이야기에 감사하며 스와미의 발밑에 절을 드렸다. 친구와 나는 추운 응접실에서 지루하게 기다린 보람이 있었다고 생각했다.

7
공중에 뜨는 성자

"어젯밤 어떤 모임에 갔다가 가슴 높이만큼 공중에 떠 있는 요기를 보았어."
내 친구 우펜드라 모훈 초두리가 호들갑을 떨며 말했다.

나는 친구의 얘기에 관심을 보이며 웃음을 지었다. "나도 그 사람이 누군지 알 것 같아. 혹시 어퍼 서큘러 거리에 사는 바두리 마하사야 아니었니?"

우펜드라는 처음 듣는 얘기가 아니라는 데 약간 풀이 죽어서 고개를 끄덕였다. 친구들은 내가 성자들에게 호기심이 많다는 사실을 잘 알고 있었기 때문에 색다른 관심거리로 나를 부추기는 것을 좋아했다.

"그 요기는 우리 집 바로 근처에 살고 있어서 나도 종종 찾아가곤 해." 우펜드라는 내 말에 솔깃한 기색이 역력했다. 나는 감춰 둔 얘기를 좀 더 털어놓았다.

"나는 깜짝 놀랄 묘기를 직접 본 적이 있지. 그는 파탄잘리*가 정리한 고대의 팔 단계 요가에 나오는 프라나야마†를 두루 터득한 대가야. 한번은 바두리 마하사야가 내 앞에서 바스트리카 프라나야마를 실행해 보이는데, 그 위력이 얼마나 대단했던지 방 안에서 정말 폭풍이 이는 것 같았어! 그러고는 우레 같은 숨을 딱 멈추더니 초의식 상태에서 꼼짝도 하지 않는 거야.‡ 폭풍이 몰아친 후의 평온한

---

* 고대 요가 학파의 창시자.
† 호흡을 통해 프라나(생명력)를 조절하는 방법. 바스트리카(풀무) 프라나야마는 마음을 안정시킨다.
‡ 소르본느 대학의 쥘르 부아 교수는 1928년에 이렇게 말했다. "프랑스의 심리학자들은 연구를 통해 초의식을 인정하기에 이르렀다. 초의식은 그 심원함에 있어서 프로이트가 생각한 잠재의식과 정반대의 성격을 지니며, 인간을 단지 가장 고등한 동물이 아니라 진정한 인간으로 만드는 능력을 내포한다." 이 프랑스 학자는 또 이렇게 덧붙였다. "고차원 의식의 각

기운이 아직도 생생하게 느껴질 정도라니까."

"그 성자는 절대로 집을 떠나지 않는다더라." 우펜드라는 좀 미심쩍다는 투로 말했다.

"그건 사실이야! 이십 년 동안 집안에서만 지냈대. 하지만 성스러운 축제 때가 되면 자기가 정한 선을 조금 넘어서 대문 앞길까지 나온다는 거야! 그러면 거지들이 우르르 몰려드는데, 그건 성자 바두리가 자비롭다고 소문이 났기 때문이야."

"그런데 어떻게 중력의 법칙을 무시하고 공중에 떠 있는 걸까?"

"어떤 프라나야마를 사용하면 요기의 몸에서 거친 성질이 사라지나 봐. 그러면 공중에 뜨거나 개구리처럼 뛰어다니게 되는 거지. 요가 수련을 하지 않는 성자들도 신에 대한 헌신에 몰입한 상태에서는 공중에 뜨는 경우가 있대."

"이 현자에 대해 좀 더 알아보고 싶어. 너 그 집 저녁 모임에 나가니?" 우펜드라의 눈은 호기심으로 반짝이고 있었다.

"그럼, 자주 가지. 설법이 정말 재밌고 기지가 넘치거든. 어떤 때는 내가 너무 웃어서 엄숙한 분위기가 깨지기도 해. 성자께서는 언짢아하시지 않지만 제자들이 눈총을 주곤 하지."

그날 오후 나는 학교에서 돌아오는 길에 바두리 마하사야의 은둔처를 지나치다 잠시 들러 보기로 했다. 일반인은 그 요기를 가까이하기 어려웠다. 제자 한 사람이 스승의 사생활을 보호하기 위해 혼자서 아래층을 지키고 있었다. 그 제자는 성미가 까다로운 사람이었다. 그는 딱딱한 말투로 '선약'이 되어 있는지 물었다. 그때 마침 구루가 나타난 덕분에 문전박대를 모면할 수 있게 되었다.

현자는 눈을 번득이며 말했다. "무쿤다가 오면 그냥 들여보내거라. 사람을 멀리하는 규율은 내가 편하자는 것이 아니라 오히려 다른 사람을 위한 것이다. 속

성은 쿠에 요법이나 최면술과 혼동되어서는 안 된다. 초의식적 마음의 존재는 오래전부터 철학적으로 인정되어 왔지만—에머슨은 이것을 초영혼이라고 불렀다—최근에 와서야 과학적으로 인정되었다(172쪽 각주 참조)".

〈초영혼(The Over-Soul)〉에서 에머슨은 이렇게 말했다. "인간은 모든 지혜와 선이 머물고 있는 사원의 외면이다. 우리가 보통 알고 있는 먹고, 마시고, 경작하고, 계산하는 인간 존재는 그 참된 모습이 아니라 거짓된 모습을 나타낸다. 우리는 그런 인간을 존경하는 것이 아니다. 영혼의 기관에 다름 아닌 인간은 행위를 통해서 영혼을 나타내고, 영혼 앞에 무릎을 꿇는 것이다. 우리는 심원한 영적 본성, 신의 모든 속성에 대해 한쪽 면을 열어 놓고 있다."

인은 자신의 미망을 깨뜨리는 직설적인 이야기를 달가워하지 않는다. 성인은 진귀할 뿐 아니라 사람을 당황하게 만든다. 심지어 경전에서도 성인은 종종 성가신 사람들로 그려지곤 하지 않느냐!"

나는 바두리 마하사야를 따라 맨 위층에 있는 간소한 거처로 올라갔다. 그는 이곳을 거의 떠나지 않았다. 스승들은 때가 오기 전까지 세인의 이목을 피해 떠들썩한 세상사를 등지고 지내는 경우가 많다. 현자가 머무는 시대는 현재에만 한정되지 않는다.

"마하리시*, 스승님처럼 늘 집안에만 계시는 요기는 처음 뵈었습니다."

"신은 가끔씩 예상치 못한 밭에서 성자를 기르신다. 우리가 신을 틀에 박힌 관습으로 여기는 일이 없도록 하려는 것이지!"

현자는 결가부좌 자세로 진동하는 몸을 고정시켰다. 그는 칠십 줄에 접어들었음에도 고령이나 은둔 생활에서 오는 불편한 기색을 전혀 찾아볼 수 없었다. 강건하고 꼿꼿한 자세를 지닌 그는 모든 면에서 완벽했다. 그의 얼굴은 고대 문헌에 그려진 리시의 얼굴을 연상시켰다. 고결한 이마에 수염이 무성한 그는 항상 허리를 곧추세우고 앉았으며, 고요한 두 눈은 무소부재한 신을 향해 붙박여 있었다.

성자와 나는 함께 명상에 잠겼다. 한 시간쯤 지나서 그의 온화한 목소리가 나를 깨웠다.

"너는 자주 침묵에 빠진다만, 과연 아누바바†를 터득했느냐?" 그는 명상 자체보다 신에 대한 사랑이 더 중요하다는 것을 일깨워 주고 있었다. "방법을 목적으로 혼동하면 안 된다."

그는 내게 망고를 권했다. 그의 근엄한 성품 속에는 기분을 유쾌하게 만들어 주는 재치가 숨어 있었다. "보통 사람들은 드야나 요가(신과의 합일)보다 잘라 요가(음식과의 합일)를 더 좋아하지."

---

* '위대한 현자'라는 뜻이다.
† 신을 실제로 직관하는 것.

요가를 빗댄 익살에 나는 폭소를 터뜨렸다.

"웃음소리가 우렁차구나!" 그의 눈길에 다정함이 묻어났다. 얼굴 표정은 언제나 엄숙하면서도 어렴풋이 법열의 미소가 감돌았다. 연꽃처럼 커다란 그의 두 눈에는 신성한 기쁨이 감추어져 있었다.

"저것은 멀리 미국에서 온 편지들이다." 현자는 탁자 위에 놓인 두툼한 편지 봉투를 가리켰다. "그곳에서 요가에 관심을 가진 사람들이 모이는 몇몇 단체와 서신 왕래를 하고 있지. 콜럼버스보다 올바른 방향 감각을 지닌 그들은 새롭게 인도를 발견하고 있다! 나는 그들을 돕는 것이 즐겁다. 요가의 지식은 햇빛처럼 누구든지 원하는 사람에게 아낌없이 주어져야 한다."

"리시들이 인간의 구원에 필수적이라고 인식한 것들이 서양이라고 해서 가치를 잃을 이유는 없겠지. 외적인 경험이 서로 달라도 영혼에는 차이가 없을 터이니, 서양이나 동양이나 마음을 닦는 요가를 어떤 형태로든 수행하지 않는다면 번영을 누릴 수 없을 것이야."

현자는 내게 잔잔한 눈길을 보냈다. 나는 그의 말 속에 앞날의 예언이 숨겨져 있다는 것을 알아채지 못했다. 이 글을 쓰고 있는 지금에야 나는 언젠가 내가 인도의 가르침을 미국에 전할 거라고 넌지시 암시하곤 했던 그분의 속뜻을 온전히 이해하게 되었다.

"마하리시께서 세상 사람들을 위해 요가에 관한 책을 써 주시면 좋을 것 같습니다만."

"나는 제자들을 가르치고 있다. 그들과 또 그 제자들이 살아 있는 책 역할을 하여, 시간이 흐름에 따라 참뜻이 흐려지고 그릇 해석되는 일을 막아 줄 것이다."

나는 저녁에 제자들이 도착할 때까지 현자와 단둘이 있게 되었다. 바두리 마하사야는 흉내 낼 수 없는 독특한 설법을 시작했다. 그분의 말씀은 잔잔한 밀물처럼 듣는 사람의 정신에 쌓인 찌꺼기를 말끔히 쓸어 내어 신의 세계로 흘려보냈다. 그는 흠 잡을 데 없는 벵골어로 감명 깊은 이야기를 들려주었다.

그날 저녁 바두리는 성자들과 함께 지내기 위해 궁정 생활을 포기했던 중세 라지푸트족의 공주 미라바이의 삶에 얽힌 철학적 함의를 이모저모 풀이해 주었

다. 고명한 산야시 사나타나 고스와미는 여성이라는 이유로 공주를 받아들이기
를 거부했으나, 그녀의 대답을 듣고는 몸을 낮추어 공주의 발밑에 절을 올렸다
고 한다.

공주는 이렇게 얘기했던 것이다. "나는 이 우주에 신 외에는 어떤 남성도 없는
것으로 안다고 스승님께 전해 주십시오. 신 앞에서 우리는 모두 여성이 아니던
가요?" (경전의 개념에 따르면 오직 신만이 적극적인 창조의 원리이며 그 피조
물은 소극적인 마야에 지나지 않는다.)

미라바이 공주는 법열을 노래한 찬가를 많이 지었는데, 지금까지도 인도에서
큰 사랑을 받고 있다. 그 가운데 하나를 여기 소개한다.

> 매일 목욕한다고 해서 신을 깨달을 수 있다면
> 나는 차라리 바닷속을 헤엄치는 고래가 되리.
> 채소와 과일을 먹는다고 해서 신을 알 수 있다면
> 나는 한 마리 염소의 모습을 마다하지 않으리.
> 염주알을 굴린다고 해서 신을 드러낼 수 있다면
> 나는 거대한 염주 위에서 기도를 드리리.
> 석상 앞에 절한다고 해서 신을 찾을 수 있다면
> 나는 무릎 꿇고 돌산을 받들어 모시리.
> 젖을 마신다고 해서 신을 받아들일 수 있다면
> 송아지와 어린아이도 신을 모르지 않으리.
> 아내를 저버린다고 해서 신을 부를 수 있다면
> 스스로 거세하는 자 헤아릴 수 없으리.
> 그러나 미라바이는 알고 있습니다.
> 신성한 님을 찾는 길은 오직 사랑뿐임을.

바두리가 가부좌를 틀고 앉으면서 옆에 벗어 놓은 슬리퍼 속에 제자들이 지폐
를 넣었다. 이런 공양은 제자가 공경하는 마음으로 구루의 발밑에 공물을 바치

는 인도의 풍습이다. 이것은 말하자면 신이 공양하는 사람의 모습으로 스스로를 돌보는 것이라 할 수 있다.

"스승님은 참으로 훌륭하십니다!" 제자 하나가 자리를 뜨면서 경의에 찬 눈길로 현자를 바라보았다. "스승님께서는 신을 추구하고 저희에게 지혜를 나눠 주시기 위해 부와 안락을 포기하셨습니다!" 바두리 마하사야가 어린 시절에 가문의 큰 재산을 마다하고 일편단심 요가의 길로 들어선 것은 잘 알려진 사실이었다.

성자는 가볍게 꾸짖는 듯한 얼굴로 말했다. "거꾸로 얘기하고 있구나! 나는 지극한 기쁨의 왕국에 들기 위해서 몇 푼 안 되는 돈과 하찮은 즐거움을 버렸을 뿐이다. 그런데 내가 무엇을 포기했다는 것이냐? 나는 보물을 함께 나누는 기쁨을 알고 있다. 그게 희생이란 말이냐? 눈앞의 일에만 사로잡힌 속인들이야말로 정말 귀중한 것을 포기하는 셈이지! 그들은 하잘것없는 세속의 노리개들 때문에 비할 데 없이 신성한 재산을 포기하고 있는 것이다!"

덕을 쌓는 빈자의 머리에 크로이소스(큰 부자)의 관을 씌워 주고, 으스대는 갑부를 깨달음이 모자란 수난자로 탈바꿈시키는 이 포기의 역설을 듣고 나는 싱그레 미소를 지었다.

스승이 마지막으로 한 말은 깨달음을 통해 얻은 믿음의 교훈이었다. "신의 섭리는 어떤 보험보다도 현명하게 우리의 미래를 준비한다. 이 세상은 불안에 떨면서 외적인 안온에만 매달리는 사람들로 가득 차 있다. 그들의 망념은 마치 이마에 난 흉터와 같다. 우리가 첫 숨을 들이쉴 때부터 우리에게 공기와 젖을 주신 그분은 헌신하는 사람들에게 그날그날 필요한 것을 베푸는 법을 알고 계신다."

나는 방과 후에 성자의 집으로 순례하는 일을 계속했다. 그는 소리 없는 열정으로 내가 아누바바를 터득할 수 있도록 도와주었다. 어느 날 그는 우리 동네에서 멀리 떨어진 람 모한 로이 거리로 이사했다. 그를 흠모하는 제자들이 나겐드라 마트*로 알려진 새 아슈람을 지어 드린 것이다. 여러 해가 지난 뒤의 이야기이지만,

---

* 마트는 엄밀히 말하면 본산 역할을 하는 수도원을 뜻하지만 흔히 아슈람을 가리키는 데 사용된다. 그의 본이름은 나겐드라 나트 바두리였다.기독교 세계에서 '공중 부양' 능력을 지닌 성자 가운데 17세기 쿠페르티노의 성 요셉을 들 수 있다. 그의 능력은 목격자들의 증언으로 충분히 입증되었다. 성 요셉은 늘 넋이 나간 사람처럼 보였지만 실은 온 정신을 쏟아

나겐드라 나트 바두리
'공중에 뜨는 성자'

바두리 마하사야가 내게 마지막으로 한 말을 여기에 적는다. 나는 서양으로 떠나기 직전에 그를 찾아뵙고 작별의 축복을 받기 위해 공손히 무릎을 꿇었다.

신을 묵상하고 있는 것이었다. 동료 수사들은 그가 식기를 들고 천장으로 떠오를까 봐 식사 시중드는 것을 허락할 수가 없었다. 이 성자는 땅을 딛고 오래 머물러 있을 수가 없었기 때문에 지상의 임무를 수행하는 데 여간 불편한 것이 아니었다. 성 요셉은 심지어 성상(聖像)을 보기만 해도 수직으로 떠오르는 일이 종종 있었다. 돌로 된 성자와 육체를 가진 성자가 함께 허공에서 빙빙 돌고 있는 모습이 목격되곤 했던 것이다.

위대한 '영혼의 고양'을 성취한 아빌라의 성 테레사는 '신체의 고양' 때문에 큰 곤란을 겪었다. 교단의 막중한 임무를 떠맡은 그녀는 '공중부양'을 막아 보려고 했지만 허사였다. 성녀는 이렇게 말했다. "아무리 조심을 해도 주님이 들어주시지 않으면 소용이 없었어요." 스페인 알바의 교회에 안치되어 있는 성 테레사의 시신은 400년 동안 부패되지 않은 상태로 꽃향기를 풍기고 있다. 이곳에서는 헤아릴 수 없는 기적이 목격되었다.

"아들아, 미국으로 가거라. 유구한 인도의 위엄이 너를 지켜 줄 것이다. 너의 이마에는 승리가 새겨져 있다. 먼 곳의 고매한 사람들이 너를 반겨 줄 것이다."

8
인도의 대과학자 J. C. 보세

"자가디스 찬드라 보세는 마르코니보다도 먼저 무선 전신을 발명했지요."

이 얘기를 우연히 듣고 귀가 솔깃해진 나는 보도 위에서 과학에 관한 토론을 벌이고 있던 교수들 곁으로 다가갔다. 내가 그들의 이야기에 끼어든 동기가 민족적 자부심 때문이었다면 그건 유감이다. 그러나 인도가 형이상학뿐 아니라 물리학에서도 주도적 역할을 할 수 있다는 사실에 강렬한 흥미를 느꼈던 것은 부인할 수 없다.

"교수님, 그게 무슨 말씀이신가요?"

교수는 친절하게 설명해 주었다. "보세 선생님은 무선 전신용 검파기와 전파의 굴절을 나타내는 기구를 최초로 발명한 분이지. 그러나 이 인도 과학자는 자신의 발명을 상업적으로 이용하지 않아. 그는 곧 무생물계에서 생물계로 관심을 돌렸지. 그가 식물 생리학자로서 이룩한 혁신적 발견은 물리학자로서 거둔 획기적인 업적보다도 눈부시다네."

나는 자상하게 설명해 준 교수에게 깍듯이 감사를 표했다. 그는 이렇게 덧붙였다. "그 위대한 과학자는 나와 함께 프레지던시 칼리지에서 교수로 일하고 있다네."

나는 다음날 우리 집 가까이에 있는 그 현자의 집을 방문했다. 그렇지 않아도 나는 오래전부터 그를 먼발치로 우러르던 터였다. 근엄하면서 내향적인 대학자는 인자하게 나를 반겨 주었다. 그는 잘생기고 건장한 오십대로, 머리숱이 많고

넓은 이마에 몽상가처럼 아득한 눈을 가지고 있었다. 또렷한 말씨에는 평생 몸에 밴 과학적 습관이 묻어나는 것 같았다.

"나는 서양에서 과학 협회들을 돌아보고 얼마 전에 돌아왔네. 그쪽 사람들은 내 발명품에 상당한 관심을 보이더군. 모든 생명이 불가분하게 통일되어 있음을 보여 주는* 정밀한 기구들이지. 보세 크레스코그래프†는 천만 배의 엄청난 배율을 가지고 있다네. 현미경의 배율은 몇 천 배에 불과하지만 생물학에 획기적인 전기를 마련해 주지 않았나? 크레스코그래프를 통해 무한한 가능성이 열리게 될 걸세."

"선생님께서는 인격을 초월한 과학의 팔로 동양과 서양을 껴안아 융화를 앞당기는 데 크게 일조하셨습니다."

"나는 케임브리지에서 공부했네. 모든 이론을 철저한 실험으로 검증하는 서양의 방법론은 참으로 경탄할 만하지! 그 경험적 절차와 내가 동양의 전통에서 물려받은 내적 성찰의 재능이 서로 상승 작용을 일으킨 거야. 이 두 가지가 결합된 덕분에 나는 오랫동안 입을 다물고 있던 자연계의 침묵을 깰 수 있었던 것일세. 크레스코그래프의 자동 표시 도표는 식물들도 민감한 신경계와 다양한 정서적 삶을 가지고 있다는 의심할 수 없는 증거를 보여 주지. 식물도 동물과 마찬가지로 자극을 받으면 그에 따라 사랑, 미움, 기쁨, 두려움, 즐거움, 고통, 흥분, 혼수상태 등 무수한 반응을 나타낸다네."

"선생님께서 출현하시기 전까지는 삼라만상에 깃들어 있는 생명의 박동이 오로지 시적인 심상으로만 비쳐질 뿐이었지요. 제가 예전에 알고 있던 어떤 성인께서는 절대로 꽃을 꺾는 법이 없으셨습니다. '장미 나무에서 아름다움에 대한 자부심을 차마 빼앗을 수 있겠느냐? 함부로 꽃을 꺾어서 존엄성을 욕보일 수 있겠느냐?' 교감에서 우러나온 그 말씀의 진실성이 선생님의 발견을 통해서 그대

---

* "모든 과학은 초월적이며 그렇지 않으면 소멸하고 만다. 식물학은 이제 올바른 학설을 습득하고 있다. 브라흐마의 화신들은 머지않아 자연사(自然史)의 교본이 될 것이다." (에머슨)
† '증가시킨다'는 뜻의 라틴어 crescere에서 유래. 보세는 크레스코그래프를 비롯한 여러 가지 발명으로 1917년에 나이트 작위를 받았다.

로 입증되고 있군요."

"시인이 마음을 열고 진리에 다가간다면, 과학자는 섣부르게 달려든다고 할 수 있지. 언제 한번 내 연구실에 들러서 크레스코그래프의 명백한 증거를 직접 확인해 보게."

나는 초대를 기꺼이 받아들이고 작별 인사를 드렸다. 나중에 나는 이 식물학자가 프레지던시 칼리지를 떠나서 캘커타에 연구소를 차리기로 했다는 소식을 들었다.

보세 연구소가 문을 열던 날 나는 봉헌 의식을 거들었다. 연구소에는 수백 명의 열성적인 후원자들이 모여 경내를 이리저리 거닐고 있었다. 나는 새로운 과학의 산실이 풍기는 예술성과 영적 상징성에 매료되었다. 정문에는 멀리 성지에서 구해 온 수백 년 묵은 유물을 사용했다. 연꽃*이 핀 못 뒤에 서 있는 횃불을 든 여성의 조각상은 불멸의 빛을 전하는 모든 여성에게 경의를 표하고 있었다. 정원에 있는 작은 사원은 현상 저편의 본체에 바쳐진 것이었다. 제단에 성상이 하나도 없는 것은 신은 형체가 없다는 생각을 나타내고 있었다.

이 뜻깊은 날을 기리는 보세의 연설은 마치 영감에 찬 태곳적 리시의 입에서 흘러나오는 것 같았다.

"오늘 저는 이 연구소를 단지 실험실이 아니라 하나의 사원으로 봉헌하고자 합니다." 경건하고도 엄숙한 그의 목소리는 눈에 보이지 않는 망토처럼 서서히 퍼져 나가 가득 찬 청중석을 덮었다.

"밤낮으로 연구를 계속하던 저는 어느 사이에 물리학과 생리학이 서로 마주치는 접경 지역으로 들어서게 되었습니다. 그러자 놀랍게도 생물과 무생물의 영역을 가르는 경계선이 사라지고 접점들이 나타나는 것이었습니다. 무생물은 결코 활동력이 없는 것처럼 보이지 않고 무수한 힘의 작용에 감응하고 있었습니다.

우주 만물에 보편적인 반작용이 광물과 식물과 동물을 공통된 법칙으로 아우

---

* 인도에서는 예로부터 연꽃을 신성의 상징으로 여겼다. 펼쳐진 꽃잎은 영혼의 확장을 암시하고, 진흙 속에서 피어오르는 순수한 아름다움은 자비로운 영적 약속을 의미한다.

르는 것처럼 보였습니다. 이들은 모두 피로와 기능 저하, 회복과 고양의 가능성, 죽음에 따른 영구적인 무반응이라는 본질적으로 동일한 현상을 나타냈습니다. 자연의 광대한 보편성에 경외감을 느낀 저는 큰 희망을 품고 실험으로 증명된 연구 결과를 영국 학술원에서 발표했습니다. 하지만 그 자리에 참석한 생리학자들은 자기네 영역을 침범할 것이 아니라 이미 성공이 보장된 물리학에 연구를 한정시킬 것을 권고했습니다. 저는 모르는 사이에 낯선 카스트의 영역에 뛰어들어 불문율을 깨뜨렸던 것이었습니다.

별 생각 없이 무지와 신앙을 혼동하는 신학적 편견도 있었습니다. 끊임없이 진화하는 창조의 신비로움으로 세계를 가득 채운 신께서는 다른 한편으로 우리 마음속에 탐구하고 이해하려는 욕구를 불어넣으셨다는 사실을 우리는 종종 잊곤 합니다. 저는 여러 해 동안 세상 사람들의 몰이해를 겪으면서, 과학에 헌신하는 삶은 끝없는 투쟁으로 점철될 수밖에 없다는 것을 알게 되었습니다. 그것은 득과 실, 성공과 실패에 연연하지 않고 신 앞에 자신의 삶을 내던지는 것입니다.

그러다 마침내 세계에서 손꼽히는 과학 협회들이 저의 이론과 연구 결과를 받아들이고, 과학에 기여한 인도의 공로를 인정하게 되었습니다.* 사소한 것, 한정된 것이 과연 인도의 정신을 만족시킬 수 있을까요? 면면히 살아 숨 쉬는 전통과 생동하는 회생의 힘을 바탕으로 이 나라는 무수한 변천을 겪으면서 파괴와 재건을 거듭해 왔습니다. 인도인들은 언제나 마음을 혹하는 눈앞의 이익에 연연하지 않고 삶의 지고한 이상을 추구하면서 꿋꿋이 일어섰습니다. 이것은 소극적인 포기가 아니라 적극적인 투쟁입니다. 투쟁을 외면하는 나약한 인간은 아무것도 얻지 못하고, 따라서 포기할 것도 없습니다. 싸워서 쟁취하는 자만이 승리의 과실을 나누어 줌으로써 세상을 풍요롭게 만들 수 있는 것입니다.

보세 연구소에서 수행한 물질의 반응에 관한 연구와 식물의 삶에서 밝혀진 뜻

---

* "유수 대학교의 모든 학과, 특히 인문학 분야의 학과는 각 분야에서 인도와 관련된 측면에 상당한 조예를 쌓은 전문가가 없다면 체제를 완전히 갖추었다고 할 수 없다. 또한, 졸업생들이 각자 몸담게 될 분야에서 지성적 과업을 수행할 역량을 갖추도록 교육하고자 하는 모든 대학은 인도 문명에 정통한 학자를 보유하고 있어야 한다고 우리는 믿는다." [펜실베이니아 대학의 W. 노먼 브라운 교수가 워싱턴 D.C.에 있는 미국 인문학 협의회(American Council of Learned Societies)의 1939년 5월호 회보에 기고한 글에서]

밖의 사실은 물리학, 생리학, 의학, 농학, 그리고 심리학에 이르기까지 연구의 범위를 크게 넓혀 주었습니다. 여태껏 해결할 수 없는 것으로 여겨졌던 문제들이 이제 실험적 탐구의 영역으로 들어온 것입니다.

그러나 엄밀한 정확성이 없이는 큰 성공을 거둘 수 없습니다. 오늘 입구의 홀에 진열해 놓은 것과 같은 갖가지 고감도 기구와 장치들을 제가 고안해야만 했던 것도 바로 이 때문입니다. 이것들은 우리를 현혹시키는 겉모습 뒤에 감추어져 있는 실재를 드러내려는 오랜 노력과, 인간의 한계를 극복하기 위해 바쳐진 끊임없는 노고와 인내와 지혜를 말해 줍니다. 창조적인 과학자는 누구나 진정한 실험실은 바로 마음이라는 것, 그곳에서 허상의 이면에 숨겨진 진리의 법칙이 밝혀진다는 것을 알고 있습니다.

여기서 진행되는 강의는 간접적인 지식의 단순한 반복에 그치지 않을 것입니다. 실험실에서 최초로 증명된 새로운 발견들을 강의를 통해 공표할 것이며, 아울러 연구소의 활동을 정기적으로 발표하여 인도의 공헌을 전 세계에 알리게 될 것입니다. 이들은 인류의 공공 재산이 될 것입니다. 특허는 절대로 취득하지 않을 것입니다. 인도 문화의 정신은, 오로지 사사로운 이득을 얻기 위해 지식을 이용하는 신성 모독으로부터 영원히 자유로울 것을 요구합니다.

저의 또 한 가지 바람은, 가능하다면 모든 나라의 연구자들이 연구소의 시설을 이용할 수 있도록 하는 것입니다. 그렇게 함으로써 우리나라의 전통을 이어가고자 합니다. 멀리 이천오백 년 전에 인도는 날란다와 탁실라에 고대의 대학을 세우고 세계 곳곳의 학자들을 널리 받아들였습니다.

학문은 동양의 것도 서양도 것도 아니며 국가를 초월한 보편성을 지니고 있지만, 인도는 중요한 기여를 하기에 특히 적합한 것 같습니다.[*] 겉으로는 모순되어

---

[*] 고대 힌두 사람들은 물질의 원자 구조를 잘 알고 있었다. 인도 육파 철학의 하나인 바이셰시카는 '원자의 개별성'을 뜻하는 산스크리트어 visesas에서 유래했다. 바이셰시카 학파의 창시자는 약 2,800년 전에 태어난 아울루키아이며, '원자를 먹는 사람'이라는 뜻의 '카나다'라고도 불린다.

타라 마타는 《동서》지 1934년 4월호에 기고한 글에서 바이셰시카의 과학적 지식을 다음과 같이 요약하고 있다.

"현대의 '원자론'은 일반적으로 과학의 새로운 발전이라고 여겨지고 있지만, 이는 오래전에 '원자를 먹는 사람' 카나다가 명석하게 해명한 이론이다. 산스크리트어의 '아누스'는 그리스어로 '나눌 수 없는 것'이라는 의미를 지닌 '원자(atom)'로 번역될 수 있다. 기원전 시대의 바이셰시카 교의에는 다음과 같은 과학적 논제가 포함되어 있다.

보이는 일련의 사실들로부터 새로운 질서를 끌어내는 인도인의 타오르는 상상력은 정신 집중의 습성을 통해 조절됩니다. 이러한 자제력은 우리의 정신이 무한한 인내를 가지고 진리를 추구할 수 있는 힘을 부여합니다."

연설을 끝맺는 대과학자의 말을 들으면서 나는 눈물을 머금었다. 세월과 역사가를 하나같이 무색하게 만드는 '인내'야말로 인도를 대표하는 특성이 아닐까?

나는 그 후에 곧 연구소를 다시 방문했다. 약속을 잊지 않고 있던 이 위대한 식물학자는 나를 조용한 연구실로 데리고 갔다.

"이 고사리에 크레스코그래프를 부착해 보겠네. 배율이 정말 엄청나지. 달팽이가 기어가는 모습을 같은 비율로 확대한다면 마치 급행열차가 질주하는 것처럼 보일 걸세!"

나는 확대된 고사리가 비쳐진 화면을 골똘히 들여다보았다. 미세한 생명의 움직임을 이제 분명히 알아볼 수 있었다. 식물은 넋을 빼앗긴 나의 눈앞에서 아주 천천히 자라고 있었다. 박사는 조그만 금속 막대로 고사리 끝을 살짝 건드렸다. 그러자 무언극처럼 펼쳐지던 움직임이 갑자기 멈추었다가, 막대기를 치우자 곧바로 약동하는 리듬이 다시 시작되는 것이었다.

박사가 설명을 해 주었다. "방금 우리는 아무리 사소한 외부의 간섭이라도 민감한 세포 조직에 얼마나 해를 주는지 목격한 것일세. 잘 보게나. 이제 클로로포름을 바르고 나서 다시 해독제를 투여해 보겠네."

(1) 자석을 가리키는 바늘의 움직임
(2) 식물에서 이루어지는 물의 순환
(3) 미세한 힘을 전달하는 바탕을 이루며 활성과 구조를 갖지 않는 아카시(에테르)
(4) 온갖 형태의 열을 발생시키는 원인이 되는 태양의 불
(5) 분자 변화를 일으키는 원인이 되는 열
(6) 지구 원자에 내재하면서 인력, 즉 아래로 끌어당기는 힘을 부여하는 속성에서 비롯되는 중력의 법칙
(7) 모든 에너지의 운동성. 항상 에너지의 소비 또는 운동의 재분배에 뿌리를 두고 있는 인과 관계
(8) 원자의 붕괴를 통한 우주의 소멸
(9) 무한히 작은 입자들이 상상할 수 없는 속도로 사방으로 퍼져 나가는 열과 빛의 방사(현대의 '우주선(宇宙線) 이론')
(10) 시간과 공간의 상대성
바이셰시카는 그 궁극적 특수성이라는 측면에서 영구불변의 성질을 가진 원자들이 세계의 기원을 이룬다고 보았다. 이 원자들은 끊임없이 진동하는 운동을 가지는 것으로 생각되었다. 각각의 원자가 태양계의 축소판과 같다는 최근의 발견은 옛 바이셰시카 철학자들에게는 새로운 이야기가 아닐 것이다. 이들은 또한 시간의 최소 단위(칼라)를 원자가 자체의 단위 공간을 통과하는 데 걸리는 시간으로 정의함으로써 시간을 가장 수학적인 개념으로 환원했다."

클로로포름은 성장을 모두 멈추게 하고, 해독제는 다시 살아나게 하는 효과를 냈다. 화면에 시시각각 펼쳐지는 움직임들은 영화의 한 장면보다도 더 흥미진진했다. 악역을 맡은 나의 동료는 날카로운 도구를 고사리의 한 부위에 찔러 넣었다. 경련을 일으키며 퍼덕거리는 모습에서 고통을 감지할 수 있었다. 면도칼로 줄기의 일부를 절단하자 화면의 영상이 격렬하게 동요하더니 마침내 죽음의 마침표를 찍으며 잠잠해지고 말았다.

"나는 처음으로 거대한 나무를 클로로포름으로 마취시켜 옮겨 심는 데 성공했다네. 보통은 그렇게 큰 나무를 숲에서 옮기면 금방 죽어 버리지." 박사는 공들여 생명을 구한 얘기를 들려주면서 행복한 미소를 지어 보였다. "내가 고안한 정밀 장치의 그래프를 통해 나무에도 순환계가 존재한다는 사실이 입증되었어. 수액 이동은 동물체의 혈압에 해당한다고 할 수 있지. 수액이 거슬러 오르는 현상은 흔히 거론되는 모세관 인력처럼 기계적인 원리로는 설명이 되지 않는다네. 이것은 크레스코그래프를 통해 살아 있는 세포들의 활동으로 밝혀졌어. 나무줄기를 따라 뻗어 있으면서 사실상 심장과 같은 역할을 하는 원통형 관에서 연동파를 일으키는 것이지! 우리의 이해가 깊어질수록 자연계의 온갖 형태가 한결같은 계획에 따라 서로 연결되어 있다는 증거는 더욱 뚜렷해진다네."

이 위대한 과학자는 또 다른 보세 기구를 가리켰다.

"주석 조각으로 실험을 해서 보여 주지. 금속에 내재하는 생명력이 자극에 적대적인 반응을 보이기도 하고 우호적인 반응을 보이기도 한다네. 기록 장치가 다양한 반응을 잉크로 표시해 줄 걸세."

나는 잔뜩 몰두한 채, 원자 구조의 특유한 파동을 기록하는 그래프를 뚫어져라 바라보았다. 박사가 주석에 클로로포름을 바르자 진동을 기록하던 바늘이 멈추었다. 그러다가 금속이 서서히 원래의 상태를 회복하면서 다시 진동이 시작되었다. 박사는 연이어 유독성 물질을 투여했다. 그러자 마지막 떨림과 동시에 바늘은 극적으로 도표 위에 사망 선고를 내렸다. 박사는 말했다.

"보세 기구들은 가위나 기계에 사용되는 강철과 같은 금속도 피로를 겪지만 적당한 휴식을 취하면 활력을 되찾는다는 사실을 입증해 냈지. 전류나 심한 압력을 가하면 금속에 내재하는 생명의 박동이 손상되거나 심지어 소멸하기도 한다네."

나는 방 안에 가득한 기구들을 둘러보았다. 그것들은 지칠 줄 모르는 발명의 재능을 웅변으로 증언하고 있었다.

"선생님, 이처럼 훌륭한 장치들을 충분히 활용하면 대량 농업을 획기적으로 발전시킬 수 있을 텐데, 정말 아쉽군요. 이 기구들을 이용해서 다양한 종류의 비료가 작물의 생장에 미치는 효과를 즉석에서 확인하는 실험을 할 수 있지 않을까요?"

"옳은 말일세. 미래의 세대들은 보세 기구를 널리 사용하게 되겠지. 과학자가 생전에 보상을 받는 경우는 아주 드물다네. 창조적으로 이바지했다는 기쁨을 누리는 것만도 고마운 일이지."

나는 지칠 줄 모르는 현자에게 한없는 감사의 마음을 전하고 자리를 뜨면서 생각했다 이 천재의 눈부신 창조성이 과연 고갈될 날이 있을까?

세월이 흘러도 그의 열정은 식을 줄 몰랐다. 보세 박사는 '공명 심전계'라는 복잡한 기구를 발명하고 나서 헤아릴 수 없는 인도 식물에 대해 광범위한 연구를 수행했다. 그 결과 유용한 의약품을 집대성한 '약전(藥典)'이 제정되는 뜻밖의 개가를 올리게 되었다. 이 심전계는 백 분의 일 초까지 그래프로 나타낼 수 있는 엄청난 정밀도를 자랑한다. 공명 기록들은 식물, 동물, 그리고 인체 구조에서 극히 미세한 맥동을 측정해 낸다. 이 위대한 식물학자는 심전계를 사용하면 동물이 아닌 식물의 생체 해부가 가능해질 것이라고 예견했다.

그는 이렇게 지적했다. "식물과 동물에 동시에 투여한 약물의 효과를 나란히 기록한 결과는 놀라울 정도로 일치했다. 인간에게 나타나는 모든 현상이 식물에서도 나타났다. 식물에 대한 실험은 동물과 인간의 고통을 완화하는 데 공헌할 것이다."

보세의 선구적인 연구 결과는 몇 년 후에 다른 과학자들에 의해 실증되었다. 1938년에 콜롬비아 대학교에서 수행한 작업이 《뉴욕 타임스》에 다음과 같이 보도되었다.

The Granger Collection

자가디스 찬드라 보세
크레스코그라프를 발명한 인도의 위대한 물리학자, 식물학자

지난 몇 년 사이, 신경이 뇌와 신체의 다른 부분 간에 메시지를 전달할 때 미세한 전기 자극이 발생한다는 사실이 밝혀졌다. 이 자극을 정밀한 검류계로 측정한 다음 첨단 확대 장치를 사용하여 수백만 배로 확대했다. 그러나 이러한 자극은 이동 속도가 너무 빠르기 때문에, 지금까지는 어떻게 자극이 살아 있는 동물이나 인간의 신경 섬유를 타고 전달되는지 연구하기에 마땅한 방법을 찾지 못하고 있었다.

K. S. 콜 박사와 H. J. 커티스 박사는 금붕어 어항에 자주 사용하는 민물 식물인 니텔라의 긴 단세포들이 단일 신경 섬유의 세포와 사실상 동일하다는 사실을 발견했다. 나아가, 니텔라 섬유에 자극을 가하면 속도가 느리다는 점만 빼면 동물이나 인간의 신경 섬유와 모든 면에서 유사한 전기적 파동을 일으킨다는 사실도 발견했다. 식물 신경의 전기 자극은 동물의 경우보다 훨씬 느린

것으로 밝혀졌다. 이러한 발견을 토대로 컬럼비아 대학 연구진은 신경 내에서 전기 자극이 전달되는 과정을 슬로 모션으로 촬영하는 데 성공했다.

어쩌면 니텔라 식물은 마음과 물질의 경계 지역에 은밀히 숨겨진 비밀을 해독하는 로제타석과 같은 역할을 하게 될지도 모른다.

시인 라빈드라나트 타고르는 인도의 이상을 좇는 이 과학자와 절친한 사이였다. 벵골의 가객은 그에게 다음과 같은 시구를 바쳤다.

> 오 은자여, 그대는 사마라고 불리는 옛 찬가의
> 참된 말씀으로 외친다. 일어나라! 깨어라!
> 그것은 헛되고 무익한 현학적 논쟁에서
> 경전의 지식을 뽐내는 사람을 향한 외침.
> 저 어리석은 허풍선이에게
> 자연의 얼굴, 이 넓은 대지로 나오라는 외침.
> 이 외침을 학식 있는 무리에게 전하라.
> 그대가 펼치는 불의 희생제 주위로
> 모두 함께 모이게 하라. 그리하여 우리 인도가,
> 우리의 옛 땅이 본연의 모습을 되찾고
> 오, 다시 한 번 불변의 과업으로,
> 의무와 헌신으로,
> 진지한 명상의 무아경으로 되돌아가
> 또다시 혼란도 탐욕도 다툼도 없이 순수하게
> 오, 다시 한 번 모든 나라의 스승이 되어
> 우뚝 솟은 강단에 오르게 하라.*

---

* 인도 산티니케탄의 《계간 비스바바라티(The Visvabharati Quarterly)》 지에 실린 라빈드라나트 타고르의 벵골어 시를 만모한 고시가 영역한 것을 다시 한글로 옮김. 타고르의 시에 언급된 '사마라고 불리는 찬가'는 네 가지 《베다》의 하나인 《사마 베다》로, 나머지 셋은 《리그 베다》, 《야주르 베다》, 《아타르바 베다》이다. 이 성전들은 창조의 신 브라흐마의 본성에

대해 설명하고 있다. 브라흐마가 개별 인간으로 나타난 것을 아트마(영혼)라고 한다. 브라흐마의 어근은 '확장한다'는 뜻의 brih인데, 이는 창조적 활동에 돌입하는 자발적 성장의 신성한 힘이라는 《베다》의 개념을 나타낸다. 우주는 자신의 존재로부터 거미줄처럼 진화해 간다(vikurute)고 일컬어진다. 아트마와 브라흐마, 인간 영혼과 우주 영혼의 의식적 합일이 《베다》의 전체적 함의라고 할 수 있다.

《베다》를 집약한 《베단타》는 수많은 서양의 사상가에게 영감을 주었다. 프랑스의 역사가 빅토르 쿠쟁은 이렇게 말했다. "동양, 그중에서도 인도의 철학적 고전들을 주의 깊게 읽다 보면 그 심원한 진리에 감탄한 나머지 (…) 동양의 철학 앞에서 무릎을 꿇지 않을 수 없으며, 이 인류의 요람 속에서 지고한 철학의 원천을 발견하게 된다." 슐레겔은 또 이렇게 말했다. "유럽에서 가장 고상한 철학, 그리스 철학자들이 추구한 이성의 이상주의조차도 동양의 이상주의가 간직하고 있는 풍부한 생명과 활력에 비교한다면 쏟아지는 햇빛 앞에 놓인 희미한 프로메테우스의 불꽃처럼 보인다." 인도의 방대한 문헌 가운데 《베다》('안다'는 뜻의 어근 vid에서 유래)는 저자를 밝히지 않은 유일한 작품이다. 《리그 베다》는 찬가들이 신성한 기원을 가지고 있으며(X:90.0) '먼 옛날'부터 전해져 내려와 새로운 언어로 갈아입은 것이라고 말해 준다(III:39,2). 시대를 거듭하면서 신으로부터 리시(선지자)에게 계시된 《베다》는 니트야트바(시간을 초월한 궁극성)를 지닌다고 이야기된다.

《베다》는 리시들이 '직접 들은'(shruti) 소리를 통한 계시였다. 이는 본래 낭송과 암송의 문학이다. 따라서 십만을 헤아리는 《베다》의 2행 연구들은 수천 년 동안 글로 기록되지 않고 브라만 승려들에 의해 입에서 입으로 전해졌다. 종이와 돌은 모두 세월이 흐르면 소멸할 수밖에 없다. 마음이 물질보다 우월한 전달 수단이라는 것을 리시들이 이해했기 때문에 《베다》는 세월의 풍파를 견뎌 낼 수 있었던 것이다. '마음이라는 서판(書板)'을 능가할 것이 있겠는가? 브라만 승려들은 《베다》의 낱말이 배열되는 특유의 질서(anupurvi)를 관찰하고 소리들의 결합(sandhi)과 글자들의 관계(sanatana)를 지배하는 음운론 규칙의 도움을 받아 암기한 내용의 정확성을 수학적 방식으로 입증함으로써 오랜 옛날부터 《베다》가 지닌 본래의 순수성을 독특하게 보존해 온 것이다. 《베다》의 낱말을 이루는 각 음절(akshara)에는 나름의 의미와 효력이 부여되어 있다(408~409쪽 참조).

9
행복한 헌신자의 우주적 사랑

"젊은이 이리 앉게나. 나는 지금 어머니 여신과 대화를 나누고 있다네."

나는 크나큰 경외심을 가지고 조용히 방으로 들어섰다. 마스터 마하사야의 천사 같은 모습에 눈이 부셨다. 비단결 같은 흰 수염과 커다랗게 빛나는 두 눈을 가진 그는 마치 순수의 화신처럼 보였다. 턱을 치켜들고 양손을 포갠 모습에서 나의 첫 방문이 기도를 방해했다는 것을 알 수 있었다.

간단한 그의 인사말이 지금까지 들어 본 어떤 말보다도 격렬한 효과를 안겨 주었다. 나는 어떤 괴로움도 어머니를 사별한 슬픔보다 클 수는 없다고 생각했었다. 그러나 이제 어머니 여신마저도 멀리 떨어져 있다는 생각이 들자 이루 말할 수 없는 영혼의 고통이 밀려왔다. 나는 신음하며 바닥에 쓰러졌다.

"젊은이, 진정하게!" 성자도 이심전심으로 고통을 느끼는 듯했다.

막막한 바다에 홀로 버려진 사람이 하나뿐인 뗏목에 매달리듯이 나는 그의 발을 부여잡았다.

"성자시여, 저를 위해 기도해 주십시오! 어머니 여신의 모습을 뵐 수 있도록 여쭤어 주십시오!"

신과의 중재를 약속하는 것은 그렇게 간단한 일이 아니기 때문에 스승은 침묵할 수밖에 없었다.

마스터 마하사야가 우주의 어머니와 영적으로 교감하고 있는 것은 의심할 수 없는 사실이라고 나는 확신했다. 지금 이 순간에도 성자의 허물없는 시선에는 감지되는 어머니 여신이 내 눈에는 보이지 않는다는 사실에 깊은 모멸감이 들었다. 수치심도 잊고 그의 발을 움켜쥔 나는 스승이 점잖게 말리는 것도 듣지 않고 거듭해서 중재의 은혜를 간청했다.

"자네의 간청을 여신께 전하겠네." 스승은 그제야 인자한 미소를 지으며 손을 들었다.

폭풍우 속에 내쫓겼던 나의 영혼이 이 한마디 말로 구원을 얻었으니 그야말로 엄청난 위력이었다.

"스승님, 부디 약속을 잊지 마십시오! 어머니 여신의 말씀을 들으러 곧 돌아오겠습니다." 조금 전까지만 해도 슬픔에 겨워 흐느끼던 내 목소리에는 행복한 기대감이 넘쳤다.

긴 계단을 내려오는 동안 지난날의 기억들이 물밀듯이 밀려왔다. 캘커타의 애머스트 가 50번지에 있는 이 집은 지금은 마스터 마하사야가 머물고 있지만 한때는 우리 가족의 보금자리였고, 어머니가 돌아가신 것도 바로 이곳이었다. 여기서 나의 여린 가슴은 떠나가 버린 어머니 때문에 산산이 부서졌고, 여기서 오늘 나의 영혼은 어머니 여신의 빈자리로 인해 형벌을 받는 듯했다. 견디기 힘든 상처를 입은 내가 마침내 치유되는 모습을 침묵 속에 지켜본 거룩한 벽들이여!

집으로 돌아가는 나의 발걸음은 흥분에 들떠 있었다. 나는 작은 다락방에 파묻혀 열 시가 될 때까지 명상에 잠겼다. 따뜻한 인도의 밤을 감싸고 있던 어둠이 불가사의한 환상으로 갑자기 밝혀졌다.

눈부신 후광에 둘러싸인 어머니 여신이 내 앞에 서 있었다. 부드럽게 미소 짓고 있는 여신의 얼굴은 아름다움 그 자체였다.

"나는 언제나 그대를 사랑했고, 앞으로도 언제까지나 그대를 사랑하리라!"

천상의 목소리가 여전히 허공에 울려 퍼지는 동안 여신의 모습은 어느덧 사라져 버렸다.

다음날 아침 동이 채 트기도 전에 나는 마스터 마하사야를 다시 찾아갔다. 아픈 기억이 서려 있는 계단을 올라 사층에 있는 스승의 방에 이르렀다. 잠긴 문의 손잡이에 천이 감겨 있는 것을 보고 나는 성자께서 혼자 있고 싶어 하신다는 것을 알아차렸다. 층계참에서 머뭇거리고 있노라니 이윽고 문이 열리고 반가운 스승의 모습이 나타났다. 나는 거룩한 발아래 무릎을 꿇었다. 장난기가 발동한 나는 고양된 기분을 애써 감추고 짐짓 엄숙한 표정을 지었다.

"스승이시여, 실은 소식이 궁금해서 이렇게 일찍 왔습니다. 어머니 여신께서 저에 대해 무슨 말씀이 없으셨습니까?"

"고얀 젊은이로군!"

그는 더는 입을 열지 않았다. 엄숙한 척 가장한 것이 별 효과를 보지 못한 듯했다.

"왜 그렇게 수수께끼처럼 알쏭달쏭하게 말씀하시나요? 성자들은 평범하게 얘기하면 안 되나요?" 나는 조금 들떠 있었다.

"나를 떠보려는 겐가?" 스승은 다 알고 있다는 듯이 차분한 눈길을 보냈다. "어젯밤 열 시에 어머니 여신께서 몸소 언질을 주셨는데 내가 무슨 말을 또 덧붙이겠는가?"

마스터 마하사야는 내 영혼이 흘러가는 길목을 훤히 꿰뚫고 있었다. 나는 다시 그의 발아래 넙죽 엎드렸다. 그러나 이번에는 고통이 아니라 환희로 인해 주체할 길 없는 눈물이 넘쳐흘렀다.

"자네의 기도가 가없는 자비심을 감동시키지 않았을 거라고 생각하는가? 자네가 인간과 신의 두 모습으로 공경한 거룩한 어머니께서는 버림받은 자네의 절규를 결코 외면하실 리가 없네."

이 소탈한 성자는 대체 누구이기에 아무리 작은 청이라도 우주 영혼의 자상한 응답을 받는 것일까? 내가 이제껏 만나 본 중에 가장 겸손한 성자가 이 세상에서 맡은 역할은 그에 걸맞게 소박한 것이었다. 애머스트 가의 이 집에서 마스터 마하사야*는 조그만 중등학교를 운영하고 있었다. 꾸짖는 말은 한마디도 입에 담은 적이 없고, 훈육에는 어떤 규칙도 체벌도 사용하지 않았다. 정결한 이 교실에서 학생들은 교과서에 나오지 않는 고차원의 수학과 사랑의 화학을 배웠다.

---

* 이 이름은 관례에 따른 존칭이다. 본명은 마헨드라 나트 굽타였는데, 저작에 서명을 할 때는 단순히 'M'이라고만 적었다.

그는 딱딱한 훈계보다는 영적인 감화를 통해 지혜를 나누어 주었다. 어머니 여신을 향한 꾸밈없는 열정에 사로잡힌 성자는 겉치레에 불과한 존경심에는 어린아이처럼 관심이 없었다.

스승은 내게 말했다. "나는 자네의 구루가 아닐세. 자네의 구루는 조금 더 후에 만나게 될 거야. 자네가 신에게서 느낀 사랑과 헌신의 체험은 그의 지도를 통해 바다처럼 깊은 지혜로 바뀔 걸세."

매일 저녁 나는 애머스트 가를 찾아 마스터 마하사야의 신성한 잔에서 넘쳐흐르는 지혜의 방울들을 받아 마셨다. 지금까지 나는 한 번도 절대적인 존경심으로 머리를 숙여 본 적이 없었지만, 이제는 마스터 마하사야의 발자국으로 신성해진 흙을 밟는다는 것마저도 더없는 특권처럼 느껴졌다.

어느 날 저녁 나는 꽃다발을 들고 갔다. "제가 특별히 스승님을 위해 만든 목련 화환입니다." 그러나 스승은 거듭 사양하며 손사래를 치다가 내가 상심한 기색을 보이자 그제야 웃으면서 받아 주었다.

"우리 둘 다 어머니 여신께 귀의했으니, 이 육체의 신전 안에 깃들인 여신께 바치는 봉헌물로 화환을 걸기로 하지." 넓디넓은 그의 성품에는 이기적인 생각이 비집고 들어갈 틈이 없었다.

"내일은 다크시네스와르에 가서 나의 구루께서 평생을 바쳐 섬긴 칼리 여신의 신전을 참배하세." 그는 그리스도 같은 스승인 스리 라마크리슈나 파라마한사의 제자였다.

이튿날 아침 우리는 배를 타고 갠지스 강을 따라 사 마일가량 올라갔다. 아홉 개의 둥근 지붕이 있는 칼리 사원에 들어서자, 천 개의 꽃잎이 섬세하게 조각된 반짝이는 은 연꽃 위에 어머니 여신과 시바의 상이 모셔져 있었다. 마스터 마하사야는 매혹된 듯 환한 표정을 지었다. 그는 어머니 여신과의 무한한 사랑에 흠뻑 빠져 있었다. 그가 여신의 이름을 부르자, 도취된 나의 가슴은 연꽃처럼 천 개의 조각으로 산산이 부서지는 듯했다.

한동안 사원의 경내를 거닐던 우리는 타마리스크 숲에 멈춰 섰다. 이 나무에서 스며 나오는 독특한 만나(수액)는 마스터 마하사야가 내려 주는 천상의 음식처럼 여겨졌다. 여신을 부르는 그의 기도는 계속되었다. 나는 깃털 같은 분홍빛 타마리스크 꽃으로 둘러싸인 잔디 위에 미동도 없이 앉아 있었다. 한순간 몸에서 빠져 나온 나는 천계를 향해 날아올랐다.

나는 이날을 시작으로 거룩한 스승과 함께 다크시네스와르에 여러 차례 순례를 다녀왔다. 스승으로부터 나는 어머니로서의 신, 즉 신성한 자비의 측면에 내포된 신의 달콤함을 배웠다. 어린아이 같은 심성을 지닌 성자는 아버지로서의 신, 즉 신성한 정의의 측면에는 그다지 끌리지 않는 듯했다. 엄격하고 치밀한 분별력은 그의 부드러운 천성에 어울리지 않았다.

'스승님은 그야말로 하늘에 사는 천사가 지상에 강림했다고 해도 좋을 분이다!' 어느 날 기도를 드리고 있는 그를 바라보며 나는 문득 이런 생각을 했다. 그는 조금도 불평하거나 비난하는 기색이 없이, 오랜 세월 근원적 순수에 친숙해진 눈으로 세상을 바라보았다. 그의 몸과 마음, 말과 행동은 순진무구한 영혼과 자연스레 조화를 이루었다.

"우리 스승께서 그리 말씀하셨지." 성자는 자기주장을 되도록 삼가고, 슬기로운 충고를 들려줄 때마다 말끝에 이렇게 덧붙이곤 했다. 스리 라마크리슈나와의 일체 의식이 너무 깊은 나머지 자기 생각조차 자신의 것으로 여기지 않을 정도였다.

어느 날 저녁 성자와 나는 손을 맞잡고 학교 주변을 거닐고 있었다. 그러다가 떠벌리기 좋아하는 어떤 친구와 마주치는 바람에 즐겁던 기분이 가뭇없이 사그라졌다. 그 친구는 장황한 이야기로 우리를 피곤하게 만들었다.

"이 사람 때문에 기분이 썩 좋지 않은가 보군." 성자는 자기 독백에 심취한 떠버리 친구에게 들리지 않도록 속삭였다. "어머니 여신께 말씀드렸더니 우리 처지를 이해하시고는, 저기 있는 빨간 집에 도착하는 대로 저 친구에게 급한 볼일을 상기시켜 주겠다고 약속하셨다네."

나는 구원의 집만 바라보고 걸어갔다. 빨간색 문 앞에 이르자, 그 친구는 하던 얘기를 미처 끝내지도 못한 채 인사도 없이 허겁지겁 돌아서서 떠나 버렸다. 그제야 어지럽혀졌던 분위기가 평온을 되찾았다.

또 어느 날, 나는 하우라 철도역 부근을 혼자 거닐고 있었다. 어느 사원 옆에 잠시 멈춰 서서, 북과 바라를 치며 요란하게 찬가를 낭송하고 있는 한 무리의 사람들을 보고 속으로 생각했다.

'신성한 신의 이름을 저렇게 기계적으로 뇌다니 얼마나 불경스러운 일인가?' 그때 마스터 마하사야가 어느 사이에 내 곁에 와 있는 것을 보고 깜짝 놀랐다.

"스승님께서 여기 어쩐 일이신가요?"

성자는 그 물음에는 아랑곳하지 않고 내 생각에 대답을 해 주었다. "무지하건 현명하건 저들의 입에서 나오는 님의 이름은 모두 다 감미롭게 들리지 않는가?" 그는 다정하게 팔로 나를 감쌌다. 그 순간 나는 마법 양탄자를 타고 자비로운 존재 앞으로 인도되는 것을 느꼈다.

"활동사진 보러 가지 않겠나?" 어느 날 오후, 세상사에 초연한 마스터 마하사야가 이런 질문으로 나를 어리둥절하게 만들었다. 그 당시 인도에서 이 말은 영화를 가리키는 것이었다. 나는 무슨 일 때문이든 그와 함께 있는 것이 마냥 좋아서 그러자고 했다. 우리는 활기찬 걸음으로 캘커타 대학교가 마주 보이는 정원에 도착했다. 그가 연못 근처의 벤치를 가리켰다.

"여기 잠깐 앉을까? 우리 스승께서는 너른 수면을 마주할 때마다 명상하라고 하셨지. 잔잔한 물은 신의 광막한 고요를 일깨워 준다. 수면이 만물을 비출 수 있듯이, 우주정신이라는 호수에는 우주 전체가 비추어진다고 구루데바*께서는 늘 말씀하셨지."

이윽고 우리는 강의가 한창 진행 중인 대학 회관에 들어섰다. 강의는 정말로 지루했다. 가끔씩 환등기로 슬라이드를 비춰 가며 변화를 주었지만 그래도 따분하기는 마찬가지였다.

'스승께서 이런 활동사진을 보여 주려고 하셨나!' 조급한 생각이 들었지만 지루해하는 표정을 드러내서 성자를 실망시키고 싶지는 않았다. 그런데 그가 내게 몸을 기울이며 귓속말을 건넸다.

---

* '신성한 스승'. 영적 지도자를 가리키는 산스크리트 관용어. deva(신)와 guru(깨달은 스승)의 합성어로, 깊은 존경과 위엄을 나타낸다. 나는 이것을 영어로 단순히 'Master(스승)'라고 표현했다.

마스터 마하사야
'더없이 행복한 헌신자'

"이 활동사진이 마음에 들지 않는가 보군. 어머니 여신께 말씀드렸더니 우리 생각에 전적으로 동감이시네. 이제 곧 전깃불이 꺼지고 우리가 자리를 뜨기 전에는 불이 들어오지 않을 거라고 하시는군."

귓속말이 끝나기가 무섭게 회관은 어둠 속에 잠겨 버렸다. 놀란 교수는 귀에 거슬리는 목소리를 한순간 멈추었다. "전기 공급에 문제가 있는 것 같군요." 그 사이 마스터 마하사야와 나는 이미 문턱을 넘고 있었다. 복도에서 흘긋 돌아보니 홀은 다시 밝아져 있었다.

"저 활동사진은 신통치 않았지만 자네가 좋아할 만한 것이 있네." 성자와 나는 대학 건물 앞의 보도 위에 서 있었다. 그는 내 가슴의 심장께를 손바닥으로 가볍게 쳤다. 그러자 한순간 정적이 이어지면서 변화가 일어나기 시작했다. 마치 음향 장치가 고장 난 '토키(발성 영화)'가 무성 영화로 바뀐 것처럼, 어떤 알 수 없는 기적을 통해 신성한 손이 온 세상의 소란을 단번에 잠재운 것 같았다. 지나가는 행인들은 물론이고 전차, 자동차, 우마차, 사륜마차 할 것 없이 모두 소리 없이 움직이고 있었다. 나는 사방에 눈이 달린 사람처럼 뒤쪽과 옆쪽의 장면까지도 마치 앞에 있는 것마냥 훤히 볼 수 있었다. 캘커타의 작은 구역에서 일어나는 모든 일들이 내 앞에서 장관을 이루며 소리 없이 펼쳐졌다. 얇게 덮인 재 밑에서 희미하게 비치는 불빛처럼 감미로운 광채가 장면 전체에 흘러넘치고 있었다. 내 몸도 수많은 그림자의 하나에 불과한 것처럼 여겨졌다. 나는 정지된 상태로 있는데 다른 그림자들은 소리 없이 이리저리 오가고 있었다. 가까운 친구 몇이 내 곁을 스치고 지나갔지만 바로 앞에서도 나를 알아보지 못했다.

이 진기한 무언극은 무어라 형언할 수 없는 희열을 안겨 주었다. 나는 무한한 기쁨의 샘에서 솟는 환희를 깊이 들이마셨다. 그때 마스터 마하사야가 내 가슴을 한 번 더 부드럽게 쳤다. 그러자 아수라장으로 돌변한 세상의 온갖 소음이 귓전에서 터졌다. 나는 마치 백일몽에서 퍼뜩 깨어난 것처럼 비틀거렸다. 초월의 포도주는 이미 손길이 미치지 않는 곳으로 사라져 버렸다.

두 번째 활동사진(bioscope)*은 마음에 드는 모양이군. 성자는 미소를 짓고 있었다. 내가 감사의 표시로 발 앞에 무릎을 꿇으려 하자 그가 말했다. "이제는 이러면 안 되네. 자네 몸의 사원에도 신이 계시다는 걸 생각해야지! 어머니 여신께서 자네 손을 통해 내 발을 만지게 할 수는 없지 않겠나!"

소탈한 스승과 내가 사람들로 붐비는 보도에서 빠져나와 천천히 걷고 있는 모

---

* 《웹스터 사전》은 bioscope의 또 다른 의미를 이렇게 정의하고 있다: 'A view of life; that which gives such a view(삶의 한 광경; 그러한 광경을 보여 주는 것)'. 그러고 보면 마스터 마하사야의 단어 선택은 절묘하게 들어맞은 셈이다.

어머니 여신

어머니 여신은 초월적 신의 샤크티(성스러운 힘)가 창조에 발휘되는 측면을 나타낸다. 어머니 여신은 표출되는 속성에 따라 여러 가지 이름으로 알려져 있다. 이 그림에서 치켜든 손은 우주적 축복을 뜻한다. 다른 손들은 상징적으로 염주(헌신)와 경전(배움과 지혜), 성수 단지(정화)를 들고 있다.

습을 누군가가 보았다면 틀림없이 우리가 술에 취한 줄 알았을 것이다. 어스름히 내리는 저녁노을도 더불어 신에 취해 있는 것처럼 느껴졌다.

빈약한 어휘들로 그의 자비로움을 표현해 보려고 애쓰고 있는 지금, 마스터 마하사야를 비롯해서 나와 인연이 맞닿은 성자들이 과연 먼 훗날 서양 땅에서 내가 그들의 거룩한 삶을 글로 옮길 거라는 사실을 알고 있었을까 생각해 본다. 미리 알았다고 해도 나는 놀라지 않을 것이다. 지금까지 내 글을 읽은 독자들도 그러리라고 기대한다.

모든 종교의 성자들은 무한한 님이라는 단순한 개념을 통해 신성을 실현했다. 절대자는 니르구나(성질을 갖지 않음)이자 아신티아(인지할 수 없음)이기 때문에, 인간의 생각과 열망은 예로부터 그것을 우주의 어머니로 인격화했던 것이다. 고대 힌두 사상은 인격적 유신론과 절대자의 철학을 하나로 결합하는 위업을 이룩했는데, 이는 《베다》와 《바가바드 기타》에 상세히 해설되어 있다. 이 '상반된 관념들의 조화'는 가슴과 머리를 모두 충족시킨다. 바크티(信愛)와 즈냐나(분별력)는 본질적으로 하나다. 프라파티(신 안에서 안식을 찾음)와 샤라나가티(신의 연민에 자신을 내맡김)는 참으로 지고한 앎에 이르는 길이다.

마스터 마하사야를 비롯한 모든 성자들이 보여 주는 겸손은 오직 하나의 생명이자 심판자인 신에게 절대적으로 의지하고 있다는(세샤트바) 인식에서 비롯된다. 신의 본성은 더없는 기쁨이기 때문에 신과 조화를 이루는 사람은 가없는 본원적 기쁨을 경험하게 된다. "영혼과 의지의 열망 중에 첫째는 기쁨이다."*

시대를 불문하고 순진무구한 영혼으로 어머니 여신께 헌신한 사람들은 여신께서 언제나 자신과 함께 놀이를 즐기신다고 증언한다. 마스터 마하사야의 삶에서 신성한 놀이는 중요한 경우이건 아니건 가리지 않고 현시되었다. 신의 눈에는 크고 작은 구분이 없다. 미세한 원자를 창조한 신의 완벽한 솜씨가 아니었던들 과연 하늘이 거문고자리나 목동자리처럼 멋진 구조를 지닐 수 있었을까? 신에게는 중요한 것과 중요하지 않은 것의 구분이 전혀 무의미하다. 그렇지 않다면 바늘 한 개가 모자라서 우주가 붕괴하는 일이 생길지도 모른다!

---

* 십자가의 성 요한. 1591년에 세상을 떠난 이 사랑스러운 기독교 성인의 시신은 1859년에 조금도 부패하지 않은 상태로 발굴되었다.
프랜시스 영허스번드 경은 《애틀랜틱 먼슬리(Atlantic Monthly)》 1936년 12월 호에서 자신이 체험한 우주적 환희에 대해 이렇게 얘기했다. "나는 들뜬 기분이나 흥분과는 견줄 수 없는 격렬한 환희에 휩싸여 넋을 잃었다. 형언할 수도 주체할 수도 없는 이 환희와 함께 이 세계는 본질적으로 선하다는 사실이 확연히 드러났다. 인간의 본심은 선하며 악은 표면적인 것일 뿐이라는, 그 무엇으로도 논박할 수 없는 확신이 들었다."

10
나의 구루데바, 스리 유크테스와르를 만나다

"신을 믿으면 공부하지 않고 시험에 합격하는 일만 빼고는 어떤 기적도 이룰 수 있다." 시큰둥해진 나는 심심풀이로 읽고 있던 '영성 책'을 덮어 버렸다.

"이런 얘기를 쓴 걸 보면 믿음이 통 부족하군. 딱한 친구, 밤늦게까지 공부하는 걸 대단한 일처럼 여기다니!"

내가 아버지께 드린 약속은 고등학교 공부를 무사히 마치는 것이었다. 그렇다고 모범생이 될 욕심은 전혀 없었다. 지난 몇 달 동안 나는 학교 교실보다 캘커타에 있는 가트(계단 목욕장)의 외진 곳에서 더 많은 시간을 보냈다. 바로 옆의 화장터는 특히 밤이 되면 섬뜩해지는 분위기 때문에 요가 수행자들에게 인기가 있었다. 죽음을 초월한 실재를 찾고자 하는 사람이 널브러진 해골 몇 개를 두려워한다는 것은 있을 수 없었다. 잡다한 뼈들이 널려 있는 곳에서는 인간의 무력함이 적나라하게 드러난다. 이처럼 나의 철야 수행은 학생이 밤을 새는 것과는 성격이 전혀 다른 일이었다.

힌두 고등학교의 졸업 시험이 코앞으로 다가왔다. 이 심문 과정은 공동묘지의 귀신처럼 공포를 자아내는 것으로 정평이 나 있었다. 그렇지만 내 마음은 태평했다. 나는 무덤에 출몰하는 유령들을 겁내지 않고 교실에서 얻을 수 없는 지식을 발굴하고 있었던 것이다. 하지만 나는 두 곳에서 동시에 나타나는 스와미 프라나바난다의 신통력을 갖고 있지 못했다. 내가 태평할 수 있는 논리적 근거는 (대부분의 사람들은 비논리적이라고 생각하겠지만) 신께서 내 고민을 알아채시고 나를 궁지에서 건져 주실 거라는 믿음이었다. 믿는 자의 이러한 불합리성은 절박한 순간에 신이 나타나서 해결해 주는 불가해한 증거가 수없이 많다는 데서 비롯된다.

"안녕, 무쿤다! 요즘에는 통 보기가 힘들데!" 어느 날 오후에 같은 반 친구 하나가 가르파르 거리에서 내게 말을 걸어 왔다.

"여, 난투! 그렇지 않아도 학교를 안 갔더니 입장이 영 곤란해졌어." 나는 친구의 다정한 눈길에 고민을 털어놓았다.

난투는 깔깔대고 웃었다. 하기야 공부 잘하는 친구한테는 내 처지가 우스워 보일 수도 있겠지.

"졸업 시험 준비를 하나도 안 했구나! 보아하니 내가 도와줘야 할 것 같은데?"

이 말이 내 귀에는 마치 신의 약속처럼 들렸다. 나는 재빨리 친구 집을 찾아갔다. 그는 친절하게도 출제될 가능성이 높은 문제들을 추려서 답안을 작성해 주었다.

"이 문제들은 순진한 학생을 함정에 빠뜨리는 미끼야. 내가 가르쳐 준 답을 외워 두면 무사히 넘어갈 수 있을 거야."

친구 집을 나설 때는 어느덧 밤이 이슥해져 있었다. 나는 머릿속에 억지로 채워 넣은 지식이 며칠 동안만 버텨 주기를 간절히 기도했다. 난투는 여러 과목을 지도해 주었지만, 시간에 쫓기다 보니 그만 산스크리트 과목을 빠뜨리고 말았다. 나는 부랴부랴 신께 기도를 올려 한 과목이 빠졌다고 상기시켜 드렸다.

다음날 아침 산책을 하면서 율동적인 발걸음에 맞추어 새로 공부한 내용을 되새겨 보았다. 질러가려고 모퉁이 공터의 잡초 사이를 헤치던 중에, 인쇄된 종이 몇 장이 떨어져 있는 것이 눈에 띄었다. 얼른 집어 들고 보니 종이에는 산스크리트 시구가 적혀 있었다. 나는 범학자 한 분을 찾아가 해석을 부탁드렸다. 모가 나지 않고 달콤한 고대 언어*의 아름다움이 그의 낭랑한 목소리를 타고 울려 퍼졌다.

---

* '세련된, 완성된'이라는 뜻의 sanskrita에서 유래한 산스크리트는 모든 인도 유럽어 중에서도 맏언니 격이다. 그 자모를 데바나가리라고 하는데, 이는 '신이 머무는 곳'이라는 뜻이다. "내 문법을 아는 사람은 신을 안다!" 고대 인도의 위대한 언어학자 파니니는 산스크리트의 수학적·심리학적 완벽성에 이런 찬사를 보냈다. 이 언어를 철두철미하게 탐구하는 사람은 마침내 전지의 경지에 이르게 될 것이다.

"이렇게 특이한 시구가 산스크리트 시험에 나올 리가 없네." 학자는 고개를 가로저으며 부탁을 거절했다.

그렇지만 그 특이한 시를 눈에 익혀 둔 덕분에 다음날 나는 산스크리트 시험을 무사히 통과할 수 있었다. 뿐만 아니라 난투의 예상 문제가 효과를 발휘하여 다른 과목에서도 모두 최소한의 합격 점수를 받았다.

아버지는 내가 약속대로 고등학교 과정을 마친 것을 무척 기뻐하셨다. 나는 제일 먼저 신께 감사를 드렸다. 내가 난투의 집을 찾아가고 평소와 달리 잡동사니가 쌓여 있는 공터로 산책을 한 것은 오로지 신께서 이끌어 주신 덕택이었다. 신께서 두 번씩이나 나를 때맞춰 구해 주신 것은 아무리 생각해도 신나는 일이었다.

시험장에서는 신도 소용이 없다던 책의 저자가 떠올랐다. 나는 웃음을 참지 못하면서 속으로 이렇게 중얼거렸다. "내가 만약 그 친구를 만나, 송장들 사이에서 신에 대해 명상하는 것이 졸업의 지름길이라고 하면 무슨 소린가 하고 어리둥절해하겠지?"

어렵사리 면목을 세운 나는 이참에 터놓고 집을 떠날 계획을 세웠다. 나는 후배인 지텐드라 마줌다르*와 함께 바나라스†에 있는 스리 바라트 다르마 마하만달의 아슈람에 들어가 영적 수련을 쌓기로 했다.

어느 날 가족과 헤어진다는 생각을 하자 외로움이 복받쳐 올랐다. 어머니가 돌아가신 후로는 두 동생 사난다와 비슈누, 그리고 막내 여동생 타무에 대한 애정이 각별히 깊어졌다. 나는 그간의 험난한 사다나‡에서 고락을 같이 했던 나의 은신처인 작은 다락방으로 달려갔다. 두 시간 동안 펑펑 울고 나자 어떤 연금술의 정화 작용에 의해 기묘하게 변신한 듯한 느낌이 들었다. 모든 집착§이 사라지고,

---

* 호랑이 얘기에 겁을 내던 자틴다(조틴 고시)가 아니다.

† 인도가 독립을 획득한 후에, 영국 통치기에 영어화되었던 여러 단어들이 원래의 인도어 철자로 복원되었다. 그렇게 해서 바나라스(Banaras)는 이제 보통 바라나시(Varanasi)로 표기하고, 때로는 더 오래된 이름인 카시(Kashi)로 지칭하기도 한다.

‡ 신에 이르는 영적 수련의 길.

§ 힌두교 경전에서는 가족에 대한 집착이 생명 그 자체는 말할 것도 없이 사랑하는 혈육을 포함한 모든 은혜를 내려 주시는 신을 추구하는 데 방해가 된다면 그러한 집착은 미혹이라고 가르치고 있다. 예수도 이와 비슷한 가르침을 폈다. "아버지나 어머니를 나보다 더 사랑하는 자는 내게 합당하지 아니하다."(《마태복음》 10:37)

친구 중의 친구로서 신을 추구하겠다는 나의 결심은 철석같이 단단해졌다.

내가 작별 인사로 축복을 부탁드리자 아버지는 난감해하시며 이렇게 말씀하셨다. "마지막으로 한 가지만 부탁하마. 나와 슬픔에 잠긴 네 형제자매를 저버리지 말아다오."

"존경하는 아버님에 대한 저의 사랑이야 어찌 말로 다 할 수 있겠습니까? 그러나 이 세상에 완벽한 아버지를 내려 주신 하늘의 아버지에 대한 사랑은 그보다도 큽니다. 저를 보내 주시면 언젠가 더욱 신성한 깨달음을 얻고 돌아오겠습니다."

아버지의 마지못한 승낙을 받은 나는 바나라스의 아슈람에 먼저 가 있던 지텐드라와 합류하기 위해 길을 떠났다. 내가 도착하자 젊은 상좌 스와미 다야난다가 따뜻하게 맞이해 주었다. 키가 크고 마른 체격에 사려 깊은 태도를 지닌 그는 후덕한 인상을 풍겼다. 그의 수려한 얼굴에는 부처님 같은 평정이 감돌았다.

새로 머물게 될 집에도 다락이 있어서 반가웠다. 새벽과 아침나절에는 그곳에서 지낼 수 있었다. 명상 수련에 대해 잘 모르는 아슈람 사람들은 내가 하루 종일 수행자의 의무를 따라야 한다고 생각했다. 그들은 내가 오후에 아슈람의 사무실에서 일하는 것을 칭찬했다.

하루는 아침 일찍 다락으로 올라가려는데 동료 수행자 하나가 이렇게 놀렸다. "신을 그렇게 서둘러서 붙잡으려 하지 말게!" 나는 다야난다를 찾아갔다. 그는 갠지스 강이 내려다보이는 조그만 사실에서 바쁜 나날을 보내고 있었다.

"스와미지*, 여기서 제가 할 일이 무엇인지 모르겠어요. 제가 추구하는 것은 신을 직접 인식하는 것이에요. 그분이 없이 그저 함께 모여서 교의를 익히고 선행을 베푸는 것으로는 성이 차지 않아요."

주황색 승복을 걸친 스와미는 다정하게 내 어깨를 토닥거렸다. 그는 짐짓 나무라는 듯이 옆에 있던 제자들에게 일렀다. "무쿤다를 괴롭히지 말거라. 자연히

---

* '지'는 관용적으로 쓰이는 존칭 접미사로, 특히 직접 부를 때 사용한다. 예컨대, '스와미지', '구루지', '스리 유크테스와르지' 등으로 부른다.

우리 방식을 익히게 될 거다."

과연 그럴까 싶었지만 잠자코 있었다. 제자들은 꾸지람을 그다지 귀담아 듣는 기색이 없이 자리를 떴다. 다야난다는 이야기를 계속했다.

"무쿤다, 부친께서 정기적으로 돈을 보내 주신다고 들었다. 돈을 돌려보내거라. 여기서는 아무것도 필요 없다. 네가 지켜야 할 또 한 가지 계율은 음식에 관한 것이다. 배가 좀 고프더라도 입 밖에 내지 말거라."

내 눈에 배고픈 기색이 나타났는지는 모르겠다. 하지만 배가 고픈 것은 틀림없는 사실이었다. 아슈람에서는 어김없이 낮 열두 시에 첫 식사를 했다. 나는 집에서 늘 아홉 시에 아침을 든든히 먹던 습관이 몸에 배어 있었다.

날이 갈수록 세 시간이라는 간격이 점점 더 지루하게 느껴졌다. 십 분만 늦어도 요리사를 들볶던 캘커타 시절은 이제 옛이야기가 되고 말았다. 지금은 식욕을 조절하기 위해 애를 써야 했다. 이십사 시간 금식을 마치고 났더니 갑절이나 간절한 심정으로 다음날 정오가 기다려졌다.

"다야난다지의 기차가 연착이래. 상좌님이 도착할 때까지는 식사를 할 수 없어." 지텐드라가 이런 끔찍한 소식을 전해 주었다. 두 주일 동안 떠나 있었던 스와미를 환영하는 뜻에서 여러 가지 맛있는 음식들이 차려져 있었다. 식욕을 돋우는 냄새가 온 방에 가득했다. 어제 쫄쫄 굶으며 금식을 하는 동안 한 가닥 남은 자존심마저 먹어 치워 버린 참이었다.

"신이여, 기차를 빨리 보내 주소서!" 다야난다가 입 밖에 내지 말라던 금지 목록에 '양식을 주시는 하느님'은 포함되지 않을 거라고 나는 생각했다. 하지만 신은 내 기도에 별 관심이 없는 듯했다. 시계는 몇 시간째 터벅터벅 느린 발걸음을 옮겨 놓고 있었다. 우리의 지도자가 문으로 들어섰을 때는 어느덧 어둠이 내리고 있었다. 나의 환영 인사는 그야말로 기쁨 그 자체였다.

지텐드라가 불길한 새처럼 다시 다가왔다. "다야난다지가 목욕과 명상을 마친 후에야 식사를 할 수 있대."

나는 이내 쓰러질 것 같았다. 굶는 데 익숙지 않은 나의 왕성한 위장이 거세게 항의했다. 언젠가 사진으로 보았던 굶어 죽은 사람들의 모습이 망령처럼 눈앞을 스쳐 지나갔다.

'바나라스에서 굶어 죽을 다음 사람은 머지않아 이 아슈람에서 나오게 생겼구나.' 이런 생각마저 들었다. 운명의 손길은 아홉 시가 되어서야 나를 비켜갔다. 신들의 만찬! 그날의 저녁 식사는 일생일대 최고의 순간으로 생생히 기억에 남아 있다.

음식에 정신이 팔려 있는 중에도 다야난다가 무심하게 식사를 하는 모습이 눈에 들어왔다. 그는 속된 즐거움에서 초탈해 있는 것처럼 보였다.

"스와미지, 배고프지 않으셨나요?" 실컷 배를 채우고 나자 그의 사실에 단둘이 남게 되었다.

"그랬지! 지난 나흘 동안 먹지도 마시지도 않고 지냈어. 나는 속인들의 잡다한 진동으로 가득 찬 기차에서는 아무것도 먹지 않는다. 나는 우리 교단의 수도승을 위한 샤스트라* 계율을 엄격하게 지킨다. 우리 조직에 문제가 좀 있어서 마음이 무겁구나. 오늘 밤에 돌아와서도 식사를 소홀히 했다. 서두를 이유가 있나? 내일이면 제대로 먹게 될 텐데." 그러고는 유쾌하게 웃었다.

부끄러운 마음이 울컥 치솟아 숨이 막힐 것 같았다. 그러나 어제 겪은 고통은 쉽사리 잊히지 않았다. 나는 감히 이렇게 토를 달았다.

"저는 스와미지의 가르침이 당혹스럽습니다. 제가 음식을 달라고 하지 않으면 아무도 주지 않을 것이고, 그러면 저는 굶어 죽을 겁니다."

"그러면 죽거라!" 이 놀라운 한마디 충고가 공기를 갈랐다. "죽어야 한다면 죽거라, 무쿤다! 행여라도 네가 신의 힘이 아니라 음식의 힘으로 산다고 생각하지는 말거라. 온갖 형태의 자양물을 창조하신 분, 우리에게 식욕을 주신 분께서 믿는 자의 생명이 유지되도록 보살피실 것은 자명한 이치다. 밥이 너를 살리고, 돈이나 사람이 너를 지탱해 준다고 착각하지 말거라. 신이 너의 목숨을 거두어 가

---

* 신성한 책'이라는 뜻. 슈루티, 스므리티, 푸라나, 탄트라 등 네 종류의 경전으로 이루어진다. 이 포괄적인 논서(論書)들은 종교적·사회적 삶의 제 측면과 법률, 의학, 건축, 예술 등 여러 분야를 망라한다. 슈루티는 신으로부터 '직접 들은' 또는 '계시된' 경전, 즉 《베다》를 일컫는다. 스므리티, 즉 '기억된 지식'은 먼 과거에 세계에서 가장 긴 서사시 《마하바라타》와 《라마야나》로서 마지막으로 기록되었다. 푸라나는 18종의 '고담(古談)'을 가리키고, 탄트라는 '의례' 또는 '의식'을 의미한다. 이러한 논서에는 미묘한 상징의 베일에 가려진 심원한 진리가 담겨 있다.

1936년 2월 7일 바나라스의 마하만달 아슈람에서, 스와미 다야난다의 구루인 스와미 갸나난다와 스리 요가난다. 요가난다지는 전통적인 존경의 표시로 아슈람의 영적 지도자인 갸나난다지의 발치에 앉아 있다. 고등학교를 마친 요가난다지는 1910년 자신의 구루 스와미 스리 유크테스와르를 만나기 전까지 이곳에서 영적 수련을 쌓았다.

면 그런 것들이 무슨 소용이 있겠느냐? 그것들은 신의 도구일 뿐이다. 위장이 음식을 소화시키는 일이 너의 재주로 되는 것이냐? 네게 주어진 분별력의 칼을 사용하거라, 무쿤다! 매개의 사슬을 끊어 버리고 오직 하나의 궁극 원인을 인식해야 한다!"

그의 통렬한 이야기가 뼛속 깊이 파고들었다. 육체의 명령이 정신을 기만하도록 부추기는 해묵은 미혹이 씻은 듯이 사라졌다. 그때 거기서 나는 신에게는 부족함이 없다는 것을 이해했다. 훗날 끊임없는 유랑의 삶 속에서 지나쳤던 여러 낯선 도시에서, 바나라스의 아슈람에서 얻은 이 교훈의 타당성을 입증해 주는 사례들을 얼마나 많이 목격했는지 모른다.

캘커타에서부터 내 곁을 떠나지 않은 유일한 물건은 어머니께서 남겨 주신 사두의 은 부적뿐이었다. 여러 해 동안 아껴 온 이 부적은 이제 아슈람의 내 방에 고이 간직되어 있었다. 어느 날 아침 나는 부적의 영험을 새삼스럽게 음미해 보고 싶어서 자물쇠가 채워진 상자를 열었다. 밀봉한 뚜껑은 손을 댄 흔적이 없는데, 이게 어찌된 일인가! 부적이 사라지고 없었다. 슬픔에 빠진 나는 포장을 잡아 뜯고 틀림없이 없어진 것을 확인했다. 사두의 예언대로 부적은 그것이 원래 있던 곳, 에테르 속으로 사라져 버린 것이다.

다야난다를 따르는 수행자들과의 관계는 차츰 더 나빠졌다. 아슈람 식구들은 내가 작심한 듯이 외따로 지내는 데 감정이 상해서 영 소원해지고 말았다. 내가 세속적 야심을 모두 버리고 집을 떠난 데는 궁극적인 목표가 있었다. 내가 그 목표를 위해 명상을 끈질기게 고집하자 사방에서 얄팍한 비난이 쏟아졌다.

어느 날 새벽, 영적 고통에 사로잡힌 나는 대답을 얻을 때까지 기도할 작정을 하고 다락으로 들어갔다.

"자비로운 우주의 어머니시여! 환시를 통해서든, 아니면 당신이 보낸 구루를 통해서든 저에게 가르침을 주십시오!"

몇 시간이 흘러도 나의 눈물겨운 간청에는 아무 응답이 없었다. 그러다 갑자기 몸이 마치 천계의 가없는 영역으로 들어 올려지는 듯한 느낌이 들었다.

"너의 스승이 오늘 올 것이다!" 어디선지 모르게 신성한 여성의 목소리가 들려왔다.

이 성스러운 체험은 현실 세계의 외침 소리에 산산이 깨져 버리고 말았다. 하부라는 별명을 가진 젊은 수도승이 아래층 부엌에서 나를 부르고 있었다.

"무쿤다, 명상은 그만하고 심부름 좀 다녀와야겠어!"

다른 때 같으면 나는 짜증을 내며 대꾸했을 것이다. 하지만 나는 눈물범벅이 된 얼굴을 닦고 순순히 요구에 응했다. 나는 하부와 함께 바나라스의 벵골인 거주 지역에 있는 시장을 향해 먼 길을 나섰다. 우리는 혹독한 인도의 태양이 아직 중천에 이르기 전에 장을 볼 수 있었다. 우리는 주부와 안내인, 승려, 소박한 차림의 과부, 위엄 있는 브라만, 그리고 길 곳곳에 있는 신성한 소들이 다채롭게 뒤섞인 군중 사이를 헤치고 다녔다. 하부와 함께 그렇게 돌아다니다가, 나는 고개를 돌려 눈에 띄지 않는 좁다란 골목길을 들여다보게 되었다.

골목 끝에는 황토색 스와미 복장을 하고 성자 같은 자태를 지닌 사람이 꼼짝 않고 서 있었다. 그를 보자마자 오래전부터 알고 있던 것 같은 기분이 들었다. 한순간 나는 그를 뚫어져라 쳐다보다가 퍼뜩 정신을 차렸다.

'너는 지금 이 떠돌이 수도승을 다른 사람과 혼동하고 있는 거야. 꿈을 깨고 가던 길이나 가자.'

십 분쯤 지나자 다리가 마비되는 것을 느꼈다. 마치 두 발이 돌로 변한 것처럼 걸음을 뗄 수가 없었다. 힘겹게 뒤로 돌아서자 다리가 다시 정상으로 돌아왔다. 나는 가던 방향으로 되돌아가려 했다. 그러자 희한하게 다시 육중한 힘이 다리를 압박했다.

'저 성자가 자석처럼 나를 끌어당기고 있구나!' 이런 생각을 하면서 나는 짐 꾸러미를 하부의 팔에 안겼다. 그는 놀란 눈으로 나의 엉뚱한 발놀림을 바라보다가 그만 웃음을 터뜨렸다.

"왜 그래? 어디 아프냐?"

나는 감정이 복받쳐서 아무 대꾸도 하지 못하고 허겁지겁 걸음을 되돌렸다.

마치 발에 날개를 단 것처럼 온 길을 되밟아 좁은 골목길에 다다랐다. 재빨리 살펴보니 그 사람은 말없이 내 쪽을 계속 응시하고 있었다. 나는 단걸음에 그의 발밑으로 달려갔다.

"구루데바!"

성스러운 그 얼굴은 꿈속에서 천 번은 보았던 얼굴이었다. 뾰족한 턱수염과 치렁치렁한 머리 타래, 사자 같은 머리. 그의 평온한 눈길은 나의 침울한 몽상을 꿰뚫고 들어와 무언지 알 수 없는 언약을 던져 주는 것 같았다.

"오, 네가 왔구나!" 나의 구루는 벵골어로 이 말을 몇 번이고 되뇌었다. 그의 목소리는 기쁨으로 떨렸다. "얼마나 오랜 세월 동안 너를 기다려 왔던가!"

우리는 침묵 속에서 하나가 되었다. 말은 천박한 군더더기처럼 여겨졌다. 소리 없는 노래가 쩌렁쩌렁 울리면서 스승의 가슴에서 제자의 가슴으로 흘렀다. 반박할 수 없는 통찰력의 촉수를 통해 나는 나의 구루가 신을 알고 있으며 나를 그분께 인도하리라는 것을 감지했다. 전생의 기억이 먼동처럼 은은히 밝아 오면서 현생의 어둠이 자취를 감추었다. 시간의 무대 위에서 과거와 현재와 미래가 순환하면서 극적인 장면을 연출하고 있었다. 내가 이 성스러운 발밑에 엎드린 것도 이번이 처음은 아니었다.

구루는 내 손을 잡고 시내의 라나 마할 지구에 있는 임시 거처로 나를 데려갔다. 그는 체격이 건장하고 걸음걸이에 흐트러짐이 없었다. 키가 크고 꼿꼿한 그는 이때 쉰다섯 정도 되었는데도 젊은 사람처럼 활력이 넘쳤다. 크고 검은 눈에는 깊이를 헤아릴 수 없는 지혜가 담긴 듯했다. 약간 곱슬거리는 머리카락은 강인한 얼굴을 누그러뜨려, 강함과 부드러움이 미묘하게 뒤섞인 인상을 주었다.

갠지스 강이 내려다보이는 집의 발코니에 이르자 구루가 다정하게 말했다.

"너에게 나의 아슈람과 내가 소유한 모든 것을 주겠다."

"스승님, 저는 지혜와 신의 깨달음을 얻으러 왔습니다. 그것이 바로 제가 바라는 보물입니다!"

어느덧 땅거미가 반 너머 깔린 뒤에야 스승은 다시 입을 열었다. 그의 눈에는 깊이를 알 수 없는 부드러움이 담겨 있었다.

"나는 너에게 조건 없는 사랑을 주겠다."

너무나 고마운 말씀이었다. 그 후로도 사반세기가 지나서야 나는 구루의 사랑을 다시 한 번 귀로 확인할 수 있었다. 바다 같은 그의 마음에는 열정적인 말보다 침묵이 더 어울렸다.

"너도 똑같이 조건 없는 사랑을 내게 주겠느냐?" 그는 어린아이 같은 기대를 드러내며 나를 응시했다.

"구루데바를 영원히 사랑하겠습니다!"

평범한 사랑은 이기적인 욕망의 만족에 은밀한 뿌리를 내리고 있다. 그러나 신성한 사랑은 조건도 없고 한계도 없고 변화도 없다. 순수한 사랑의 광대무변한 손길이 닿는 순간 인간의 마음은 끊임없는 흔들림에서 영원히 해방된다. 스승은 겸허한 어조로 덧붙였다. "혹시라도 내가 신성한 깨달음의 상태에서 영락하거든 내 머리를 네 무릎에 올려놓고 우리가 함께 섬기는 무한한 님의 품으로 돌아가도록 도와주겠다고 약속해 다오."

　날이 점점 어두워지자 그는 자리에서 일어나 안쪽 방으로 나를 안내했다. 망고와 아몬드 절임을 먹으면서 대화를 나누는 사이사이 그는 나의 본성에 대한 깊은 식견을 은연중에 내비쳤다. 나는 타고난 겸손함이 절묘하게 어우러진 그의 크나큰 지혜에 압도되었다.

　"부적 때문에 마음 아파할 것 없다. 부적은 원래의 목적을 다했다." 구루는 신의 거울처럼 나의 삶 전체를 훤히 들여다보고 있었다.

　"스승님이 눈앞에 계시다는 생생한 현실은 어떤 상징에도 견줄 수 없는 기쁨입니다."

　"아슈람에서 지내기가 편치 않을 테니 바꿀 때가 되었다."

　나는 아슈람 생활에 대해 얘기를 꺼낸 적이 없었다. 아무튼 이제는 그럴 필요도 없어 보였다. 티를 내지 않고 자연스러운 스승의 태도에서, 사람들이 자신의 투시력에 놀라 떠드는 일을 원치 않는다는 것을 알 수 있었다.

　"너는 캘커타로 돌아가야 한다. 인류에 대한 사랑을 외치면서 가족만은 예외로 해야 할 이유가 무엇이냐?"

　스승의 권고는 나를 당황하게 만들었다. 나는 가족들이 여러 차례 편지로 간청하는 것을 묵묵부답으로 일관했지만, 그래도 가족들은 언젠가는 돌아오려니 기대하고 있었다. 아난타 형은 이렇게 말했었다. "어린 새가 마음껏 형이상학의 하늘을 날도록 내버려 두어라. 그 날개는 무거운 대기 속에서 결국 지치고 말 것이다. 머지않아 새가 집으로 날아들어 날개를 접고 얌전히 가족의 보금자리에 안기는 것을 보게 될 거다." 나는 이런 비유가 내내 못마땅해서 캘커타 쪽으로는 절대로 '날아들지' 말자고 작심하고 있던 터였다.

　"스승님, 저는 집으로 돌아갈 생각이 없습니다. 어디든 스승님을 따라가겠습니다. 스승님이 계신 곳과 존함을 가르쳐 주십시오."

　"나는 스와미 스리 유크테스와르 기리라고 한다. 내가 기거하는 아슈람은 세람포어, 라이 가트 거리에 있다. 여기는 며칠만 어머니를 뵙고 가려고 들렀다."

　나는 신이 자신을 따르는 자들과 벌이는 숨바꼭질 놀이에 놀라움을 금할 수 없었다. 세람포어는 캘커타에서 불과 십이 마일밖에 안 되지만 그곳에서 여태껏 한 번도 구루의 모습을 본 적이 없었다. 우리가 다시 만나기 위해서는 라히리 마하사야의 거룩한 기억들로 점철된 고도(古都) 카시(바나라스)까지 가야만 해야 했다. 이곳은 붓다와 샹카라차리야*를 비롯한 여러 요기-그리스도들의 은총을 받은 땅이기도 하다.

이제까지와 달리 스리 유크테스와르가 정색을 하고 엄한 목소리로 말했다. "너는 사 주일 뒤에 나를 찾아올 것이다. 나는 너에게 영원한 사랑을 주겠노라고 하고, 너를 만나서 얼마나 기쁜지도 얘기했다. 내 청에 응할지 말지는 네 마음에 달렸다. 하지만 다음에 만날 때는 처음부터 새로 시작해야 한다. 나는 제자를 쉽게 받지 않는다. 너는 몸과 마음을 바쳐 엄격한 수련을 쌓아야 한다."

나는 아무 대답도 하지 않았다. 구루는 곧 나의 곤경을 알아차렸다.

---

* 인도 최대의 철학자 샹카라차리야(샹카라)는 가우다파다의 제자인 고빈다 자티 밑에서 공부했다. 샹카라는 가우다파다의 《만두키야 카리카》라는 저서에 유명한 주석을 붙였다. 샹카라는 반박할 수 없는 논리와 우아하고 매력적인 문체로 엄격한 아드바이타(불이일원론) 정신에 따라 베단타 철학을 해석했다. 이 위대한 일원론자는 경건한 사랑의 시를 짓기도 했다. 그의 〈어머니 여신께 바치는 속죄의 기도〉에는 다음과 같은 후렴구가 붙어 있다. "나쁜 아이는 있어도 나쁜 어머니는 없다."
샹카라의 제자 사난다나는 《브라흐마 수트라》(베단타 철학)에 주석을 붙였다. 원고가 불에 타 없어지자 단 한번 훑어보았던 샹카라가 제자에게 한 자 한 자 다시 불러 주었다. 《판차파디카》로 알려진 이 저술은 오늘까지도 학자들에 의해 연구되고 있다.
첼라(제자) 사난다나는 아름다운 사건을 겪은 후에 새로운 이름을 얻었다. 어느 날 그가 강둑에 앉아 있는데 반대편 기슭에서 샹카라가 부르는 소리가 들려 왔다. 사난다나는 곧바로 물에 뛰어들었다. 그러자 샹카라는 소용돌이치는 강물 위에 연꽃들을 연이어 실체화하여 그의 믿음과 그의 발을 동시에 지탱해 주었다. 그 뒤로 제자는 '파드마파다(연꽃 발)'라고 불리게 되었다.
파드마파다는 《판차파디카》에서 자신의 구루에게 여러 차례 애정 어린 찬사를 바치고 있다. 샹카라 자신은 다음과 같은 아름다운 구절을 지었다. "삼계(三界)에서 참된 구루에 견줄 수 있는 것은 없다. 현자의 돌(연금술의 물질)이 아무리 신비한 효력을 지녔다고 한들, 다만 쇠를 금으로 바꿀 수 있을 뿐 또 다른 현자의 돌로 바꿀 수는 없다. 반면에 덕이 높은 스승은 자신을 믿고 따르는 제자 속에서 자신과 같은 것을 창조해 낸다. 따라서 구루는 그 무엇에도 견줄 수 없다. 아니, 그 모든 것을 초월한다."(《시의 시대》, 1)
샹카라는 보기 드물게 성자와 학자, 그리고 행동가가 결합된 인물이었다. 그는 겨우 32년 동안 살았지만, 인도 방방곡곡을 끊임없이 돌아다니며 아드바이타의 가르침을 펼치는 데 대부분의 세월을 보냈다. 맨발의 젊은 수도승이 들려주는 지혜와 위안의 말을 듣고자 열망하는 수백만의 청중이 모여들었다.
샹카라는 개혁 사업의 일환으로 예부터 내려오는 스와미 교단(286쪽 각주, 287쪽 참조) 조직을 개편하는 일에도 관심을 보였다. 이와 더불어 남부의 스링게리, 동부의 푸리, 서부의 드와르카, 북부 히말라야의 바드리나트 등 네 지역에 마트(수도원)를 설립했다.
이 위대한 일원론자의 마트에서는 왕실과 평민의 아낌없는 기부를 받아 산스크리트 문법과 논리학과 베단타 철학을 무상으로 가르쳤다. 인도 각처에 마트를 세운 샹카라의 목적은 광대한 국토에 걸쳐 종교적·민족적 통일을 촉진하고자 하는 것이었다. 독실한 힌두교도들은 오늘날에도 과거와 마찬가지로 일반인의 후원으로 유지되는 출트리와 사트람(순례 길을 따라 세운 휴식처)에서 무상으로 숙식을 제공받을 수 있다.

스리 유크테스와르(1855~1936)

즈나나바타(지혜의 화신). 라히리 마하사야의 제자. 스리 요가난다의 구루이자 모든 SRF/YSS 크리야 요기의 파람구루.

1977년 세람포어 아슈람 자리에 봉헌한 스와미 스리 유크테스와르 명상 사원. 원래 아슈람의 벽돌 일부가 건설에 사용되었다. 사원의 건축 양식은 파라마한사 요가난다의 구상에 따른 것이다.

1915년 아버지가 사 준 오토바이에 탄 요가난다지. "나는 오토바이를 타고 온 데를 돌아다녔다. 특히 세람포어 아슈람으로 스승 스리 유크테스와르지를 찾아갈 때 아주 편리했다."

"가족들이 놀릴까 봐 그러느냐?"

"전 돌아가지 않을 거예요."

"너는 삼십 일 후에 돌아갈 것이다."

"절대로 안 갈 거예요."

실랑이의 앙금이 다 가시지 않은 상태에서 나는 스승의 발밑에 정중히 절을 올리고 자리를 떴다. 칠흑 같은 어둠 속에 아슈람을 향해 걸으면서도 나는 우리의 기적 같은 만남이 어쩌다 이렇게 뒤틀리고 말았는지 이해할 수가 없었다. 마야의 저울은 언제나 한쪽에는 기쁨, 한쪽에는 슬픔을 얹어 균형을 맞추는 것일까? 나의 어린 가슴은 아직 변화를 일으키는 구루의 손길을 받아들일 준비가 되지 않았었나 보다.

다음날 아침, 나는 아슈람 동료들의 태도에서 적대감이 더 커진 것을 느꼈다. 그들은 하루가 멀다 하고 무례한 행동으로 나를 괴롭혔다. 이렇게 삼 주일이 지나갔을 때 다야난다가 봄베이에서 열리는 회의에 참석하기 위해 아슈람을 떠났다. 그렇지 않아도 지쳐 있는 나의 머리 위로 온갖 험담이 쏟아졌다.

"무쿤다는 아슈람에서 환대를 받고도 갚을 줄 모르는 기생충이야." 이런 얘기까지 귓결에 들려오자, 나는 시키는 대로 아버지에게 돈을 돌려보낸 것을 처음으로 후회했다. 나는 무거운 마음으로 유일한 우군인 지텐드라를 찾았다.

"나는 떠날 거야. 다야난다지가 돌아오면 정중한 유감의 뜻을 전해다오."

"나도 같이 떠날 테야! 여기서 명상 수련을 하려던 계획이 틀어진 건 나도 마찬가지야." 지텐드라는 결연하게 말했다.

"나는 그리스도 같은 성자를 만났어. 세람포어로 그분을 찾아가자."

그리하여 '새'는 캘커타를 향해 위험을 무릅쓰고 '날아들' 각오가 되었던 것이다!

11
브린다반의 빈털터리 두 소년

"무쿤다, 아버지가 상속권을 박탈해야 정신을 차릴 셈이냐! 어쩌면 그렇게 한심하게 인생을 탕진할 수 있단 말이냐!" 형의 훈계가 귀를 때렸다.

상쾌한 기분으로(말이 그럴 뿐, 사실 우리는 먼지를 뒤집어쓰고 있었다) 기차에서 내린 지텐드라와 나는 아난타 형의 집에 막 도착했다. 얼마 전 캘커타에서 고도(古都) 아그라로 이사한 형은 정부의 건설부에서 회계 감독관 직을 맡고 있었다.

"형이 말한 대로 나는 하늘에 계신 아버지한테 상속을 받으려고 그러는 거예요."

"돈이 우선이고 하느님은 그 다음 일이다. 행여나 인생이 너무 길면 어쩔 셈이냐?"

"하느님이 첫째고 돈은 하느님 뜻에 달린 거예요! 행여나 인생이 너무 짧으면 어쩌겠어요?"

내가 이렇게 받아친 것은 즉흥적으로 떠올린 얘기일 뿐 어떤 예감이 들었던 것은 아니다. 그런데 가엾은 형은 정말로 훗날 짧은 생을 마쳤다.*

"아슈람에서 지혜를 터득한 게로구나. 하지만 넌 바나라스를 떠났잖니." 형의 눈가에는 쾌심의 미소가 스쳤다. 형은 아직도 가족이라는 둥지에 내 날개를 묶

---

* 25장 참조.

어두려 하고 있었다.

"바나라스에서 지낸 시간이 헛된 것만은 아니었어요. 거기서 내 마음이 갈구하던 것을 모두 얻었으니까요. 물론, 형이 소개해 준 범학자님이나 그 아들을 얘기하는 건 아니에요."

형도 지난 일을 떠올리며 함께 웃었다. 자기가 추천한 '미래를 꿰뚫어 보는 눈'이 알고 보니 근시안이었음을 인정하지 않을 수 없었던 것이다.

"그럼 이제 어떻게 할 작정이냐, 떠돌이 동생아?"

"지텐드라가 아그라로 오자고 했어요. 일단 여기서 타지마할*을 구경할 생각이에요. 그런 다음 새로 만난 구루를 찾아 세람포어에 있는 아슈람으로 갈 거예요."

형은 우리가 편히 쉴 수 있도록 정성껏 보살펴 주었다. 하지만 저녁 내내 형이 골똘한 눈으로 자꾸만 나를 쳐다보는 것이 마음에 걸렸다.

나는 속으로 생각했다. '저 표정을 나는 알지. 무슨 꿍꿍이가 있는 거야!'

아니나 다를까, 아침 일찍 식사를 하는 동안 흑막이 드러났다.

"그래, 아버지 유산은 전혀 필요가 없다는 말이지?" 형은 시치미를 떼고 어제의 설전을 다시 시작했다.

"내게 필요한 것은 오직 신뿐이에요."

"말이야 쉽지! 여태껏 고생을 모르고 살아 왔으니. 먹고 자는 것을 '보이지 않는 손'에 맡길 수밖에 없다면 어떤 꼴이 될까? 영락없이 거리에서 구걸을 하고 있겠지."

"그럴 리가 없어요! 신의 보살핌을 마다하고 지나가는 사람 신세를 지겠어요? 신은 진실로 믿는 자에게 동냥 그릇 말고도 얼마든지 먹고살 방법을 마련해 줄 수 있어요."

"그래도 큰소리를 치는구나! 그렇다면 너의 그 고고한 인생철학을 현실 속에서 한번 시험해 보자고 하면 어쩔 테냐?"

"얼마든지 좋아요! 형은 신께서 사변의 세계 속에만 갇혀 있을 거라고 생각하

---

* 세계적으로 이름 높은 영묘(靈廟).

세요?"

"글쎄다. 오늘 네게 기회를 줄 테니, 내 생각이 바뀔지 아니면 오히려 굳어질지 두고 보자꾸나." 형은 잠시 뜸을 들이더니 진지한 표정으로 천천히 이야기를 계속했다.

"그럼 이렇게 하기로 하자. 지금 바로 네 친구 지텐드라와 함께 이웃 도시 브린다반으로 떠나거라. 돈은 한 푼도 가지고 갈 수 없다. 음식이든 돈이든 구걸을 해서는 안 된다. 누구한테건 너희 처지를 털어놓아서도 안 되고, 끼니를 걸러도 안 된다. 브린다반에서 오도 가도 못하게 되면 실패다. 이 규칙을 하나도 어기지 않고 오늘 밤 자정까지 이곳으로 돌아온다면, 나는 아마 아그라에서 가장 놀라는 사람이 될 거다!"

"도전을 받아들이겠어요." 나는 조금도 주저하지 않고 대답했다. 절박할 때마다 신께서 은혜를 베풀어 주시곤 했던 기억들이 스쳐 지나갔다. 콜레라에 걸려 죽을 뻔하다가 라히리 마하사야의 사진에 호소하여 나았던 일, 라호르에서 지붕에 연 두 개가 걸려 즐거워하던 일, 바레일리에서 실의에 빠져 있을 때 부적이 때마침 나타난 일, 바나라스에 있는 범학자의 집 마당 밖에서 사두가 들려 준 운명의 계시, 어머니 여신의 환영과 장엄한 사랑의 말씀, 여신께서 마스터 마하사야를 통해 나의 하찮은 고민을 들어주신 일, 고등학교 졸업 시험을 아슬아슬하게 통과할 수 있도록 이끌어 주신 일, 그리고 무엇보다도 기나긴 꿈의 안개 속을 헤매다가 드디어 나의 스승을 만난 일. 돌이켜 보면, 인생길이 험난하다지만 나의 '철학'으로 이겨내지 못할 역경은 없다는 믿음이 솟았다.

형이 말했다. "전혀 꺼리지 않는 것을 보니 자신이 만만하구나. 당장 기차역으로 데려다 주마."

그러고는 입을 다물지 못하는 지텐드라에게 고개를 돌렸다. "너도 증인으로 따라가야 한다. 결국은 함께 희생자가 되고 말겠지만!"

삼십 분 후 지텐드라와 나는 편도 승차권을 한 장씩 건네받았다. 우리는 역의 구석진 곳에서 몸수색을 받았다. 형은 감춘 물건이 없는 것을 재빨리 확인하고 흡족해 했다. 우리가 걸친 도티*는 너무나 간소해서 아무것도 숨길 수가 없었다.

민음의 문제가 재정의 문제로 비화하자 지텐드라가 볼멘소리를 했다. "아난타 형, 비상금으로 몇 루피만 주세요. 그래야 무슨 일이 생기면 전보라도 치지요."

"지텐드라!" 나는 날카로운 목소리로 나무랐다. "네가 비상금으로 한 푼이라 도 받으면 나는 이 내기를 그만둘 거야."

"동전 소리를 들으면 마음이 놓인단 말이야." 내가 험한 얼굴로 쏘아보자 지텐 드라는 그만 입을 다물었다.

"무쿤다, 나도 그렇게 박정한 사람은 아니다." 형의 목소리가 약간 누그러졌 다. 은근히 양심에 찔리는 모양이었다. 어쩌면 빈털터리 소년들을 낯선 도시로 내모는 것이 마음에 걸렸거나, 아니면 자신의 종교적 회의에 자책감이 든 것인 지도 모른다. "우연이든 신의 은총이든, 혹시라도 너희가 브린다반의 시련을 무 사히 견뎌 낸다면 나를 너의 제자로 받아 달라고 부탁하겠다."

이런 약속은 분명히 관습에 어긋나는 일이었다. 인도에서 장남은 동생들 앞에 서 고개를 숙이는 법이 거의 없고, 아버지에 버금가는 존경과 예우를 받는다. 그 러나 기차가 막 떠나려는 참이라 무어라 대꾸할 틈이 없었다.

기차가 한참을 달리는 동안 지텐드라는 애처롭게 침묵을 지키고 있었다. 그러 다가 기운을 차린 듯 내게 기대면서 옆구리를 아프게 꼬집었다.

"신께서 우리 식사를 해결해 주실 기미가 전혀 안 보여!"

"의심 많은 친구야, 잠자코 있어. 신께서 꼭 도와주실 거야."

"이왕이면 좀 서둘러 주시도록 할 수는 없겠니? 앞일을 생각만 해도 벌써 배 가 고파 온다. 내가 바나라스를 떠난 건 타지마할 영묘를 보려는 거지 무덤 속으 로 들어가려는 건 아니었어!"

"기운을 내, 지텐드라! 처음으로 브린다반†에서 성스러운 유적을 탐방하는 거 잖아? 주 크리슈나의 거룩한 발길이 닿은 땅을 딛는다고 생각하니 벌써부터 가

---

* 허리에 둘러 묶고 다리를 감싸는 옷.
† 야무나 강가에 있는 브린다반은 힌두교의 예루살렘과 같은 곳이다. 이곳에서 비슈누의 화신 크리슈나가 인류를 위해 크 나큰 영광을 베풀었다.

슴이 설렌다."

우리 칸의 문이 열리고 두 남자가 들어와 앉았다. 다음 정거장이 마지막 역이었다.

"젊은이들, 브린다반에 친구가 있나?" 내 맞은편에 앉은 사람이 뜻하지 않게 관심을 보였다.

"신경 쓰실 것 없어요!" 나는 무뚝뚝하게 대답하고 눈길을 돌렸다.

"보아하니 자네들은 '하리(마음을 훔치는 이)*'의 마법에 이끌려 집을 뛰쳐나온 모양이군. 나 역시 신앙심이 깊은 사람이라네. 자네들이 끼니를 해결하고 이 찌는 더위를 피할 수 있도록 내가 다 챙겨 줄 테니 걱정 말게."

"아니, 괜찮아요 선생님. 친절은 고맙지만, 저희가 가출했다는 건 잘못 보신 거예요."

그때 기차가 멈췄기 때문에 대화는 거기서 끊겼다. 지텐드라와 내가 플랫폼에 내려서자 두 사람은 우리 팔짱을 끼더니 마차를 불렀다.

우리는 손질이 잘 된 뜰의 상록수 사이에 자리 잡은 장중한 아슈람 앞에 내렸다. 우리의 은인들은 이곳을 잘 아는 모양이었다. 미소를 머금은 소년 하나가 아무 말 없이 우리를 응접실로 안내했다. 잠시 후에 품위 있는 자태의 노부인이 우리를 맞이했다.

"가우리 마(부인, 마님), 왕자님들은 오실 수 없게 되었습니다." 두 사람 중 하나가 아슈람의 안주인에게 이렇게 여쭈었다. "막 떠나시려는 참에 계획이 어긋났습니다. 깊은 유감을 전해 달라고 하셨습니다. 하지만 대신 다른 손님들을 모시고 왔습니다. 열차 안에서 마주친 순간 저는 주 크리슈나의 신도인 이들에게 마음이 끌렸습니다."

"만나서 반가웠네." 두 사람이 자리를 뜨면서 작별을 고했다. "신께서 원하시면 또 만날 수 있을 걸세."

가우리 마는 어머니 같은 미소를 지으며 말했다. "참 잘 왔어요. 오늘처럼 반

---

* 크리슈나의 신도들이 스리 크리슈나를 부르는 애칭.

가운 날도 없을 거예요. 나는 이 아슈람의 후원자이신 두 왕자를 기다리고 있었어요. 내가 만든 요리를 맛볼 사람이 없었다면 얼마나 섭섭했겠어요!"

이 달콤한 얘기는 지텐드라에게 놀라운 효과를 불러일으켰다. 그는 그만 울음을 터뜨렸다. 생각하기조차 두렵던 '앞일'이 급기야 왕자님 대접으로 눈앞에 닥친 것이다. 그는 갑작스런 변화에 금방 적응이 되지 않는 것 같았다. 우리 안주인은 말없이 호기심 어린 눈으로 지텐드라를 바라보았다. 아마도 사춘기의 변덕이 낯설지 않은 모양이었다.

오찬을 알리는 전갈이 왔다. 가우리 마는 맛있는 냄새가 솔솔 풍기는 안뜰로 우리를 안내해 주고 나서 옆에 있는 주방으로 사라져 버렸다.

나는 이 순간을 노리고 있었던 듯이 지텐드라의 급소를 골라 기차 안에서 내가 당한 것만큼 아프게 꼬집어 주었다.

"의심 많은 친구야, 신께서 도와주신다니까. 이렇게 서둘러서 말이야!"

안주인은 야자 잎 부채를 가지고 다시 들어왔다. 화려하게 장식한 융단 돗자리에 웅크리고 앉아 있는 우리에게 그녀는 동양식으로 천천히 부채질을 해 주었다. 아슈람의 수행자들이 들락날락하면서 한 서른 가지나 되는 요리를 날랐다. 그저 '끼니'가 아니라 '호사스러운 진수성찬'이라고 해야 옳을 성 싶었다. 지텐드라와 나는 이 세상에 태어나서 지금까지 이렇게 맛있는 음식을 맛본 적이 없었다.

"인자하신 어머님, 그야말로 왕자들에게 어울리는 요리로군요! 왕실의 후원자들께 이 연회보다 급했던 일이 무엇인지 정말 궁금하군요. 저희에게는 평생 잊지 못할 추억이 될 것입니다!"

우리는 아난타 형의 명에 따라 함구해야 했기 때문에, 우리의 감사가 갑절의 의미를 지닌다는 사실을 자비로운 부인에게 설명할 길이 없었다. 그러나 적어도 우리의 진심만은 전해졌을 것이다. 부인의 축복을 받으며 떠날 때 우리는 아슈람을 다시 방문해 달라는 솔깃한 초대를 받았다.

바깥에는 불볕더위가 기승을 부리고 있었다. 친구와 나는 아슈람 입구에 있는 장대한 카담바 나무 밑에서 더위를 식히기로 했다. 비명 소리가 절로 나왔다. 지텐드라는 또다시 걱정에 휩싸였다.

"너 때문에 이게 무슨 고생이람! 오찬은 우연한 행운이었을 뿐이야. 단돈 한 닢도 없이 어떻게 도시 구경을 하겠어? 그리고 도대체 아난타 형네 집에는 어떻게 돌아갈 셈이야?"

"배를 채우고 나니 신을 빨리도 잊어버리는구나." 이 말에는 가볍게 책망하는 뜻이 담겨 있었다. 인간은 신의 은혜를 얼마나 쉽게 잊어버리는가! 이 세상에 자신의 기도가 한 번이라도 이루어진 경험이 없는 사람은 없을 것이다.

"너처럼 무모한 친구하고 모험을 하겠다고 따라나선 내가 어리석지!"

"가만 좀 있어, 지텐드라! 우리를 먹여주신 하느님께서 브린다반 구경도 시켜 주시고 아그라에도 데려다 주실 거야."

그때 인상이 좋아 보이고 호리호리한 젊은이 하나가 잰걸음으로 다가왔다. 그는 나무 밑에 멈춰 서더니 우리에게 머리를 숙여 인사했다.

"안녕하세요, 두 분은 이곳이 처음이신 것 같은데, 제가 안내를 해 드릴까요?"

인도 사람은 여간해서 창백해지는 법이 없는데, 지텐드라의 얼굴이 갑자기 새하얘졌다. 나는 정중하게 제안을 거절했다. "설마 저를 따돌리시려는 건 아니죠?" 다른 때 같으면 낯선 사람의 그런 모습이 익살맞아 보였을 것이다. "그러면 안 될 이유라도 있나요?"

"당신은 저의 구루이십니다." 그는 믿음이 가득한 눈길로 내 눈을 바라보았다. "낮 기도를 드리는 동안 거룩한 주 크리슈나께서 환영으로 나타나셨습니다. 그분은 바로 이 나무 밑에서 오갈 데 없는 두 사람을 제게 보여 주셨습니다. 구루시여, 그 하나는 바로 당신의 얼굴이었습니다! 저는 명상을 하면서 종종 당신의 얼굴을 보았습니다. 당신이 저의 미천한 봉사를 받아 주신다면 그보다 기쁜 일은 없을 것입니다!"

"나 역시 당신이 이렇게 찾아 주어 반갑습니다. 신도 사람도 우리를 버리지 않았군요!" 나는 열의에 찬 그의 얼굴을 마주보며 그저 웃고 있었지만, 속으로는 신의 발밑에 엎드려 절을 올렸다.

"친애하는 벗이여, 저희 집을 방문하는 영광을 베풀어 주지 않으시겠습니까?"

"친절은 고맙지만 그건 좀 어렵겠는데요. 우리는 이미 아그라에 있는 형님 댁에 머물고 있거든요."

"그렇다면 아쉽지만 브란다반을 함께 유람하는 추억이라도 남겨 주십시오."

나는 기꺼이 동의했다. 프라탑 차테르지라고 이름을 밝힌 청년은 큰소리로 마차를 불렀다. 우리는 마다나모하나 사원을 비롯한 여러 크리슈나 성지를 둘러보았다. 우리가 사원 참배를 마쳤을 때는 어느덧 날이 저물어 있었다.

"산데시*를 좀 사 올 테니 잠깐 계세요." 프라탑은 기차역 근처의 가게로 들어갔다. 지텐드라와 나는 날이 한결 선선해져 사람들로 붐비는 넓은 거리를 어슬렁거리며 돌아다녔다. 우리 친구는 한참이 지나서야 사탕과자를 잔뜩 사 들고 돌아왔다.

"저에게 공덕을 쌓을 기회를 주십시오." 프라탑은 간청하듯이 웃으며 한 묶음의 지폐와 방금 사 온 아그라 행 기차표 두 장을 내밀었다.

나는 '보이지 않는 손'에 경의를 표하며 호의를 받아들였다. 아난타 형은 코웃음을 쳤지만, 이만하면 그 '손'의 아량을 보여 주기에 충분하지 않을까?

우리는 역 근처의 외진 곳을 찾았다.

"프라탑, 우리 시대의 가장 위대한 요기이신 라히리 마하사야의 크리야를 가르쳐 드리지요. 그분의 수행법이 당신의 구루가 될 거예요."

전수 의식은 삼십 분 만에 끝났다. 나는 새로운 문하생에게 말했다. "크리야는 당신의 친타마니†예요. 방법은 간단해 보이지만 인간의 영적 진화를 앞당기는 비법이 담겨 있습니다. 힌두 경전에서는 육체를 부여받은 자아가 마야로부터 해탈을 이루려면 백만 년이 걸린다고 가르치지만, 크리야 요가를 통해 이 자연 주기를 크게 단축할 수 있어요. 자가디스 찬드라 보세가 증명했듯이 식물의 성장을 정상 속도보다 훨씬 빠르게 촉진할 수 있는 것처럼, 인간의 정신적 발달 역시 과학적 방법으로 가속화할 수 있습니다. 정성을 다해 수행에 힘쓰면 모든 구루의 구루이신 분을 만나게 될 것입니다."

---

* 인도의 사탕과자.
† 소원을 이루어 준다는 신화 속의 보석. 또한 신의 한 이름이기도 하다.

바가반(주) 크리슈나
인도 사람들이 가장 사랑하는 아바타

프라탑은 생각에 잠겨 말했다. "오랫동안 찾고 있던 이 요가의 열쇠를 드디어 발견하고 나니 어찌할 바를 모르겠어요. 크리야는 제가 감각의 속박에서 벗어나 더 높은 영역으로 나아갈 수 있게 해 줄 거예요. 오늘 주 크리슈나의 환영이 나타난 것이 저에게는 크나큰 행운이었습니다."

우리는 침묵 속에 교감을 나누며 잠시 앉아 있다가 천천히 역으로 걸어갔다. 기차에 오를 때 내 마음속에는 기쁨이 넘쳤지만, 지텐드라는 오늘 하루가 눈물의 연속이었다. 내가 프라탑에게 애정 어린 마지막 인사를 건넬 때는 두 친구 모두 감격에 겨워 흐느끼고 있었다. 돌아오는 길에 지텐드라는 또다시 슬픔에 잠겼다. 그러나 이번에는 자기 애착이 아니라 자기 연민에서 비롯된 슬픔이었다.

"내 믿음은 얼마나 얕았던지, 내 마음은 돌덩이였어! 앞으로는 절대로 신의 보살핌을 의심하지 않을 거야."

한밤중이 다 되어가고 있었다. 무일푼으로 떠났던 두 '신데렐라'가 아난타 형의 침실로 들어섰다. 스스로 별 생각 없이 예언했던 그대로 형의 얼굴에는 놀란 기색이 역력했다. 나는 말없이 지폐 다발을 책상 위에 펼쳐 놓았다.

"지텐드라, 바른대로 고하거라!" 형의 어조는 익살스러웠다. "설마 이 아이가 노상강도를 벌인 건 아니겠지?"

그러나 막상 이야기를 들어 보더니 형은 냉정을 되찾았다가 조금 뒤에는 숙연해졌다.

형은 이전에는 볼 수 없었던 영적 열의에 차 있었다. "수요와 공급의 법칙은 내가 생각했던 것보다 훨씬 미묘한 영역에까지 미치는구나. 나는 이제야 네가 세속적인 부귀공명에 무관심하다는 것을 이해하게 되었다."

밤이 늦었는데도 형은 크리야 요가에 입문하는 디크샤*를 받겠다고 고집했다. '구루' 무쿤다는 하룻밤에 뜻밖의 '제자'를 두 명이나 떠맡게 되었다.

다음날 아침에는 전날과는 딴판으로 화목한 분위기에서 식사를 마쳤다.

나는 지텐드라를 보고 웃으며 말했다. "타지마할을 못 보고 그냥 갈 수야 없지. 세람포어로 떠나기 전에 보러 가자."

형에게 작별을 고하고 친구와 나는 곧 아그라의 영광, 타지마할 앞에 이르렀다. 햇빛에 눈부시게 빛나는 하얀 대리석이 순수한 균형 속에 꿈결처럼 아름답게 서 있었다. 그 주위로 진초록 사이프러스와 매끄러운 잔디밭, 고요한 연못이 완벽한 배경을 이루며 어우러져 있었다. 내부는 보석을 박아 넣은 레이스 모양의 조각들로 더없이 우아하게 장식되어 있었다. 다갈색과 보랏빛의 대리석에서 섬세한 꽃잎과 소용돌이 꼴 장식이 서로 뒤엉키며 모습을 드러냈다. 둥근 천장에서 새어 나오는 빛이 황제 샤 자한과 그의 왕비이자 영원한 연인인 뭄타즈 마할의 묘비 위로 흘러내리고 있었다.

---

* 영적 전수. 산스크리트 동사 어근 diksh(스스로에게 지시하다)에서 온 말.

'유람은 이만하면 되었다!' 나의 구루를 보고 싶은 마음이 간절해졌다. 잠시 후 지텐드라와 나는 기차를 타고 남쪽으로 벵골을 향해 달리고 있었다.

"무쿤다, 가족들 얼굴을 못 본 지 벌써 몇 달째야. 그래서 생각이 바뀌었어. 나는 나중에 따로 세람포어에 들러서 스승님을 찾아뵙는 게 좋겠어."

성격이 우유부단한 편인 내 친구는 캘커타에서 나와 헤어졌다. 완행열차에 오른 나는 머지않아 북쪽으로 십이 마일 떨어진 세람포어에 도착했다.

바나라스에서 구루를 만난 지 이십팔 일이 지난 것을 깨닫는 순간 나는 경이감에 사로잡혔다. "너는 사 주일 뒤에 나를 찾아올 것이다!" 이제 나는 조용한 라이 가트 거리에 있는 그의 안뜰에 뛰는 가슴을 안고 서 있었다. 나는 인도의 즈나나바타(지혜의 화신)와 함께 앞으로 십 년간 최고의 시절을 보내게 될 아슈람에 첫발을 들여놓았다.

지텐드라 마줌다르
브린다반의 '빈털터리 시험'에 동행한 요가난다지의 친구

12
스승의 아슈람에서 보낸 시절

"네가 왔구나." 스리 유크테스와르는 발코니가 있는 거실의 바닥에 깔린 호피 위에 앉아 있었다. 스승의 목소리는 차갑고 몸가짐은 차분했다.

"네, 스승님의 가르침을 따르기 위해 이렇게 왔습니다." 나는 무릎을 꿇고 그분의 발을 만졌다.

"어찌 된 일이냐? 너는 나의 뜻을 외면하지 않았더냐?"

"절대로 아닙니다! 이제부터는 구루지의 뜻을 천명으로 받들겠습니다."

"좋다! 그렇다면 내가 너의 삶을 책임지기로 하마."

"무거운 짐을 기꺼이 스승님께 맡기겠습니다."

"네가 가장 먼저 해야 할 일은 가족이 기다리는 집으로 돌아가는 것이다. 가서 캘커타에 있는 대학에 입학하도록 해라. 너는 학업을 계속해야 한다."

"잘 알겠습니다." 나는 당혹감을 감추고 대답했다. 앞으로 몇 년을 골치 아픈 책들과 씨름해야 한단 말인가? 아버지에 이어서 스리 유크테스와르마저!

"언젠가 너는 서양으로 가게 될 게다. 낯선 힌두 교사가 대학교 학위를 가지고 있다면 그 사람들도 인도의 옛 지혜를 더 쉽게 받아들일 게다."

"지당한 말씀이십니다, 구루지." 답답하던 마음이 한결 가셨다. 서양 이야기는 알쏭달쏭하고 아득히 멀게만 느껴졌다. 그러나 당장은 스승의 말씀에 복종하여 기쁘게 해 드리는 것이 급선무였다.

"캘커타는 여기서 멀지 않으니 시간이 날 때마다 찾아오거라."

"할 수만 있으면 매일이라도 오겠습니다! 제 삶의 매 순간마다 스승님을 기꺼이 받들어 모시겠습니다. 다만 한 가지 조건이 있습니다."

"그게 무엇이냐?"

"저를 신께 인도한다고 약속해 주십시오!"

한 시간 가까이 실랑이가 벌어졌다. 스승의 말씀은 돌이킬 수도 없고, 함부로 주어지지도 않는다. 그러한 언질에 함축된 뜻은 드넓은 형이상학적 전망을 열어 준다. 구루가 창조주의 현시를 언약할 수 있으려면 그 전에 반드시 창조주와 친밀한 교감을 이루어야만 한다. 나는 스리 유크테스와르가 신과의 합일에 이른 것을 감지하고서 그의 제자로서 특권을 행사하기로 작심했던 것이다.

"네 고집도 어지간하구나." 내 뜻을 갸륵하게 여긴 스승이 마침내 간청을 받아들였다.

"너의 뜻이 나의 뜻과 같이 되리라."

긴 세월 동안 내 마음에 드리워져 있던 그림자가 말끔히 걷혔다. 덧없는 방황은 이제 끝났다. 나는 참된 구루의 품에서 영원한 안식처를 찾은 것이다.

"오거라, 아슈람을 구경시켜 주마." 스승은 호피 깔개에서 일어섰다. 방 안을 둘러보던 중에 재스민 꽃가지로 장식한 사진이 벽에 걸려 있는 것이 눈에 띄었다.

"라히리 마하사야!" 나는 깜짝 놀라 외쳤다.

"그렇다. 나의 거룩한 구루이시지." 유크테스와르의 목소리는 경건하게 떨렸다. "그분은 인간으로서나 요기로서나, 내가 그 삶을 접해 본 어떤 교사보다도 위대한 분이셨다."

나는 낯익은 사진 앞에 조용히 절을 올렸다. 이 순간까지 나의 발길을 이끌어 주신 비길 데 없이 위대한 스승에 대한 존경심이 영혼으로부터 우러났다.

나는 구루를 따라 집과 마당 주위를 이리저리 둘러보았다. 널찍하고 고풍스러운 아슈람에는 육중한 기둥들이 늘어선 한가운데에 안뜰이 자리 잡고 있었다. 외벽에는 이끼가 덮여 있고, 평평한 회색 지붕 위로 비둘기들이 날개를 퍼덕이며 아슈람 일대를 거침없이 날아다니고 있었다. 뒤뜰에는 잭푸르트, 망고, 바나나 나무들이 싱그러운 분위기를 자아내고 있었다. 이층 건물의 위쪽에는 각 방에 딸린 발코니 난간이 삼면에서 안뜰을 마주하고 있었다. 줄기둥이 높은 천장을 떠받치고 있는 아래층의 널찍한 홀은 주로 해마다 열리는 두르가푸자* 축제 때 사용된다고 한다. 좁은 계단을 오르니 스리 유크테스와르가 거처하는 방이 나왔다. 방에 딸린 작은 발코니에서는 길거리가 내려다보였다. 아슈람의 내부는 소박하게 꾸며져 있었고, 모든 것이 간소하고 깨끗하고 실용적이었다. 간간이 서양식 의자와 벤치, 탁자 몇 개가 눈에 띄었다.

스승은 내게 하룻밤 묵고 가라고 청했다. 아슈람에서 수련 중인 어린 제자 둘이 저녁 식사로 야채 카레를 내왔다.

"구루지, 스승님의 삶에 관한 얘기를 들려주십시오." 나는 호피 곁에 밀짚 깔개를 펴고 웅크려 앉았다. 발코니 너머에서 반짝이는 다정한 별들이 아주 가까이 있는 것처럼 느껴졌다.

"내 속명은 프리야 나트 카라르였다. 나는 이곳 세람포어에서 태어났고,† 아버지는 부유한 사업가셨다. 아버지는 조상 대대로 내려온 이 저택을 물려주셨는데, 지금은 내 아슈람이 되었지. 나는 학교 교육을 거의 받지 않았다. 그런 공부는 더디고 얕다고 생각했던 것이지. 성인이 되어서는 일찌감치 가정을 꾸리게 되어 딸 하나를 얻었는데, 지금은 시집을 갔지. 중년에 들어서는 라히리 마하사야의 가르침 덕에 축복 받은 시절을 보냈다. 아내가 죽은 뒤에는 스와미 교단에 입문해서 스리 유크테스와르 기리†라는 새 이름을 받았다. 이것이 간략한 나의 내력이다."

스승은 나의 열띤 모습을 보고 미소를 지었다. 모든 약력이 대개 그렇듯이 스승의 말씀도 내면의 실재는 드러내지 않고 외적인 사실들만 전하는 데 그쳤다.

"구루지, 스승님의 어린 시절 얘기를 듣고 싶습니다."

---

* '두르가 숭배'. 벵골 지역 최대의 축제로, 대부분의 장소에서 아슈비나 월(9월~10월)에 9일간 계속된다. '범접할 수 없는 자'라는 뜻을 가진 두르가는 어머니 여신의 한 모습인 샤크티, 즉 인격화된 여성적 창조력을 나타낸다. 전통적으로 이 여신은 모든 악을 물리치는 존재다.
† 스리 유크테스와르는 1855년 5월 10일에 태어났다.
‡ 유크테스와르는 '이슈와라(신의 한 이름)와의 합일'을 의미한다. 기리는 고대 스와미 교단의 열 개 분파 중 하나를 가리키는 명칭이다. 스리는 '신성한'을 뜻하며, 이름이 아니라 존칭이다.

"알겠다. 이제부터 들려줄 이야기에는 하나하나 교훈이 담겨 있다." 스리 유크테스와르는 다짐을 하듯이 눈을 반짝였다.

"한번은 어머니께서 컴컴한 방에 귀신이 나온다는 무서운 이야기로 나를 놀래주려고 하셨다. 나는 당장 그 방으로 달려가 보았지만 귀신이 없는 것을 알고 실망했다. 어머니께서는 그 후로 다시는 무서운 이야기를 꺼내지 않으셨다. 이 이야기의 교훈은, 두려움에 정면으로 맞서면 더는 문제가 되지 않는다는 것이다.

또 한 가지 어릴 적 기억은 이웃집의 못생긴 강아지를 갖고 싶어 했던 일이다. 나는 그 강아지를 달라고 몇 주일 동안 집안에서 소란을 피웠다. 더 귀여운 애완동물을 구해 주겠다고 해도 나는 들으려고 하지 않았다. 이 이야기의 교훈은, 집착은 분별력을 잃게 만들어 욕구하는 대상의 매력이 실제보다 부풀려져 보이게 만든다는 것이다.

세 번째 이야기는 어린 마음의 감수성에 관한 것이다. 어머니께서는 가끔 이런 말씀을 하셨다. '다른 사람 밑에서 일하는 사람은 노예와 다름없다.' 그때의 인상이 어린 가슴에 너무나 깊이 박혀서 나는 결혼을 하고도 직장을 구할 생각을 한 적이 없었다. 그 대신 물려받은 재산을 땅에 투자해서 생계를 유지했지. 이 이야기의 교훈은, 어린아이의 민감한 귀에는 올바르고 긍정적인 얘기를 들려주어야 한다는 것이다. 어린 시절의 생각들은 마음속에 오래도록 선명하게 새겨진다."

스승은 다시 고요한 침묵에 잠겼다. 밤이 이슥하자 스승은 좁은 간이침대가 있는 곳으로 나를 안내해 주었다. 구루와 한 지붕 밑에서 보낸 첫날 밤, 나는 깊고도 달콤한 잠에 빠져들었다.

스리 유크테스와르는 다음날 아침을 택하여 크리야 요가의 전수 의식을 치르기로 했다. 나는 이미 라히리 마하사야의 제자인 아버지와 가정교사 스와미 케발라난다로부터 그 수행법을 전수받은 적이 있었다. 그러나 스승은 삶 전체를 바꿔 놓는 힘을 가지고 있었다. 그의 손길이 닿는 순간, 무수한 태양이 한꺼번에 타오르는 것처럼 거대한 빛이 갑자기 내 존재를 뒤덮었다. 가슴속 가장 깊은 곳에서 말로 표현할 수 없는 기쁨이 흘러넘쳤다.

다음날 오후 느지막해서야 아슈람을 나올 수 있었다.

"너는 삼십 일 후에 돌아갈 것이다." 이렇게 예언했던 스승의 말씀은 내가 캘커타에 있는 집 대문을 들어서는 순간 그대로 실현되었다. 걱정했던 것처럼 '하늘을 날던 새'가 다시 나타난 것을 두고 나무라는 사람은 아무도 없었다.

나는 작은 다락방으로 올라가 마치 살아 있는 존재를 대하듯이 애정 어린 눈길을 보냈다. '너는 나의 명상의 순간들, 사다나의 눈물과 격정을 목격한 증인이다. 이제야 나는 거룩한 스승의 보금자리에 이르렀구나.'

아버지와 나는 고요한 저녁에 마주 앉았다. "아들아, 우리는 모두 큰 복을 누리고 있구나. 예전에 내가 기적 같은 인연으로 나의 구루를 만난 것처럼 너도 드디어 너의 구루를 찾았으니 말이다. 라히리 마하사야의 거룩한 손길이 우리의 삶을 지켜 주고 있다. 너의 스승은 범접하기 어려운 히말라야의 성자가 아니라 바로 곁에 계신 분이 아니었더냐? 나의 기도가 헛되지 않았구나. 네가 신을 찾아 헤매는 동안 나의 시야에서 영영 떠나 버린 것은 아니었으니 말이다."

아버지는 또 내가 학업을 계속할 생각이라는 것을 알고 기뻐하셨다. 아버지는 필요한 절차를 밟아 주셨다. 나는 다음날 캘커타의 가까운 곳에 있는 스코티시 처치 대학에 등록했다.

행복한 몇 달이 훌쩍 지나갔다. 눈치 빠른 독자들은 벌써 짐작했겠지만, 나는 강의실에 거의 모습을 내비치지 않았다. 세람포어 아슈람은 저항할 수 없는 매혹을 지니고 있었다. 스승은 내가 매일같이 찾아가도 아무 말 없이 받아 주었다. 다행히 학교에 관해서는 거의 얘기를 꺼내지 않았다. 내가 결코 장학생 감이 아니라는 것은 누가 봐도 분명했지만, 이따금씩 진급에 필요한 최소한의 학점은 그럭저럭 챙길 수 있었다.

아슈람에서의 나날은 이렇다 할 변화 없이 평온하게 흘러갔다. 구루는 동이 트기 전에 잠에서 깨었다. 그는 침대 위에 누워서, 또 어떤 때는 앉은 채로 사마디* 상태에 들었다. 스승이 깨어났을 때의 모습은 아주 단순했다. 큰 소리로 코

---

* 글자 그대로는 '함께 집중한다'는 뜻. 사마디는 요기가 개인의 영혼과 우주의 영혼이 하나임을 지각하는 기쁨에 찬 초의식 상태다.

를 골다가 갑자기 멈춘다.[*] 한숨을 한두 번 쉬고, 어쩌다 몸을 뒤척이기도 한다. 그런 다음 호흡을 멈추고 고요한 상태가 되면 이제 심원한 요가의 기쁨에 잠긴 것이다.

아침 식사는 건너뛰고, 먼저 갠지스 강을 따라 한동안 산책을 했다. 구루와 아침 산책을 하던 장면들이 아직도 눈앞에 생생하게 떠오른다! 기억을 하나씩 되살리다 보면 나는 어느새 그분 곁에 있다. 이른 아침의 태양은 강에 온기를 불어넣고, 참된 지혜로 충만한 구루의 목소리가 울려 퍼진다.

목욕을 한 다음 점심 식사를 했다. 매일같이 스승의 지시에 따라 식사 준비를 하는 일은 정성스런 어린 제자들의 몫이었다. 구루는 채식주의자였다. 하지만 수행의 길로 들어서기 전에는 달걀이나 생선을 드셨다고 한다. 그는 제자들에게 각자의 체질에 맞는 간소한 식사를 할 것을 충고했다.

스승은 음식을 적게 드셨다. 주로 쌀밥에 심황 가루나 사탕무, 시금치 즙으로 물을 들이고 물소 버터나 녹인 버터를 가볍게 뿌린다. 어떤 날은 렌즈콩 달이나 찬나[†] 카레를 야채와 함께 들기도 했다. 후식으로 라이스 푸딩에 망고나 오렌지를 곁들이거나 잭푸르트 주스를 마셨다.

오후에는 방문객들을 맞이했다. 세속의 물결이 고요한 아슈람으로 끊임없이 밀려들었다. 구루는 모든 손님을 정중하고 친절하게 대접했다. 자신이 육체나 자아가 아니라 편재하는 영혼임을 깨달은 스승은 모든 사람들 속에서 하나의 뚜렷한 유사성을 인지한다.

치우침이 없는 성자들의 처신은 지혜에 뿌리를 두고 있다. 그들은 더는 마야의 변덕스러운 겉모습에 현혹되지 않고, 깨닫지 못한 사람의 분별력을 흐리는 좋고 싫음에 얽매이지 않는다. 스리 유크테스와르는 권력과 부와 명예를 가진 사람을 특별히 존중하지도 않았고, 가난하거나 배우지 못했다고 해서 업신여기지도 않았다. 어린아이라도 진실된 말에는 귀를 기울였고, 때로는 잘난 체하는

---

[*] 생리학자들에 의하면 코를 고는 것은 완전한 휴식의 표시다.
[†] 달은 말린 완두콩이나 다른 콩류로 만든 걸쭉한 수프다. 찬나는 신선한 우유를 응고시킨 치즈인데, 네모나게 썰어서 감자와 함께 카레 요리를 만든다.

범학자를 사람들 앞에서 면박하기도 했다.

저녁 식사 시간은 여덟 시였다. 가끔씩 늦게까지 남아 있는 손님들이 있었는데, 그런 경우에도 구루는 혼자서만 식사하는 법이 없었다. 어떤 사람도 배가 고프거나 아쉬운 기분으로 아슈람을 떠나도록 내버려 두지 않았다. 스리 유크테스와르는 뜻밖의 손님이 찾아와도 어찌할 줄 몰라 허둥거리는 일이 없었다. 구루가 제자들에게 요령껏 지시하면 부족한 음식도 진수성찬이 되었다. 그러면서도 검약하여 넉넉지 않은 돈을 알뜰하게 관리했다. 스승은 종종 이렇게 말씀하곤 했다. "너희가 가진 것에 만족할 줄 알아야 한다. 낭비는 결국 불쾌감을 불러올 뿐이다." 아슈람의 손님 대접이나 집을 짓고 수리하는 일, 그 밖에 실무적인 문제에 이르기까지 스승의 창의성이 돋보이지 않는 곳은 없었다.

조용한 저녁 시간에는 가끔씩 구루의 강론이 펼쳐졌다. 시간을 초월한 보물과 같은 스승의 말씀은 마디마디에 지혜가 아로새겨져 있었다. 스승의 목소리와 말투는 숭고한 자기 확신에 차 있었다. 그의 이야기는 내가 경험했던 어느 누구의 이야기와도 달랐다. 스승이 어떤 생각을 드러낼 때는 세심한 부분까지 곰곰이 따져본 뒤에야 비로소 말이라는 형태로 표출되었다. 온몸에 스며 있는 진리의 정수가 영혼으로 응집되어 향기롭게 배어 나오는 듯했다. 마치 살아 있는 신의 현시를 마주하고 있는 느낌이 들었다. 그럴 때면 그 신성에 압도되어 저절로 머리가 숙여졌다.

스리 유크테스와르가 신의 영역으로 몰입해 가는 것을 손님들이 눈치채면 재빨리 화제를 돌렸다. 스승은 일부러 꾸미거나 내면의 깊이를 과시하는 일을 할 줄 몰랐다. 항상 신과 일체를 이루고 있는 그에게는 교감을 위한 시간이 따로 필요하지 않았다. 자아실현의 경지에 이른 스승은 이미 명상이라는 디딤돌을 버린 지 오래였다. 열매가 열리면 꽃이 떨어진다. 그러나 성자들은 제자들에게 본보기를 보여 주기 위해 영적인 형식을 유지하는 경우가 흔히 있다.

밤이 이슥해지면 구루는 천진난만한 아이처럼 겉잠이 들곤 했다. 잠자리를 준비할 필요도 없었다. 스승은 예의 호피 깔개 뒤에 놓인 좁은 침대 소파에서 베개도 없이 잠을 청하곤 했다.

밤을 새워 가며 철학적 토론을 벌이는 일도 드물지 않았다. 몹시 궁금한 문제가 있는 제자는 누구나 토론을 소집할 수 있었다. 그럴 때면 나는 피곤한 줄도 모르고, 자고 싶은 생각도 들지 않았다. 스승의 생생한 말씀을 듣는 것만으로도 족했다. "오, 동이 트는구나! 갠지스 강으로 산책하러 가자." 철야 토론은 늘 그렇게 끝이 났다.

이렇게 몇 달을 지내는 사이 무엇보다 인상적이었던 것은 '모기 쫓는 법'을 깨우친 일이었다. 우리 집에서는 밤에 항상 모기장을 사용했다. 세람포어 아슈람에서는 이 엄연한 관습이 무시되고 있다는 것을 알고 나는 적이 당황했다. 온 집 안에 모기들이 판을 치고 있었다. 나는 머리끝에서 발끝까지 물리지 않은 곳이 없었다. 스승은 나를 안쓰럽게 바라보았다.

"모기장을 사야겠다. 내 것도 같이 사 오거라." 스승은 웃으면서 부언했다. "네 것만 사면 모기들이 다 나한테 몰려들 게 아니냐!"

나는 감지덕지하며 분부를 받들었다. 세람포어에서 지내는 동안 스승은 밤마다 잘 시간이 되면 모기장을 쳐 달라고 했다.

어느 날 밤, 모기들이 구름처럼 달려드는 통에 스승은 여느 때처럼 강론을 진행할 수 없었다. 나는 모기들이 윙윙거리는 소리에 신경이 곤두섰다. 잠자리에 들면서 나는 모기떼를 향해 호소하는 심정으로 기도를 퍼부었다. 삼십 분쯤 지나서 나는 구루의 주의를 끌어 보려고 헛기침을 했다. 모기들이 물어대고, 특히나 피에 굶주린 의식을 치르는 듯이 윙윙거리는 소리에 미쳐 버릴 것만 같았다.

스승은 아무런 반응이 없었다. 나는 조심스럽게 곁으로 다가갔다. 스승은 숨을 쉬지 않고 있었다. 나는 그때까지 스승이 무아경에 든 것을 가까이서 본 적이 없었기 때문에 가슴이 덜컥 내려앉았다.

'심장이 멎었나 보다!' 코 밑에 거울을 대 보았지만 김이 서리지 않았다. 그래도 몰라서 나는 몇 분 동안 스승의 입과 콧구멍을 손가락으로 막고 있었다. 싸늘해진 몸은 꼼짝도 하지 않았다. 넋이 나간 나는 문 쪽을 향해 도와달라고 소리쳤다.

"그래, 불쌍한 내 코를 가지고 무슨 실험이라도 하는 게냐?" 스승의 목소리는 웃음기를 띠고 있었다. "잠은 안 자고 웬 수선인고! 온 세상이 네 편한 대로 바꿔기를 바라느냐? 모기 생각일랑 떨쳐 버리고 너 자신부터 바꿔라."

나는 풀이 죽어 다시 자리에 누웠다. 모기가 한 마리도 덤벼들지 않았다. 그제야 나는 깨달았다. 구루가 모기장을 사 오라고 한 것은 모기가 무서워서가 아니라 그저 내 기분을 맞춰 주려는 것이었다. 스승은 요가의 힘으로 벌레가 물지 못하게 할 수도 있고, 원한다면 해를 입힐 수 없는 내면세계로 피할 수도 있었다.

나는 생각했다. '스승님은 내가 목표로 삼아야 할 요가의 경지를 직접 보여 주신 거야. 진정한 요가 수행자는 이 지상에서 결코 사라지지 않을 갖가지 상념들, 이를테면 벌레들이 윙윙거리는 소리라든가 한낮의 이글거리는 햇볕 따위에 개의치 않고 초의식 상태로 들어가 그 상태를 유지할 수 있다! (사비칼파) 사마디의 첫 단계에서 수행자는 외부 세계의 감각 통로를 모두 차단한다. 그런 뒤에는 태초의 낙원보다도 더 순결한 내면세계의 소리와 광경으로 보답을 받는다.'[*]

모기 선생님들은 아슈람 생활 초기에 또 한 번 가르침을 베풀어 주었다. 해질 녘의 한가로운 시간이었다. 구루는 경전의 문구를 명쾌하게 해설하고 있었다. 나는 그 발치에서 더할 나위 없는 평온을 만끽하고 있었다. 돌연 버릇없는 모기 한 마리가 목가적인 풍경 속에 뛰어들어 나의 주의를 흩뜨려 놓았다. 모기가 넓적다리에 독이 서린 '피하 주사'를 찔러 넣는 순간, 나는 반사적으로 복수의 손을 치켜들었다. 바로 그때 아힘사(불살생)[†]를 일깨우는 파탄잘리의 금계가 떠올랐다. 사형 집행을 유예하라!

"왜 멈추는 게냐?"

"스승님! 살생을 두둔하시는 겁니까?"

"아니다. 하지만 너는 이미 마음속에서 치명타를 가했다."

"이해할 수 없습니다."

"파탄잘리가 말한 아힘사는 죽이고 싶은 욕망 그 자체를 없애는 것이다." 스리

---

[*] 《타이티리야 아란야카》에는 외부의 감각 기관을 사용하지 않고도 보고 듣고 맛보고 냄새 맡고 만질 수 있는 요기의 편재적 능력이 다음과 같이 묘사되어 있다. "눈이 먼 사람이 진주에 구멍을 뚫었다. 손가락이 없는 사람이 줄을 꿰었다. 목이 없는 사람이 그것을 걸쳤다. 혀가 없는 사람이 그것을 칭찬했다."

[†] "아힘사(비폭력)로 완성된 사람 안에는 [어떤 피조물에 대한] 증오도 일어나지 않는다."(《요가 수트라》 II:35)

유크테스와르는 나의 정신 과정을 훤히 들여다보고 있었다. 이 세상에서는 아힘사의 계율을 있는 그대로 따르기 어려울 때가 있다. 인간은 어쩔 수 없이 해로운 생물을 박멸해야 할 수도 있다. 그렇다고 해서 인간이 반드시 분노나 적의를 느껴야만 하는 것은 아니다. 모든 형태의 생명은 다 같이 마야의 공기를 들이마실 권리를 갖고 있다. 창조의 비밀을 밝히는 성자는 언뜻 이해할 수 없는 수많은 자연 현상과 조화를 이룬다. 인간은 파괴의 욕구를 극복함으로써 이 진리를 깨우칠 수 있다.

"구루지, 야수를 죽이느니 차라리 자기를 희생하는 것이 옳은가요?"

"아니다. 인간의 몸은 귀하다. 인간의 독특한 뇌와 중추 신경은 가장 높은 단계의 진화론적 가치를 지니고 있다. 이들은 진보한 수행자가 신성의 가장 고결한 측면을 완전히 이해하고 표현할 수 있게 해 준다. 낮은 형태의 생명에는 이것이 없다. 인간이 부득이하게 동물이나 어떤 생물을 죽인다면 작은 죄를 짓게 되는 것은 사실이다. 그러나 경전에서는 이유 없이 인간의 몸을 해치는 것은 인과 응보의 법칙에 크게 어긋나는 일이라고 가르치고 있다."

나는 안도의 한숨을 내쉬었다. 경전에서 우리의 자연스런 본능을 인정하는 일은 흔하지 않기 때문이다.

내가 알고 있는 한 스승은 표범이나 호랑이와 마주친 적은 없지만 언젠가 치명적인 코브라와 맞닥뜨린 일이 있었는데, 오직 사랑의 힘만으로 이 위기를 넘겼다고 한다. 구루의 바닷가 아슈람이 있는 푸리에서 있었던 일이다. 스리 유크테스와르가 만년에 얻은 어린 제자 프라풀라가 이날 스승과 함께 있었다.

프라풀라는 내게 그 얘기를 들려주었다. "우리가 아슈람 바깥에 나가서 앉아 있는데 길이가 사 피트나 되는 무시무시한 코브라가 나타났어요. 이 녀석은 성이 나서 우산 같은 목을 치켜들고 우리를 향해 달려드는 거였어요. 그런데 스승님은 마치 어린아이에게 하듯이 웃으며 반기시더군요. 스리 유크테스와르께서 장단을 맞춰 손뼉을 치시는 걸 보고 나는 소스라치게 놀랐어요.[*] 스승님은 등골

---

[*] 코브라는 자기 범위 안에서 움직이는 모든 대상을 날래게 공격한다. 대개의 경우, 움직임을 완전히 멈추는 것이 안전을

이 오싹해지는 불청객을 얼러대고 계셨어요! 나는 입이 딱 얼어붙었지만, 속으로는 열심히 기도를 외쳤지요. 코앞에까지 다가온 뱀은 문득 꼼짝도 하지 않고, 마치 스승님의 달래는 몸짓에서 뿜어 나오는 자력에 사로잡힌 것처럼 보였어요. 소름 끼치는 목이 점차 움츠러들더니, 뱀은 스리 유크테스와르의 발 사이로 스르르 미끄러지며 덤불 속으로 사라졌어요."

프라풀라는 이렇게 끝을 맺었다. "스승께서 왜 손을 흔드셨으며 코브라는 왜 덤벼들지 않았는지, 그때는 납득이 가지 않았어요. 그 후로 나는 우리 거룩한 구루께서는 어떤 생물에게든 해를 입을까 두려워하시는 법이 없다는 것을 깨닫게 되었지요."

아슈람에 첫발을 들인 지 몇 달이 지난 어느 오후에 나는 스리 유크테스와르가 나를 뚫어질 듯이 바라보고 있는 것을 느꼈다.

"너무 말랐구나, 무쿤다."

스승의 말씀은 나의 아픈 곳을 찔렀다. 나는 눈이 움푹 들어가고 비쩍 마른 내 모습이 마음에 들지 않았다. 어릴 적부터 나는 만성 소화 불량에 시달렸다. 내 방의 선반 위에는 약병이 즐비했지만 어느 것 하나 도움이 되지 못했다. 이따금씩 나는 이렇게 부실한 몸으로 삶을 영위할 가치가 있는지 우울하게 자문해 보곤 했다.

"약에는 한계가 있지만 신의 창조적 생명력에는 한계가 없다. 내 말을 믿어라. 너는 튼튼하고 강해질 것이다."

스승의 말씀을 듣는 순간 그 진리가 나 자신의 삶에서 온전히 실현될 수 있으리라는 확신이 들었다. 그동안 나를 진찰했던 어떤 의사도 이렇게 깊은 믿음을 주지는 못했다.

나의 건강과 체력은 날이 갈수록 좋아졌다. 스리 유크테스와르의 신비로운 축복 덕분에 이 주일 만에 내가 그토록 바라던 대로 체중이 늘었다. 소화 불량도 감쪽같이 사라졌다. 후에 나는 구루가 당뇨병, 간질, 결핵, 중풍 등으로 고통받는 사람들을 신성한 힘으로 치유하는 광경을 직접 목격하는 행운을 누렸다.

도모하는 유일한 방법이다. 코브라 때문에 매년 5천 명가량이 목숨을 잃는 인도에서는 코브라를 몹시 두려워한다.

내 상태가 호전되고 나자 스승은 이런 얘기를 들려주었다.

"예전에는 나도 체중을 늘리고 싶어서 조바심하던 때가 있었지. 큰 병을 앓고 요양을 하던 중에 바나라스에 계신 라히리 마하사야를 찾아뵈었다.

'스승님, 심하게 앓고 나서 살이 많이 빠졌습니다.'

'그래 유크테스와르*, 너는 스스로 병을 자초하고서 이제는 야위었다고 불평하는구나.'

스승님의 대답은 내가 기대했던 것과는 거리가 멀었다. 하지만 구루께서는 격려의 말씀을 덧붙이셨다.

'어디 보자, 내일이면 틀림없이 더 좋아질 게다.'

귀가 여렸던 나는 그 말씀을 스승께서 남몰래 나를 치유하고 계시다는 암시로 받아들였다. 이튿날 아침 나는 스승을 찾아뵙고 기쁨에 들떠 외쳤다. '스승님, 오늘은 훨씬 나아졌습니다.'

'그래! 오늘은 힘이 절로 솟는 모양이구나.'

'아닙니다, 스승님! 모두 스승님께서 보살펴 주신 덕분입니다. 이렇게 기운이 나는 것은 몇 주 만에 처음입니다.'

'오, 그래! 병이 꽤 심각했지. 네 몸은 아직 허약하다. 내일은 또 어떨지 누가 알겠느냐?'

몸이 도로 쇠약해질 수 있다는 생각에 오싹하며 몸서리가 쳐졌다. 이튿날 아침이 되자 스승님의 거처로 몸을 끌고 갈 기력조차 없었다.

'스승님, 건강이 다시 나빠졌습니다.'

구루의 눈빛에는 장난기가 어려 있었다. '그래! 또다시 스스로 병을 자초하고 있구나.'

나의 인내가 바닥을 드러냈다. '구루데바, 이제야 저를 번번이 놀리고 계시다는 것을 알겠습니다. 왜 진실된 제 말씀을 곧이듣지 않으시는지 이해할 수 없습니다.'

---

* 라히리 마하사야는 실제로 '유크테스와르'(라히리 마하사야의 생시에는 사용하지 않은 구루의 법명)가 아니라 '프리아' (구루의 이름)라고 불렀다(152쪽 참조). 이 책에서는 두 이름 간의 혼동을 피하기 위해 모두 '유크테스와르'로 적었다.

구루는 애정 어린 눈길로 나를 바라보셨다. '사실인즉, 하루는 아픈 것 같다가 하루는 나은 것처럼 느끼게 만든 것은 바로 너의 생각이다. 너는 건강이 잠재의식의 기대를 그대로 따른다는 사실을 알게 되었다. 생각도 전기나 중력과 마찬가지로 하나의 힘이다. 인간의 마음은 전능한 신의 의식이 일으키는 불꽃이다. 나는 강인한 정신을 가지고 지극하게 믿는다면 무슨 일이든 즉시 실현된다는 것을 네게 보여 준 것이다.'

스승님께서는 결코 빈말을 하지 않으신다는 것을 알고 있는 나는 두렵고 감사한 마음으로 여쭈었다. '스승님, 제가 스스로 건강하고 몸무게도 다시 늘었다고 생각한다면 그대로 이루어질까요?'

'지금 당장이라도 가능하지!' 구루는 내 눈을 빤히 들여다보며 엄숙하게 말씀하셨다.

그러자 곧바로 힘이 솟고 체중도 느는 것이 느껴졌다. 라히리 마하사야께서는 침묵에 잠기셨다. 나는 그 발치에서 몇 시간을 보낸 후에, 바나라스에 와 있는 동안 머물고 있던 어머니 댁으로 돌아갔다.

'아들아! 이게 웬일이냐? 부종으로 몸이 부었니?' 어머니께서는 당신의 눈을 믿을 수가 없으셨다. 내 몸은 어느새 앓기 전처럼 살이 오르고 튼튼해져 있었던 것이다.

체중을 재 보았더니 하루 사이에 오십 파운드가 늘어 있었다. 그 후로도 체중은 그대로 유지되었다. 내 마른 모습만 보았던 친지들은 다들 놀라서 입을 다물지 못했다. 이 기적 같은 일로 인해 여러 사람이 생활 방식을 바꾸고 라히리 마하사야의 제자가 되었다.

신 안에서 깨어 있는 구루께서는 이 세계란 창조주의 꿈이 객관화된 데 지나지 않는다는 것을 알고 계셨다. 라히리 마하사야께서는 꿈꾸는 신과 자신이 하나임을 완전히 자각하고 계셨기 때문에 현상계의 '꿈 원자들'을 마음대로 실체화하고 변화시킬 수 있었다." *

---

* "무엇이든지 기도하고 구하는 것은 받은 줄로 믿으라. 그리하면 너희에게 그대로 되리라."(《마가복음》 11:24) 여기서 라

스리 유크테스와르는 이렇게 끝을 맺었다. "만물은 법칙의 지배를 받는다. 외부 세계에서 작동하여 과학자들이 발견할 수 있는 원리를 자연 법칙이라고 한다. 그러나 숨겨진 영적 세계와 의식의 내적 영역을 지배하는 더욱 오묘한 법칙이 있는데, 이 원리는 요가의 과학을 통해 인식할 수 있다. 물질의 참된 본성을 이해하는 것은 물리학자가 아니라 자아실현을 이룬 스승이다. 그리스도는 그러한 앎을 통해 제자들 가운데 한 사람이 잘라 버린 종의 귀를 되돌려 놓을 수 있었다." *

구루는 탁월한 경전 해설가였다. 가장 행복했던 기억들은 대부분 그러한 강론이 중심을 이루고 있다. 주의가 산만해져서 금쪽같은 사상이 헛되이 버려지는 일은 없었다. 잠깐만 딴청을 부리거나 한눈을 팔아도 스승의 강론은 바로 중단되었다.

"정신이 딴 데 팔려 있구나." 어느 날 오후 스리 유크테스와르는 이렇게 꾸짖으며 말씀을 멈추었다. 여느 때처럼 스승은 내가 주의를 기울이고 있는지 유심히 지켜보고 있었던 것이다.

나는 볼멘소리로 대답했다. "구루지! 저는 꼼짝도 하지 않았어요. 눈도 깜박이지 않았는걸요. 스승님이 하신 말씀을 한마디도 빠짐없이 외울 수 있어요!"

"그래도 역시 너는 충분히 집중하지 않았다. 네가 아니라고 우기니 한마디 하지 않을 수 없구나. 너는 지금 마음속으로 세 곳에 아슈람을 짓고 있었다. 하나는 숲이 우거진 벌판에, 하나는 언덕에, 하나는 바닷가에."

거의 무의식적으로 그런 막연한 생각들이 떠오른 것은 사실이었다. 나는 송구스러운 마음으로 스승을 흘끔 쳐다보았다.

"스쳐 지나가는 상념까지도 꿰뚫어 보는 스승님을 어찌 당하겠습니까?"

"네가 내게 그럴 권리를 주었다. 정신을 온전히 집중하지 않으면 내가 설명하

히리 마하사야가 스리 유크테스와르에게 한 것처럼, 신과 합일을 이룬 스승들은 덕이 높은 제자들에게 자신의 신성한 깨달음을 온전히 전달할 수 있다.

* "그중의 한 사람이 대사제장의 종을 쳐 그 오른쪽 귀를 떨어뜨린지라. 예수께서 일러 이르시되 이것까지 참으라 하시고 그 귀를 만져 낫게 하시더라."(《누가복음》 22:50–51)

는 묘리를 터득할 수 없다. 꼭 필요한 경우가 아니면 나는 다른 사람의 내밀한 마음속을 함부로 들여다보지 않는다. 인간은 누구나 자신의 생각들 사이를 남몰래 돌아다닐 수 있는 천부의 특권을 가지고 있다. 신조차도 초대를 받지 않으면 그곳에 임하시지 않는다. 나 역시 억지로 문을 열고 들어가지는 않는다."

"스승님이라면 언제든지 환영합니다!"

"아슈람을 짓는 꿈은 언젠가 실현될 게다. 하지만 지금은 공부할 때다!"

그렇게 우연하고도 단순한 방식으로 구루는 내 삶에 닥쳐올 세 가지 중요한 사건을 예견했다. 어렸을 적부터 나는 서로 다른 환경에 자리 잡은 세 채의 건물이 수수께끼처럼 눈앞에 어른거리는 것을 경험했었다. 이 환상들은 훗날 스리 유크테스와르가 지적한 순서대로 실현되었다. 가장 먼저 란치 벌판에 요가 학교를 설립하고, 이어서 로스앤젤레스 언덕에 미국 본부를, 마지막으로 광활한 태평양을 굽어보는 캘리포니아 주 엔시니타스에 아슈람을 세웠다.

스승은 결코 권위적인 태도로 '이런저런 일이 벌어질 것을 예언하노라!' 하고 얘기하는 것이 아니라, '그런 일이 일어날 것 같지 않으냐?' 하며 넌지시 암시하는 편이었다. 그러나 스승의 단순한 말씀에는 예언적인 힘이 숨겨져 있었다. 말씀을 철회하거나 베일에 싸인 듯한 예언이 어긋난 적은 한 번도 없었다.

스리 유크테스와르는 말수가 적고 매사에 실질적이었다. 허황되거나 도취한 몽상가 같은 모습은 전혀 보이지 않았다. 두 발로 땅을 굳게 딛고 있으면서 머리는 천상의 안식처에서 노닐었다. 스승은 실천적인 사람을 높이 평가했다. "성인은 벙어리가 아니다! 신성한 인식은 무력하지 않다! 덕을 적극적으로 표현하는 것이야말로 날카로운 지성의 근본이다."

구루는 초물질적인 영역에 대해 논하는 것을 꺼렸다. 스승에게 불가사의한 구석이 꼭 한 가지 있다면 그것은 더할 나위 없이 단순하다는 것뿐이었다. 대화할 때는 허황된 얘기를 피했지만, 행동으로 나타낼 때는 거리낌이 없었다. 수많은 교사들이 입으로는 기적을 얘기하면서도 실제로는 아무것도 증명해 보이지 못했다. 스리 유크테스와르는 오묘한 법칙에 대해서 거의 언급하지 않았지만 아무도 모르게 그러한 법칙을 뜻대로 작동시켰다.

스승은 이렇게 설명했다. "깨달은 사람은 내면에서 허락을 받기 전에는 기적을 행하지 않는다. 신께서는 창조의 비밀을 함부로 발설하는 것을 좋아하지 않으신다.* 뿐만 아니라 세상 사람은 누구나 각자의 자유 의지에 대해 양도할 수 없는 권리를 가지고 있다. 성자는 그런 자주성을 침해하지 않는다."

스리 유크테스와르의 몸에 밴 침묵은 신에 대한 깊은 인식에서 비롯된 것이었다. 자아실현을 이루지 못한 교사들이 일삼아 늘어놓는 장황한 '계시'에 한눈을 팔 시간이 없었다. 힌두 경전에는 이런 격언이 있다. "천박한 사람에게는 피라미처럼 하찮은 생각도 격렬한 동요를 일으키지만, 대양과 같은 마음에는 고래처럼 엄청난 영감도 잔물결조차 일으키지 않는다."

구루는 겉치레를 요란하게 꾸미지 않은 까닭에 주변에서 그가 초인임을 알아보는 사람이 많지 않았다. '자기의 지혜를 감추지 못하는 사람은 바보'라는 격언도 있지만, 사려 깊고 과묵한 스승과는 거리가 먼 얘기였다.

스리 유크테스와르는 다른 사람과 마찬가지로 필멸의 운명을 타고났으면서도 시공을 지배하는 신과의 합일을 이룬 분이었다. 스승은 인간과 신의 합일을 가로막는 극복할 수 없는 장애물이 있다고 보지 않았다. 인간의 영적 안일함 외에는 어떤 장벽도 존재하지 않는다는 것을 나 역시 깨닫게 되었다.

나는 스리 유크테스와르의 거룩한 발을 만질 때마다 어떤 전율을 느꼈다. 제자는 스승과의 경건한 접촉을 통해 영적으로 자화(磁化)되고, 이때 미묘한 전류가 발생한다. 마치 헌신자의 뇌 속에 있는 바람직하지 못한 습관이 일시적으로 마비되고 세속적인 버릇들이 이로운 방향으로 억제되는 것처럼 느껴진다. 잠깐이나마 그는 마야의 신비스러운 베일이 걷히는 것을 느끼고 더없는 행복의 실체를 어렴풋이 감지할 수 있다. 구루 앞에 인도 식으로 무릎을 꿇을 때마다 나의 온몸은 해방감으로 타오르는 듯한 반응을 보였다.

스승은 내게 이런 이야기를 들려주었다. "나는 라히리 마하사야께서 침묵하고

---

* "거룩한 것을 개에게 주지 말며 너희 진주를 돼지 앞에 던지지 말라. 그들이 그것을 발로 밟고 돌이켜 너희를 찢어 상하게 할까 염려하라."(《마태복음》 7:6)

계실 때나 혹은 영적인 주제가 아닌 이야기를 하실 때에도 말로 나타낼 수 없는 지식을 전해 주셨다는 것을 깨달았다."

스리 유크테스와르도 내게 그와 비슷한 영향을 주었다. 간혹 울적하거나 무덤 덤한 기분으로 아슈람에 들어섰다가도 어느 사이엔가 마음가짐이 바뀌었다. 구루를 보는 것만으로도 차분한 치유의 힘이 전해졌다. 그와 함께하는 하루하루가 기쁨과 평화와 지혜로 충만한 새로운 경험이었다. 나는 스승이 탐욕이나 분노, 또는 세속적 애착에 사로잡히거나 감정적으로 도취되는 것을 본 적이 없다.

"마야의 어둠이 소리 없이 다가오고 있다. 내면의 집으로 서둘러 돌아가자." 이런 훈계의 말씀과 더불어 스승은 제자들에게 크리야 요가의 필요성을 끊임없이 일깨워 주었다. 새로 입문한 제자가 스스로 요가 수행에 적성이 맞는지 미심쩍어 하는 경우가 가끔 있었다.

그럴 때면 스리 유크테스와르는 이렇게 달래곤 했다. "과거는 잊어라. 누가 되었든 흘러간 삶은 이런저런 회한으로 얼룩지게 마련이다. 신의 품에 안길 때까지는 인간의 행동이란 결코 믿을 것이 못 된다. 네가 지금 영적인 노력을 기울이고 있다면 언젠가는 다 좋아질 것이다."

스승은 아슈람에 늘 어린 첼라(제자)를 두었다. 스승은 이들을 지적, 영적으로 가르치는 일을 필생의 과업으로 여겼다. 돌아가시기 바로 전에도 여섯 살짜리 둘과 열여섯 살짜리 하나를 아슈람 식구로 받아들였다. 스승은 맡은 제자들을 하나같이 정성껏 가르쳤다. '제자(disciple)'와 '훈육(discipline)'은 어원상으로도, 실제로도 서로 연관되어 있다.

아슈람 식구들은 구루를 흠모하고 존경했다. 스승이 가볍게 손뼉을 치기만 해도 모두들 신이 나서 그분 곁으로 모여들었다. 스승이 말이 없고 기분이 가라앉아 있을 때는 누구도 감히 입을 열지 못했다. 그렇지만 스승의 유쾌한 웃음소리가 울려 퍼질 때면 아이들은 그를 자기 육친처럼 여겼다.

스리 유크테스와르는 다른 사람에게 사사로운 시중을 부탁하는 일이 좀처럼 없었고, 마음에서 우러나온 경우가 아니면 첼라의 도움도 받지 않았다. 차례가 된 제자가 옷 세탁을 깜박 잊으면 손수 빨래를 하기도 했다.

스승은 평상시에 전통적인 황토색 승복을 입었다. 실내에서는 요기의 관습에 따라 호랑이나 사슴 가죽으로 만든 끈 없는 신발을 신었다.

스승은 영어, 프랑스어, 벵골어, 힌디어를 유창하게 구사했으며 산스크리트에도 능통했다. 스승은 영어와 산스크리트를 손쉽게 익힐 수 있는 방법을 독창적으로 고안하여 어린 제자들을 꾸준히 가르쳤다.

스승은 자기 몸에 지나치게 애착을 갖지는 않았지만 조심하기는 했다. 신은 건전한 신체와 정신을 통해서만 올바르게 현시된다는 점을 스승은 늘 강조했다. 극단적인 것은 무엇이든 꺼렸다. 장기간의 단식을 원하는 어떤 제자에게 구루는 웃으면서 말했다. "그렇게까지 몸을 괄시할 필요가 있겠느냐?"[*]

스리 유크테스와르는 아주 건강했다. 나는 스승이 아픈 것을 본 적이 없다.[†] 스승은 세속적 관습을 존중하여, 제자들이 원한다면 병원에 가는 것을 허락했다. 스승은 이렇게 말했다. "의사는 물질에 작용하는 신의 법칙을 통해 사람들을 치유해야 한다." 그러면서도 정신 요법의 우월성을 누누이 강조했다.

"지혜는 가장 뛰어난 정화제다. 몸은 믿을 수 없는 친구다. 꼭 필요한 만큼만 주어야 한다. 고통과 쾌락은 덧없는 것이다. 모든 이원성을 차분하게 견디면서, 그와 동시에 스스로 그 지배에서 벗어나도록 노력해야 한다. 상상은 병도 받아들이고 치유도 받아들이는 문이다. 아플 때에도 병의 실재를 믿지 마라. 그러면 인정받지 못한 불청객은 달아날 것이다!"

제자들 가운데는 의사도 여럿 있었다. 스승은 그들에게 말했다. "생리학을 연구한 사람은 더 나아가 영혼의 과학을 탐구해야 한다. 신체 메커니즘의 이면에는 오묘한 영적 구조가 숨겨져 있다."[†]

---

[*] 스승은 단식이 이상적인 천연의 정화 수단이라는 점을 인정했다. 그러나 이 제자는 자신의 몸에 지나치게 몰두해 있었다.

[†] 스승은 카슈미르에서 몸이 편찮았던 적이 있는데, 그때는 내가 곁에 없었다(263쪽 참조).

[†] 노벨상을 받은 생리학자 샤를 리셰는 대담한 주장을 펼쳤다. "형이상학은 아직 공식적으로 인정된 과학이 아니지만 언젠가는 그렇게 될 것이다. 에든버러에 모인 100명의 생리학자 앞에서 나는 우리 오감이 유일한 지식의 수단이 아니며 실재의 단편이 때로는 다른 방식으로 지성에 도달한다는 사실을 확증할 수 있었다. 어떤 사실이 드물다고 해서 그것이 존재하지 않는다고 할 수는 없다. 마찬가지로 어떤 연구가 힘들다고 해서 그것을 이해할 수 없다고 할 수 있을까? 형이상학을 비학(秘學: occult science)이라고 매도한 사람들은 현자의 돌을 찾는 일이 허황되다는 이유로 화학을 매도했던 사람들처럼 부끄러워하게 될 것이다. 법칙으로 말하면 언제 어디서나 실험으로 입증되는 라부아지에, 클로드 베르나르, 파스퇴르

스리 유크테스와르는 제자들에게 서양과 동양의 미덕을 이어 주는 살아 있는 징검다리가 되라고 당부했다. 그 자신도 외적인 일 처리에는 서양의 관습을 따랐지만 내적으로는 동양의 정신을 지니고 있었다. 서양에서는 진보적이고 실용적이며 위생적인 생활 방식을, 동양에서는 오랜 세월 빛을 발해 온 종교적 이상을 찬양했다.

규율은 내게 낯설지 않았다. 집에서는 아버지께서 엄하게 대하셨고, 아난타 형도 무서울 때가 많았다. 그러나 스리 유크테스와르의 훈육은 그야말로 가혹하다고 밖에는 표현할 길이 없었다. 완벽주의자인 스승은 중요한 문제뿐 아니라 일상적인 행동의 미묘한 차이를 가지고도 제자들을 심하게 다그쳤다.

스승은 기회 있을 때마다 이렇게 말했다. "아무리 예절 바르다 해도 진실하지 않으면 생명이 없는 미인과 다름없다. 아무리 솔직하다 해도 예의가 없으면 외과의사의 칼처럼 효과적일지는 모르지만 불쾌감을 준다. 공손하면서도 정직하다면 유익하고도 칭찬할 만할 것이다."

스승은 나의 영적 진보에 만족한 듯이 보였다. 그 점에 대해서는 거의 말씀이 없었지만 다른 문제에서는 언제고 꾸지람을 면할 길이 없었다. 내가 주로 저지르는 잘못은 넋을 놓고 있다, 간간이 울적한 기분에 잠긴다, 정해진 예법을 지키지 않는다, 때때로 품행이 단정하지 못하다 하는 것들이었다.

구루는 이렇게 충고했다. "너희 아버지의 몸가짐이 얼마나 정연하고 흐트러짐이 없는지 잘 보거라." 라히리 마하사야의 두 제자는 내가 세람포어 아슈람을 처음 방문한 직후에 만난 적이 있었다. 아버지와 스승은 서로를 깊이 흠모했다. 두 분은 모두 세월의 풍파에도 닳지 않는 단단한 영적 토대 위에 아름다운 내면의 삶을 구축했다.

어릴 적에 나를 잠시 맡았던 교사로부터 나는 몇 가지 잘못된 가르침을 받았다. 첼라는 세속의 의무에 너무 신경을 쓸 필요가 없다는 것이었다. 해야 할 일을 게을리하거나 소홀히 처리해도 나는 꾸중을 듣지 않았다. 인간은 이런 가르

의 법칙이 있을 뿐이다. 그렇다면 인간 사고의 향방을 바꾸어 놓을 새로운 과학의 앞날은 밝다."

침에 쉽사리 동화되는 본성을 가지고 있다. 하지만 스승의 가차 없는 회초리 아래 나는 곧 무책임의 달콤한 미혹에서 벗어날 수 있었다.

스리 유크테스와르는 어느 날 이런 말을 했다. "이 세상에 과분할 만큼 빼어난 사람은 다른 세상으로 가야 한다. 너희가 이승의 공기를 마음껏 숨 쉬고 있는 바에는 감사한 마음으로 보답할 의무가 있다. 숨 없는 상태*를 완전히 터득한 사람만이 우주의 책무에서 벗어날 수 있다." 스승은 덤덤한 얼굴로 이렇게 덧붙였다. "너희가 궁극적인 완성을 얻게 되면 반드시 알려주마."

스승에게는 뇌물이 통하지 않았다. 설령 사랑을 바친다고 해도 마찬가지였다. 나처럼 제자가 되겠다고 매달리는 사람에게 스승은 조금도 동정심을 보이지 않았다. 스승과 내가 둘이서만 있을 때건, 제자나 손님들과 함께 있을 때건 스승은 언제나 꾸밈없이 얘기하고 준엄하게 나무랐다. 아무리 사소한 실수라도 천박하거나 지조 없는 행동을 보이면 꾸지람을 면하지 못했다. 자존심에 상처를 주는 이런 대접은 견디기 어려웠지만, 스승이 뒤틀린 나의 정신을 말끔히 정화시킬 때까지 지켜보자는 것이 나의 확고부동한 결심이었다. 스승이 이 거대한 탈바꿈을 이뤄 내기 위해 애쓰는 동안 나는 몇 번이고 극기라는 쇠망치에 눌려 몸서리를 쳐야 했다.

스승은 내게 다짐했다. "내 말이 듣기 싫으면 언제든지 떠나도 좋다. 나는 네가 발전하는 것 외에는 아무것도 바라는 것이 없다. 유익하다고 생각될 때만 남아 있거라."

스승이 내 자만심을 그처럼 무참하게 꺾어 준 것을 나는 한없이 고맙게 여기고 있다. 비유적으로 말하자면, 스승은 내 입 속에서 상한 이를 모두 찾아내어 뿌리 뽑고 있다는 느낌이 들었다. 자만심의 밑뿌리는 거칠게 다루지 않으면 제거하기 어렵다. 화근이 사라지면 신은 마침내 가로막힌 것이 없는 통로를 발견한다. 신성한 존재가 부싯돌처럼 단단한 이기심을 뚫고 들어오기를 바라는 것은 헛된 욕심이다.

* 사마디(초의식).

스리 유크테스와르는 날카로운 직관을 가지고 있었다. 스승은 종종 우리가 하는 말에는 개의치 않고, 마음속에 품은 생각에 대답을 했다. 어떤 사람이 내뱉는 말과 감추어진 실제의 생각은 완전히 상반될 수 있다. 구루는 말했다. "마음을 차분히 가라앉히고, 사람들의 장황하고 혼란스러운 말 뒤에 숨겨진 생각을 느끼려고 노력해 보아라."

신성한 통찰을 들려주면 속인들은 오히려 거북해하는 경우가 많다. 스승은 경박한 제자들에게는 인기가 없었다. 그러나 몇 안 되는 현명한 제자들은 그를 깊이 존경했다.

스리 유크테스와르가 그처럼 솔직하고 비판적이지만 않았다면 틀림없이 인도에서 가장 인기 있는 구루가 되었을 것이다.

스승도 그 점을 시인했다. "나는 가르침을 받으러 오는 사람을 엄격하게 대한다. 그것이 나의 방식이다. 마음에 들지 않으면 떠나라. 타협은 없다. 그러나 너는 제자들에게 훨씬 자상할 것이다. 그것이 너의 방식이다. 나는 오로지 가혹한 시련을 통해서 정화하려고 한다. 여기에는 범인의 인내를 뛰어넘는 고통이 따른다. 물론, 부드러운 사랑을 통해서도 사람을 감화시킬 수 있다. 지혜롭게 사용하기만 한다면 엄격한 방법이든 온유한 방법이든 모두 다 효과가 있다." 스승은 또 이렇게 얘기했다. "너는 타국 땅으로 가게 될 것이다. 그곳에서는 직설적으로 남의 자존심을 공격하면 환영받지 못한다. 융통성 있는 자제와 인내로 단단히 무장하지 않으면 서양에 인도의 지혜를 전파할 수 없다." (내가 미국에서 스승의 말씀을 얼마나 자주 상기했는지는 굳이 말하지 않겠다!)

꾸밈이 없는 언행 때문에 구루가 살아 있는 동안에는 문하생이 많지 않았지만, 스승의 가르침을 진심으로 받드는 제자들이 점점 늘어나면서 그의 영혼은 오늘날에도 이 세계 속에 살아 숨 쉬고 있다. 알렉산더 대왕과 같은 영웅들은 광대한 영토를 정복하려 하지만, 스리 유크테스와르와 같은 성인들은 훨씬 광대한 인간의 영혼을 정복한다.

제자들의 단순하고 하찮은 결점도 섬뜩하리만치 진지한 태도로 지적하는 것이 스승의 습관이었다. 하루는 아버지께서 스리 유크테스와르께 인사를 드리기 위해 세람포어로 찾아오셨다. 아버지는 당연히 나를 칭찬하는 말씀을 기대하셨을 테지만, 허물만 잔뜩 늘어놓는 것을 듣고는 충격을 받으셨다. 아버지는 부랴부랴 나를 찾으셨다.

"구루의 말씀을 듣고 난 네가 완전히 타락한 것으로 생각했다!" 아버지는 울수도 웃을 수도 없는 심경이었다.

그 당시 내가 스리 유크테스와르의 노여움을 살 만한 이유라고는, 스승이 넌지시 말리는데도 불구하고 어떤 사람을 영성의 길로 인도하려고 애쓴 것밖에는 없었다.

나는 분이 나서 단숨에 구루에게 달려갔다. 스승은 마치 잘못을 의식한 듯이 눈을 내리뜨고 나를 맞았다. 거룩한 사자가 내 앞에서 온순해진 모습을 본 것은 그때가 유일무이했다. 나는 절호의 순간을 한껏 만끽하기로 했다.

"스승님, 왜 아버지 앞에서 저를 그처럼 혹평해서 놀라게 하셨나요? 그러실 수가 있습니까?"

"다시는 그러지 않으마." 스승은 정말 미안해하고 있었다.

순간, 분한 마음이 감쪽같이 사라져 버렸다. 그 위대한 분이 이렇게 서슴없이 과오를 인정하다니! 스승은 두 번 다시 아버지의 마음을 어지럽힌 적이 없지만, 그 후로도 필요하다면 언제 어디서든 가차 없이 비판의 칼을 휘둘렀다.

신참 제자들이 스리 유크테스와르를 흉내 내어 다른 사람을 호되게 비판하는 일이 종종 있었다. 자기들이 구루처럼 지혜롭고 흠잡을 데 없는 분별력을 지녔다고 자부하는 모양이었다. 그러나 공격만 하고 방어를 소홀히 해서는 안 된다. 일삼아 트집을 잡는 제자들을 향해 스승이 분석의 화살을 날리면 너나없이 다급히 꽁무니를 뺐다.

스승은 경망스러운 제자들에게 뼈아픈 일침을 가했다. "조금만 쓴소리를 해도 고까워하는 허약한 정신은 몸에 난 상처처럼 살짝 건드리기만 해도 움츠러든다."

어떤 제자들은 구루에 대해 선입견을 가지고 그의 언행을 판단했다. 그런 사람들은 스리 유크테스와르를 이해할 수 없다고 불평을 하곤 했다.

언젠가 나는 이렇게 반박했다. "신도 이해할 수 없기는 마찬가지다! 성자를 훤히 알 수 있다면 너희도 성자일 거다! 무수한 신비에 둘러싸여 매 순간 불가해한 공기를 들이쉬는 인간이 어떻게 감히 깊이를 헤아릴 수 없는 성인의 본성을 당장 밝혀내자고 덤빌 수 있겠는가?"

아슈람을 찾은 제자들은 발길을 되돌리기 십상이었다. 단박에 마음이 끌리고 잘한다고 추켜 주는 손쉬운 길을 갈망했던 사람들은 아슈람에서 답을 찾지 못했다. 스승은 제자들을 영원의 안식처로 이끌어 주었건만, 적지 않은 제자들이 자존심의 위안마저 얻어 내려고 욕심을 부렸다. 스스로를 낮추기보다는 차라리 무수한 삶의 굴욕을 택한 그들은 스승 곁을 떠나갔다. 스리 유크테스와르의 지혜에서 타오르는 빛, 대낮의 햇살처럼 내리쬐는 빛은 그들의 병든 영혼에는 너무나 강렬했다. 그들은 아첨의 그늘을 드리워 혼곤한 무지의 잠에 빠뜨리는 평범한 교사를 찾았다.

스승과 함께 지낸 처음 몇 달 동안 나는 질책이 두려워 신경이 곤두서 있었다. 그러나 머지않아 나처럼 스승에게 훈육을 자청한 사람에게만 가혹한 언어의 회초리가 가해진다는 것을 알았다. 제자가 괴로운 나머지 항변을 하더라도 스승은 화를 내지 않고 다만 침묵에 잠길 뿐이었다. 스승의 말씀은 절대로 노기를 띠거나 개인감정을 드러내는 법이 없었다.

스승의 힐책은 가끔씩 찾아오는 사람들을 겨냥한 것이 아니었다. 그네들의 허물이 확연한 경우라도 입에 올리는 일이 거의 없었다. 그러나 조언을 구하는 제자에게는 막중한 책임을 느꼈다. 아집에 사로잡힌 인간이라는 원석을 다듬는 일을 떠맡은 구루는 참으로 용감한 사람이다! 성자의 용기는 마야에 휘둘려 넘어지고 비틀거리는 이 세상 사람들에 대한 연민에 뿌리를 두고 있다.

내가 마음 한구석에서 원망을 떨쳐버리고 나자 스승의 질책도 눈에 띄게 줄어들었다. 모르는 사이에 아주 조금씩 스승의 태도가 누그러지기 시작한 것이다. 어느덧 나는 인간의 본성을 덮어 감추는 합리화와 잠재의식*의 벽을 모두 허물

* 랍비 이스라엘 레빈탈은 뉴욕의 한 강연에서 이렇게 지적했다. "우리의 의식과 잠재의식 위에는 초의식이 있다. 여러 해

어 버렸다. 그러자 스승과의 사이도 자연히 원만해졌다. 그제야 나는 스승이 사람을 잘 믿고, 이해심이 있으며, 말없이 사랑을 베푼다는 것을 알게 되었다. 하지만 스승은 그런 감정을 드러내는 말을 한마디도 하지 않았다.

나 자신의 기질은 대체로 헌신적인 편이다. 즈나나는 충만하지만 바크티*가 메마른 것처럼 보이는 스승이 차가운 영적 수학의 용어로 매사를 표현하는 것이 처음에는 당혹스러웠다. 그러나 나 자신을 그분의 천성에 조화시켜 갈수록 신을 향한 헌신적 열정이 약해지는 것이 아니라 오히려 강해지는 것을 느꼈다. 참나를 실현한 스승은 다양한 제자들이 지닌 근본 성향을 얼마든지 그대로 유지시키면서 인도할 수 있다.

나와 스리 유크테스와르의 관계는 명확하지 않으면서도 능변을 뛰어넘는 무언가가 숨겨져 있었다. 스승의 생각이 소리 없이 내 머릿속에 전사(轉寫)되어 말이 필요 없어지는 것 같았다. 곁에 조용히 앉아 있으면 그분의 은혜가 내 존재 위로 평화롭게 흘러넘치는 것이 느껴지곤 했다.

대학 첫해의 여름 방학 동안에 스승의 공명정대한 처신을 뚜렷이 드러내 주는 일이 있었다. 나는 세람포어에서 구루와 함께 아무런 방해도 받지 않고 몇 달을 보낼 생각에 가슴이 부풀어 있었다.

내가 들뜬 마음으로 도착하자 스승도 기뻐했다. "네가 아슈람을 돌보도록 해라. 네가 할 일은 손님을 맞이하고 다른 제자들의 수련을 지도하는 일이다."

보름 후에 동벵골의 어떤 마을에서 온 쿠마르라는 젊은이가 아슈람 수련에 참가했다. 남달리 총명한 그는 곧 스승의 귀여움을 받게 되었다. 어찌된 일인지 스승은 새 식구에게만큼은 비판적인 태도를 보이지 않았다.

새로 온 청년이 우리와 함께 지낸 지 한 달이 되자 스승은 이런 지시를 내렸다. "무쿤다, 네가 하던 일을 쿠마르에게 넘기고 너는 청소와 조리를 맡거라."

전에 영국의 심리학자 F. W. H. 마이어스는 '우리 존재의 깊은 곳에는 쓰레기 더미와 보물 창고가 함께 숨겨져 있다'고 주장했다. 인간의 잠재의식에 모든 연구를 집중하는 심리학과 대조적으로, 초의식의 새로운 심리학은 바로 이 보물 창고, 인간의 위대하고 이타적이며 영웅적인 행위를 설명할 수 있는 유일한 영역에 관심을 기울인다."
* 즈나나(지혜)와 바크티(헌신)는 신에 이르는 중요한 두 갈래 길이다.

우두머리가 되어 우쭐해진 쿠마르는 사소한 집안일에서 독재자 행세를 했다. 다른 제자들은 소리 없는 항명의 표시로 날마다 나를 찾아와 조언을 구했다. 이런 상황이 삼 주일쯤 지속되었을 때 나는 쿠마르와 스승이 주고받는 대화를 우연히 듣게 되었다.

청년은 얘기했다. "무쿤다가 골치예요! 스승님께서 제게 감독을 맡기셨는데도 다른 제자들은 무쿤다를 찾아가서 지시를 받아요."

"바로 그 때문에 무쿤다에게 부엌일을 맡기고 너에게 손님 접대를 맡긴 것이다. 훌륭한 지도자는 지배하는 것이 아니라 봉사하려고 한다는 사실을 네가 깨닫게 되기를 바랐다." 스승의 위압적인 어조는 쿠마르에게 낯설었다. "너는 무쿤다의 지위를 원했지만 그럴 만한 능력을 보여 주지 못했다. 이제 예전대로 부엌일을 맡거라."

이런 일이 있고 난 후에도 스승은 다시 예전처럼 쿠마르를 유난히 감싸고도는 태도를 보였다. 어느 누가 애증의 수수께끼를 풀 수 있을 것인가. 구루에게는 쿠마르가 마냥 귀엽게만 보였던 모양이나, 동료 제자들은 통 이해가 가지 않았다. 새 제자가 스리 유크테스와르의 총애를 받은 것은 분명하지만 그렇다고 내가 낙담한 것은 아니다. 심지어 성자들의 경우에조차 개인의 특이한 성격은 삶의 모양새를 무척이나 복잡하게 만든다. 나는 천성이 자잘한 일에는 별로 신경을 쓰지 않는 편이었다. 나는 스승에게서 외적인 칭찬보다 더 높은 차원의 은혜를 기대하고 있었다.

어느 날 쿠마르는 아무 이유 없이 내게 악담을 퍼부었다. 나는 깊은 상처를 받고 이렇게 쏘아붙였다.

"자네 머리는 부풀어서 금방이라도 터질 것 같군! 그런 태도를 고치지 않으면 언젠가는 이 아슈람을 떠나야 할 걸세." 나는 이 말이 실현되리라는 것을 직감했다.

쿠마르는 빈정대는 투로 웃더니, 마침 방으로 들어선 구루에게 내가 한 말을 고해 바쳤다. 당연히 꾸중을 들을 것으로 짐작한 나는 순순히 구석으로 물러났다.

"어쩌면 무쿤다가 옳을지 모른다." 스승은 평소와 달리 차갑게 대답했다.

일 년 뒤 쿠마르는 고향 집을 방문하기 위해 아슈람을 떠났다. 제자들의 행동을 권위적으로 억압하는 법이 없는 스리 유크테스와르의 암묵적인 반대를 무시한 것이다. 몇 달 후 쿠마르가 세람포어에 돌아왔을 때는 석연치 않은 변화가 감지되었다. 잔잔히 타오르는 듯한 얼굴에 기세가 당당하던 쿠마르는 온데간데없이 사라졌다. 우리 앞에는 여러 가지 나쁜 습관이 몸에 밴 평범한 시골 청년이 서 있었다.

스승은 나를 불러 침통한 얼굴로 쿠마르가 이제 아슈람의 금욕 생활에 적합하지 않게 되었다는 얘기를 꺼냈다.

"무쿤다, 내 대신 쿠마르에게 내일 아슈람을 떠나라고 일러다오. 나는 차마 못하겠구나!" 스리 유크테스와르의 눈에 눈물이 고였지만, 그는 재빨리 마음을 추슬렀다. "쿠마르가 내 말을 거역하고 불순한 친구들과 어울리지만 않았던들 절대로 이런 구렁에 빠지지는 않았을 것이다. 쿠마르는 나의 보호를 저버렸다. 그 아이의 구루는 여전히 이 비정한 세상인 것이 틀림없구나."

쿠마르가 떠났다고 내가 기뻐한 것은 아니다. 스승의 사랑을 독차지할 능력을 가진 젊은이가 어째서 세속적인 유혹에 그처럼 쉽사리 굴복할 수 있었는지 안타까울 뿐이었다. 술과 여자의 쾌락은 인간의 자연적 본성에 뿌리를 두고 있다. 이런 것을 즐기는 데는 섬세한 인식 능력이 필요하지 않다. 감각의 간계는 향기로운 장밋빛 꽃을 피우는 협죽도에 비교할 수 있다. 이 식물은 모든 부위에 독성을 품고 있다.* 치유의 땅은 내면에 놓여 있다. 이곳에는 우리가 외부 세계에서 정처 없이 찾아 헤매는 행복이 찬란히 빛나고 있다.

언젠가 스승은 재기가 뛰어난 쿠마르의 마음을 가리켜 이렇게 얘기한 적이 있었다. "지성은 날카로운 칼의 양날과 같아서 건설적으로 쓰일 수도 있고 파괴적으로 쓰일 수도 있다. 무지의 종기를 도려낼 수도 있지만 자기 목을 벨 수도 있

---

* 위대한 베단타 철학자 상카라는 말했다. "깨어 있는 상태의 인간은 관능적 쾌락을 위해 엄청난 노력을 들인다. 이윽고 감각 기관이 모두 지치고 나면 그는 목전의 쾌락조차 잊어버리고 자신의 참된 본성인 영혼의 휴식을 즐기기 위해 잠을 청한다. 이와 같이 초감각적 행복은 달성하기가 지극히 쉬우며 언제나 혐오감으로 끝나게 마련인 감각적 즐거움보다 훨씬 뛰어나다."

는 것이다. 마음이 영적 법칙을 벗어날 수 없음을 깨달은 후에라야 지성을 바른 길로 이끌 수 있다."

구루는 남녀 구분 없이 제자들을 모두 자식처럼 대하면서 거리낌 없이 어울렸다. 그들의 영적 동등성을 인식하고 있는 스승은 어떤 차별이나 편애도 보이지 않았다.

"잠들어 있을 때는 자기가 남자인지 여자인지 알지 못한다. 남자가 여자로 분장한다고 여자가 될 수 없듯이, 영혼이 남자와 여자로 분장해도 바뀌는 것은 없다. 영혼은 변하지 않고 한정되지 않는 신의 영상이다."

스리 유크테스와르는 여성에게 '남성을 타락시킨다'는 허물을 씌워 깎아내리는 법이 없었다. 스승은 여성도 역시 남성의 유혹을 물리쳐야 한다는 점을 지적했다. 언젠가 나는 고대의 위대한 성인이 왜 여성을 '지옥으로 들어가는 문'이라고 일컬었는지 스승께 여쭈어 본 적이 있었다.

"아마도 젊은 시절에 어떤 처녀가 그분의 마음을 몹시 어지럽혔던 모양이지." 구루는 신랄하게 대답했다. "그렇지 않다면 여성이 아니라 스스로 자제력이 부족한 것을 탓했겠지."

방문객이 아슈람에서 무람없이 외설스런 이야기를 꺼내면 스승은 대꾸하지 않고 침묵을 지켰다. 스승은 제자들에게 말했다. "고운 얼굴이 휘두르는 채찍에 농락당해서는 안 된다. 감각의 노예가 어떻게 참된 즐거움을 누릴 수 있겠느냐? 원시인처럼 진흙탕을 기고 있는 사이에 깊고 오묘한 정취는 안개처럼 사라져 버린다. 광포한 욕정에 사로잡힌 사람은 섬세한 분별력을 잃게 된다."

마야가 일으키는 성적 미혹에서 벗어나고자 애쓰는 제자들에게 스리 유크테스와르는 인내심과 이해심이 넘치는 충고를 들려주었다.

"탐욕이 아닌 배고픔이 정당한 목적을 가지는 것처럼, 조물주가 성적 본능을 불어넣은 이유는 오로지 종의 번식을 위한 것일 뿐, 끝없는 갈망을 부추기기 위한 것이 아니다. 그릇된 욕망을 지금 끊어 버리지 않으면 아스트랄체가 물리적 외피에서 분리된 후에도 욕망은 너희 안에 그대로 머무르게 될 것이다. 육체는 연약할지언정 마음만은 끊임없이 저항해야 한다. 유혹이 무자비한 힘으로 너를 공격한다면 냉철한 분석과 불굴의 의지로 극복하거라. 어떤 정념도 정복하지 못할 것이 없다.

에너지를 하나로 모아라. 드넓은 대양처럼 감각의 모든 지류를 조용히 흡수해라. 매일같이 새로워지는 감각의 갈망은 내면의 평정을 서서히 고갈시킨다. 마치 저수지에 뚫린 구멍처럼 생명의 물이 물질주의의 황폐한 사막에 헛되이 버려지도록 만든다. 그릇된 욕망에서 비롯되는 집요하고도 강력한 충동은 인간의 행복을 망치는 최대의 적이다. 사자처럼 자아를 휘어잡고 세상을 활보하되, 나약한 개구리처럼 감각에 휘둘리는 일이 없어야 한다!"

참된 헌신자는 마침내 일체의 본능적 충동으로부터 벗어나 자유를 얻게 된다. 그는 인간의 애정에 대한 욕구를 오로지 신을 향한 염원으로 바꾸어 놓는다. 신은 어디에나 있기 때문에 그 사랑은 하나뿐이다.

스리 유크테스와르의 어머니는 내가 처음으로 구루를 만났던 바나라스의 라나 마할 지구에 살고 있었다. 노부인은 인자하고 다정하면서도 소신이 뚜렷한 분이었다. 어느 날 나는 발코니에 서서 모자간의 대화를 지켜보게 되었다. 스승은 예의 차분하고 사려 깊은 태도로 어머니께 무언가를 납득시키려 애쓰고 있었다. 그런데 어머니가 고개를 세차게 젓는 것으로 보아 설득이 잘 되지 않은 모양이었다.

"아니다, 얘야, 이제 그만 하거라! 너의 슬기로운 얘기도 내게는 당치 않다. 나는 네 제자가 아니란다."

스리 유크테스와르는 마치 야단맞은 아이처럼 더는 고집을 세우지 않고 물러섰다. 어머니가 다소 비합리적인 심기를 드러내도 결코 존경심을 잃지 않는 스승의 모습을 보니 가슴이 뭉클했다. 어머니에게는 그가 현인이 아니라 그저 귀여운 아이로만 보였던 것이다. 나는 대수롭지 않은 이 사건에서 어떤 감동을 느꼈다. 겉으로는 곧고 꿋꿋하지만 가슴속은 겸허한 구루의 독특한 성격이 또 다른 모습으로 나타난 것이다.

수도원의 율법에 따르면, 스와미가 정식으로 출가한 후에는 속세의 인연을 끊도록 되어 있다. 스와미는 가장의 의무로 정해진 가정의례를 치를 수 없다. 하지만 고대 스와미 승단을 재건한 샹카라는 이러한 금계를 무시했다. 그는 사랑하던 어머니가 돌아가신 후 두 손을 들어 천상의 불을 일으키고 그 불로 어머니의 시신을 화장했다.

그만큼 극적이지는 않지만, 스리 유크테스와르 역시 계율을 무시했다. 어머니가 돌아가셨을 때 스승은 바나라스의 신성한 갠지스 강가에서 화장식을 베풀고 가장의 관례에 따라 여러 브라만에게 식사를 대접했다.

경전의 금제는 스와미들이 한정된 정체성을 극복할 수 있도록 돕기 위한 것이었다. 샹카라와 스리 유크테스와르는 인격을 초월한 영(靈)에 자기 존재를 완전히 융합시켰기 때문에 종규(宗規)에 의한 구원이 필요하지 않았던 것이다. 현인들은 때때로 형식에 앞서고 얽매이지 않는 근본정신을 지키기 위해 규범을 무시하기도 한다. 그래서 예수는 안식일에 밀 이삭을 잘랐던 것이다. 트집을 잡으려드는 자들에게 예수는 이렇게 말했다. "안식일이 사람을 위하여 있는 것이요 사람이 안식일을 위하여 있는 것이 아니다."[*]

스리 유크테스와르는 경전 외에는 책을 거의 읽지 않았다. 그런데도 스승은 최근의 과학적 발견과 여러 가지 지식의 진보에 늘 정통해 있었다.[†] 뛰어난 좌담가인 스승은 손님들과 다양한 주제를 놓고 의견을 나누는 것을 즐겼다. 구루의 재치 넘치는 얘기와 쾌활한 웃음소리는 언제나 토론에 활기를 불어넣었다. 종종 심각해지기는 했지만 결코 우울한 모습을 보인 적은 없었다. 스승은 성서의 구절을 인용하며 이렇게 말하곤 했다. "하느님을 좇는다고 '얼굴을 흉하게 할'필요는 없다.[†] 우리가 신을 찾는 까닭은 온갖 슬픔에서 벗어나려는 것임을 잊지 마라."

아슈람을 처음으로 방문하는 철학자, 교수, 법률가, 과학자들은 대개 정통파 종교인을 만나 보려는 생각을 가지고 찾아온 사람들이었다. 새로 온 손님들이 어

---

[*] 〈마가복음〉 2:27
[†] 스승은 원하기만 하면 즉시 어떤 사람의 마음에도 스스로를 동조시킬 수 있었다(파탄잘리의 《요가 수트라》 III:19에 언급된 요가의 힘). 무선 통신과 같은 스승의 능력과 사고의 본성에 관해서는 207~209쪽에 설명되어 있다.
[†] 〈마태복음〉 6:16

쩌다가 젠체하는 웃음을 띠거나 재미있다는 표정을 짓는 것을 보고 있으면, 그네들이 기대하는 것은 그저 종교를 빙자한 몇 마디 객담에 지나지 않으리라는 생각이 들었다. 스리 유크테스와르와 얘기를 나눈 방문객들은 그가 각자의 전문 분야에 정확한 통찰력을 소유하고 있다는 것을 알고 씁쓸하게 발길을 돌리곤 했다.

구루는 평소에 손님에게 친절하고 정중했다. 스승의 정성스러운 환대를 받으면 누구나 흐뭇해했다. 그러나 가끔씩 아집을 떨쳐버리지 못하는 사람들이 신선한 충격을 경험하는 일도 있었다. 그들은 얼음처럼 써늘한 무관심이나 쇳덩이처럼 강경한 반대에 부딪쳤다.

한번은 어떤 이름난 화학자가 스리 유크테스와르와 논전을 벌인 적이 있었다. 과학이 신을 인지할 방법을 찾지 못했기 때문에 신의 존재를 인정할 수 없다는 것이었다.

"보아하니 시험관에서 지고의 존재를 분리해 내는 데 실패한 게로군요!" 스승의 눈빛은 준엄했다. "새로운 실험을 한 가지 제안하지요. 마음속에 떠오르는 생각들을 밤낮으로 쉬지 말고 조사해 보시오. 그러면 더는 신의 존재를 의심하지 않게 될 것이오."

저명한 범학자 한 사람도 된서리를 맞았다. 그가 아슈람을 처음 방문했을 때의 일이었다. 손님은 《마하바라타》, 《우파니샤드》*, 그리고 샹카라의 바스야[소(疏): 주석]에서 따온 구절들을 서까래가 울리도록 큰소리로 낭송했다.

"나는 당신의 목소리를 기다리고 있소." 스리 유크테스와르는 마치 아무 소리도 들리지 않는다는 듯이 재촉했다. 범학자는 얼떨떨한 표정을 지었다.

"인용은 그만하면 실컷 들었소." 방문객으로부터 조금 떨어진 구석에 웅크리고 앉아 있던 나는 스승의 말씀을 듣고 웃음을 참을 수 없었다. "하지만 당신만의 삶에서 우러나온 독창적인 해석을 내릴 수 있소? 경전을 흡수해서 자기 것으로 만든 적이 있소? 시간을 초월한 그 진리들이 어떤 점에서 당신의 본성을 새롭

---

* 4대 《베다》의 특정 부분을 차지하는 《우파니샤드》 또는 《베단타》('《베다》의 끝'이라는 뜻)는 힌두교 교리의 토대를 형성하는 근간이다. 쇼펜하우어는 그 '심오하고 독창적이며 숭고한 사고'를 칭송하면서 말했다. "내가 보기에, [《우파니샤드》가 서양에 번역되어] 《베다》를 접할 수 있었던 것은 금세기가 이전의 모든 세기에 대해 자랑할 만한 최대의 특권이다."

게 해 주었나요? 당신은 속이 빈 축음기처럼 다른 사람의 말을 기계적으로 반복하는 데 만족하오?"

"내가 졌소! 내적인 깨달음이 부족했던가 보오." 고전학자가 분해 하는 모습은 자못 익살스러웠다.

아마도 그는 처음으로, 경전 구절을 외는 것만으로는 영적인 미망에서 벗어날 수 없다는 사실을 깨우친 것 같았다.

면박을 당한 사람이 떠난 후에 구루는 이렇게 말했다. "이 창백한 현학자들은 지나치게 배운 티를 낸다. 철학을 마치 가벼운 지적 체조처럼 생각한다. 그네들의 고상한 사고는 거친 현실의 행동이나 처절한 내면의 수양을 애써 무시하려 한다."

또 어떤 때는 무작정 책만 읽는 것이 무익하다는 것을 강조하기도 했다.

"이해한다는 것과 어휘를 익힌다는 것을 혼동하지 마라. 성전을 한 번에 한 구절씩 천천히 흡수한다면 내적인 깨달음의 욕구를 자극하는 데 도움이 된다. 그렇지 않으면, 지적인 연구를 계속한들 기껏해야 허영심과 그릇된 만족, 그리고 어설픈 지식만 얻게 될 것이다."

스리 유크테스와르는 자신이 경전 공부를 할 때 겪은 경험담을 들려주었다. 그는 동벵골의 숲 속 아슈람에서 이름난 교사 다브루 발라브의 수업을 받았다. 단순하면서도 까다로운 그의 교수 방법은 고대 인도에서 널리 행해지던 것이었다.

다브루 발라브는 숲 속의 외진 곳에 제자들을 불러 모았다. 성스러운 《바가바드 기타》가 그들 앞에 펼쳐졌다. 그들은 반 시간 동안 쉬지 않고 한 구절을 들여다본 다음 눈을 감았다. 다시 반 시간이 흘러갔다. 스승이 간략한 주석을 덧붙였다. 그들은 꼼짝 않고 다시 한 시간 동안 명상했다. 마침내 구루가 입을 열었다.

"이해하겠느냐?"

"예, 스승님." 무리 중 하나가 선뜻 대답했다.

"아니야, 아직 부족해. 이러한 말씀이 수백 년을 이어 오며 인도에 활력을 불어넣을 수 있었던 근원, 그 영적 생명력을 찾아야 한다." 침묵 속에 다시 삼십 분이 지났다. 스승은 제자들을 돌려보내고 스리 유크테스와르에게 고개를 돌렸다.

"자네는 《바가바드 기타》를 알겠는가?"

"아닙니다. 눈과 마음은 글귀들 사이를 수없이 지나쳤건만 아직도 잘 모르겠습니다."

"그렇게 대답하는 사람은 몇 안 되었지!" 위대한 현자는 스승에게 축복의 미소를 지었다. "경전의 풍요를 밖으로 과시하는 데 정신이 팔려 있다면, 귀중한 진주를 캐러 조용히 내면으로 침잠할 시간이 남아 있겠나?"

스리 유크테스와르도 똑같이 마음을 집중시키는 방법으로 제자들을 가르쳤다. "지혜는 눈을 통해 흡수되는 것이 아니라 원자를 통해 흡수된다. 단지 머리가 아니라 존재 속에서 진리를 확신할 때 비로소 그 의미를 체득할 수 있다." 스승은 책에 적힌 지식을 영적 깨달음에 필수적인 단계처럼 여기는 풍조를 배격했다.

"리시들은 주석 학자들이 여러 세대에 걸쳐 매달려 온 심원한 문제들을 한 문장으로 표현했다. 자구(字句)를 가지고 끝없이 논쟁하는 것은 나태한 사람들이 하는 일이다. 신이 존재한다는 사실, 아니 신 그 자체보다 더 확실하게 우리를 해방시켜 주는 것이 어디에 있겠는가?"

그러나 인간은 쉽게 단순함으로 돌아가지 못한다. 지성을 앞세우는 사람은 '신'을 찾기보다 박식함을 뽐내는 일에 열중한다. 그렇게 높은 학식을 터득할 수 있다는 데서 자기만족을 얻는 것이다.

재산이나 권세를 내세우는 사람들은 스승 앞에서 겸손이라는 값진 자산을 덤으로 얻었다. 한번은 우리 지역의 치안 판사가 푸리에 있는 바닷가 아슈람에서 면담을 요청했다. 무자비하기로 소문난 그 사람은 마음만 먹으면 우리 아슈람을 빼앗을 수도 있는 힘을 가지고 있었다. 나는 이런 사실을 구루에게 귀띔했다. 그러나 스승은 단호한 태도로 자리를 틀고 앉아, 방문객을 맞으려 일어나지조차 않았다.

나는 안절부절못하고 문 옆에 웅크리고 앉았다. 의자를 내오라는 스승의 분부가 없었기 때문에 치안 판사는 어쩔 수 없이 나무 상자에 앉아야 했다. 위세에 걸맞게 깍듯한 대접을 받으리라는 기대가 여지없이 무너진 것이다.

곧이어 형이상학적인 논쟁이 벌어졌다. 손님은 경전을 잘못 해석하는 실수를 저질렀다. 창피를 당하자 화가 치밀었다.

"내가 수석으로 석사 학위를 받은 사실을 알고 계시오?" 식견은 모자라도 큰 소리칠 힘은 있었다.

"판사 나으리, 여기는 당신네 법정이 아닌 것을 잊은 모양이구려." 스승도 맞받아쳤다. "그런 치졸한 얘기를 누가 들으면 대학 생활이 신통치 않았던 줄로 오해하겠소. 그나저나 대학교 학위는 《베다》의 깨달음과 아무 관계가 없소. 성자들은 회계사처럼 해마다 무더기로 배출되는 것이 아니오."

긴장 어린 침묵이 흐른 뒤에 방문객은 호탕한 웃음을 터뜨렸다.

"하늘의 판관을 만나기는 생전 처음이오." 나중에 그는 몸에 밴 법률 용어를 들먹이며 '견습' 제자로 받아달라고 정중하게 요청했다.

가끔씩 스리 유크테스와르는 라히리 마하사야가 그랬던 것처럼 '풋내기' 제자가 스와미 교단에 입문하겠다는 것을 말릴 때가 있었다. 두 스승은 이렇게 말했다. "신에 대한 깨달음이 부족한 상태에서 황토색 승복을 걸치면 사회에 누를 끼치게 된다. 외적인 상징에 집착하지 마라. 겉치레는 그릇된 자만심을 불러 스스로에게 해가 될 수 있다. 매일매일 꾸준히 영적 진보를 이루는 일 외에는 아무것도 중요하지 않다. 오직 한마음으로 크리야 요가를 수행해라."

성인은 사람의 가치를 측정할 때 변하기 쉬운 세속의 척도와는 전혀 다른 한결같은 기준을 적용한다. 인간 자신의 눈에는 너무나 다양해 보이는 인간을 성인은 오직 두 부류, 신을 찾지 않는 깨지 못한 사람과 신을 찾는 깬 사람으로 나눈다.

나의 구루는 재산 관리와 관계된 일을 세세한 부분까지 직접 챙겼다. 스승이 대대로 물려받은 땅을 가로채려고 못된 사람들이 몇 번이나 달려들었다. 스승은 마음을 굳게 먹고, 필요하면 법률 소송도 마다하지 않으면서 모든 적을 물리쳤다. 스승은 절대로 걸식 수행을 하거나 제자들에게 짐이 되지 않으려는 일념으로 이처럼 고통스러운 일을 견뎌 냈다.

재정적 독립은 매사에 거리낌이 없는 스승이 얄팍한 처세에 연연하지 않을 수 있었던 한 가지 이유였다. 후원자의 비위를 맞춰야 하는 교사들과 달리, 나의 스승은 의식적이든 무의식적이든 다른 사람의 부에 전혀 영향을 받지 않았다. 나는 스승이 어떤 목적으로든 돈을 요구하거나 그런 암시조차 하는 것을 한 번도 본 적이 없다. 아슈람의 수련은 모든 제자에게 무상으로 주어졌다.

법원의 대리인 한 사람이 소환장을 송달하기 위해 세람포어 아슈람을 찾아왔다. 카나이라는 제자와 내가 그 사람을 스승이 계신 곳으로 안내했다.

스리 유크테스와르를 대하는 관리의 태도는 오만불손했다. 그는 거드름을 피우며 말했다. "아슈람의 그늘을 벗어나 공명정대한 법정의 공기를 마시면 몸에 이로울 게요."

나는 분을 참지 못하고 으름장을 놓았다. "한 번만 더 무례하게 굴면 가만 두지 않겠소!"

카나이도 대리인에게 버럭 고함을 질렀다. "이런 몹쓸 사람! 신성한 아슈람에서 감히 그런 모독을!"

그러나 스승은 그 불손한 관리를 두둔하는 듯이 막아섰다. "별것 아닌 일을 가지고 그렇게 흥분하지 말거라. 이 사람은 단지 정당한 직무를 수행하고 있을 뿐이다."

스승의 응대가 전혀 딴판인 데 얼떨떨해진 관리는 깍듯이 사과를 드리고 서둘러 떠나 버렸다.

불같은 의지를 지닌 스승이 그런 내면의 온화함을 유지할 수 있다는 것은 정말 놀라웠다. 스승은 《베다》에서 말하는 '신의 사람'에 꼭 들어맞았다. "친절할 때는 꽃보다 부드럽고, 원칙을 지킬 때는 천둥보다 강하다."

이 세상에는 브라우닝의 말처럼 '스스로 어둡기 때문에 빛을 견디지 못하는' 사람들이 언제나 있다. 어떤 때는 외부인이 근거 없는 불만 때문에 열을 내며 스리 유크테스와르를 비방하는 일도 있었다. 좀처럼 동요하지 않는 스승은 공손히 이야기를 들으면서, 비난 속에 조금이라도 진실이 담겨 있지 않은지 스스로를 되짚어 보곤 했다. 이런 광경을 보고 있노라면 아무나 흉내 낼 수 없는 스승의 말씀이 떠오르곤 했다. "어떤 사람들은 남의 머리를 잘라 버리면 제 키가 커질 거라고 생각한다!"

성인의 확고부동한 평정은 어떤 설교보다도 강한 인상을 심어 준다. "노하기를 더디 하는 자는 용사보다 낫고 자기의 마음을 다스리는 자는 성을 빼앗는 자보다 나으니라."*

웅대한 기상을 지닌 스승이 명성이나 세속적 성취에 뜻을 두었더라면 얼마든지 천하를 주름잡는 장군도 되고 황제도 될 수 있었을 거라는 생각이 가끔 든다. 그 대신 스승은 분노와 이기심으로 가득 찬 내면의 요새를 정복하여 인간 영혼의 정점에 이르는 길을 택했던 것이다.

* 〈잠언〉 16:32

13
잠들지 않는 성자

"히말라야에 보내 주십시오. 아무런 방해도 받지 않고 홀로 신과의 교감을 이루고 싶습니다."

언젠가 나는 스승의 은덕을 저버리고 이런 청을 했다. 가끔씩 헌신자를 괴롭히는 종잡을 수 없는 미혹에 사로잡힌 나는 아슈람 생활과 대학 공부에 점차 싫증을 느꼈다. 스리 유크테스와르를 만난 지 겨우 여섯 달밖에 안 되었다는 것이 그나마 변명거리가 될지……. 그때까지만 해도 스승이 얼마나 비범한 분인지 깊이 헤아리지 못했던 것이다.

구루는 천천히, 간단하게 대답했다. "히말라야에는 산골 사람이 많이 살지만 신의 인식에 도달한 사람은 드물다. 지혜는 생명이 없는 산보다는 깨달은 사람으로부터 구하는 것이 옳다."

흙더미가 아니라 당신 자신이 나의 참 스승이라는 분명한 암시를 외면하고 나는 간청을 되풀이했다. 스리 유크테스와르는 아무 대답도 하지 않았다. 나는 스승의 침묵을 승낙으로 받아들였다. 전혀 근거가 없지만 편리한 해석이었다.

그날 저녁 캘커타의 집으로 돌아온 나는 여행 준비를 하느라 부산을 떨었다. 담요에 물건을 이것저것 꾸려 넣다 보니, 몇 해 전에 다락방 창문에서 비슷한 짐 꾸러미를 몰래 떨어뜨리던 기억이 떠올랐다. 이번에도 또 히말라야를 향한 탈주가 좌절되는 것은 아닐까 하는 걱정이 들었다. 처음에는 정신이 온통 들떠 있었지만, 오늘밤에는 구루를 떠난다는 생각에 양심의 가책을 느꼈다.

다음날 아침 나는 스코티시 처치 대학에서 산스크리트를 가르치는 베하리 푼디트 교수를 찾아갔다.

"선생님, 라히리 마하사야의 큰 제자 한 분과 친분이 있다고 하셨지요? 그분 주소를 좀 알고 싶습니다."

"람 고팔 무줌다르 말이로군.·나는 그 사람을 '잠들지 않는 성자'라고 부른다네. 그 사람은 항상 무아경의 의식 속에 깨어 있지. 집은 타라케스와르 근처의 란바지푸르에 있네."

나는 교수님에게 감사를 드리고 그 즉시 타라케스와르로 가는 기차에 올랐다. 나는 '잠들지 않는 성자'로부터 히말라야에서 고독한 명상에 전념하라는 허락을 얻어 미혹을 잠재우고 싶었다. 베하리 푼디트 교수는 람 고팔이 벵골의 외딴 동굴에서 여러 해 동안 크리야 요가를 수행한 끝에 깨달음을 얻었다고 얘기해 주었다.

타라케스와르에서 나는 이름난 성지를 찾아갔다. 천주교 신자들이 프랑스의 루르드 성지에서 외경심을 느끼는 것처럼 힌두교도들도 깊은 존경심을 가지고 이곳을 찾는다. 타라케스와르에서는 수많은 치유의 기적이 벌어졌는데, 우리 가족 중에도 그런 사람이 있다.

한번은 큰 고모가 이런 얘기를 해 주었다. "나는 그곳의 사원에 한 주일 동안 머물렀단다. 철저히 금식을 하면서 사라다 고모부의 고질병이 낫기를 빌었지. 그런데 이레째 되던 날 손에 약초가 들려 있는 게 아니겠니! 그 잎을 달여 고모부께 드렸더니 병이 단번에 낫고 그 뒤로 다시는 재발하지 않았단다."

나는 거룩한 타라케스와르 성지에 들어섰다. 제단에는 둥근 돌 하나만 달랑 놓여 있었다. 시작도 없고 끝도 없는 원의 둘레는 곧 무한을 나타낸다. 인도에서는 무식한 농부도 우주적 추상을 이해한다. 실제로 서구인들은 종종 인도인을 가리켜 추상 속에 살고 있다고 헐뜯기도 했다.

순간 나는 기분이 너무나 착잡해져서 돌로 된 상징 앞에 절을 할 기분이 나지 않았다. 신은 오직 영혼 안에서 찾아야 한다는 생각이 들었다.

나는 예배를 드리지 않고 사원을 떠나 란바지푸르의 외딴 마을을 향해 기운차

람 고팔 무줌다르,
'잠들지 않는 성자'

게 발길을 돌렸다. 그런데 방향이 확실치 않아서 지나가는 행인에게 길을 물었
다. 그 사람은 한참 동안 생각에 잠기더니 마침내 입을 열고 애매하게 말했다.

"갈림길이 나오면 오른쪽으로 돌아서 곧장 가시오."

나는 가르쳐 준 대로 수로의 둑을 따라 나아갔다. 어둠이 내려 깔린 밀림 속
마을 주변은 반짝이는 개똥벌레와 가까이에서 자칼이 울부짖는 소리로 살아 숨
쉬는 듯했다. 달빛은 워낙 희미해서 별 도움이 되지 않았다. 나는 그렇게 두 시
간을 헤맸다.

소 방울 소리가 반갑게 울렸다. 여러 차례 소리쳐 부른 뒤에야 농부가 다가
왔다.

"람 고팔 어른을 찾고 있습니다만."

농부는 무뚝뚝하게 대답했다. "우리 마을에는 그런 사람이 없어요. 보아하니 형사 양반인 게로군요."

낯선 사람을 꺼리는 농부의 의심을 누그러뜨릴 생각으로 내 처지를 간곡히 설명했다. 농부는 나를 자기 집으로 데려가 후히 대접했다.

그는 말했다. "란바지푸르는 여기서 멀어요. 갈림길에서 오른쪽이 아니라 왼쪽으로 꺾어져야 했어요."

아까 그 길 안내자가 나그네를 골탕 먹였다고 생각하니 마음이 씁쓸했다. 거친 쌀과 렌즈콩 달, 생 바나나를 곁들인 감자 카레로 맛난 식사를 한 후에 나는 안뜰에 인접한 작은 오두막으로 물러났다. 멀리서 마을 사람들이 므리당가*와 바라를 요란하게 두드리면서 노래를 부르고 있었다.

그날 밤은 잠을 제대로 이루지 못했다. 나는 세상을 등진 요기 람 고팔에게 인도해 달라고 간절히 기도했다.

첫 새벽의 빛줄기가 오두막의 갈라진 틈으로 새어 들 즈음, 나는 란바지푸르를 향해 길을 떠났다. 울퉁불퉁한 논을 가로질러, 가시투성이 초목을 낫질한 그루터기를 뛰어넘고, 마른 흙 언덕을 돌아서 터벅터벅 걸었다. 가끔 가다 마주치는 농부는 하나같이 일 크로샤(이 마일)만 더 가면 된다고 일러주었다. 여섯 시간이 지나 태양은 수평선에서 중천으로 치솟았건만, 란바지푸르까지는 영원히 일 크로샤가 남아 있을 것 같은 느낌이 들기 시작했다.

오후가 되어서도 여전히 온 천지가 끝없는 논이었다. 하늘에서 쏟아지는 피할 수 없는 열기 때문에 곧 쓰러질 것 같았다. 어떤 사람이 느긋한 걸음걸이로 다가오는 것이 보였다. 이번에도 또 일 크로샤 남았다는 얘기를 들을까 봐 똑같은 질문을 할 엄두가 나지 않았다.

낯선 사람은 내 곁에 멈춰 섰다. 키가 작고 가냘픈 그는 범상치 않게 날카롭고 짙은 두 눈을 빼면 몸매가 볼품없었다.

---

* 종교 의식이나 행진을 하는 동안 경건한 찬가(키르탄)의 반주로 흔히 사용하는, 손으로 두드리는 북.

"나들이를 다녀오려던 참이었는데, 자네 정성이 갸륵해서 기다리고 있었네."
그는 나의 놀란 얼굴에 대고 손가락을 흔들었다. "미리 알리지 않고 이렇게 들이
닥쳐도 된다고 생각했다니 참 똑똑하군. 그 베하리 교수도 내 거처를 알려줄 권
리는 없었지."

이 도인 앞에서는 내 소개가 부질없는 일이라고 생각한 나는 그의 응대에 약
간 기분이 상해서 말없이 서 있었다. 그는 다짜고짜 이렇게 물었다.

"자네는 신이 어디 계시다고 생각하는가?"

"글쎄요, 신은 제 안에도 계시고 모든 곳에도 계시지요." 나는 눈에 띌 정도로
당황했다.

"어디에나 편재한다는 얘기로군?" 성자는 싱글벙글 웃었다. "그러면 왜 자네
는 어제 타라케스와르 사원에서 제단의 돌 속에 계신 신 앞에 절을 하지 않았
나?* 자네의 자만심 때문에 왼쪽과 오른쪽을 가리지 않는 행인을 만나서 길을 잘
못 드는 벌을 받은 것일세. 오늘도 그 때문에 꽤나 고생을 했지!"

내 앞의 볼품없는 몸속에 편재의 눈이 숨어 있다는 사실에 경탄한 나는 진심
으로 동의했다. 요기가 발산하는 치유의 힘을 받은 나는 타는 듯한 밭에서 단숨
에 원기를 회복했다.

그는 말했다. "신께 헌신하는 사람은 자기의 길이 유일한 길이라고 생각하기
쉽지. 라히리 마하사야께서 말씀하신 것처럼, 내면에서 신을 찾는 요가야말로
가장 숭고한 길이다. 그러나 우리는 내면에서 신을 발견하면 곧 외부에서도 신
을 인식하게 된다. 타라케스와르를 비롯한 여러 곳의 성지는 영적 권능의 핵심
을 이루는 장소로 경배하는 것이 마땅하다."

성자의 나무라는 태도는 사라졌다. 두 눈은 따뜻하고 부드러워졌다. 성자는
내 어깨를 토닥였다.

"젊은 요기여, 자네는 스승으로부터 달아나고 있군. 그분은 자네에게 필요한
것을 모두 가지고 있다네. 그분에게 돌아가야 해." 그러고는 이렇게 덧붙였다.

---

* "아무것에도 머리를 숙이지 않는 사람은 절대로 자신의 짐을 감당할 수 없다."(도스토예프스키, 《악령》 중)

"산이 자네의 구루가 될 수는 없어." 이틀 전에 스리 유크테스와르가 내비친 것과 똑같은 생각이었다.

성자는 짓궂은 눈으로 나를 쳐다보았다. "현인들은 산에서만 살아야 한다는 강박 관념을 갖지 않는다네. 인도와 티베트의 히말라야는 성자들을 독점하지 않아. 내면에서 찾을 수 없는 것이 몸을 이곳저곳 옮겨 다닌다고 찾아지는 것은 아닐세. 영적 깨달음을 얻기 위해 세상 끝까지라도 가겠다는 마음만 있으면 언제든지 가까운 곳에서 구루가 나타난다네."

나는 바나라스 아슈람에서 기도를 드린 후 혼잡한 골목에서 스리 유크테스와르를 만났던 일을 떠올리며 말없이 동의했다.

"문을 닫고 혼자 지낼 작은 방을 구할 수 있겠나?"

"네." 나는 이 성자가 거창한 얘기를 하다가 느닷없이 사소한 일을 묻는다고 생각했다.

"그것이 자네의 동굴일세." 요기는 내가 지금껏 잊어본 적이 없는 깨달음의 시선을 내게 던졌다. "그것이 자네의 성스러운 산일세. 그것이 자네가 신의 왕국을 찾게 될 곳일세."

성자의 단순한 얘기를 듣는 순간, 히말라야에 대해 내가 일생 동안 간직해 온 집념이 씻은 듯이 사라졌다. 타는 듯한 논 위에서 나는 산과 만년설의 꿈에서 깨어났다.

"젊은이, 신을 향한 자네의 갈망은 참으로 갸륵하네. 나는 자네에게 한없는 애정을 느낀다네." 람 고팔은 내 손을 잡고 밀림의 개간지에 있는 외딴 부락으로 데려갔다. 흙벽돌 집들은 코코넛 잎사귀로 덮여 있고 입구마다 싱싱한 열대 꽃들이 소박하게 장식되어 있었다.

성자는 작은 오두막의 그늘진 대나무 평상 위에 나를 앉히고 달콤한 라임 주스와 얼음사탕 한 조각을 건네주었다. 잠시 후 우리는 안뜰로 들어가 함께 결가부좌를 틀었다. 명상 속에 네 시간이 지나갔다. 눈을 떠 보니, 달빛에 비친 요기의 모습은 여전히 움직임이 없었다. 사람은 빵으로만 사는 것이 아니라는 사실을 내 위장에게 엄숙히 상기시키고 있는 사이에 람 고팔이 자리에서 일어섰다.

"배가 고픈 게로군. 잠깐만 기다리게."

성자는 흙으로 만든 화덕에 불을 지폈다. 잠시 후 우리는 커다란 바나나 잎에 차린 밥과 달을 먹었다. 주인은 내가 거드는 것을 정중히 사양하고 밥 짓는 일을 혼자 다 했다. 인도에서는 먼 옛날부터 '손님은 신이다'라는 힌두교 격언이 성실하게 지켜져 오고 있다. 훗날 세계를 여행하면서 나는 여러 나라의 시골 지방에서도 방문객을 비슷하게 대접하는 것을 보고 감동을 받았다. 도시는 낯선 얼굴이 너무 많다 보니 인심이 예전 같지 않은 것을 보게 된다.

작고 외딴 밀림 마을에 요기와 단둘이 앉아 있으니 사바세계가 까마득히 멀게 느껴졌다. 오두막 안에는 은은한 불빛이 신비스럽게 감돌고 있었다. 람 고팔은 바닥에 해진 담요를 몇 장 깔아 내 잠자리를 만들어 주고 자신은 밀짚 돗자리 위에 앉았다. 그 영혼의 자력에 이끌린 나는 과감히 부탁을 드렸다.

"스승님, 제게 사마디를 베풀어 주지 않으시겠습니까?"

성자는 반쯤 감은 눈으로 나를 바라보았다. "여보게, 나도 신을 접하게 해 주고 싶지만 그건 내 몫이 아닐세. 자네의 스승께서 곧 그런 경험을 베푸실 걸세. 자네의 몸은 아직 조율이 되어 있지 않네. 작은 전구에 과도한 전압을 가하면 터져 버리듯이, 자네의 신경은 우주의 전류를 견딜 준비가 되어 있지 않은 거지. 만일 내가 지금 당장 무한한 법열을 준다면 자네는 모든 세포에 불이 붙은 것처럼 타 버릴 걸세."

요기는 생각에 잠겨 말을 이었다. "자네는 내게 깨달음을 요구하고 있네. 하지만 나는 궁금하다네. 하잘것없는 내가, 명상이 부족한 내가 과연 신을 기쁘게 해 드렸는지, 그리고 최후의 심판에서 내가 신으로부터 어떤 평가를 받을지."

"스승님께서는 오랫동안 일편단심으로 신을 추구해 오지 않으셨습니까?"

"나는 한 일이 별로 없네. 베하리 교수가 내 삶에 대해 얘기해 주었겠지만, 스무 해 동안 나는 외진 동굴 속에서 하루에 열여덟 시간씩 명상을 했다네. 그러고는 더 외떨어진 동굴로 옮겨 이십오 년을 보냈지. 나는 매일같이 스무 시간 동안 요가의 합일 상태를 유지할 수 있었다네. 항상 신과 함께 있었기 때문에 잠도 잘 필요가 없었지. 내 몸은 초의식의 완벽한 고요 속에서 휴식을 취했어. 그것은 평상시에 잠재의식 상태의 불완전한 평온이 주는 것보다 더 충분한 휴식이었네. 근육은 잠을 자는 동안 이완되지만 심장과 폐, 그리고 순환계는 한시도 쉬지 않고 작동한다네. 초의식 상태에서는 모든 내부 기관이 우주 에너지로 충전되어 활동이 정지된 상태를 유지하지. 그렇게 해서 나는 여러 해 동안 잠을 자지 않아도 된다는 것을 알았지." 그리고 이렇게 덧붙였다. "자네도 잠이 필요 없는 때가 올 걸세."

나는 놀라서 말했다. "저런, 스승님은 그렇게 오래 명상을 하시고도 하느님의 은혜를 확신하지 못하시는군요! 그러면 우리처럼 보잘것없는 인간들은 어떻게 하나요?"

"젊은이, 자네는 신이 영원 그 자체임을 알지 못하는가? 사십오 년 동안 명상을 했으니 신을 잘 알 거라고 생각한다면 그건 터무니없는 기대일세. 하지만 바바지께서는 명상을 조금만 하더라도 죽음과 사후 세계의 두려움에서 벗어날 수 있다는 확신을 심어 주셨지. 영적 이상을 작은 산에 붙박아 두지 말고, 절대적인 신성이 깃든 별에 높이 매달게. 열심히 노력하면 그곳에 이르게 될 걸세."

기대감에 젖은 나는 깨달음의 말씀을 더 들려달라고 부탁했다. 성자는 라히리 마하사야의 구루인 바바지를 처음 만났을 때 느낀 경이로움에 대해 얘기해 주었다.* 자정 무렵이 되자 람 고팔은 침묵에 잠기고, 나는 담요 위에 누웠다. 눈을 감으니 번쩍이는 빛이 나타났다. 나의 내면을 에워싼 광대한 공간이 찬란한 빛으로 가득했다. 눈을 떴는데도 여전히 눈부신 광휘가 보였다. 방은 내면의 눈으로 바라보고 있던 무한한 창공의 한 부분이 되었다.

요기가 물었다. "왜 잠을 안 자는가?"

"눈을 감으나 뜨나 주위에서 불빛이 번쩍이는데 잠을 잘 수가 있나요?"

"자네가 이런 체험을 할 수 있는 것은 큰 축복일세. 영혼의 빛을 보는 일은 흔치 않지."

새벽에 람 고팔은 내게 얼음사탕을 주면서 이제 떠나야 한다고 말했다. 그에

---

* 376~380쪽 참조.

게 작별을 고하기가 못내 아쉬워서 눈물이 뺨을 타고 흘러내렸다.

요기가 정겹게 말했다. "자네를 빈손으로 보낼 수는 없지. 선물을 하나 주겠네."

성자는 웃으면서 나를 뚫어져라 쳐다보았다. 나는 마치 땅에 뿌리가 박힌 것처럼 꼼짝도 할 수 없었다. 성자로부터 발산하는 평화의 진동이 내 존재를 온통 뒤덮었다. 그 순간, 여러 해 동안 간간이 나를 괴롭혀 오던 등의 통증이 말끔히 치유되었다.

빛나는 기쁨의 바다에 온몸을 담그고 다시 새로워진 나는 더는 슬퍼하지 않았다. 람 고팔의 발을 만져 인사를 드린 후 나는 숲 속으로 들어갔다. 열대의 밀림을 뚫고 숱한 논밭을 건너, 드디어 타라케스와르에 도착했다.

그곳에서 나는 두 번째로 성지 순례 길에 올랐다. 이번에는 제단 앞에 사지를 뻗고 엎드렸다. 둥근 돌이 내면의 시야 속에서 점점 커지더니 광대무변한 구체가 되었다. 환 속에 환, 영역 너머에 영역이 펼쳐지면서 온 누리에 신성이 넘쳐흘렀다.

나는 한 시간 후 뿌듯한 마음으로 캘커타 행 기차에 올랐다. 이렇게 나의 여행은 깊은 산속이 아니라 히말라야처럼 높은 스승 앞에서 끝이 났다.

14
우주 의식의 체험

"구루지, 다녀왔습니다." 나는 부끄러운 마음에 고개를 들 수 없었다.

"부엌에 가서 먹을 것을 찾아보자." 스리 유크테스와르의 태도는 며칠은커녕 그저 몇 시간 떨어져 있었던 것처럼 덤덤했다.

"스승님, 제가 할 일을 팽개치고 느닷없이 떠나 버려서 상심하셨지요? 저 때문에 화가 많이 나셨지요?"

"아니, 그럴 리가 있느냐! 분노는 욕구가 좌절되었을 때만 일어난다. 나는 다른 사람한테 아무것도 바라지 않기 때문에 그 사람의 행동이 내 바람을 거스를 수는 없다. 나는 너를 내 목적에 이용하지 않을 것이다. 네 스스로 진정 행복할 때만 나도 기쁨을 느낄 수 있다."

"거룩한 사랑에 관한 얘기들을 막연하게만 들어 왔는데, 오늘 스승님의 고결한 자아에서 생생한 본보기를 보는 것 같습니다. 이 세상에서는 아들이 아무 기별도 없이 가업을 저버리면 아버지라도 쉽게 용서하지 못하게 마련입니다. 하지만 스승님께서는 제가 할 일을 버려두고 떠나서 불편이 크셨을 텐데도 전혀 언짢은 내색을 하지 않으시는군요."

우리는 눈물이 반짝이고 있는 서로의 눈을 들여다보았다. 환희의 물결이 온몸을 휘감았다. 나는 구루의 모습을 띤 하느님이 내 가슴의 자그마한 열정을 우주적 사랑의 광대한 영역으로 확장시키고 있음을 의식했다.

며칠을 지내고 나는 비어 있는 스승의 거실로 갔다. 명상을 할 참이었지만 잡

생각 때문에 갸륵한 뜻이 어그러지고 말았다. 쓸데없는 생각들이 사냥꾼을 만난 새 떼처럼 이리저리 흩어졌다.

"무쿤다!" 멀리 발코니에서 스리 유크테스와르의 목소리가 들려왔다.

내 기분은 머릿속만큼이나 엉망이었다. 나는 속으로 투덜거렸다. '스승님은 언제나 명상하라고 다그치시면서, 내가 왜 이 방에 들어왔는지 아시거든 그냥 좀 놓아두시지 않고.'

스승은 다시 나를 불렀다. 나는 고집스럽게 침묵을 지켰다. 세 번째 부르는 목소리에는 나무라는 어조가 담겨 있었다.

나는 볼멘소리로 외쳤다. "스승님, 저는 명상 중입니다."

그러자 구루도 큰소리로 받아쳤다. "나는 네가 어떻게 명상을 하는지 알고 있다. 네 마음은 폭풍 속의 나뭇잎처럼 흩날리고 있겠지! 어서 이리 나오거라."

의표를 찔린 나는 풀이 죽어 스승 곁으로 갔다.

"참으로 딱하구나, 산에서는 네가 원하는 것을 얻을 수 없다." 스승은 달래듯, 위로하듯 말했다. 스승의 고요한 시선은 깊이를 헤아릴 수 없었다. "내가 네 마음의 갈망을 채워 주마."

스리 유크테스와르는 평소에 알쏭달쏭한 얘기를 좋아하지 않았다. 나는 어리둥절했다. 스승은 내 가슴의 심장께를 가볍게 쳤다.

그러자 몸이 뿌리를 박은 듯이 꼼짝도 하지 않고, 거대한 자석에 끌린 것처럼 숨이 허파에서 빠져나갔다. 영혼과 마음은 순간적으로 신체적 속박을 끊고 흐르는 빛처럼 나의 모든 털구멍 밖으로 새어 나왔다. 육체는 마치 죽은 듯했지만, 나는 그 어느 때보다 삶으로 충만해 있음을 강렬하게 자각했다. 나의 정체성은 더는 협소한 몸에 한정되지 않고 주위의 원자들을 모두 아울렀다. 멀리 떨어진 길거리의 사람들은 나 자신의 바깥쪽 가장자리에서 천천히 움직이는 것처럼 보였다. 초목의 뿌리가 투명한 흙 사이로 희미하게 드러났다. 뿌리 속으로 수액이 흐르는 모습도 보였다.

주변 전체가 있는 그대로 눈앞에 드러나 있었다. 언제나 앞쪽만 보이던 시야는 이제 모든 것을 동시에 인식하는 거대한 구형의 시계(視界)로 바뀌었다. 내 머리 뒤쪽으로 저 멀리 라이 가트 거리를 따라 거닐고 있는 사람들이 보이고, 흰 소가 유유히 다가오고 있는 모습도 보였다. 그 소가 열려 있는 아슈람 문에 이르렀을 때 나는 진짜 두 눈으로 보는 것처럼 그 소를 바라보았다. 소가 안뜰의 벽돌 담 뒤를 지나친 뒤에도 똑똑히 볼 수 있었다.

파노라마 같은 시계 속에서 모든 물체가 빠르게 돌아가는 활동사진처럼 파르르 진동했다. 나의 몸과 스승의 몸, 기둥이 늘어선 안뜰, 가구와 바닥, 나무와 햇빛이 이따금씩 심하게 요동치더니 이윽고 빛을 발하는 바닷속으로 모두 녹아들기 시작했다. 마치 컵 속의 물에 각설탕을 넣고 흔들면 녹아 버리는 것과 같았다. 빛으로 융해되었다가 다시 형상으로 물질화되는 과정이 번갈아 일어나면서 창조의 인과법칙을 드러내는 탈바꿈이 눈앞에 펼쳐졌다.

대양처럼 아득한 기쁨이 고요하고 가없는 내 영혼의 바닷가에 몰아쳤다. 신의 영은 고갈되지 않는 희열이며, 신의 몸은 셀 수 없는 빛의 세포들로 이루어졌음을 나는 깨달았다. 내 안에서 부풀어 오르던 신의 영광이 도시와 대륙과 지구, 태양계와 항성계, 성운, 그리고 떠도는 소우주들을 덮어 싸기 시작했다. 밤에 멀리 보이는 도시처럼 은은히 빛나는 우주 전체가 무한한 나의 존재 속에서 명멸했다. 선명하게 새겨진 지구의 윤곽을 넘어선 눈부신 빛은 가장자리로 갈수록 조금씩 희미해졌다. 거기서 나는 언제까지나 약해지지 않는 부드럽고 아름다운 광채를 보았다. 그것은 무어라 표현할 수 없이 오묘했다. 행성의 영상들은 좀 더 거친 빛으로 이루어져 있었다.[*]

영원한 원천으로부터 신성한 빛이 사방으로 흩어져 은하가 되어 타오르다가, 마침내 형언할 수 없는 영광(靈光)으로 변형되었다. 창조의 빛줄기들이 성운으로 응축되고, 다시금 투명한 불꽃으로 넓게 퍼지면서 용해되는 것을 나는 보고 또 보았다. 그러고는 모든 과정이 율동 속에 역전되면서 십억조 개의 세계가 투명에 가까운 광채로 뒤바뀌고, 불길은 다시 창공이 되었다.

나는 최고천(最高天)의 중심이 바로 내 마음속에 있는 직관적 인식의 한 점이

---

[*] 창조의 본질로서의 빛은 30장에 설명되어 있다.

라는 것을 깨달았다. 번쩍이는 광채가 나의 핵심으로부터 우주 구조의 구석구석으로 발산되었다. 기쁨에 찬 불로불사의 신주(神酒)가 수은처럼 내 속을 꿰뚫고 맥동했다. 창조하는 신의 음성이 우주 동력의 진동, 옴*으로 울려 퍼졌다.

갑자기 숨이 허파로 돌아왔다. 견딜 수 없을 정도의 실망감을 느끼며 나는 무한한 광대함을 상실한 것을 깨달았다. 또다시 나는 영(靈)에 쉽게 동화되지 못하는 굴욕적인 몸의 우리에 갇혔다. 마치 집을 떠난 탕자처럼 대우주의 고향에서 뛰쳐나온 나는 비좁은 소우주에 스스로를 가두어 버리고 만 것이었다.

구루는 내 앞에 꼼짝 않고 서 있었다. 나는 오래전부터 열망해 오던 우주 의식의 체험을 베풀어 준 데 감사드리기 위해 스승의 거룩한 발아래 엎드렸다. 스승은 나를 일으켜 세우고 조용히 말했다.

"법열에 너무 도취하면 안 된다. 세상에는 네가 할 일이 아직 많이 남아 있다. 자, 우리 발코니 바닥을 쓸고 갠지스 강가를 거닐기로 하자."

나는 빗자루를 가져왔다. 스승은 균형 잡힌 삶의 비밀을 가르쳐 주려는 것이었다. 영혼이 우주 창조의 심연 너머로 뻗어 나가는 동안에도 몸은 일상의 의무를 수행해야 한다.

잠시 후 스승을 모시고 산책을 나갔을 때까지도 나는 여전히 말할 수 없는 황홀경에 젖어 있었다. 우리의 몸은 순수한 빛의 본질을 간직한 채 강둑의 길 위로 움직이는 별 세계의 영상처럼 보였다.

스승은 이렇게 설명했다.

"우주의 모든 형태와 힘을 활동적으로 유지하는 것은 신의 영(靈)이다. 그러나 신은 진동하는 현상계를 초월하여 스스로 존재하는 허공 속에 멀리 떨어져 있다.† 이승에서 참나를 실현하는 사람도 마찬가지로 이중의 존재를 누린다. 현세

---

* "태초에 말씀이 계시니라. 이 말씀이 하나님과 함께 계셨으니 이 말씀은 곧 하나님이시니라."(《요한복음》 1:1)
† "아버지께서 아무도 심판하지 아니하시고 심판을 다 아들에게 맡기셨으니."(《요한복음》 5:22) "본래 하나님을 본 사람이 없으되 아버지 품속에 있는 독생하신 하나님이 나타내셨으니라."(《요한복음》 1:18) "만물을 창조하신 하나님……"(《에베소서》 3:9) "나를 믿는 자는 내가 하는 일을 그도 할 것이요 또한 그보다 큰일도 하리니 이는 내가 아버지께로 감이라."(《요한복음》 14:12) "보혜사 곧 아버지께서 내 이름으로 보내실 성령 그가 너희에게 모든 것을 가르치고 내가 너희에게 말한 모든 것을 생각나게 하리라."(《요한복음》 14:26).
성서의 이러한 말씀들은 성부, 성자, 성령(힌두 경전의 사트, 타트, 옴)으로서 신의 삼위를 가리킨다. 성부는 현시되지 않

에서는 할 일을 성실하게 수행하면서도 내면에서는 더없는 기쁨에 잠겨 있는 것이다.

하느님은 자기 존재의 무한한 기쁨에서 모든 인간을 창조하셨다. 인간은 육체에 속박되어 고통을 겪고 있지만, 그럼에도 신은 당신의 모습을 본떠 만든 인간이 궁극에는 감각과의 동일시를 초극하고 당신과 다시 결합하기를 바라고 계시다."

우주적 환상의 체험은 여러 가지 잊지 못할 가르침을 남겨 주었다. 나는 매일같이 상념을 끊고 정화함으로써, 내 몸이 물질의 거친 땅을 돌아다니는 살과 뼈의 덩어리라는 그릇된 인식에서 벗어날 수 있었다. 쉬지 않고 활동하는 숨과 마음은 빛의 대양에 몰아치는 폭풍처럼 땅, 하늘, 인간, 동물, 새, 나무와 같은 물질적 형태의 파도를 일으킨다는 것을 나는 알았다. 그러한 폭풍을 잠재우지 않고서는 한 빛으로서의 무한을 인식할 수 없는 것이다.

숨과 마음의 자연적 격정이 가라앉을 때마다 나는 창조의 갖가지 파도가 하나의 빛나는 바다로 융해되는 것을 보았다. 그것은 마치 폭풍우가 가라앉으면 대양의 파도가 고요하게 하나로 융해되는 것과 같았다.

스승들은 제자가 명상을 통해 마음을 단련하여 압도적인 광경을 감당할 만한 경지에 이르렀을 때에야 비로소 신성한 우주 의식의 체험을 베풀어 준다. 단순히 지적인 의지나 열린 마음만 가지고는 충분하지 않다. 오직 요가 수행과 헌신적인 바크티를 통해 의식을 충분히 확장해야만 편재하는 신성의 해방적 충격을 흡수할 준비가 되는 것이다.

신성한 체험은 진실된 헌신자에게 자연적 필연으로 다가온다. 그의 강렬한 열망은 저항할 수 없는 힘으로 신을 끌어당기기 시작한다. 우주적 환상으로서의 신은 자력을 품은 그 열정에 의해 구도자의 의식 안으로 끌려 들어온다.

는 절대자로서 창조의 진동 너머에 존재한다. 성자는 그리스도 의식(브라흐마 또는 쿠타스타 차이타냐)으로서 창조의 진동 내에 존재한다. 이 그리스도 의식은 '독생자', 즉 창조되지 않은 무한의 유일한 반영이다. 편재하는 그리스도 의식의 외적 현시, 그 '증인'((요한 계시록 3:14)은 옴, 즉 말씀 또는 성령이다. 그것은 진동을 통해 모든 창조를 유지하는 보이지 않는 신성한 힘이며, 유일한 행위자이며, 유일한 원인이자 활동력이다. 기쁨에 찬 보혜사 옴은 명상 속에서 들리고 헌신자에게 궁극적 진리를 드러내어 '모든 것을 생각나게' 한다.

훗날 나는 그 영광의 편린을 표현하기 위해 〈사마디〉라는 시를 썼다.

빛과 그림자의 장막이 걷히고
슬픔의 안개는 뿔뿔이 흩어진다.
덧없는 기쁨의 새벽들이 모두 물러나고
어스레한 감각의 아지랑이는 사라진다.
사랑, 미움, 건강, 질병, 삶, 죽음
이 헛된 그림자들이 이원성의 화면에서 자취를 감춘다.
심원한 직관의 마술 지팡이로
마야의 폭풍우를 잠재운다.
더 이상 현재, 과거, 미래도 없고
다만 모든 곳에 넘쳐흐르는 나, 나만이 영원히 존재한다.
행성, 항성, 성단, 지구
최후의 날에 폭발하는 대격변의 화산
창조의 용광로
고요한 엑스선의 빙하, 타오르는 전자의 홍수
과거, 현재, 앞으로 떠오를 모든 인간의 생각들
낱낱의 풀잎들, 나 자신, 인류
우주 속 티끌의 입자 하나하나
분노, 탐욕, 선, 악, 구원, 욕망,
나는 이 모든 것을 들이삼켜
나 자신, 유일의 존재 속을 흐르는 피의 광대한 바다로 바꾸어 놓았다.
명상에서 피어나는 사무치는 기쁨이
눈물 젖은 내 눈을 덮어 가리고
영원한 기쁨의 불꽃으로 타올라
나의 눈물, 나의 몸통, 나의 모든 것을 태워 버렸다.
그대는 나, 나는 그대,

앎, 아는 자, 알려지는 것이 곧 하나로구나!

고요하게 끊임없이 이어지는 전율

영원히 살아 있고 언제나 새로운 평화.

기대와 상상을 뛰어넘는 기쁨

그것은 사마디의 법열!

의식을 잃은 상태도 아니요

뜻대로 되돌릴 수 없는 정신의 마취도 아닌

사마디는 필멸의 틀을 넘어

까마득한 영원의 경계 끝으로

나의 의식 영역을 확장할 뿐

그곳에서 나, 우주의 바다는

큰 나 속에 떠도는 조그만 에고를 바라본다.

돌아다니는 원자들의 속삭임이 들리고

보라! 어두운 대지와 산과 골짜기들이 녹아내린다!

출렁이는 바다는 성운의 안개로 변하는구나!

옴이 안개 위로 흩날리며

신비스럽게 장막을 걷어 젖히고

태양은 알몸을 드러내니, 번쩍이는 전자들

마침내, 마지막으로 울리는 우주의 북소리*와 함께

거친 빛이, 온 누리에 가득 찬 기쁨의

영원한 빛줄기 속으로 사라질 때까지.

기쁨에서 나는 왔고, 기쁨 위해 나는 살고, 신성한 기쁨 속에 나는 녹아내린다.

마음의 대양, 나는 창조의 온갖 파도를 들이마신다.

고체, 액체, 기체, 빛의 네 장막이

말끔히 걷힌다.

---

* 옴, 즉 모든 창조물을 외재화 하는 창조의 진동.

만물에 깃들인 나는 큰 나 속으로 들어간다.

단속적으로 명멸하는 덧없는 기억의 그림자들은

이제 영원히 사라졌구나.

내 마음의 하늘은 티 없이 맑다

저 아래, 저 앞, 저 높이.

영원과 나, 하나로 어우러진 빛줄기.

조그만 웃음의 거품, 나는

환희의 바다 그 자신이 된다.

　스리 유크테스와르는 축복받은 체험을 뜻대로 불러일으키는 방법과 직관의 회로가 발달된 다른 사람에게* 그 체험을 전달하는 방법을 내게 가르쳐 주었다.

　첫 번째 체험 후 몇 달 동안 나는 무아경의 합일 상태에 들었다. 매일같이 나는 《우파니샤드》에서 왜 신이 라사(가장 맛있는 것)라고 했는지 이해할 수 있었다. 그러던 어느 날 아침 나는 스승에게 한 가지 문제를 여쭈었다.

　"스승님, 제가 언제 신을 찾게 될지 알고 싶습니다."

　"너는 이미 신을 찾았다."

　"아니, 스승님, 그럴 리가 없습니다!"

　구루는 웃고 있었다.

　"네가 우주의 어떤 순결한 장소에서 옥좌에 앉아 있는 숭엄한 인격체를 기대하고 있지 않다는 것은 잘 알겠다. 하지만 너는 기적의 힘을 소유하는 것이 신을 찾은 증거라고 생각하는 것 같구나. 아니다. 우주 전체를 지배할 힘을 얻는다 해도 여전히 하느님을 찾지 못할 수 있다. 영적 진보는 외적인 힘의 과시가 아니라, 다만 명상 중에 이르는 법열의 깊이로만 측정할 수 있다.

　신은 언제나 새로워지는 기쁨이다. 신은 고갈되지 않는다. 네가 오랫동안 명

---

* 나는 우주적 환상을 동서양의 여러 크리야 요기에게 전해 주었다. 311쪽의 사진은 그중 한 사람인 제임스 린 선생이 사마디에 든 모습을 보여 준다.

벵골만에 접한 오리사 주 푸리에 있는 스리 유크테스와르의 바닷가 아슈람(507쪽 사진 참조)

상을 계속하면 신은 끝을 모르는 솜씨로 너를 기쁘게 해 주실 것이다. 너처럼 신을 향한 길을 찾은 헌신자는 절대로 신을 다른 행복과 바꿀 생각을 하지 않는다. 신은 무엇에도 비교할 수 없는 매력을 지니고 있다.

우리는 세속적 쾌락에 금방 싫증을 낸다. 물질에 대한 욕구는 한이 없다. 사람은 언제까지나 만족할 줄을 모르고 계속 또 다른 목표를 추구한다. 그네들이 찾는 '다른 것'이 바로 하느님이고, 그만이 영원한 기쁨을 줄 수 있다.

외부를 향한 갈망은 영혼의 행복을 가장한 거짓된 쾌락을 미끼로 내면의 에덴에서 우리를 쫓아낸다. 잃어버린 낙원은 신에 대한 명상을 통해 바로 되찾을 수 있다. 신은 예측할 수 없는 영원한 새로움이기 때문에 결코 싫증이 나지 않는다. 영원이 다하도록 끊임없이 새로워지는 법열에 물릴 수가 있겠느냐?"

"이제야 왜 성인들이 하느님은 깊이를 헤아릴 수 없다고 했는지 알겠습니다. 아무리 영구한 삶을 누린다고 해도 신을 칭송하기에는 부족하겠군요."

"옳은 말이다. 그러나 한편으로 신은 가깝고 친근하기도 하다. 크리야 요가를 통해 마음에서 감각의 장애물이 제거되고 나면, 명상은 신에 대해 이중의 증거를 보여 준다. 한없이 새로운 기쁨은 신의 존재에 대한 증거이며, 우리 몸의 원자들이 바로 그 증인이다. 아울러 우리는 명상 속에서 신의 즉각적인 인도, 온갖 어려움을 해결하는 응답을 찾을 수 있다."

나는 감사의 미소를 지었다. "알겠습니다, 구루지. 궁금하던 문제가 풀렸습니다. 이제야 제가 신을 찾았다는 것을 알겠습니다. 돌이켜 보면, 제가 활동하는 동안 잠재의식 속에서 명상의 기쁨이 되풀이될 때마다 신통하게 저는 매사에 아무리 사소한 일에도 올바른 길을 택하도록 인도되었습니다."

결가부좌를 틀고 있는 스와미 스리 유크테스와르

스승은 말했다. "신의 의지에 동화되는 방법을 알게 될 때까지 인간의 삶은 슬픔을 피할 수 없다. 아집에 사로잡힌 지성에는 신의 '올바른 길'이 불가해하게 여겨질 수도 있다. 신만이 한결같이 바른 조언을 주신다. 신이 아니면 누가 우주의 짐을 지겠느냐?"

15
꽃양배추 도둑

"스승님, 선물이에요! 이 탐스런 꽃양배추 여섯 포기는 제 손으로 심은 겁니다. 어머니가 아이를 키우는 심정으로 정성 들여 보살폈습니다." 나는 과장된 몸짓으로 예를 차리면서 야채 바구니를 바쳤다.

"고맙구나!" 스리 유크테스와르는 흐뭇해하며 따뜻한 미소를 지었다. "네 방에 잘 두거라. 내일 만찬에 써야겠다."

나는 여름방학을 바닷가 아슈람에서 구루와 함께 보내기 위해 막 푸리*에 도착했다. 스승이 제자들과 함께 지은 쾌적하고 조그만 이층짜리 은거처는 벵골만을 마주하고 있다.

다음날 아침, 짠 바닷바람과 아슈람의 고요한 매력에 마음이 상쾌해진 나는 일찌감치 눈을 떴다. 구루의 낭랑한 목소리가 나를 부르고 있었다. 나는 소중히 간직해 둔 꽃양배추를 살펴보고는 침대 밑에 고이 모셔 두었다.

"자, 모두들 바닷가로 가자." 스승이 앞장을 서고 어린 제자 몇 명과 내가 따로 따로 흩어져서 뒤를 따랐다. 구루는 부드럽게 책망하듯이 우리를 바라보았다.

"서양 사람들은 동료끼리 활보할 때 보란 듯이 동작을 일치시키더구나. 자, 율동 있게 서로 보조를 맞추면서 두 줄로 행진해 보자." 스리 유크테스와르는 우리

---

* 캘커타에서 310마일가량 떨어진 푸리는 크리슈나 신도들에게 널리 알려진 순례 도시다. 이곳에서 슈나나야트라와 라타 야트라 등 성대한 연례 축제를 베풀어 크리슈나의 예배식을 거행한다.

가 걷는 모습을 지켜보면서 노래를 부르기 시작했다. "소년들아 앞으로 나아가자, 반듯하게 줄 맞추어." 나는 스승이 어린 제자들의 팔팔한 걸음걸이에 그처럼 쉽사리 보조를 맞출 수 있다는 데 감탄하지 않을 수 없었다.

"잠깐!" 구루는 내 눈을 쳐다보면서 물었다. "아슈람 뒷문을 잠그는 것을 잊지 않았겠지?"

"그런 것 같습니다."

스리 유크테스와르는 알 듯 모를 듯한 미소를 입가에 머금은 채 몇 분 동안 말이 없다가 마침내 입을 열었다. "아니, 너는 잊어버렸다. 신에 대해 명상한다고 해서 세속적인 일에 소홀해도 되는 것은 아니다. 아슈람을 지키는 임무를 소홀히 했으니 벌을 받아야 마땅하다."

그 다음 얘기를 듣고 나는 농담인 줄로만 여겼다. "너의 꽃양배추 여섯 포기가 곧 다섯 포기로 줄어들 것이다."

우리는 스승의 명령에 따라 돌아서서 아슈람 근처까지 행진했다.

"잠깐 쉬도록 하자. 무쿤다, 집 건너편 저 너머에 왼쪽으로 난 길을 보아라. 조금 있으면 어떤 사람이 그리로 올 텐데, 그가 바로 너를 응징할 사람이다."

나는 알쏭달쏭한 이 말씀에 난감한 심정을 애써 숨겼다. 그 참에 정말로 농부 하나가 길에 나타났다. 그 사람은 기괴한 춤을 추며 의미 없는 몸짓으로 팔을 휘젓고 있었다. 호기심으로 넋을 잃은 나는 그 우스꽝스러운 광경에서 눈을 떼지 못했다. 그 사람이 길의 한 지점에 이르러 우리 시야에서 사라지자 스승이 말했다. "이제 다시 나타날 게다."

농부는 곧 방향을 틀더니 아슈람 뒤쪽으로 갔다. 그러더니 모래밭을 건너서 뒷문을 통해 집 안으로 들어갔다. 구루가 얘기한 대로 나는 문을 잠그지 않았던 것이다. 그 사람은 이내 내가 아끼는 꽃양배추 한 포기를 들고 나타났다. 그러고는 노획물을 손에 들고 의기양양해하며 성큼성큼 걸어갔다.

눈앞에 펼쳐지는 소극(笑劇)에서 나는 어리둥절한 희생자 역할을 맡은 셈이었다. 하지만 아무리 당황스럽다고 해도 일단 도둑을 뒤쫓고 볼 일이었다. 반쯤 쫓아갔을 때 스승이 나를 불러 세웠다. 스승은 머리끝에서 발끝까지 온몸을 들썩이며 웃어 젖혔다.

스승은 연이어 폭소를 터뜨리면서 이렇게 설명했다. "저 가엾은 미치광이는 꽃양배추를 간절히 바라고 있었던 게다. 나는 네가 방치해 둔 꽃양배추를 그 친구가 가져가면 좋겠다고 생각했지!"

나는 방으로 뛰어 들어갔다. 도둑은 필시 야채에 병적인 집착을 가졌던지, 담요 위에 훤히 놓여 있던 금반지와 시계, 돈 따위는 하나도 건드리지 않았다. 그 대신 침대 밑으로 기어 들어가, 얼핏 보아서는 전혀 눈에 띄지 않는 꽃양배추 바구니를 기어코 찾아낸 것이다.

나는 그날 저녁 아무리 생각해도 알 수 없는 그 사건에 대해 설명해 달라고 스승에게 부탁했다.

구루는 천천히 고개를 내저었다. "언젠가는 이해하게 될 게다. 과학은 곧 이런 숨겨진 법칙들을 하나하나 밝혀 낼 것이다."

몇 해 뒤에 라디오가 세상을 놀라게 했을 때 나는 스승의 예언을 상기했다. 시간과 공간의 해묵은 관념은 이제 깨졌다. 아무리 작은 집에도 런던이나 캘커타가 다 들어간다! 인류의 편재성을 보여 주는 이 명백한 증거 앞에서는 세상없이 고루한 지성도 눈을 뜨지 않을 수 없었다.

꽃양배추 희극의 '플롯'은 라디오에 비유하면 쉽게 이해할 수 있을 것이다.[*] 구루는 완벽한 인간 라디오였다. 생각들은 에테르 속에서 움직이는 미묘한 진동에 지나지 않는다. 정확하게 채널을 맞춘 라디오가 사방에서 수신되는 수천 가지

---

[*] 1939년에 발명된 전자 현미경은 지금까지 알려지지 않은 광선의 새로운 세계를 펼쳐 보였다. AP 통신은 다음과 같이 보도했다. "인간 자신과 모든 종류의 비활성 물질은 이 기구가 '볼 수 있는' 광선을 끊임없이 방출한다. 텔레파시나 예지 능력, 투시력 따위를 믿는 사람들은 이러한 사실에서 사람들 사이를 실제로 이동하는 보이지 않는 광선의 존재에 대해 최초의 과학적 증거를 갖게 된 것이다. 이 무선 장치는 일종의 전파 분광기로, 별들을 구성하는 원자를 밝혀 낼 때 분광기가 하는 것과 같은 일을 차갑고 빛을 내지 않는 물질에 대해 수행한다. 과학자들은 여러 해 동안 인간과 모든 생물에서 방출되는 그러한 광선의 존재를 추측해 왔다. 오늘 그 존재가 최초로 실험을 통해 입증된 것이다. 이 발견은 자연의 모든 원자와 모든 분자가 쉬지 않는 라디오 방송국이라는 것을 보여 준다. 이렇게 사후에도 인간을 구성하고 있던 물질은 계속해서 미세한 광선을 방출한다. 이러한 광선의 파장은 현재 방송에 사용하는 것보다 짧은 것에서부터 가장 긴 종류의 전파에 이르기까지 폭넓게 걸쳐 있다. 전파의 종류는 상상할 수 없을 정도로 다양하여 수백만 가지가 있다. 아주 큰 분자 하나가 동시에 1백만 개의 서로 다른 파장을 낼 수 있다. 파장이 긴 것들은 전파의 속도로 손쉽게 이동한다. (…) 새로운 전파와 빛처럼 친숙한 광선 사이에는 놀라운 차이가 하나 있다. 그것은 방해받지 않은 물질에서 이러한 전파가 수천 년에 달하는 긴 시간 동안 계속 방출된다는 사실이다."

프로그램 중에서 원하는 음악을 가려내듯이, 스리 유크테스와르도 온 세상 사람들의 마음이 송출하는 무수한 생각들 중에서 꽃양배추를 갖고 싶어 하는 백치의 마음을 정확하게 잡아냈던 것이다. 바닷가를 향해 걷고 있던 스승은 농부의 순박한 갈망을 알아채는 순간 원을 풀어주기로 작정했다. 스리 유크테스와르의 신성한 눈은 길에서 춤을 추고 있던 그 사람이 제자들의 눈에 띄기 전에 발견했다. 마침 내가 아슈람 문단속을 깜박 잊는 바람에 스승은 내가 아끼는 꽃양배추를 주기에 알맞은 구실을 찾은 것이다.

이처럼 수신기 역할을 한 후에 스리 유크테스와르는 강력한 의지를 통해 송출 장치의 기능을 수행했다.[*] 그렇게 해서 스승은 농부에게 꽃양배추가 있는 방으로 발길을 돌리도록 지시했던 것이다.

직관은 인간의 마음이 고요해진 순간에 자연스럽게 나타나는 영혼의 안내자다. 사람들은 누구나 불가해하게 '예감'이 그대로 들어맞거나 자기 생각을 다른 사람에게 훤히 읽혀 본 경험을 가지고 있다.

불안감의 교란 또는 '전파 방해'에서 벗어난 인간의 마음은 생각들을 송수신하고 원치 않는 생각들을 제외시키는 복잡한 라디오 메커니즘의 모든 기능을 수행할 능력을 갖게 된다. 라디오 방송국의 출력이 이용할 수 있는 전기의 양에 좌우되듯이, 인간 라디오의 효과는 각자가 소유한 의지력의 크기에 좌우된다.

모든 생각은 우주 속에서 영원히 진동한다. 스승들은 깊은 집중을 통해 산 사람과 죽은 사람의 생각을 모두 감지할 수 있다. 생각들은 개인이 아니라 우주에 뿌리를 두고 있다. 진리는 창조되는 것이 아니라 단지 인식될 뿐이다. 인간의 잘못된 생각은 크건 작건 분별력이 불완전한 데서 비롯된다. 요가 과학의 목표는 마음을 가라앉혀 내면의 목소리가 들려주는 절대무변의 가르침을 있는 그대로 들을 수 있도록 하는 것이다.

라디오와 텔레비전은 멀리 떨어진 사람들의 소리와 모습을 셀 수 없이 많은 가정에 순간적으로 전달해 준다. 이는 인간이 모든 곳에 스며드는 영혼임을 보

---

[*] 325쪽 각주 참조.

여 주는 최초의 과학적 암시다. 에고는 가장 야만적인 방법으로 인간을 노예화하기 위해 음모를 꾸미지만, 인간은 공간의 한 지점에 한정된 신체가 아니라 본질적으로 어디에나 있는 영혼인 것이다.

노벨 생리학상 수상자인 샤를 리셰*는 이렇게 선언했다.

> "아주 이상하고, 아주 불가사의하고, 그야말로 있음직하지 않은 현상이 앞으로도 계속 나타날 것이다. 하지만 그것들이 일단 사실로 확립되고 나면 지난 세기 동안 과학이 밝혀 낸 모든 것에 우리가 지금 놀라고 있는 것보다 더 우리를 놀라게 하지는 않을 것이다. 그런 현상들이 더 이상 놀라움을 불러일으키지 않는 까닭은 그것을 우리가 이해할 수 있기 때문이라고들 생각한다. 하지만 그것은 사실이 아니다. 우리가 놀라지 않는 이유는 그것을 이해했기 때문이 아니라 단지 친숙하기 때문이다. 이해할 수 없는 것이 우리를 놀라게 한다면 우리는 모든 것에 놀라야 할 것이다. 공중에 던진 돌의 낙하, 떡갈나무로 자라는 도토리, 가열하면 팽창하는 수은, 자석에 이끌리는 쇠붙이 등 놀랍지 않은 일이 없을 것이다.
>
> 오늘날의 과학은 별것이 아니다. 우리 후손들이 발견하게 될 놀라운 진리는 바로 지금 우리 주위에서, 말하자면 우리 눈을 빤히 들여다보고 있지만 우리가 그것을 보지 못하는 것이다. 아니, 우리가 그것을 보지 못한다고 말하는 것은 온당치 않다. 우리는 그것을 보려고 하지 않는다. 예측하지 못한 낯선 사실이 나타나면 우리는 곧 그것을 이미 알려진 지식의 틀에 맞추어 넣으려 하고, 누군가가 감히 실험을 계속하려고 하면 화를 낸다."

어처구니없이 꽃양배추를 도둑맞은 지 며칠 후에 또 재미있는 일이 벌어졌다. 멀쩡한 석유램프 하나가 없어진 것이다. 얼마 전에 구루의 전지한 통찰력을 목격한 터라, 나는 스승이 램프를 찾는 일은 식은 죽 먹기일 거라고 생각했다.

---

* 《인간의 육감(Our Sixth Sense)》의 저자.

스승은 나의 기대를 알아차렸다. 스승은 짐짓 엄숙한 표정으로 아슈람의 온 식구들에게 수소문을 했다. 어린 제자 하나가 뒤뜰에 있는 우물에 가면서 램프를 들고 나갔다고 실토했다

스리 유크테스와르는 근엄하게 지시를 내렸다. "우물가 주변을 살펴보거라."

나는 곧장 달려가 보았지만 램프는 없었다. 맥이 빠진 나는 그냥 돌아올 수밖에 없었다. 스승은 허탕을 치게 해놓고도 전혀 미안하지 않은 듯 껄껄 웃고 있었다.

"사라진 램프가 있는 곳을 알려 주지 못해서 정말 안 됐군. 하지만 난 점쟁이가 아니다!" 스승은 눈을 깜박이면서 이렇게 덧붙였다. "그렇다고 셜록 홈스도 못 되지!"

스승은 하찮은 일로 시험을 받거나 하는 경우에는 절대로 자신의 능력을 내보이지 않는다는 것을 알게 되었다.

즐거운 몇 주일이 후딱 지나갔다. 스리 유크테스와르는 종교 행진을 계획하고 있었다. 스승은 내게 제자들을 이끌고 시내를 가로질러 푸리 해변으로 가라고 분부했다. 마침 하짓날인 축제일이 폭염 속에서 밝아 왔다.

나는 낙담해서 물었다. "구루지, 불처럼 뜨거운 모래 위를 어떻게 맨발로 걸을 수 있겠습니까?"

그러자 스승이 말했다. "너에게 비밀을 일러 주마. 하느님께서 구름 우산을 보내 주실 테니 걷는 데는 불편이 없을 게다."

나는 즐겁게 행진 준비를 했다. 우리는 사트상가* 깃발을 들고 무리를 지어 아슈람을 나섰다. 스리 유크테스와르가 디자인한 깃발에는 멀리까지 볼 수 있는 직관의 시선인 '바른 눈'†의 상징이 담겨 있었다.

우리가 아슈람을 나서자마자 마치 마법처럼 구름이 하늘을 가득 덮었다. 구경 나온 사람들이 모두 탄성을 지르는 속에 가벼운 소나기가 쏟아져 길거리와 타는

---

* 사트는 '존재', 그러므로 '본질, 진리, 실재'를 뜻하며, 상가는 '협회'를 뜻한다. 스리 유크테스와르는 자신의 아슈람 조직을 사트상가, 즉 '진리 협회'라고 불렀다.
† "그러므로 네 눈이 성하면 온 몸이 밝을 것이요."(《마태복음》 6:22) 깊은 명상에 잠기면 바른 눈 또는 영적인 눈이 이마의 한가운데에 나타난다. 경전에서는 이 전지의 눈을 제3의 눈, 동방의 별, 내면의 눈, 하늘에서 내려오는 비둘기, 시바의 눈, 직관의 눈 등으로 다양하게 지칭하고 있다.

듯한 해변을 시원하게 적셔 주었다. 빗방울은 행진을 벌이는 두 시간 동안 열기를 식혀 주었다. 우리가 아슈람으로 돌아오자마자 비도 구름도 씻은 듯이 사라졌다.

내가 고마움을 표하자 스승은 이렇게 대꾸했다. "신께서 우리를 얼마나 위하시는지 알겠느냐? 하느님은 우리 모두에게 응답하시고 우리 모두를 위해 일하신다. 내 기도에 비를 내려 주신 것처럼, 그분은 헌신자의 진실된 소망은 무엇이든 들어주신다. 사람들은 신께서 자신의 기도에 얼마나 마음을 쓰시는지 깨닫지 못한다. 그분은 몇몇 사람만 편애하시는 것이 아니라, 신실한 마음으로 그분께 다가가는 모든 사람에게 귀를 기울이신다. 그분의 자녀들은 어디에나 계시는 아버지의 따뜻한 사랑에 언제나 절대적인 믿음을 가져야 한다."*

스리 유크테스와르는 해마다 춘분, 추분, 하지, 동지에 네 차례 축제를 베풀었다. 그때는 멀고 가까운 곳에서 제자들이 모여들었다. 동지 축제는 세람포어에서 열렸는데, 내가 처음으로 참가한 이 축제는 두고두고 잊지 못할 축복을 남겨 주었다.

아침에 맨발로 거리 행진을 나서면서 축제가 시작되었다. 백 명 가까운 제자가 내지르는 소리가 감미로운 찬가와 뒤섞여 울려 퍼졌다. 악사 몇 사람이 피리와 콜 카르탈(북과 바라)을 연주했다. 우리가 하느님의 축복받은 이름을 소리 높여 찬양하자 열광한 시민들은 단조로운 일상에서 벗어나게 된 것을 반가워하며 길 위에 꽃을 뿌렸다. 긴 행진은 아슈람의 안뜰에서 막을 내렸다. 우리가 뜰에서 구루를 에워싸고 있는 동안 이층 발코니에 있는 제자들이 금잔화 꽃잎을 흩날렸다.

여러 손님이 찬나와 오렌지로 만든 푸딩을 가지러 위층으로 올라갔다. 나는 오늘 부엌일을 맡은 동료들이 있는 곳으로 갔다. 손님이 워낙 많다 보니 마당에 커다란 솥을 걸고 음식을 조리해야 했다. 벽돌을 쌓아 급조한 화덕에서 장작을 때느라 연기가 나고 눈물이 쏟아졌지만 우리는 흥겹게 웃으면서 일을 했다. 인

---

* "귀를 지으신 이가 듣지 아니하시랴 눈을 만드신 이가 보지 아니하시랴 지식으로 사람을 가르치시는 이가 알지 아니하시랴"(〈시편〉 94:9~10)

도 사람들은 종교 축제를 조금도 성가신 일로 여기지 않는다. 신도들은 돈이나 쌀, 야채를 바치고 직접 봉사를 하면서 저마다 즐겁게 자기 몫을 다한다.

스승은 어느새 우리 곁에서 잔치 준비를 일일이 지휘하고 있었다. 쉴 새 없이 바쁜 중에도 스승은 제일 부지런한 어린 제자와 보조를 맞추었다.

이층에서는 발 풍금과 손으로 두드리는 인도 북을 반주로 곁들인 산키르탄(여럿이 주고받는 노래)이 한창이었다. 스리 유크테스와르는 감상하는 듯이 귀를 기울였다. 스승의 음악적 감각은 감탄스러울 만큼 예리했다.

"음조가 맞지 않아!" 스승은 요리사들을 떠나 악사들과 합류했다. 선율이 다시 들렸다. 이번에는 음이 잘 맞았다.

《사마 베다》에는 세계에서 가장 오래된 음악 이론이 담겨 있다. 인도에서는 음악, 회화, 연극을 신성한 예술로 간주한다. 힌두교의 삼주신 브라흐마, 비슈누, 시바는 최초의 음악가들이었다. 우주의 춤을 추는 나타라자로 나타난 시바는 경전에서 우주 창조, 유지, 파괴의 과정에 따라 무한한 율동의 형식을 성취한 것으로 표현된다. 한편 브라흐마와 비슈누는 박자를 맞추는데, 브라흐마는 바라를 울리고 비슈누는 므리당가(신성한 북)를 친다.

지혜의 여신 사라스와티는 모든 현악기의 어머니인 비나를 연주하는 것으로 상징화된다. 비슈누의 화신인 크리슈나는 힌두 미술에서 피리를 든 모습으로 그려진다. 크리슈나는 피리를 가지고 마야의 미망 속에서 방황하는 인간 영혼을 진정한 고향으로 불러들이는 황홀한 노래를 연주한다.

힌두 음악의 초석은 라가, 즉 고정된 선율의 음계다. 여섯 개의 기본 라가는 다시 126개의 라기니(아내)와 푸트라(아들)로 갈라져 나간다. 각각의 라가는 주음(바디: 왕), 부음(사마바디: 총리), 보조음(아누바디: 종자), 불협화음(비바디: 적) 등 최소한 다섯 개의 음을 가진다.

여섯 개의 기본 라가는 각각 하루의 특정한 시간, 한 해의 특정한 계절, 그리고 특정한 능력을 부여하는 주재신과 자연스럽게 상응한다.

⑴ 힌돌레 라가는 우주적 사랑의 분위기를 자아내기 위해 봄날 새벽에 연주한다.

(2) 디파카 라가는 연민을 불러일으키기 위해 여름날 저녁에 연주한다.

(3) 메가 라가는 용기를 북돋기 위해 우기의 한낮에 연주한다.

(4) 바이라바 라가는 평온을 얻기 위해 팔월, 구월, 시월의 아침에 연주한다.

(5) 스리 라가는 순수한 사랑을 얻기 위해 가을 황혼 녘에 연주한다.

(6) 말쿤사 라가는 용맹을 얻기 위해 겨울날 한밤중에 연주한다.

고대의 리시들은 자연과 인간 사이에서 이러한 소리의 동조 법칙을 발견했다. 자연은 원초적 소리 또는 진동하는 말씀인 옴이 객체화된 것이므로 인간은 특정한 만트라나 곡조를 사용하여 자연의 모든 현상을 통제할 수 있다.[*] 역사 문헌은 16세기 악바르 대제의 궁정 음악가였던 미얀 탄 센의 놀라운 능력에 관한 얘기를 전해 준다. 아직 태양이 머리 위에 있을 때 밤의 라가를 노래하라는 황제의 명령을 받은 탄 센이 만트라를 읊조리자 한순간에 왕궁 전체가 어둠에 휩싸였다.

인도 음악에서는 옥타브를 22개의 스루티, 즉 반의 반음으로 나눈다. 이러한 미분음은 12음으로 이루어진 서양의 반음계로는 얻기 힘든 섬세한 음악적 표현을 가능하게 해 준다. 옥타브의 기본음 일곱 개는 각각 힌두 신화에서 색상과 새나 짐승의 울음소리에 연결된다. 도는 초록색과 공작, 레는 빨간색과 종달새, 미는 황금색과 염소, 파는 노란색을 띤 흰색과 왜가리, 솔은 검정색과 나이팅게일, 라는 노란색과 말, 시는 모든 색상의 조합과 코끼리를 나타낸다.

인도 음악은 72타타(음계)로 이루어진다. 음악가는 고정된 전통적 라가(선율)를 중심으로 끝없이 즉흥 연주를 펼칠 수 있는 창조적 자유를 만끽한다. 그는 구조적 주제의 정감 또는 분위기에 집중하면서 독창성을 한껏 발휘하여 주제를 꾸민다. 힌두 음악가는 정해진 음표를 읽지 않고, 연주할 때마다 라가의 골격에 새로 옷을 입힌다. 그는 하나의 선율적 반복 진행(melodic sequence)에 머물기도

---

[*] 모든 민족의 전설에는 자연을 지배하는 주문에 관한 이야기가 포함되어 있다. 아메리카 인디언들은 비와 바람을 부르는 효과적인 소리 의식을 개발했다. 위대한 힌두 음악가 탄 센은 노래의 힘으로 불을 끌 수 있었다. 캘리포니아의 박물학자인 찰스 켈로그는 1926년에 뉴욕의 소방수들 앞에서 소리의 진동이 불에 미치는 효과를 실증해 보였다. 그는 바이올린의 활을 확대한 것 같은 활로 알루미늄 소리굽쇠를 빠르게 그어 강한 라디오 잡음 같은 날카로운 소리를 냈다. 순간, 속이 빈 유리관 내부에서 솟구치던 2피트 높이의 노란색 가스 화염이 6인치 높이로 가라앉으면서 톡톡 튀는 푸른 불꽃으로 바뀌었다. 활을 한 번 더 긋자 다시 날카로운 진동음이 나고 불이 꺼졌다.

하고, 반복을 통해 미묘한 미분음과 리듬의 변주를 강조하기도 한다.

서양의 작곡가 중에서는 바흐가 백 가지의 복잡한 방법으로 조금씩 변화를 준 반복음의 진가와 매력을 이해했다.

산스크리트 문학에서는 120개의 탈라, 즉 박자에 대해 기술하고 있다. 힌두 음악의 전통을 확립한 바라타는 종달새가 지저귀는 소리에서 서른두 종류의 탈라를 구분해 냈다고 한다. 탈라와 리듬은 인간의 움직임에 뿌리를 두고 있다. 걷기는 두 박자이고 잠잘 때의 호흡은 세 박자인데, 들숨은 날숨보다 두 배가 길다.

인도는 오래전부터 인간의 목소리를 가장 완벽한 악기로 여겼다. 따라서 힌두 음악은 대부분 3옥타브의 음역에 한정된다. 똑같은 이유로 화성(동시적 음의 관계)보다 선율(연속적 음의 관계)이 강조된다.

힌두 음악은 주관적이고 영적이며 개인적인 예술로서, 교향악의 화려함보다는 대령(大靈)과의 개인적 조화에 목표를 두고 있다. 인도의 유명한 노래는 모두 신에 헌신한 이들이 작곡한 것이다. '음악가'를 일컫는 산스크리트어는 바가바타르, 즉 '신의 영광을 노래하는 자'다.

여럿이 모여 음송을 주고받는 산키르탄은 효과적인 형태의 요가, 즉 영적 수행 방식이며 씨앗 생각과 소리에 대한 몰두와 강한 집중을 요한다. 인간 자신이 창조하는 말씀의 한 가지 표현이기 때문에 소리는 인간에게 강력하고도 즉각적인 효과를 나타낸다. 동서양의 위대한 종교 음악은 신비로운 척추의 중심을 일시적으로 진동시켜 깨우기 때문에 인간에게 기쁨을 준다.[*] 그러한 법열의 순간

---

[*] 신비로운 뇌척수의 중심들(차크라, 아스트랄 연꽃)을 깨우는 것은 요기의 신성한 목표다. 서구의 성서 해석자들은 신약의 〈요한 계시록〉에 주 예수가 요한과 가까운 제자들에게 가르친 요가 과학의 상징적 해설이 포함되어 있는 것을 이해하지 못했다. 요한은 '일곱 별의 비밀'과 '일곱 교회'에 대해 언급한다(〈요한 계시록〉 1:20). 이 상징들은 요가 이론서에서 뇌척수의 축에 있는 일곱 개의 '들창'으로 묘사되는 일곱 송이 빛의 연꽃을 가리킨다. 요기는 과학적 명상을 수행함으로써 이처럼 신성하게 계획된 '출구'를 통해 육체의 감옥에서 탈출하여 영(靈)으로서의 참된 정체성을 회복한다(26장 참조).
일곱 번째 중심인 뇌 속의 '천 개의 잎이 달린 연꽃'은 무한 의식의 왕좌에 해당한다. 신성한 깨달음의 상태에서 요기는 브라흐마, 즉 파드마자('연꽃에서 태어난 자')로서의 창조주 신을 의식한다고 한다.
'연화좌'는 요기가 이 전통적 자세에서 뇌척수 중심의 다채로운 연꽃(파드마)을 보기 때문에 그런 이름을 얻었다. 각각의 연꽃은 프라나(생명력)로 구성된 고유한 수의 꽃잎 또는 광선을 가진다. 파드마는 또한 차크라(바퀴)로도 알려져 있다.
연화좌(파드마사나)는 척추를 꼿꼿이 세워 주며 무아의 상태(사비칼파 사마디)에 들었을 때 앞이나 뒤로 넘어지지 않도록 자세를 안정시켜 준다. 그렇기 때문에 연화좌는 요기들이 가장 좋아하는 명상 자세다. 하지만, 파드마사나는 초심자에게는 다소 어려울 수 있으며, 반드시 하타 요가 전문가의 지도를 받아야 한다.

에 그는 자신의 신성한 기원에 대한 희미한 기억을 떠올리게 된다.

축제 날 스리 유크테스와르의 이층 거실에서 울려 퍼지는 산키르탄은 김이 무럭무럭 나는 그릇들에 파묻혀 있던 부엌 당번들에게도 활력을 불어넣었다. 동료 제자들과 나는 손뼉으로 박자를 맞추면서 흥겹게 후렴을 따라 불렀다.

저물녘까지 우리는 수백 명의 방문객에게 키추리(쌀과 렌즈콩)와 야채 카레, 라이스 푸딩을 대접했다. 우리는 안뜰에 담요를 깔았다. 사람들은 별이 총총한 하늘 아래 둘러앉아서 스리 유크테스와르 입에서 흘러나오는 지혜의 말씀에 조용히 귀를 기울였다. 스승은 크리야 요가의 가치를 강조하고, 자기 존중의 삶, 평정심, 결단력, 단순한 식사, 규칙적인 운동 등에 관해 강론했다.

이어서 막내 제자들이 찬가를 몇 곡 불렀다. 모임은 열렬한 산키르탄으로 끝을 맺었다. 아슈람 식구들은 열 시부터 자정까지 솥과 냄비를 씻고 안뜰을 청소했다. 구루가 나를 곁으로 불렀다.

"오늘 즐거운 마음으로 일하고 지난주에도 내내 준비를 하느라 수고가 많았다. 오늘 밤에는 나와 함께 자도록 하자."

생각지도 못했던 특전이었다. 우리는 신성한 평온의 상태로 한동안 앉아 있었다. 우리가 잠자리에 눕고서 십 분쯤 지나자 스승은 일어나서 옷을 입기 시작했다.

"무슨 일이십니까?" 구루 곁에서 잠든다는 기쁨에 갑자기 찬물을 끼얹는 듯했다.

"기차를 놓쳐서 늦어진 제자들이 곧 도착할 것 같구나. 음식을 좀 준비해야겠다."

"구루지, 새벽 한 시에 누가 오겠습니까."

"그냥 누워 있거라. 너는 일을 너무 많이 했다. 음식 준비는 내가 하마."

스리 유크테스와르의 단호한 어조에 나는 벌떡 일어나서 스승을 따라 이층 내실 발코니에 딸린 작은 부엌으로 갔다. 쌀과 달이 곧 끓기 시작했다.

구루는 자애로운 미소를 지었다. "오늘 밤 너는 힘든 일의 피로와 두려움을 극복했다. 앞으로는 그런 것 때문에 괴로움을 겪는 일이 없을 것이다."

스승이 이렇게 평생의 축복을 베풀어 주는 사이에 안뜰에서 발소리가 들렸다.

나는 아래층으로 뛰어 내려가 제자들을 맞이했다.

한 사람이 말했다. "정말이지 이 시간에 스승님께 폐를 끼치고 싶지는 않았네! 기차를 놓치는 바람에 늦게 도착했지만, 스승님을 뵙지 않고 그냥 돌아갈 수는 없었네."

"스승님께서는 자네들이 올 줄 알고 음식 준비까지 하고 계시다네."

손님들을 반기는 스리 유크테스와르의 목소리가 집안을 울렸다. 나는 얼떨떨해하는 방문자들을 부엌으로 인도했다. 스승은 눈을 찡긋하며 나를 돌아보았다.

"자초지종을 들었으니 이제 손님들이 정말로 기차를 놓쳤다는 사실을 믿겠지!"

삼십 분 후 나는 신과 같은 구루 곁에서 잠든다는 행복한 기대에 부풀어 스승을 따라 침실로 갔다.

16
별의 운명을 극복하다

"무쿤다, 점성 팔찌를 껴 보지 않겠느냐?"

"왜요? 저는 점성술을 믿지 않는데요."

"점성학은 '믿음'의 문제가 아니다. 올바른 과학적 태도는 어떤 대상이 '참인지 아닌지' 묻는 것이다. 만유인력의 법칙은 뉴턴이 태어나기 전이나 후나 똑같이 작용하고 있다. 인간이 믿지 않는다고 해서 우주의 법칙이 작용할 수 없다면 우주는 완전히 혼돈에 빠져 버리고 말 게다. 태곳적부터 내려온 별의 과학이 협잡꾼들 때문에 오늘과 같은 오명을 얻게 된 것이다. 점성학은 수학적*, 철학적으로 너무나 방대하기 때문에 심원한 통찰력을 지닌 사람이 아니고서는 올바르게 터득하기가 어렵다. 천체의 운행 속에서 흐트러진 것만을 보고 정연한 것을 보지 못하는 무지한 자들이 제멋대로 해석을 내린다면 불완전한 이 세상은 더욱 어지

---

* 학자들은 고대 힌두 문헌에 언급된 천문학적 사실을 토대로 저자의 연대를 확정할 수 있었다. 리시들의 과학적 지식은 매우 방대했다. 《카우시타키 브라흐마나》에는 기원전 3100년에 인도인들이 천문학에서 상당히 진보해 있었음을 보여 주는 정확한 천문학적 구절들이 실려 있다. 천문학은 점성술 의식에 필요한 상서로운 시기를 결정하는 데 실용적 가치를 지니고 있었다. 《동서》 지 1934년 2월호에는 죠티시(《베다》의 천문학 주해)에 관한 타라 마타의 기사가 실려 있다. 죠티시에는 인도가 여러 고대 국가들 가운데 앞장을 서고 지식을 추구하는 사람들의 성지로 불리도록 해 준 과학의 구전 지식이 담겨 있다. 죠티시 저작의 하나인 《브라마굽타》는 우리 태양계의 행성 운동, 황도의 경사, 지구의 구형, 달의 반사광, 지구의 자전, 은하수 내 항성의 존재, 인력의 법칙과 같은 문제들과 서양에서는 코페르니쿠스와 뉴턴의 시대가 되기까지 주목을 받지 않은 그 밖의 과학적 사실들을 다룬 천문학 논문이다.

서양 수학의 발달에 결정적인 역할을 한 이른바 '아라비아 숫자'는 고대 인도에서 그 표기 체계가 완성된 뒤 아라비아를 거쳐 9세기에 유럽에 전해진 것이다. 인도의 방대한 과학적 유산을 좀 더 상세히 조명한 저서로는 P. C. 로이 경의 《인도 화학사(History of Hindu Chemistry)》, B. N. 실의 《고대 인도의 실증 과학(Positive Sciences of the Ancient Hindus)》, B. K. 사르카르의 《정밀과학에서 인도의 성취(Hindu Achievements in Exact Science)》와 《인도 사회학의 실증적 배경(The Positive Background of Hindu Sociology)》, U. C. 더트의 《인도의 약물학(Materia Medica)》 등이 있다.

러워질 것이다. '지식'을 좇아 '지혜'를 저버리는 일이 있어서는 안 된다."

스승은 이야기를 계속했다.

"우주 만물은 서로 연관되어 있으면서 영향을 주고받는다. 균형 잡힌 우주의 리듬은 이러한 상호 작용에 뿌리를 두고 있다. 인간이 인간의 모습을 띠고 있는 동안에는 두 종류의 힘과 싸워야 한다. 첫째는 자기 존재의 내부에서 흙, 물, 불, 공기, 그리고 에테르의 제 원소가 혼합되면서 일으키는 격정이고, 둘째는 외부에서 통일성을 해체시키는 자연의 힘이다. 인간이 유한성에 몸부림치고 있는 동안에는 필연적으로 하늘과 땅에서 일어나는 무수한 변화의 영향을 받게 된다.

점성학은 천체의 자극에 대한 인간의 반응을 연구하는 학문이다. 별들이 의식적으로 선의나 악의를 품고 있는 것은 아니다. 별들은 다만 양과 음의 복사 에너지를 방출할 뿐이다. 그 자체로는 인간에게 이롭지도 해롭지도 않지만, 개개의 인간이 전생에서부터 작용시킨 인과응보가 외적으로 발현되는 데 필요한 통로를 제공해 주는 것이다.

인간은 천체의 빛들이 개체의 카르마와 수학적으로 조화를 이루는 그날 그 시각에 태어난다. 신생아의 천궁도(天宮圖)는 돌이킬 수 없는 과거와 가능한 미래의 결과를 나타내는 흥미로운 초상화다. 탄생 천궁도는 직관적인 지혜를 지닌 사람만이 올바르게 해석할 수 있는데, 그런 사람은 아주 드물다.

탄생의 순간에 하늘을 가로질러 신체에 새겨지는 계시는 과거의 선과 악에 따른 결과, 즉 운명을 중시한다는 뜻이 아니라 우주적 속박에서 탈출하려는 인간의 의지를 일깨우기 위한 것이다. 인간은 자신이 한 일을 되돌릴 수 있다. 지금 그의 삶을 지배하는 것이 어떤 결과이든 그 원인을 일으킨 것은 다름 아닌 그 자신이다. 인간은 어떤 한계도 극복할 수 있다. 왜냐하면 그러한 한계 자체가 처음부터 자신의 행동에서 비롯되었기 때문이며, 인간은 천체의 운수에 지배되지 않는 영적 자질을 지니고 있기 때문이다.

점성학에 미신적인 두려움을 가지면 기계적인 성수(聖數)에 무작정 이끌리는 자동인형처럼 된다. 현명한 사람은 피조물을 따르는 대신 창조주를 따름으로써 자신의 별, 다시 말해 자신의 과거를 초극한다. 자신이 영(靈)과 하나임을 깨달으면 깨달을수록 인간은 물질의 지배를 그만큼 덜 받을 수 있다. 영혼은 언제나 자유롭다. 영혼은 태어나지 않기 때문에 죽지도 않는다. 영혼은 별들의 지배를 받지 않는다.

인간은 영혼이며 육체를 가지고 있다. 인간이 올바른 일체감을 확립하면 모든 강박적 집착에서 해방된다. 그러나 영적 기억 상실의 상태에 마냥 머물러 있다면 환경 법칙의 질곡에서 헤어날 길이 없을 것이다.

신은 조화다. 스스로를 조화시키는 헌신자는 결코 빗나간 행동을 저지르지 않을 것이다. 그의 행동은 점성학적 법칙에 따라 올바르고 자연스럽게 조절될 것이다. 그는 깊은 기도와 명상을 통해서 자신의 신성한 의식과 접촉한다. 내면을 다스리는 것보다 더 중요한 일은 없다."

나는 오랜 침묵 끝에 감히 여쭈어 보았다.

"그런데 스승님, 왜 제게 점성 팔찌를 끼라고 하시는 건가요?" 나는 무척 생소한 사상이 담긴 스리 유크테스와르의 고매한 설명을 이해해 보려고 애썼다.

"여행하는 사람은 목적지에 이르렀을 때에야 지도를 버릴 수 있다. 여행하는 동안에는 편리한 지름길을 이용한다. 고대의 리시들은 인간이 미망 속에서 헤매는 기간을 줄일 수 있는 여러 가지 방법을 찾아냈다. 카르마의 법칙에는 지혜의 손가락으로 교묘하게 조절할 수 있는 어떤 기계적 특성이 있다.

인간의 모든 병은 우주 법칙을 어기는 데서 생겨난다. 경전에 이르기를, 인간은 신의 전능하심을 의심하지 않으면서 자연의 법칙을 따라야 한다고 했다. 인간은 이렇게 말해야 한다. '하느님, 저는 당신을 믿고 있고 당신께서 저를 도우실 것을 알고 있지만, 저 역시 제가 저지른 잘못을 되돌리기 위해 최선을 다하겠습니다.' 기도, 의지력, 요가 명상, 성자의 가르침, 점성 팔찌 등 여러 가지 수단을 통해 과거에 저지른 잘못의 부정적 효과를 최소화하거나 없앨 수 있다.

집에 피뢰침을 설치하여 번개의 충격을 흡수하는 것처럼, 육체의 사원도 특정한 방법으로 보호할 수 있다.

우주에는 전기와 자기의 복사 에너지가 끊임없이 순환하면서 인간의 육체에 좋든 나쁘든 영향을 미치고 있다. 먼 옛날 우리 리시들은 미묘한 우주적 영향력의 부정적 효과를 극복하는 문제에 대해 깊이 생각했다. 현인들은 순수한 금속이 행성의 부정적 힘을 강력하게 상쇄시키는 아스트랄 광선을 방출한다는 것을 발견했다. 특정한 식물의 조합도 도움이 되는 것으로 밝혀졌다. 그 가운데서 가장 효과가 높은 것은 2캐럿 이상의 흠 없는 보석이다.

인도 밖에서는 점성학의 예방적 효용성에 대해 진지한 연구가 이루어지지 않았다. 잘 알려지지 않은 한 가지 사실은, 그러한 보석이나 금속, 식물 제제도 일정한 무게가 갖추어지지 않거나 피부에 가까이 지니고 있지 않으면 아무 소용이 없다는 것이다."

"그러면 스승님 충고대로 팔찌를 끼겠습니다. 저는 별의 운명을 극복한다는 생각에 흥미가 끌립니다!"

스리 유크테스와르는 세심한 지시를 덧붙였다. "일반적인 목적이라면 금이나 은이나 구리로 만든 팔찌도 좋지만, 특수한 목적을 위해서는 은과 납으로 만든 것을 사용해야 한다."

"구루지, '특수한 목적'이 무슨 뜻인가요?"

"무쿤다야, 별들은 지금 너에게 '상서롭지 못한' 기운을 끼치려 하고 있다. 하지만 두려워 마라. 내가 보호해 주마. 한 달쯤 뒤에 너는 간 때문에 큰 탈이 날 것이다. 병은 여섯 달 동안 지속되도록 정해져 있지만 점성 팔찌를 사용하면 그 기간이 이십사 일로 단축될 것이다."

나는 다음날 바로 보석상을 찾아가 팔찌를 사서 끼었다. 나는 건강이 아주 좋아서 스승의 예언을 까맣게 잊고 있었다. 스승은 세람포어를 떠나 바나라스로 갔다. 우리가 대화를 나눈 지 삼십 일이 되었을 때 나는 갑자기 간장 부위에 통증을 느꼈다. 그 후로는 악몽 같은 고통 속에서 몇 주를 보냈다. 나는 구루에게 폐를 끼치고 싶지 않아서 혼자 꾹 참고 견디기로 마음먹었다.

그러나 이십삼 일 동안 극심한 고통을 겪고 나자 결심이 흔들렸다. 나는 바나라스로 가는 기차를 탔다. 스리 유크테스와르는 전에 없이 따뜻하게 나를 맞아 주었지만, 나의 고충을 사사로이 털어놓을 기회는 주지 않았다. 그날은 여러 헌신자들이 다르샨*을 얻기 위해 스승을 찾아왔다. 나는 아픈 몸에 외톨이가 되어 구석에 앉아 있었다. 저녁 식사를 마친 후에야 손님들이 모두 떠났다. 구루는 팔각 발코니로 나를 불렀다.[*]

"보아하니 간장에 탈이 나서 찾아온 게로군?" 나는 스리 유크테스와르의 시선을 피했다. 스승은 이리저리 왔다 갔다 하면서 이따금씩 달빛을 가로막곤 했다. "어디 보자, 네가 앓은 지 이십사 일째 되지 않았느냐?"

"그렇습니다."

"내가 가르쳐 준 위장 운동을 해 보거라."

"제가 얼마나 고통스러운지 아신다면 운동을 하라고 하지는 않으실 겁니다." 그러면서도 나는 스승의 말씀대로 몸을 좀 움직여 보았다.

"너는 아프다고 하고 나는 아프지 않다고 하니, 그런 모순이 어디 있느냐?" 구루는 캐묻는 듯이 나를 바라보았다.

나는 한순간 아뜩해졌다가 다시금 행복한 안도감에 휩싸였다. 몇 주 동안 잠을 이룰 수 없을 정도로 시달렸던 고통을 더는 느낄 수 없었다. 스승의 말씀 한마디에 고통이 씻은 듯이 사라진 것이다. 나는 감사의 표시로 스승의 발 앞에 무릎을 꿇으려 했지만 스승은 재빨리 나를 말렸다.

"철부지처럼 그러지 마라. 일어나서 갠지스 강을 비추는 아름다운 달을 바라보거라." 그러나 내가 스승 곁에 조용히 서 있는 동안 스승의 눈은 행복하게 빛나고 있었다. 스승의 태도로 미루어, 내 병을 고쳐 준 것은 그가 아니라 신이었음을 깨닫게 하려는 것 같았다.

나는 지금도 무거운 은과 납으로 된 팔찌를 끼고 있다. 그것은 내가 진정한 초인과 함께 살고 있음을 새삼스럽게 깨달은 그날부터 오래도록 늘 간직해 온 기념물이다. 나중에 내가 친구들의 병을 고쳐 주려고 스리 유크테스와르에게 데려가면 스승은 항상 보석이나 팔찌[†]를 권하면서, 거기에 담겨 있는 점성학적 지혜를 찬상하곤 했다.

---

[*] 성자를 뵙는 것만으로도 내려지는 축복.
[†] 299쪽 각주 참조.

나는 어린 시절부터 점성술에 대해 선입견을 가지고 있었다. 그 이유인즉, 한편으로는 많은 사람이 점성술에 맹목적으로 집착하는 것을 보았기 때문이고, 한편으로는 우리 가족의 점성술사가 들려준 예언 때문이다. "너는 두 번 상처(喪妻)하고 세 번 결혼할 것이다." 그 문제를 곰곰이 생각하노라면 내가 마치 삼중혼인의 제단에 오를 날을 기다리는 희생양처럼 느껴졌다.

아난타 형은 이렇게 말했다. "운명에 순종하는 것이 좋을 게다. 너의 천궁도에는 어릴 때 가출해서 히말라야로 도망쳤다가 붙잡혀 올 거라는 얘기가 그대로 적혀 있다. 그러니 혼인에 관한 예언도 틀림없이 들어맞을 게다."

어느 날 밤 그 예언이 전적으로 틀렸다는 분명한 직감이 들었다. 나는 천궁도 두루마리를 불태운 뒤 재를 종이 봉지에 담고 그 위에 이렇게 적었다. "신성한 지혜의 불길에 그을린 묵은 카르마의 씨앗은 싹을 틔울 수 없다." 나는 봉지를 눈에 잘 띄는 곳에 놓았다. 아난타 형이 곧 나의 도발적인 글을 읽고는 코웃음을 치며 말했다.

"이 종이 두루마리를 태운 것처럼 그렇게 쉽게 진실을 지워 버릴 수야 없지."

우리 가족은 실제로 내가 어른이 되기 전에 세 번이나 나를 약혼시키려 했다. 신을 향한 사랑이 과거에 주어진 어떤 점성술의 예언보다도 강하다는 것을 알고 있던 나는 그때마다 계획에 말려들지 않으려고 애썼다.*

"인간은 자아에 대한 깨달음이 깊어질수록 자신의 미묘한 영적 진동을 통해 우주 전체에 더 큰 영향을 미치고, 그 자신은 현상의 물결에 영향을 덜 받게 된다." 나는 종종 스승의 이 말씀을 떠올리며 용기를 얻곤 했다.

가끔씩 나는 점성가에게 별자리 운세가 가장 불길한 시기를 택해 달라고 한 다음, 스스로 정한 과제를 완수하는 시험을 해 보았다. 그런 시기에 성공을 거두기 위해서는 엄청난 어려움을 겪어야 했던 것이 사실이다. 그러나 나의 확신은 언제나 옳았다. 신의 보호에 믿음을 가지고 신께서 주신 인간의 의지를 올바르

---

* 우리 가족이 내 신붓감으로 고른 여성 중 한 사람은 나중에 내 사촌 프라바스 찬드라 고시와 결혼했다(277쪽 사진 참조). [스리 고시는 1936년부터 1975년 작고할 때까지 YSS(465~473쪽 참조)의 부회장을 맡았다.]

게 사용하는 것이 천체에서 발산하는 운명의 힘보다 훨씬 큰 위력을 발휘한다.

탄생과 더불어 주어지는 별자리의 운세는 인간이 과거의 꼭두각시라는 의미가 아님을 나는 이해하게 되었다. 그 메시지는 오히려 긍지를 불러일으킨다. 천체 그 자체는 모든 한계에서 벗어나려는 인간의 결의를 북돋워 주고자 한다. 신은 인간을 영혼으로 창조하시고 저마다 개별성을 부여하셨다. 따라서 이승에서 한때 막중한 역할을 맡든 미미한 역할을 맡든 인간은 누구나 우주 구조에 없어서는 안 될 요소인 것이다. 원하기만 한다면 인간은 즉각적이고 궁극적인 자유를 얻을 수 있다. 자유는 외적인 승리가 아니라 내면의 승리에 달려 있는 것이다.

스리 유크테스와르는 24,000년에 걸친 평분(平分) 주기를 현 시대에 수학적으로 적용하는 법을 발견했다.[*] 이 주기는 각기 12,000년씩 지속되는 상승기와 하강기로 나뉜다. 각 시기에는 칼리, 드와파라, 트레타, 사트야 등 네 개의 유가(시대)가 속하는데, 이는 그리스의 철, 청동, 백은, 황금 시대에 해당한다.

구루는 다양한 계산을 통해 상승기의 마지막 칼리 유가, 즉 철의 시대가 서기 500년경에 시작되었다는 결론을 내렸다. 1,200년간 지속된 철의 시대는 물질주의의 기간으로, 서기 1700년경에 끝났다. 다음에 이어지는 드와파라 유가는 전기와 원자 에너지가 발달한 2,400년의 기간으로, 전신, 라디오, 비행기 등을 비롯한 공간 파괴의 시대다.

3,600년에 걸친 트레타 유가는 서기 4100년에 시작된다. 이 시대는 텔레파시 통신을 비롯한 시간 파괴의 보편적 지식이 특징을 이룰 것이다. 상승기의 마지막 시대인 사트야 유가가 4,800년간 지속되는 동안에는 인간의 지성이 고도로 발달하여 인간이 하는 일이 신의 계획과 조화를 이루게 될 것이다.

12,000년의 하강기는 4,800년에 걸친 하강 황금 시대와 더불어 시작된다(서기 12500년). 이때부터 인간은 점차 무지 속으로 가라앉는다. 이러한 주기들은 마야, 즉 현상계의 대립과 상대성이 영원히 순환하는 과정이다.[†] 인간은 창조주

---

[*] 이 주기는 스리 유크테스와르의 책 《신성 과학(The Holy Science)》(SRF 간행)의 첫 부분에 상술되어 있다.
[†] 힌두교 경전에서는 현 시대가 스리 유크테스와르가 생각한 단순한 24,000년 평분 주기보다 훨씬 긴 우주 주기의 칼리 유가에 속하는 것으로 보고 있다. 경전의 우주 주기는 4,300,560,000년이며, 창조일을 정확히 측정해 낼 수 있다. 이 방대

와의 불가분하고 신성한 합일 의식을 깨달아 감에 따라 하나씩 이원성의 감옥에서 헤어난다.

스승은 점성학뿐 아니라 세계의 경전들에 관해서도 이해를 넓혀 주었다. 스승은 티 없는 마음의 테이블 위에 경전들을 펼쳐 놓고 직관적 추론의 메스로 그것을 해부한 다음, 예언자들이 전하고자 했던 본뜻에 어긋난 학자들의 오류나 가필한 구절을 가려낼 수 있었다.

"그 눈길을 코끝에다 두어라." 이것은 동양의 범학자와 서양의 번역자들이 널리 받아들인 《바가바드 기타》의 한 구절이다.* 스승은 이 구절이 부정확하게 해석되었다고 익살스럽게 비판을 하곤 했다.

"요기의 길은 그렇지 않아도 남다른데, 왜 사팔뜨기까지 되라고 한단 말이냐? 나시카그람의 참뜻은 '코의 끝'이 아니라 '코의 뿌리'다. 코는 두 눈썹 사이의 점, 즉 영적인 눈이 자리 잡은 곳에서 시작된다."†

상키야‡의 가르침에는 "이슈와르 아싯드헤"§("창조주는 추론할 수 없다" 또는 "신은 증명되지 않는다")라는 구절이 있다. 대부분의 학자들은 주로 이 문장을 근거로 상키야 철학 전체가 무신론적이라고 생각한다.

스리 유크테스와르는 이렇게 설명했다. "이 구절은 무신론이 아니라, 언제나 감각에 의존해서 판단을 내리는 무지한 사람에게 신은 언제까지나 증명되지 않고 따라서 존재하지 않는다는 의미일 뿐이다. 명상을 통해 확고한 통찰력을 얻은 참된 상키야 수행자들은 신이 존재할 뿐 아니라 인식할 수도 있다는 것을 깨

한 수치는 태양년의 길이와 원주율(3.1416, 원의 지름에 대한 둘레의 비율)의 배수 사이의 관계에 근거한 것이다.

고대의 예언자들에 따르면 우주 전체의 수명은 태양년으로 314,159,000,000,000년인데, 이것이 곧 '브라흐마 1기'다. 힌두교 경전은 우리 지구와 같은 세계가 두 가지 이유 중 하나로 해체된다고 말한다. 즉, 서식하는 생명체 전체가 완전히 선해지거나 완전히 악해지는 것이다. 이런 식으로 세계정신은 지구를 이루면서 갇혀 있는 원자들을 풀어 놓는 힘을 발생시킨다. 간간이 '세계의 종말'이 임박했다는 무시무시한 선언이 들려온다. 그러나 행성의 주기는 질서정연한 신의 계획에 따라 진행된다. 지구의 해체는 머나먼 일이다. 현 상태의 우리 행성에는 아직도 수많은 상승과 하강의 평분 주기가 남아 있다.

* VI:13.

† 네 몸의 등불은 눈이라. 네 눈이 성하면 온몸이 밝을 것이요 만일 나쁘면 네 몸도 어두우리라. 그러므로 네 속에 있는 빛이 어둡지 아니한가 보라."(《누가복음》 11:34–35

‡ 힌두교 육파 철학의 하나. 상키야는 프라크리티(자연)에서 시작하여 푸루샤(영혼)로 끝나는 25가지의 원리를 통한 궁극적 해탈을 가르친다.

§ 《상키야 송(頌)》 1:92.

닫게 된다."

스승은 아름답고 명쾌하게 기독교 《성경》을 해설했다. 내가 《성경》에 담긴 불멸의 본질을 인식한 것은 기독교에 정식으로 몸담은 적이 없는 나의 힌두교 구루를 통해서였다. 나는 또, 섬뜩할 정도로 독단적인 그리스도의 선언, "천지는 없어질지언정 내 말은 없어지지 아니하리라"* 하는 말에 담긴 참뜻을 이해하는 법도 배웠다.

인도의 위대한 스승들은 예수에게 생명을 불어넣은 것과 같은 신성한 이상을 통해 그들의 삶을 빚어낸다. 이들은 예수가 선언한 형제들이다. "누구든지 하늘에 계신 내 아버지의 뜻대로 하는 자가 내 형제요 자매요 어머니이니라."† 그리스도는 이렇게 지적했다. "너희가 내 말에 거하면 참으로 내 제자가 되고 진리를 알지니 진리가 너희를 자유롭게 하리라."‡ 모두가 자유인이요 스스로의 주인인 인도의 요기-그리스도들은 우리를 해방시키는 '한 아버지'의 앎을 터득한 사람들로서 영원한 형제 관계를 이루고 있다.

"아담과 이브 이야기는 이해가 되지 않아요!" 나는 천지창조 우화와 씨름하던 어느 날 잔뜩 열을 올리며 말했다. "왜 하느님은 죄를 지은 사람만 벌하지 않고 아직 태어나지도 않은 죄 없는 자손들에게까지 벌을 내리셨나요?"

스승은 나의 무지 때문이 아니라 열의에 웃음을 지으며 이렇게 설명해 주었다.

"〈창세기〉는 상징성이 크기 때문에 글자 그대로 해석해서는 이해할 수 없다. '생명의 나무'는 인간의 몸이다. 척수는 뒤집힌 나무와 같아서, 사람의 머리카락은 뿌리에 해당하고 뻗어 나가는 신경은 가지에 해당한다. 신경 계통의 나무는 여러 가지 달콤한 열매를 맺는데, 시각, 청각, 후각, 미각, 촉각 등의 감각이 그것이다. 인간이 그러한 감각에 탐닉하는 것은 무방하지만 성(性)의 경험만은 금지되었는데, 몸의 중심에 있는(동산 중앙에 있는) '사과'는 이를 가리킨다.§

---

* 〈마태복음〉 24:35.
† 〈마태복음〉 12:50.
‡ 〈요한복음〉 8:31~32. 사도 요한은 이렇게 증언했다. "영접하는 자 곧 그 이름을 믿는 자들에게는(편재하는 그리스도 의식을 성취한 자들에게는) 하나님의 자녀가 되는 권세를 주셨으니"(〈요한복음〉 1:12)
§ "동산 나무의 열매를 우리가 먹을 수 있으나 동산 중앙에 있는 나무의 열매는 하나님의 말씀에 너희는 먹지도 말고 만

'뱀'은 성 신경을 자극하는 뚤뚤 감긴 척수 에너지를 나타낸다. '아담'은 이성이고 '이브'는 감성이다. 인간의 감정 즉 이브 의식이 성 충동에 압도될 때는 이성 즉 아담도 마찬가지로 제압당한다[*]

신은 자기 의지의 힘을 통해 남자와 여자의 몸을 물질화함으로써 인간 종을 창조하셨다. 신은 이 새로운 종에게 그와 마찬가지로 순결하고 신성한 방법으로 자손을 생산할 수 있는 능력을 부여하셨다.[†] 신이 개별화된 영혼에 현현하는 일은 지금까지 본능에 얽매이고 완전한 이성의 잠재성을 결여한 동물에 한정되었으므로, 신은 이제 최초의 인간을 만들고 상징적으로 아담과 이브라고 부른 것이다. 이들이 높은 단계로 진화할 수 있도록 신은 두 동물의 신성한 본질인 영혼을 불어넣으셨다.[‡] 아담 즉 남자에게는 이성이 우세하고, 이브 즉 여자에게는 감성이 우월했다. 이렇게 하여 현상계의 기초가 되는 이원성 또는 양극성이 표현되었다. 인간의 마음이 동물적 성향의 간교한 에너지에 의해 속임을 당하지 않는 한 이성과 감성은 서로 돕는 기쁨의 천국에 남아 있게 된다.

그러므로 인간의 몸은 단지 짐승에서 진화한 결과인 것이 아니라 신의 특별한 창조 행위를 통해 생겨난 것이다. 동물의 형태는 완전한 신성을 표현하기에는 너무 조야했으므로, 오로지 인간만이 뇌에 전지의 잠재력을 지닌 '천 개의 연꽃잎'을, 그리고 척수에는 날카롭게 깨어 있는 신비로운 중심을 부여받았다.

최초로 창조된 남녀 안에 존재하는 신성한 의식, 즉 신은 그들에게 인간의 모든 감각을 즐기되 오직 한 가지, 성의 감각만은 삼가도록 이르셨다.[§] 이를 금한 까닭은 인간이 열등한 동물의 번식 방법에 빠져들지 않도록 하려는 것이었다. 그러나 잠재의식에 존재하는 짐승의 기억을 되살리지 말라는 경고는 지켜지지 않았다. 짐승과 같은 생식의 길로 돌아선 아담과 이브는 원래의 완벽한 인간이

지지도 말라 너희가 죽을까 하노라 하셨느니라."(《창세기》 3:2-3)
[*] 하나님이 주셔서 나와 함께 있게 하신 여자 그가 그 나무 열매를 내게 주므로 내가 먹었나이다. 여자가 이르되 뱀이 나를 꾀므로 내가 먹었나이다."(《창세기》 3:12-13)
[†] "하나님이 자기 형상 곧 하나님의 형상대로 사람을 창조하시되 남자와 여자를 창조하시고, 하나님이 그들에게 복을 주시며 하나님이 그들에게 이르시되 생육하고 번성하여 땅에 충만하라. 땅을 정복하라."(《창세기》 1:27-28)
[‡] "여호와 하나님이 땅의 흙으로 사람을 지으시고 생기를 그 코에 불어넣으시니 사람이 생령이 되니라."(《창세기》 2:7)
[§] "그런데 뱀(성욕)은 여호와 하나님이 지으신 들짐승(육체의 다른 감각) 중에 가장 간교하니라."(《창세기》 3:1)

타고난 천국과 같은 기쁨의 상태에서 몰락했다. 신이 그들에게 경고했음에도 불구하고, '자기들이 벗은 줄을 알았을' 때 그들은 불사의 의식을 상실했다. 그들은 스스로, 육체적 탄생에는 반드시 육체적 죽음이 따른다는 물질 법칙의 지배를 받게 된 것이다.

'뱀'이 이브에게 약속한 '선과 악'의 지식은 마야의 지배를 받는 필멸의 존재가 반드시 겪어야 하는 이원적이고 대립적인 경험을 가리킨다. 감성과 이성, 즉 이브 의식과 아담 의식을 그릇 사용하여 미혹에 빠진 인간은 신성한 자족의 천국과 같은 동산에 들어갈 권리를 포기한 것이다.* 모든 인간이 져야 할 책임은 자신의 '부모', 즉 이원적 본성을 합일된 조화, 즉 에덴의 상태로 회복하는 것이다."

스리 유크테스와르가 강화를 마치자 나는 〈창세기〉를 새삼 경의에 찬 눈으로 바라보게 되었다.

"스승님, 처음으로 저는 아담과 이브에게 후손으로서 의무를 지고 있다는 것을 느꼈습니다!"†

---

* "여호와 하나님이 동방의 에덴에 동산을 창설하시고 그 지으신 사람을 거기 두시니라."(〈창세기〉 2:8). "여호와 하나님이 에덴동산에서 그를 내보내어 그의 근원이 된 땅을 갈게 하시니라."(〈창세기〉 3:23). 신이 처음 만든 인간의 의식은 이마(동방)에 있는 전능한 한 눈에 집중되어 있다. 그 점에 집중된 인간 의지의 무한한 창조적 힘은 인간이 자신의 물질적 본성을 나타내는 '땅을 갈기' 시작했을 때 상실되었다.

† 고색창연한 푸라나, 《스리마드 바가바드 기타》에는 힌두교의 '아담과 이브' 이야기가 실려 있다. 최초의 남녀(물질적 형태의 존재)는 스와얌부바 마누('창조주에게서 태어난 남자')와 그의 아내 샤타루파('수백 가지의 모습 또는 형태를 가짐')이다. 그들의 다섯 자녀는 프라자파티(물질적인 형태를 띨 수 있는 완벽한 존재)와 결혼했다. 이 최초의 신성한 가족에서 인류가 탄생했다.

동서양을 막론하고 스리 유크테스와르처럼 깊은 영적 통찰력을 가지고 기독교 경전을 해석하는 사람을 나는 아직 보지 못했다. 스승은 이렇게 말했다. "신학자들은 그리스도의 말씀을 그릇 해석했다. 가령, '내가 곧 길이요 진리요 생명이니 나로 말미암지 않고는 아버지께로 올 자가 없느니라'(〈요한복음〉 14:6) 하는 구절에서 예수는 자신이 하느님의 독생자라는 얘기를 한 것이 아니고, 그가 먼저 창조물 안에서 '아들', 즉 활성화시키는 그리스도 의식을 현시하기 전까지는 어떤 인간도 무한한 절대자, 창조물을 초월한 아버지께 이를 수 없다는 것을 얘기한 것이다. 그러한 그리스도 의식과 완전한 합일을 이룬 예수는 그 자신의 자아가 오래전에 해체되었으므로 그 자신과 그리스도 의식을 동일시했던 것이다."(197쪽 각주 참조)

사도 바울이 "예수 그리스도를 통해 만물을 창조하신 하나님"(〈에베소서〉 3:9)이라고 하고, 예수께서 "아브라함이 나기 전부터 내가 있느니"(〈요한복음〉 8:58)라고 하셨을 때 그 말씀의 순수한 본질은 비인격성이다.

수많은 속인들이 일종의 영적인 소심함 때문에 오직 한 사람만이 신의 아들이라고 편리한 대로 믿어 버린다. 그들은 이렇게 추론한다. "그리스도는 유일무이하게 창조되었다. 그러니 필멸의 존재에 불과한 내가 어떻게 그분을 흉내 낼 수 있겠는가?" 그러나 모든 인간은 신성하게 창조되었으며 언젠가는 그리스도의 명을 따라야 한다. "그러므로 하늘에 계신 너희 아버지의 온전하심과 같이 너희도 온전하라."(〈마태복음〉 5:48). "보라 아버지께서 어떠한 사랑을 우리에게 베푸사 하나님의 자녀라 일컬음을 받게 하셨는가, 우리가 그러하도다."(〈요한1서〉 3:1)

카르마와 그 결과인 윤회의 법칙(326쪽 각주, 397~399쪽, 43장 참조)에 관한 내용이 수많은 《성경》 구절에 나타난다. 가령, "다른 사람의 피를 흘리면 그 사람의 피도 흘릴 것이니"(〈창세기〉 9:6)라는 구절에서, 모든 살인자가 반드시 '사람에 의해' 죽임을 당해야 한다면 그 응보 과정은 대부분의 경우 두 차례 이상의 생애를 요구할 수밖에 없다. 현대의 경찰은 그 정도로 신속하지 않다!

초기 기독교 교회는 그노시스파와 여러 교부들, 즉 알렉산드리아의 클레멘스, 오리겐(모두 3세기), 성 제롬(5세기) 등이 해설한 윤회설을 받아들였다. 이 교리는 서기 553년의 제2차 콘스탄티노플 공의회에서 처음 이단으로 선포되었다. 그 당시 많은 기독교도들은 윤회설이 인간에게 너무나 방대한 시간과 공간을 허용하여 즉각적인 구원을 얻으려는 노력을 포기하게 만든다고 생각했다. 그러나 억압된 진실은 당황스럽게도 수많은 오류를 낳았다. 무수한 사람들이 '한 번뿐인 삶'을 신을 추구하는 데 이용하지 않고 이승을 즐기는 데 탕진했던 것이다. 그처럼 유일하게 얻은 삶을 그처럼 간단히 영원하게 상실해 버리다니! 올바른 진실은 인간이 신의 아들로서의 지위를 의식적으로 회복할 때까지 이승에서 윤회를 거듭한다는 것이다.

17
사시와 세 개의 사파이어

"자네와 내 아들이 스와미 스리 유크테스와르를 그처럼 치켜세우니 한번 만나보기로 하지." 나라얀 춘데르 로이 박사의 어조는 바보를 어르고 달래는 듯한 인상을 주었다. 나는 그를 개종시킬 생각으로 화를 꾹 참았다.

수의사인 그는 철두철미한 불가지론자였다. 그의 어린 아들 산토시가 자기 아버지를 도와달라고 내게 간청했다. 지금까지 나는 눈에 띄지 않게 성심껏 도우려 했다.

다음날 로이 박사는 나와 함께 세람포어 아슈람으로 갔다. 스승은 박사를 잠깐 만나보고는 내내 서로 어색한 침묵만 지키고 있었다. 그러자 방문자는 퉁명스럽게 자리를 떴다. 캘커타의 회의론자가 문을 닫고 나가자마자 스리 유크테스와르는 미심쩍은 듯이 나를 쳐다보았다.

"왜 죽은 사람을 아슈람에 데려오느냐?"

"스승님! 박사는 엄연히 살아 있습니다!"

"하지만 곧 죽게 될 게다."

나는 소스라쳤다. "스승님, 그러면 아들은 너무나 큰 충격을 받을 겁니다. 산토시는 아직도 아버지의 물질주의적인 사고방식을 바꿔 놓을 기회가 있을 거라고 기대하고 있습니다. 스승님, 제발 그 사람을 도와주십시오."

"알겠다, 너를 봐서 그렇게 하마." 구루의 표정은 무덤덤했다. "그 오만한 수의사는 당뇨병이 상당히 악화된 상태다. 본인은 모르고 있지만, 보름 후면 앓아

누울 것이다. 의사들도 손을 쓸 수 없을 것이다. 그대로 두면 오늘부터 육 주 후에 세상을 뜨게 되어 있지만, 너의 간청 덕분에 그날 회복될 것이다. 그러나 한 가지 조건이 있다. 너는 반드시 그가 점성 팔찌를 차도록 해야 한다. 그는 틀림없이 수술대에 끌려온 말처럼 완강히 반대할 테지만." 이렇게 얘기하고 스승은 쓴웃음을 지었다.

나는 아무 말 없이 산토시와 내가 어떻게 하면 박사를 좋은 말로 구슬릴 것인지 궁리했다. 그러자 스리 유크테스와르가 말을 이었다.

"병이 낫는 대로 고기를 먹지 말라고 당부해라. 하지만 그는 충고를 듣지 않을 것이다. 그리고 여섯 달이 지나면 건강이 한껏 좋아졌다가 갑자기 쓰러져 죽을 것이다." 이어서 구루는 이렇게 덧붙였다. "그 사람 수명이 여섯 달 연장되는 것은 오로지 너의 간청 때문이다."

다음날 나는 산토시더러 보석상에 팔찌를 주문하라고 일렀다. 팔찌는 일주일 후에 나왔지만 로이 박사는 팔찌 차기를 거부했다.

"나는 아주 건강하네. 이런 미신 같은 점성술로 나를 홀리지는 못할 걸세." 의사는 매몰차게 나를 노려보았다.

스승이 그 사람을 고집 센 말에 비유한 것이 꼭 어울린다는 생각이 들자 웃음이 나왔다. 한 주가 더 지나자 의사는 갑자기 앓기 시작하더니 그제야 고집을 꺾고 팔찌를 차는 데 동의했다. 이 주일 뒤에는 담당 의사가 나에게 환자의 병세가 회복될 가망이 없다고 말했다. 그는 당뇨병으로 인한 고통이 얼마나 끔찍한지 소상하게 들려주었다.

나는 고개를 가로저었다. "저희 구루께서 말씀하시기를, 로이 박사님은 한 달가량 아픈 다음에 나을 거라고 하셨습니다."

의사는 믿을 수 없다는 듯이 나를 빤히 쳐다보았다. 그러나 그는 보름 후에 미안해하는 얼굴로 나를 찾아왔다.

"로이 박사님은 완전히 회복되셨습니다! 이번 일은 내가 겪어 본 가장 놀라운 사례입니다. 나는 여태까지 죽어 가던 사람이 그처럼 불가해하게 회복되는 경우를 본 적이 없습니다. 당신의 구루는 그야말로 병을 고치는 예언자시군요!"

나는 로이 박사를 만나, 고기를 먹지 말라는 스리 유크테스와르의 충고를 그대로 전했다. 그 뒤로 나는 여섯 달 동안 그 사람을 만나지 못했다. 어느 날 저녁 우리 집 베란다에 앉아 있는데 그가 찾아와 이런 얘기를 늘어놓았다.

"고기를 자주 먹었더니 건강이 아주 좋아졌다고 자네 선생님께 말씀드리게. 그 사람의 비과학적인 식이 요법은 아무 도움도 되지 못했네." 로이 박사가 무척 건강해 보이는 것은 사실이었다.

그러나 다음날 산토시가 바로 옆 동네에 있는 집에서 허겁지겁 뛰어왔다. "오늘 아침 아버지께서 갑자기 돌아가셨어."

이 일은 스승과 함께 지내면서 겪은 정말로 기묘한 사건 가운데 하나였다. 스승은 그 고집 센 수의사의 불신에도 불구하고, 오로지 나의 간곡한 청 때문에 그의 병을 고쳐 주고 이승에서 받은 수명을 여섯 달이나 연장해 주었던 것이다. 스리 유크테스와르가 헌신자의 절박한 기도에 응답할 때는 한없는 호의를 보였다.

대학 친구들을 구루에게 인사시키는 일은 내가 무엇보다 자랑하는 특권이었다. 그 친구들은 적어도 아슈람에서만은 대학에서 유행하는 종교적 회의주의의 허울을 벗어던졌다.

그런 친구 중 하나인 사시도 세람포어에서 주말마다 즐거운 시간을 보냈다. 스승은 그 친구를 무척 좋아하게 되었는데, 다만 사생활이 방종하고 무절제한 것을 안타까워했다.

"사시야, 네가 개심하지 않는다면 일 년 뒤에 몸이 위독하게 될 것이다." 스리 유크테스와르는 애정 어린 질책의 눈으로 내 친구를 응시했다. "무쿤다가 증인이니, 뒤에 가서 내 말을 못 들었다고 하지는 말아라."

사시는 웃었다. "스승님, 저 자신의 비운에 우주의 자비를 구하는 일은 스승님께 부탁드립니다! 제 마음은 굴뚝같지만 의지가 약합니다. 스승님은 이 지상에 유일한 저의 구원자이십니다. 그 외에는 아무 것도 믿지 않습니다."

"우선은 2캐럿짜리 푸른 사파이어 한 개를 몸에 지니면 도움이 될 것이다."

"저는 그럴 형편이 못 됩니다. 하지만 문제가 생기면 구루지께서 저를 보호해 주실 거라고 굳게 믿고 있습니다."

스리 유크테스와르 대답했다. "일 년 후에 너는 사파이어 세 개를 가지고 올 텐데, 그때는 아무 소용도 없을 것이다."

이런 식의 대화가 여러 차례 오갔다. "버릇을 고칠 수가 없어요!" 사시는 익살 스럽게 절망감을 토로했다. "저에게는 스승님에 대한 믿음이 어떤 보석보다도 더 소중합니다!"

일 년이 지났다. 어느 날 나는 캘커타에 있는 나렌 바부라는 제자의 집에서 구루를 뵙고 있었다. 아침 열 시쯤, 스리 유크테스와르와 내가 이층 거실에 앉아 있는데 현관문이 열리는 소리가 들렸다. 스승은 몸을 꼿꼿이 세웠다.

스승은 정색을 하고 말했다. "저건 사시다. 벌써 한 해가 지났구나. 양쪽 폐가 다 못쓰게 되었다. 기어이 내 충고를 듣지 않았으니, 만나고 싶지 않다고 전하거라."

나는 스리 유크테스와르의 단호한 태도에 아연해하며 계단을 뛰어 내려갔다. 사시가 올라오고 있었다.

"오 무쿤다! 스승님께서 여기 꼭 계실 것 같아서 찾아왔어."

"계시기는 하지만 아무도 만나지 않으려 하셔."

사시는 왈칵 울음을 터뜨리더니 나를 밀치고 올라갔다. 그는 스리 유크테스와르의 발밑에 몸을 던지면서 반짝이는 사파이어 세 개를 꺼내 놓았다.

"전능하신 스승님, 제가 폐결핵에 걸려서 이제 석 달밖에 살 수 없답니다! 제발 도와주세요. 스승님께서는 저를 고쳐 주실 수 있잖아요!"

"네 명을 걱정하기에는 조금 늦지 않았느냐? 보석을 가지고 가라. 이미 때를 놓쳤다." 그리고 나서 스승은 자비를 호소하는 사시의 흐느낌에도 아랑곳하지 않고 스핑크스처럼 묵묵히 앉아 있었다.

나는 스리 유크테스와르가 신성한 치유력에 대한 사시의 믿음을 시험하고 있다는 것을 직감했다. 한동안 긴장이 감돈 뒤 마침내 스승이 엎드린 내 친구에게 동정의 눈길을 돌렸을 때 나는 놀라지 않았다.

"사시야 일어나거라. 남의 집에서 무슨 소동이냐! 사파이어는 이제 필요 없으니 보석상에 돌려주거라. 그 대신 점성 팔찌를 하나 구해서 차거라. 걱정하지 마

라. 몇 주일만 지나면 네 병은 나을 것이다.”

흠뻑 젖은 풍경 위로 갑자기 떠오른 태양처럼 사시의 미소가 눈물범벅이 된 얼굴을 밝게 비추었다.

“경애하는 스승님, 의사가 처방해 준 약을 먹어야 할까요?”

“먹든지 버리든지 관계없으니 마음대로 해라. 네가 폐결핵으로 죽는 일은 해

16세 때의 스리 요가난다

와 달이 자리를 바꾸는 것만큼이나 불가능하다." 그리고서 스승은 무뚝뚝하게 덧붙였다. "내 마음이 바뀌기 전에 어서 가거라!"

사시는 황급히 절을 올리고 허둥대며 떠났다. 나는 그 후 몇 주 동안 여러 차례 그를 찾아갔으나, 상태가 점점 더 악화되는 것을 보고 깜짝 놀랐다.

"사시는 오늘밤을 넘기기 어려울 것 같소." 이런 의사의 말과 뼈만 앙상하게 남은 친구의 처참한 모습을 보고 나는 급히 세람포어로 달려갔다. 구루는 눈물 어린 이야기를 냉담하게 듣고 있었다.

"왜 나를 찾아와서 귀찮게 구느냐. 벌써 사시가 회복될 거라는 얘기를 듣지 않았느냐?"

나는 두려운 마음으로 인사를 드리고 물러나왔다. 스리 유크테스와르는 작별 인사도 하지 않고 침묵에 잠겼다. 깜박이지도 않고 반쯤 뜬 눈은 또 다른 세계를 향해 달음질치고 있었다.

나는 곧바로 캘커타에 있는 사시의 집으로 돌아왔다. 놀랍게도 친구는 일어나 앉아서 우유를 마시고 있었다.

"오 무쿤다! 기적이 일어났어! 네 시간 전에 스승님께서 내 방에 나타나시더니 고통스런 증상이 씻은 듯이 사라졌어. 스승님의 은총으로 완전히 나은 기분이야."

몇 주가 지나자 사시는 예전보다도 더 튼튼하고 건강해졌다.[*] 그러나 병이 낫고 난 뒤 그의 태도는 어딘지 배은망덕한 기색이 있었다. 사시는 스리 유크테스와르를 거의 찾아뵙지 않았다. 어느 날 친구는 그동안 허송세월한 것이 너무나 부끄러워서 스승님을 마주할 낯이 없다고 털어놓았다. 나는 사시의 병이 심지를 굳혀 준 대신 예절은 손상시키는 상반된 효과를 가져왔다고 결론지을 수밖에 없었다.

스코티시 처치 대학의 첫 2년 과정이 끝나 가고 있었다. 나는 어쩌다 한 번씩 수업을 들었다. 그나마 하는 공부도 가족들과 원만히 지내기 위해서였을 뿐이

---

[*] 1936년에 나는 한 친구로부터 사시가 여전히 아주 건강하다는 얘기를 들었다.

다. 개인 교수 두 분이 정기적으로 우리 집을 방문했지만 나는 꼬박꼬박 집을 비웠다. 대학 생활에서 적어도 이 규칙 하나만은 제대로 지켰다고 자부한다!

인도에서는 대학 2년을 무사히 마치면 중간 문학사 학위를 받게 된다. 그런 다음 2년을 더 공부하면 문학사 학위를 취득할 수 있다.

중간 문학사 최종 시험이 불안하게 다가오고 있었다. 나는 도망치듯이 구루가 몇 주째 머물고 있는 푸리로 갔다. 스승이 최종 시험을 치를 필요가 없다고 말해 주기를 막연히 기대하면서 나는 준비가 전혀 안 되어 있다는 말씀을 드렸다.

스리 유크테스와르는 위로가 담긴 미소를 지었다. "성심을 다해 영적 의무를 추구하느라 학업에는 소홀할 수밖에 없었을 게다. 앞으로 한 주 동안 부지런히 책과 씨름해라. 그러면 무사히 시련을 이겨 낼 것이다."

나는 모락모락 피어오르는 의구심을 떨쳐 버리고 캘커타로 돌아왔다. 책상 위에 산더미처럼 쌓인 책들을 바라보고 있노라니 황야에서 길을 잃고 헤매는 유랑자가 된 기분이 들었다.

오랜 명상 끝에 노력을 아낄 수 있는 영감이 떠올랐다. 나는 닥치는 대로 책을 한 권씩 골라 펼쳐지는 페이지만 공부했다. 매일 열여덟 시간씩 일주일을 이렇게 보내고 나니 벼락치기의 달인이 된 것 같았다.

드디어 시험장에서 마구잡이 식 벼락공부의 효과가 입증되었다. 비록 간발의 차이로나마 나는 시험을 모두 통과했다. 친구와 가족들은 축하를 하면서도 뜻밖이라는 듯 장난기 섞인 탄성을 내질렀다.

푸리에서 돌아온 스리 유크테스와르는 반갑고도 놀라운 소식을 들려주었다.

"캘커타의 학업은 이제 끝났다. 나머지 2년 과정은 이곳 세람포어에서 마치게 될 것이다."

나는 어리둥절했다. "스승님, 세람포어에는 문학사 과정이 없는데요?" 유일한 고등 교육 기관인 세람포어 대학에는 2년제인 중간 문학사 과정밖에 없었던 것이다.

스승은 장난기를 머금은 미소를 지었다. "나는 문학사 대학을 설립할 기부금을 모으러 다니기에는 너무 늙었다. 다른 사람을 통해서 이 문제를 처리하는 것이 좋겠다."

두 달 후에 세람포어 대학의 학장인 하웰즈 교수가 4년제 과정을 개설하는 데 필요한 기금이 마련되었다고 공표했다. 세람포어 대학이 캘커타 대학교의 분교가 된 것이다. 나는 세람포어의 문학사 과정에 등록한 최초의 학생 중 하나가 되었다.

"구루지, 정말 고맙습니다! 그렇지 않아도 저는 캘커타를 떠나 세람포어에서 매일 스승님 곁에 머물고 싶은 마음이 간절했습니다. 하웰즈 교수는 자기가 스승님의 소리 없는 도움을 얼마나 받았는지 꿈에도 생각지 못할 겁니다!"

스리 유크테스와르는 짐짓 엄격한 표정으로 나를 바라보았다. "이제 너는 기차에서 시간을 허비하지 않아도 될 테고, 공부할 시간을 충분히 벌 수 있을 게다. 그러면 시간에 쫓기는 벼락치기 학생이 아니라 한결 학자다워질 테지."

그러나 스승의 어조는 어딘지 확신이 없어 보였다.[*]

---

[*] 스리 유크테스와르는 다른 여러 현자와 마찬가지로 근대 교육의 유물론적 경향을 개탄했다. 행복의 영적 법칙을 해설하고 지혜란 '신에 대한 두려움', 즉 자신의 창조주에 대한 경외심 속에서 삶을 다스리는 데 있음을 가르치는 학교는 드물다. 오늘날 고등학교와 대학에서 인간은 단지 '고등한 동물'에 불과하다고 배우는 젊은이들은 무신론자가 되기 십상이다. 이들은 자기 자신이 본질적으로 '신의 형상'임을 인식하지 못하고, 영혼을 탐구하려고 하지도 않는다. 에머슨은 이렇게 말했다. "우리는 안에 가지고 있는 것만을 밖에서 볼 수 있다. 우리가 신을 만나지 못한다면 그것은 우리가 신을 품고 있지 않기 때문이다." 동물적 본성이 자신의 유일한 실재라고 생각하는 사람은 신성한 열망으로부터 단절된다.

영(靈)을 인간 존재의 중심적 사실로 제시하지 않는 교육 체계는 아비디아(그릇된 지식)를 가르치는 것이다. "네가 말하기를 나는 부자라 부요하여 부족한 것이 없다 하나 네 곤고한 것과 가련한 것과 눈 먼 것과 벌거벗은 것을 알지 못하는도다."(《요한 계시록》 3:17)

고대 인도의 청소년 교육은 이상적이었다. 학생은 아홉 살이 되면 구루쿨라(배움의 장소인 구루의 집)에 '아들'로 받아들여진다. S. V. 벤카테스와라 교수는 《시대를 통해 본 인도 문화(Indian Culture Through the Ages)》 제1권에서 이렇게 기술하고 있다. "현대의 소년은 [1년 중] 8분의 1의 시간을 학교에서 보낸다. 그러나 고대 인도에서는 모든 시간을 학교에서 보냈다. 그곳에는 건전한 연대감과 책임감이 있었고, 자립심과 개성을 발휘할 수 있는 풍부한 기회가 있었다. 높은 수준의 문화와 스스로 부과한 규율, 엄격한 의무의 존중, 이타적인 행동, 희생정신이 있었고, 여기에 자존심과 타인에 대한 존경심이 결합되어 있었으며, 높은 수준의 학문적 존엄성과 고결함의 감각, 그리고 삶의 위대한 목적이 있었다."

18
기적을 행하는 이슬람 요기

"오래전에 바로 이 방에서 어떤 이슬람 수행자가 내 앞에서 기적을 행한 적이 있다."

스리 유크테스와르는 내가 새로 마련한 거처를 처음 방문했을 때 이런 얘기를 했다. 세람포어 대학에 입학하자마자 나는 학교 근처에 있는 판티* 하숙집에 방을 잡았다. 갠지스 강에 면한 고풍스런 벽돌집이었다.

"스승님, 기막힌 우연의 일치로군요! 새로 바른 이 벽이 그 옛날의 기억들을 간직하고 있다니요?" 새삼 흥미가 끌린 나는 단출한 방 안을 다시 한 번 둘러보았다.

구루는 추억에 잠긴 듯 미소를 지었다.

"얘기하자면 길다. 그 파키르†의 이름은 아프잘 칸이었다. 그는 우연히 힌두 요기를 만나면서 비범한 능력을 얻게 되었다.

어느 날 먼지를 뒤집어쓴 산야시가 동벵골의 작은 마을에 살던 어린 아프잘에게 부탁했다. '얘야, 목이 마른데 물 좀 주겠니?'

'도사님, 저는 이슬람교도예요. 힌두교도인 어르신이 제 손으로 드리는 물을 드셔도 되나요?'

* 학생을 위한 숙소. '방랑자', '지식을 추구하는 자'라는 뜻의 pantha에서 온 말.
† 이슬람교의 요기. '가난'을 뜻하는 아랍어 faqir에서 온 말로, 원래는 청빈 서약을 한 수도 탁발승을 일컬었다.

'너의 진솔한 태도가 마음에 드는구나, 얘야. 나는 신을 저버린 종파주의의 딱딱한 규칙을 좋아하지 않는단다. 얼른 가서 물을 떠 오거라.'

아프잘이 공손히 분부를 따르자 요기는 사랑스러운 눈길로 화답했다.

그는 엄숙하게 말했다. '너는 전생에서 좋은 카르마를 타고 났구나. 너에게 눈에 보이지 않는 영역을 지배할 수 있는 요가 수행법을 가르쳐 주마. 네가 큰 힘을 갖게 되더라도 올바른 목적에 사용해야 하고, 절대로 이기적으로 쓰면 안 된다. 그러나 안타깝구나! 너는 전생에서 파괴적 성향을 지닌 씨앗을 타고났다. 나쁜 행동으로 그 씨앗에 물을 주어 싹이 트도록 해서는 안 된다. 네 전생의 카르마는 복잡하게 얽혀 있기 때문에 이승에 머무는 동안 요가의 재능이 숭고한 인도주의적 목표에 쓰이도록 해야 한다.'

도인은 놀란 소년에게 복잡한 수행법을 가르쳐 준 뒤 사라져 버렸다.

아프잘은 스무 해 동안 성심껏 요가를 수련했다. 그의 기적적인 행적은 세상 사람의 이목을 끌기 시작했다. 그의 곁에는 항상 육체에서 이탈한 영혼이 따라다니는 것 같았다. 그는 이 영혼을 '하즈라트'라고 불렀다. 이 눈에 보이지 않는 존재는 파키르의 소원이라면 무엇이든 들어줄 수 있었다.

아프잘은 스승의 경고를 무시하고 능력을 남용하기 시작했다. 어떤 물건이든 그가 집었다가 놓으면 이내 흔적도 없이 사라졌다. 이런 어처구니없는 기행 때문에 사람들은 그 이슬람 수행자를 꺼리게 되었다.

아프잘은 이따금씩 캘커타에 있는 대형 보석상에 들러 손님인 척하고 보석을 구경했다. 그가 손을 댄 보석은 모두 그가 가게를 떠나자마자 곧 사라져 버렸다.

아프잘의 주위에는 비결을 배우려고 찾아온 제자들이 수백 명씩 따라다녔다. 파키르는 때때로 제자들을 데리고 여행을 다녔다. 그는 기차역에서 차표 뭉치를 만진 다음 역원에게 도로 내밀면서, '다시 생각해 보니 필요가 없겠소' 하고 말했다. 그러나 아프잘이 제자들과 함께 기차에 오를 때는 이미 차표가 손에 들려 있었다.[*]

---

[*] 훗날 아버지는 당신이 근무하시던 '벵골-나그푸르 철도'도 아프잘 칸에게 피해를 입은 회사 중 하나였다고 말씀하셨다.

이런 행적들은 분노에 찬 소란을 일으켰다. 벵골의 보석상과 매표원들은 신경 쇠약에 걸리기 직전이었고, 아프잘을 체포하려는 경찰도 속수무책이었다. 파키르가 '하즈라트, 없애 버려' 하고 내뱉기만 하면 혐의를 입증할 증거가 감쪽같이 사라져 버렸으니 말이다."

스리 유크테스와르는 자리에서 일어나 갠지스 강이 내려다보이는 발코니 쪽으로 걸어갔다. 나는 그 불한당 파키르 이야기를 더 듣고 싶어서 스승의 뒤를 좇았다.

"이 판티 하숙집은 이전에 내 친구가 살던 곳이다. 그는 아프잘을 알게 되어 이리로 불러들였다. 친구는 또 나를 포함해서 이웃 사람도 스무 명가량 초대했지. 그때는 나도 청년 시절이라 악명 높은 파키르에게 꽤나 호기심을 느끼고 있었어." 스승은 웃으면서 말을 이었다.

"나는 값나가는 물건을 아무것도 몸에 지니지 말라는 충고를 들었지. 아프잘은 나를 찬찬히 뜯어보더니 이렇게 말했어.

'당신은 강인한 손을 가졌소. 정원으로 내려가 매끄러운 돌을 찾아서 그 위에 분필로 이름을 적으시오. 그런 다음 그 돌을 갠지스 강에 있는 힘껏 멀리 던지시오.'

나는 시키는 대로 했지. 돌이 저 멀리 물결 밑으로 자취를 감추자마자 파키르는 내게 다시 말했어.

'이 집 앞에 있는 갠지스 강물을 한 동이 떠오시오.'

내가 물그릇을 가지고 돌아오자 파키르는 외쳤다. '하즈라트, 돌을 그릇에 담아라!'

그러자 단번에 돌이 나타났어. 나는 그릇에서 돌을 꺼내어 아까 적었던 내 이름을 확인했지.

방에 있던 내 친구 바부*는 묵직한 골동품 금시계와 시곗줄을 차고 있었다.

파키르는 수상쩍게 찬사를 늘어놓으면서 시계를 살펴보더군. 그러자 한순간

---

* 스리 유크테스와르의 친구 이름이 기억나지 않아서 그냥 '바부'(선생)라고 부르기로 한다.

에 시계가 사라져 버리는 게야!'

바부는 눈물을 글썽이며 애원했지. '아프잘, 우리 집 가보를 돌려주시오!'

파키르는 한동안 태연하게 침묵을 지키더니 이윽고 말했어. '당신 금고에 오백 루피가 들어 있지요. 그걸 가져오면 시계가 어디 있는지 말해 주겠소.'

이성을 잃은 바부는 다급히 집으로 달려가더니 금방 돌아와 아프잘에게 돈을 건네주었지.

파키르는 바부에게 일러주었어. '당신네 집 근처에 있는 작은 다리로 가서 하즈라트더러 시계와 시곗줄을 달라고 하시오.'

바부는 지체 없이 달려갔지. 돌아오는 길에는 안도의 미소를 띠고 있었지만 시계는 가지고 있지 않았어.

그 친구가 말했어. '일러 준 대로 하즈라트를 부르자 허공에서 시계가 공중제비를 치더니 내 손으로 떨어지는 것이었소. 그래서 이리로 오기 전에 그 가보를 금고에 넣고 단단히 잠가 두었지요.'

돈을 물어주고 시계를 되찾는 어처구니없는 촌극을 목격한 바부의 친구들은 분노에 찬 눈으로 아프잘을 노려보았지. 그러자 그는 달래는 듯이 말했어.

'마시고 싶은 음료수를 말해 보시오. 하즈라트가 만들어 줄 게요.'

어떤 사람은 우유를, 어떤 사람은 과일 주스를 청했지. 안절부절못하던 바부가 위스키를 청했을 때 나는 그다지 놀라지 않았어. 이슬람 도인이 명령을 내리자 하즈라트는 시킨 대로 밀봉된 용기들을 공중에서 바닥으로 떨구었어. 우리는 각자 원하는 음료를 찾아 마셨지.

그날의 네 번째 기적은 우리를 초대한 주인을 기쁘게 해 주었어. 아프잘이 즉석으로 점심을 차려 내겠다고 했거든.

바부가 시큰둥하게 제안했어. '제일 비싼 요리를 주문합시다. 나는 오백 루피를 주었으니 아주 맛진 음식을 먹어야겠소. 모두 금으로 된 그릇에 담아 주어야 합니다.'

저마다 먹고 싶은 음식을 얘기하자 파키르는 지칠 줄 모르는 하즈라트에게 분부를 내렸어. 덜거덕거리는 소리와 함께, 정성껏 조리된 카레와 따뜻한 루치(기

름에 튀긴 빵), 그리고 철 지난 과일들이 한가득 담긴 금 접시들이 어디선가 나
타나 우리 발밑에 가지런히 놓였지. 음식은 하나같이 맛있었어. 한 시간가량 진
수성찬을 즐긴 후에 우리는 자리를 뜨기 시작했지. 그러다가 접시들을 쌓아 올
리는 소리가 요란하게 울리기에 뒤를 돌아보았어. 그런데 이게 어찌된 일인가!
반짝이던 접시며 남은 음식들이 흔적도 없이 사라져 버린 것이 아닌가."

나는 이야기를 가로막았다. "구루지, 아프잘이 금 접시 같은 물건을 그렇게 쉽
게 구할 수 있다면 왜 남의 물건을 탐낸 걸까요?"

스리 유크테스와르의 설명이 이어졌다. "그 파키르는 영적으로 높은 단계에
이르지 못했다. 그는 특정한 요가 행법에 통달해서 어떤 욕구라도 즉시 물질화
되는 아스트랄계에 접근할 수 있게 되었다. 파키르는 아스트랄 존재인 하즈라트
의 매개 작용을 통해 강력한 의지의 힘으로 에테르 에너지로부터 원하는 물체의
원자를 불러올 수 있었던 거야. 그러나 그처럼 아스트랄의 작용으로 생겨난 물
체는 구조적으로 불안정하기 때문에 오래 유지될 수 없다.* 아프잘은 획득하기
는 좀 더 힘들지만 확실한 영속성을 지닌 이 세상의 재화를 갈망했던 것이지."

나는 웃었다. "그것은 때때로 까닭 모르게 사라지기도 하지요."

스승은 이야기를 계속했다. "아프잘은 신을 깨달은 사람이 아니었다. 영속적
이고 이로운 성질을 띤 기적은 참된 성자만이 행할 수 있다. 그들은 전능한 창조
주에게 스스로를 조화시켰기 때문이지. 아프잘은 인간이라면 죽기 전에는 들어
갈 수 없는 신비한 영역으로 침투할 수 있는 비범한 능력을 지닌 보통 사람에 지
나지 않았어."

"이제 알겠습니다, 구루지. 내세는 묘한 매력을 지닌 것 같습니다."

스승은 고개를 끄덕였다. "나는 그날 이후로 아프잘을 본 적이 없지만, 몇 해
뒤에 바부가 우리 집에 찾아와서 그 파키르의 공식적인 고백이 실린 신문 기사
를 보여 주었지. 거기서 나는 방금 네게 얘기한 것처럼 아프잘이 어렸을 때 힌두

---

* 어머니가 주신 은 부적처럼 아스트랄의 작용으로 생겨난 물체는 결국 이 세상에서 사라지고 만다.(아스트랄계에 대해서
는 43장에서 자세히 설명한다.)

구루로부터 비법을 전수받은 사실을 알게 되었다.”

스리 유크테스와르가 기억해 낸 그 공표문의 요지는 대략 다음과 같다.

“나, 아프잘 칸은 참회하는 마음으로, 기적을 행하는 힘을 얻으려고 하는 사람들에게 경고하는 뜻에서 이 글을 쓴다. 오랫동안 나는 신과 스승의 은총을 통해 내게 주어진 놀라운 능력을 그릇되게 사용해 왔다. 나는 이기심에 취한 나머지 평범한 도덕 법칙을 뛰어넘은 것처럼 생각했다. 마침내 심판의 날이 다가왔다.

최근에 나는 캘커타 근교에서 길을 걷고 있는 노인 한 분을 만났다. 그는 금처럼 보이는 반짝이는 물체를 들고 힘겹게 절뚝거리고 있었다. 나는 탐욕이 일어 노인에게 말을 건넸다.

'나는 이름난 파키르, 아프잘 칸이오. 손에 들고 있는 게 뭐요?'

'이 금덩이는 나의 전 재산이오. 당신의 관심을 끌 만한 물건이 아니오. 도사님, 부탁이니 절뚝거리는 이 다리를 좀 고쳐 주시구려.'

나는 금덩이를 만지고 아무 대답 없이 계속 걸어갔다. 노인은 절뚝거리며 나를 쫓아왔다. 그러고는 '내 금덩이가 없어졌소!' 하고 큰소리로 외쳤다.

내가 거들떠보지 않자, 노인은 가냘픈 몸에서 기이하리만치 커다란 목소리로 느닷없이 호통을 쳤다.

'나를 몰라보느냐?'

나는 말을 잃고 멈춰 섰다. 나는 이 보잘것없는 절름발이 노인이 다름 아닌 먼 옛날 내게 요가를 전수해 준 그 위대한 성자인 것을 뒤늦게 알아차리고 소스라치게 놀랐다. 그가 몸을 똑바로 세우자 금시에 힘차고 젊은 모습으로 변하는 것이었다.

스승의 눈초리는 불같이 이글거렸다. '그래! 고통 받는 사람을 돕는 데 네 재주를 쓰지 않고 파렴치한 도둑질에 이용하는 것을 내 눈으로 똑똑히 보았다. 나는 너의 초자연적인 재능을 박탈하겠다. 하즈라트도 이제 네게서 해방시켜 주겠다. 너는 더 이상 벵골의 골칫거리가 되지 못할 게다!'

나는 괴로운 심정으로 하즈라트를 불러 보았지만, 처음으로 하즈라트는 나의 내면의 시야에 나타나지 않았다. 그러나 어두운 장막이 불현듯이 걷히고, 신을 모독한 나의 삶이 선명하게 드러났다.

나는 스승의 발밑에 엎드려 흐느꼈다. '구루시여, 저의 오랜 미혹을 떨쳐주시려 이렇게 찾아 주셔서 감사합니다. 기필코 세속적인 야심을 버릴 것을 약속드립니다. 산속으로 들어가 사악했던 과거를 속죄하면서 고독 속에서 신에 대해 명상하겠습니다.'

스승은 말없이 연민의 눈길로 나를 바라보았다. 스승은 마지막으로 말씀하셨다. '너의 진심이 느껴지는구나. 어린 시절에 공손히 따르던 것이나 지금 이렇게 회개하는 태도를 봐서 한 가지 은혜를 내려 주마. 이제 너의 다른 능력들은 없어졌지만, 음식과 옷이 필요할 때는 하즈라트를 불러서 도움을 받아도 좋다. 고적한 산속에서 신을 깨달을 때까지 성심성의껏 매진하도록 해라.'

그렇게 스승은 떠나고 나는 홀로 남아 눈물과 회환에 잠겼다. 나는 이제 이 세상을 작별하고 무한한 님의 용서를 구하러 가노라."

19
캘커타의 스승이 세람포어에 나타나다

내가 판티 하숙집의 룸메이트인 디젠 바부에게 구루를 만나 뵐 것을 권유하자 그는 이렇게 말했다.

"나는 종종 무신론적인 회의에 시달리고 있어. 가끔씩 고통스러운 생각이 머리에서 떠나지 않는 거야. 아직 실현되지 않은 영혼의 가능성들이 존재하는 것이 아닐까? 인간이 그것을 찾아내지 못하면 진정한 운명을 놓치는 것이 아닐까?"

나는 이렇게 대답했다. "스리 유크테스와르께서 너에게 크리야 요가를 전수해 주실 거야. 그러면 신에 대한 내면의 확신을 통해 이원론적 혼란을 가라앉힐 수 있어."

그날 저녁 디젠은 나를 따라 아슈람으로 갔다. 스승과 함께 있는 동안 내 친구는 영적인 평온을 얻을 수 있었고, 그때부터 꾸준히 아슈람을 찾게 되었다.

일상적 삶의 하찮은 소일거리들은 우리의 깊은 욕구를 만족시켜 주지 못한다. 인간은 지혜에 대해서도 타고난 갈망을 가지고 있다. 스리 유크테스와르의 말씀에 영감을 얻은 디젠은 자신의 내면에서 덧없는 육체의 천박한 에고보다 참된 자아를 찾으려고 노력했다.

디젠과 나는 둘 다 세람포어 대학에서 문학사 과정을 밟고 있었던 터라, 수업이 끝나자마자 아슈람까지 함께 걸어가는 것이 습관처럼 되었다. 스리 유크테스와르는 이층 발코니에 서서 미소를 지으며 우리를 맞이하곤 했다.

어느 날 오후, 아슈람의 어린 식구 카나이가 문간에서 우리와 마주치자 실망스러운 소식을 들려주었다.

"스승님은 여기 안 계세요. 급한 전갈을 받고 캘커타에 가셨어요."

다음날 나는 구루가 보낸 엽서를 받았다. 거기에는 이렇게 적혀 있었다. "나는 수요일 아침에 캘커타를 떠날 예정이다. 디젠과 함께 오전 아홉 시에 세람포어 역으로 마중을 나오거라."

수요일 아침 여덟 시 반쯤, 스리 유크테스와르가 보낸 텔레파시가 내 마음속에 번개처럼 스치고 지나갔다. '늦어질 것 같다. 아홉 시에 맞춰 나오지 말거라.'

나는 벌써 출발하려고 옷을 갈아입은 디젠에게 방금 일어난 일을 얘기해 주었다.

"기막힌 직감일세그려!" 친구의 목소리에는 조소의 날이 서 있었다. "나는 차라리 스승님이 적어 주신 말씀을 믿겠어."

나는 어깨를 으쓱해 보이고 입을 꾹 다문 채 그냥 앉아 있었다. 디젠은 화가 나서 투덜거리며 문을 쾅 닫고 나가 버렸다.

방 안이 조금 어두워서 나는 거리가 내려다보이는 창가로 갔다. 그 순간 희미하던 햇빛이 갑자기 찬란하게 빛나는 광휘로 변하더니 쇠창살이 쳐진 창문이 사라져 버리는 것이었다. 이 눈부신 배경 위로 뚜렷이 실체화된 스리 유크테스와르의 모습이 나타났다.

충격 속에 어리둥절해진 나는 의자에서 일어나 스승 앞에 무릎을 꿇었다. 늘 하던 것처럼 존경의 표시로 스승의 발치에 절을 올리면서 신발을 만졌다. 그 신은 내가 익히 알고 있는, 주황색으로 물들인 즈크 천에 끈으로 바닥을 댄 신발이었다. 스승의 황토색 스와미복이 내 얼굴을 스쳤다. 옷의 감촉뿐 아니라 껄끄러운 신발 표면, 그리고 그 속에 있는 발가락의 모양까지도 확연히 느껴졌다. 나는 너무나 놀란 나머지 말문을 잃고 일어서서 의아스러운 눈으로 스승을 바라보았다.

"텔레파시가 잘 전달되어서 기쁘다." 스승의 음성은 차분하고 완전히 정상이었다. "캘커타에서 볼일이 이제야 끝나서 세람포어에는 열 시 기차로 도착할 게다."

내가 여전히 말문을 잃은 채 빤히 쳐다보고 있자 스승이 말을 이었다. "나는 허깨비가 아니라, 살과 피로 된 몸이다. 세상에 알려지지 않은 이 체험을 너에게 전하라고 신께서 내게 명하셨다. 역에서 만나자. 나는 지금 이 옷차림으로 너희 앞에 나타날 것이다. 은 항아리를 들고 함께 기차에서 내린 소년 뒤를 따라갈 것이다."

구루는 내 머리에 두 손을 얹고 속삭이듯 축복을 내려 주었다. 스승이 '타베 아시'*라는 말로 끝을 맺자, 우르르 하고 기묘한 소리가 들렸다.[†] 스승의 몸은 꿰뚫는 빛 속으로 서서히 녹아 들어가기 시작했다. 먼저 발과 다리가 사라지고, 이어서 몸통과 머리가 마치 두루마리 말리듯이 사라졌다. 최후의 순간까지 나는 스승의 손가락이 내 머리카락에 가볍게 얹혀 있는 것을 느낄 수 있었다. 찬연한 광휘가 사라지자 내 앞에는 창살이 쳐진 창문과 어슴푸레한 햇살 외에는 아무것도 남아 있지 않았다.

나는 환각에 사로잡힌 것이 아닌가 의심하며 망연자실한 채로 있었다. 디젠이 풀 죽은 모습으로 방에 들어와서 살짝 미안한 기색을 보이며 말했다.

"스승님은 아홉 시 차는커녕, 아홉 시 반 차도 타지 않으셨어."

"가자, 스승님은 열 시에 도착하실 거야." 나는 싫다는 디젠의 손을 잡아끌고 나섰다. 십 분 뒤 우리가 역에 들어섰을 때는 기차가 이미 연기를 뿜으며 멈춰 서고 있었다.

"기차 전체가 스승님의 영기로 가득 찼구나! 스승님이 타고 계시다!" 나는 기쁨에 넘쳐 외쳤다.

"꿈을 꾸고 있니?" 디젠이 조롱하듯 웃었다.

"여기서 기다리자." 나는 구루가 어떤 모습으로 나타날지 친구에게 자세히 얘기해 주었다. 설명을 막 끝내자, 스리 유크테스와르가 방금 전에 본 것과 똑같은 옷을 입고 나타났다. 스승은 은 항아리를 들고 있는 소년의 뒤를 따라 천천히 걸

---

* 벵골어로 '안녕'이라는 뜻, 글자 그대로는 '다시 온다'는 희망적 역설을 담고 있다.
† 신체의 원자가 비물질화될 때 나는 특유의 소리.

어왔다.

한순간, 믿을 수 없도록 기이한 경험에 오싹한 기분이 물결처럼 스치고 지나갔다. 이십 세기의 물질주의 세계가 눈앞에서 사라져 버리는 느낌이 들었다. 예수가 바다 위를 걸어 베드로 앞에 나타났던 그 시절로 돌아간 것일까?

현대의 요기-그리스도라고 할 스리 유크테스와르는 할 말을 잃고 서 있는 우리에게 다가와 디젠을 보고 웃으며 말했다.

"너에게도 텔레파시를 보냈지만 받아들일 준비가 안 돼 있더군."

디젠은 말없이 의심쩍은 눈으로 나를 노려보았다. 구루를 아슈람까지 모셔 드린 후에 친구와 나는 세람포어 대학으로 향했다. 디젠은 온몸으로 분노를 토하며 길가에 멈춰 서서 말했다.

"그래! 스승님께서 내게 텔레파시를 보내셨는데 그걸 숨겼단 말이지? 어디 대답해 봐!"

나는 이렇게 응수했다. "네 마음의 거울이 그처럼 불안하게 흔들려서 스승님의 말씀을 받아들이지 못하는 걸 난들 어쩌겠나?"

디젠의 얼굴에서 노기가 가셨다. 그는 안쓰럽게 말했다. "무슨 말인지 알겠어. 하지만 항아리를 든 소년은 어떻게 된 건지 좀 설명해 줘."

그날 아침 스승이 하숙집에 나타난 경이로운 얘기를 끝마쳤을 즈음 우리는 세람포어 대학에 도착했다. 디젠이 말했다. "우리 구루 얘기를 듣고 보니 온 세상의 대학교가 다 유치원에 불과한 것처럼 느껴지는군."[*]

---

[*] "그러한 일들이 내게 계시되고 나니, 이제까지 쓴 글들이 모두 내 눈에는 지푸라기만한 가치도 없어 보인다." 스콜라 철학의 최고봉 성 토마스 아퀴나스는 《신학대전(Summa Theologiae)》 완성을 걱정스럽게 독촉하는 비서에게 이렇게 말했다. 1273년의 어느 날, 나폴리 교회에서 미사를 치르던 성 토마스는 심원하고도 신비한 통찰을 경험했다. 신성한 지식의 영광에 너무나 압도된 나머지 그 뒤로 그는 지성에 대해 아무런 흥미도 느끼지 못하게 되었다.
(플라톤의 《파이돈》에 나오는) 소크라테스의 말을 새겨 보라. "내가 아는 유일한 것은 내가 아무것도 모른다는 사실뿐이다."

20
또다시 좌절된 히말라야 여행

"아버지, 올 여름 방학에는 스승님과 친구들을 청해서 히말라야 자락에 다녀
올까 합니다. 괜찮으시면 카슈미르까지 가는 기차표 여섯 장과 여행 경비를 좀
부탁드려도 될까요?"

짐작했던 대로 아버지는 껄껄 웃으셨다. "네가 그런 엉터리없는 이야기를 하
는 것이 이번으로 세 번째다. 지난여름에도, 재작년에도 비슷한 부탁을 하지 않
았느냐? 그래 보았자 어차피 스리 유크테스와르지께서 허락을 하지 않으실 텐
데."

"그러게 말입니다. 구루께서는 왜 카슈미르 여행에 이렇다 할 말씀이 없으신
지 모르겠습니다.* 하지만 이미 아버지께 기차표를 받았다고 말씀드리면, 어쩐
지 이번만큼은 청을 들어주실 것 같은 생각이 듭니다."

아버지는 처음에는 미심쩍어 하셨지만, 다음날 농담까지 하시면서 흔쾌히 기
차표 여섯 장과 십 루피짜리 지폐 뭉치를 건네 주셨다.

"마음을 닦는 여행에 이런 현실적인 뒷받침이 꼭 필요한지는 모르겠다만, 아
무튼 잘 챙겨 두거라."

그날 오후에 나는 기차표를 스리 유크테스와르에게 보여 드렸다. 스승은 나의

---

* 스승은 아무런 설명도 하지 않았지만, 두 차례의 여름에 카슈미르 방문을 꺼린 것은 그곳에서 병을 치를 때가 아직 이르
지 않았다는 것을 예견하고 있었던 때문인지 모른다(262쪽 이하 참조).

열의에 미소를 지으면서도 이렇다 할 확답을 주지 않았다. "나도 가고 싶다만, 어디 생각해 보자." 내가 아슈람의 어린 제자 카나이를 데려가게 해 달라고 부탁 드려도 별다른 말씀이 없었다. 나는 그 밖에도 라젠드라 나트 미트라, 조틴 아우 디, 그리고 또 한 소년을 더 불렀다. 출발 날짜는 다음 월요일로 정해졌다.

토요일과 일요일에는 사촌의 결혼식을 치르느라 캘커타 집에 머물렀다. 나는 월요일 아침 일찍 여행 짐을 들고 세람포어로 갔다. 라젠드라가 아슈람 문간에 서 나를 맞이했다.

"스승님은 산책하러 가셨어. 여행은 안 가겠다고 하셔."

나는 낙심이 되면서도 한편으로는 고집이 생겼다. "히말라야에 가려고 궁리만 하다가 아버지께 세 번씩이나 놀림을 받을 수는 없어. 우리끼리라도 가야 해."

라젠드라도 동의했다. 나는 일꾼을 구하러 아슈람을 나왔다. 내가 알고 있는 한 카나이는 스승님 없이는 따라나서지 않을 것이기 때문에 누군가 짐을 돌볼 사람이 필요했다. 전에 우리 집 하인으로 있다가 지금은 세람포어의 어느 교장 선생님 댁에서 일하는 베하리가 생각났다. 부지런히 걸어가다가 세람포어 법원 근처의 교회 앞에서 구루와 마주쳤다.

"어디 가느냐?" 스리 유크테스와르의 얼굴에는 웃음기가 없었다.

"스승님과 카나이는 저희 여행에 동참하지 않으실 거라고 하기에 베하리를 찾 아가는 길입니다. 스승님도 기억하시겠지만, 작년에 베하리는 카슈미르 구경을 하고 싶은 나머지 돈도 안 받고 도와주겠다고 했었지요."

"기억하지. 그렇지만 베하리는 가려고 하지 않을 게다."

나는 골이 났다. "베하리가 이날을 얼마나 애타게 기다렸는데요!"

구루는 묵묵히 다시 발걸음을 옮겼다. 나는 이윽고 교장 선생님 댁에 도착했 다. 베하리가 안뜰에 있다가 반갑게 나를 맞이했다. 그러나 카슈미르 얘기를 꺼 내자 태도가 돌변했다. 우물쭈물 양해를 구하더니 나를 내버려 두고 집 안으로 들어가 버렸다. 나는 베하리가 여행 준비를 하느라고 늦어지는 것이려니 하고 초조한 마음을 달래며 삼십 분을 기다렸다. 참다못해 나는 현관문을 두드렸다.

한 남자가 나오더니 "베하리는 삼십 분쯤 전에 뒤쪽 계단으로 나갔는데요." 하고 알려 주었다. 그 입가에 살짝 미소가 스쳤다.

내 청이 너무 강압적이었는지, 아니면 스승의 보이지 않는 입김이 작용한 것인지 알쏭달쏭해하며 씁쓸한 심정으로 발길을 돌렸다. 교회를 지날 때 또다시 구루가 천천히 걸어오는 모습이 보였다. 스승은 내 말을 기다리지 않고 외쳤다. "그래, 베하리는 안 가겠다고 하지? 이제 어쩔 셈이냐?"

나는 마치 엄한 아버지에게 대드는 반항아가 된 기분이 들었다.

"숙부님 댁의 하인 랄 다리를 데려가게 해 달라고 부탁할 참이에요."

"원한다면 가 보거라. 그러나 별 소득은 없을 게다." 스리 유크테스와르는 싱그레 웃으며 대답했다.

걱정이 되면서도 욱하는 심정으로 구루와 헤어져 세람포어 법원으로 들어섰다. 검사인 숙부 사라다 고시는 나를 다정하게 맞아 주었다.

숙부에게 여쭈었다. "오늘 친구들과 함께 카슈미르로 떠납니다. 오랫동안 히말라야 여행을 꿈꿔 왔어요."

"그거 잘 됐구나, 무쿤다. 내가 뭐 도와줄 일이라도 있니?"

숙부의 친절한 말씀에 한결 용기가 솟았다. "숙부님, 하인 랄 다리를 좀 빌려주실 수 있는지요?"

이 간단한 부탁의 말이 지진처럼 엄청난 여파를 일으켰다. 숙부가 기겁을 하고 펄쩍 뛰는 바람에 의자가 뒤집어지고 책상 위의 서류가 사방으로 흩어지더니 기다란 코코넛 담뱃대가 요란한 소리를 내면서 바닥에 떨어졌다.

숙부는 분노에 떨며 고함을 쳤다. "저밖에 모르는 녀석 같으니! 무슨 얼토당토않은 얘기냐! 네가 유람 여행에 하인을 데려가 버리면 나는 누가 돌본단 말이냐?"

성품이 온후한 숙부의 태도가 갑작스레 돌변한 것은 하루 내내 이어진 수수께끼 같은 일이 하나 더 늘어난 것뿐이라고 자위하면서 놀란 가슴을 진정시켰다. 나는 체면을 차릴 겨를도 없이 황급히 법원 사무실을 빠져나왔다.

나는 기대에 부푼 친구들이 모여 있는 아슈람으로 돌아왔다. 스승의 태도에는 알 수는 없지만 그럴 만한 어떤 동기가 숨겨져 있다는 확신이 점점 커져 갔다.

주(主) 시바

고행자의 영혼을 구현하는 시바는 창조, 유지, 파괴의 트리무르티(삼신일체) 가운데 파괴와 재창조의 국면에 관여한다. 시바는 그 초월적 특성을 상징하기 위해 히말라야에서 사마디(三昧)에 든 모습으로 그려지곤 한다. 목에 두른 뱀(나가 쿤달라)과 팔찌는 미망의 통제와 창조적 힘을 나타낸다.

구루의 뜻을 거슬렀다는 자책감이 들었다.

스리 유크테스와르가 물었다. "무쿤다야, 나하고 조금만 더 같이 있지 않겠느냐? 라젠드라와 다른 아이들은 캘커타에 먼저 가서 기다리라고 하면 되지. 캘커타에서 카슈미르로 가는 마지막 저녁 기차를 탈 시간은 충분할 게다."

나는 시무룩하게 말했다. "저는 스승님 없이는 가고 싶지 않습니다."

친구들은 내 얘기에 전혀 개의치 않고 마차를 부르더니 짐을 다 싣고 떠나 버렸다. 카나이와 나는 구루의 발치에 조용히 앉아 있었다. 침묵 속에 삼십 분쯤 흐른 뒤, 스승은 자리에서 일어나 이층의 식당 발코니로 올라갔다.

"카나이야, 무쿤다에게 먹을 것을 좀 차려 주거라. 기차가 곧 떠날 게다."

나는 담요를 깐 자리에서 일어서다가 갑자기 속이 메스껍고 심하게 울렁거리는 느낌이 들어 비틀거렸다. 찌르는 듯한 고통이 어찌나 끔찍한지 느닷없이 지옥에 팽개쳐진 느낌이 들었다. 나는 구루를 붙잡으려고 버둥거리다가 무시무시한 진성 콜레라의 온갖 증상을 일으키면서 스승 앞에 쓰러졌다. 스리 유크테스와르와 카나이가 나를 거실로 옮겼다.

나는 고통 속에 울부짖었다. "스승님, 제 목숨을 스승님께 맡깁니다." 한 가닥 남은 생명이 몸에서 순식간에 썰물처럼 빠져나가는 느낌이 들었던 것이다.

스리 유크테스와르는 무릎 위에 내 머리를 올려놓고 천사처럼 부드럽게 이마를 토닥였다.

"네가 친구들과 함께 역에 갔었더라면 무슨 일이 벌어졌을지 이제 알겠느냐? 하필 이런 때 여행을 떠나는 것을 말리려 해도 네가 들을 것 같지 않았기 때문에, 이렇게 해서라도 너를 보살펴야만 했다."

나는 이제야 이해할 수 있었다. 위대한 스승들은 자신의 능력을 드러내 놓고 과시하는 것을 꺼리기 때문에, 그날의 사건들도 무심결에 보았다면 아주 자연스럽게 여겨졌을 것이다. 구루의 개입은 너무나 은밀하게 이루어져 전혀 알아차릴 수 없었던 것이다. 스승은 베하리와 숙부, 그리고 라젠드라와 다른 친구들을 통해서 자신의 의지를 눈에 띄지 않게 작동시켰다. 아마도 나를 빼놓고는 모두가 그 상황을 논리적이고 정상적이라고 생각했을 것이다.

사회적 책무를 결코 소홀히 하는 법이 없는 스리 유크테스와르는 카나이를 시켜서 의사를 불러오고 숙부에게 알리도록 했다. 나는 손사래를 쳤다.

"스승님만이 저를 고쳐 주실 수 있습니다. 의사가 치료하기에는 너무 늦었습니다."

"애야, 너는 자비로운 신의 보호를 받고 있다. 의사 일은 걱정하지 마라. 의사가 와서 볼 때쯤이면 네 상태가 지금 같지 않을 것이다. 너는 이미 치유되었다."

스승의 말씀을 듣는 순간 견딜 수 없는 고통이 말끔히 가셨다. 나는 힘겹게 일어나 앉았다. 곧 의사가 도착하여 나를 꼼꼼히 진찰했다.

"최악의 고비는 넘긴 것 같습니다. 표본을 채취해서 실험실로 가져가 검사를 해 봐야겠습니다."

다음날 아침 의사가 헐레벌떡 달려왔다. 기분이 한결 나아진 나는 일어나 앉아 있던 참이었다.

"저런, 저런, 죽을 고비를 겨우 넘긴 사람이 아무 일 없는 듯이 이렇게 웃고 떠들며 앉아 있다니." 의사는 내 손을 가볍게 두드렸다. "나는 표본을 통해 자네 병이 진성 콜레라인 것을 알고 여태까지 살아 있으리라고는 꿈도 꾸지 못했어. 젊은이, 자네는 복을 타고났네. 신성한 치유의 힘을 가진 구루를 모시고 있으니 말이야. 이건 진심일세!"

나 역시 전적으로 동감이었다. 의사가 떠날 채비를 하고 있을 때 라젠드라와 아우디가 문 앞에 나타났다. 노기가 등등하던 친구들은 의사가 와 있는 것을 알고, 또 나의 창백한 안색을 보고는 얼굴빛이 동정 섞인 표정으로 바뀌었다.

"네가 약속대로 역에 나타나지 않아서 화가 났었지. 병이 났었구나?"

"그래." 친구들이 어제 그 자리에 짐을 도로 내려놓는 것을 보고 나는 웃음을 참을 수 없었다. 나는 이렇게 돌려 말했다.

"스페인으로 떠나는 배가 한 척 있었는데, 얼마 못 가서 되돌아오고 말았어!"

스승이 방으로 들어왔다. 나는 앓고 난 것을 구실 삼아 스승의 손을 꼭 쥐었다.

"구루지, 저는 열두 살 때부터 줄곧 히말라야에 가려고 애썼지만 번번이 좌절되고 말았어요. 이제야 저는 확실히 알게 되었습니다. 스승님의 축복이 없이는 파르바티* 여신이 저를 받아주지 않으신다는 것을요."

---

* 본래는 '산의 딸'이라는 뜻. 신화에서 파르바티는 티베트 변경의 어떤 봉우리에 사는 히말라야(산스크리트어로 '눈이 사는 곳') 왕의 딸로 그려진다. 가까이 할 수 없는 그 봉우리 밑을 지나는 여행자들은 저 멀리 얼음 덮인 돌과 작은 탑들이 있는 궁전처럼 생긴 거대한 눈의 형상을 바라보고 놀라움에 젖게 된다.
파르바티, 칼리, 두르가, 우마를 비롯한 여신들은 그 역할에 따라 다양한 이름으로 불리는 자간마트리(온 세계의 어머니)의 여러 가지 모습이다. 초월적 존재인 시바 신(367쪽 각주 참조)은 창조에 관여하지 않는다. 그의 샤크티(에너지, 활력)는 '배우자'에게 위임되고, 이 '여성적' 생산력이 우주에서 무한한 전개를 가능하게 만든다.
푸라나에 담긴 설화들은 히말라야를 시바가 머무는 곳으로 그리고 있다. 강가 여신이 하늘에서 내려와 히말라야에서 발원하는 강의 주재신이 되었다. 그러므로 시인들은 갠지스 강이 '요기들의 왕'이며 트리무르티(삼주신) 가운데 파괴와 재창조를 담당하는 시바의 머리카락을 타고 하늘에서 지상으로 흘러내린다고 얘기한다. '인도의 셰익스피어'로 불리는 칼리다사는 히말라야를 '시바의 거대한 웃음'으로 묘사했다. F. W. 토머스는 《인도의 유산(The Legacy of India)》에서 이렇게 말한다. "독자는 그저 거대하게 뻗은 하얀 이빨을 떠올릴지 모르지만, 하늘에서 내려온 갠지스가 그의 헝클어진 머리 타래를 타고 흘러내리고 달이 꼭대기를 장식하는 우뚝 솟은 산악 세계에서 영원히 왕좌를 차지하고 있는 웅대한 은자의 모습을 인식하지 못한다면 여전히 완전한 인상을 포착했다고 할 수 없을 것이다."(251쪽의 시바 그림 참조)

힌두교 예술에서 시바는 밤의 어둠과 신비를 상징하는 벨벳 흑색의 영양 가죽을 걸친 모습으로 그려지곤 한다. 이는 디감 바라(空衣, 알몸)인 그의 유일한 의복이다. 어떤 시바의 종파(空衣派)는 아무것도 소유하지 않음으로써 모든 것을 소유하는 신에게 경의를 표하기 위해 옷을 입지 않는다.

카슈미르의 수호성인 중 하나인 14세기의 랄라 요기스와리(요가의 여왕)는 알몸의(空衣) 시바 헌신자였다. 괴이하게 여긴 동시대 사람 하나가 성인에게 왜 벌거벗은 채로 지내는지 물었다. "그게 어때서요?" 랄라는 통렬하게 대답했다. "내 주위에는 남자가 하나도 보이지 않는 걸요." 다소 파격적인 랄라의 사고방식에서 보면, 신에 대한 깨달음이 부족한 사람은 '남자'라고 불릴 자격이 없었다. 그녀는 크리야 요가와 유사한 계열의 수행법을 연마했는데, 수많은 4행시에서 그 해방적 효험에 관해 찬양하고 있다. 그 가운데 하나를 여기에 소개한다.

　　어떤 슬픔의 독주(毒酒)인들 마셔 보지 않았으랴.
　　셀 수 없는 탄생과 죽음의 순환이여, 보라!
　　이제 나의 잔에는 오직 신주(神酒)뿐.
　　호흡의 행법으로 단숨에 들이킨다.

성인은 이 세상의 죽음을 거치지 않은 채 불 속에서 스스로를 비물질화했다. 훗날 그녀는 비탄에 젖은 주민들 앞에 황금 옷을 두른 살아 있는 모습으로 나타났다. 마침내 옷을 갖추어 입은 것이다!

21
마침내 히말라야에 가다

내가 진성 콜레라에서 기적적으로 회복된 지 이틀 후에 스리 유크테스와르가 말했다. "너는 이제 여행을 해도 좋을 만큼 건강해졌다. 나도 카슈미르까지 함께 가겠다."

그날 저녁, 기차에 몸을 싣고 북쪽으로 향한 우리 일행 여섯은 히말라야 구릉의 옥좌에 여왕처럼 앉아 있는 도시 심라에 처음으로 정차해서 휴식을 취했다. 우리는 장려한 경관을 찬탄하면서 비탈진 거리를 한가로이 거닐었다.

"영국산 딸기 사세요." 한 폭의 그림 같은 장마당에 쪼그리고 앉은 할머니가 외쳤다.

스승은 처음 보는 작고 빨간 열매에 호기심이 끌리는 모양이었다. 스승은 딸기를 한 바구니 사서 옆에 있는 카나이와 내게 주었다. 나는 한 송이를 따서 맛보다가 바로 뱉어 버렸다.

"아휴 시어! 딸기는 영 입에 맞지 않네요!"

구루는 웃었다. "아니야, 미국에서는 좋아하게 될 게다. 저녁 식사에 초대한 여주인이 딸기를 포크로 으깬 뒤에 설탕과 크림을 발라 주면 너는 그 맛을 음미하면서 이렇게 말하겠지. '정말 맛있는 딸기로군요!' 그러고서 너는 심라에서 있었던 오늘 일을 떠올릴 것이다."

(스리 유크테스와르의 예언은 어느덧 잊었다가, 여러 해 뒤 내가 미국에 도착했을 때 되살아났다. 나는 매사추세츠 주 웨스트 서머빌에 있는 앨리스 헤이지

부인[시스터 요그마타] 댁에 저녁 식사 초대를 받았다. 디저트로 딸기가 나오자 부인은 포크를 집어 딸기를 으깬 뒤 크림과 설탕을 발라 주면서 말했다. "과일이 좀 시큼하네요. 이렇게 해서 드시면 괜찮으실 거예요." 나는 한입 떠먹고는, "정말 맛있는 딸기로군요!" 하고 탄사를 터뜨렸다. 그와 동시에 깊이를 알 수 없는 기억의 심연으로부터 심라에서 구루가 예언했던 말씀이 떠올랐다. 나는 오래전에, 신과 조화를 이룬 스승의 정신이 미래의 에테르 속을 떠도는 업보의 흐름을 감지했었다는 것을 깨닫고는 새삼 외경심을 느꼈다.)

우리 일행은 곧 심라를 떠나 라발핀디로 가는 기차에 올랐다. 거기서 카슈미르의 주도인 스리나가르까지 이레의 여정을 위해 말 두 마리가 끄는 큰 마차를 빌렸다. 북쪽을 향해 달린 지 이틀째부터 장엄한 히말라야가 진정한 위용을 드러내기 시작했다. 마차의 쇠바퀴가 뜨거운 돌길을 삐걱거리며 구르는 동안 우리는 웅대한 산의 변화무쌍한 풍경에 흠뻑 도취되었다.

"스승님!" 아우디가 말했다. "스승님을 모시고 이처럼 눈부신 광경을 바라보고 있노라니 기쁘기 그지없습니다."

나는 이 여행을 주선한 터라 아우디의 찬사에 우쭐한 기분이 들었다. 스리 유크테스와르가 내 마음을 알아채고 고개를 돌리며 속삭였다.

"너무 기뻐하지 마라. 아우디는 풍경에 도취하기보다 담배 한 대 피우고 싶은 생각이 더 간절할 게다."[*]

놀란 나는 목소리를 낮추어 여쭈었다. "스승님, 부디 당치 않은 말씀으로 분위기를 깨뜨리지 마십시오. 아우디가 담배 생각만 한다니 믿을 수 없습니다." 나는 언제나 감당하기 벅찬 구루를 근심 어린 눈으로 바라보았다.

스승은 빙그레 웃었다. "좋아, 아우디에게는 아무 말 않으마. 아무튼 마차가 서면 아우디가 재빨리 자리를 뜰 테니 두고 보거라."

마차가 작은 카라반사라이(대상들의 숙사)에 도착했다. 말에게 물을 먹이는 틈을 타서 아우디가 물었다. "스승님, 잠시만 마부 옆에 앉아서 가도 괜찮을까

---

[*] 인도에서는 연장자 앞에서 담배를 피우는 것을 결례로 여긴다.

요? 바깥 공기를 좀 쏘이고 싶습니다."

스리 유크테스와르는 허락을 하고서 내게 말했다. "신선한 공기가 아니라 신선한 연기를 마시고 싶겠지."

마차는 다시 먼지투성이 길 위를 요란하게 달리기 시작했다. 스승은 눈을 반짝이면서 내게 일렀다. "어디, 아우디가 공기를 잘 쐬고 있는지 내다보거라."

창밖으로 고개를 내민 나는 아우디가 담배 연기를 동그랗게 내뿜는 모습을 보고 화들짝 놀랐다. 나는 스리 유크테스와르에게 용서를 구하는 눈길을 보냈다.

"스승님 말씀은 어긋나는 법이 없습니다. 아우디는 풍경과 더불어 담배도 즐기고 있군요." 아우디는 캘커타에서 담배를 가지고 오지 않은 게 틀림없는데, 보아하니 마부한테서 얻어 피우는 모양이었다.

우리는 강과 계곡, 험한 바위산, 겹겹이 쌓인 산맥의 풍경을 음미하면서 미로 같은 길을 계속 나아갔다. 매일 밤 우리는 시골 여인숙에 들러 저녁을 지어 먹었다. 스리 유크테스와르는 나의 식습관에 각별한 관심을 기울이면서 끼니때마다 라임 주스를 마시도록 당부했다. 나는 아직 몸이 쇠약했지만, 덜컹거리는 마차에서 시달리는 가운데도 날마다 조금씩 회복되고 있었다.

카슈미르의 중심부에 가까워짐에 따라 우리 마음도 즐거운 기대로 가득 찼다. 연꽃 호수와 물위에 떠있는 채소밭, 화려한 차양을 씌운 집배, 여기저기 다리가 걸린 젤룸 강, 꽃으로 뒤덮인 목초지가 모두 히말라야 산맥으로 둘러싸여 있는 낙원의 땅!

우리는 높다란 나무들이 환영하듯이 늘어선 길을 통해 스리나가르로 들어섰다. 우리 일행은 장려한 언덕들이 내려다보이는 이층 여인숙에 방을 잡았다. 수돗물이 나오지 않아서 근처의 우물에서 물을 길어다 썼다. 낮에는 따뜻하고 밤에는 약간 쌀쌀한 여름 날씨가 딱 알맞았다.

우리는 스와미 샹카라에게 바쳐진 고대의 스리나가르 사원을 순례했다. 나는 하늘을 배경으로 우뚝 선 산꼭대기의 암자를 바라보다가 황홀경에 빠져들었다. 먼 나라의 언덕 위에 자리 잡은 대저택의 환영이 떠올랐다. 스리나가르에 높이 솟은 샹카라 사원이 먼 훗날 내가 미국에 설립한 SRF의 본부 건물로 탈바꿈하는 것이었다.(나는 로스앤젤레스를 처음 방문하여 마운트 워싱턴 꼭대기에 서 있는 커다란 건물을 보는 순간, 오래전 카슈미르와 또 다른 곳에서 마주친 환영을 떠올렸다.)

스리나가르에서 며칠을 보낸 후 이천칠백 미터 고지의 굴마르그(꽃의 초원)로 갔다. 그곳에서 나는 생전 처음 큰 말을 타 보았다. 라젠드라는 질주의 열망에 불타는 작은 경주마에 올랐다. 우리는 위험을 무릅쓰고 험준한 킬란마르그까지 내달렸다. 나무 버섯이 우거진 빽빽한 숲 사이로 이어지는 오솔길은 안개에 싸여 앞을 분간하기가 힘들었다. 그러나 아주 위험한 굽이를 돌 때도 라젠드라의 말은 덩치 큰 내 말이 쉴 틈을 주지 않았다. 녀석은 오로지 경쟁의 희열 외에는 안중에 없는 듯이 지칠 줄 모르고 계속 달렸다.

불꽃 튀는 우리의 경주는 숨이 멎는 듯한 절경으로 보답을 받았다. 생전 처음으로 나는 거대한 흰곰의 실루엣처럼 층층이 가로누워 있는 눈 덮인 히말라야 산맥의 웅대한 모습을 여러 방향에서 바라보았다. 환희에 찬 내 눈은 햇빛 찬란한 푸른 하늘을 배경으로 끝없이 펼쳐지는 얼음산들을 한껏 즐겼다.

친구들과 나는 다 같이 오버코트를 걸치고 하얗게 반짝이는 비탈 위를 신나게 굴렀다. 내려가는 길에는 저 멀리 온통 융단을 깔아 놓은 듯한 노란 꽃밭이 황량한 언덕을 완전히 다른 풍경으로 바꾸어 놓고 있었다.

우리는 발길을 돌려 샬리마르 바그와 니샤트 바그에 있는 유명한 자한기르 황제의 '기쁨의 정원'을 찾았다. 니샤트 바그의 고대 궁전은 천연 폭포 위에 직접 지은 것이다. 산에서 쏟아져 내리는 급류는 정교한 장치를 거쳐 조절되면서 화려한 테라스 위로 넘쳐흐르기도 하고 눈부신 화단의 한가운데에 있는 분수로 솟구쳐 오르기도 한다. 또 다른 물줄기는 궁전의 여러 방들을 휘돈 다음 마침내 동화처럼 아래의 연못으로 방울져 떨어진다. 드넓은 정원에는 장미, 재스민, 백합, 금어초, 팬지, 라벤더, 양귀비 등이 현란한 색채의 향연을 벌이고 있다. 에메랄드빛의 치나르*, 삼나무, 벚나무들이 대칭으로 늘어서서 정원을 에워싸고 그 너

---

* 동양의 플라타너스.

1925년에 요가난다가 미국 캘리포니아 주 로스앤젤레스에 있는 마운트 워싱턴 정상에 설립한 SRF/YSS 국제 본부의 본관

머에는 설백의 히말라야 산맥이 준엄한 모습으로 우뚝 솟아 있다.

카슈미르 포도는 캘커타에서 진귀한 별미로 대접받는다. 카슈미르에 가면 포도 잔치를 벌이자고 줄곧 떠들던 라젠드라는 그곳에 정작 큰 포도원이 없는 것을 알고 무척 낙심했다. 나는 라젠드라의 허황된 기대를 꼬투리 삼아 놀려댔다.

"아이고, 배가 터지게 포도를 먹었더니 걸을 수가 없네! 보이지 않는 포도가 뱃속에서 끓고 있나 봐!"

나중에 우리는 카슈미르 서쪽에 있는 카불에서 맛 좋은 포도가 많이 난다는 얘기를 들었다. 우리는 라브리(짙게 농축한 우유)를 얼려 피스타치오 열매로 맛을 낸 아이스크림으로 서운한 마음을 달랬다.

우리는 빨갛게 수놓은 차양을 씌운 작은 배 시카라를 타고 거미줄처럼 얽히고 설킨 달 호수의 수로망을 따라 이곳저곳을 둘러보았다. 통나무와 흙으로 투박하게 얽어 만든 채소밭들이 여기저기 물 위에 떠 있는 광경은 참으로 놀라웠다. 광막한 호수 한가운데 야채와 멜론이 자라고 있는 것을 처음 보았을 때는 너무나 비현실적으로 느껴졌다. '흙에 뿌리 내리기를' 거부한 농부가 사방으로 갈라진 호수 위로 네모난 땅뙈기를 끌고 새로운 장소를 찾아가는 모습이 가끔씩 눈에 들어온다.

전설에 싸인 이 골짜기에는 세상의 온갖 절경이 축도처럼 펼쳐진다. 카슈미르의 여신은 산의 왕관을 쓰고 호수의 화환으로 장식하고 꽃의 신을 신고 있다. 훗날 여러 나라를 다녀 보고 나서야 나는 왜 카슈미르가 종종 세계에서 가장 풍광이 뛰어난 곳으로 일컬어지는지 이해하게 되었다. 카슈미르는 스위스의 알프스와 스코틀랜드의 로몬드 호수, 그리고 수려한 잉글랜드 호수들의 매력을 두루 지니고 있다. 카슈미르를 여행하는 미국인들은 알래스카나 덴버와 가까운 파이크스 피크의 험준한 위용을 떠올리는 정경들을 곳곳에서 접하게 된다.

아름다운 풍경을 뽑는 대회를 연다면 나는 최고상 후보로 두 곳을 추천하고 싶다. 하나는 갈래갈래 물길을 누비며 뛰노는 물고기들 사이로 하늘과 산과 포플러 나무들이 수면에 반사되는 멕시코 소치밀코의 눈부신 경관이고, 또 하나는 히말라야 산맥의 준엄한 파수꾼들에 둘러싸여 아름다운 처녀처럼 호위를 받고

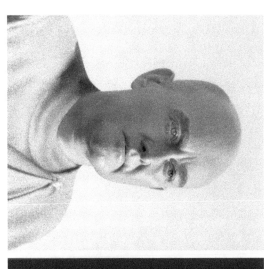

파라마한사 요가난다의 후계자들

(왼쪽에서 오른쪽으로) 1952~1955년 SRF/YSS의 영적 지도자이자 회장을 지낸 스리 라자르시 자나카난다, 스리 다야 마타는 1955년 2월에 라자르시 자나카난다의 뒤를 이어 2010년 타계할 때까지 55년 이상 회장으로 봉사했다. 위대한 스승이 지신의 사후에 과업을 이끌 직접 선발하고 훈련시킨 수제자 가운데 하나인 스리 므리날리니 마타는 2011년 초부터 2017년 타계할 때까지 지신의 책임을 다했다. 40년 남게 SRF/YSS 수도사 생활을 해 온 브러더 치다난다는 현재 SRF/YSS의 영적 지도자이자 회장을 맡고 있다. SRF/YSS 지도자들의 계보에 대해서는 SRF 웹사이트(www.yogananda-srf.org)를 참고하길 바란다.

있는 카슈미르의 호수들이다. 이 두 곳은 지구상에서 가장 멋진 장소로 내 기억 속에 생생히 자리 잡고 있다.

그렇지만 옐로스톤 국립공원과 콜로라도 주의 그랜드 캐넌, 그리고 알래스카의 경이로운 풍경들을 마주했을 때도 나는 경외감에 사로잡혔다. 옐로스톤은 수많은 간헐천에서 뜨거운 지하수가 시계처럼 규칙적으로 하늘 높이 뿜어 오르는 광경을 볼 수 있는 지구상에서 유일한 곳일 것이다. 조물주는 이 화산 지대에 먼 옛날 창조의 흔적을 남겨 놓았다. 뜨거운 유황천, 오팔과 사파이어색의 연못, 용솟음치는 간헐천, 그리고 자유로이 돌아다니는 곰, 늑대, 들소 따위의 야생 동물들……. 진흙이 부글부글 끓어오르는 '데블스 페인트 팟'으로 이어지는 와이오밍의 도로를 자동차로 달리면서 콸콸 흐르는 온천과 솟구치는 간헐천, 수증기 자욱한 샘들을 바라보고 있노라니, 옐로스톤은 참으로 독특해서 특별상을 주어야겠다는 생각이 들었다.

캘리포니아 주의 요세미티 공원에 거대한 기둥처럼 하늘 높이 뻗어 있는 천년의 세쿼이아 거목들은 신의 솜씨로 설계된 천연의 대성당처럼 보인다. 동양에도 멋진 폭포가 많지만 뉴욕 주와 캐나다 접경에 걸쳐 있는 나이아가라의 장중한 아름다움에 필적할 만한 것은 없다. 켄터키 주에 있는 매머드 동굴과 뉴멕시코 주에 있는 칼즈배드 동굴은 신기한 동화의 나라를 연상시킨다. 동굴 천장에 매달린 기다란 종유석들이 지하수에 비친 모습은 상상 속의 다른 세계를 보는 것만 같다.

아름답기로 이름난 카슈미르 주민들 중에는 백인처럼 피부가 희고 얼굴 생김새나 골격 구조도 비슷한 사람이 꽤 많고, 푸른 눈에 금발인 사람도 적지 않다. 이들이 서양 옷을 입고 있으면 미국 사람처럼 보인다. 히말라야의 차가운 공기덕분에 카슈미르 사람들은 타는 듯한 태양을 견디고 밝은 피부색을 유지할 수 있었다. 인도에서는 남쪽의 열대 지방으로 내려갈수록 사람들의 피부색이 점점더 짙어지는 것을 볼 수 있다.

카슈미르에서 행복하게 몇 주일을 보낸 후, 나는 세람포어 대학의 가을 학기를 위해 벵골로 돌아갈 준비를 해야 했다. 스리 유크테스와르와 카나이, 아우디는 스리나가르에 좀 더 머물기로 했다. 내가 떠나기 직전에 스승은 자신이 카슈미르에서 병을 얻게 될 것이라고 귀띔해 주었다.

"스승님은 더할 나위 없이 건강해 보이시는 걸요." 나는 반신반의했다.

"어쩌면 내가 이 세상을 떠날 수도 있다."

"구루지!" 나는 애원하는 몸짓으로 스승의 발밑에 엎드렸다. "아무쪼록 지금 육신을 버리지 않으시겠다고 약속해 주세요. 저는 스승님 없이는 삶을 감당할 준비가 전혀 되어 있지 않습니다."

스리 유크테스와르는 아무 말이 없었지만, 한없이 자비로운 눈길로 내게 미소 짓는 것을 보고 마음이 놓였다. 나는 마지못해 발걸음을 떼었다. 세람포어로 돌아온 후 얼마 안 있어 아우디에게서 전보가 왔다. "스승님 위독!"

나는 미칠 듯한 심정으로 구루에게 전보를 쳤다. "스승님, 저를 두고 떠나지 않겠다고 약속하셨지요? 부디 옥체를 보존하세요. 그렇지 않으면 저도 죽고 말 겁니다."

카슈미르에서 스승의 답신이 왔다. "네 소원대로 되리라."

며칠 뒤, 아우디로부터 스승님께서 회복되셨다는 편지가 도착했다. 이 주일 후에 스승이 세람포어로 돌아왔을 때 나는 구루의 몸이 반쪽으로 야윈 것을 보고 마음이 몹시 아팠다.

스리 유크테스와르는 제자들의 행복을 위해 카슈미르에서 호된 열병의 불길 속에 그들의 죄를 태워 없앤 것이다. 높은 경지에 이른 요기들은 육체를 통해 병을 전이시키는 형이상학적 방법을 알고 있다. 힘센 사람이 약한 사람의 무거운 짐을 들어 주듯이, 영적 초인은 제자들이 지은 업보를 나누어 짊어짐으로써 육체적·정신적 고통을 덜어 줄 수 있다. 부유한 사람이 방탕한 아들의 큰 빚을 갚아 줄 때 자기 돈을 선뜻 내서 어리석은 행동의 비참한 결과로부터 자식을 구하는 것처럼, 스승들은 자신이 지닌 육체적 부의 일부를 기꺼이 희생하여 제자들의 고통을 해소해 준다.[*]

---

[*] 테레사 노이만(455쪽 참조)을 비롯한 여러 기독교 성인들은 질병의 형이상학적 전이에 대해 잘 알고 있다.

성인은 비전되는 요가의 방법을 통해 자신의 마음과 아스트랄 매체를 고통받는 사람의 마음과 아스트랄 매체에 합체시킨다. 이때 질병이 전부 또는 일부 요기의 육체로 전이된다. 육체의 밭에서 신을 수확한 스승은 더는 자신의 육체에 연연하지 않는다. 그는 다른 사람을 구원하기 위해 자신의 몸으로 병을 가져올 수는 있지만 더럽힐 수 없는 그의 마음은 영향을 받지 않는다. 스승은 그러한 도움을 줄 수 있다는 사실을 스스로 축복으로 여긴다. 신에게서 궁극적인 구원을 얻기 위해서는 인간의 육체가 그 목적을 완전히 성취했음을 깨달아야 한다. 그런 연후에야 바람직하다고 생각되는 일에 육체를 사용할 수 있게 된다.

현세에서 구루가 맡은 과업은 영적 수단이나 지적 충고, 의지력, 혹은 질병의 육체적 전이를 통해서 인류의 고통을 덜어 주는 것이다. 스승들은 원하면 언제든지 초의식으로 물러남으로써 육체적 질병을 잊을 수 있지만, 때로는 제자에게 본보기를 보이기 위해 육체적 고통을 의연히 견디기도 한다. 요기는 다른 사람의 병을 떠안음으로써 그들을 대신하여 인과응보의 법칙을 받아들일 수 있다. 이 법칙은 기계적·수학적으로 작용하므로, 신성한 지혜를 얻은 사람은 그 작동을 과학적으로 조절할 수 있는 것이다.

영혼의 법칙에 의하면, 스승이 다른 사람을 치유할 때마다 반드시 병을 앓게 되는 것은 아니다. 치유는 보통 영적 치유자가 고통을 받지 않으면서 순간적으로 치료를 행하는 여러 가지 방법을 통해 이루어진다. 그러나 드물기는 하지만, 스승이 제자의 진화 과정을 크게 앞당기고자 할 때는 자신의 몸을 던져 제자들의 나쁜 업보를 한꺼번에 씻어 낼 수도 있다.

예수는 스스로 온 인류의 죄를 짊어지고 속죄할 것을 자처했다. 신성한 권능을 지닌 그리스도*가 우주의 미묘한 인과 법칙을 자진해서 받아들이지 않았다면 결코 십자가에 못 박혀 숨지지 않았을 것이다. 이렇게 예수는 다른 사람, 특히 제자들의 업보를 스스로 짊어졌다. 그 덕분에 예수의 제자들은 크게 정화되어

---

* 십자가로 끌려가기 직전에 그리스도는 말씀하셨다. "너는 내가 내 아버지께 구하여 지금 열두 군단 더 되는 천사를 보내시게 할 수 없는 줄로 아느냐? 내가 만일 그렇게 하면 이런 일이 있으리라 한 성경이 어떻게 이루어지겠느냐?"(《마태복음》 26:53-54)

훗날 자신들에게 강림한 성령(무소부재한 의식)을 영접할 수 있게 된 것이다.[*]

오직 참나를 실현한 스승만이 자신의 생명력을 다른 사람에게 불어넣거나 다른 사람의 질병을 자신의 몸으로 가져올 수 있다. 보통 사람은 이러한 요가의 치유법을 사용할 수 없는 것은 물론이고 바람직하지도 않다. 신체가 온전하지 않으면 깊은 명상에 방해가 되기 때문이다. 힌두 경전에서는 자신의 몸을 건강한 상태로 유지하는 것이 인간의 필수적 의무라고 가르친다. 그렇지 않으면 마음이 확고한 집중 상태를 유지할 수 없다는 것이다.

하지만 아주 강한 정신을 지닌 사람은 모든 육체적 고통을 초월하여 신의 깨달음에 이를 수 있다. 수많은 성자들이 질병에 얽매이지 않고 신성한 과업을 추구할 수 있었다. 아시시의 성 프란체스코는 그 자신이 병으로 몹시 고통 받고 있었지만 다른 사람을 치유하고 심지어 죽은 사람을 소생시키기도 했다.

내가 알았던 인도의 성자 한 분은 어렸을 적부터 온몸에 아프지 않은 곳이 없었다. 당뇨병이 너무 심해서 한 번에 십오 분 이상 가만히 앉아 있기도 힘들었다. 그러나 그의 영적 열망은 꺾이지 않았다. 그는 기도했다. "신이여, 제 망가진 육체의 사원에 임하시렵니까?" 지칠 줄 모르는 의지를 발휘한 성자는 마침내 매일 열여덟 시간씩 결가부좌를 하고 무아지경에 몰입할 수 있게 되었다. 그는 내게 말했다. "그렇게 삼 년을 보낸 끝에 나는 내면에서 무한한 빛이 타오르는 것을 느꼈다네. 나는 그 광휘에 취해 몸을 잊었지. 나중에야 내 몸이 신의 자비를 통해 온전해졌음을 알게 되었다네."

역사적인 치유의 사례로 인도에 무굴 제국을 세운 바부르 대제(1483~1530)에 얽힌 이야기가 전한다. 황제의 아들 후마윤[†]이 중병을 앓게 되자 아버지는 고뇌에 찬 결단을 내려 자기가 대신 병에 걸릴 테니 아들을 구해 달라고 기도했다.

---

[*] 〈사도행전〉 1:8, 2:1~4.

[†] 후마윤은 악바르 대제의 아버지다. 악바르는 처음에 이슬람교에 대한 열정 때문에 힌두교도를 박해했다. 그러나 그는 훗날 이렇게 얘기했다. "점점 더 많은 지식을 접하면서 나는 수치심에 사로잡혔다. 기적은 교의에 관계없이 모든 사원에서 행해진다." 그는 《바가바드 기타》를 페르시아어로 번역하고, 로마의 예수회 신부들을 궁정으로 초대했다. 악바르는 부정확하기는 하지만 애정을 담아, 그리스도가 이렇게 얘기한 것으로 기록했다(악바르가 세운 도시 파테푸르 시크리의 개선문에 새겨진 비문). "마리아(그에게 평안이 있을지어다)의 아들 예수는 말씀하셨다. '이 세상은 다리와 같다. 그 위로 건너되 그 위에 집을 지으려 하지 말라.'"

덕분에 후마윤은 회복되었으나, 바부르는 곧 앓아눕고 아들이 걸렸던 것과 똑같은 병으로 죽고 말았다.

사람들은 위대한 스승이라면 모름지기 산도우*처럼 건강하고 튼튼해야 한다고 믿지만 그것은 틀린 생각이다. 평생 건강하다고 해서 반드시 내면의 깨달음을 얻은 징표가 될 수 없듯이, 몸이 아프다고 해서 구루의 신성한 힘이 부족하다는 것을 나타내지는 않는다. 스승을 스승답게 만드는 자격은 육체가 아니라 영성에 있다.

갈피를 못 잡은 서양의 탐구자들은 형이상학적인 이야기를 유창하게 늘어놓는 사람이 스승인 줄로 착각하는 경우가 많다. 하지만 어떤 사람이 스승이라는 증거는 자유자재로 호흡이 정지된 상태(사비칼파 사마디)에 들어가고 불변의 지복(니르비칼파 사마디)에 이르는 능력에 달려 있을 뿐이다.† 리시들은 인간이 오로지 이러한 성취를 통해서만 마야, 즉 우주의 이원론적 미망에서 깨어났음을 입증할 수 있다고 지적했다. 그런 사람만이 깊은 깨달음에서 이렇게 외칠 수 있는 것이다. "에캄 사트(진리는 하나다)!"

위대한 일원론자 상카라는 말했다. "무지 때문에 이원성이 나타날 때 사람은 만물을 참나와 다른 것으로 본다. 그러나 만물이 참나로 인식될 때는 원자 하나까지도 참나와 다르지 않은 것으로 보인다. (…) 육체는 실재하는 것이 아니므로, 실재에 대한 앎이 열리는 순간 과거 행위의 결과는 더 이상 존재하지 않게 된다. 이는 마치 잠에서 깨어나면 꿈이 사라지는 것과 같다."

오직 위대한 구루만이 제자들의 업을 짊어질 수 있다. 스리 유크테스와르가 내면의 영(靈)으로부터 그처럼 기이한 방법으로 제자들을 돕도록 허락받지 않았다면 스리나가르‡에서 앓는 일도 없었을 것이다. 신과 조화를 이룬 나의 스승처

---

* '세계에서 가장 강한 사람'으로 알려진 독일의 운동선수(1925년 사망).

† 304쪽, 512쪽 각주 참조.

‡ 스리나가르는 기원전 3세기에 아소카 왕이 건설했다. 그는 이곳에 500개의 수도원을 지었는데, 그중 100개는 천 년 뒤에 중국인 순례자 현장이 카슈미르를 방문했을 때까지도 남아 있었다. 또 다른 중국인 승려 법현(5세기)은 파탈리푸트라(현재의 파트나)에 있는 아소카 왕의 광대한 궁전 옛터를 보고, 궁전의 건축과 장식 조각이 '인간의 손으로 만든 작품이라고는 믿을 수 없을 만큼' 아름답다고 감탄했다.

럼 신의 뜻을 받들 수 있는 지혜를 몸소 체현하고 있는 성자는 드물다.

내가 구루의 수척한 모습을 보고 감히 위로의 말씀을 드리자 스승은 쾌활하게 말했다.

"하지만 좋은 점도 있다. 작아서 몇 년 동안 입지 못하던 간지(내의)를 이제 입을 수 있게 되었으니 말이다."

스승의 유쾌한 웃음소리를 들으며 나는 성 프란치스코 살레시오의 말을 떠올렸다.

"슬픈 사제는 불행한 사제입니다!"

22
석상의 마음

"정숙한 힌두의 아내로서 남편을 두고 불평할 생각은 없지만, 그이의 물질주의적인 사고방식은 제발 좀 고쳤으면 좋겠어. 명상실에 걸린 성자들 사진을 가지고 실없이 놀려댄다니까. 무쿤다야, 너라면 틀림없이 그 사람을 도와줄 수 있을 거야. 그렇지?"

큰누나 로마는 애원하듯이 나를 바라보았다. 나는 캘커타의 기리쉬 비드야라트나 거리에 있는 누나의 집에 잠시 머물고 있던 참이었다. 나는 누나의 간청에 마음이 흔들렸다. 어린 시절 나의 영적인 삶에 깊은 영향을 미쳤던 누나는 어머니가 돌아가시면서 가족 사이에 남겨진 빈자리를 메우기 위해 무던히 애를 쓰고 있었다.

누나의 얼굴은 평소의 차분하고 밝은 표정과는 달리 수심이 가득했다. 나는 기분을 북돋울 양으로 웃음을 지어 보였다. "사랑하는 누님, 할 수만 있다면 당연히 도와드려야지요."

로마 누나와 나는 잠시 동안 말없이 앉아서 가르침을 구하는 기도를 드렸다. 한 해 전에 누나는 내게 크리야 요가를 전수해 달라고 부탁했었는데, 그 사이 눈에 띄는 진전을 보이고 있었다.

불현듯 어떤 영감이 떠올랐다. "내일 다크시네스와르에 있는 칼리 사원에 갈 거예요. 누님도 같이 갑시다. 그리고 매형도 오라고 권해 보세요. 그 성소의 진동을 통해 어머니 여신께서 매형의 마음을 열어 주실 거라는 느낌이 들어요. 하지만 함께 가자고 하는 목적을 밝히지는 마세요."

누나는 기대를 보이며 응낙했다. 다음날 아침 일찍 누나와 매형이 떠날 채비를 하고 있는 모습을 보니 무척 기뻤다. 택시가 덜컹거리며 어퍼 서큘러 거리를 따라 다크시네스와르로 향하는 동안 매형 사티쉬 찬드라 보세는 심심풀이 삼아 구루를 헐뜯으며 즐거워했다. 곁눈으로 보니 누나는 소리 없이 눈물을 흘리고 있었다.

나는 귓엣말로 속삭였다. "누님, 기운 내요! 우리가 심각하게 받아들이는 것처럼 보이면 매형은 더 신이 날 거예요."

매형은 계속 투덜거렸다. "무쿤다, 어떻게 그런 허풍쟁이한테 현혹될 수가 있지? 사두라는 위인들은 생김새부터 혐오감을 준다니까. 뼈만 남도록 마르거나 그렇지 않으면 코끼리처럼 뚱뚱하지!"

나는 어깨를 흔들며 웃었다. 매형은 그런 반응이 못마땅했는지 실쭉해서 입을 다물었다. 마차가 다크시네스와르의 사원 마당에 들어서자 매형은 입가에 냉소를 띠었다.

"보아하니 이번 나들이는 나를 개심시키려고 꾸민 일 같은데?"

내가 아무 대꾸도 않고 돌아서자 매형은 팔을 붙잡으며 말했다. "도사님, 사원 사람들한테 우리 점심을 단단히 부탁해 두어야 하네." 매형은 승려에게 말을 붙이는 것이 싫었던 것이다.

나는 차갑게 대꾸했다. "저는 이제 명상을 할 거예요. 점심 걱정은 마세요. 어머니 여신께서 챙겨 주실 테니."

"어머니 여신이 나를 그렇게 보살펴 줄 리가 없으니 식사는 자네가 책임져야 해." 매형은 으름장을 놓았다.

나는 혼자서 널따란 칼리(어머니 자연의 모습을 띤 신) 사원 앞쪽의 주랑 현관으로 갔다. 나는 기둥 옆의 그늘진 곳을 골라 결가부좌를 틀고 앉았다. 아직 일곱 시밖에 안 되었지만, 아침 해는 금세 달아오를 것이다.

무아경에 빠져드는 사이에 이 세상은 점점 멀어져 갔다. 나는 칼리 여신에 온 마음을 집중시켰다. 바로 이 다크시네스와르 사원에 있는 여신상은 저 위대한 스승, 스리 라마크리슈나 파라마한사가 각별히 우러르던 대상이었다. 석상은 라마크리슈나의 고뇌에 찬 기도에 화답하여 종종 살아 있는 모습으로 나타나 그와 이야기를 나누곤 했다.

나는 기도했다. "말 없는 어머니 여신이시여. 당신은 사랑하는 헌신자 라마크리슈나의 간청을 듣고 생명으로 부활하셨습니다. 어이하여 이 아들의 간절한 울부짖음에는 귀를 기울여 주지 않으십니까?"

열렬한 갈망이 한없이 커지면서 거룩한 평화가 찾아왔다. 하지만 다섯 시간이 지났는데도 마음속에 그리고 있던 여신께서 아무런 응답을 해 주시지 않자 조금 낙담이 되었다. 신은 간혹 기도를 바로 들어주지 않고 시험해 본다. 그러나 한결같은 마음으로 기도에 임하면 신은 결국 헌신자가 소중히 여기는 형태로 모습을 드러낸다. 독실한 기독교인은 예수를, 힌두교도는 크리슈나 또는 칼리 여신을 본다. 그리고 숭배의 대상이 비인격적인 경우에는 사방으로 뻗는 빛을 보게 된다.

나는 아쉬움을 달래며 눈을 떴다. 정오의 관습에 따라 승려 한 사람이 사원 문들을 잠그는 것이 보였다. 나는 현관 옆의 외진 자리에서 일어나 안마당으로 들어섰다. 한낮의 태양에 달구어진 돌바닥에 맨발이 데어 화끈거렸다.

나는 조용히 항의했다. "어머니 여신이여, 당신은 제게 모습을 보여 주지 않으시고 이렇듯 닫힌 문 뒤에 숨어 계십니다. 저는 오늘 매형을 대신해서 당신께 특별한 기도를 드리고 싶었습니다."

내밀한 기원은 곧 응답을 받았다. 먼저 쾌적한 냉기가 등과 발밑으로 퍼지면서 답답한 기분을 말끔히 씻어 주었다. 그러더니 놀랍게도 사원이 커다랗게 확대되었다. 널찍한 문이 천천히 열리면서 칼리 여신의 석상이 나타났다. 석상은 점차 살아 있는 형상으로 바뀌더니 나를 반기듯 고개를 끄덕이며 미소를 지었다. 형언할 수 없는 기쁨이 온몸에 퍼졌다. 마치 마법의 주사를 맞은 것처럼 허파에서 숨이 빠져 나가고 몸이 더없이 평온해지면서도 활력은 잃지 않았다.

황홀감이 다시 고조되면서 의식이 확장되었다. 왼쪽으로 갠지스 강 건너편이 수마일 밖까지 똑똑히 보이고, 사원 너머로 다크시네스와르 일대가 한눈에 들어왔다. 모든 건물의 벽들이 투명하게 가물거리면서 저 멀리 사람들이 오가는 모습이 비쳐 보였다.

숨이 멎고 몸도 이상하리만큼 평온한 상태였지만, 손과 발은 자유로이 움직일 수 있었다. 잠깐 동안 시험 삼아 두 눈을 감았다 떴다 해 보았다. 어떻게 하건 다스시네스와르의 전경이 뚜렷이 보였다.

영적 시야는 엑스선처럼 모든 물질을 꿰뚫어 본다. 신성한 눈은 어디에서나 중심에 서고 어디에서도 주변에 머물지 않는다. 나는 햇볕이 내리쬐는 안마당에 서서, 거품처럼 덧없는 꿈에 지나지 않는 물리적 세계에서 허우적거리는 인간이 신의 방탕한 자식이기를 그칠 때 자신의 영원한 영토를 다시 물려받게 된다는 사실을 새삼 깨달았다. 옹색한 인간 조건에 얽매인 존재가 굳이 도피를 해야 한다면 어디에나 계신 신에 견줄 만한 도피처가 있겠는가?

다크시네스와르의 신성한 체험에서는 사원과 여신의 형체만 유별나게 커지고 다른 것들은 모두 원래의 크기로 보였다. 사물들은 저마다 흰색, 파란색, 뽀얀 무지개 색을 띤 부드러운 후광에 둘러싸여 있었다. 내 몸은 천상의 물질로 이루어져 금시라도 공중에 뜰 것 같았다. 나는 물질적 환경을 충분히 의식하면서 주위를 둘러보고 발걸음을 내디뎠지만, 기쁨에 넘친 환영은 깨지지 않고 이어졌다.

사원 벽 뒤에서 성스러운 벨 나무 아래 앉아 있는 매형의 모습이 불쑥 나타났다. 나는 어렵지 않게 매형의 생각을 읽을 수 있었다. 다크시네스와르의 성스러운 기운 덕분에 얼마간 마음이 고양되기는 했지만, 아직도 나에 대해 냉담한 감정을 품고 있었다. 나는 곧바로 자비로운 여신의 형상에 기도를 드렸다.

"어머니 여신이여, 매형의 영혼을 변화시켜 주지 않으시렵니까?"

여태껏 말이 없던 아름다운 형상이 마침내 입을 열었다. "그대의 소망이 이루어지리라!"

나는 기쁜 마음으로 매형을 바라보았다. 그는 마치 어떤 영적인 힘이 작용하는 것을 본능적으로 알아차린 듯이 골을 내며 자리에서 일어섰다. 사원 뒤로 매형이 달려오는 모습이 보였다. 그는 주먹을 흔들면서 내게 다가왔다.

만물을 감싸고 있던 환영이 사라졌다. 더는 영광스러운 여신의 모습을 볼 수 없었다. 사원도 투명함을 잃고 원래의 크기로 돌아왔다. 내 몸은 다시 맹렬한 햇볕 아래 땀투성이가 되었다. 내가 현관의 그늘 밑으로 뛰어들자 매형이 씩씩거리며 쫓아왔다. 시계를 보니 한 시였다. 신성한 환영이 한 시간이나 지속되었던 것이다.

매형은 냅다 불평을 터뜨렸다. "이 사람아, 거기서 책상다리에 사팔눈을 하고 몇 시간씩 앉아 있었군. 자네를 찾으려고 여태 헤맸네. 우리 점심은 어떻게 되었나? 이제는 문도 닫히고 사원에다 부탁도 못했으니, 점심 먹기는 틀렸네 그려!"

여신 앞에서 느꼈던 환희가 아직도 주위에 맴돌고 있었다. 나는 외쳤다. "어머니 여신께서 먹여 주실 거예요!"

매형도 맞받아쳤다. "미리 부탁하지 않고도 여기서 어머니 여신이 음식을 내려줄는지 어디 한번 보세!"

매형의 말이 떨어지기가 무섭게 승려 하나가 안마당을 가로질러 우리에게 다가왔다.

"젊은이, 나는 자네가 몇 시간째 명상에 잠겨 있는 동안 얼굴이 맑게 빛나는 것을 지켜보고 있었네. 오늘 아침 자네 일행이 도착하는 것을 보고, 점심때 먹을 음식을 넉넉히 챙겨 두고 싶은 생각이 들었지. 미리 부탁하지 않은 사람에게 음식을 베푸는 것은 사원 규칙에 어긋나지만, 이번만은 예외로 하겠네."

나는 감사를 드리고 나서 매형의 눈을 똑바로 쳐다보았다. 매형은 얼굴을 붉히고 후회의 빛을 보이며 말없이 시선을 떨구었다. 우리는 철 지난 망고까지 곁들여 푸짐하게 차린 식사를 대접받았다. 하지만 매형은 식욕이 별로 없어 보였다. 그는 당혹스러운 표정으로 깊은 생각에 빠져 있었다.

캘커타로 돌아오는 길에 매형은 한결 누그러진 표정으로 이따금씩 무언가를 간청하는 듯이 나를 쳐다보았다. 그러나 매형은 자기의 도전에 응답이라도 하는 것처럼 승려가 나타나서 우리를 점심에 초대한 순간부터 한마디도 하지 않았다.

다음날 오후에 나는 누나의 집으로 찾아갔다. 누나는 나를 다정하게 맞아 주었다.

"무쿤다야, 기적이 일어났어! 어제 저녁에 네 매형이 내 앞에서 눈물을 뚝뚝 흘리면서 이러더구나. '사랑하는 데비*, 처남의 계획 덕분에 내가 아주 딴 사람이 되었으니 무어라 말할 수 없이 기쁘구려. 여태까지 당신한테 했던 몹쓸 짓을 모두 바로잡을 생각이오. 오늘밤부터 큰 침실은 예배 장소로만 쓰고, 당신의 비좁은 명상실을 잠자는 방으로 바꿉시다. 처남을 놀린 것은 정말로 미안하오. 그동안 저지른 부끄러운 행동을 속죄하는 뜻에서, 영적인 수행에 진전이 있을 때까지 처남에게 말을 걸지 않기로 하겠소. 이제부터 마음 깊이 어머니 여신을 따르리다. 언젠가 꼭 그분을 찾고 말 거요!"

여러 해 뒤(1936년)에 나는 델리로 매형을 찾아갔다. 나는 매형이 높은 수준의 자아실현을 이루고 어머니 여신의 환영을 통해 축복을 받은 사실을 알고 너무나 기뻤다. 매형 댁에 머무는 동안 나는 매형이 중한 병으로 고생하고 낮 동안에는 직장에서 일을 하면서도 매일 밤 긴 시간을 들여 남모르게 명상에 정진하는 것을 알았다.

매형의 수명이 오래지 않으리라는 생각이 들었다. 로마 누나도 내 마음을 읽은 모양이었다.

"무쿤다야, 나는 괜찮지만 네 매형은 건강이 좋지 않다. 그렇지만 나는 헌신적인 힌두의 아내로서 남편을 먼저 보내지는 않을 거라는 사실을 알아다오.† 이제 내가 세상을 뜰 날도 머지않았다."

누나의 불길한 얘기에 놀라면서도 나는 그 속에 고통스런 진실이 담겨 있는 것을 깨달았다. 내가 미국에 있을 때, 자신의 앞일을 예언한 지 열여덟 달 만에 누나는 세상을 떠났다. 막냇동생 비슈누가 나중에 자세한 얘기를 들려주었다.

"로마 누님이 돌아가실 때 누님과 매형은 캘커타에 계셨어요. 그날 아침 누님은 화사한 신부 차림을 하고 있었어요.

'이 별난 옷차림은 웬일이오?' 매형이 물었지요.

'오늘이 이 세상에서 당신을 섬기는 마지막 날입니다.' 누님은 이렇게 대답하고 얼마 뒤에 심장 마비를 일으켰어요. 조카가 황급히 의사를 부르려 하자 누님은 이렇게 말했어요.

---

* 여신. 본뜻은 '빛나는 존재'이며, '빛나다'라는 뜻의 산스크리트 동사 어근 div에서 파생되었다.
† 힌두교의 아내는 남편보다 먼저 죽는 것을 남편에 대한 충성스러운 봉사의 증거, 즉 '직분을 다하여 죽는 것'으로 영적 진보의 징표라고 믿는다.

'아들아, 내 곁에 그대로 있거라. 소용없는 일이다. 의사가 도착하기도 전에 나는 갈 거다.' 그리고 십 분 뒤에 누님은 존경의 표시로 매형의 발을 잡은 채, 아무런 고통 없이 행복하게 의식적으로 육체를 떠났어요.”

비슈누는 이야기를 계속했다.

“누님이 돌아가신 후로 매형은 세상과 담을 쌓고 지냈어요. 그러던 어느 날 매형과 나는 웃고 있는 누님의 사진을 보고 있었지요.

'왜 웃고 있소?' 매형은 마치 누님이 눈앞에 있는 것처럼 소리쳤어요. '당신은 나보다 먼저 간 것이 현명한 처사라고 생각할지 모르지만, 나하고 떨어져서 오래 있지는 못할 거요. 곧 다시 만나게 될 테니까.'

사실 그때 매형은 병에서 완전히 회복되고 건강도 아주 좋았는데, 사진 앞에서 이상한 말을 꺼낸 직후에 뚜렷한 원인도 없이 돌아가셨어요.”

사랑하는 로마 누나와 평범한 속인이었다가 다크시네스와르에서 소리 없는 성자로 탈바꿈했던 매형은 예언을 실현하듯이 이렇게 세상을 떠났다.

23
학사 학위를 받다

"자네는 철학 과목의 연구 과제를 소홀히 하는 것 같더군. 노력은 없이 '직관' 만 믿고 시험을 때우는 것이 분명해. 하지만 자네가 좀 더 성실한 자세로 학업에 임하지 않는다면 반드시 낙제를 시키고 말겠네."

세람포어 대학의 고샬 교수는 단호하게 말했다. 기말 시험에 합격하지 못하면 최종 시험을 치를 자격이 주어지지 않는다. 이 문학사 최종 시험은 세람포어 대학을 분교로 둔 캘커타 대학교의 교수단에서 주관한다. 인도의 대학교에서는 최종 시험에서 한 과목이라도 낙제하면 다음 해에 모든 과목의 시험을 다시 치러야 한다.

세람포어 대학의 교수들은 대개 호기심 반, 재미 반으로 나를 친절하게 대해 주었다. "무쿤다는 종교에 심취해 있다." 이렇게 단정을 짓고, 수업 시간에 내가 질문에 대답하느라 쩔쩔매지 않아도 되도록 배려해 주었다. 어차피 기말 시험이 끝나면 최종 시험 응시자 명단에서 탈락할 거라고 믿었던 것이다. 동급생들이 내게 붙여 준 '미친 수도승'이라는 별명은 나에 대한 평판이 어땠는지 잘 보여 준다.

나는 철학 과목에서 낙제시키겠다는 고샬 교수의 으름장을 무색하게 만들 꾀를 냈다. 기말 시험의 결과 발표가 임박했을 때 나는 한 급우에게 고샬 교수의 연구실에 함께 가 줄 것을 청했다.

"같이 가자, 증인이 필요해. 만약 교수가 내 꾀에 넘어가지 않는다면 난 정말 실망할 거야."

내게 몇 점을 주었는지 묻자 고샬 교수는 고개를 설레설레 저었다.

"자네는 합격하지 못했어." 교수는 의기양양해하면서 책상 위에 수북이 쌓인 답안지를 뒤적거렸다. "이 속에는 자네 답안지가 아예 없어. 시험에 출석도 하지 않았으니 어차피 낙제지."

나는 회심의 미소를 지었다. "선생님, 저는 출석했습니다. 제가 직접 답안지를 살펴봐도 되겠습니까?"

교수는 마지못해 허락했다. 나는 재빨리 내 답안지를 찾아냈다. 나는 일부러 출석 번호만 빼고는 신원 사항을 하나도 적지 않았고, 이름이라는 '경계 신호'를 미처 발견하지 못한 교수는 내 답안이 교과서 내용을 그대로 인용하지 않았음에도 불구하고 높은 점수를 주었던 것이다.[*]

그제야 내 꾀를 알아차린 교수는 발끈했다. "그야말로 뻔뻔스러운 요행이로군!" 그러고는 기대를 버리지 않고 덧붙였다. "하지만 결국 문학사 최종 시험에서 탈락하고 말겠지!"

나는 다른 과목에 대비해서 얼마간 수험 지도를 받았다. 특히, 친한 친구이면서 사라다 숙부의 아들인 프라바스 찬드라 고시가 많이 도와주었다. 어지간히 애를 먹기는 했지만, 나는 간신히 낙제를 면한 점수로 기말 시험을 모두 통과했다.

대학 사 년을 마친 나는 이제 드디어 문학사 시험을 치를 자격을 얻었다. 그렇지만 나는 큰 기대를 갖지 않았다. 세람포어 대학의 기말 시험은 캘커타 대학교에서 치러야 할 학위 시험에 비하면 식은 죽 먹기였다. 나는 거의 매일 스리 유크테스와르를 찾아갔기 때문에 강의를 들을 시간이 거의 없었다. 급우들에게는 내가 결석하는 것보다 출석하는 것이 더 놀라울 정도였다.

나는 매일 아침 아홉 시 반에 자전거를 타고 판티 하숙집을 나서는 것으로 일과를 시작했다. 구루에게 드리려고 정원에서 딴 꽃송이를 한 손에 들고 달렸다. 스승은 나를 반갑게 맞아 주었다. 스승이 점심 초대를 하면 나는 언제나 주저 없

[*] 고샬 교수와 나 사이의 긴장 관계는 그의 잘못이 아니라 전적으로 나의 결석 때문이라는 사실을 인정하지 않으면 안 된다. 고샬 교수는 방대한 철학적 지식을 지닌 뛰어난 강연자다. 훗날 우리는 서로를 진심으로 이해하게 되었다.

1919년 12월 캘커타에서 프라바스 찬드라 고시와 파라마한사 요가난다. 스리 요가난다의 사촌으로 평생 친구이자 제자였던 스리 고시는 1975년 타계할 때까지 40년 가까이 YSS의 부회장을 맡았다.

이 응낙했다. 온종일 학교 생각을 잊고 지내는 것이 마냥 즐거웠다. 견줄 데 없는 지혜의 말씀을 듣거나 아슈람 일을 거들면서 스리 유크테스와르와 더불어 한나절을 보낸 후 자정이 다 되어서야 마지못해 판티로 돌아오곤 했다. 때로는 구루와 밤을 지새우며 즐거운 대화에 열중하다 보면 어느덧 새벽이 밝아 오기도 했다.

어느 날 밤 열한 시쯤 내가 하숙집에 돌아가려고 신을 신고 있는데* 스승이 진지하게 물었다.

"문학사 시험이 언제 시작되느냐?"

"닷새 남았습니다."

"준비는 다 되어 있겠지?"

나는 움찔해서 신발 한 짝을 든 채 그 자리에 못 박혀 버렸다. 나는 볼멘소리를 했다. "스승님, 제가 교수님들보다 스승님과 함께 더 많은 시간을 보낸 것을 잘 알고 계시잖습니까? 어떻게 제가 그 어려운 시험에 응시해서 웃음거리가 될 수 있겠습니까?"

스리 유크테스와르는 내 눈을 뚫을 듯이 바라보았다. "너는 반드시 응시해야 한다." 스승의 목소리는 차갑도록 단호했다. "너희 부친과 친척들에게 네 아슈람 생활을 흠잡을 구실을 주어서는 안 된다. 여러 말 말고 시험을 치르겠다고 약속해라. 그리고 최선을 다해서 답안을 작성하거라."

눈물이 주체할 길 없이 뺨을 타고 흘러내렸다. 스승의 분부는 불합리할뿐더러 이래저래 때늦은 일이라는 생각이 들었다.

나는 흐느끼며 말했다. "스승님께서 원하신다면 시험을 보겠습니다. 그렇지만 준비할 시간이 부족한 걸요." 그러고는 혼잣말로 중얼거렸다. "아무튼 저는 스승님의 가르침으로 답안지를 채울 겁니다!"

다음날 여느 때처럼 아슈람에 들어선 나는 처량한 기분으로 스리 유크테스와르에게 꽃다발을 바쳤다. 스승은 수심에 찬 내 얼굴을 보고 웃었다.

"무쿤다, 시험에서건 다른 일에서건 신께서 너를 저버리신 적이 있느냐?"

"없습니다." 나는 선뜻 대답했다. 고마운 기억들이 새록새록 밀려왔다.

스승은 자애롭게 말했다. "네가 대학에서 성적에 연연하지 않은 것은 게을러서가 아니라 신을 향한 뜨거운 열정 때문이었다." 스승은 잠깐 뜸을 들였다가 《성경》 구절을 인용했다. "너희는 먼저 하느님의 나라와 하느님의 의를 구하라. 그리하면 이 모든 것을 너희에게 더하시리라." †

---

* 인도의 수행자는 아슈람에서 언제나 신발을 벗는다.
† 〈마태복음〉 6:33.

언제나처럼 나는 스승 앞에서 무거운 짐을 벗는 느낌이 들었다. 이른 점심 식사를 마치고 나서 스승은 내게 판티로 돌아가라고 일렀다.

"네 친구 로메시 찬드라 두트는 아직 너희 하숙집에 사느냐?"

"예."

"그 친구를 만나거라. 신께서 로메시의 마음을 움직여 네 시험을 도와주도록 하실 게다."

"잘 알겠습니다. 그렇지만 로메시는 여간 바쁘지 않은걸요. 그 친구는 우리 동기 중에서도 우등생인데다 더 높은 과정을 이수하고 있어요."

스승은 나의 의구심을 단번에 날려 버렸다. "로메시는 시간을 내줄 게다. 이제 가거라."

나는 자전거를 타고 판티로 돌아왔다. 하숙집에 들어서면서 제일 먼저 마주친 사람이 마침 로메시였다. 내가 주저하며 부탁을 하자 그는 시간이 남아돌기라도 하는 것처럼 흔쾌히 승낙했다.

"암, 도와주고말고!" 로메시는 그날부터 며칠 동안 오랜 시간을 들여서 여러 과목을 지도해 주었다.

"영문학 시험에서는 차일드 해롤드의 순례 행로에 관한 문제가 많이 나올 것 같아. 당장 지도책을 구해야겠어."

나는 부랴부랴 사라다 숙부 댁으로 달려가서 지도책을 빌려 왔다. 로메시는 유럽 지도를 펼치고 바이런의 낭만적인 유랑자가 방문한 곳들을 표시했다.

같은 과 친구 몇이 모여서 함께 지도를 받았다. 하루는 공부를 끝낸 뒤 어떤 친구가 이런 얘기를 했다. "로메시의 예상은 틀렸어. 보통, 책에 관한 문제는 절반뿐이고 나머지 절반은 저자의 삶에 관한 것이야."

드디어 영문학 시험을 치르는 날, 문제지를 받아서 훑어보는 순간 감사의 눈물이 뺨을 타고 흘러내려 답안지를 적셨다. 시험 감독관이 내 책상으로 다가와 안쓰럽다는 눈길을 보냈다. 나는 이렇게 해명했다.

"저희 구루께서 로메시가 도와줄 거라고 예언하셨어요. 보세요, 로메시가 뽑아 준 문제들이 그대로 시험에 나왔잖아요!" 그리고 이렇게 덧붙였다. "다행히도 올해는 영국 작가들에 관한 문제가 거의 없군요. 제게는 그들의 삶이 깊은 신비에 싸여 있거든요."

내가 하숙집으로 돌아오자 한바탕 소란이 벌어졌다. 로메시를 너무 믿는다고 놀리던 친구들이 이제는 귀가 먹먹하도록 나를 축하해 주었다. 시험을 치르는 한 주일 동안 나는 계속해서 로메시와 대부분의 시간을 보냈다. 그는 교수가 출제할 가능성이 높은 문제들을 지적해 주었다. 날마다 로메시가 예상한 문제들이 거의 그대로 시험지에 적혀 있었다.

기적 같은 일이 벌어져서 넋 나간 '미친 수도승'이 시험에 합격할 것 같다는 소문이 학교 안에 쫙 퍼졌다. 나는 굳이 사실을 숨기려고 하지 않았다. 우리 대학의 교수들은 캘커타 대학교의 교수단에서 출제한 문제를 고칠 권한이 없었다.

어느 날 아침 나는 영문학 시험에 대해 곰곰이 생각하다가 큰 실수를 저지른 사실을 깨달았다. A 또는 B와 C 또는 D의 두 부분으로 나뉜 문제가 있었다. 각 부분에서 한 문제씩 고르도록 되어 있는 것을, 나는 첫 번째 문항에서 두 문제를 모두 답하고 두 번째 문항을 무심코 지나쳤던 것이다. 이 경우 내가 받을 수 있는 최고 점수는 33점인데, 그러면 커트라인인 36점에 3점이 모자라게 된다.

나는 스승에게 달려가서 고민을 털어놓았다.

"스승님, 어처구니없는 실수를 저질렀습니다. 저는 신께서 로메시를 통해 베푸시는 축복을 받을 자격이 없어요. 저는 정말 한심한 녀석이에요."

"기운 내거라, 무쿤다." 스리 유크테스와르의 목소리는 가볍고 태연했다. 스승은 푸른 하늘을 가리켰다. "네가 학위를 따지 못하는 것보다 해와 달이 자리를 바꾸는 것이 더 쉬울 게다!"

수학적으로는 합격할 가망이 전혀 없어 보였지만, 어쨌든 나는 한결 편안해진 기분으로 아슈람을 떠났다. 나는 걱정스럽게 하늘을 한두 번 쳐다보았다. 태양신은 정상적인 궤도를 변함없이 유지하고 있는 것처럼 보였다.

판티에 도착하자 귓결에 한 친구의 얘기가 들려 왔다. "올해부터 처음으로 영문학 시험 커트라인이 낮아졌다는 얘기를 방금 들었어."

내가 어찌나 급작스럽게 방으로 뛰어들었든지 그 친구가 화들짝 놀라며 나를 처다보았다. 나는 어찌된 영문인지 다그쳐 물었다.

그가 웃으며 말했다. "긴 머리 수도승께서 갑자기 학업에 관심을 보이는 이유가 뭐지? 다 끝난 마당에 웬 야단이야? 하지만 커트라인이 33점으로 낮아진 건 사실이야."

하도 기뻐서 껑충껑충 뛰어 내 방으로 돌아온 나는 무릎을 꿇고 신의 수학적 완벽성을 찬미했다.

매일같이 나는 로메시를 통해 나를 인도하고 있는 영(靈)의 현존을 분명히 의식하고 짜릿한 감동을 느꼈다. 그 참에 벵골어 시험과 관련하여 중대한 사건이 발생했다. 벵골어는 로메시의 지도를 받지 않은 과목이었다. 그날 아침에도 시험장에 가려고 하숙집을 막 나섰는데 안에서 로메시가 나를 소리쳐 불렀다.

옆에 있던 친구가 다급히 말렸다. "그냥 가, 시험에 늦겠어." 나는 충고를 무시하고 하숙집으로 다시 달려갔다.

로메시가 말했다. "우리 벵골 학생은 대개 벵골어 시험에 쉽게 통과하지만, 올해는 교수들이 필독 도서에 관한 문제를 출제해서 학생들을 무더기로 탈락시킬 계획을 세운 것 같은 예감이 들었어." 그러고는 벵골이 배출한 19세기의 유명한 박애주의자 비드야사가르의 삶에 얽힌 두 가지 일화를 요약해 주었다.

나는 로메시에게 고마움을 표한 뒤 서둘러 자전거를 몰고 시험장으로 갔다. 벵골어 시험 문제는 두 부분으로 이루어져 있었다. 첫 번째 문제는 비드야사가르가 행한 자비의 실례를 두 가지 들라는 것이었다.* 나는 방금 듣고 온 내용을 답안지에 옮겨 적으면서, 마지막 순간 로메시의 부름에 응한 것이 천만다행이었다고 속으로 중얼거렸다. 비드야사가르의 선행(이제 나도 그 음덕을 입었지만)에 대해 알지 못했다면 나는 벵골어 시험에 통과할 수 없었을 것이다.

두 번째 문제는 이런 내용이었다. '자신에게 가장 큰 영감을 준 사람의 삶에 대해 벵골어로 논술하시오.' 너그러운 독자들이여, 내가 누구를 주제로 선택했

---

* 그 문제의 정확한 문구는 잊었지만, 로메시가 비드야사가르에 관해 때마침 얘기해 준 일화와 관련이 있었던 것은 기억이 난다. 푼디트 이슈와르 찬드라는 박식함 때문에 벵골 지방에서 단순히 비드야사가르(학식의 바다)라는 칭호로 널리 알려지게 되었다.

는지는 굳이 밝힐 필요도 없을 것이다. 구루에 대한 칭송으로 답안지를 한 장 한 장 채워 나가는 동안, 나는 혼잣말로 뇌었던 예언이 실현되고 있는 것을 깨닫고 미소 지었다. "아무튼 저는 스승님의 가르침으로 답안지를 채울 겁니다!"

나는 철학 과목만큼은 로메시에게 물어볼 생각이 없었다. 스리 유크테스와르 밑에서 오랜 수련을 쌓은 것을 믿고 느긋한 마음으로 교과서의 설명을 무시할 수 있었다. 내가 시험에서 최고 점수를 받은 과목은 철학이었다. 다른 과목은 모두 커트라인을 겨우겨우 넘겼다.

아울러 이타적인 친구 로메시가 우등으로 학위를 받은 사실을 기쁜 마음으로 이 자리에 밝힌다.

아버지는 나의 졸업 소식에 희색을 감추지 못하셨다. 아버지는 이렇게 고백하셨다. "난 네가 무사히 졸업하리라고는 생각지 못했다, 무쿤다. 허구한 날을 구루와 함께 보냈으니 말이다." 스승은 아버지의 말없는 힐책을 아주 정확하게 감지했었다.

오랫동안 나는 내 이름에 문학사라는 칭호가 붙는 날을 과연 보게 될지 확신하지 못했다. 나는 이 칭호를 사용할 때마다 그것이 무언가 알 수 없는 이유로 내게 주어진 신의 선물이라는 생각을 떠올리곤 한다. 대학을 졸업하고 나면 벼락치기한 지식이 거의 남아 있지 않게 된다는 말을 가끔 듣는다. 이런 증언들은 변명할 여지없이 미진했던 나의 학업에 대한 미련을 조금이나마 덜어 준다.

캘커타 대학교에서 학위를 받던 1915년 6월의 어느 날, 나는 구루의 발밑에 무릎을 꿇고 스승의 삶에서 나의 삶으로 흘러넘친 모든 은총에 깊은 감사를 드렸다.*

---

* 다른 사람의 마음과 사건의 추이에 영향을 미치는 힘은 파탄잘리의 《요가 수트라》 III:24에서 '우주적 공명'의 결과라고 풀이하고 있는 비부티(요가의 힘)이다.[수트라에 관한 학술 저서로는 《Yoga-System of Patanjali》(Oriental Series 제17권)와 다스굽타의 《Yoga Philosophy》가 있다.]
모든 경전은 신이 자신의 전능한 모습대로 인간을 창조했다고 선언한다. 우주를 통제하는 일은 초자연적인 것처럼 보이지만, 실제로 자신의 신성한 근원에 대한 '바른 기억'에 도달하는 모든 사람에게는 그러한 힘이 본디부터 주어져 있다. 스리 유크테스와르처럼 신성을 실현한 사람은 아함카라(에고 원리)에 따른 개인적 욕망에서 벗어나 있다. 참된 스승의 행위는 리타(자연적 정의)에 저절로 일치한다. 에머슨의 말에 따르면, 모든 위대한 사람은 "덕이 높은 것이 아니라 덕 그 자체가 된다. 이때 창조의 목적이 이루어지며, 신은 기쁨을 얻는다."
신성을 실현한 사람은 누구나 기적을 행할 수 있다. 그들은 그리스도와 같이 창조의 영묘한 법칙을 이해하기 때문이다. 그 스승은 너그럽게 말했다. "일어나거라, 무쿤다. 신께서는 해와 달의 자리를 바꾸느니 너를 졸업시키는 편이 더 수월하겠다고 생각하셨을 뿐이다!"

러나 모든 스승이 놀라운 힘을 발휘하려고 하지는 않는다(293쪽 각주 참조). 성인들은 저마다 나름의 방식으로 신을 나타낸다. 어떤 두 개의 모래알도 완전히 똑같을 수 없는 세계에서 개성의 표현은 기본적인 것이다.

신을 깨달은 성인들에게 한결같은 규칙을 적용할 수는 없다. 어떤 이는 기적을 행하고 어떤 이는 행하지 않는다. 어떤 이는 활동하지 않지만 어떤 이는 (고대 인도의 자나카 왕이나 아빌라의 성녀 테레사처럼) 큰일에 관여한다. 어떤 이는 가르치고 여행하고 제자를 받지만 어떤 이는 그림자처럼 조용하고 눈에 띄지 않게 삶을 보낸다. 어떤 세속적인 비평가도 각각의 성인에게 서로 다른 각본을 펼쳐 보이는 카르마(업보)의 비밀스런 목록을 읽어 낼 수 없다.

24
스와미 교단의 수도승이 되다

"스승님, 아버지께서는 제가 벵골-나그푸르 철도 회사에서 간부직을 맡기를 간절히 바라셨어요. 하지만 저는 단호하게 거절했지요." 그러고서 나는 기대감을 가지고 덧붙였다. "스승님, 저를 스와미 교단에 수도승으로 받아 주지 않으시겠습니까?" 나는 애원하듯 구루를 바라보았다. 지난 몇 년 동안 스승은 내 결심이 얼마나 굳은지 시험하기 위해 똑같은 청을 번번이 거절했었다. 하지만 오늘 스승은 자애로운 미소를 지었다.

"좋다, 내일 스와미 교단에 입문시켜 주마." 스승은 조용히 말을 이었다. "네가 수도승이 되려는 열망을 굳게 간직해 온 것이 기쁘구나. 라히리 마하사야께서는 종종 '여름에 신을 손님으로 초대하지 않으면, 인생의 겨울에도 신은 찾아오지 않을 것이다'라고 말씀하셨지."

"스승님, 저는 존경하는 스승님처럼 스와미 교단에 몸담겠다는 소망을 결코 버릴 수 없었습니다." 나는 무한한 애정이 담긴 미소를 지었다.

"장가가지 않은 자는 주의 일을 염려하여 어찌하여야 주를 기쁘시게 할까 하되, 장가간 자는 세상일을 염려하여 어찌하여야 아내를 기쁘게 할까 하느니라."* 나는 한동안 영적 수련을 쌓고 나서 결혼을 해 버린 친구들의 삶에 대해 곰곰이 생각해 본 적이 있다. 세속적인 책임의 바다로 나간 그들은 한마음으로 명상에

---

* 〈고린도 전서〉 7:32~33.

힘쓰겠다는 다짐을 잊고 말았던 것이다.

삶에서 신에게 부차적인 지위를 부여한다는 것은* 나로서는 상상도 할 수 없는 일이었다. 우주의 유일한 소유자인 신은 조용히 인간의 생명 하나하나에 아낌없는 은총을 내려 주신다. 인간이 그 보답으로 드릴 수 있는 선물은 오직 하나, 사랑뿐이다. 그것을 줄 것인지 말 것인지는 인간의 마음에 달려 있다.

창조주께서 삼라만상의 원자에 깃들어 있는 자신의 현존을 신비의 베일로 덮어 감추는 번거로움을 감수하신 데는 오직 하나의 동기, 하나의 세심한 바람이 있을 뿐이다. 그것은 인간으로 하여금 오직 자유 의지를 통해서만 신을 찾도록 하려는 것이다. 신께서는 어디서나 겸손의 부드러운 장갑으로 전능한 철권을 덮어 가리신다!

이튿날은 내 생애에서 가장 기억에 남을 하루였다. 그날은 1915년 7월, 대학을 졸업한 지 몇 주일 지난 어느 화창한 목요일이었다. 세람포어 아슈람의 안쪽 발코니에서 스승은 스와미 교단의 전통 색상인 황토색 염료에 하얀 비단 조각을 담갔다. 천이 다 마른 뒤, 구루는 그것을 수행복으로 내 몸에 걸쳐 주었다.

스승은 말했다. "언젠가 너는 서양으로 가게 될 텐데, 그곳 사람들은 비단을 좋아한다. 상징적인 의미에서 너를 위해 전통적인 무명 대신 이 비단 옷감을 선택했다."

인도의 수도승들은 가난을 이상으로 여기기 때문에 비단옷을 걸친 스와미를 보기 힘들다. 하지만 요기들은 무명보다 신체의 영묘한 기(氣)를 잘 보존해 주는 비단옷을 입는 경우도 많다.

스리 유크테스와르는 말했다. "나는 의례를 좋아하지 않는다. 나는 비드와트(의례가 아닌) 방식에 따라 너를 스와미로 만들겠다."

비비디사, 즉 격식을 갖춘 스와미 입문식에는 상징적인 장례식을 치르는 불의 의식이 포함된다. 제자의 육체가 죽어서 지혜의 불꽃에 화장된 것으로 묘사된다. 그렇게 해서 새로 태어난 스와미에게 이런 노래를 들려준다. "이 아트마는 브라

---

* 신에게 두 번째 자리를 내주는 자는 아무 자리도 내주지 않는 것과 같다.(러스킨)

흐마다,* 네가 그것이다, 내가 그다." 하지만 단순한 것을 좋아하는 스리 유크테스와르는 형식적 의례를 모두 생략하고 그저 나에게 새 이름을 고르도록 했다.

"네 이름을 스스로 선택하는 특권을 주겠다." 스승이 웃으며 말했다.

"요가난다.† 나는 잠시 생각한 끝에 이렇게 대답했다. 이 이름은 '신과의 합일(요가)'을 통한 지복(아난다)'을 의미한다.

"그렇게 하거라. 이제부터 너는 무쿤다 랄 고시라는 속명을 버리고 스와미 교단 기리 지부의 요가난다로 불릴 것이다."

스리 유크테스와르 앞에 무릎을 꿇고 처음으로 스승이 나의 새 이름을 부르는 것을 듣는 순간, 그지없이 감사한 마음으로 가슴이 벅차올랐다. 소년 무쿤다가 어느 날 수도승 요가난다로 탈바꿈하기까지 스승은 얼마나 정성을 들이고 무진 애를 썼던가! 나는 기쁨에 겨워 스리 샹카라‡의 긴 산스크리트 찬가 중에서 몇 구절을 읊었다.

> 마음도 지성도 에고도 감정도
>
> 하늘도 땅도 쇠붙이도 내가 아니요,
>
> 나는 그, 나는 그, 축복받은 영(靈), 나는 그다!
>
> 출생도 죽음도 카스트도 내게는 없다네.
>
> 아버지도 어머니도 내게는 없다네.

---

* 직역하면, 이 영혼은 영(靈)이다. 창조되지 않은 지고의 영은 어떠한 한정도 불허하지만(네티 네티, 이것도 아니고 저것도 아니다) 《베단타》에서는 종종 사트-치트-아난다, 즉 실재-의식-지복이라고 일컫는다.

† 요가난다는 스와미 사이에서 상당히 흔한 이름이다.

‡ 샹카라는 흔히 샹카라차리아라고도 불린다. 아차리아는 '영적 스승'을 의미한다. 샹카라의 생존 연대에 관해서는 학계에서도 논란이 분분하다. 어떤 기록에는 이 위대한 일원론자가 기원전 6세기에 생존했던 것으로 되어 있다. 현자 아난다 기리는 기원전 44~12년의 연대를 제시한다. 서양의 사학자들은 서기 8세기 또는 9세기 초로 추정하고 있다. 시대 추정이 무색하다고 해야 할지!

푸리에 있는 고대 고와르단 마트(수도원)의 고(故) 자가드구루 스리 샹카라차리아, 바라티 크리슈나 티르타 종정께서 1958년에 3개월간 미국을 방문하셨다. 스와미 교단의 종정이 서양을 여행한 것은 이때가 처음이었다. 그의 역사적인 방문은 SRF의 후원으로 이루어졌다. 자가드구루는 미국 유수의 대학교에서 강연을 하고 저명한 역사가 아놀드 토인비 박사와 함께 세계 평화에 관한 토론에 참여했다.

1959년에 푸리의 스리 샹카라차리아는 SRF/YSS의 구루들을 대표해서 두 사람의 요고다 사트상가 수도승을 스와미로 입문시켜 달라는 스리 다야 마타 회장의 초청을 수락했다. 그는 푸리의 요고다 사트상가 아슈람에 있는 스리 유크테스와르 사원에서 의식을 거행했다.(편집자 주)

나는 그, 나는 그, 축복받은 영(靈), 나는 그다!

상상의 비약을 넘어선, 형체 없는 나

모든 생명의 팔다리에 스며들어

속박을 두려워하지 않는 나는 한없이 자유로워라.

나는 그, 나는 그, 축복받은 영(靈), 나는 그다!

인도의 모든 스와미는 아득한 옛날부터 받들어져 온 교단에 소속된다. 이 교단은 천여 년 전에 샹카라차리아가 현재의 형태로 개편한 뒤 대를 이어서 덕망 있는 스승들이 이끌어 왔다(이들은 자가드구루 스리 샹카라차리아라는 직함을 이어받는다). 현재 스와미 교단에 속한 수도승은 백만 명을 헤아린다. 교단에 입문하려면 반드시 스와미 신분을 지닌 사람으로부터 전수를 받아야 한다. 그러므로 스와미 교단의 모든 수도승은 공통의 구루, 아디(시조) 샹카라차리아에서 그 영적 뿌리를 찾을 수 있다. 이들은 청빈(무소유), 순결, 그리고 지도자나 영적 권위에 대한 복종을 서약한다. 가톨릭 수도회는 더 오래된 스와미 교단과 유사한 점이 많다.

스와미의 새 이름 뒤에는 스와미 교단의 10개 지부 중에서 자신이 속한 곳을 나타내는 낱말을 덧붙인다. 이 다사나미, 즉 열 개의 첨가명에는 스와미 스리 유크테스와르 기리와 내가 소속된 기리(산)가 포함된다. 그 밖의 지부에는 사가라(바다), 바라티(땅), 푸리(지대), 사라스와티(자연의 지혜), 티르타(성지), 아라냐(숲) 등이 있다.

대개 아난다(지복)로 끝나는 스와미의 승명은 사랑, 지혜, 분별, 헌신, 봉사, 요가 등 신성한 자질이나 특정한 행법을 통해 해탈에 이르고자 하는 열망을 나타낸다. 뒤에 붙는 첨가명은 자연과의 조화를 나타낸다.

사사로운 연분과 욕심을 버리고 전 인류를 위해 아낌없이 봉사한다는 이상 아래, 대부분의 스와미는 인도나 혹은 외국 땅에서 인도주의 활동과 교육 활동에 적극적으로 참여한다. 스와미는 카스트, 교의, 계급, 피부색, 성별, 인종 따위의 편견을 깨고 인류는 하나라는 가르침을 따른다. 궁극의 목표는 영(靈)과 절대적 합일을 이루는 것이다. 깨어 있을 때나 잠들어 있을 때나 '나는 곧 영(靈)'이라는 의식으로 충만하여 세상사에 연연하지 않고 자족하는 마음으로 온 누리를 누빈다. 그렇게 함으로써만 스와, 즉 참나와의 합일을 추구하는 자인 스와미라는 이름에 값할 수 있는 것이다.

스리 유크테스와르는 스와미이자 요기였다. 유서 깊은 교단에 소속된 승려인 스와미가 반드시 요기인 것은 아니다. 신성한 깨달음을 위한 과학적 기법을 수행하는 사람은 누구나 요기라고 할 수 있다. 요기는 결혼을 할 수도 하지 않을 수도 있고, 세속의 의무를 따르는 사람이거나 종교 단체에 속한 사람일 수도 있다.

스와미가 외곬으로 냉정한 추론과 혹독한 금욕의 길을 따른다면, 요기는 몸과 마음을 단련하고 영혼을 점진적으로 해방시키는 단계적 과정을 밟는다. 요기는 감정에 뿌리를 둔 신앙을 맹목적으로 받아들이는 대신, 고대의 리시들이 체계를 세우고 철저한 검증을 거친 일련의 수행법을 연마한다. 인도에서 요가는 시대를 거듭하면서 참된 자유를 얻은 진정한 요기-그리스도들을 배출했다.

다른 과학과 마찬가지로 요가는 모든 지방, 모든 시대의 사람들이 응용할 수 있다. 서양 사람에게는 요가가 '적합하지 않다'거나 '위험하다'는 무지한 논객들의 주장은 전혀 터무니없는 얘기다. 이런 오해 때문에 진지한 연구자들이 요가의 무량한 축복을 포기한 예가 적지 않다는 것은 참으로 애석한 일이다.

요가는 온 세상의 모든 사람이 자신의 참된 영적 본성을 들여다볼 수 없게 만드는 어지러운 생각을 다스리는 방법이다. 요가는 활력을 주는 햇빛처럼 동양 사람에게나 서양 사람에게나 똑같이 이롭다. 인간의 생각은 쉴 새 없이 요동친다. 그렇기 때문에 마음을 조절하는 과학인 요가가 필요한 것이다.

고대의 리시 파탄잘리*는 요가를 '의식에서 소용돌이치는 물결을 가라앉히는

---

* 파탄잘리의 정확한 생존 연대는 알려지지 않았지만, 많은 학자가 2세기경으로 추정하고 있다. 리시들은 방대한 주제에 관해 글을 쓰면서도 시간의 흐름이 그 빛을 바래게 하지는 못한다는 사실을 통찰하고 있었다. 후대의 역사가들에게는 애석한 일이지만, 현자들은 저작에 자기 시대와 개성의 흔적을 남기려고 하지 않았다. 그들은 자신의 짧은 생애가 무한한 생명의 찰나적 섬광에 지나지 않는다는 것, 그리고 진리는 시간을 초월하고 꼬리표를 붙일 수 없으며 그들의 전유물이 아니라는 것을 잘 알고 있었다.

SRF/YSS 본부를 찾은 스리 샹카라차리아

인도 푸리의 스리 자가드구루 샹카라차리아, 바라티 크리슈나 티르타. 스와미 교단의 종정인 자가드구루는 1958년에 SRF의 후원으로 미국을 3개월에 걸쳐 방문하는 동안 로스앤젤레스에 있는 SRF 국제 본부(1925년에 파라마한사 요가난다가 설립)를 찾았다. 유서 깊은 스와미 교단의 역사를 통틀어 샹카라차리아가 서양에 간 것은 이때가 처음이었다. (286쪽 주석 참조.)

것[*]으로 정의하고 있다. 그의 짧지만 위대한 역작《요가 수트라》는 힌두 육파 철학[†]의 하나를 이룬다. 서양 철학과 대조적으로, 육파 철학은 하나같이 이론적 가르침뿐 아니라 실천적 가르침도 함께 아우른다. 이 힌두 체계들은 생각할 수 있는 모든 존재론적 질문을 파고든 끝에, 고통에서 영원히 벗어나 더없는 행복을 얻는 것을 목표로 하는 여섯 가지 학파를 정립한다.

후기《우파니샤드》는 육파 철학 가운데서도《요가 수트라》가 진리를 직접적으로 인식하는 데 가장 효과적인 방법을 제시한다는 점을 인정하고 있다. 요가의 실천적 기법을 통해, 인간은 척박한 사고의 영역을 영원히 벗어나 경험 속에서 참된 본질을 인식한다.

파탄잘리의 요가 체계는 8단계[†]로 이루어져 있다. 첫 번째 단계는 (1) 야마[금계(禁戒)]와 (2) 니야마[권계(勸戒)]다. 야마 계율은 불살생(不殺生), 성실(誠實), 부도(不盜), 정결(貞潔), 불탐욕(不貪慾) 등의 보편적 규범이며, 니야마 계율은 청정(淸淨), 만족(滿足), 고행(苦行), 학습(學習), 헌신(獻身) 등의 개인적 규범이다.

다음 단계는 (3) 아사나[좌법(坐法), 즉 명상을 위해 척추를 곧게 유지하고 몸을 편안한 자세로 안정시키는 것], (4) 프라나야마[조식(調息), 즉 미묘한 생명의 흐름인 프라나를 조절하는 것], (5) 프라티야하라[제감(制感), 즉 감각을 외부 대상에서 거두어들이는 것]이다.

마지막 단계는 가장 엄밀한 형태의 요가 행법으로, (6) 다라나[응념(凝念), 즉 정신 집중], (7) 디야나[선정(禪定), 즉 명상], (8) 사마디[삼매(三昧)]가 여기에 속한다. 이 8단계 수행법은 지적인 이해를 초월한 진리를 깨닫는 카이발리아(절대

* '치타 브리티 니로다'(《요가 수트라》 I:2). 이는 '마음 질료에 일어나는 동요를 끊는 것'으로 옮길 수도 있다. 치타는 사고 원리를 포괄적으로 가리키는 용어로, 프라나(생명력), 마나스(마음 또는 감각 의식), 아함카라(자아의식), 붓디(직관적 지성)를 포함한다. 브리티(원뜻은 '소용돌이')는 인간의 의식에서 끊임없이 일어나고 가라앉는 생각과 감정의 물결을 가리킨다. 니로다는 중화, 멈춤, 억제를 의미한다.
† (《베다》에 근거한) 여섯 정통 학파는 상키야, 요가, 베단타, 미맘사, 니야야, 바이셰시카 학파다. 학문적 관심을 가진 독자들은 수렌드라나트 다스굽타 교수의 《인도 철학사》 제1권(Cambridge Univ. Press)에 영어로 정리되어 있는 이 고대 체계의 깊이와 넓이에 탄복할 것이다.
‡ 불교의 팔정도(八正道)와는 다르다. 여덟 가지 바른 길은 다음과 같다. (1) 정견(正見): 올바로 보는 것, (2) 정사유(正思惟): 올바로 생각하는 것, (3) 정어(正語): 올바로 말하는 것, (4) 정업(正業): 올바로 행동하는 것, (5) 정명(正命): 올바로 목숨을 유지하는 것, (6) 정정진(正精進): 올바로 부지런히 노력하는 것, (7) 정념(正念): 올바로 기억하고 생각하는 것, (8) 정정(正定): 올바로 마음을 안정하는 것.

적 독존)의 최종 목표로 이어진다.

'스와미와 요기는 누가 더 뛰어난가?' 하는 궁금증이 일 수도 있다. 그러나 신과 하나가 될 때, 서로 다른 길의 구별은 사라져 버린다. 《바가바드 기타》는 요가의 방법이 모든 것을 아우른다고 했다. 요가의 행법은 수도자의 삶을 선택한 몇몇 사람만을 위한 것이 아니며, 형식적인 신종을 요구하지도 않는다. 요가의 과학은 보편적인 요구를 충족하기 때문에 당연히 누구에게나 열려 있다.

참된 요기는 주어진 본분을 지키면서 속세에 머물러 있을 수 있다. 속인들과 달리 그는 우유처럼 쉽게 물에 섞이지 않고 버터처럼 위로 떠오른다. 그가 이기적인 욕망을 떨쳐 버리고 신의 도구로서 자신의 역할에 충실할 수만 있다면, 세속적인 의무를 다한다고 해서 반드시 신으로부터 멀어지는 것은 아니다.

오늘날 미국이나 유럽을 비롯한 비 힌두교 집단에는, 요기나 스와미라는 말을 들어 본 적이 없을지라도 진정한 의미에서 요기의 본보기라고 할 만한 위대한 사람들이 많이 있다. 인류에 대한 사심 없는 봉사, 감정과 사고의 통제, 신을 향한 일편단심의 사랑, 집중의 위대한 힘을 체현하고 있는 그들은 어떤 의미에서 요기라고 할 수 있다. 그들은 자기 통제라는 요가의 목표를 추구하는 것이다. 만약 이들이 우리의 마음과 삶을 좀 더 의식적으로 지배할 수 있게 해 주는 요가의 과학을 익힌다면 한층 더 높이 도약할 수 있을 것이다.

서양의 몇몇 저술가는 요가를 겉만 보고 곡해했지만, 요가를 비판한 사람치고 요가를 몸소 체험한 경우는 하나도 없었다. 요가를 올바로 이해하고 찬사를 보낸 사람 가운데 스위스의 저명한 심리학자 칼 융 박사[*]가 있다. 그는 이렇게 말했다.

"종교적인 방법이 '과학적'인 태도를 견지한다면 틀림없이 서양에서도 호응을 얻을 수 있다. 요가는 이러한 기대에 부응한다. 요가는 낯설고 알 듯 모를 듯한 데서 오는 매력 외에도, 많은 지지자를 얻을 만한 충분한 이유가 있다. 요가는 통제 가능한 경험의 가능성을 열어 주며, 따라서 '사실'에 대한 과학적 요구를 충족시

---

[*] 칼 융 박사는 1937년에 '인도 과학 대회(Indian Science Congress)'에 참석하여 캘커타 대학교로부터 명예 학위를 받았다.

킨다. 그뿐 아니라, 삶의 모든 단계를 아우르는 폭과 깊이, 장구한 연륜, 심오한 교의와 방법으로 말미암아 요가는 우리가 꿈도 꾸지 못했던 가능성을 약속한다.

모든 종교적, 철학적 수행은 심리적 단련, 다시 말해 정신 건강을 증진시키는 방법이라고 할 수 있다. 순수하게 신체적인 요가의 다양한 수행법*은 단순히 기계적이고 과학적일 뿐 아니라 철학적이기도 하다는 점에서 평범한 체조나 호흡 훈련보다 뛰어난 생리적 건강법이다. 요가는 신체의 부분들을 단련시켜 영혼 전체와 결합한다. 이는 가령, 숨인 동시에 우주에 충만한 에너지인 프라나를 다스리는 프라나야마 수련에서 명백히 드러난다.

요가의 근본 개념이 뒷받침되지 않는 수행만으로는 효과를 얻을 수 없을 것이다. 요가는 육체와 영혼을 완벽한 방법으로 결합한다.

동양에서는 이러한 개념과 수행법이 개발되고 수천 년 동안 이어져 내려오면서 영적 진보에 필요한 토대가 확립되었다. 요가는 육체와 정신을 융합시켜 의문의 여지가 없는 일체를 이루도록 하는 완벽하고도 적절한 방법임을 나는 믿어 의심치 않는다. 이러한 합일은 의식을 초월하는 직관을 가능케 하는 심리적 기질을 창출해 낸다."

서양에서도 내적인 자기 통제의 과학이 외적인 자연의 정복만큼이나 중요하다는 인식이 날로 높아가고 있다. 원자력 시대를 맞이하여 물질이 실제로는 에너지의 응축이라고 하는, 과학적으로 명백히 밝혀진 진리와 더불어 인간의 마음은 깨어나고 확장될 것이다. 이제 막 고삐가 풀린 원자력의 거인이 무자비하게 세계를 파괴하는 일이 없도록, 인간은 마음 안에서 돌과 쇠 속에 들어 있는 에너지보다 더 큰 에너지를 해방시킬 수 있고 또 그래야만 한다. 원자 폭탄에 대한 인류의 우려가 안겨준 간접적 이득이 있다면 그것은 '폭탄을 막는 방공호' 역할을 하는 요가의 과학†에 대한 실천적 관심이 높아진 것이다.

---

* 칼 융 박사가 여기서 언급한 것은 하타 요가로, 건강과 장수를 위해 다양한 신체적 자세와 기법을 구사하는 특수한 분파를 가리킨다. 하타는 효과가 뛰어나고 놀라운 신체적 결과를 가져오지만, 영적 해방에 힘쓰는 요기들은 이 방법을 거의 사용하지 않는다.

† 잘 모르는 사람들은 요가가 곧 하타 요가인 것처럼 얘기하거나 일종의 '마법(신비한 힘을 얻는 불가사의한 의식)'처럼 여긴다. 하지만 식견 있는 사람들이 요가를 말할 때는 파탄잘리의 금언집 《요가 수트라》에 상세히 설명된 라자 요가(왕도 요가)를 의미한다. 이 경전에 구현된 철학적 개념들은 지극히 심원하여, 현자 사다시벤드라(485쪽 각주 참조)를 비롯한 인도의 위대한 사상가들로 하여금 다양한 주석을 붙이도록 고취했다.

다른 다섯 가지 정통(《베다》에 근거한) 학파와 마찬가지로, 《요가 수트라》는 도덕적 순수성(야마와 니야마의 '십계율')의 '마법'을 올바른 철학적 연구에 꼭 필요한 예비 단계로 간주한다. 서양에서는 크게 중시하지 않는 이러한 개인적 규범은 인도의 육파 철학에 영속적인 활력을 불어넣었다. 우주를 떠받치는 질서(리타)는 인간의 운명을 지배하는 도덕적 질서와 다르지 않다. 보편적 도덕규범을 따르지 않는 사람은 진리를 추구하려는 결의가 부족한 것이다.

《요가 수트라》의 3장에서는 요가의 여러 가지 초능력(비부티와 싯디)에 대해 언급하고 있다. 참된 지식은 언제나 힘이다. 요가의 길은 각각의 비부티로 표현되는 네 단계로 나뉜다. 특정한 힘을 획득하는 요기는 자신이 그 단계를 성공적으로 완수했음을 알게 된다. 특유의 힘이 생겨난다는 것은, '영적 진보'에 대한 망상을 배척하고 증거를 요구하는 요가 체계의 과학적 구조를 명백히 보여 준다.

파탄잘리는 헌신자에게 신성한 길의 언저리에 피는 꽃에 불과한 비부티가 아니라 영과의 합일을 유일한 목표로 삼아야 한다고 일깨운다. 신의 선물이 아니라 신 자체를 추구할 지어다! 신은 하찮은 성취에 만족하는 구도자에게 자신의 모습을 드러내지 않는다. 그러므로 수행에 힘쓰는 요기는 어설픈 힘이 헛된 오만을 부르고 카이발리아의 궁극적 상태에 도달하는 것을 방해하는 일이 없게끔, 그 힘을 함부로 쓰지 않도록 조심해야 한다.

궁극의 목표에 도달한 요기는 원하는 대로 비부티를 사용하기도 하고 사용하지 않기도 한다. 그러면 기적을 행하든 다른 일을 하든, 그의 모든 행위는 카르마와 관계없이 수행된다. 카르마가 담긴 쇠 상자는 개인의 에고라는 자석이 아직 존재할 때만 끌려온다.

25
형 아난타와 여동생 날리니

'아난타 형은 더 살 수 없다. 이승의 카르마가 모두 고갈되었다.'

어느 날 아침 깊은 명상에 잠겨 있을 때 이런 가혹한 계시가 의식을 파고들었다. 스와미 교단에 들어간 직후에 나는 큰형 아난타의 부름을 받고 고향 고라크푸르를 방문했다. 형은 갑자기 병에 걸려 자리에서 일어나지 못했다. 나는 정성껏 형을 돌보았다.

내면에 울리는 엄숙한 선고가 나를 슬픔에 빠뜨렸다. 눈앞에서 형이 떠나가는 것을 무력하게 지켜보기 위해 고라크푸르에 계속 머문다는 것이 견딜 수 없이 괴로웠다. 내 마음을 헤아리지 못하는 친척들의 따가운 눈총을 받으면서 나는 첫 배를 타고 인도를 떠났다. 배는 버마와 중국해를 거쳐 일본에 닿았다. 나는 고베 항에 내려서 며칠을 보냈다. 마음이 너무 무거워서 유람할 기분이 들지 않았다.

인도로 돌아오는 길에 배가 상하이에 들렀다. 우리 배의 주치의인 미스라 박사가 골동품 가게를 몇 군데 안내해 주어서 스리 유크테스와르와 일가친지들에게 줄 선물을 이것저것 골랐다. 아난타 형 몫으로는 커다란 대나무 조각품을 하나 샀다. 중국인 점원이 물건을 건네주기가 무섭게 나는 기념품을 바닥에 떨어뜨리면서 외마디 소리를 질렀다. "죽은 형한테 줄 선물을 샀구나!"

형의 영혼이 이제 막 무한자 안에서 해방되고 있다는 분명한 인식이 나를 엄습했다. 기념품은 떨어질 때의 충격으로 어떤 전조처럼 날카로운 금이 가 있었

다. 나는 흐느끼면서 대나무 껍질에 이렇게 적었다. '이제는 떠나가 버린, 사랑하는 아난타 형에게.'

옆에서 지켜보고 있던 미스라 박사가 실소를 지으며 한마디 했다.

"눈물을 거두세요. 형님께서 돌아가셨는지 아직 모르는데 왜 우십니까?"

우리 배가 캘커타에 도착했을 때 다시 미스라 박사와 동행하게 되었다. 막냇동생 비슈누가 선착장에 마중을 나와 있었다.

동생이 미처 입을 떼기도 전에 내가 먼저 말했다. "아난타 형이 세상을 떠난 것은 알고 있으니 언제 돌아가셨는지 얘기해 다오."

비슈누가 알려 준 날짜는 바로 상하이에서 기념품을 사던 그날이었다.

"이럴 수가!" 미스라 박사는 탄성을 질렀다. "절대로 이 이야기를 퍼뜨리지 마세요! 의과 수업은 그렇지 않아도 힘겨운데 텔레파시 연구까지 포함시키자고 할까 봐 걱정되네요!"

집에 들어서자 아버지께서 나를 따뜻하게 껴안으셨다. "네가 돌아왔구나." 아버지 눈에서 굵은 눈물방울이 떨어졌다. 평소에 좀처럼 속내를 내비치지 않는 아버지는 지금까지 한 번도 이런 애정의 표시를 겉으로 드러낸 적이 없었다. 겉으로는 근엄한 아버지였지만 안으로는 어머니의 온화한 가슴을 지니고 있었던 것이다. 집안일이 있을 때마다 아버지는 두 분 몫의 부모 역할을 떠맡았다.

아난타 형이 세상을 떠난 직후에 누이동생 날리니가 신성한 치유를 통해 죽음의 문턱에서 살아난 일이 있었다. 그 얘기를 하기 전에 어린 시절에 있었던 일을 간략히 소개해야겠다.

어렸을 적에 날리니와 나는 사이가 썩 좋은 편은 아니었다. 나도 꽤 말랐지만 동생은 더 심했다. 심리학자라면 어렵지 않게 짐작할 수 있을 무의식적인 동기에서 나는 종종 외모를 가지고 동생을 놀렸다. 동생의 응수에도 어린아이답게 거침없는 솔직함이 배어 있었다. 가끔 어머니께서 끼어들어 손위인 나의 뺨을 살짝 때리면서 철없는 다툼을 말리곤 하셨다.

날리니는 학교를 마친 뒤 캘커타 태생의 사람 좋은 의사 판차논 보세 박사와 약혼했다. 이윽고 기약한 날짜가 되어 정성껏 준비한 혼례를 치렀다. 결혼식 날 밤에 나는 캘커타에 있는 우리 집의 거실에 모여 웃고 즐기던 일가친척과 어울렸다. 신랑은 금실로 수를 놓은 커다란 베개 위에 몸을 기대고, 날리니는 그 곁에 앉아 있었다. 하지만 어쩌랴, 화려한 자줏빛 실크 사리*도 동생의 앙상한 몸을 전부 다 가리지는 못했다. 나는 새 식구가 된 매제의 베개 뒤로 몸을 숨기면서 그를 보고 싱긋이 웃었다. 매제는 여태껏 신부 얼굴을 한 번도 본 적이 없다가 혼례 당일이 되어서야 결혼이라는 제비뽑기에서 어떤 운이 걸렸는지 알게 된 것이었다.

내가 안쓰러워하는 것을 눈치챈 보세 박사가 넌지시 날리니를 가리키면서 내 귀에다가 속삭였다. "아니, 이게 뭐죠?"

"글쎄, 자네 눈으로 보다시피 뼈와 가죽일세!"

세월이 흐르면서 보세 박사는 우리 가족의 사랑을 한 몸에 받았다. 우리는 병이 날 때마다 그를 불렀다. 매제와 나는 종종 농담을 주고받을 정도로 친한 사이가 되었는데, 대개는 날리니가 도마 위에 오르곤 했다.

그러던 어느 날 매제가 내게 말했다. "이건 의학으로도 설명할 길이 없어요. 야윈 아내를 위해서 간유며 버터, 엿기름, 벌꿀, 생선, 고기, 달걀, 거기다 강장제까지 먹여 보지 않은 게 없는데 백분의 일 인치도 살이 붙지 않으니 말이에요."

며칠 후 동생네 집으로 박사를 찾아간 나는 볼일만 간단히 본 뒤 동생에게는 알리지 않고 떠나려 했다. 현관에 이르자 다정하면서도 날이 선 동생의 목소리가 들려 왔다.

"오빠, 나 좀 봐요. 이번엔 그냥 보낼 수 없어요. 나랑 얘기 좀 해요."

나는 계단을 올라가 동생 방으로 갔다. 뜻밖에도 동생은 눈물을 흘리고 있었다.

"오빠. 우리 해묵은 감정은 털어 버리기로 해요. 오빠는 이제 한마음으로 영성의 길을 걷고 있잖아요. 나도 어느 모로나 오빠처럼 되고 싶어요." 그러고는 간절한 목소리로 덧붙였다. "오빠는 그새 풍채가 훤해졌는데, 이제는 나를 좀 도와줘요. 남편이 곁에 오지 않으려 해요. 나는 그이를 끔찍이 사랑하는데 말이에요!

* 우아하게 휘감아 두르는 인도 여성의 전통 의상.

하지만 내가 정말로 바라는 일은 신성의 실현에 온 힘을 쏟는 거예요. 변함없이 깡마르고* 매력 없는 여자로 지내는 한이 있더라도 말이에요."

누이동생의 간청에 나는 깊은 감동을 받았다. 새롭게 싹튼 우리의 우애는 나날이 두터워졌다. 어느 날 동생은 자기를 제자로 받아달라고 했다.

"오빠가 하고 싶은 대로 나를 이끌어 주세요. 강장제보다는 신을 믿겠어요." 동생은 한 아름이나 되는 약을 그러모아 창밖의 하수구에 쏟아부었다.

나는 동생의 믿음을 시험해 볼 양으로 식단에서 생선과 고기, 달걀을 모두 빼라고 일렀다.

몇 달 동안 동생은 내가 정해 준 여러 가지 규칙을 엄격하게 지키면서, 온갖 어려움을 무릅쓰고 채식주의 식단을 준수했다.

동생을 방문한 나는 짓궂은 미소를 지으며 말했다. "날리니야, 그동안 영적인 준칙을 성실하게 지켰으니 머지않아 보답이 있을 게다. 살이 얼마나 쪘으면 좋겠니? 자기 발을 내려다보지 못하는 숙모처럼 뚱뚱해지고 싶니?"

"아니요! 그저 오빠처럼만 됐으면 좋겠어요."

나는 엄숙하게 대답했다. "나는 항상 진실만을 말해 왔거니와, 이제 신의 은총을 받아 진실을 말한다.† 신성한 축복을 통해, 너의 몸은 오늘부터 변화하기 시작해서 한 달 후에는 나처럼 될 것이다."

가슴에서 우러나온 이 말은 그대로 이루어졌다. 삼십 일 후에 날리니의 몸무게는 나와 비슷해졌다. 토실토실한 몸매가 매력을 더해 주니 남편도 동생을 더욱 사랑하게 되었다. 꺼림칙하게 출발한 두 사람의 결혼 생활은 그 후로 더없이 행복하게 이어졌다.

---

* 인도에서는 사람들이 대부분 말랐기 때문에 살이 알맞게 찌는 것을 좋아한다.
† 힌두 경전은 평소에 늘 진실을 말하는 사람은 자신의 말을 실현할 수 있는 힘을 얻게 된다고 단언한다. 이들이 마음으로부터 내리는 명령이 그대로 이루어지는 것이다(《요가 수트라》 II:36).
세계는 진리를 토대로 이룩되었기 때문에, 모든 경전은 진실이야말로 인간의 삶을 신과 조화시킬 수 있게 해 주는 덕목이라고 칭송한다. 마하트마 간디는 종종 '진리가 곧 신'이라고 말했다. 그가 전 생애에 걸쳐 애쓴 일은 생각과 말과 행동에서 완벽한 진실을 추구하는 것이었다. 사티아(진리)의 이상은 오랜 세월을 거치면서 힌두 사회 곳곳에 스며들었다. 마르코 폴로는 브라만이 '어떤 경우에도 거짓말을 하지 않는다'고 전한다. 인도에 거주한 영국인 판사 윌리엄 슬리먼은 1849~1850년의 《우드 여행(A Journey through Oudh)》에서 이렇게 증언했다. "나는 지금까지 소송 사건을 다루면서 한 사람의 재산이나 자유, 생명이 거짓말 한마디에 달려 있는데도 끝내 거짓말하기를 거부한 경우를 수백 건이나 접했다."

일본에서 돌아온 나는 내가 없는 동안 날리니가 장티푸스에 걸린 것을 알게되었다. 곧장 동생네 집으로 달려간 나는 너무나 수척해진 모습을 보고 깜짝 놀랐다. 동생은 혼수상태에 빠져 있었다.

매제가 눈물을 머금고 말했다. "병 때문에 정신이 혼미해지기 전에 안사람은 '무쿤다 오빠가 있었다면 이렇게 되지 않았을 텐데' 하고 입버릇처럼 말했어요. 나를 비롯한 의사들은 이미 포기한 상태입니다. 장티푸스를 오래 앓다 보니 혈액 이질이 생겼어요."

나는 기도를 통해 하늘과 땅을 감복시켜 보려고 애썼다. 곁에서 도와줄 영국인 간호사를 한 사람 고용하여 다양한 요가 요법을 베풀었다. 그러자 혈액 이질 증세가 사라졌다.

그러나 보세 박사는 처연하게 고개를 가로저었다. "더 이상 흘릴 피가 없는 거예요."

나는 단호하게 말했다. "회복될 걸세. 이레 후면 열이 내릴 거야."

한 주일 후에 날리니가 눈을 뜨고 나를 알아보며 정다운 눈길을 보낼 때는 가슴에 전율이 밀려왔다. 그날부터 동생은 빠르게 회복되었다. 평소의 몸무게를 되찾기는 했지만, 죽을병을 앓고 나서 애처로운 상흔이 남았다. 두 다리가 마비되었던 것이다. 인도와 영국의 전문의들은 불구를 면할 수 없다는 진단을 내렸다.

동생을 살리려고 기도를 통해 쉴 새 없는 싸움을 벌인 나는 지칠 대로 지쳤다. 나는 세람포어로 가서 스리 유크테스와르에게 도움을 청했다. 날리니가 곤경에 처한 얘기를 듣는 스승의 눈에는 깊은 동정의 빛이 어렸다.

"한 달이 지나면 누이의 다리는 정상으로 돌아올 것이다." 스승은 또 이렇게 덧붙였다. "구멍을 뚫지 않은 2캐럿짜리 진주를 고정시킨 띠를 피부에 밀착시켜 지니고 있도록 해라."

나는 안도의 기쁨에 겨워 스승의 발밑에 꿇어 엎드렸다.

"스승님은 성인이십니다. 동생이 회복되리라는 말씀만으로도 충분하지만, 분부하신 대로 당장 진주를 구해 주겠습니다."

구루는 고개를 끄덕였다. "그렇게 하거라." 그러고는 한 번도 본 적이 없는 날리니의 신체적, 정신적 특성을 정확하게 기술했다.

나는 여쭈어 보았다. "그 말씀은 점성학에 근거한 분석인가요? 스승님께서는 날리니의 생일도 생시도 모르시잖습니까."

스리 유크테스와르는 미소를 지었다. "더 깊은 차원의 점성학은 달력이나 시계에 의존하지 않는다. 개별적인 인간은 우주적 인간, 즉 창조주의 한 부분이다. 인간은 지상의 몸과 더불어 천상의 몸을 가지고 있다. 육신의 눈은 물리적인 형상을 보지만, 내면의 눈은 더 깊은 곳을 파고들어 개별적인 인간을 구성 요소로 아우르는 보편적 원형까지도 꿰뚫어본다."

나는 캘커타로 돌아와 날리니에게 줄 진주*를 샀다. 한 달이 지난 뒤에는 동생의 마비된 다리가 완전히 치유되었다.

누이동생은 진심 어린 감사를 구루께 전해 달라고 부탁했다. 스승은 전하는 말을 잠자코 듣고 있다가 내가 자리를 뜨려 하자 의미심장한 얘기를 꺼냈다.

"네 동생은 의사들한테서 아이를 가질 수 없다는 얘기를 들었을 것이다. 하지만 몇 해 안에 딸 둘을 얻게 될 거라고 안심시켜 주거라."

몇 해 뒤에 날리니는 딸을 낳고 기뻐했다. 그리고 다시 몇 해가 지나서 딸을 하나 더 낳았다.

---

* 금속과 식물, 그리고 진주를 비롯한 보석이 인간의 피부에 직접 닿으면 신체 세포에 전자기적인 영향을 미친다. 인간의 몸에는 식물이나 금속, 보석에도 존재하는 탄소와 다양한 금속 원소들이 함유되어 있다. 이러한 분야에서 리시들이 발견한 사실은 언젠가 반드시 생리학자들의 인정을 받게 될 것이다. 전기적인 생명의 흐름을 지닌 인간의 민감한 몸은 아직까지 탐구되지 않은 수많은 신비의 중심에 놓여 있다.

보석과 금속 팔찌가 몸을 치료하는 데 효과가 있는 것은 사실이지만, 스리 유크테스와르가 이를 권하는 데는 또 다른 이유가 있다. 스승들은 위대한 치유자처럼 보이는 것을 결코 원치 않는다. 진정한 치유자는 오직 신뿐이다. 그러므로 성인들은 자신이 창조주로부터 겸허하게 부여받은 능력을 다양한 모습으로 감추곤 한다. 인간은 보통 눈에 보이는 것만을 믿는다. 사람들이 나의 구루를 찾아와 병을 고쳐 달라고 하면, 스승은 그들에게 믿음을 불러일으키는 한편, 관심을 다른 곳으로 돌리기 위해 팔찌나 보석을 몸에 지니라고 조언했다. 이 팔찌와 보석은 본래 주어진 전자기적 치유의 잠재력과 더불어 스승이 감추려 하는 영적 축복을 간직하고 있다.

신과 교감하는 스리 다야 마타

SRF/YSS의 3대 회장인 스리 다야 마타가 1968년 인도를 방문하여 명상에 잠겨 있다. 그녀는 이렇게 술회했다. "파라마한사 요가난다께서는 말씀과 거룩한 본보기을 통해서뿐 아니라, 과학적인 SRF 명상법을 가르쳐 길을 인도해 주셨습니다. 단지 진리에 관한 글을 읽는 것만으로는 영혼의 갈증을 채울 수 없습니다. 신이라는 깊은 샘에서 진리를 길어 마셔야 합니다. 참나의 실현은 바로 이것, 직접적인 신의 체험을 의미합니다." 다야 마타(연민의 어머니)라는 그녀의 이름이 암시하는 것처럼, 그녀는 신을 사랑하고 그분의 사랑을 모든 사람과 함께 나누는 일에 삶을 바쳤다.

26
크리야 요가의 과학

이 책에서 자주 언급하는 크리야 요가의 과학 체계는 나의 구루의 구루이신 라히리 마하사야를 통해 현대 인도에서 널리 알려지게 되었다. 크리야의 산스크리트 어근인 'kri'는 '행위', '작용과 반작용'을 뜻한다. 인과응보의 자연법칙을 가리키는 카르마(karma)도 같은 어근을 가진다. 따라서 크리야 요가는 '특정한 행위 또는 의식(儀式, 크리야)을 통한 신과의 합일(요가)'로 풀이할 수 있다. 이 수행법을 성실하게 연마하는 요기는 점진적으로 카르마, 즉 인과응보의 연쇄 법칙에서 벗어나 자유를 얻게 된다.

요가의 오랜 계율 때문에, 일반인을 대상으로 한 이 책에서는 크리야 요가에 대해 상세히 설명할 수 없는 점을 이해하기 바란다. 구체적인 수행법은 SRF/YSS에서 공인한 크리야반(크리야 요기)을 통해 전수받아야 한다.[*] 여기서는 개괄적인 소개에 그치기로 한다.

크리야 요가는 인간의 혈액에서 탄산가스를 배출시키고 산소를 재충전하는 단순한 정신 생리학적 방법을 이용한다. 이 여분의 산소 원자들이 생명의 흐름으로 바뀌어 뇌와 중추신경에 활력을 불어넣는다. 요기는 정맥혈의 축적을 막아

---

[*] 파라마한사 요가난다는 자신이 설립한 단체(SRF/YSS)의 회장이자 영적 지도자로서 자신을 계승하게 될 사람이 자격을 갖춘 수련생에게 크리야 요가를 가르치고 전수하거나 이를 대행할 SRF/YSS 성직자를 임명할 수 있도록 권한을 수여했다. 아울러 요가난다는 로스앤젤레스의 SRF 국제 본부에서 제공하는 SRF/YSS 레슨(608쪽 참조)을 통해 크리야 요가 과학을 항구적으로 보급할 것을 지시했다.(편집자 주)

조직의 퇴화를 늦추거나 방지할 수 있다. 수행이 깊은 요기는 자신의 세포를 에너지로 전환하기도 한다. 엘리야나 예수, 카비르를 비롯한 여러 선지자들은 크리야와 같은 기법을 자유로이 구사하여 자신의 몸을 물질화하기도 하고 비물질화하기도 하는 경지에 이른 분들이었다.

크리야는 고래로부터 전해 오는 과학 체계다. 라히리 마하사야는 위대한 구루 바바지로부터 크리야 요가를 전수받았다. 바바지 자신은 암흑시대를 거치면서 명맥이 끊긴 이 수행법을 재발견하여 체제를 정비한 후 간단히 크리야 요가라는 이름을 붙였다.

바바지는 라히리 마하사야에게 이렇게 말했다. "지금 십구 세기에 내가 너를 통해 이 세상에 전하는 크리야 요가는 수천 년 전에 크리슈나가 아르주나에게 전해 주고, 훗날 파탄잘리와 예수, 그리고 성 요한, 성 바울 등의 사도들에게 알려진 것과 동일한 과학 체계를 부활시킨 것이다."

인도의 가장 위대한 예언자 주 크리슈나는 《바가바드 기타》에서 크리야 요가에 대해 두 차례 언급한다. 그 한 구절은 이와 같다. "요기는 들이쉬는 숨을 내쉬는 숨 속으로, 내쉬는 숨을 들이쉬는 숨 속으로 불어넣어 들숨과 날숨을 상쇄하며, 그리하여 심장으로부터 프라나를 해방시키고 생명력을 통제한다."[*] 이를 해석하면 다음과 같다. "요기는 폐와 심장의 활동을 진정시킴으로써 프라나(생명력)의 공급을 추가로 확보하여 몸의 퇴화를 억제하며, 이와 더불어 아파나(배출 작용)를 조절하여 몸에서 일어나는 생장의 변화를 억제한다. 요기는 이와 같이 퇴화와 생장을 상쇄시킴으로써 생명력을 통제하는 방법을 배운다."

《기타》의 다른 한 구절은 이와 같다. "지고한 목표를 추구하는 가운데, 시선을 두 눈썹 사이에 고정시키고 콧구멍과 폐를 거치는 프라나와 아파나의 고른 흐름을 상쇄시켜 외부 현상을 차단하고, 감각 인식과 지성을 다스리며 욕망과 두려움과 분노를 떨쳐버릴 수 있는 성자(무니)는 영원한 자유를 얻는다."[†]

---

[*] 《바가바드 기타》 IV:29.
[†] 같은 책 V:27–28. 숨의 과학에 관한 자세한 설명은 595~599쪽을 참조할 것.

크리슈나는 또 이르기를[*], 자신이 전생에서 이 불멸의 요가를 고대의 태양신 비바스바트에게 전했고, 비바스바트는 그것을 위대한 입법자 마누[†]에게 전했으며, 마누는 이를 다시 태양전사 왕조의 창시자인 이크슈와쿠에게 가르쳤다고 말한다. 이처럼 세대를 거쳐 전승되어 온 라자(왕도) 요가는 물질주의 시대[‡]가 도래할 때까지 리시들에 의해 수호되었다. 그 후에 성직자들의 폐쇄적인 태도와 사람들의 무관심 때문에 이 신성한 가르침은 점차 대중의 삶에서 멀어지고 말았다.

크리야 요가는 더없이 위대한 요가 해설자인 파탄잘리의 글에서 두 차례 언급된다. "크리야 요가는 육체의 단련과 정신의 통제, 그리고 옴에 대한 명상으로 이루어진다."[§] 파탄잘리는 신을 일컬어, 명상 중에 실제로 들리는 옴의 우주적 울림이라고 말한다.[¶] 옴은 창조의 말씀이며, 진동하는 신의 발동기가 돌아가는 소리, 신성한 존재의 증거다[**]. 요가의 초심자라도 이내 옴의 경이로운 소리를 들을 수 있다. 이 기쁨에 찬 영혼의 격려를 통해, 수행자는 자신이 천상의 영역과 교감하고 있음을 확신하게 된다.

파탄잘리는 두 번째로 생명력을 통제하는 크리야 행법에 대해 얘기한다. "들숨과 날숨의 길을 끊는 프라나야마를 통해 해탈에 이를 수 있다."[††]

성 바울은 감각으로 통하는 생명의 흐름을 조절할 수 있는 크리야 요가 또는 그와 유사한 행법을 알고 있었다. 그리하여 그는 이렇게 말할 수 있었다. "형제

---

[*] 같은 책 IV:1-2.

[†] 《마나바 다르마 샤스트라》, 일명 《마누 법전》의 전설상 저자. 성전으로 받아들여지는 이 관습법의 원리는 오늘날까지도 인도에서 효력을 지니고 있다.

[‡] 힌두교 경전의 계산에 따르면 물질주의 시대가 시작된 것은 기원전 3102년이다. 이 해에 평분 주기의 마지막 하강 드와파라 유가가 시작되고, 그와 더불어 우주 주기의 칼리 유가가 시작되었다(223쪽 참조). 1만 년 전에 인류가 미개한 석기 시대에 살고 있었다고 믿는 대부분의 인류학자는 레무리아, 아틀란티스, 인도, 중국, 일본, 이집트, 멕시코 등지에 널리 퍼진 고대 문명의 전통을 '신화'라는 한마디로 일축하고 만다.

[§] 《요가 수트라》 II:1. 파탄잘리가 크리야 요가라는 말을 사용할 때는 훗날 바바지가 가르친 테크닉 또는 그와 매우 유사한 수행법을 가리키고 있다. 파탄잘리가 생명력 통제의 테크닉을 명확하게 언급하고 있다는 사실은 《요가 수트라》 II:49의 경구(아래에 인용)를 통해 입증된다.

[¶] 같은 책 I:27.

[**] "아멘이시요 충성되고 참된 증인이시요 하나님의 창조의 근본이신 이가 이르시되"(《요한 계시록》 3:14). "태초에 말씀이 계시니라 이 말씀이 하나님과 함께 계셨으니 이 말씀은 곧 하나님이시니라 만물이 그[말씀 또는 옴]로 말미암아 지은 바 되었으니 지은 것이 하나도 그가 없이는 된 것이 없느니라."(《요한복음》 I:1-3). 《베다》의 옴은 티베트 인의 신성한 말씀인 훔과 이슬람교도의 아민, 그리고 이집트 인, 그리스 인, 로마 인, 유대인, 기독교도의 아멘이 되었다. 히브리 어에서는 '확실한, 진실한'을 의미한다.

[††] 《요가 수트라》 II:49.

들아 내가 그리스도 안에서 가진 바 우리의 기쁨을 두고 단언하노니 나는 날마다 죽노라."* 성 바울은 육체의 모든 생명력(보통은 오로지 외부의 감각 세계로만 향하여 그것이 실재인 것처럼 보이게 만든다)을 내부로 집중시키는 방법을 통해 매일매일 그리스도 의식의 '기쁨'(지복) 속에서 진정한 요가(합일)를 경험했던 것이다. 그리고 그러한 가운데 마야(감각적 미망)의 세계에서 '죽는', 즉 자유로워지는 것을 의식했던 것이다.

신과의 교감을 이룬 초기 상태(사비칼파 사마디)에서 수행자의 의식은 우주적 영(靈)과 융합된다. 이때는 몸에서 생명력이 빠져나가 죽은 것처럼 보이거나 움직임이 없이 뻣뻣해진다. 요기는 생기가 멈춘 육체의 상태를 분명히 의식한다. 하지만 더 높은 영적 상태(니르비칼파 사마디)에 이르면 육체에 얽매이지 않으면서 신과 교감할 수 있다. 이는 평상시에 의식이 깨어 있는 상태에서 이루어지며, 심지어는 세속의 의무를 수행하는 가운데 이루어지기도 한다.†

스리 유크테스와르는 제자들에게 이렇게 설명했다. "크리야 요가는 인간의 진화를 앞당길 수 있는 도구다. 고대의 요기들은 우주 의식의 비밀이 호흡의 통제와 밀접한 관련을 맺고 있다는 사실을 발견했다. 이것은 인도가 세계 문화에 기여한 불멸의 공적이다. 생명력은 심장의 활동이 유지되는 동안에 흡수되는 것이 보통이지만, 끊임없는 호흡의 요구를 진정시키는 방법을 통해 생명력을 자유롭게 해 주어야만 보다 높은 단계의 활동이 가능해진다."

크리야 요기는 정신의 명령을 통해 자신의 생명 에너지를 여섯 중추(숨뇌, 목, 등, 허리, 엉치, 꼬리 신경얼기) 주위에서 위아래로 순환시킨다. 이 여섯 중추는 우주 인간을 상징하는 황도 십이궁에 대응한다. 인간의 민감한 척수 주위로 삼십 초 동안 에너지를 순환시키면 진화 과정이 미세하게 촉진된다. 크리야의 삼십 초는 자연적인 영적 진화의 일 년과 맞먹는다.

---

* 〈고린도 전서〉 15:31. '우리의 기쁨(our rejoicing)'이 정확한 번역이며, 일반적으로 통용되는 '너희에 대한 나의 자랑(your rejoicing)'은 옳지 않다. 성 바울은 그리스도 의식의 보편성을 언급하고 있기 때문이다.
† 산스크리트어의 비칼파는 '차이, 다름'을 의미한다. 사비칼파는 '분별이 있는' 사마디 상태이고, 니르비칼파는 '분별이 없는' 상태이다. 다시 말해, 사비칼파 사마디에 들면 신과 분리된 느낌이 아직 조금 남아 있고, 니르비칼파 사마디에 들면 영(靈)과의 완전한 일치를 깨닫는다.

여섯 개(양극을 합치면 열두 개)의 별자리가 전지(全知)한 영적 눈의 태양 주위를 도는 인간의 아스트랄계는 물리적 태양을 둘러싼 황도 십이궁과 상호 관계를 가진다. 요컨대 모든 인간은 안과 밖의 우주에 의해 영향을 받는다. 고대의 리시들은 지상의 환경과 천상의 환경이 십이 년 주기를 되풀이하면서 인간으로 하여금 자연의 길을 밟아 나가도록 떠민다는 사실을 발견했다. 경전의 서술에 따르면, 인간이 자신의 두뇌를 완성시켜 우주 의식을 얻기 위해서는 백만 년 동안 질병이 없는 상태에서 정상적인 진화를 거쳐야 한다.

요기가 여덟 시간 반 동안 크리야를 천 번 수행하면 하루 동안 천 년만큼의 자연 진화를 거친 것과 맞먹고, 일 년이면 36만 5천 년의 진화와 맞먹게 된다. 따라서 크리야 요기는 이성적인 자기 노력을 통해, 자연 상태에서라면 백만 년이 걸리는 일을 삼 년 안에 이룩할 수 있다. 크리야의 지름길은 물론 심원한 경지에 이른 요기들만 다닐 수 있다. 이런 요기들은 구루의 지도 아래 강도 높은 수행에서 발생하는 힘을 견딜 수 있도록 육체와 두뇌가 철저히 단련되어 있다.

크리야의 초심자는 요가 행법을 열네 번에서 스물네 번씩, 하루에 두 차례만 사용한다. 요기들은 대개 6년 또는 12년, 24년, 48년 만에 해탈에 이른다. 요기가 완전한 깨달음을 얻기 전에 죽으면 그때까지 크리야 수행으로 쌓은 좋은 카르마를 가지고 간다. 그런 뒤 다음 생에서 자연스럽게 무한한 목표를 향해 나아간다.

보통 사람의 몸은 오십 와트짜리 전등과 같아서, 격렬한 크리야 수행으로 발생하는 수십 억 와트의 전력을 감당할 수 없다. 크리야 행법을 아주 간단한 단계에서 조금씩 꾸준히 높여 감으로써, 인간의 몸은 매일매일 아스트랄 차원의 변형을 거쳐 마침내 우주 에너지의 무한한 잠재력을 표현하기에 적합한 상태가 된다. 이때 비로소 영(靈)은 물질적으로 활성화된 표현을 얻는다.

크리야 요가는 빗나간 광신자들이 퍼뜨리는 비과학적인 호흡 훈련과는 아무 관계가 없다. 억지로 허파에 숨을 불어 넣으려는 시도는 자연에 어긋나고 따라서 불쾌감을 준다. 이와 달리 크리야 수행은 처음부터 평온한 기분이 들고 재생 효과로 인해 척추 신경이 진정되는 느낌이 수반된다.

고대의 요가 수행법은 숨을 정신 질료로 변환시킨다. 영적 진보가 이루어지면 숨을 정신적 개념, 마음의 행위로 인식할 수 있다. 이른바 꿈의 호흡인 것이다.

인간의 호흡 속도와 의식 상태의 변화 사이에 수학적 관계가 존재한다는 것은 여러 가지 실례를 통해 입증된다. 치밀한 토론에 귀를 기울인다든지 어려운 묘기를 시도하는 경우처럼 어떤 일에 완전히 몰두한 사람은 무의식적으로 호흡이 아주 느려진다. 정신을 집중하려면 호흡이 느려지게 되어 있고, 두려움이나 욕망, 분노처럼 해로운 정서 상태에서는 호흡이 빨라지거나 불규칙해지게 마련이다. 인간의 평균 호흡 속도는 18회인데 비해, 불안한 원숭이는 분당 32회의 속도로 호흡한다. 코끼리, 거북, 뱀 등 장수하는 것으로 알려진 생물들은 호흡 속도가 사람보다 느리다. 일례로, 삼백 살까지 살 수 있는 코끼리거북의 경우에는 분당 4회밖에 되지 않는다.

잠을 자면 원기가 회복되는 이유는 잠든 사이에 자신의 육체와 호흡을 일시적으로 잊기 때문이다. 잠자는 사람은 요기가 된다. 매일 밤 그는 무의식적으로 육체와의 동일시에서 스스로를 해방시키고, 두뇌의 주 영역과 중추의 소 발전기 여섯 곳을 지나는 치유의 흐름에 생명력을 융합시키는 요가 의식을 수행하는 것과 같다. 잠자는 사람은 자기도 모르는 사이에 이처럼 모든 생명을 지탱하는 우주 에너지로 재충전되는 것이다.

잠든 사람이 무의식적으로 느린 과정을 밟는다면, 자발적인 요기는 의식적으로 단순하고 자연스러운 과정을 수행한다. 크리야 요기는 정교한 기법을 사용하여 몸의 모든 세포를 꺼지지 않는 빛으로 가득 채우고 영적 자기(磁氣)를 띤 상태로 유지한다. 그는 과학적인 방법으로 호흡이 불필요하도록 만들고, (크리야를 수행하는 동안) 잠이나 무의식 또는 죽음과 같은 부정적 상태에 빠지지 않는다.

마야, 즉 자연 법칙의 지배를 받는 인간은 생명 에너지가 바깥 세계를 향해 흐르기 때문에 온갖 감각으로 에너지가 낭비된다. 크리야를 수행하면 이 흐름이 뒤바뀌면서 생명력이 정신에 의해 내면의 우주로 인도되고 영묘한 척추 에너지와 다시 합쳐진다. 이렇게 하여 생명력이 보강되면, 요기의 육체와 두뇌 세포는 영혼의 불로초를 먹고 새 삶을 얻는다.

오로지 자연의 신성한 계획에만 이끌리는 사람이 적절한 음식과 햇빛, 그리고 조화로운 사고를 통해 자아실현을 이루려면 백만 년이 걸린다. 두뇌 조직을 아주 조금 순화하는 데에도 십이 년의 정상적이고 건강한 삶이 요구되므로, 우주 의식을 발현할 수 있을 만큼 충분히 정화하려면 백만 태양년이 필요한 것이다. 하지만 영혼의 과학에 토대를 둔 크리야 요가를 수행하면 오랜 기간 동안 자연 법칙을 철저히 따를 필요가 없게 된다.

크리야는 영혼을 육체에 묶는 호흡의 끈을 풀어 줌으로써 수명을 늘리고 의식을 무한대로 확장한다. 요가 행법은 물질에 얽힌 감각과 마음 사이의 줄다리기에서 수행자를 해방시켜 영원의 왕국을 다시 물려받을 수 있게 해 준다. 이제 그는 자신의 참된 존재가 신체에도 호흡에도 속박당하지 않는다는 것을 안다. 호흡은 필멸의 인간이 공기라는 자연의 원소에 어쩔 수 없이 예속되어 있음을 상징한다.

몸과 마음의 주인이 된 크리야 요기는 마침내 '최후의 적'[*], 죽음을 상대로 승리를 쟁취한다.

> 그리하여 사람을 먹고 사는 죽음을 그대가 먹으라.
> 죽음이란 한 번 죽으면 다시는 죽지 않으니.[†]

그저 말없이 앉아 있는 묵상은 생명력으로 한데 묶여 있는 마음과 감각을 억지로 떼어놓으려는 비과학적인 방법이다. 신성으로 회귀하고자 애쓰면서 묵상하는 마음은 생명의 흐름에 의해 끊임없이 감각 쪽으로 다시 끌려 나온다. 생명력을 통해 마음을 '직접' 통제하는 크리야는 신에게 다가가는 가장 쉽고, 가장 효

---

[*] "맨 나중에 멸망 받을 원수는 사망이니라"(《고린도 전서》 15:26). 파라마한사 요가난다의 육신이 사후에도 부패하지 않은 사실은(606쪽 참조) 그가 완전에 이른 크리야 요기였음을 입증해 준다. 하지만 위대한 스승들의 시신이 모두 부패하지 않는 것은 아니다(380쪽 각주 참조). 힌두 경전이 전하는 바에 의하면, 그와 같은 기적은 특별한 목적을 위해서만 일어난다고 한다. 파라마한사지의 경우에 '특별한 목적'이란 말할 것도 없이 서양 사람에게 요가의 가치를 인식시키는 것이었다. 요가난다지는 바바지와 스리 유크테스와르에게서 서구 문화에 이바지하라는 명을 받았다. 파라마한사지는 자신의 삶에서 뿐 아니라 죽음에서도 그 사명을 완수한 것이다.(편집자 주)
[†] 셰익스피어, 〈소네트〉 146.

과적이며, 가장 과학적인 길이다. 신학적 방법이 느리고 불확실한 '달구지'와 같다면, 크리야 요가는 '비행기'에 견줄 수 있을 것이다.

요가 과학은 모든 형태의 정신 집중과 명상 기법의 경험적 고찰에 바탕을 두고 있다. 요가는 수행자로 하여금 시각, 청각, 후각, 미각, 촉각 등 오감의 수화기에 흐르는 생명 전류를 마음대로 켜고 끌 수 있게 해 준다. 이처럼 감각을 단절시킬 수 있는 능력을 획득한 요기는 어렵지 않게 마음을 신성한 영역이나 물질세계와 결합할 수 있다. 이제 그는 더 이상 생명력의 강요에 못 이겨 어지러운 감각과 갖가지 상념이 난무하는 세속의 영역으로 되돌아오는 일이 없게 된다.

수행이 깊은 크리야 요기의 삶은 과거 행동의 결과가 아니라 오로지 영혼의 명령에 의해서만 영향을 받는다. 그리하여 수행자는 일상의 삶을 끝없이 감시하는 눈, 독수리의 마음에는 달팽이처럼 느리고 거추장스러운 진화의 현실을 비껴갈 수 있다.

영적인 삶을 통해 자유를 얻은 요기는 에고의 감옥에서 나와 편재의 심원한 공기를 맛본다. 이와 달리, 평범한 삶은 답답한 진화 과정의 굴레에 사로잡혀 있다. 자신의 삶을 그저 진화의 질서에 내맡기는 사람은 자연에 대해 속도를 내라고 요구할 수 없다. 자신의 몸과 마음을 지배하는 법칙을 거스르지 않으면서 살더라도, 궁극적인 해탈에 이르려면 백만 년 동안 다시 태어나는 윤회를 거쳐야 한다.

따라서 백만 년이라는 시간에 거부감을 느끼는 사람에게는, 신체적·정신적 동일시에서 스스로를 해방시켜 영혼의 개별성을 획득하는 신축자재한 요기의 방법을 권할 만하다. 자신의 영혼은 고사하고 자연과도 조화를 이루지 못하면서, 거꾸로 자연 법칙에 반하는 복잡성을 추구하고 자연이 준 아름다운 정신과 육체의 건강을 해치는 보통 사람에게는 이 기간이 더 연장된다. 이런 사람이 해탈에 이르려면 백만 년이 두 번 지나도 모자랄 것이다.

어리석은 사람은 자신의 몸이 영(靈)의 통치를 받는 왕국임을 깨닫지 못한다. 황제는 두개골의 옥좌에 앉아 있고, 여섯 곳의 중추에 위치한 의식 영역에서 대신들이 황제를 보좌하고 있다. 이 신정(神政) 국가는 다수의 충성스런 신민을 거느린다. 신체의 성장, 변화, 소멸에 따른 모든 임무를 수행하는 자율적 지능을 갖춘 이십칠조 개의 세포와 평균 육십 년을 사는 동안 인간의 의식 속에서 변이를 이루며 교차하는 오천만 가지의 기층적 사고와 감정이 바로 이들이다.

인간의 몸과 마음이 영(靈) 황제에 맞서 일으키는 반역은 질병 또는 이성의 상실로 나타난다. 이는 미천한 신민 사이에 충성심이 부족해서가 아니라 인간이 전생이나 현생에 자신의 개체성, 즉 영혼과 동시에 주어지며 결코 되돌릴 수 없는 자유 의지를 그릇 사용한 데서 비롯된다.

인간은 자신을 천박한 에고와 동일시함으로써, 생각하고 바라고 느끼고 음식을 소화시키고 목숨을 유지하는 주체는 당연히 자기 자신이라고 생각한다. 그리하여 조그마한 반성도 없이, 일상적 삶을 이끌어 가는 자신이 과거 행동(카르마)과 자연 환경의 꼭두각시에 불과하다는 사실을 인정하려 들지 않는다. 모든 인간의 지적 반응, 감정, 기분, 습관은 현생이든 전생이든 과거의 원인에 따른 결과에 지나지 않는다. 하지만 이 모든 세력들 위에 그의 영혼이 제왕처럼 우뚝 솟아 있다. 크리야 요기는 일시적인 진실과 자유를 단호히 물리치고 모든 미망을 뛰어넘어 속박에서 벗어난 참 존재에 다가간다. 이 세상의 경전들은 하나같이 인간이란 언젠가 썩어 없어질 육체가 아니라 언제나 살아 있는 영혼이라고 가르친다. 크리야 요가는 경전의 가르침을 입증할 수 있는 방법을 알려 준다.

샹카라는 저 유명한 《시의 시대》에서 이렇게 얘기하고 있다. "외적인 의식(儀式)으로는 무지를 깨뜨릴 수 없다. 이 둘은 서로 다른 것이 아니기 때문이다. 깨달은 앎만이 무지를 깨뜨릴 수 있다. (…) 앎은 탐구 이외의 어떤 다른 수단으로도 얻을 수 없다. '나는 누구인가? 이 우주는 어떻게 생겨났는가? 우주는 누가 만들었는가? 우주의 질료적 원인은 무엇인가?' 이와 같은 질문을 던져야 한다." 지성은 이러한 질문에 답할 수 없다. 그런 까닭에 리시들은 영적인 탐구의 방법으로 요가를 발전시켰던 것이다.

참된 요기는 자신의 생각과 의지와 감정을 육체적 욕망과 동일시하는 잘못을 범하지 않고 자신의 마음이 척추의 성소에 자리 잡은 초의식적 힘과 하나가 되도록 하며, 그리하여 신의 계획에 따라 이 세상의 삶을 누린다. 과거에서 비롯된 충동도, 인간의 무분별이 일으키는 새로운 자극도 그를 흔들 수 없다. 지고한 욕구의 충족을 이룬 그는 가없는 행복이 넘치는 영(靈)의 마지막 안식처에 영원히 머문다.

크리슈나는 확실하면서도 체계적인 요가의 효능에 대해 얘기하면서, 과학적 방법을 따르는 요기에게 이런 찬사를 보낸다. "요가 수행자는 몸을 단련하는 고행자보다 낫고, 지혜의 길(즈나나 요가)이나 행위의 길(카르마 요가)을 따르는 수행자보다 낫다. 그러므로 오, 아르주나여, 그대는 요기가 되어라!"*

크리야 요가야말로 《기타》에서 종종 격찬하는 진정한 '불의 의식'이다. 요기는 자신의 인간적인 갈망을 유일무이한 신에게 바치는 거룩한 횃불 속에 던져 넣는다. 이것은 실로 진정한 요가의 불 의식이다. 과거와 현재의 모든 갈망은 신성한 사랑에 의해 소모되는 연료다. 최후의 불꽃은 인간의 모든 미망을 제물로 받아들이고, 이로써 인간은 깨끗이 정화된다. 뼈에서 욕망의 살점이 모두 떨어져 나가고 카르마의 유해는 청결한 지혜의 태양에 의해 표백되며, 인간과 신 앞에서 거리낌이 없는 그는 마침내 순수해진다.

---

* 《바가바드 기타》 VI:46. 현대 과학은 호흡 정지가 육체와 정신에 미치는 놀랄 만한 치료와 원기 회복의 효과에 관심을 보이기 시작하고 있다. 뉴욕 의사 협회의 일반 바라크 박사는 국부적 폐 휴식 요법을 창안하여 수많은 결핵 환자에게 건강을 되돌려 주었다. 등압실을 사용하면 환자가 호흡을 멈추도록 할 수 있다. 1947년 2월 1일자 《뉴욕 타임스》는 다음과 같이 바라크 박사의 말을 인용했다.

"호흡의 정지가 중추신경계에 미치는 효과는 상당히 흥미롭다. 사지에 있는 수의근을 움직이려는 충동이 현저히 감소했다. 환자는 손을 움직이거나 자세를 바꾸지 않고 몇 시간 동안 누워 있을 수 있다. 담배를 하루에 두 갑씩 피우던 환자도 자발적 호흡이 정지되면 흡연 욕구가 사라진다. 많은 경우에 환자는 오락이 필요 없을 정도로 긴장이 이완된다." 1951년에 바라크 박사는 이 치료법의 가치를 공식적으로 확인했다. "이 치료법은 폐뿐 아니라 몸 전체, 나아가 마음까지도 휴식을 취하게 해 준다. 일례로 심장의 활동은 3분의 1이 감소했다. 피험자들은 더 이상 걱정을 하지 않으며, 아무도 지루함을 느끼지 않는다."

이 같은 사실로 미루어, 요기가 몸을 움직이려는 정신적·신체적 충동을 느끼지 않으면서 장시간 동안 가만히 앉아 있는 것이 어떻게 가능한지 이해할 수 있다. 영혼은 그러한 평온을 통해서만 신에게 회귀하는 길을 찾을 수 있다. 보통 사람이 호흡 정지의 특정한 이점을 얻으려면 등압실에 들어가야 하지만, 요가 수행자가 몸과 마음, 그리고 영혼 의식에서 보상을 받기 위해서는 크리야 요가 행법 외에 아무 것도 필요하지 않다.

사마디에 든 서양인

라자르시 자나카난다(제임스 린)

크리야 요가를 매일 같이 수련한 린 씨는 5년 뒤 1937년 1월 캘리포니아 주 엔시니타스에 있는 사유지 해변에서 사마디(초의식 상태)에 들어 지복직관(至福直觀: 신의 본성을 그대로 똑똑히 보는 것)을 경험했다.

요가난다는 말했다. "린 씨의 균형 잡힌 삶은 모든 사람의 귀감이 될 만하다." 린 씨는 세속의 의무를 성실하게 수행하면서도 날마다 시간을 내서 신을 찾는 명상에 몰두했다. 성공한 사업가가 크리야 요기가 되어 깨우침을 얻은 것이다. 파라마한사지는 그를 종종 '세인트 린'이라고 불렀는데, 1951년에는 라자르시 자나카난다라는 수도명을 내려 주었다. 라자르시는 라자(왕)와 리시(위대한 성인)를 합친 이름이고 자나카난다는 영성으로 이름 높은 고대 인도의 자나카 왕에서 따온 것이다.

27
란치에 요가 학교를 설립하다

"너는 왜 조직 활동을 싫어하느냐?"

스승의 질문에 나는 움찔했다. 조직이란 '소리만 요란한 수레'와 같다는 것이 그 당시 나의 개인적 소신이었다. 나는 이렇게 대답했다.

"조직 활동은 덧없는 일입니다. 지도자는 무슨 일을 하든지 비난을 받기 마련이지요."

"신성한 찬나(응고한 우유)를 혼자 다 먹을 셈이냐?" 구루는 이렇게 대꾸하며 엄한 눈으로 나를 쏘아보았다. "너그러운 스승들께서 아낌없이 지식을 전달해 주지 않으셨다면, 너든 누구든 요가를 통한 신과의 교감을 이룰 수 있었겠느냐?" 그러고는 이렇게 덧붙였다. "신은 꿀이요 조직은 벌통과 같으니 두 가지가 다 필요하다. 물론 어떤 형식이든 영혼이 담겨 있지 않으면 쓸모가 없지만, 어째서 영혼의 꿀로 가득 찬 벌통을 새로 지을 생각은 하지 못하느냐?"

스승의 충고는 내 마음을 흔들어 놓았다. 겉으로 드러내지는 않았지만, 가슴 속에서 무언가 확고한 결의가 솟구쳤다. 구루의 발치에서 익힌 구원의 진리를 내 힘이 닿는 데까지 이웃들과 함께 나누리라. 나는 기도했다. "신이여, 당신의 사랑이 내 마음의 신전에서 영원한 빛을 발하여 나로 하여금 모든 이의 가슴속에 당신의 사랑을 일깨울 수 있도록 하소서."

내가 스와미 교단에 입문하기 전에 한번은 스리 유크테스와르가 엉뚱한 얘기를 꺼낸 적이 있었다.

"너도 나이가 들면 아내의 품이 그리워질 게다! 처자를 부양하기 위해 열심히 일하는 가장은 신의 눈에도 대견해 보일 거라고 생각되지 않느냐?"

나는 펄쩍 뛰며 항변했다.

"이승에서 저의 소망은 오로지 무한한 님뿐인 것을 스승님도 잘 아실 텐데요."

스승이 껄껄 웃음을 터뜨리는 것을 보고 그저 한번 마음을 떠보려는 얘기인 것을 알아차렸다.

스승은 천천히 말했다.

"세속의 의무를 거부하는 사람은 더 큰 가족에 대한 책임을 짊어질 때만 스스로를 정당화할 수 있다는 사실을 잊어서는 안 된다."

내 가슴 한편에는 늘 청소년을 바르게 교육시키고자 하는 꿈이 자리 잡고 있었다. 오로지 신체와 지능의 발달을 목표로 삼는 정규 교육이 빚어내는 참담한 결과를 나는 분명히 목격했다. 도덕적, 영적 가치에 대한 올바른 인식 없이는 그 누구도 참된 행복에 이를 수 없건만, 공식적인 교과 과정에는 그런 내용이 빠져 있었다. 나는 어린 청소년들이 바람직한 인격을 한껏 갈고 닦을 수 있는 학교를 설립하기로 결심했다. 나는 벵골에 있는 작은 시골 마을 디히카에서 일곱 명의 아이들과 함께 목표를 향한 첫걸음을 내디뎠다.

그로부터 한 해 뒤인 1918년, 빠르게 성장하고 있던 우리 모임은 카심바자르의 마하라자(군주)인 마닌드라 찬드라 눈디 경의 후의에 힘입어 란치로 옮길 수 있게 되었다. 캘커타에서 이백 마일가량 떨어진 비하르 주의 이 도시는 인도에서도 기후가 좋기로 이름 높은 곳 가운데 하나다. 란치의 카심바자르 궁전은 내가 '요고다 사트상가 브라마차리아 비디알라야*'라고 이름 붙인 새 학교의 본관이 되었다.

---

* 비디알라야는 학교를 의미하며, 브라마차리아는 《베다》에서 말하는 삶의 네 단계(아슈라마) 가운데 하나를 가리킨다. 네 가지 삶은 다음과 같다. (1) 독신으로 배움을 닦는 범행자(梵行者, 브라마차리), (2) 세속적 책무를 다하는 재가자(在家者, 그리하스타), (3) 은둔하며 명상을 수행하는 임서자(林棲者, 바나프라스타), (4) 세속적 집착을 모두 버리고 홀로 떠돌아다니는 유행자(遊行者, 산야시). 이 이상적인 삶의 도식은 현대 인도에서는 널리 지켜지고 있지 않지만, 여전히 많은 사람의 두터운 지지를 받고 있다. 네 단계는 일생에 걸친 구루의 지도에 따라 종교적으로 수행된다.
란치의 요고다 사트상가 학교에 관한 자세한 내용은 40장에 기술되어 있다.

나는 초등학교와 중등학교를 위한 프로그램을 마련했다. 여기에는 농업, 공업, 상업 과목과 일반교양 과목이 포함된다. 먼 옛날, 인도의 청소년을 위해 숲속의 아슈람에서 세속과 신성을 아우르는 가르침을 베풀었던 리시들의 교육적 이상에 따라 대부분의 수업은 야외에서 이루어졌다.

란치의 학생들은 요가 명상과 더불어 건강과 신체 발달을 위한 독특한 수행법인 요고다를 배운다. 내가 요고다의 기본 원리를 발견한 것은 1916년이었다.

인간의 몸은 일종의 전지와 같다는 사실을 깨달은 나는 인간 의지의 직접적인 작용을 통해 에너지를 재충전할 수 있다는 판단을 내렸다. 의지의 작용이 없이는 어떤 종류의 행위도 가능하지 않으므로, 인간은 번거로운 기구나 기계적인 운동이 없이도 제일의 동인인 의지를 이용하여 자신의 체력을 새롭게 할 수 있다. 간단한 요고다 행법을 통해 우주 에너지를 무한정 공급받음으로써 (연수에 집중되어 있는) 생명력을 즉시, 그리고 의식적으로 재충전할 수 있는 것이다.

란치의 학생들은 요고다 수련에 잘 적응하여, 생명력을 몸의 한 부분에서 다른 부분으로 이동시키는 능력을 키우고 어려운 아사나(자세)*도 거뜬히 해낼 수 있게 되었다. 이들은 힘센 어른도 따를 수 없는 체력과 인내력을 뽐냈다.

내 막냇동생인 비슈누 차란 고시도 란치 학교에 합류했는데, 훗날 그는 이름난 신체 수련가(physical culturist)가 되었다. 동생은 1938~1939년에 걸쳐 제자 한 사람과 함께 서양을 여행하면서 체력과 근육 통제의 시범을 보였다. 뉴욕에 있는 컬럼비아 대학교를 비롯하여 미국과 유럽의 여러 대학교에서 온 교수들은 육체를 지배하는 정신의 힘을 눈앞에서 목격하고 놀라움을 금치 못했다.†

란치에서 첫해가 저물 무렵에는 학교에 입학하려는 지원자가 이천 명에 이르렀다. 그러나 당시에 학교는 오로지 기숙제로만 운영되어 백 명밖에 수용할 수 없었다. 우리는 곧 통학생을 위한 학급을 새로 만들었다.

비디알라야에서 나는 어린 아이들의 부모 역할을 하면서 한편으로는 조직의

---

* 서양에서는 아사나(요가 자세)에 대한 관심의 증대에 부응하여 다양한 삽화를 곁들인 책들이 많이 출간되었다.
† 비슈누 차란 고시는 1970년 7월 9일 캘커타에서 세상을 떠났다.(편집자 주)

여러 가지 어려운 문제를 처리해야 했다. 그럴 때마다 나는 그리스도의 말씀을 떠올렸다. "나와 복음을 위하여 집이나 형제나 자매나 어머니나 아버지나 자식이나 전토를 버린 자는 현세에 있어 집과 형제와 자매와 어머니와 자식과 전토를 백배나 받되 박해를 겸하여 받고 내세에 영생을 받지 못할 자가 없느니라."*

스리 유크테스와르는 그 말씀을 이렇게 풀이한 적이 있었다. "더 큰 책임, 즉 사회 전반에 대한 책임을 떠맡기 위해(현세에 있어 집과 형제를 백배나 받되), 결혼을 하고 가족을 부양하는 일상적 삶을 포기하는 수행자는 종종 불신에 찬 세상의 박해가 뒤따르는 일을 한다. 그러나 보다 큰 일체화를 통해 이기심을 극복하고 하늘이 내리는 보답을 받을 수 있게 되는 것이다."

어느 날 아버지께서 축복을 베풀어 주기 위해 란치에 오셨다. 이 의례는 전날 내가 벵골-나그푸르 철도회사에 취직하라는 제안을 거절해서 아버지의 마음을 상하게 하는 바람에 한동안 미루어졌던 일이었다.

아버지께서 말씀하셨다. "아들아, 나는 이제 네가 선택한 삶을 받아들인다. 이처럼 행복하고 열의에 찬 아이들과 함께 있는 네 모습을 보니 무척 기쁘구나. 네게는 역시 기차 시간표의 싸늘한 숫자들보다는 이곳이 더 어울린다." 아버지는 내 뒤를 졸졸 따라다니던 여남은 되는 아이들을 향해 손을 흔드셨다. 아버지의 눈은 자애심으로 반짝이고 있었다. "나는 자식이 여덟이지만, 너희도 모두 내 자식처럼 느껴지는구나!"

마음껏 쓸 수 있는 25에이커의 기름진 땅에서 학생들과 선생님들은 매일같이 정원을 가꾸고 갖가지 야외 활동을 하면서 즐거운 시간을 보냈다. 우리는 애완동물을 많이 키웠는데, 그 가운데는 아이들의 사랑을 한 몸에 받은 어린 사슴도 있었다. 나 역시 그 새끼 사슴을 내 방에서 재울 정도로 귀여워했다. 이른 아침의 햇살이 비치면 녀석은 내 침대로 아장아장 다가와서 쓰다듬어 달라고 보채곤 했다.

어느 날 나는 란치 시내에 볼일이 생겨서 평소보다 일찍 사슴에게 먹이를 주

* 〈마가복음〉 10:29–30.

었다. 나는 아이들에게 내가 돌아올 때까지 먹이를 주지 말라고 일렀다. 그런데 한 아이가 말을 듣지 않고 사슴에게 우유를 듬뿍 먹였다. 저녁이 되어 학교에 돌아오자 슬픈 소식이 기다리고 있었다. "새끼 사슴이 너무 많이 먹어서 죽을 것 같아요."

나는 눈물을 흘리며 숨이 끊어진 것처럼 보이는 사슴을 무릎 위에 올려놓았다. 그리고 가련한 생명을 구해 달라고 신께 간절한 기도를 드렸다. 한참이 지나자 그 작은 짐승은 간신히 눈을 뜨고 일어서더니 힘없이 걸음을 떼기 시작했다. 우리는 일제히 환호성을 질렀다.

그러나 그날 밤 나는 평생 잊지 못할 심오한 교훈을 얻었다. 나는 새끼 사슴과 함께 새벽 두 시까지 깨어 있다가 잠이 들었다. 꿈에 사슴이 나타나서 내게 말했다. "선생님이 나를 붙잡고 있어요. 제발 나를 놓아 주세요, 놓아 주세요!" 나는 꿈속에서 대답했다. "알겠다."

나는 곧 잠에서 깨어 외쳤다. "얘들아, 사슴이 죽으려고 해!" 그 소리에 아이들이 다급히 내 곁으로 달려왔다.

나는 사슴을 눕혀 두었던 방 한구석으로 달려갔다. 녀석은 일어나려고 안간힘을 쓰며 비틀비틀 내게로 다가오더니, 끝내 내 발치에 쓰러져 숨을 거두고 말았다.

동물의 운명을 다스리는 집단 카르마에 따라 사슴의 삶은 이미 끝이 나고 보다 높은 형태로 나아갈 준비를 마친 상태였다. 사슴의 영혼이 바야흐로 동물의 형상에서 벗어나려고 몸부림치고 있을 때, 나는 깊은 애착과 열렬한 기도의 힘을 빌려 사슴을 형상의 굴레에 붙들어 놓을 수 있었던 것이다. 나중에야 나는 그것이 이기적이었음을 깨달았다. 사슴의 영혼이 꿈속에서 호소한 까닭은, 나의 사랑이 담긴 허락 없이는 이승을 떠날 수 없었기 때문이다. 사슴의 영혼은 내 동의를 얻자마자 제 갈 길을 떠났다.

나는 슬픔을 말끔히 떨쳐 버렸다. 신은 당신의 자녀들이, 죽으면 모두 끝난다는 그릇된 생각에서 벗어나 당신의 한 부분으로 만물을 사랑하기를 원하신다는 사실을 나는 새삼스럽게 깨달았다. 무지한 사람은 그토록 소중히 여기던 친구들을 영원히 빼앗아 가는 것처럼 보이는 넘어설 수 없는 죽음의 벽을 볼 뿐이다.

그러나 집착에서 벗어나 인간을 신의 표현으로서 사랑하는 사람은 아끼던 이가 죽음을 맞더라도 신의 품속에서 숨 쉬는 기쁨의 공간으로 돌아가는 것일 뿐임을 이해한다.

작고 소박하게 출발한 란치 학교는 그 후로 성장을 거듭하여 이제는 비하르와 벵골 지방에서 이름 높은 교육 기관이 되었다. 리시들의 교육적 이상을 실현하는 데 긍지를 느끼는 사람들이 자발적인 기부를 통해 학교의 여러 부서들을 지원하고 있다. 한편 미드나포어와 라칸푸르에도 분교가 설립되어 날로 번창하고 있다.

란치의 본교에서 운영하는 의학부는 가난한 지역 주민들에게 의약품과 의료 서비스를 무료로 제공하고 있다. 이렇게 치료를 받는 사람이 매년 평균 일만 팔천 명을 웃돈다. 비디알라야는 운동 경기와 학술 분야에서도 두각을 나타냈다. 란치를 졸업한 학생들은 대부분 대학에 진학해서도 빼어난 활동을 펼치고 있다.

지난 삼십 년 동안 란치 학교에는 동서양을 막론한 남녀 저명인사들의 발길이 끊이지 않았다. 1918년에는 바나라스의 '두 몸을 가진 성자' 스와미 프라나바난다가 란치에 와서 며칠간 머물렀다. 위대한 스승은 나무 밑에서 수업을 받는 그림 같은 정경과, 저녁 무렵 어린 소년들이 요가 명상을 수행하며 몇 시간 동안 꼼짝 않고 앉아 있는 모습을 보고 깊은 감명을 받았다.

"젊은이들을 올바르게 가르치려는 라히리 마하사야 님의 이상이 이곳에서 실현되고 있는 것을 보니 내 가슴에 기쁨이 넘치는군. 구루의 축복이 함께 하기를 비네."

내 곁에 앉아 있던 어린 학생 하나가 위대한 요기에게 당돌한 질문을 던졌다.

"스승님, 제가 정말 수도승이 될까요? 제 삶은 오직 신께 바쳐진 걸까요?"

스와미 프라나바난다의 입가에는 부드러운 미소가 감돌았지만, 두 눈은 먼 앞날을 꿰뚫어 보고 있었다.

"얘야, 네가 어른이 되면 아름다운 신부가 너를 기다리고 있을 게다." (그 소년은 여러 해 동안 스와미 교단에 들어가려고 노력하다가 결국은 결혼을 했다.)

스와미 프라나바난다가 란치를 방문하고 나서 얼마 후에, 나는 아버지를 모시고 그분이 잠시 머무르고 있던 캘커타의 집으로 찾아갔다. 오래전에 프라나바난다가 들려주었던 예언이 불현듯 머리를 스쳤다. "언젠가 너희 아버지와 함께 너를 다시 만나게 될 것이다."

아버지가 스와미의 방에 들어서자 위대한 요기는 자리에서 일어나 경애하는 마음으로 아버지를 껴안았다.

"바가바티, 무얼 하고 계시오? 아드님이 신을 향해 달려가고 있는 모습이 보이지 않소?" 나는 아버지 앞에서 칭찬을 듣고 얼굴을 붉혔다. 스와미는 말을 이었다. "거룩한 우리 구루께서 입버릇처럼 하시던 말씀을 당신도 기억할 게요. '바나트, 바나트, 반 자이.'* 그러니 부지런히 크리야 요가를 수행해서 어서 빨리 신성한 문에 이르도록 하오."

내가 바나라스로 그를 처음 찾아갔을 때는 그렇게 건강해 보이던 프라나바난다도 이제는 연로한 기색이 역력했지만, 몸가짐은 여전히 감탄스러울 만큼 꼿꼿했다.

나는 그의 눈을 똑바로 바라보면서 물었다. "스와미지, 말씀해 주십시오. 나이가 드는 것이 느껴지지 않으시나요? 몸이 쇠약해지면 신에 대한 인식도 제약을 받지 않나요?"

그는 천사 같은 미소를 지었다. "그분은 어느 때보다도 가까이 내 곁에 계시다네." 그의 절대적인 확신은 내 마음과 영혼을 압도했다. 그는 말을 이었다. "나는 여전히 두 가지 연금을 누리고 있어. 하나는 여기 바가바티 선생이 주는 것이고, 하나는 저 위에서 주시는 것이지." 성자는 손가락을 들어 하늘을 가리키면서 한순간 법열에 잠겼다. 그의 얼굴에는 성스러운 빛이 감돌았다. 내 질문의 답은 그것으로 충분했다!

프라나바난다의 방에 여러 가지 식물과 씨앗 꾸러미가 있는 것을 보고 무엇에 쓰려는 것인지 물어보았다.

---

* 제자들이 인내심을 가지고 명상에 정진하도록 북돋우기 위해 라히리 마하사야가 자주 입에 올리던 말. 직역하면 '이루고 또 이루면 언젠가는 이루어진다'이지만. 그 뜻을 이렇게 옮겨 볼 수 있다. '노력하고 또 노력하면 언젠가는 신성한 목표에 도달할 것이다.'

요고다 사트상가 지부 마트(수도원)

1918년 파라마한사 요가난다는 란치에 아슈람을 세우고 학교를 이곳으로 이전했다. 지금은 YSS 지부가 되어 회원들에게 봉사하는 한편 파라마한사지의 가르침을 인도 전역에 보급하고 있다. 이 센터는 영성 활동 외에도 여러 교육 기관과 자선 진료소를 운영하고 있다.

"나는 바나라스를 영원히 떠나서 히말라야로 가는 길이라네. 거기서 제자들을 위해 아슈람을 열 생각이야. 이 씨앗을 가지고 시금치며 채소들을 가꾸려고 하네. 사랑스런 나의 제자들은 기쁨에 넘친 신과의 합일 속에 하루하루를 보내면서 단순하게 살아갈 거야. 그 외에는 아무것도 필요 없다네."

아버지는 동문수학한 프라나바난다에게 언제 캘커타로 돌아올 것인지 물으셨다.

"다시는 오지 않을 거요. 올해는 내가 정든 바나라스를 영영 떠나 히말라야로 가서 필멸의 굴레를 벗어던질 거라고 라히리 마하사야께서 말씀하셨던 바로 그 해요."

듣고 있던 나의 눈에는 눈물이 고였지만, 스와미는 조용히 미소를 지을 뿐이었다. 그의 모습은 어머니 여신의 무릎 위에 포근히 앉아 있는 천상의 아기를 떠올리게 했다. 세월의 무게도 위대한 요기의 지고한 영적 능력에는 아무런 해를 끼치지 못한다. 그는 마음만 먹으면 언제든지 육체를 새롭게 할 수 있지만, 때에 따라서는 노화 과정을 굳이 늦추려 하지 않고 육체의 차원에서 카르마가 소진되도록 내버려 두기도 한다. 현생의 육체를 매개로 하여 윤회의 속도를 앞당김으로써 다시 태어나 남아 있는 카르마를 마저 치를 필요가 없도록 하는 것이다.

그로부터 몇 달 후에 나는 프라나바난다를 가까이 모시던 제자인 옛 친구 사난단을 만났다. 그는 흐느끼며 말했다.

"존경하는 구루께서 떠나가셨다네. 스승님은 리시케시 부근에 아슈람을 세우고 우리에게 사랑이 담긴 가르침을 베푸셨지. 우리가 어느 정도 자리를 잡고 구루와 더불어 빠르게 영적 진보를 이룩해 가고 있던 어느 날, 스승님은 느닷없이 리시케시 주민들을 모두 불러서 잔치를 벌이자고 하셨어. 나는 왜 그렇게 많은 사람이 필요한지 스승님께 여쭈어 보았지.

스승님은 이렇게 대답하셨어. '이것이 내가 마지막으로 베푸는 향연이다.' 하지만 나는 그 말씀의 의미를 제대로 이해하지 못했어.

프라나바난다는 엄청난 양의 음식을 차리는 일을 거들어 주셨어. 우리는 이천 명이나 되는 손님을 대접했어. 잔치가 끝난 뒤 스승님은 높은 단에 정좌하고 무한자에 관해 영감에 찬 설법을 하셨어. 설법을 마친 스승님은 수많은 사람이 지켜보는 앞에서 곁에 앉아 있던 나를 돌아보시며 여느 때와 달리 힘주어 말씀하셨어.

'사난단아, 놀라지 말거라. 나는 이제 낡은 틀을 벗으려 한다.' *

당혹감에 할 말을 잃었던 나는 곧 큰소리로 울부짖었다네. '스승님, 안 됩니다! 제발 뜻을 거두십시오!' 그 자리에 모인 사람들은 내 말에 놀라서 아무 말도 못하고 앉아 있었지. 프라나바난다는 미소를 지으셨지만 두 눈은 이미 영원을 응시하고 계셨어.

스승님께서 말씀하셨네. '이기심을 버려라. 나 때문에 슬퍼하지도 마라. 나는 오랫동안 기꺼이 너희를 보살폈다. 그러니 이제 기쁜 마음으로 나의 앞길을 축원해 다오. 나는 무한한 님을 만나러 간다.' 그러고는 속삭이듯이 이렇게 덧붙이셨어. '나는 곧 다시 태어날 게다. 잠시 동안 무한한 행복을 맛본 뒤에 이승으로

* 육체를 버린다는 뜻.

돌아와 바바지* 님을 만날 생각이다. 너는 나의 영혼이 언제 어디서 새로운 육체를 얻었는지 곧 알게 될 것이다.'

스승님은 다시 한 번 외치셨어. '사난단, 여기서 나는 제2의 크리야 요가에 의해 낡은 틀을 벗노라.' †

스승님은 우리 앞에 바다처럼 펼쳐진 얼굴들을 바라보며 축복을 내려 주셨어. 그러고는 내면의 영안(靈眼)을 향해 시선을 돌리고 움직임을 멈추셨다네. 어리둥절해진 군중은 스승님이 법열의 상태에서 명상에 잠기신 줄 알았지만, 스승님은 이미 잠시 머물던 육체를 떠나서 광대무변한 우주의 품속으로 자신의 영혼을 던지셨던 거야. 제자들이 가부좌를 틀고 계신 구루의 몸을 만져 보았지만 더는 체온이 느껴지지 않았어. 딱딱하게 굳은 틀만 남아 있을 뿐, 거기에 머물던 영혼은 벌써 불멸의 피안으로 떠난 뒤였다네."

사난단의 소상한 이야기를 다 듣고 나자 이런 생각이 들었다. '두 몸을 가진 축복받은 성자는 죽음도 삶만큼이나 극적으로 맞이했구나!'

나는 프라나바난다가 다시 태어날 곳이 어딘지 물어보았다.

사난단이 대답했다. "나는 그것을 신성한 비밀로 여기기 때문에 아무한테도 말할 수 없네. 하지만 언젠가는 자네도 자연히 알게 되지 않겠나?"

오래 뒤에 나는 프라나바난다가 새로운 몸으로 환생하여 몇 해를 지낸 후 히말라야에 있는 바드리나라얀으로 가서 위대한 바바지를 모시는 성자들 무리에 합류했다는 소식을 스와미 케샤바난다‡에게서 들었다.

---

* 라히리 마하사야의 구루로, 지금도 살아계시다(33장 참조.).
† 실제로 프라나바난다가 사용한 행법은 자아실현의 높은 단계에 있는 크리야 요가 전수자들에게 제3의 크리야 요가로 알려져 있다. 프라나바난다가 라히리 마하사야에게 전수받은 것은 그가 이 요가의 화신으로부터 받은 '두 번째' 크리야였다. 이 크리야를 완전히 익힌 수행자는 언제든지 의식적으로 육체를 떠나고 다시 돌아올 수 있다. 수행이 깊은 요기는 죽음의 마지막 순간을 어김없이 미리 알 수 있는데, 그때 이 크리야 행법을 사용한다.
위대한 요기는 프라나의 별이요 구원의 '문'인 영안을 통해 '들어오고 나간다.' 그리스도는 말씀하셨다. "내가 문이니 누구든지 나로 말미암아 들어가면 구원을 받고 또는 들어가며 나오며 꼴을 얻으리라. 도둑[마야, 즉 미망]이 오는 것은 도둑질하고 죽이고 멸망시키려는 것뿐이요 내[그리스도 의식]가 온 것은 양으로 생명을 얻게 하고 더 풍성히 얻게 하려는 것이라."(《요한복음》 10:9~10)
‡ 내가 케샤바난다를 만난 일은 500~503쪽에 기술되어 있다.

28
카시의 환생

"물에는 들어가지 말거라. 목욕은 양동이로 길어서 하자."

나는 란치의 어린 학생들을 데리고 팔 마일쯤 떨어진 언덕으로 소풍을 갔다. 눈앞에 펼쳐진 연못은 우리를 손짓해 부르는 것 같았지만 왠지 꺼림칙한 기분이 들었다. 대부분의 소년은 양동이에 물을 퍼 담기 시작했지만, 몇몇 아이는 시원한 물의 유혹을 뿌리치지 못했다. 아이들이 물속으로 뛰어들자마자 커다란 물뱀들이 꿈틀대며 주위를 맴돌기 시작했다. 기겁을 한 아이들은 비명을 지르고 텀벙거리며 허둥지둥 연못에서 빠져나왔다.

우리는 목적지에 도착해서 싸 가지고 온 도시락을 즐겁게 나눠 먹었다. 나는 아이들에게 둘러싸여 나무 밑에 앉았다. 내가 영감 어린 분위기에 젖어들고 있는 것을 알아차린 아이들이 질문을 퍼부었다.

한 아이가 물었다. "선생님, 가르쳐 주세요. 저는 앞으로도 늘 선생님 곁에서 세속을 등지고 수행의 길을 걷게 될까요?"

나는 대답했다. "아니다. 너는 싫어도 할 수 없이 집으로 돌아가서 때가 되면 결혼을 할 것이다."

아이는 믿지 못하겠다는 듯이 잔뜩 볼멘소리를 했다. "죽어도 그냥 집에 끌려가지는 않을 거예요." (그러나 몇 달 후 부모가 찾아와서 울며불며 떼를 쓰는 아이를 기어이 데리고 갔다. 몇 해 뒤에 그 학생은 정말로 결혼을 했다.)

한참 묻고 대답하다 보니 카시라는 소년의 차례가 되었다. 카시는 열두 살쯤

먹은 재기 넘치는 학생으로, 누구에게나 사랑을 받고 있었다.

"선생님, 제 운명은 어떻게 될까요?"

"너는 곧 죽을 것이다." 어떤 저항할 수 없는 힘에 떠밀린 것처럼 이런 대답이 입에서 불쑥 튀어나왔다.

모두 깜짝 놀랐지만 나 자신도 충격을 받았다. 나는 경솔한 언동을 스스로 꾸짖으며 더 이상의 대답을 피했다.

학교로 돌아오자마자 카시가 내 방으로 왔다.

"제가 죽었다가 다시 태어나면 저를 찾아내서 다시 영적인 길로 인도해 주시겠습니까?" 카시는 흐느끼며 물었다.

나는 감당하기 힘든 이 초자연적 책무를 거절하지 않을 수 없었다. 그러나 카시는 그 후로 몇 주일 동안 끈덕지게 나를 졸랐다. 카시의 낙담이 극에 달한 것을 보고 나는 마침내 그를 달래 주었다.

"그래. 하늘에 계신 아버지께서 도와주신다면 너를 찾아보겠다." 나는 이렇게 약속했다.

여름 방학을 맞아 나는 짧은 여행을 다녀오게 되었다. 카시를 데리고 가지 못하는 것이 마음에 걸린 나는 떠나기 전에 카시를 내 방으로 불러 무슨 일이 있어도 학교의 영적 진동에서 벗어나지 말라고 단단히 일렀다. 카시가 집에 가지만 않는다면 어떻게든 재앙을 면할 수 있지 않을까 하는 생각이 들었던 것이다.

그런데 내가 떠난 지 얼마 되지 않아 카시의 아버지가 란치에 왔다. 그는 아들의 고집을 꺾기 위해 보름 동안 무던히 애를 썼다. 나흘 동안만 캘커타로 가서 어머니를 뵙고 다시 돌아오면 되지 않겠느냐고 설득했지만 카시는 꿈쩍도 하지 않았다. 참다못한 아버지는 경찰을 불러서 끌고 가겠다고 엄포를 놓았다. 학교 이름에 누를 끼치고 싶지 않던 카시는 마음이 흔들렸다. 그는 하는 수 없이 아버지를 따라 나섰다.

며칠 후 나는 란치로 돌아왔다. 카시가 아버지를 따라간 얘기를 전해 듣고 나는 당장 캘커타로 가는 기차를 탔다. 캘커타에 도착해서는 마차를 한 대 빌렸다. 마차가 갠지스 강에 걸린 하우라 다리를 건너면서 처음 마주친 사람이 공교롭게

카시
란치 학교의 학생

도 상복을 입은 카시의 아버지와 친척들이었다. 나는 마부에게 멈추라고 소리지르고 마차에서 뛰어내려 불운에 처한 아버지를 노려보았다.

나는 흡사 정신 나간 사람처럼 외쳤다. "살인자! 당신이 우리 아이를 죽였소!"

아버지는 카시를 억지로 캘커타에 데려온 것이 잘못이었음을 이미 깨닫고 있었다. 카시는 집에서 며칠을 머무르는 동안 상한 음식을 먹고 콜레라에 걸려 목숨을 잃었던 것이다.

카시에 대한 연민, 그리고 사후에 그를 찾아내겠다고 한 약속이 밤낮으로 나를 괴롭혔다. 어디를 가든 카시의 얼굴이 눈앞에 떠올랐다. 오래전에 어머니를 잃었을 때처럼 나는 카시를 찾기 시작했다.

신께서 나에게 이성의 힘을 주셨으니, 그 능력을 최대한으로 발휘하여 아스트랄계에서 카시를 찾아 낼 수 있는 영묘한 법칙을 발견하지 않으면 안 된다는 생각이 들었다. 그는 못다 이룬 바람들로 흔들리고 있는 영혼이었으며, 아스트랄계에서 반짝이는 무수한 영혼들 사이를 떠도는 빛의 덩어리였다. 무수한 영혼들의 진동하는 빛 가운데서 어떻게 하면 그의 영혼과 파장을 맞출 수 있을 것인가?

나는 비전(秘傳)의 요가 행법을 사용하여 두 눈썹 사이에 있는 영안의 '송신기'를 통해 카시의 영혼에 나의 사랑을 전송했다.* 나는 카시가 머지않아 이승으로 돌아올 것이라는 사실과, 쉬지 않고 계속 신호를 보내면 언젠가는 응답할 것이라는 사실을 직감했다. 내 손가락, 팔, 척추의 신경은 카시가 내게 보내는 아무리 미세한 신호도 놓치지 않을 것이다.

나는 두 손을 안테나처럼 치켜들고 빙글빙글 맴을 돌면서 카시가 태아로 다시 태어난 곳을 찾아보려고 했다. 정신을 집중해서 파장을 맞추고 심장의 '무전기'에 카시의 응답이 수신되기를 기다렸다.

카시가 죽고 나서 여섯 달 동안 나는 혼신의 힘을 쏟아 요가의 비법을 베풀었다. 어느 날 아침 친구들과 함께 혼잡한 캘커타의 보우바자르 지구를 걷고 있던 나는 평소에 하던 대로 두 손을 쳐들었다. 그러자 처음으로 응답이 감지되었다. 전기적 충격이 손가락과 손바닥을 타고 흘러내리는 것을 느끼고 나는 전율했다. 이 전류는 내 의식의 깊숙한 곳에서 하나의 강렬한 생각으로 변형되었다. '저는 카시예요, 저는 카시예요. 저를 찾으세요!'

심장의 무전기에 정신을 집중하자 그 생각을 어렴풋이 알아들을 수 있었다. 카시 특유의 목이 쉰 듯한 속삭임 속에† 나를 부르는 소리가 거듭해서 들려왔다. 나는 곁에 있던 프로카시 다스의 팔을 잡아당기며 밝은 미소를 지었다.

"카시를 찾은 것 같네!"

---

* 두 눈썹 사이의 점에서 투사되는 의지는 생각을 전송하는 장치다. 인간의 감정이나 정서적 힘을 심장에 고요히 집중시키면 심장은 정신의 무전기 역할을 하여 멀고 가까운 곳에 있는 다른 사람의 메시지를 수신할 수 있게 된다. 텔레파시에서는 한 사람의 마음속에 떠오른 생각의 미세한 진동이 아스트랄 에테르의 미묘한 진동과 그보다 거친 지상의 에테르를 차례로 통과하면서 전기적 파동을 일으키고 이는 다시 다른 사람의 마음속에서 생각의 파동으로 변환된다.
† 순수한 상태의 영혼은 모든 것을 알고 있다. 카시의 영혼도 소년 카시의 특성을 모두 기억하고서 나의 인식을 자극하기 위해 쉰 목소리를 흉내 낸 것이다.

나는 그 자리에서 빙글빙글 돌기 시작했다. 친구들과 지나가는 행인들이 재미있다는 듯이 쳐다보았다. 내가 '뱀길'이라는 이름이 꼭 어울리는 근처의 오솔길 쪽을 바라볼 때만 손가락을 통해 전기 충격이 전달되었다. 다른 방향으로 고개를 돌리면 아스트랄계의 전류는 다시 사라졌다.

나는 탄성을 질렀다. '옳지, 카시의 영혼은 이 골목에 사는 어떤 어머니의 뱃속에 있는 것이 틀림없어.'

나는 친구들과 함께 뱀길로 다가갔다. 치켜든 손에 감지되는 진동이 점점 강하고 뚜렷해졌다. 나는 마치 자석에 끌린 것처럼 길 오른쪽으로 끌려갔다. 어떤 집의 문 앞에 이르자 놀랍게도 발걸음이 딱 멈췄다. 나는 강렬한 흥분 상태에서 숨을 죽이고 문을 두드렸다. 끈질기고 예사롭지 않은 추적이 마침내 결실을 맺었다는 생각이 들었다.

하녀가 나와서 문을 열어 주며 주인님이 집에 계시다고 했다. 집주인이 이층에서 내려와 나를 보고 누구시냐는 듯이 미소를 지었다. 나는 절박하면서도 뜬금없는 질문을 어떻게 꺼내야 할지 난감했다.

"선생님, 실례지만 혹시 부인께서 아기를 가지신 지 여섯 달 정도 되지 않으셨는지요?"[*]

"그렇습니다만." 주인은 내가 전통적인 주황색 법의 차림의 스와미인 것을 알고 공손히 덧붙였다. "어떻게 저희 집 사정을 알고 계신지요?"

카시와 나 사이의 약속에 관한 이야기를 듣고 난 그는 적이 놀라면서도 내 말

---

[*] 많은 사람이 육체적 죽음 후에도 오백 년, 천 년 동안 아스트랄계에 머물러 있지만, 다시 태어날 때까지 걸리는 시간에 일정한 규칙이 있는 것은 아니다(43장 참조). 한 인간이 육체로 태어나거나 아스트랄계에 머무는 기간은 각자의 카르마에 따라 미리 결정된다.

죽음, 그리고 '작은 죽음'이라고 할 수 있는 잠은 아직 깨달음을 얻지 못한 인간을 감각의 속박에서 일시적으로 벗어나게 해 주는 생멸의 필연적 요소다. 인간은 본질적으로 영(靈)이기 때문에, 잠과 죽음에서 자신의 비물질성을 되돌아보는 계기를 얻는 것이다.

힌두 경전에서 설명하는 카르마의 평형 법칙은 작용과 반작용, 원인과 결과, 파종과 수확의 법칙이다. 자연적 정의(리타)의 과정 속에서 인간은 저마다 생각과 행동에 의해 스스로의 운명을 빚어 나간다. 현명하든 어리석든, 인간이 작동시킨 우주의 에너지는 원이 필연적으로 스스로를 완성하듯이 모두 출발점인 자신에게로 되돌아온다. "이 세상은 마치 수학 방정식과 같아서, 아무리 뒤집어도 균형을 잃지 않는다. 모든 비밀은 밝혀지고, 모든 죄악은 응징되고, 모든 선행은 보상을 받고, 모든 잘못은 바로잡힌다. 조용하게, 그리고 확실하게."(에머슨, 《보상》) 삶의 불평등한 양상들 아래에 놓여 있는 정의의 법칙으로서 카르마를 이해할 때, 인간의 마음은 신과 인간에 대한 분노를 떨쳐 버릴 수 있다(227쪽 참조).

을 믿었다.

나는 그에게 말했다. "살결이 흰 사내아이가 태어날 겁니다. 얼굴이 넓고 이마 위에 머리카락이 뻗쳐 있을 거예요. 아이는 남달리 영적인 기질을 타고날 겁니다." 나는 곧 태어날 아이가 카시를 닮았을 것이라는 확신이 들었다.

훗날 다시 그 집을 찾아가 보니, 부모는 아이를 카시라는 옛 이름으로 부르고 있었다. 아직 아기인데도 카시는 내가 아끼던 란치의 학생과 모습이 너무나 비슷했다. 아이는 나를 보자마자 반기는 표정을 지었다. 지난날의 애틋한 감정이 갑절로 되살아나는 듯했다.

세월이 흘러 십대가 된 소년은 미국에 머무르고 있던 내게 편지를 보냈다. 카시의 글에는 수행자의 길을 가고 싶다는 절절한 갈망이 담겨 있었다. 나는 그를 히말라야의 어떤 스승에게 보냈다. 그 스승은 다시 태어난 카시를 제자로 받아들였다.

29
타고르와 함께 학교에 대해 논하다

"라빈드라나트 타고르께서는 자연스럽게 자신을 표현하면서 새처럼 편안하게 노래하는 법을 저희에게 가르쳐 주셨어요."

어느 날 아침 란치 학교에서 어느 학생의 청아한 노래 소리를 듣고 내가 칭찬의 말을 건네자 소년은 이런 설명을 들려주었다. 총명한 열네 살 소년 볼라 나트는 누가 시키건 말건 아름다운 선율을 거침없이 읊조렸다. 볼라는 예전에 타고르가 볼푸르에 세운 유명한 학교 산티니케탄(평화의 안식처)에 다닌 적이 있었다.

나는 소년에게 말했다. "나도 어릴 때부터 라빈드라나트의 노래를 즐겨 불렀지. 벵골 사람은 심지어 글자를 모르는 농부들까지도 그분의 고매한 시를 사랑한단다."

볼라와 나는 타고르의 후렴 몇 구절을 함께 노래했다. 타고르는 수천 편의 인도 시에 곡을 달았다. 그 가운데는 직접 지은 것도 있고 예부터 전해 오는 것도 있었다.

노래를 마친 후에 내가 이야기를 꺼냈다. "내가 라빈드라나트를 만난 것은 그분이 노벨 문학상을 받은 직후였어. 나는 자신의 문학을 헐뜯는 사람들을 대하는 그분의 용기 있는 태도에 감복해서 그분을 뵙고 싶은 생각이 간절해졌단다." 그러고서 나는 싱그레 웃었다.

볼라는 호기심에 차서 그 이야기를 들려 달라고 했다.

나는 선뜻 말머리를 뗐다.

"학자들은 타고르가 벵골의 시가에 새로운 양식을 도입하려 한다고 호되게 몰아세웠지. 타고르는 범학자들이 철칙처럼 여기는 규범을 모두 무시하고 구어체와 전통적인 표현 양식을 한데 뒤섞었던 거야. 타고르의 노래는 정해진 문학 형식에 구애받지 않고 깊은 철학적 진실을 감정에 호소하는 어휘로 표현하고 있단다.

어떤 영향력 있는 비평가는 라빈드라나트를 두고 '구구구 소리를 인쇄해서 한 닢에 팔아먹는 비둘기 시인'이라고 악의에 찬 평을 하기도 했어. 하지만 곧 타고르의 반격이 시작됐지. 타고르가 《기탄잘리》(신에게 바치는 노래)를 직접 영어로 번역해서 발표하자 서양의 문학계 전체가 그분의 발아래 경의를 표하는 일이 벌어진 거야. 그러자 한때는 혹평을 일삼던 범학자들이 축하를 드리기 위해 산티니케탄으로 떼를 지어 몰려왔어.

라빈드라나트는 일부러 손님들을 오래 기다리게 한 다음에야 냉담한 침묵 속에 그들의 찬사를 들었지. 그러고는 마침내 저들이 일삼던 비판의 화살을 되돌려 반격을 가한 거야.

'지금 여러분이 베풀어 주시는 영예의 향기와 지난날 내가 겪어야 했던 모멸의 악취는 도무지 앞뒤가 맞지 않는 것 같군요. 내가 노벨상을 받은 것과 여러분의 안목이 갑자기 높아진 것 사이에 무슨 연관이라도 있는 겁니까? 벵골의 성지에 처음으로 비천한 꽃다발을 바쳐서 여러분의 비위를 거슬렀던 그 시인과 지금의 나는 여전히 같은 사람입니다.'

신문들은 타고르가 보여준 담찬 응징의 일화를 앞 다투어 보도했지. 나는 아첨에 흔들리지 않은 한 인간의 거리낌 없는 언행에 깊이 감복했단다."

나는 잠시 숨을 돌리고 말을 이었다.

"나는 캘커타에서 라빈드라나트의 비서 앤드류스* 씨를 통해 그분을 소개받았어. 앤드류스 씨는 수수한 벵골 도티 차림을 하고, 타고르를 친근하게 '구루데바'라고 부르더구나. 라빈드라나트는 나를 다정하게 맞이해 주었어. 그분은 온몸

---

* 영국의 저술가이자 정치 평론가로, 마하트마 간디와도 가까운 사이였다. C. F. 앤드류스 씨는 제2의 고향에 크게 이바지하여 인도인들의 존경을 받고 있다.

라빈드라나트 타고르
벵골이 낳은 위대한 시인이자 노벨 문학상 수상자

에 매력과 교양과 기품이 흘러넘쳤어. 내가 라빈드라나트의 문학을 낳은 배경에
관해 물어보자, 그분은 우리의 종교 서사시와 십사 세기 민중시인 비디아파티의
작품에서 큰 영향을 받았다고 하더군."

이런 기억들을 되살리며 흥이 오른 나는 타고르가 고쳐 지은 벵골의 옛 노래
〈그대 사랑의 등불을 밝히소서〉를 읊기 시작했다. 볼라와 나는 즐겁게 노래 부
르며 비디알라야의 너른 마당을 한가로이 거닐었다.

란치 학교를 설립한 지 이태쯤 지난 무렵, 나는 라빈드라나트로부터 산티니케
탄에 와서 서로의 교육적 이상에 대해 의견을 나누자는 초대를 받았다. 나는 기
쁜 마음으로 초대에 응했다. 내가 찾아갔을 때 시인은 서재에 앉아 있었다. 그를
처음 보는 순간, 어떤 화가라도 감탄할 만큼 빼어난 풍모를 지닌 모델 같다는 생
각이 들었다. 이목구비가 수려하고 기품이 넘치는 얼굴을 긴 머리카락과 풍성한
턱수염이 감싸고 있었다. 커다랗고 부드러운 눈, 천사 같은 미소, 플루트처럼 매

혹적인 음색의 목소리, 키가 크고 건장한 위엄 있는 그의 모습에는 여성스러울 정도의 부드러움과 어린아이처럼 천진난만한 쾌활함이 뒤섞여 있었다. 이 온화한 가객(歌客)만큼 이상적인 시인의 이미지에 꼭 들어맞는 사람은 없을 것이다.

타고르와 나는 곧 인습에서 벗어나려는 취지에 따라 설립된 우리 두 학교를 비교해서 살펴보기 시작했다. 우리는 야외 학습과 단순성, 아이들의 창조적 영혼을 북돋우는 환경 등 여러 가지 공통점을 발견했다. 그렇지만 라빈드라나트는 문학과 시를 익히는 데 힘을 쏟고, 볼라의 경우처럼 음악과 노래를 통한 자기표현을 특히 중요하게 여기고 있었다. 산티니케탄의 아이들은 침묵 기간을 가졌지만 특별한 요가 수련을 받지는 않았다.

시인은 란치의 모든 학생이 배우는 에너지 활성화(요고다) 행법과 요가의 정신 집중법에 관한 나의 설명을 주의 깊게 경청했다.

타고르는 어린 시절의 학교생활에 얽힌 이야기를 들려주었다. "나는 오 학년을 마치고 학교에서 도망쳤어요." 그는 웃으며 말했다. 그의 타고난 시적 감수성이 따분하고 억압적인 교실 분위기에 얼마나 상처를 입었을지 나는 어렵지 않게 이해할 수 있었다

"그 때문에 나는 그늘진 나무와 찬란한 하늘 아래 산티니케탄을 열기로 했던 겁니다." 타고르는 아름다운 정원에서 공부하고 있는 한 무리의 학생들을 몸짓으로 가리켰다. "아이는 자연 속에서 꽃과 새들에 둘러싸여 있어요. 그곳에서 아이는 자신의 숨겨진 재능을 좀더 쉽게 표현할 수 있지요. 참된 교육은 지식을 밖에서 억지로 밀어 넣는 것이 아니라, 내면에 무한히 잠재된 지혜를 표면으로 끌어올릴 수 있도록 도와주는 것이에요."[*]

나는 그 말에 동의하면서 이렇게 덧붙였다. "요즘의 학교에서는 통계와 연대표만 찾는 편식 때문에 이상과 영웅에 목마른 청소년의 본능이 굶주리고 있지요."

---

[*] "힌두교도들은 영혼이 수천 번을 거듭 태어나면서 존재의 길을 여행한다고 말한다. 그러므로 영혼이 알지 못하는 것은 없으며, 전에 알고 있던 것을 기억해 낼 수 있는 것은 당연하다. 질문과 학습은 모두 상기(想起)인 것이다."(에머슨, 《대표적 인물(Representative Men)》)

시인은 산티니케탄을 구상할 때 영감을 준 아버지 데벤드라나트에 관한 얘기를 들려주었다.

"아버지께서 이 기름진 땅을 내게 주셨지요. 아버지께서는 이곳에 이미 손님을 위한 숙소와 사원을 지어 놓으셨어요. 나는 1901년에 여기서 겨우 열 명의 소년을 데리고 교육 실험을 시작했지요. 노벨상으로 받은 팔천 파운드도 모두 학교를 유지하는 데 썼어요."

'마하리시(위대한 성자)'로 널리 알려진 아버지 데벤드라나트 타고르는 그의 자서전에서 보듯이 매우 뛰어난 인물이었다. 그는 성년이 되자 히말라야에서 두 해를 보내며 명상 수행을 하기도 했다. 그런가 하면 할아버지 드와르카나트 타고르도 아낌없는 자선 활동으로 벵골 전역에 이름을 떨쳤다. 이 걸출한 가문의 요람에서 수많은 천재들이 배출되었다. 라빈드라나트뿐만 아니라 친척들이 모두 창조적인 문화예술 분야에서 두각을 나타냈다. 그의 조카 고고넨드라와 아바닌드라는 인도에서 손꼽히는 화가들이다.[*] 라빈드라나트의 형인 드위젠드라는 깊은 통찰력을 지닌 철학자로, 새들과 숲 속의 짐승들에게까지 사랑을 받았다고 한다.

라빈드라나트는 내게 객사에서 하룻밤 머물 것을 권했다. 저녁 무렵 시인과 학생들이 안뜰에 둘러앉은 모습은 한 폭의 그림처럼 나를 매혹했다. 시간이 거꾸로 흐르는 것 같았다. 내 눈앞에 펼쳐진 광경은 마치 고대의 아슈람을 보는 듯했다. 기쁨에 넘친 시인이 제자들에 둘러싸여 있고, 신성한 사랑의 후광이 모두를 감싸고 있었다. 타고르는 조화와 화합의 끈으로 우정의 매듭을 하나씩 엮어 나갔다. 그는 무슨 일이든 독단적으로 처리하는 법 없이, 저항할 수 없는 자력(磁力)으로 사람의 마음을 끌어당기고 사로잡았다. 신의 정원에 활짝 핀 진귀한 시의 꽃이 자연의 향기로 우리를 유혹하고 있었다!

라빈드라나트는 새로 지은 멋진 시들을 감미로운 목소리로 낭송했다. 그가 학생들을 위해 지은 노래와 희곡은 대부분 산티니케탄에서 쓴 것이다. 타고르의

---

[*] 라빈드라나트 자신도 육십 대에 회화를 진지하게 탐구했다. 몇 해 전에는 그의 작품이 유럽의 주요 도시와 뉴욕에서 전시되기도 했다.

시가 지닌 아름다움은, 거의 매 연마다 신을 기리면서도 성스러운 이름을 직접 언급하지는 않는 그의 예술적 재능에서 우러나온다고 나는 생각한다. 그는 이렇게 썼다. "노래의 환희에 취해, 저는 자신을 잊고 제 주인이신 당신을 친구라 부릅니다."

다음날 점심 식사를 마친 뒤 나는 시인에게 아쉬운 작별을 고했다. 타고르의 작은 학교가 이제 여러 나라의 학생과 학자들이 이상적인 환경으로 여기는 국제적인 명문, 비스바바라티 대학교*로 성장한 것은 참으로 기쁜 일이다.

> 마음엔 두려움이 없고
> 머리는 높이 치켜들 수 있는 곳
> 지식은 자유롭고
> 좁다란 담벼락으로 세상이 조각조각 갈라지지 않은 곳
> 진실의 깊은 곳에서 말씀이 솟아나는 곳
> 지칠 줄 모르는 노력이 완성을 향하여 팔을 벌리는 곳
> 이성의 맑은 물줄기가
> 무의미한 관습의 모래벌판에서 길을 잃지 않는 곳
> 무한히 뻗어 나가는 생각과 행동으로 우리의 마음이 인도되는 곳
> 그러한 자유의 천국으로
> 나의 조국이 깨어나게 하소서, 임이시여!†
> ─라빈드라나트 타고르

---

* 경애하는 시인은 1941년에 세상을 떠났지만, 그의 비스바바라티 대학교는 여전히 번창하고 있다. 1950년 1월에는 산티니케탄의 교사와 학생 65명이 스리 S. N. 고살 학장의 인솔하에 열흘 동안 란치에 있는 요고다 사트상가 학교를 방문했다. 손님들은 라빈드라나트의 아름다운 시 〈푸자리니(Pujarini)〉를 연극으로 공연하여 란치 학생들에게 큰 즐거움을 안겨 주었다.
† 《기탄잘리》(Macmillan Co.). 인도의 석학 S. 라다크리슈난은 《라빈드라나트 타고르의 철학(The Philosophy of Rabindranath Tagore)》(Macmillan, 1918)에서 타고르에 관한 깊이 있는 연구를 펼치고 있다.

30
기적의 법칙

위대한 소설가 레프 톨스토이*는 〈세 은자(The Three Hermits)〉라는 재미있는 설화를 썼다.

그의 친구 니콜라스 로에리치는 이 이야기를 다음과 같이 요약했다.

"어떤 섬에 늙은 은자 세 사람이 살고 있었다. 이들은 너무나 소박해서 기도 내용도 항상 똑같았다. '당신께서도 삼위이시고 저희도 삼인이오니 아무쪼록 저희를 어여삐 여기소서!' 이렇게 우직한 기도를 올리는 사이에 놀라운 기적들이 나타났다.

그 지역의 주교†가 세 은자의 엉터리 기도 이야기를 듣고, 이들을 찾아가서 제대로 된 기도문을 가르쳐 주기로 작정했다. 섬에 도착한 주교는 은자들을 만나서 하늘에 올리는 기도가 경건하지 못하다고 타이르고 장황한 정식 기도문을 가르쳐 주었다. 그러고 나서 주교는 배를 타고 떠났다. 그런데 얼마 후 환한 빛이 배를 따라오는 것이 눈에 띄었다. 자세히 보니 세 은자가 나란히 손을 붙잡고 파도 위로 부지런히 뛰어오는 것이었다.

그들은 주교에게 다가와 큰 소리로 외쳤다. '당신이 가르쳐 준 기도문을 잊어

---

* 톨스토이는 이념적인 면에서 마하트마 간디와 여러 가지 공통점을 가지고 있다. 두 사람은 비폭력의 문제에서 서로 일치했다. 톨스토이는 "(악으로) 악을 대적하지 말라"(《마태복음》 5:39)라는 말씀에 그리스도의 가르침이 집약되어 있다고 본다. 악은 논리적으로 유효한 대립물인 선과 사랑으로만 '대적'할 수 있다.

† 이 이야기는 역사적인 근거를 가지고 있는 것이 분명하다. 편집자 주를 보면, 주교는 아르한겔스크에서 배를 타고 솔로베츠키 수도원으로 가던 중에 드비나 강 어귀에서 세 은자를 만난 것으로 되어 있다.

버렸으니 다시 말해 주시오.' 깜짝 놀란 주교는 고개를 설레설레 저으며 공손히 대답했다.

'부디 그대들이 하던 기도를 그대로 계속하십시오!'"

세 성자는 어떻게 물 위를 걸었을까?

십자가에 못 박힌 그리스도는 어떻게 부활했을까?

라히리 마하사야와 스리 유크테스와르는 어떻게 기적을 행했을까?

현대 과학은 아직까지 답을 찾지 못했다. 물론, 원자력 시대의 도래와 더불어 세계정신의 외연이 갑자기 확대된 것은 사실이다. '불가능'이라는 단어는 인류의 사전에서 점차 사라져 가고 있다.

《베다》의 여러 경전에서는 물리적 세계가 상대성과 이원성의 원리인 마야의 근본 법칙에 따라 움직인다고 설명한다. 유일한 생명인 신의 본질은 절대적인 통일성이다. 신이 분리되고 다양한 창조의 표현으로 나타날 때는 가장되고 비실재적인 베일을 덮어쓴다. 그러한 미혹의 이원적 베일이 바로 마야다.* 고대 리시들이 선언한 이 단순한 명제는 현대의 위대한 과학적 발견들을 통해 참이었음이 입증되고 있다.

뉴턴의 운동 법칙은 곧 마야의 법칙이다. 모든 작용에는 항상 크기가 같고 방향이 반대인 반작용이 존재한다. 두 물체의 상호 작용은 항상 크기가 같고 방향은 반대다. 따라서 작용과 반작용은 크기가 정확히 같다. "단일한 힘을 갖는 것은 불가능하다. 반드시, 그리고 항상, 크기가 같고 방향이 반대인 한 쌍의 힘이 존재한다."

기본적인 자연 활동은 모두 마야에서 비롯되었음을 알 수 있다. 예컨대 전기는 척력과 인력의 현상이다. 전자와 양자는 전기적 대립쌍이다. 또 다른 예로, 물질의 궁극적 입자인 원자는 지구 자체와 마찬가지로 양극과 음극을 지닌 일종의 자석이다. 현상 세계 전체가 멈출 수 없는 양극성의 흔들림 속에 존재하는 것이다. 물리학, 화학, 또는 어떤 다른 과학의 법칙도 내재적인 대립의 원칙을 벗

---

* 72쪽 및 74쪽의 각주 참조.

어날 수 없다.

그렇다면 물질과학은 창조의 근본 바탕이자 구조인 마야를 벗어나서 법칙을 구성할 수 없다. 자연 자체가 마야이며, 자연과학은 필연적으로 자연의 불가피한 본질을 다루어야만 한다. 스스로의 영역 안에서 자연은 영원히 고갈되지 않는다. 미래의 과학자들은 무한한 자연의 다양한 측면을 하나하나 탐구해 나가는 것 이상의 일을 할 수 없다. 요컨대 과학은 궁극의 목표에는 도달하지 못하면서 끊임없이 변화를 되풀이할 뿐이다. 이미 존재하고 작용하는 우주의 법칙을 발견하는 데는 더없이 적합하지만, 법칙을 만들고 운행하는 일자(一者)를 인지하는 능력은 갖고 있지 못하다. 중력과 전기의 놀라운 현상들이 속속 밝혀졌지만, 정작 중력과 전기가 무엇인지는 아무도 모르는 것이다.[*]

마야를 극복하는 일은 천년 왕국의 예언자들이 인류에게 부여한 과업이었다. 창조의 이원성을 초월하여 창조주의 유일성을 인식하는 것이야말로 인간의 지고한 목표로 인식되었다. 우주의 미망에 집착하는 사람들은 양극성의 본질적 법칙을 받아들여야만 한다. 밀물과 썰물, 상승과 하강, 낮과 밤, 쾌락과 고통, 선과 악, 출생과 죽음. 인간이 수천 번의 윤회를 거친 후에는 이러한 순환 패턴이 고통스러운 단조로움을 띠게 되고, 그제야 인간은 마야의 강박 너머로 희망의 눈길을 던지기 시작하는 것이다.

마야의 베일을 벗기는 것은 곧 창조의 비밀을 밝히는 것이다. 이렇게 우주의 맨 얼굴을 드러내는 사람만이 오직 하나의 참된 신을 접할 수 있다. 그렇지 않은 사람은 모두 불신자의 표상을 숭배하고 있는 것이다. 인간이 자연의 이원적 미망에 사로잡혀 야누스의 얼굴을 가진 마야를 여신으로 받드는 한 유일하고 참된 신을 알 길은 요원하다.

세계의 환영인 마야가 인간의 마음에서는 아비디아로 나타난다. 아비디아를 글자대로 풀이하면 '비(非) 지식(비디아)'으로, 무지, 미망을 뜻한다. 마야 또는

---

[*] 위대한 발명가 마르코니는 궁극적 목적 앞에서 과학이 무능하다는 사실을 다음과 같이 시인했다. "과학이 생명의 문제를 해결할 수 없다는 데는 의심의 여지가 없다. 만일 믿음이 없었다면 이 같은 사실은 그야말로 섬뜩한 일일 것이다. 생명의 신비는 여태껏 인간의 사고 앞에 제기되었던 그 어떤 문제보다도 끈질기게 우리를 애태우는 문제임에 틀림없다."

아비디아는 지적인 확신이나 분석을 통해서는 결코 파괴할 수 없으며, 오로지 니르비칼파 사마디의 내적 상태에 도달함으로써만 극복할 수 있다. 구약 성서의 예언자를 비롯하여 지역과 시대를 초월한 선지자들은 그러한 의식 상태에서 말씀을 전했던 것이다.

"그 후에 그가 나를 데리고 문에 이르니 곧 동쪽을 향한 문이라. 이스라엘 하나님의 영광이 동쪽에서부터 오는데 하나님의 음성이 많은 물소리 같고 땅은 그 영광으로 말미암아 빛나니"*라고 에제키엘은 말했다. 요기는 이마(동쪽)에 있는 신성한 눈을 통해 자신의 의식을 편재하는 존재에게로 띄워 보내면서 '많은 물'의 신성한 소리인 '말씀' 또는 '옴'과 창조의 유일한 실재를 이루는 빛의 진동을 느끼게 된다.

빛은 우주에서 펼쳐지는 무수한 신비 가운데서도 가장 경이로운 현상이다. 음파가 전달되려면 공기와 같은 매개 물질이 필요하지만, 광파는 별과 별 사이의 진공 속을 자유로이 이동한다. 파동설에서 빛의 행성 간 매질로 가정되었던 에테르의 존재도, 공간의 기하학적 특성으로 인해 에테르설이 불필요하게 되는 아인슈타인의 이론에서는 부정된다. 어떤 가설을 따르든, 빛은 모든 자연 현상 가운데 가장 미묘하고 물질적 의존에서 가장 자유롭다.

아인슈타인의 방대한 체계에서 빛의 속도(초속 299,792,458미터)는 상대성 이론 전체를 지배한다. 아인슈타인은 인간의 유한한 사고력이 미치는 한에서 빛의 속도가 끊임없이 변화하는 우주의 유일한 상수라는 사실을 수학적으로 증명했다. 시간과 공간에 대한 인간의 모든 기준은 광속이라는 유일한 '절대성'에 의존하고 있다. 시간과 공간은 지금까지 생각했던 것처럼 관념적으로 영원한 것이 아니라 상대적이고 유한한 요인인 것으로 밝혀졌다. 시공은 오직 광속이라는 척도와 관련해서만 조건부로 측정의 타당성을 확보할 수 있다.

하나의 상대적 차원으로서 공간과 결합하는 시간은 이제 그 올바른 본성, 즉 모호성이라는 단순한 본질로 해체된다. 아인슈타인이 종이에 끄적거린 방정식

* 〈에스겔〉 43:1-2.

몇 개로 우주에서 빛을 제외한 모든 불변의 실재가 추방된 것이다.

그 후 이 위대한 물리학자는 중력 법칙과 전자기 법칙을 하나의 수학 공식으로 통합하는 통일장 이론을 추구했다. 우주 구조를 단일한 법칙의 변형들로 환원함으로써 아인슈타인은 시대를 건너뛰어, 창조의 유일한 근원으로 변화무쌍한 마야를 상정했던 리시들의 정신에 도달한 것이다.[*]

인식의 대변혁을 불러온 상대성 이론과 더불어 궁극적 원자를 수학적으로 탐구할 수 있는 가능성이 열렸다. 위대한 과학자들은 이제 원자가 물질이 아닌 에너지이며, 더 나아가 원자 에너지가 본질적으로 마음의 질료라는 대담한 주장을 펴고 있다.

아서 스탠리 에딩턴 경은 《물리적 세계의 본성(The Nature of the Physical World)》[†]에서 이렇게 얘기한다. "자연과학이 그림자의 세계를 탐구한다는 사실을 솔직하게 깨닫는 것은 가장 중요한 진보 가운데 하나라고 할 수 있다. 물리학의 세계에서 우리는 친숙한 삶의 드라마가 그림자 연극처럼 펼쳐지는 것을 본다. 내 팔꿈치의 그림자가 그림자 테이블 위에 놓여 있고, 그림자 잉크가 그림자 종이 위로 흘러내린다. 모든 것이 상징이며, 물리학자는 그것을 상징인 채로 놓아둔다. 이윽고 상징들을 변화시키는 연금술사인 마음이 등장한다. 단적으로 얘기하자면, 세계의 질료는 마음의 질료다."

최근에 전자 현미경이 발명되면서 빛과 연관된 원자의 본질과 자연의 불가피한 이원성을 보여 주는 확실한 증거를 제시할 수 있게 되었다. 《뉴욕 타임스》는 1937년에 열린 미국과학진흥협회의 회의에서 전자 현미경을 선보인 소식을 다음과 같이 보도했다.

지금까지 X선을 통해 간접적으로만 알려졌던 텅스텐의 결정 구조가 형광판

---

[*] 아인슈타인은 전자기 법칙과 중력 법칙 사이의 연결 고리를 하나의 수학 공식(통일장 이론)으로 표현할 수 있다고 확신했다. 아인슈타인은 요가난다가 이 책을 쓰고 있던 당시에 그 이론을 확립하기 위해 애쓰고 있었다. 비록 그가 살아 있는 동안 이론이 완성되지는 못했지만, 오늘날 수많은 물리학자들이 그러한 연결 고리를 찾아낼 수 있을 것이라는 아인슈타인의 확신을 공유하고 있다.(편집자 주)

[†] Macmillan Company.

위에 뚜렷이 윤곽을 드러냈다. 아홉 개의 원자가 공간격자에서 각자의 정확한 위치에 표시되는데, 입방체의 각 모서리와 중심에 원자가 한 개씩 배열되어 있다. 텅스텐의 결정격자에 놓인 원자들은 형광판 위에 기하학적 패턴으로 정렬된 빛의 점들처럼 보였다. 이 빛의 결정 입방체를 배경으로, 빗발치는 공기의 분자들이 출렁이는 수면 위에서 반짝이는 햇빛의 점들과 비슷한 춤추는 빛의 점들로 관찰되었다. (…)

전자 현미경의 원리는 1927년에 뉴욕 시에 있는 벨 전화연구소의 클린턴 데이비슨과 레스터 저머에 의해 처음으로 발견되었다. 이들은 전자가 입자의 성질과 파동의 성질을 동시에 갖는 이중성을 지니고 있다는 사실[*]을 밝혀냈다. 파동의 성질은 전자에 빛의 특성을 부여했으며, 이와 더불어 렌즈를 사용해서 빛을 초점에 모으는 것과 유사한 방식으로 전자를 초점에 모으는 방법을 찾기 위한 연구가 시작되었다.

데이비슨 박사는 물질계의 전 영역이 이중성을 가진다는 사실을 보여 주는 전자의 지킬-하이드적 특성을 발견한 공로로 노벨 물리학상을 수상했다.

제임스 진스 경은 《신비로운 우주(The Mysterious Universe)》[†]에서 이렇게 얘기한다. "지식의 흐름은 비기계론적 실재를 향해 나아가고 있다. 우주는 하나의 거대한 기계가 아니라 하나의 거대한 생각처럼 보이기 시작하고 있다."

이십 세기의 과학은 이제 고색창연한 《베다》의 한 페이지처럼 느껴진다.

그렇다면 인간은 과학을 통해, 물질적 우주란 존재하지 않으며 그 근본은 마야, 즉 환영이라는 철학적 진리를 깨우쳐야 할 것이다. 우주의 실재를 철저히 분석해 들어가면 온갖 미망이 신기루처럼 흩어진다. 물리적 우주를 지탱하던 기둥이 발밑에서 하나씩 무너져 내리는 동안, 인간은 자신이 우상을 숭배하고 신의 뜻을 거슬렀다는 사실을 어렴풋이 깨닫는다. "너는 나 외에는 다른 신들을 네게

---

[*] 즉, 물질인 동시에 에너지라는 사실.
[†] Cambridge University Press.

두지 말라."*

아인슈타인은 물질과 에너지의 등가 원리를 확립한 유명한 방정식에서 모든 물질의 입자에 포함된 에너지는 질량에 광속의 제곱을 곱한 것과 같다는 사실을 증명했다. 원자 에너지는 물질 입자가 소멸할 때 방출된다. 물질의 '죽음'이 원자력 시대를 탄생시킨 것이다.

광속이 수학적 기준, 즉 상수가 되는 것은 초속 299,792,458미터라는 절댓값을 가지기 때문이 아니라, 속도에 따라 질량이 증가하는 어떤 물체도 결코 빛의 속도에 도달할 수 없기 때문이다. 달리 얘기하면, 무한한 질량을 가진 물체만이 빛의 속도를 따라잡을 수 있는 것이다.

이러한 개념은 우리를 기적의 법칙으로 이끌어 준다.

자신의 육체와 다른 물체들을 물질화·비물질화하고, 빛의 속도로 이동하고, 창조의 광선을 이용하여 물리적 현상을 순간적으로 가시화하는 능력을 가진 성인들은 이와 같은 무한 질량의 조건을 충족한 것이다.

완성에 이른 요기의 의식은 자연스럽게 좁은 육체가 아닌 우주적 구조와 일체가 된다. 중력은 모든 물체에 무게를 부여하지만, 그것이 뉴턴의 '힘'이든 아인슈타인의 '관성의 발현'이든, 중력은 성인으로 하여금 무게의 속성을 띠도록 강제할 수 없다. 자신이 편재하는 영(靈)임을 아는 사람은 더는 시간과 공간 속에서 육체의 경직성에 종속되지 않는다. '내가 곧 영(靈)'이라는 깨달음이 영혼을 물질 속에 가두는 '통과할 수 없는 고리(ring-pass-not)'를 녹여 버린 것이다.

"빛이 있으라 하시니 빛이 있었다."† 신은 우주를 창조할 때 첫 번째 명령으로 가장 본질적인 요소인 빛을 만드셨다. 신의 현현으로서의 모든 형상은 이 비물질적 매체의 들보 위에서 생겨난다. 시대를 초월하여 모든 헌신자들은 신이 불꽃과 빛으로 나타난다고 증언하고 있다. 성 요한은 우리에게 들려준다. "그의 눈은 불꽃같고 (…) 그 얼굴은 해가 힘 있게 비치는 것 같더라."‡

---

* 〈출애굽기〉 20:3.
† 〈창세기〉 1:3.
‡ 〈요한 계시록〉 1:14-16.

완전한 명상을 통해 자신의 의식을 창조주와 합일시킨 요기는 우주의 본질을 빛(생명 에너지의 진동)으로 인식한다. 그에게는 물을 구성하는 광선과 땅을 구성하는 광선 사이에 구별이 없다. 물질 의식에서 자유롭고 삼차원의 공간과 사차원의 시간에 속박되지 않는 성인은 빛으로 이루어진 자신의 육체를 흙, 물, 불, 공기의 광선 너머로 쉽게 이동시킬 수 있다.

"그러므로 네 눈이 성하면 온 몸이 밝을 것이요."* 요기는 오랫동안 영혼의 눈에 집중함으로써 물질과 그 무게(중력)에 관련된 미망을 송두리째 깨뜨릴 수 있는 힘을 얻는다. 그는 우주를 신이 창조한 그대로, 즉 본질적으로 구별이 없는 빛의 덩어리로 본다.

하버드 대학의 트롤랜드 박사는 이렇게 얘기한다. "시각 영상은 망판(網版) 인쇄와 동일한 원리로 형성된다. 다시 말해, 이들은 육안으로 감지할 수 없을 만큼 아주 작은 점들로 이루어져 있다. 망막은 감광도가 엄청나게 높기 때문에 빛의 종류에 따라 비교적 적은 수의 양자로도 시감각을 일으킬 수 있다."

창조의 본질이 빛이라는 사실을 깨달은 사람은 누구나 기적의 법칙을 작동시킬 수 있다. 성인은 빛의 현상에 대한 신성한 지식을 이용하여 어디에나 있는 빛 원자를 인식할 수 있는 형상으로 즉시 투영할 수 있다. 투영되는 실제 형태(나무, 약품, 인간의 몸 등 무엇이든)는 요기의 바람과 의지력, 그리고 가시화 능력에 의해 결정된다.

밤이 되면 인간은 꿈 의식 상태에 들어가 하루하루 자신을 에워싸고 있는 그릇된 에고의 제약에서 벗어난다. 잠 속에서 그는 마음의 무한한 힘이 끊임없이 표출되는 것을 경험한다. 보라! 꿈속에서는 오래전에 죽은 친구들, 멀리 떨어진 대륙들, 잊고 있던 어린 시절의 장면들이 나타나지 않는가?

사람들이 저마다 꿈속에서 잠깐씩 경험하는 그 자유롭고 분방한 의식은 신과 합일을 이룬 성인의 마음 상태와 다르지 않다. 요기는 사사로운 동기를 모두 떨쳐 버리고 신이 준 창조적 의지로 우주의 빛 원자들을 재배열하여 헌신자의 진

---

* 〈마태복음〉 6:22.

실된 기도를 성취시켜 준다.

"하나님이 이르시되 우리의 형상을 따라 우리의 모양대로 우리가 사람을 만들고 그들로 바다의 물고기와 하늘의 새와 가축과 온 땅과 땅에 기는 모든 것을 다스리게 하자 하시고."[*]

인간과 만물이 창조된 목적은 바로 이것, 인간이 스스로 온 우주의 지배자임을 알고 마야의 주인으로 우뚝 서도록 하기 위한 것이다.

1915년 스와미 교단에 입문한 직후 나는 기이한 환시를 체험했다. 이를 계기로 나는 인간 의식의 상대성을 이해하고 마야의 고통스러운 이원성 뒤에 감추어져 있는 영원한 빛의 유일성을 분명히 인식하게 되었다. 가르파르 거리의 아버지 집에 머물던 어느 날 아침 내 작은 다락방에 앉아 있을 때 환시가 나타났다. 유럽에서는 일차 세계대전이 몇 달째 맹위를 떨치고 있었다. 나는 슬픈 마음으로 엄청난 인명 손실에 대해 곰곰이 생각하고 있었다.

눈을 감고 명상에 잠겨 있는 동안 불현듯 나의 의식이 어떤 전함을 지휘하고 있는 함장의 육체로 전이되었다. 해안의 포대와 전함 사이에 포화가 빗발치면서 우레 같은 폭음이 공기를 갈랐다. 거대한 포탄 한 발이 화약고에 명중하더니 내가 탄 배가 산산조각이 났다. 나는 목숨을 건진 선원들과 함께 물로 뛰어들었다.

나는 뛰는 가슴을 안고 무사히 해안에 다다랐다. 그러나 아뿔싸! 핑핑거리며 허공을 떠돌던 유탄 한 발이 내 가슴에 날아와 박혔다. 나는 신음 소리를 내뱉으며 땅바닥에 쓰러졌다. 온몸이 마비되었지만 다리에 쥐가 올랐을 때처럼 몸을 소유하고 있다는 의식은 남아 있었다.

나는 생각했다. 불가사의한 죽음의 그림자가 드디어 나에게 닥치는구나. 마지막 한숨을 내쉬며 무의식 속으로 막 가라앉으려는 순간, 어찌된 일인가! 나는 다시 가르파르 로의 내 방에 가부좌를 틀고 앉아 있었다.

하도 기뻐서 되살아 난 몸을 두드려 보고 꼬집고 하다가 감정이 복받쳐 눈물이 쏟아졌다. 가슴에 박혔던 총알구멍도 없어졌다. 나는 살아 있다는 것을 스스

---

[*] 〈창세기〉 1:26.

로 확신하기 위해 몸을 앞뒤로 흔들면서 숨을 들이쉬었다 내쉬었다 했다. 이렇게 한창 생환을 자축하다가 주위를 살펴보니, 어느덧 나의 의식은 유혈이 낭자한 해변에 쓰러진 함장의 시신으로 또다시 전이되어 있는 것이었다. 내 마음은 걷잡을 수 없는 혼란에 휩싸였다.

나는 기도했다. "신이여, 제가 죽은 건가요, 살아 있는 건가요?"

눈부신 빛의 유희가 시야를 가득 채웠다. 부드럽게 울리는 진동이 말씀으로 바뀌었다.

"빛에 삶과 죽음이 따로 있겠느냐? 나는 내 빛의 형상대로 너를 만들었다. 삶과 죽음의 상대성은 한갓 우주의 꿈에 지나지 않는다. 꿈이 아닌 너의 존재를 보거라! 깨어나라, 내 아들아, 깨어나라!"

인간이 한 걸음씩 깨달음에 이르는 과정에서, 신은 과학자들이 적절한 시간과 장소에서 당신이 숨겨 놓은 창조의 비밀을 발견할 수 있도록 영감을 불어넣는다. 근대에 이루어진 수많은 발견 덕분에, 인간은 신이 준 지성을 통해 우주를 빛이라는 한 가지 힘의 다양한 표현으로 이해하게 되었다. 영화, 라디오, 텔레비전, 레이더, 광전지, 원자력 등 갖가지 경이로운 발명은 모두 빛의 전자기 현상에 토대를 두고 있다.

영화 예술은 어떤 기적이라도 그려 낼 수 있다. 특수 촬영을 이용하면 아무리 놀라운 장면이라도 연출할 수 있다. 인간은 거친 물질적 형상에서 솟아오르는 투명한 아스트랄체처럼 보일 수도 있다. 물 위를 걷고, 죽은 사람을 살리고, 사건의 순서를 전도시키고, 시간과 공간을 뒤죽박죽으로 만들 수도 있다. 전문가는 화상을 마음대로 뜯어 맞추어 성인이 실제 광선으로 만들어 내는 것 같은 시각의 경이를 흉내 낼 수 있다.

영화는 살아 움직이는 영상으로 창조에 관한 여러 가지 진실을 눈앞에 그려 보인다. 우주 극장의 감독은 직접 각본을 쓰고 헤아릴 수 없이 많은 배우들을 불러 모아 기나긴 야외무대의 막을 올렸다. 캄캄한 영원의 영사실에서 그가 연이어 펼쳐지는 시대의 필름 위로 한 줄기 빛을 투영하면 공간이라는 스크린 위에 갖가지 영상이 뿌려진다.

마치 실제인 것처럼 보이는 영화의 장면들이 알고 보면 빛과 그림자의 조합에 불과하듯이, 우주의 삼라만상도 감각을 현혹하는 허상에 지나지 않는다. 무수한 생명의 형태가 명멸하는 우리 지구도 우주의 영화에 비쳐진 그림일 뿐이다. 인간의 오감에 한순간 진실처럼 느껴지는 장면들은 무한한 창조의 빛에 의해 인간의 의식이라는 스크린에 드리워지고 있는 것이다.

영화를 보던 관객이 문득 고개를 들어 보면 아무 형체도 없는 한 줄기 빛이 스크린에 온갖 영상을 비추고 있는 것을 알게 될 것이다. 이와 마찬가지로, 파란만장한 우주의 드라마도 우주적 근원에서 뿜어 나오는 한 줄기 흰 빛에서 생겨난다. 신은 상상도 할 수 없을 만큼 천재적인 솜씨로 거대한 무대를 꾸미고 당신의 자식들이 지구라는 극장에서 관객이자 배우가 되도록 하는 것이다.

어느 날 나는 영화관에서 유럽의 전장에 관한 뉴스를 보았다. 서양에서는 일차 세계대전이 아직도 계속되고 있었다. 뉴스 영화는 대학살의 참상을 너무나 생생하게 보여 주어, 영화관을 나올 때는 기분이 몹시 언짢았다.

나는 기도했다. "신이여, 어찌하여 이런 고난을 내버려 두십니까?"

그러자 놀랍게도 곧바로 응답이 왔다. 유럽의 실제 전쟁터가 환시로 나타난 것이다. 죽은 사람과 죽어가는 사람으로 가득 찬 광경은 어찌나 참혹한지 뉴스 영화에 비할 바가 아니었다.

"잘 보아라!" 부드러운 목소리가 나의 내면 의식에 이렇게 속삭였다. "지금 프랑스에서 벌어지고 있는 이 장면이 단지 빛과 그림자의 효과에 불과하다는 것을 너는 알게 될 것이다. 이것은 네가 방금 본 뉴스 영화처럼 현실적이면서 비현실적인 우주의 영화, 연극 속의 연극이다."

그래도 나는 마음이 편치 않았다. 신성한 목소리가 이어졌다. "창조는 빛이요 그림자다. 그렇지 않다면 어떤 영상도 존재할 수 없다. 마야의 선과 악은 끊임없이 갈마들어야 한다. 만일 현세에 쾌락이 끊이지 않는다면 인간이 행여 내세를 갈망하겠느냐? 고통이 없다면 인간은 자신이 영원한 집을 저버린 사실을 상기하려 하지 않을 것이다. 고통은 기억을 일깨워 주는 따끔한 침이다. 고통에서 벗어나려면 지혜가 필요하다. 죽음의 비극은 실재하지 않는다. 죽음에 두려워 떠는 자는 무대 위에서 빈 총소리에 놀라 쓰러져 죽는 배우처럼 어리석은 자다. 빛의 자식인 내 아들딸이 미망 속에서 영원히 잠드는 일은 없을 것이다."

나는 경전에서 마야에 대한 해설을 읽었지만, 몸소 체험하는 환시와 위안의 말씀이 안겨 주는 것만큼 깊은 통찰을 얻지는 못했다. 창조란 한 편의 거대한 영화일 뿐이며 자신의 실재는 그 안이 아니라 그 너머에 놓여 있다는 사실을 마침내 확신할 때 우리의 가치관은 심원한 변화를 겪게 된다.

여기까지 쓰고 난 후 나는 침대 위에 연화좌를 취하고 앉아 있었다. 갓을 씌운 램프 두 개가 내 방*을 어스레하게 밝히고 있었다. 눈길을 들어 천장을 바라보니 겨자색의 작은 빛들이 점점이 박혀 라듐 같은 광채를 내면서 파르르 나부끼고 있었다. 흩날리는 빗발처럼 무수한 빛의 다발이 한데 모여 투명한 줄기를 이루더니 조용히 머리 위로 쏟아져 내렸다.

돌연, 나의 물질적 신체가 거친 허물을 벗고 아스트랄의 형질로 탈바꿈하기 시작했다. 무게가 사라진 몸이 침대에 닿을 듯 말 듯하면서 좌우로 가볍게 흔들릴 때마다 허공에 떠 있는 느낌이 들었다. 나는 방 안을 둘러보았다. 가구와 벽들은 평소와 다름이 없었지만, 작은 빛 덩어리가 커다랗게 부풀어 천장을 가득 덮었다. 나는 경이감에 휩싸였다.

"이것이 우주 영화의 원리다." 신성한 목소리가 마치 빛 안에서 나오는 것처럼 울려 퍼졌다. "침대 시트의 흰 스크린에 빛줄기를 드리워 네 몸의 영상을 만들어 내고 있는 것이다. 보아라, 너의 형상은 단지 빛에 불과하다!"

나는 팔을 바라보면서 앞뒤로 흔들어 보았지만 무게를 느낄 수 없었다. 나는 무아경의 환희에 휩싸였다. 내 몸으로 활짝 핀 우주적 빛의 꽃다발은 마치 영사실에서 흘러나와 스크린 위에 영상을 만들어 내는 빛줄기가 성스럽게 재현된 것처럼 보였다.

나는 불빛이 어스레한 침실의 극장에서 오랫동안 내 육체의 영화를 감상했다. 그동안 나는 환시를 여러 차례 겪었지만 지금처럼 기이한 경우는 없었다. 딱딱

---

* 캘리포니아 주 엔시니타스의 SRF 아슈람에 있다.(편집자 주)

한 몸의 환영이 완전히 흩어져 없어지고 모든 물체의 본질은 빛이라는 깨달음이 차츰 깊어졌다. 나는 고개를 들어 고동치는 생명자의 물결을 바라보면서 애원하듯이 말했다.

"신성한 빛이여, 엘리야가 불수레를 타고 하늘로 올라간 것처럼 이 미천한 육체의 영상을 당신께로 거두어 주소서."[*]

이 기도는 그야말로 당치 않은 얘기였다. 빛줄기가 사라졌다. 내 몸은 다시 원래의 무게를 되찾고 침대 위로 내려앉았다. 천장의 눈부신 빛 무리가 깜박거리다가 사라졌다. 내가 이 세상을 떠날 시간은 아직 오지 않은 것이 분명했다.

나는 정신을 가다듬었다. '하기는 외람된 부탁에 엘리야께서 기분이 상하실 만도 하지!'

---

[*] 〈열왕기하〉 2:11. 사람들은 흔히 '기적'이라고 하면 법칙이 없거나 법칙을 뛰어넘은 사건으로 생각한다. 그러나 정밀하게 조정된 이 우주 안에서 벌어지는 모든 사건은 법칙에 따라 일어나며 법칙에 따라 설명할 수 있다. 위대한 성인들이 이른바 기적을 일으키는 힘은 내면에 자리한 의식의 우주에서 작용하는 미묘한 법칙을 정확히 이해할 때 자연히 주어지는 것이다.

우주 만물이 기적이라는 심원한 의미를 떠나서는 그 무엇도 진정한 '기적'이라고 할 수 없다. 우리 각자가 복잡하게 짜인 육체에 갇힌 채, 공간 속에서 별들 사이를 빙빙 도는 지구 위를 걷고 있다는 사실은 너무나 당연한 일인가, 아니면 너무나 기적 같은 일인가?

그리스도나 라히리 마하사야 같은 위대한 예언자들은 평소에 여러 가지 기적을 행한다. 이런 성인들은 인류를 위해 수행해야 하는 크고도 어려운 영적 사명을 가지고 있다. 기적을 일으켜 고통 받는 사람들을 돕는 일은 그러한 사명의 일부인 것처럼 보인다(282쪽 각주 참조). 치유할 수 없는 병과 해결할 수 없는 문제에 대해서는 신성한 명령이 요구된다. 왕의 신하가 가버나움에서 죽어가는 아들의 병을 고쳐 달라고 예수에게 부탁하자, 그는 씁쓸한 심정으로 대답했다. "너희는 표적과 기사(奇事)를 보지 못하면 도무지 믿지 아니하리라." 그러고는 곧 이렇게 덧붙였다. "가라 네 아들이 살아 있다."(〈요한복음〉 4:46~54)

이 장에서 나는 〈베다〉의 설명에 따라 마야를 현상계의 바탕에 깔린 환영의 마술적 힘으로 묘사했다. 서구 과학은 이미 원자로 이루어진 '물질'이 비실재적인 '마술'로 가득 차 있다는 사실을 발견했다. 하지만 자연뿐 아니라 인간도 (필멸성의 측면에서) 마찬가지로 상대성, 차이, 이원성, 전도, 대립의 원리인 마야의 지배를 받고 있다.

마야에 관한 진실을 이해한 것이 리시들뿐이라고 생각해서는 안 된다. 구약 성서의 예언자들은 마야를 사탄(히브리어로 '적'을 의미)이라는 이름으로 불렀다. 그리스어 성서에서는 사탄에 해당하는 디아볼로스(diabolos = devil)라는 표현을 사용한다. 사탄 또는 마야는 형태가 없는 하나의 진리를 감추기 위해 가지각색의 형태를 꾸며 내는 우주의 마술사다. 신의 계획과 놀이(릴라)에서 사탄이나 마야의 유일한 기능은 인간의 관심을 영(靈)에서 물질로, 실재에서 비실재로 돌리는 것이다. 그리스도는 마야를 마귀, 살인자, 거짓말쟁이로 생생하게 묘사하고 있다. "마귀는 처음부터 살인한 자요 진리가 그 속에 없으므로 진리에 서지 못하고 거짓을 말할 때마다 제 것으로 말하나니 이는 그가 거짓말쟁이요 거짓의 아비가 되었음이라"(〈요한복음〉 8:44)

"마귀는 처음부터 범죄함이라 하나님의 아들이 나타나신 것은 마귀의 일을 멸하려 하심이라"(〈요한1서〉 3:8). 다시 말해, 인간 존재의 내면에 나타나는 그리스도 의식은 미망, 즉 '마귀의 일'을 단숨에 깨부순다. 마야는 현상계의 구조적 특성으로 인해 '처음부터' 죄를 저지르도록 타고난다. 마야는 신성한 불변에 대립하는 명제로서 끊임없이 변화를 일으킨다.

31
거룩한 사모님을 뵙다

"경애하는 사모님, 저는 갓난아기였을 때 선지자이신 부군께 축복을 받았습니다. 그분은 저희 부모님과 저의 구루인 스리 유크테스와르지의 구루이셨습니다. 그러하오니 부디 사모님의 거룩한 삶에 얽힌 이야기를 들려주시기 바랍니다."

나는 라히리 마하사야의 평생 반려자였던 스리마티 카시 모니에게 부탁을 드렸다. 존경하는 사모님을 꼭 한번 뵙고 싶었던 나는 마침 바나라스에 잠시 머물게 되어 오랜 소망을 이룰 수 있었던 것이다.

사모님은 바나라스의 가루데스와르 모홀라 지구에 있는 라히리 가(家)에서 나를 따뜻하게 맞아 주었다. 그녀는 노령임에도 불구하고 활짝 핀 연꽃처럼 영혼의 향기를 발산하고 있었다. 보통의 체구에 하얀 살결과 가냘픈 목, 그리고 광채가 흐르는 커다란 눈을 가지고 있었다.

"어서 오게. 위층으로 올라가세."

카시 모니는 남편과 함께 기거하던 조그만 방으로 나를 안내했다. 비할 데 없이 위대한 스승께서 결혼이라는 인간 드라마를 몸소 연출하셨던 성스러운 무대를 눈으로 직접 보는 것은 크나큰 영광이었다. 자애로운 사모님은 자기 옆자리의 방석을 내게 권했다.

사모님은 이야기를 시작했다.

"그분의 신성한 권능을 깨닫기까지는 오랜 세월이 걸렸지. 어느 날 밤 나는 바로 이 방에서 너무나도 생생한 꿈을 꾸었어. 눈부시게 아름다운 천사들이 상상할 수 없을 만큼 우아한 모습으로 머리 위를 떠돌고 있는 거야. 그 광경이 어찌나 사실 같던지 나는 꿈에서 벌떡 깨어났어. 그랬더니 기이하게도 이 방이 휘황찬란한 빛에 감싸여 있는 게 아니겠나.

그분은 연꽃 자세로 방 한가운데 떠 있고, 그 주위를 천사들이 에워싸고 있었지. 천사들은 엄숙하게 두 손을 모아 그분께 경배를 드리고 있었다네.

말할 수 없이 놀란 나는 아직도 꿈을 꾸고 있는 줄만 알았어.

그때 라히리 마하사야께서 말씀하셨지. '여인이여, 그대는 꿈을 꾸는 것이 아니오. 잠에서 영원히 깨어나시오.' 그분이 천천히 바닥으로 내려오는 동안 나는 그 발밑에 몸을 엎드렸어.

나는 울먹이며 호소했지. '스승이시여, 당신 앞에 머리를 조아리고 또 조아립니다! 여태껏 감히 당신을 남편으로 여기고 지낸 저의 무례를 용서해 주십시오. 신성한 깨달음을 얻은 분 곁에 있으면서 무지 속에 잠들어 있었으니 부끄러워 죽을 지경입니다. 이제부터 당신은 더 이상 남편이 아니라 저의 구루이십니다. 보잘것없는 이 몸을 제자로 받아 주시겠습니까?'[*]

스승께서는 나를 가만히 쓰다듬으셨어. '신께 바쳐진 영혼이여, 일어서시오. 당신을 받아들이겠소.' 그러고는 천사들을 가리키며 말씀하시겠지. '이 성자들께 한 분 한 분 인사를 드리시오.'

내가 공손히 무릎을 꿇어 예를 갖추고 나자, 고대의 경전을 낭송하는 천사들의 목소리가 합창처럼 울려 퍼졌어.

'거룩한 분의 반려시여, 그대는 축복을 받으셨습니다. 그대에게 경의를 표합니다.' 천사들은 내 발아래 허리를 굽혔지. 그러더니 한순간 찬란한 형체들은 온데간데없이 사라지고 방은 다시 어두워졌어.

구루께서는 크리야 요가를 전수받겠느냐고 물으셨어.

나는 대답했지. '물론입니다. 이런 축복을 왜 좀 더 일찍 누리지 못했는지 안타까울 뿐입니다.'

---

[*] "남자는 하느님만을 위하여, 여자는 그에게 내재한 하느님을 위하여 만들어졌다."(밀턴)

라히리 마하사야께서는 나를 달래듯이 미소를 지으셨어. '때가 무르익지 않았던 거요. 나는 당신이 카르마를 마저 치르도록 말없이 도와주었소. 이제 비로소 준비가 된 것이오.'

그분께서 내 이마에 손을 대시자 빛의 덩어리들이 나타나더니 빙글빙글 돌기 시작했어. 광채는 차츰차츰 오팔 빛 푸른 영안의 형태를 이루었는데, 금테두리를 두르고 가운데에는 하얀 오각형 별이 놓여 있었지.

'저 별 속으로 의식을 관통시켜 무한의 왕국으로 나아가시오.' 구루의 목소리는 어느새 바뀌어 마치 멀리서 들려오는 아련한 음악처럼 느껴졌어.

환영들이 꼬리를 물고 대양의 파도처럼 내 영혼의 해안에 밀려와 부서졌어. 파노라마처럼 펼쳐지던 장면들은 마침내 환희의 바다 속으로 녹아 들어갔지. 나는 끝없이 밀려드는 축복 속에 넋을 잃고 말았어. 한참 뒤에 의식이 현실로 돌아오자, 스승께서는 내게 크리야 요가를 전수해 주셨어.

그날 밤 이후 라히리 마하사야께서는 한 번도 내 방에서 주무시지 않으셨어. 아니, 그 후로는 아예 잠을 자지 않으셨지. 그분께서는 낮이나 밤이나 제자들과 함께 아래층 거실에서 지내셨거든."

사모님은 이윽고 침묵에 잠겼다. 숭고한 요기와 사모님 사이의 독특한 관계에 마음을 사로잡힌 나는 결례를 무릅쓰고 추억담을 더 들려 달라고 부탁했다.

사모님은 쑥스러운 듯이 미소를 지었다.

"욕심이 많군 그래. 정 그러면 하나만 더 들려주지. 구루 남편께 저지른 죄를 한 가지 고백해야겠네. 전수를 받고 몇 달이 지나면서부터 차츰 버림받은 느낌이 들기 시작하더군. 어느 날 아침 라히리 마하사야께서 물건을 가지러 이 방에 들어오시기에 재빨리 뒤쫓았지. 망상에 사로잡힌 나는 볼멘소리를 늘어놓았어.

'온종일 제자들하고만 지내시는군요. 처자식 생각은 하지 않으세요? 식구들 뒷바라지에는 통 관심이 없으시군요.'

스승께서는 잠시 나를 쳐다보시더니, 아니 그만 어디론가 사라져 버리신 거야. 두려움에 떨고 있노라니 방의 구석구석에서 목소리가 울려 퍼졌어.

'모든 것이 덧없음을 알지 못하오? 나는 곧 무(無)이거늘 어떻게 재물을 만들

어 내겠소?'

'구루지!' 나는 울부짖었어. '천 번 만 번 용서를 빕니다. 죄 많은 저의 눈에는 당신의 모습이 보이지 않습니다. 제발 성스러운 모습을 드러내 주십시오.'

'나는 여기에 있소.' 내 머리 위에서 대답 소리가 들렸어. 나는 고개를 들고 허공에서 스승의 형체가 나타나는 것을 보았지. 머리는 천장에 닿아 있고 두 눈은 불꽃처럼 이글이글 타오르고 있었어. 두려움으로 제정신을 잃은 나는 그분께서 소리 없이 바닥으로 내려오시자마자 발밑에 엎드려 흐느끼기 시작했지.

스승께서 말씀하시기를, '여인이여, 하잘것없는 이 세상의 금붙이에 연연하지 말고 하늘이 내린 부귀를 구하시오. 내면의 보물을 얻고 나면 외적인 살림은 저절로 풀린다는 것을 알게 될 거요.' 그러고는 이렇게 덧붙이셨어. '영적 아들 가운데 하나가 뒤를 돌봐 줄 것이오.'

구루의 말씀은 자연스럽게 현실로 이루어졌어. 제자 하나가 우리 가족을 위해 큰돈을 남겨 주었던 거야."

나는 진기한 경험을 들려준 카시 모니에게 감사드렸다.* 다음 날 나는 사모님 댁에 다시 찾아가 틴쿠리, 두쿠리 라히리 형제와 한나절을 보내며 철학적 토론을 즐겼다. 인도가 낳은 위대한 요기의 두 아들은 스승이 추구한 이념의 발자취를 그대로 따랐다. 두 사람 모두 살결이 희고 큰 키에 건장했으며, 수염이 무성한데다 목소리가 부드럽고 몸가짐에 예스런 매력이 풍겼다.

사모님이 라히리 마하사야의 유일한 여성 제자였던 것은 아니다. 여 제자는 우리 어머니를 포함해서 수백 명이나 되었다. 언젠가 한 여성 첼라가 구루에게 사진을 갖고 싶다고 했다. 스승은 사진 한 장을 건네주며 이렇게 말했다. "네가 만일 이 사진을 수호자로 여긴다면 그대로 될 테지만, 그렇지 않다면 한갓 그림에 지나지 않을 것이다."

며칠 뒤 이 여인은 라히리 마하사야의 며느리와 함께 《바가바드 기타》를 공부하고 있었다. 책상 뒤에는 구루의 사진이 걸려 있었다. 그때 난데없이 벼락이 치

* 경애하는 사모님은 1930년 3월 25일 바나라스에서 세상을 떠났다.

면서 폭풍우가 거세게 몰아쳤다.

"구루지, 저희를 지켜 주세요!" 두 여인은 황급히 사진 앞에 머리를 조아렸다. 번갯불이 책상 위에 놓인 책을 내리쳤지만 두 사람은 아무 탈이 없었다.

첼라는 그 상황을 이렇게 설명했다. "마치 우리 몸에 얼음 막을 둘러서 뜨거운 열기를 막아 주는 것 같았어요."

라히리 마하사야는 아브호야라는 여 제자를 위해 두 가지 기적을 행했다. 어느 날 그녀는 캘커타에서 변호사로 일하는 남편과 함께 구루를 만나 뵙기 위해 바나라스로 길을 나섰다. 그런데 길이 막히는 바람에 시간이 지체되었다. 캘커타의 하우라 역에 도착했을 때는 이미 바나라스 행 기차가 막 떠나려고 기적을 울리고 있었다.

아브호야는 매표소 앞에서 말없이 멈추어 섰다.

"구루지, 제발 기차를 세워 주세요!" 그녀는 조용히 기도했다. "저는 스승님을 뵙기 위해 하루를 더 기다리는 고통을 견딜 수 없습니다."

증기를 푹푹 내뿜는 기관차의 바퀴는 계속 돌아가고 있었지만 어찌 된 일인지 조금도 앞으로 나아가지 못했다. 기관사와 승객들이 무슨 일인지 살펴보려고 플랫폼으로 내려섰다. 영국인 역무원 한 사람이 아브호야와 남편 곁으로 다가왔다. 그는 관례를 깨고 도움을 자청했다. 선생님, 제게 돈을 주고 차에 오르시면 그동안 제가 표를 끊어 드리겠습니다.

두 사람이 자리를 잡고 차표를 받는 순간 기차는 천천히 앞으로 나아가기 시작했다. 어안이 벙벙해진 기관사와 승객들은 기차가 어떻게 해서 출발하게 되었는지, 좀 전에는 왜 멈춰 섰는지 영문도 모른 채 저마다 자리로 돌아갔다.

아브호야는 바나라스에 있는 라히리 마하사야의 집에 도착하자마자 아무 말 없이 스승 앞에 엎드려 발을 만지려고 했다.

그러자 스승이 타일렀다. "그만해 두거라, 아브호야. 왜 이리 성가시게 구느냐! 다음 기차를 타고 오면 그만일 것을!"

아브호야에게는 잊지 못할 일이 한 가지 더 있다. 이번에는 기차가 아니라 아기 낳는 일 때문에 라히리 마하사야를 찾아왔다.

"아홉 번째 아이가 무사히 태어나도록 축복을 내려 주세요. 지금까지 여덟을 가졌는데 모두 낳자마자 죽었어요."

스승은 동정 어린 미소를 머금었다. "이번에 태어날 아기는 잘 클 게다. 내 말을 잘 듣고 시키는 대로 하거라. 아기는 딸이고, 밤중에 태어날 것이다. 동이 틀 때까지 등잔불을 계속 켜 놓아야 한다. 행여라도 잠이 들어 불을 꺼뜨리면 안 된다."

전지(全知)의 구루가 예견한 대로 아브호야의 아기는 딸이었고 밤에 태어났다. 아기 엄마는 유모를 시켜 등잔에 기름을 가득 채웠다. 두 여인은 날이 밝을 때까지 밤을 꼬박 새웠지만, 끝내 그만 잠이 들고 말았다. 등잔은 기름이 거의 다 떨어져서 불꽃이 가물가물하고 있었다. 그때, 침실 문의 빗장이 벗겨지더니 요란한 소리를 내면서 벌컥 열렸다. 화들짝 놀라 잠에서 깬 두 여인의 눈에 라히리 마하사야의 모습이 비쳤다.

"아브호야, 불씨가 다 꺼져 가고 있지 않느냐!" 스승이 등잔을 가리키며 호통을 치차 유모가 서둘러 기름을 채웠다. 등불이 다시 환하게 타오르자 스승의 모습은 온데간데없이 사라졌다. 이어 문이 닫히더니 저절로 빗장이 걸렸다.

아브호야의 아홉 번째 아기는 살아남았다. 1935년에 나는 그 아이가 아직 생존해 있는 것을 확인했다.

라히리 마하사야의 제자인 칼리 쿠마르 로이 어른은 스승과 함께 지내면서 겪은 여러 가지 흥미로운 이야기를 들려주었다.

"나는 가끔 바나라스에 있는 스승의 집에서 몇 주씩 머물곤 했지. 언젠가는 성인 같은 풍모의 단디 스와미*들이 고요한 밤중에 구루를 찾아와 가르침을 받는 것을 보았어. 그들은 때때로 명상이나 철학의 주제를 가지고 토론을 벌이곤 했지. 그러다가 동틀 녘이 되면 귀한 손님들은 다시 길을 떠나는 것이었어. 그곳에 머무는 동안 나는 라히리 마하사야께서 자리에 누워 주무시는 것을 한 번도 보지 못했어."

---

* 브라흐마단다(브라흐마의 지팡이. 인간의 척추에 해당)를 상징하는 의식에 따라 단다(대나무 지팡이)를 가지고 다니는 특정한 승단의 수도승. 중추 신경계의 일곱 개 중심을 깨우면 무한의 영역에 이를 수 있다.

로이는 이야기를 이었다.

"스승님과 교유하기 시작하던 무렵에 나는 직장 사장과 적잖은 마찰을 겪어야 했어. 그 사람은 물질 만능주의에 물들어 있었거든.

사장은 이렇게 빈정대곤 했지. '나는 광신자를 직원으로 두고 싶지 않네. 자네의 허풍선이 구루를 만나기만 하면 따끔하게 한마디 해 줄 참일세.'

이런 으름장도 내가 하려는 일을 가로막을 수는 없었지. 나는 거의 매일 저녁을 구루와 함께 보냈어. 그러던 어느 날 밤, 사장이 몰래 내 뒤를 따라와서는 응접실에 막무가내로 들이닥친 거야. 그 사람이 자리를 잡고 앉자 라히리 마하사야는 여남은 명의 제자들에게 말했어.

'우리 다 같이 영화를 한 편 감상해 볼까?'

우리가 고개를 끄덕이자, 스승께서는 불을 끄라고 이르셨어. '앞 사람의 등을 보고 둥그렇게 이어 앉은 다음, 앞 사람의 눈을 두 손으로 가리거라.'

사장도 마지못해 스승의 지시를 따르고 있더군. 잠시 후 라히리 마하사야께서는 무엇이 보이느냐고 물어보셨어.

내가 대답했지. '아름다운 여인이 보입니다. 빨간색 단을 댄 사리를 입고 코끼리귀나무 옆에 서 있습니다.'

다른 제자들도 모두 똑같이 대답했지. 스승께서는 사장을 돌아보시며, '그 여인을 알아보겠소?' 하고 물으셨어.

'네.' 그 사람은 여태껏 느껴 보지 못했던 감정과 싸우고 있는 모습이 역력하더군. '착한 아내를 두고도 저런 여자한테 돈을 허비한 제가 못난 녀석이지요. 여기오면서 엉뚱한 마음을 먹었던 것이 부끄럽습니다. 저를 용서하시고 제자로 받아주시겠습니까?'

스승은 이렇게 다짐을 두었지. '당신이 여섯 달 동안 도덕적으로 올바른 삶을지속한다면 받아들일 테지만, 그렇지 않으면 입문시킬 수 없소.'

사장은 세 달 동안 그럭저럭 유혹을 이겨 내는 듯싶더니만, 기어코 그 여자를다시 만나기 시작했어. 그러더니 두 달 후에 죽고 말았지. 그제야 나는 그 사람을 입문시킬 수 없다는 구루의 아리송한 예언을 이해하게 되었지."

라히리 마하사야에게는 트라일랑가 스와미라는 유명한 친구가 있었는데, 그는 삼백 살이 넘은 것으로 알려졌다. 두 요기는 가끔씩 나란히 앉아 명상을 수행했다. 트라일랑가의 명성은 워낙 드높기 때문에 인도 사람치고 그가 행한 놀라운 기적 이야기의 진실성을 의심할 사람은 아마 거의 없을 것이다. 그리스도가 이 땅에 돌아와 뉴욕의 거리를 활보하면서 신성한 능력을 펼쳐 보인다면, 수십 년 전에 트라일랑가가 북적거리는 바나라스의 골목길을 헤치고 지나갈 때 사람들이 느꼈던 것과 같은 외경심을 불러일으킬 것이다. 그는 인도를 시간의 침식으로부터 굳게 지켜 낸 싯다(완성된 자)들 가운데 하나였다.

스와미는 몇 차례나 치명적인 독약을 마시고도 아무 탈이 없었다고 한다. 트라일랑가가 갠지스 강물 위에 떠 있는 것을 본 사람은 수천 명에 이르는데, 몇 사람은 아직도 살아 있다. 그는 며칠씩 물 위에 앉아 있거나 오랜 기간 동안 파도 밑에 몸을 숨기고 있곤 했다. 마니카르니카 가트에 가면 무자비한 인도의 태양에 그대로 노출되어 뜨겁게 달궈진 돌바닥 위에 스와미가 꼼짝 않고 앉아 있는 모습을 흔히 볼 수 있었다.

트라일랑가는 이런 이적(異蹟)을 통해, 인간의 생명이 꼭 산소라든지 어떤 특정한 조건에만 의존하는 것은 아니라는 사실을 사람들에게 깨우쳐 주고자 했던 것이다. 이 위대한 스승은 물 위에 있건, 물 아래에 있건, 혹독한 햇볕에 온몸이 시달림을 받건, 오로지 신성한 의식으로 삶을 누리며 죽음도 자신을 범할 수 없다는 것을 입증해 보였다.

이 요기는 영적으로뿐 아니라 육체적으로도 엄청난 분이었다. 몸무게가 삼백 파운드를 넘었는데, 이를테면 나이 한 살에 일 파운드씩 늘어난 셈이다! 게다가 거의 먹지도 않으니 더더욱 불가사의한 일이었다. 하지만 스승들은 혼자만 아는 어떤 특별한 이유가 있을 때는 일상적인 건강 수칙을 얼마든지 무시할 수 있다.

우주적 마야의 꿈에서 깨어나 이 세상이 신의 마음속에 떠오른 관념일 뿐임을 깨달은 위대한 성자들은, 우리 육체란 에너지가 응축된 덩어리로서 얼마든지 조작이 가능하다는 것을 알고 있기 때문에 자신의 몸으로 무슨 일이든 할 수 있다. 물리학자들은 이제야 물질이 응축된 에너지에 불과하다는 사실을 이해하게 되었지만, 깨우친 스승들은 물질을 통제하는 이론을 실제로 구현하는 단계로까지 나아간 것이다.

트라일랑가는 언제나 벌거벗고 지냈다. 그 때문에 골머리를 앓은 바나라스의 경찰은 그를 이해하지 못할 문제아처럼 여기게 되었다. 자연과 하나가 된 스와미는 에덴동산의 아담처럼 자신이 벌거벗고 있다는 것을 의식하지 못했다. 하지만 그의 거동에 신경이 쓰인 경찰은 다짜고짜로 그를 감옥에 가두어 버렸다. 그러자 난감한 상황이 벌어졌다. 얼마 되지 않아 감옥 지붕 위에 트라일랑가의 거대한 몸이 평소와 다름없는 모습으로 나타난 것이다. 감방은 여전히 꼭 잠겨 있어서, 어떻게 탈출했는지 도무지 실마리를 찾을 수 없었다.

당황한 경찰관들은 또다시 법을 집행했다. 이번에는 스와미가 있는 감방 앞에 간수를 세워 두었다. 그러나 다시 한 번 공권력은 정도(正道) 앞에 무릎을 꿇었다. 얼마 지나지 않아 위대한 스승이 태연하게 지붕 위를 거닐고 있는 모습이 사람들 눈에 띄었던 것이다.

정의의 여신은 눈가리개를 하고 있다. 체면을 구긴 경찰은 여신을 본떠 트라일랑가 사건을 못 본 체하기로 했다.

위대한 요기는 평소에 늘 침묵을 지켰다.[*] 그리고 둥근 얼굴과 거대한 맥주통 같은 배에 걸맞지 않게 어쩌다 한 번씩만 식사를 했다. 아무것도 먹지 않고 몇 주일씩 지내다가 열성적인 추종자들이 항아리에 가득 담아 오는 응유(굳힌 우유)로 끼니를 때우곤 했다. 한번은 의심 많은 불신자가 트라일랑가의 허풍을 들춰내겠다고 작심했다. 그는 벽에 칠하는 석회 도료를 담은 커다란 양동이를 스와미 앞에 놓았다.

"스승님." 불신자가 놀림조로 공대하며 말했다. "응유를 좀 가져 왔습니다. 드시지요."

트라일랑가는 조금도 주저하지 않고 타는 듯한 석회를 한 방울도 남김없이 벌

---

[*] 그는 마우나, 즉 영적 침묵을 지키는 무니(수행자)였다. 산스크리트어의 muni는 그리스어의 monos(혼자, 하나)와 유사한데, 영어의 monk(수도자)나 monism(일원론)도 monos에서 파생된 낱말들이다.

컥벌컥 마셔 버렸다. 조금 지나자 불신자가 고통스러워하면서 바닥에 고꾸라졌다. "스와미, 제발 도와주세요!" 그는 울부짖었다. "뱃속에 불이 붙었어요! 못된 장난을 용서해 주세요!"

위대한 요기는 예의 침묵을 깨고 말했다. "냉소주의자여, 나의 생명이 너 자신의 생명과 하나임을 깨닫지 못하고 독을 바쳤구나. 우주 만물의 원자 하나하나에 신이 깃들어 있듯이 내 뱃속에도 신이 계신다는 사실을 알지 못했던들 나는 석회를 먹고 죽었을 것이다. 이제 사필귀정하는 신의 뜻을 알았을 테니, 다시는 간사한 꾀로 남을 속이려 들지 말거라."

트라일랑가의 말씀으로 구원을 얻은 불신자는 슬금슬금 꽁무니를 빼 버렸다.

이처럼 고통이 전가된 것은 스승의 의지로 꾸민 일이 아니라 가장 멀리 떨어진 별에까지 미치는 정의의 법칙이 작용한 결과였다.[*] 트라일랑가처럼 신을 깨달은 사람에게는 신성한 법칙이 즉각적으로 나타난다. 그에 맞서는 에고의 모든 반대 작용을 영원히 떨쳐 버렸기 때문이다.

모든 일은 반드시 바른길로 돌아간다는 믿음은 (가끔은 트라일랑가를 해치려던 사건처럼 예기치 않은 방식으로 마무리되기도 하지만) 부조리한 인간사에 대한 우리의 성급한 분노를 가라앉혀 준다. "원수 갚는 것은 내가 할 일이니 내가 갚으리라고 주께서 말씀하시니라."[†] 우주의 법칙에 따라 합당한 응보가 내려질 텐데 구태여 인간의 빈약한 수단에 의지할 필요가 있겠는가?

어리석은 사람은 신성한 정의와 사랑, 전지와 불멸의 가능성을 의심한다. "경전에 나오는 비현실적인 얘기일 뿐이야!" 우주의 경이 앞에서도 두려움을 느끼지 못하는 둔감한 사람은 저마다의 삶에서 서로 조화되지 않는 사건들을 잇달아 일으키고, 결국에 가서는 지혜를 구하지 않을 수 없게 되는 것이다.

예수는 예루살렘에 당당하게 입성하면서 영적 법칙의 전능함에 대해 말했다. 제자들과 뭇 사람들이 기쁨에 넘쳐 "하늘에는 평화요 가장 높은 곳에는 영광이

---

[*] 〈열왕기 하〉 2:19-24 참조. 엘리사가 여리고에서 '물을 고치는' 기적을 행한 뒤 여러 아이들이 그를 조롱했다. "곧 수풀에서 암곰 둘이 나와서 아이들 중의 사십이 명을 찢었더라."
[†] 〈로마서〉 12:19.

로다" 하고 소리치며 환호하자 어떤 바리새인들이 이것을 보고 무엄하다고 불평했다. "선생이여 당신의 제자들을 책망하소서."

그러나 예수는, "만일 이 사람들이 침묵하면 돌들이 소리 지르리라"[*] 하고 대답했다.

바리새인들을 이렇게 꾸짖음으로써 그리스도는 신의 정의가 결코 상징적인 관념에 그치지 않는다는 것, 그리고 평화를 사랑하는 사람은 혀를 뽑히는 한이 있어도 창조의 근원인 우주 질서 자체에서 자신을 드러내고 지키게 될 것임을 지적한 것이다.

예수는 이렇게 말하고 있는 것이다. "평화를 사랑하는 사람들을 침묵시킬 것이냐? 그것은 하느님의 목소리를 억누르려 하는 것과 같다. 돌들조차 온 누리에 가득한 하느님의 영광을 노래하거늘, 사람들이 다 같이 하늘의 평화를 찬미하는 것을 억지로 말릴 것이냐? 이 땅에 전쟁이 났을 때만 무리를 지어 모두가 하나임을 부르짖으라고 할 것이냐? 그렇다면 오 바리새인들아, 돌과 흙, 물, 불, 공기, 그리고 어진 사람들이 너에 맞서 들고일어나 창조에 깃든 하느님의 조화로움을 증언할 것이니, 너희는 이 세상의 토대를 허물어 엎을 각오를 하거라."

그리스도 같은 요기 트라일랑가는 언젠가 우리 외삼촌에게도 은총을 내려 주었다. 어느 날 아침 외삼촌은 바나라스 가트에서 스승이 신도들 무리에 둘러싸여 있는 것을 보았다. 그는 겨우겨우 트라일랑가에게 다가가 공손하게 요기의 발을 만졌다. 그러자 놀랍게도 오랫동안 외삼촌을 괴롭혀 온 고질병이 씻은 듯이 나았다고 한다.[†]

위대한 요기의 제자 가운데 아직까지 살아 있는 사람은 샹카리 마이 쥬[†]뿐이다. 트라일랑가의 제자의 딸인 그녀는 어릴 때부터 스와미의 가르침을 받았다. 그녀는 바드리나트, 케다르나트, 아마르나트, 파수파티나트 등 여러 곳의 외

---

[*] 〈누가복음〉 19:37-40.

[†] 트라일랑가를 비롯한 위대한 스승들의 삶은 예수의 말씀을 상기시킨다. "믿는 자들에게는 이런 표적이 따르리니 곧 그들이 내 이름[그리스도 의식]으로 귀신을 쫓아내며 새 방언을 말하며 뱀을 집어 올리며 무슨 독을 마실지라도 해를 받지 아니하며 병든 사람에게 손을 얹은즉 나으리라."(〈마가복음〉 16:17-18)

[‡] 존칭 접미사 ji의 벵골어.

트라일랑가 스와미의 유일한 생존 제자인 요기니(여자 요기) 샹카리 마이 쥬
938년 하르드와르의 쿰브멜라에서 (란치의 YSS 학교에서 온 세 사람의 대표와 함께) 촬영한 사진.
요기니는 이때 112세였다.

떨어진 히말라야 동굴에서 사십 년을 지냈다. 이 브라마차리니(여성 고행자)는
1826년에 태어났으니 이제 연치가 백 살을 훌쩍 넘겼다. 하지만 겉모습은 조금
도 늙지 않아 검은 머리카락과 반짝이는 치아가 여전할뿐더러, 온몸에서 놀라운
활력을 발산하고 있다. 그녀는 정기적으로 멜라(종교 축제)에 참석하기 위해 몇
년마다 한 번씩 바깥세상으로 나온다.

　이 여자 성인은 종종 라히리 마하사야를 찾아왔다. 어느 날 그녀가 캘커타 부
근의 바라크포르에서 라히리 마하사야와 함께 앉아 있을 때, 위대한 구루 바바
지가 소리 없이 방으로 들어와 두 사람과 대화를 나누었다고 한다. "불멸의 스승
께서는 마치 강물에 들어갔다 나온 것처럼 젖은 옷을 입고 계셨어. 그분께서는
내게 영적 가르침을 베풀어 주셨지."

언젠가 바나라스에서 트라일랑가는 평소와 달리 침묵을 깨고 사람들 앞에서 라히리 마하사야에게 경의를 표한 적이 있었다. 그러자 트라일랑가의 제자 하나가 못마땅한 듯이 물었다.

"스승님께서는 속세를 버리고 출가한 스와미이신데 무엇 때문에 한낱 재가자에게 그처럼 존경심을 보이십니까?"

트라일랑가가 대답했다. "라히리 마하사야는 신의 가호를 받은 아기 고양이와 같아서 우주의 어머니가 어느 곳에 데려다 놓아도 잘 지내는 게야. 그분은 속인의 역할을 충실히 수행하면서도, 내가 모든 것을 포기하고 심지어 옷마저 벗어 던지면서 추구해 온 완전한 자아실현을 이루어 냈거든!"

32
죽었다가 다시 살아난 라마

"어떤 병자가 있으니 이는 나사로라 (…) 예수께서 들으시고 이르시되 이 병은 죽을병이 아니라 하느님의 영광을 위함이요 하느님의 아들이 이로 말미암아 영광을 받게 하려 함이라 하시더라."* 어느 화창한 아침에 스리 유크테스와르는 세람포어 아슈람의 발코니에서 기독교 경전을 해설하고 있었다. 나도 란치 학생 몇을 데리고 다른 제자들 곁에 자리를 잡았다.

"이 구절에서 예수는 스스로를 하느님의 아들로 부르고 있다. 예수가 신과 참된 합일을 이룬 것은 물론이지만, 여기서 이렇게 말한 것은 개인을 넘어선 깊은 의미를 지닌다." 구루는 설명을 계속했다. "하느님의 아들이란 인간에게 내재된 신성한 의식, 즉 그리스도 의식을 뜻한다. 필멸의 존재인 인간은 신에게 영광을 더할 수 없다. 인간이 자기를 창조한 신을 찬미하는 유일한 방법은 그분을 좇는 것뿐이다. 자신이 알지 못하는 추상적 관념에 영광을 바칠 수 없기 때문이다. 성자들 머리 주위에서 빛나는 후광은 신을 경배할 수 있는 그들의 능력을 상징적으로 나타낸 것이다."

스리 유크테스와르는 계속해서 나사로가 기적처럼 부활한 이야기를 읽어 나갔다. 읽기를 다 마친 스승은 《성경》책을 무릎 위에 펼쳐 놓은 채 긴 침묵에 잠겼다.

* 〈요한복음〉 11:1-4.

마침내 구루는 숙연한 어조로 입을 열었다. "나 역시 비슷한 기적을 눈앞에서 지켜보는 은혜를 입었다. 라히리 마하사야께서 죽은 내 친구를 다시 살려 내셨지."

내 곁에 있던 어린 친구들이 부쩍 호기심을 보이며 미소를 머금었다. 내 마음 속에도 철학적인 담론뿐만 아니라 스리 유크테스와르가 자신의 구루와 함께 겪은 경이로운 이야기를 듣고 싶어 하는 소년이 숨어 있었다.

스승은 이렇게 첫머리를 떼었다. "내 친구 라마와 나는 떨어질 수 없는 사이였다. 라마는 워낙 수줍음을 타고 내성적이었기 때문에, 낮 동안 붐비던 제자들이 가고 없는 한밤중에만 우리 구루이신 라히리 마하사야를 찾아뵙곤 했어. 그런 라마도 제일 가까운 친구인 내게만은 아무 거리낌 없이 깊은 영적 체험을 털어놓았지. 나는 티 없는 그의 우정에서 어떤 영감을 받았어." 구루는 추억에 잠긴 듯 얼굴 표정이 누그러졌다.

스리 유크테스와르는 이야기를 다시 시작했다.

"어느 날 갑자기 라마가 모진 시련을 겪게 되었어. 콜레라에 걸렸던 거야. 스승께서는 누가 심각한 병에 걸렸을 때 의사에게 보이는 것을 반대하시지 않았기 때문에 우리는 곧 전문의를 불렀어. 환자를 돌보느라 경황이 없는 중에도 나는 라히리 마하사야께 간절히 도움을 청하는 기도를 드렸지. 그러고는 급히 스승의 거처로 달려가 울먹이며 비보를 전해 드렸어.

'의사들이 보살피고 있지 않느냐. 라마는 괜찮을 게다.' 구루께서는 쾌활하게 웃으셨어.

그래서 가벼운 마음으로 친구의 머리맡에 돌아와 보니 뜻밖에도 그는 죽어가고 있었어.

의사가 체념한 표정으로 내게 말했어. '한두 시간을 넘기기 어려울 것 같습니다.' 나는 다시 라히리 마하사야께 달려갔지.

스승께서는 태연히 웃으면서 내 말을 물리치셨어. '의사들은 원래 소심한 법이다. 라마는 틀림없이 나을 게다.'

다시 라마의 집에 돌아오니 의사들이 모두 가고 없었어. 누군가가 메모를 남

겼더군. '최선을 다했지만 더는 가망이 없습니다.'

친구는 그야말로 죽어가는 사람의 몰골이었어. 나는 어떻게 라히리 마하사야의 말씀이 틀릴 수 있는지 이해가 되지 않았지만, 아무튼 시시각각 꺼져 가는 라마의 생명을 지켜보고 있노라니 이제 모두 끝났다는 생각을 떨칠 수가 없더군. 이처럼 믿음과 의구심 사이에서 오락가락하는 가운데도 나는 최선을 다해 친구를 보살폈지. 그런데 별안간 그가 눈을 뜨더니 외쳤어.

'유크테스와르, 스승님께 달려가서 내가 죽었다고 말씀드려. 장례를 치르기 전에 내 몸에 축복을 내려 주시라는 부탁도 드려 줘.' 이런 말을 남기고 라마는 힘겹게 한숨을 내쉬더니 숨을 거두고 말았어.[*]

나는 친구의 머리맡에서 한 시간 동안이나 눈물을 흘렸어. '언제나 조용한 것을 좋아하더니 이제 죽음으로 완전한 고요를 얻었구나.' 마침 다른 제자 하나가 들어오기에, 내가 돌아올 때까지 자리를 지켜 달라고 부탁했지. 나는 반쯤 넋이 나간 채 터벅터벅 구루의 거처로 발길을 돌렸어.

'라마는 좀 어떤가?' 라히리 마하사야의 얼굴에는 웃음이 가득했어.

'곧 알게 되실 겁니다.' 나는 퉁명스럽게 내뱉었어. '몇 시간 뒤면 화장터로 보낼 시신을 보시게 될 겁니다.' 나는 감정을 주체하지 못하고 울기 시작했지.

'유크테스와르, 그만 진정하고 차분하게 앉아서 명상을 하거라.' 그러더니 구루께서는 사마디에 드셨어. 끝 모를 침묵 속에서 낮과 밤이 흘러갔어. 나는 내면의 평정을 되찾으려고 애썼지만 헛수고였어.

새벽이 되자 라히리 마하사야께서 달래듯이 나를 바라보셨어. '아직도 마음이 어지러운 모양이구나. 어제는 왜 당장 쓸 수 있는 약을 달라고 하지 않았느냐?' 스승께서는 피마자기름이 담긴 컵 모양의 등잔을 가리키셨어. '등잔 기름을 작은 병에 담아다가 라마의 입에 일곱 방울만 뿌리거라.'

나는 볼멘소리를 했어. '스승님, 라마는 어제 낮에 죽었습니다. 이제 와서 기름이 무슨 소용입니까?

---

[*] 콜레라 환자는 죽는 순간까지 의식이 또렷하고 정신이 멀쩡한 경우가 종종 있다.

'걱정 말고 시키는 대로 하거라.' 나는 태평스러운 구루의 기분을 이해할 수가 없었어. 나는 여전히 친구를 잃은 슬픔에서 헤어나지 못하고 있었거든. 어쨌든 나는 기름을 담아가지고 라마의 집으로 떠났지.

돌아와 보니 친구의 시신은 죽음의 손아귀에서 싸늘하게 굳어 있더군. 섬뜩한 모습에도 아랑곳하지 않고 나는 오른손 집게손가락으로 입술을 벌렸지. 그러고 는 왼손과 코르크 마개를 이용해서 꾹 다문 이빨 위로 겨우겨우 기름을 한 방울 씩 떨어뜨렸어. 일곱 번째 방울이 차가운 입술을 적시자 라마의 몸이 격렬하게 떨리기 시작하더군. 머리부터 발끝까지 근육들이 경련을 일으키더니 놀란 사람 처럼 벌떡 일어나 앉는 것이었어.

그러더니 이렇게 소리치더군. '불꽃에 싸인 라히리 마하사야를 뵈었어! 스승 님께서는 태양처럼 빛을 발하고 계셨어. 그리고 내게 명령하셨어. '일어나거라. 잠에서 깨어 유크테스와르와 함께 나를 찾아오거라.'

그렇게 끔찍한 병을 앓고 난 라마가 제 손으로 옷을 챙겨 입고 기운차게 구루 의 거처로 걸어갈 때는 내 눈을 믿을 수 없었어. 친구는 감사의 눈물을 흘리며 라히리 마하사야 앞에 꿇어 엎드렸지.

스승께서는 무척이나 기뻐하시더군. 그러고는 장난기 어린 눈을 반짝거리며 나를 쳐다보셨지.

스승께서 말씀하셨어. '유크테스와르야, 이제부터는 반드시 피마자기름을 가 지고 다니도록 해라. 그러다가 죽은 사람을 보거든 주저 없이 기름을 뿌리거라. 등잔 기름 일곱 방울이면 야마*의 위력을 거뜬히 물리칠 수 있다!'

'구루지, 저를 놀리고 계시군요. 통 이해가 되지 않습니다. 저의 잘못이 어디 에 있는지 가르쳐 주십시오.'

라히리 마하사야께서 차근히 설명해 주셨어. '라마가 괜찮을 거라고 두 차례 나 얘기했건만 너는 곧이듣지 않았다. 내 말은 의사들이 보살피고 있다는 것이 지 라마를 살려 낼 거라는 뜻은 아니었다. 나는 의사들을 간섭하고 싶지 않았다.

* 죽음의 신.

그들도 먹고 살아야 하니까.' 그리고 구루께서는 기쁨에 넘친 목소리로 이렇게 덧붙이셨어. '전능한 파라마트만*께서는 누구라도 치유하실 수 있다는 것을 잊지 말거라.'

'저의 잘못을 알겠습니다.' 나는 깊이 뉘우쳤어. '스승님의 말씀 한마디가 온 우주를 움직인다는 것을 이제야 깨달았습니다.'"

스리 유크테스와르가 경이로운 이야기를 마치자, 란치 학생 가운데 하나가 용기를 내서 다분히 어린이다운 질문을 던졌다.

"큰 구루께서는 왜 피마자기름을 보내셨나요?"

"기름을 주신 데 특별한 뜻이 있는 건 아니란다. 내가 어떤 구체적인 도움을 기대하는 것을 아시고, 라히리 마하사야께서는 확실한 믿음을 심어 주기 위한 상징물로 가까이 있는 기름을 택하신 것뿐이야. 그 전에는 내가 반신반의하는 모습을 보였기 때문에 라마가 죽도록 내버려 두셨던 거란다. 그렇지만 성스러운 구루께서는 제자가 나을 거라고 말씀하신 이상 어떻게 해서든 치유가 이루어져야만 한다는 것을 알고 계셨어. 그렇기 때문에 되돌릴 수 없는 병인 죽음에서 라마를 구해야만 하셨던 거란다."

스리 유크테스와르는 사람들을 모두 보내고 나를 돌아보더니 발치에 놓인 담요에 앉으라고 손짓했다.

"요가난다." 스승의 목소리에는 평소에 볼 수 없던 엄숙함이 담겨 있었다. "너는 태어날 때부터 라히리 마하사야의 제자들에 둘러싸여 있었다. 밖으로 드러내지 않으면서 숭고한 삶을 이루신 큰 스승께서는 자신의 가르침을 따르는 추종자들이 조직을 만드는 것을 끝내 허락하지 않으셨다. 그럼에도 불구하고 그분께서는 의미심장한 예언을 남기셨다. '내가 떠나고 오십 년쯤 지나면 서양에서 요가에 대한 관심이 높아져 내 삶에 관한 이야기가 글로 쓰일 것이다. 요가의 가르침은 지구를 한 바퀴 돌게 될 것이다. 그리하여 온 인류가 한 아버지에 대한 직접적 인식을 바탕으로 형제애를 다지고 화합을 이루는 데 기여할 것이다.'"

---

* 문자 그대로는 '지고의(param) 영혼(atman)'.

스리 유크테스와르는 말을 이었다. "내 아들 요가난다. 너는 반드시 그 뜻을 널리 펴고 거룩한 삶을 글로 남기는 일에 한몫을 해야 한다."

라히리 마하사야는 1895년에 돌아가셨으니 오십 년 후라면 1945년인데, 그때는 이 책이 완성된 해이기도 하다. 더구나 같은 해에 혁명적인 원자력의 시대가 막을 열었다는 우연의 일치에 나는 놀라움을 감출 수 없다. 물리적 힘을 이런 식으로 남용하다가는 인류가 멸망할지도 모른다는 우려 때문에, 사려 깊은 사람이라면 누구나 평화와 형제애라는 절박한 문제에 그 어느 때보다도 깊은 관심을 기울이고 있다.

세월이 지나고 폭탄이 터져 인류가 남긴 위업이 흔적도 없이 사라진다 해도, 태양은 제 갈 길을 망설이지 않고 별들은 변함없이 밤하늘을 지킨다. 우주의 법칙은 멈추지도 바뀌지도 않는다. 인간은 마땅히 그 법칙과 조화를 이루어야 할 것이다. 우주의 질서가 깨지고 태양이 하늘에서 물러나 별들에게 자리를 내준다면, 그때는 우리 인간의 무력이 무슨 쓸모가 있겠는가? 무슨 수로 평화를 얻을 것인가? 우주의 근골을 지탱하는 것은 잔인함이 아니라 선한 마음이다. 인류는 평화 속에서 싹튼 영원한 승리의 열매가 피의 땅에서 자란 어떤 과일보다도 달콤하다는 것을 알게 될 것이다.

국제 연맹이 실효를 거두려면 인간의 마음이 자연스럽게 맺어진 이름 없는 동맹이 되어야 한다. 이 세상의 불행을 치유하는 데 필요한 폭넓은 동정심과 속 깊은 통찰력은 인간의 다양한 모습을 단순히 지적으로 고찰하는 것이 아니라 인간이 신의 자식이라는, 신과 하나라는 사실을 깨닫는 데서 자연히 우러나온다. 개인이 신과 직접 교감하는 과학인 요가가 모든 땅의 모든 사람에게 확산된다면, 이 세상에서 가장 고귀한 이상인 형제애를 통한 평화가 실현될 날도 머지않을 것이다.

인도는 어떤 나라보다도 오랜 문명을 간직하고 있건만, 인도가 오늘날까지 존속할 수 있었던 것이 결코 우연이 아님을 올바르게 인식한 역사가는 드물다. 그것은 우리 민족이 대를 이어 오며 뛰어난 인물들을 통해 영원한 진리에 헌신해 온 역사의 필연적인 귀결이다. 장구한 세월을 견뎌 낸(고루한 학자들이 그 세월의 깊이를 진정으로 이해할 수 있을까?) 존재의 지속 그 자체, 나아가 시대를 초월한 불변성이야말로 인도가 시간의 도전에 맞서 일궈 낸 가장 값진 결실이었다.

《성경》에는 "아브라함이 하느님에게 소돔 성읍 가운데에서 의인 열 명을 찾으면 소돔을 용서해 줄 것을 간청하니 내가 열 명으로 말미암아 멸하지 아니하리라"* 하고 대답하는 대목이 있다. 인도가 망각의 늪에서 벗어난 사실에 비추어 보면 이 이야기는 새로운 의미를 얻게 된다. 한때 인도와 동시대를 호령하면서 막강한 무력을 뽐냈던 이집트, 바빌로니아, 그리스, 로마의 고대 제국은 모두 사라졌다.

한 나라의 존망은 물질적 성취가 아니라 인간이 이룩한 위업에 달려 있다는 것을 하느님의 대답은 분명하게 보여 준다.

절반을 채 넘기기 전에 두 차례나 피로 물든 이 이십 세기에 우리는 신의 말씀에 다시 귀를 기울여야 한다. 준엄한 심판자의 눈에 드는 의인 열 명을 배출할 수 있는 민족은 결코 멸하지 않을 것이다.

인도는 이런 신념을 굳게 간직해 오면서 세월의 천 가지 간계에도 흔들리지 않는 지혜를 보여 주었다. 자아실현을 이룬 스승들이 세기를 거듭하며 인도의 땅을 신성하게 가꾸었다. 라히리 마하사야와 스리 유크테스와르 같은 현대의 성자들은 개인의 행복과 민족의 번영을 위해서는 신의 실현을 위한 과학인 요가의 지식이 반드시 필요하다는 것을 소리 높여 외치고 있다.

불충분하기는 하지만 라히리 마하사야의 삶과 가르침을 소개한 책자가 출간되었다.† 나는 인도와 미국, 유럽에서 삼십 년을 보내면서 요가를 통한 구원을 역설하는 큰 스승의 가르침에 대해 깊고도 진지한 관심이 일고 있는 것을 목격했다. 하지만 서구 세계에는 현대의 위대한 요기들이 거의 알려지지 않았다. 그분이 예언한 것처럼, 스승의 삶을 기록한 글이 필요한 때가 된 것이다.

라히리 마하사야는 1828년 9월 30일, 고대 브라만의 혈통을 이어받은 신앙심

---

* 《창세기》 18:23-32.
† 스와미 사티아난다가 벵골어로 쓴 짧은 전기 《스리 스리 쉬야마 차란 라히리 마하사야》가 1941년에 출판되었다. 나는 이 장에서 라히리 마하사야와 관련하여 그 책의 몇 구절을 번역해 실었다.

깊은 집안에서 태어났다. 출생지는 벵골 주 나디아 행정구의 크리슈나나가르 부근에 있는 구르니 마을이었다. 그는 널리 존경을 받은 가우르 모한 라히리의 두 번째 부인인 무크타카시의 외아들이었다(첫 번째 부인은 아들 셋을 낳고 성지 순례 중에 세상을 떠났다). 소년은 어렸을 때 어머니를 여의었다. 어머니에 관해서는 경전에서 '요기의 왕'으로 일컬어지는 시바 신*의 열렬한 신도였다는 사실 외에는 알려진 것이 거의 없다.

본이름이 쉬야마 차란 라히리였던 소년은 조상 대대로 살아 온 구르니의 고향집에서 어린 시절을 보냈다. 서너 살 때는 가끔 모래 속에 몸을 파묻고 머리만 내놓은 채 요가 자세를 취하고 있는 모습이 사람들 눈에 띄곤 했다.

1833년 겨울, 근처에 있는 잘랑기 강의 물길이 바뀌어 갠지스 강과 합류하는 바람에 라히리 집안의 사유지가 소실된 일이 있었다. 이때 라히리 일가에서 세운 시바 사원 가운데 하나가 집과 함께 강물에 휩쓸렸다. 한 신도가 소용돌이치는 물속에서 시바의 석상을 건져 내서 새 사원에 모셔 두었는데, 오늘날 널리 알려진 구르니 시바 유적이 바로 이곳이다.

가우르 모한 라히리는 가족과 함께 구르니를 떠나 바나라스로 이주한 뒤 곧

---

* 힌두교의 삼주신인 브라흐마, 비뉴수, 시바는 각각 창조, 유지, 파괴-재창조의 우주 작용을 맡고 있다. 신화에서 출가 수행자의 신으로 그려지는 시바는 신도들의 환영 속에서 마하데바(헝클어진 머리의 고행자)나 나타라자(춤의 왕)와 같은 다양한 모습으로 나타난다.

파괴의 신인 시바는 이해하기 힘든 개념이다. 헌신적인 시바 신봉자인 푸스파단타는 찬가 〈마힘나스타바〉에서 애처롭게 묻는다. "파괴해 버리고 말 세계를 그대는 무엇 때문에 창조하셨나요?" 여기에 아서 아발론이 영역한 〈마힘나스타바〉의 한 연을 소개한다.

그대가 발을 한 번 구르자
평온하던 대지가 순식간에 위험에 빠졌습니다.
그대가 쇠막대처럼 억센 팔을 내두르자
창공의 별들이 산산이 흩어졌습니다.
풀어헤친 그대의 머리카락이 후려치자
온 하늘이 술렁였습니다.
진정 그대의 춤은 아름답습니다!
그러나 세계를 구하기 위해 세계를 어지럽히다니
이것은 무슨 수수께끼인가요?
아무것도 이해할 수 없고 슬픔을 겪어야만 하는 나의 마음과
모든 속성을 초월하여 영원히 빛나는 그대의 영광
그 사이의 간극은 너무나 큽니다!

그곳에 시바 사원을 건립했다. 그는 갖가지 예배 의식과 자선 활동, 경전 공부를 게을리하지 않으면서《베다》의 계율에 따라 가정을 이끌었다. 하지만 치우침 없이 열린 마음을 가진 그는 유익한 현대 사상의 흐름도 도외시하지 않았다.

소년 라히리는 바나라스의 글방에서 힌디어와 우르두어로 글을 배웠다. 그 뒤에는 나라얀 고살이 운영하는 학교에 다니면서 산스크리트어, 벵골어, 프랑스어, 영어로 교육을 받았다. 젊은 요기는《베다》연구에 몰두하는 한편, 학식이 있

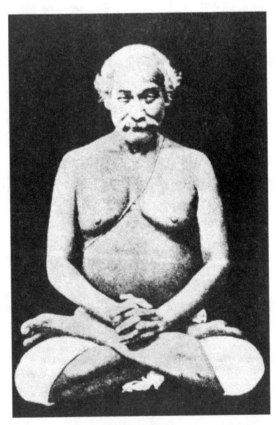

라히리 마하사야
"나는 영(靈)이다. 보이지 않으면서 어디에나 있는 존재를 사진기로 잡아낼 수 있겠느냐?" 라히리 마하사야의 형상을 사진에 담으려 했지만 번번이 실패한 후, 요가바타는 마침내 '육체의 신전'을 촬영할 수 있도록 해 주었다. "내가 알고 있는 한 스승은 두 번 다시 사진을 찍지 않으셨다"고 파라마한사지는 술회했다. (36~37쪽 참조)

는 브라만들의 경전 토론을 열심히 경청했다. 나그바타라는 마라타 족의 범학자를 만난 것도 이 무렵이었다.

쉬야마 차란은 친절하고 예의 바르며 용기 있는 젊은이로, 주위 사람들의 사랑을 한 몸에 받았다. 균형이 잘 잡히고 강건한 신체를 지닌 그는 수영을 잘하고 손재주가 뛰어났다.

쉬야마 차란 라히리는 1846년에 스리 데브나라얀 사냘의 딸 스리마티 카시 모니와 결혼했다. 인도 주부의 귀감이라 할 만한 카시 모니는 즐거운 마음으로 가사를 돌보는 한편, 손님을 맞이하고 가난한 사람을 돕는 재가자의 의무도 소홀히 하지 않았다. 성자 같은 두 아들 틴쿠리와 두쿠리, 그리고 두 딸이 화목한 집안에 축복을 더했다. 스물세 살 되던 1851년, 라히리 마하사야는 영국 정부의 공병부에서 회계 직을 맡게 되었다. 재직하는 동안 그는 승진을 거듭했다. 이처럼 그는 신의 눈길을 끄는 스승이었을 뿐 아니라 덧없는 인간 드라마에서도 한낱 사무원의 역할을 거뜬히 해냈던 것이다.

라히리 마하사야는 공병부에서 가지푸르, 미르자푸르, 나이니 탈, 다나푸르, 바나라스 등 여러 곳으로 전근했다. 아버지가 돌아가신 후에는 온 식구를 뒷바라지할 책임을 떠맡았다. 그러고는 바나라스와 인접하여 한적하게 들어앉은 가루데스와르 모홀라에 새 집을 장만했다.

라히리 마하사야[*]가 지상에 환생한 목적을 이룬 것은 서른세 살 때였다. 그는 히말라야에 있는 라니케트 근방에서 위대한 구루 바바지를 만나 크리야 요가를 전수받았다.

이 상서로운 사건은 라히리 마하사야 한 사람에게만 관련된 것이 아니었다. 그것은 온 인류를 위해 참으로 다행스러운 순간이었다. 오랫동안 잊혔던 최고의 요가 수행법이 다시금 빛을 보게 되었기 때문이다.

푸라나 이야기에서 강가 여신[†]이 천상에서 지상으로 내려와 재가 된 바기라

---

[*] 산스크리트어의 종교적 칭호인 마하사야는 '위대한 정신'을 뜻한다.

[†] 인도의 신성한 강, 어머니 강가(갠지즈)의 물줄기는 만년설과 고요로 뒤덮인 히말라야의 얼음 동굴에서 발원한다. 장구한 세월을 두고 수천의 성자들은 갠지스 부근에 머무는 것을 큰 기쁨으로 여겼다. 그들은 갠지스의 둑을 따라 축복과 은

트 왕의 선조들에게 신성한 물줄기를 내려 준 것처럼, 크리야 요가라는 천상의
강이 1861년에 히말라야의 은둔처에서 먼지에 덮인 인간의 마을로 흘러내리기
시작했던 것이다.

총의 기운을 남겨 놓았다(253쪽 각주 참조).

갠지스 강이 지닌 한 가지 기이하고 어쩌면 유일무이한 특징은 절대로 오염되지 않는다는 것이다. 그 변치 않는 결벽성은 어떤 세균도 살려 두지 않는다. 수백만 명의 인도 사람이 아무 탈 없이 그 물로 몸을 씻고 그 물을 마신다. 이 같은 사실은 현대 과학자들을 당혹스럽게 만든다. 1946년에 노벨 화학상을 공동 수상한 존 하워드 노드롭 박사는 최근에 이렇게 말했다. "우리는 갠지스 강이 심하게 오염되어 있다는 사실을 알고 있다. 하지만 인도 사람들은 그 물을 마시고 헤엄을 치는데도 아무 탈이 없어 보인다." 그는 이런 추측을 덧붙였다. "아마도 박테리오파지(세균을 파괴하는 바이러스)가 강의 세균을 없애 주는 것 같다."

《베다》는 온갖 자연 현상을 경외하는 마음을 심어 준다. 독실한 힌두교 신자는 아시시의 성 프란치스코가 신을 찬미한 말을 이해하는 데 별 어려움을 느끼지 않는다. "그처럼 유용하고, 겸손하고, 순결하고, 귀중한 우리 자매, 물을 내려 주신 주님을 찬양할지로다."

33
현대 인도의 요기-그리스도, 바바지

히말라야 북부의 바드리나라얀 부근에 솟아 있는 험준한 바위산들은 아직까지도 불멸의 성인 바바지가 베푸는 축복에 싸여 있다. 라히리 마하사야의 구루인 바바지는 수백 년, 혹은 수천 년 동안 계속해서 육체적 형태를 유지해 왔다. 죽음을 초월한 바바지는 '아바타라'다. 이 산스크리트 낱말은 '내려옴'을 뜻한다 (어근인 ava는 '아래로', tri는 '지나가다'). 힌두교 경전에서 '아바타라'는 신이 육체로 강림하는 것을 가리킨다.

스리 유크테스와르는 이렇게 설명해 주었다. "바바지의 영적 상태는 인간이 지닌 이해력의 한계를 뛰어넘는다. 인간의 보잘것없는 예지는 현상계를 초월해 있는 그분의 별에 미칠 수 없다. 사람들은 화신의 실체를 마음속에 그려 보려고 애쓰지만, 그것은 헛된 일이다."

《우파니샤드》에는 영적 진보의 각 단계가 상세히 분류되어 있다. 싯다(완성된 존재)는 지반묵타(살아 있는 동안 해탈을 이룬 자)의 상태에서 파라묵타(죽음을 초월하여 지고의 해탈을 이룬 자)의 상태로 나아간다. 파라묵타는 마야의 속박과 윤회의 굴레에서 완전히 벗어난 경지를 이른다. 그러므로 파라묵타는 물질계의 육체로 돌아오는 일이 드물지만, 혹 돌아온다면 신의 명에 따라 천상의 축복을 이 세상에 전하는 매개체, 즉 화신이 된다. 화신은 우주의 경제 원리에 얽매이지 않는다. 빛의 영상으로 현시되는 그의 순수한 육체는 자연에 대해 어떤 빚도 지고 있지 않다.

무심코 바라보면 화신의 형상에서 별다른 차이를 느낄 수 없지만, 경우에 따라 화신은 지상에 그림자나 발자국을 남기지 않는다. 이는 어둠과 물질적 속박에서 벗어난 내적 자유가 외부로 드러난 상징적 징표다. 그러한 신인(神人)만이 삶과 죽음의 상대성 뒤에 감추어진 진리를 깨달을 수 있다. 대중에게 너무나 몰이해되고 있는 오마르 하이얌은 불후의 명저 《루바이야트》에서 이 해방된 자를 노래했다.

> 아, 이지러질 줄 모르는 내 기쁨의 달
> 하늘나라의 달이 또다시 떠오르고 있네
> 장차 언제까지 저렇게 떠올라
> 이 뜰에서 나를 찾으려는가—헛되이!*

'이지러질 줄 모르는 내 기쁨의 달'은 결코 낡지 않는 영원한 북극성, 곧 신이다. '또다시 떠오르는 하늘나라의 달'은 주기적인 순환의 법칙에 지배되는 외적 우주다. 자아실현을 이룬 페르시아의 현인은 이 세상, 즉 자연 또는 마야의 '뜰'로 돌아와야 하는 윤회의 굴레에서 영원히 벗어났다. '장차 언제까지 저렇게 떠올라 나를 찾으려는가—헛되이!' 달은 우주 안에서 완전히 자취를 감춘 나를 찾아 두리번거리지만 번번이 허탕을 친다.

그리스도는 자신의 자유로운 상태를 다른 방식으로 표현했다. "한 서기관이 나아와 예수께 아뢰되 선생님이여 어디로 가시든지 저는 따르리이다. 예수께서 이르시되 여우도 굴이 있고 공중의 새도 거처가 있으되 인자는 머리 둘 곳이 없다 하시더라."†

가없는 영(靈) 안에서가 아니면 편재하여 광대한 그리스도를 따를 수 있겠는가?

---

* 에드워드 피츠제럴드의 영어 번역을 한글로 옮김.
† 〈마태복음〉 8:19-20

크리슈나, 라마, 붓다, 파탄잘리는 모두 고대 인도의 화신이었다. 남인도에서는 화신 아가스티아를 중심으로 타밀어 시문학이 크게 융성했다. 기원전부터 기원후까지 오랜 세월에 걸쳐 수많은 기적을 행한 아가스티아는 오늘날까지도 물리적 형체를 계속 유지하고 있는 것으로 믿어지고 있다.

인도에서 바바지에게 주어진 사명은 선지자들이 저마다 하늘의 뜻을 완수할 수 있도록 돕는 일이었다. 그러므로 그는 경전상의 위계에서 마하바타(위대한 화신)로 일컬어진다. 바바지는 스와미 교단을 재건한 상카라*와 중세의 이름난 성자 카비르에게 요가를 전수했다고 한다. 우리가 잘 알고 있는 것처럼, 십구 세기의 제자로는 명맥이 끊어진 크리야 행법을 부흥시킨 라히리 마하사야가 첫 손에 꼽힌다.

바바지는 그리스도와 늘 영적 교감을 나누고 있다. 그들은 함께 이 시대를 위한 구원의 진동을 전파하고 영적 속죄의 수단을 마련했다. 완전한 깨달음을 얻은 두 스승—한 사람은 육체가 있고, 한 사람은 육체가 없다—의 과업은 여러 민족에게 영감을 주어 전쟁과 인종적 증오, 종교적 분파주의, 물질 만능주의에서 비롯되는 악순환의 고리를 끊도록 하는 것이다. 바바지는 현대의 동향, 특히 서구 문명의 영향력과 복잡성을 익히 알고 있으며, 동양과 서양을 가리지 않고 요가를 통한 자기 해방을 널리 보급할 필요가 있다는 것을 인식하고 있다.

바바지에 관해 이렇다 할 역사적 언급이 없다고 해서 의아해할 필요는 없다. 이 위대한 구루는 어떤 시대에도 공공연히 모습을 드러낸 적이 없다. 천 년의 계획을 여러 사람에게 알려 부질없는 오해를 빚는 것은 아무 도움이 되지 않는다. 홀로 묵묵히 행하는 창조주처럼, 바바지는 눈에 띄지 않는 곳에서 겸손하게 할 일을 할 뿐이다.

그리스도나 크리슈나 같은 위대한 예언자들은 뚜렷하고 눈부신 목적을 가지고 이 세상에 왔다가 목적이 이루어지면 곧바로 떠난다. 그런가 하면, 바바지와

---

* 고빈다 자티의 제자로 알려진 상카라는 바나라스에서 바바지로부터 크리야 요가를 전수받았다. 바바지는 라히리 마하사야와 스와미 케발라난다에게 저 위대한 일원론자와의 만남에 얽힌 여러 가지 흥미로운 이야기를 들려주었다.

같은 화신들은 역사적으로 두드러진 한 가지 사건보다는 오랜 세월에 걸쳐 더디게 진행되는 인간의 진화와 관련된 일에 힘을 쏟는다. 이런 스승들은 늘 우매한 대중의 시선을 멀리하며, 필요하면 언제든지 모습을 감출 수 있는 능력을 가지고 있다. 더구나 이들은 대개 제자들이 자신에 관해 이야기하는 것을 금하기 때문에, 뛰어난 영적 스승들 가운데는 세상에 알려지지 않은 사람이 적지 않다. 나는 여기서 바바지의 삶에 관해 일반 사람들에게 알려도 좋고 도움이 된다고 여겨지는 사실을 몇 가지만 소개하려고 한다.

바바지의 가족이나 출생지에 관해서는 연대기 작가들이 관심을 가질 만한 어떠한 사실도 밝혀진 것이 없다. 바바지는 평소에 힌디 말을 쓰지만, 어떤 언어로든 막힘없이 이야기를 나눌 수 있다. 그는 바바지(존경하는 아버지)라는 단순한 이름을 택했는데, 라히리 마하사야의 제자들은 그 밖에도 마하무니 바바지 마하라지(지고의 무아경에 이른 스승), 마하 요기(위대한 요기), 트람바크 바바 또는 시바 바바(시바의 화신을 가리키는 이름들) 등 여러 가지 존칭을 바쳤다. 하기야 완전한 해탈을 이룬 스승의 성을 모른다고 한들 문제될 것이 있겠는가?

라히리 마하사야는 이렇게 말했다. 누구든지 경외하는 마음으로 바바지의 이름을 부르면 그 순간에 영적 축복을 얻게 된다.

죽음을 초월한 구루의 육체에서는 나이의 흔적을 찾아볼 수 없다. 바바지는 스물다섯 살 안팎의 젊은이처럼 보인다. 흰 살결에 크지도 작지도 않은 바바지의 아름답고 건강한 몸에서는 은은한 빛이 뿜어 나오는 것처럼 느껴진다. 그의 눈은 검고 잔잔하며 부드럽다. 윤기가 흐르는 긴 머리카락은 구릿빛을 띠고 있다. 어찌 보면 바바지의 얼굴은 라히리 마하사야의 얼굴과 아주 닮았다. 심지어는 나이 든 라히리 마하사야가 젊은 바바지의 아버지처럼 보이기도 한다.

덕망 높은 산스크리트 선생님 스와미 케발라난다는 히말라야에서 한동안 바바지*와 함께 지냈다.

---

* 바바지(존경하는 아버지)는 흔히 쓰이는 칭호다. 인도의 이름난 교사 중에는 '바바지'로 불리는 사람이 많다. 하지만 이들은 라히리 마하사야의 구루인 바바지와는 다른 사람들이다. 마하바타의 존재는 1946년에 이 책, 《어느 요기의 자서전(Autobiography of a Yogi)》을 통해 처음으로 세상에 알려졌다.

케발라난다는 내게 이런 얘기를 들려주었다.

"비길 데 없는 스승께서는 제자들과 함께 산속을 이곳저곳 옮겨 다니신다네. 일행 가운데는 높은 경지에 이른 미국인 제자 두 사람이 섞여 있지. 한곳에서 얼마간 머무르고 나면 바바지께서 이렇게 말씀하시는 거야. '데라 단다 우타오(천막과 지팡이를 걷자).' 그분께서는 단다(대나무 지팡이)를 가지고 다니시지. 그 말씀은 다른 곳으로 순간 이동을 하자는 신호라네. 하지만 그분께서 항상 이런 아스트랄 여행의 방법을 사용하시는 것은 아니야. 때로는 걸어서 산을 넘어 다니기도 하시지.

사람들은 바바지께서 원하실 때만 그분을 알아볼 수 있다네. 바바지께서는 그때마다 조금씩 다른 모습으로 헌신자들 앞에 나타나시는 것으로 알려졌어. 어떤 때는 수염이 있고 어떤 때는 없기도 하지. 쇠하지 않는 그분의 몸은 음식을 필요로 하지 않기 때문에 식사를 거의 하지 않으신다네. 그렇지만 때로는 찾아온 제자들의 정성을 보아 우유와 버터로 조리한 쌀이나 과일을 받기도 하시지."

케발라난다는 이야기를 계속했다.

"나는 바바지 님과 함께 지내면서 너무나 놀라운 일을 두 번 겪었어. 어느 날 밤, 제자들이 신성한 베다 의식을 치르느라 활활 타오르는 거대한 모닥불 주위에 둘러앉아 있을 때였어. 느닷없이 구루께서 불이 붙은 나뭇조각을 잡으시더니 불가에 있던 제자의 맨어깨를 가볍게 두드리시는 게야.

그러자 그 자리에 있던 라히리 마하사야가 펄쩍 뛰었지. '스승님, 너무하십니다!'

'그러지 않으면 이 아이는 전세의 업보에 따라 네 눈앞에서 불벼락을 맞고 재가 되었을 것이다.'

이렇게 말씀하시면서 바바지께서는 불에 덴 제자의 어깨에 치유의 손을 얹으셨어. '오늘 밤 너는 죽음의 고통에서 해방되었다. 가벼운 화상으로 인과의 업보를 미리 치른 것이다.'

또 한 번은, 낯선 사람이 바바지 님의 신성한 영역을 침범한 일이 있었어. 이 남자는 접근이 거의 불가능한 벼랑을 놀라운 솜씨로 기어올라 구루의 천막까지 찾아온 거야.

그의 얼굴은 형용할 수 없는 경외심으로 빛나고 있었어. '선생님께서는 저 위대하신 바바지 님이 틀림없으시군요. 지난 몇 달 동안 저는 이 험준한 바위 사이를 헤매면서 끊임없이 선생님을 찾아다녔습니다. 부디 저를 제자로 받아 주십시오.'

위대한 구루께서 아무 대답이 없으시자, 그 사나이는 벼랑 아래로 바위들이 즐비하게 늘어선 골짜기를 가리키더군. '저를 거부하신다면 지금 당장 이 산에서 뛰어내리겠습니다. 신께 인도하는 선생님의 가르침을 얻을 수 없다면 제 삶은 더 이상 의미가 없습니다.'

'그러면 뛰어내려라.' 바바지께서는 냉담하게 말씀하셨다네. '지금 같은 영적 상태로는 너를 받아들일 수 없다.'

사나이는 지체 없이 벼랑 아래로 몸을 던졌지. 바바지께서는 넋을 잃은 제자들에게 그 남자의 시신을 가져오라고 이르셨어. 제자들이 몹시 상한 시신을 떠메고 돌아오자, 스승께서는 죽은 남자의 몸에 당신의 손을 올려놓으셨어. 그러자 놀랍게도 그 사나이가 눈을 번쩍 뜨더니 전능하신 구루 앞에 공손히 엎드리는 것이었어.

바바지께서는 다시 살아난 제자에게 애정 어린 미소를 지으시더군. '이제 너는 제자가 될 준비가 되었다. 너는 어려운 시험을 용감하게 치러 냈다.[*] 다시는 죽음이 너를 건드리지 못할 것이다. 이제 너는 불사불멸하는 무리 가운데 하나가 되었다.' 그리고는 예의 출발 신호를 내리셨어. '데라 단다 우타오.' 우리는 이내 산에서 자취를 감추었지."

화신은 편재하는 영(靈) 속에 산다. 그의 공간에는 물리학의 역제곱 법칙이 적용되지 않는다. 그러므로 바바지가 세기에 세기를 거듭하며 육체적 형상을 유지하는 이유는 오직 한 가지뿐이다. 그것은 인간의 가능성을 구체적인 실례로 나

---

[*] 시험은 복종에 관련된 것이었다. 위대한 스승이 '뛰어내려라'고 했을 때 사나이는 그대로 복종했다. 만일 그가 주저했다면, 바바지의 가르침이 없는 삶이 무의미하다던 자신의 말이 거짓이 되었을 것이다. 그가 주저했더라면 구루를 완전히 신뢰하지 않는다는 사실이 드러났을 것이다. 그러므로 다소 극단적이고 기이해 보이는 이 시험은 그 상황에 꼭 들어맞는 것이었다.

타내 보이는 것이다. 인간이 육체 속에서 신의 모습을 볼 수 없다면, 죽음을 초월하는 것은 불가능하다는 마야의 미망에서 끝내 벗어나지 못할 것이다.

예수는 자신이 생애에 겪게 될 일들을 처음부터 알고 있었다. 그가 예정된 행보를 하나하나 밟아 나간 것은 자기 자신을 위해서도 아니요, 피할 수 없는 업보 때문도 아니었다. 그것은 오로지 뉘우치는 인간의 영혼을 북돋우기 위해서였다. 사대 복음서의 저자인 마태오, 마르코, 루카, 요한은 후세를 위해 이루 형언할 수 없을 만큼 벅찬 이야기를 글로 남겼다.

바바지의 경우에도 과거와 현재와 미래의 상대성이 존재하지 않는다. 그 역시 처음부터 생애의 모든 단계를 알고 있었다. 그는 인간이 지닌 이해력의 한계를 염두에 두면서, 사람들 앞에서 신성한 삶의 여러 가지 덕행을 펼쳐 보였다. 바바지는 모닥불 앞에 있던 라히리 마하사야의 제자에게 육체의 불멸을 선언할 때가 되었다고 판단했던 것이다. 바바지는 또 람 고팔 무줌다르 앞에서 한 가지 약속을 했다. 그의 뜻은, 이 일이 다른 구도자들에게 알려지도록 하여 마침내는 그들에게 영감을 불어넣어 주려는 것이었다. 위대한 스승들이 어떤 말을 하고 겉보기에는 자연스러운 듯한 사건에 관여하는 것은 오로지 인간의 행복을 위해서다. 그리스도 자신도 이렇게 말했다. "아버지여 항상 내 말을 들으시는 줄을 내가 알았나이다. 그러나 이 말씀 하옵는 것은 둘러선 무리를 위함이니 곧 아버지께서 나를 보내신 것을 그들로 믿게 하려 함이나이다."[*]

언젠가 란바지푸르로 '잠들지 않는 성자'람 고팔[†]을 찾아갔을 때, 그는 바바지를 처음 만나서 겪었던 진기한 이야기를 들려주었다.

"나는 이따금씩 외딴 동굴에서 나와, 바나라스에 계신 라히리 마하사야 님의 발치에 앉아 있곤 했다네. 어느 날 한밤중에 제자들끼리 모여 조용히 명상에 잠겨 있는데 스승께서 느닷없이 이런 분부를 내리시는 게야.

'람 고팔, 지금 당장 다사스와메드 가트로 가거라.'

---

[*] 〈요한복음〉 11:41~42.
[†] 내가 타라케스와르 사원 앞에서 절을 하지 않은 사실을 훤히 알고 있던 그 무소부재의 요기(13장).

나는 부리나케 그 외진 곳으로 달려갔지. 달빛과 반짝이는 별들이 밤길을 밝혀 주고 있었어. 적막 속에서 참을성 있게 얼마 동안 앉아 있노라니 문득 발 가까이에 있는 거대한 석판이 눈에 들어오더군. 한데 석판이 점차 솟아오르더니 땅 밑에서 동굴이 나타나는 게야. 어떤 알 수 없는 힘 때문에 돌이 멈추자, 동굴 속에서 젊고 눈부시게 아름다운 여인이 모습을 드러내더니 공중으로 높이 떠오르는 것이었어. 그녀는 은은한 후광에 둘러싸인 채 천천히 내 앞으로 내려오더니 무아경에 잠긴 듯 꼼짝 않고 서 있더군. 이윽고 그녀는 몸을 추스르고 온화하게 말했어.

'나는 바바지의 누이 마타지*다. 바바지께 긴히 의논할 일이 있으니 라히리 마하사야와 함께 오늘 밤 내 동굴로 와 주십사고 부탁드렸다.'

그 사이에 안개처럼 희뿌연 빛줄기가 갠지스 강 위로 빠르게 미끄러지고 있었어. 차갑게 번지는 불가사의한 빛이 어두운 수면에 반사되었지. 빛은 점점 가까이 다가오더니 마침내 마타지 님의 곁에 이르러 눈부신 섬광을 내뿜고는 순식간에 응축되어 라히리 마하사야 님의 모습으로 변하는 것이었어. 스승께서는 성녀의 발밑에 공손히 절을 올리셨어.

미처 정신을 차리기도 전에 이번에는 하늘에서 신령스러운 빛의 덩어리가 빙글빙글 도는 것을 보고 나는 방금 전보다도 더 놀랐다네. 소용돌이치는 불덩이가 빠른 속도로 우리를 향해 내려오더니 아름다운 청년의 육체로 물질화되는 것이었어. 나는 그분이 바바지 님이라는 것을 금방 알아차렸지. 그분은 라히리 마하사야 님과 생김새가 비슷하셨어. 아니, 길고 윤기가 흐르는 머리카락을 가진 바바지께서 오히려 제자보다 훨씬 젊어 보이시더군.

라히리 마하사야와 마타지와 나는 위대한 구루의 발밑에 무릎을 꿇었지. 그분의 신성한 육체에 손을 대자 천상의 영광에 넘친 행복감이 내 존재의 모든 조직 속으로 짜릿하게 퍼지는 기분이 들었어.

---

* '성스러운 어머니' 마타지 역시 장구한 수를 누렸다. 그녀는 오라버니에 견줄 만한 영적 진보를 이룩했다. 그녀는 다사스 와메드 가트 근처에 숨겨진 지하 동굴에서 무아경에 머물러 있다.

바바지께서 말씀하셨어. '축복받은 누이여, 나는 이제 이 형상을 벗어던지고 무한의 흐름 속으로 뛰어들고자 한다.'

'경애하는 스승이시여, 저는 이미 오라버니의 계획을 짐작하고 있었습니다. 그렇지 않아도 오늘 밤 오라버니와 그 문제를 의논하고 싶었습니다. 굳이 육체를 버리셔야만 할 까닭이 무엇인가요?' 거룩한 성녀께서는 애원하듯이 그분을 바라보셨어.

'영(靈)의 바다에서 내가 일으키는 물결이 눈에 보이든 보이지 않든 무슨 차이가 있겠는가?'

그러자 마타지께서 재치 있게 응답하셨지. '죽음을 초월한 구루시여, 아무런 차이도 없다면 모쪼록 형상을 버리지 말아 주십시오.'*

'알겠다.' 바바지께서는 엄숙하게 말씀하셨어. '정녕 그렇다면 앞으로는 절대로 물리적 육체를 떠나지 않기로 하마. 이 세상에서 단 몇 사람만이라도 내 모습을 볼 수 있도록 하겠다. 이는 신께서 네 입을 통해 당신의 소망을 말씀하신 것이다.'

내가 경외감에 싸여 이 고귀한 존재들 사이의 대화를 듣고 있노라니, 위대한 구루께서 인자한 표정으로 나를 돌아보셨어.

'두려워하지 말거라, 람 고팔. 너는 이 영원한 약속을 증인으로서 지켜보는 은총을 입었다.'

감미로운 선율 같은 바바지 님의 목소리가 차차 사라지면서 그분과 라히리 마하사야 님의 형상이 천천히 공중으로 떠오르더니 갠지스 강 너머로 멀어져 가는 것이었어. 밤하늘 속으로 사라지는 두 분의 몸을 눈부신 후광이 둘러싸고 있었지. 마타지 님의 형상도 아래쪽으로 미끄러져 동굴 안으로 들어갔어. 마치 보이지 않는 손이 조종하는 것처럼 석판이 밑으로 내려와 동굴 입구를 덮었다네.

무한한 영감을 얻은 나는 라히리 마하사야 님의 거처로 발길을 돌렸어. 이른 새벽에 내가 스승님 앞에 절을 드리자, 구루께서는 다 알고 계시다는 듯이 미소

---

* 이 사건은 탈레스의 일화를 떠올리게 한다. 저 위대한 그리스 철학자는 삶과 죽음 사이에 아무런 차이가 없다고 가르쳤다. 어떤 사람이 따지듯이 물었다. "그렇다면 당신은 왜 죽지 않습니까?" 탈레스가 대답했다. "왜냐하면 그래도 다를 것이 없기 때문이오."

를 지으셨어.

'잘 됐구나, 람 고팔. 틈만 나면 너는 바바지 님과 마타지 님을 뵙는 것이 소원이라고 했었는데, 드디어 그 소원이 이루어졌구나.'

동료들 말로는 내가 한밤중에 떠난 후로 라히리 마하사야께서는 한 번도 자리를 뜬 적이 없으시다고 하더군.

'자네가 다사스와메드 가트로 떠난 뒤 스승께서는 불멸성에 관해 아주 멋진 이야기를 들려주셨다네.' 제자 가운데 하나가 귀띔해 주었어. 비로소 나는 자아실현을 이룬 사람이 동시에 여러 개의 몸으로 각기 다른 장소에 나타날 수 있다는 경전의 내용을 확실히 이해하게 되었지."

람 고팔은 이야기를 끝맺었다. "나중에 라히리 마하사야께서 이 세상에 숨겨진 신의 계획에 관한 여러 가지 형이상학적 문제를 설명해 주셨다네. 바바지께서는 현재의 세계 주기가 지속되는 동안 자신의 육체에 머물도록 신의 선택을 받으신 거야. 앞으로도 무수한 시대가 왔다가는 또 사라질 테지만, 죽음을 초월한 스승*께서는 유구한 세월의 영고성쇠를 지켜보시면서 이 지상의 무대에 머물러 계실 거라네."

---

* 사람이 내 말을 지키면(끊임없이 그리스도 의식에 머물러 있으면) 영원히 죽음을 보지 아니하리라."(《요한복음》 8:51) 예수의 이 말씀은 물리적 육체의 영생을 뜻한 것이 아니다. 그처럼 지루한 육체의 속박은 죄 지은 자에게도 차마 지우지 못할 형벌이거늘, 하물며 성인에게랴! 그리스도가 말하는 깨우친 자는 죽음과 같은 무지의 가수(假睡) 상태에서 영원한 삶으로 깨어난 자를 가리킨다(43장 참조).

인간의 본성은 형태 없이 편재하는 영(靈)이다. 업보에 따른 육화는 아비디아(무지)의 결과다. 힌두 경전에 의하면, 출생과 죽음은 마야(우주적 미망)가 발현된 것일 뿐이다. 생과 사는 오직 상대성의 세계 안에서만 의미를 가진다. 바바지는 물리적 육체 또는 이 행성에 한정되지 않으면서 신의 뜻에 따라 이 세상을 위해 특별한 사명을 수행하고 있는 것이다.

스와미 프라나바난다(321쪽 참조)처럼 새로운 육체를 통해 이승으로 돌아오는 위대한 스승들은 그들만이 알고 있는 이유 때문에 환생하는 것이다. 그들이 이 세상에 다시 태어날 때는 엄격한 업보의 제약을 받지 않는다. 이처럼 스스로 돌아오는 것을 비유타나라고 하는데, 이는 마야의 미혹이 멈춘 뒤 이승의 삶으로 되돌아가는 것을 말한다.

신을 실현한 스승은 세상을 뜰 때 그 방식이 평범하든 비범하든 관계없이 자신의 육체를 부활시켜 이 세상 사람들의 눈앞에 모습을 드러낼 수 있다. 신과의 합일을 이룬 성인의 권능은 물리적 육체의 원자들을 물질화하는 과정에서 조금도 손상되지 않는다. 신의 태양계는 수학적 계산을 초월한다.그리스도는 이렇게 선언했다. "내가 내 목숨을 버리는 것은 그것을 내가 다시 얻기 위함이니, 이를 내게서 빼앗는 자가 있는 것이 아니라 내가 스스로 버리노라. 나는 버릴 권세도 있고 다시 얻을 권세도 있으니"(《요한복음》 10:17~18)

바바지
마하바타, '신성한 화신'
라히리 마하사야의 구루

요가난다지는 화가를 도와 현대 인도의 위대한 요기―그리스도의 화상을 그리도록 했다.

마하바타 바바지는 자신의 출생지와 출생일에 관한 구체적인 사실을 제자들에게 밝히지 않았다.

그는 수백 년 동안 히말라야의 설원에서 살았다.

라히리 마하사야는 이렇게 말했다. "누구든지 경외하는 마음으로 바바지의 이름을 부르면 그 순간에 영적 축복을 얻게 된다."

34
히말라야에 궁전을 짓다

"바바지께서 라히리 마하사야를 처음 만난 이야기는 그 자체가 무척 흥미롭기도 하지만, 죽음을 초월한 구루의 또 다른 면모를 엿볼 수 있는 흔치 않은 기회지."

스와미 케발라난다는 경이로운 이야기를 시작하면서 이렇게 운을 떼었다. 그 일화를 처음 들었을 때 나는 말 그대로 넋을 빼앗겼다. 나는 기회가 있을 때마다 인자한 산스크리트 선생님에게 한 번만 더 얘기해 달라고 졸랐다. 나중에 스리 유크테스와르도 거의 똑같은 이야기를 들려주었다. 라히리 마하사야의 두 제자는 이 놀라운 이야기를 구루 앞에서 직접 들었던 것이다.

라히리 마하사야는 말했다.

"내가 바바지 님을 처음 뵌 것은 서른세 살 때였다. 1861년 가을에 나는 정부의 공병부 소속 회계원으로 다나푸르에 발령되었지. 어느 날 아침 사무소 관리자가 나를 부르더군.

'라히리, 본사에서 방금 전보가 왔소. 지금 라니케트에서 군(軍) 주둔지*를 건설하고 있는데, 그리로 전근을 가야겠소.'

나는 하인 한 사람을 데리고 오백 마일에 걸친 여행길에 올랐지. 말과 마차를 번갈아 타며 길을 재촉한 끝에 우리는 삼십 일 만에 히말라야 산자락에 있는 라

---

* 나중에 군 요양소가 되었다. 1861년 당시 영국 정부는 이미 인도에 전신망을 구축한 상태였다.

니케트에 도착했어.*

　내가 맡은 일은 그다지 힘들지 않았어. 나는 한가한 시간에 장엄한 산언덕을 마음껏 돌아다닐 수 있었지. 그러던 참에, 위대한 성자들이 그 지역에 머무르면서 축복을 내려 주고 있다는 소문을 듣게 되었어. 어느 날 낮결에 느긋이 산책을 즐기고 있던 나는 어딘가 멀리서 내 이름을 부르는 소리를 듣고 깜짝 놀랐지. 나는 기운을 내서 두나기리 산 위로 계속 올라갔어. 밀림에 어둠이 내리기 전에 온 길을 되짚어 갈 수 없을지도 모른다는 불안감이 들기 시작하더군.

　어느덧 자그마한 빈터에 이르러 둘러보니 양옆으로 동굴이 드문드문 뚫려 있었어. 그런데 시렁처럼 튀어나온 바위 턱에 한 젊은이가 미소를 머금고 서서 반갑게 맞이하듯이 손을 뻗고 있는 게야. 놀랍게도 그는 구릿빛 머리카락만 빼면 나와 너무나 닮은 모습이었어.

　'라히리†, 네가 왔구나!' 성자는 힌디어로 다정하게 말을 건넸어. '이 동굴에서 편히 쉬거라. 너를 부른 것은 바로 나다.'

　자그맣고 정결한 동굴로 들어가니, 안에는 양털 담요와 카만달루(물동이) 몇 개가 놓여 있더군.

　'라히리, 그 자리가 기억나느냐?' 그 요기가 한쪽 구석에 개켜져 있는 담요를 가리켰어.

　'기억이 나지 않습니다.' 뜻밖의 모험에 어안이 벙벙해진 나는 얼른 토를 달았어. '어두워지기 전에 곧 돌아가야 합니다. 아침에 사무실에서 할 일이 있습니다.'

　신비에 싸인 성자는 영어로 대답했어. '사무실이 너를 위하여 있는 것이요 네가 사무실을 위하여 있는 것이 아니다.'

　이 숲 속의 은자가 영어를 사용할 뿐 아니라 그리스도의 말씀‡을 빗대어 말하

---

* 알모라 지역에 있는 라니케트는 히말라야에서 가장 높은 봉우리 가운데 하나인 난다 데비(7,816m)의 기슭에 자리 잡고 있다.
† 바바지는 실제로 '강가다르'라고 말했다. 그것은 라히리 마하사야가 전생에 사용하던 이름이다. 강가다르('강가 즉 갠지스 강을 유지하는 자'라는 뜻)는 시바 신의 여러 이름 가운데 하나다. 힌두 전설에 따르면 신성한 강 강가는 하늘에서 내려왔다고 한다. 강가의 거센 물결이 세상을 휩쓸어 버릴 것을 염려한 시바 신은 강가의 물줄기를 자신의 머리 타래에 담았다가 천천히 흘려 보냈다. '강가다르'에 담긴 형이상학적 의미는 '척추를 흐르는 생명의 강을 다스리는 사람'이다.
‡ "안식일이 사람을 위하여 있는 것이요 사람이 안식일을 위하여 있는 것이 아니니"(《마가복음》 2:27)

기까지 하는 것을 보고 나는 그만 말문이 막혀 버렸어.

'내 전보가 효과를 보았구나.' 나는 요기의 말이 언뜻 이해가 가지 않아서 무슨 뜻인지 물어보았지.

'너를 이 외딴 곳으로 부른 전보를 말하는 것이다. 네 상사의 마음속에 넌지시 암시를 불어넣어 너를 라니케트로 전근시킬 생각이 들도록 만든 것은 바로 나였다. 온 인류와 영적 합일을 이루면 필요할 때마다 사람의 마음을 중계소처럼 이용할 수 있게 된다.' 그러고는 이렇게 덧붙였어. '라히리, 이 동굴이 정녕 낯이 익지 않으냐?'

내가 갈피를 못 잡고 계속 침묵을 지키자 성자가 다가오더니 내 이마를 가볍게 치더군. 그의 자기(磁氣)가 몸에 닿는 순간 불가사의한 전류가 나의 뇌를 휩쓸고 지나가면서 전생의 달콤한 기억들을 풀어놓기 시작했어.

'기억이 납니다.' 나는 북받치는 환희에 목이 메어 울먹였지. '당신께서는 언제나 제 안에 살아 계시는 저의 구루 바바지 님이십니다! 지난날의 광경이 마음속에 생생하게 떠오릅니다. 바로 전의 생에서 저는 여기, 이 동굴에서 여러 해를 보냈었지요!' 형용할 수 없이 벅찬 기억에 휩싸인 나는 울먹이면서 스승의 발을 끌어안았어.

'나는 삼십 년이 넘도록 네가 돌아오기를 기다렸다.' 바바지 님의 목소리에는 하늘 같은 사랑이 넘쳐흘렀어.

'너는 내 곁을 떠나 생사유전(生死流轉)의 거친 파도 속으로 사라져 버렸다. 카르마의 마술 지팡이가 스치는 순간 너는 자취를 감추었다. 너는 나를 잊었지만 나는 너를 한시도 잊은 적이 없느니라! 나는 눈부신 천사들이 떠다니는 은빛의 아스트랄 바다를 누비며 너를 찾아다녔다. 새끼를 보살피는 어미 새처럼 폭풍과 파도와 어둠과 빛을 뚫고 나는 네 뒤를 쫓았다. 네가 인간의 잉태 기간을 모두 채우고 갓난아기로 태어났을 때도 나의 눈은 너를 떠나지 않았다. 어린 네가 가부좌를 하고 구르니의 모래 언덕에 몸을 숨기고 있을 때도 나는 거기에 있었다. 나는 운명의 이 날을 기다리면서 달이 가고 해가 바뀌는 동안 인내심을 가지고 너를 지켜보았다. 이제야 너는 내 곁으로 돌아왔다! 여기는 옛적부터 네가 아끼던 동굴이다. 나는 네가 돌아올 때를 생각해서 동굴을 언제나 정결하게 간수했다. 이것은 네가 명상할 때 쓰던 신성한 담요다. 너는 매일같이 여기에 앉아 드넓게 열린 가슴을 신의 은총으로 채우곤 했느니라. 이것은 내가 빚은 감로수를 담아 마시던 잔이다. 언젠가 다시 쓰게 될 이 황동 잔을 얼마나 깨끗하게 닦아 두었는지 보거라. 이제 알겠느냐, 내 아들아?'

'구루시여, 무슨 말씀을 드리겠습니까!' 나는 더듬거리며 대답했어. '죽음을 뛰어넘은 그런 사랑을 어디선들 다시 들어 보겠습니까?' 넋을 빼앗긴 나는 영원한 나의 보배, 삶과 죽음을 넘나드는 나의 구루를 하염없이 바라보았어.

'라히리, 너는 정화가 필요하다. 이 잔에 담긴 기름을 마시고 냇가로 가서 누워라.' 바바지 님의 지혜는 효험이 높다는 것을 떠올리고 나는 슬며시 미소를 지었지.

나는 분부를 받들었어. 얼음처럼 찬 히말라야의 밤이 내리고 있었지만, 내 몸 안에서는 따뜻하고 아늑한 기운이 맥동하기 시작했어. 나는 적이 놀랐지. 정체를 알 수 없는 기름이 우주의 열기를 끌어모은 것일까?

모진 바람이 어둠 속에서 날카롭게 울부짖으며 허공을 후려치고 있었어. 고가시 강의 싸늘한 잔물결이 이따금씩 내 몸 위로 넘실거리다가 바위 둑으로 솟구치곤 했지. 가까이서 호랑이 울음소리가 들려왔지만 두려운 마음은 조금도 들지 않았어. 내 안에서 새록새록 뿜어져 나오는 힘이 무슨 일이 닥쳐도 무사할 거라는 확신을 불어넣은 게야. 몇 시간이 훌쩍 지나갔어. 또 다른 생의 희미한 기억들이 서로 엮이면서 신성한 구루와 재회하고 있는 지금 이 순간을 찬란한 무늬들로 수놓았어.

그때, 가까이 다가오는 발자국 소리가 내 고독한 명상을 흔들어 놓았어. 어둠 속에서 한 남자의 손이 나를 조심스럽게 일으켜 세우더니 마른 옷가지를 건네주는 게야.

'형제여, 이리 오게. 스승님께서 자네를 기다리고 계시네.' 그러고는 숲 사이에 난 길로 나를 안내했어. 오솔길의 한 모퉁이에 이르렀을 때, 멀리서 은은한 빛이 어른거리더니 캄캄하던 밤길이 갑자기 훤해졌어.

나는 의아했지. '동이 트는 걸까? 벌써 밤이 샜을 리는 없을 텐데.'

길을 안내하던 동료가 빙긋 웃음을 짓더군. '아직 한밤중일세. 저기 보이는 빛은 지고하신 바바지 님께서 오늘밤 여기에 물질화하신 황금 궁전에서 스며 나오는 걸세. 아득한 과거에 자네는 아름다운 궁전을 실컷 구경하고 싶다는 소망을 내비친 적이 있지. 우리 스승께서는 지금 자네의 소원을 풀어 주고 계신 걸세. 그렇게 해서 자네가 카르마의 속박에서 완전히 벗어날 수 있도록 하시려는 거지.* 그러고는 또 이런 얘기도 하더군. '저 멋진 궁전은 오늘밤 자네에게 크리야 요가를 전수하는 무대가 될 걸세. 형제들이 모두 모여 입문을 환영하는 축가를 부르면서 자네의 기나긴 유랑이 끝을 맺은 것을 다 함께 기뻐할 걸세. 보게나!'

우리 앞에는 휘황찬란한 황금으로 덮인 거대한 궁전이 우뚝 서 있었어. 아름답게 꾸며진 정원에 둘러싸여 무수한 보석으로 장식된 궁전의 웅장한 자태가 고요한 연못에 비친 모습은 이루 말할 수 없는 장관을 이루고 있었지! 입구 위로 우뚝 솟은 아치에는 커다란 다이아몬드와 사파이어, 에메랄드가 즐비하게 박혀 있더군. 붉은 빛을 뿜는 루비로 장식된 문 옆에는 천사 같은 얼굴을 한 사람들이 늘어서 있었어.

나는 동료를 따라 널찍한 홀로 들어갔지. 향냄새와 장미꽃 향기가 바람결에 그윽하게 퍼지고, 어스레한 등불이 갖가지 색의 빛을 발하고 있었어. 피부색이 희고 검은 수행자들이 군데군데 모여 나지막하게 기도문을 읊조리거나 가부좌를 틀고 조용히 명상을 하면서 내면의 평온에 잠겨 있는 모습이 눈에 띄더군. 약동하는 기쁨이 온 방 안을 가득 채우고 있었어.

내가 거푸 탄성을 외치자, 길을 안내하던 동료가 공감하는 미소를 지으며 말했어. '이 찬란한 예술을 마음껏 보고 즐기게. 이 궁전은 오로지 자네를 위해서만 존재하는 것이니.'

내가 말했지. '형제여, 이 구조물의 아름다움은 인간의 상상력을 뛰어넘는 것

---

* 카르마의 법칙은 인간의 모든 바람이 남김없이 이루어질 것을 요구한다. 그러므로 세속적인 갈망은 인간을 윤회의 수레바퀴에 옭아매는 사슬이 된다.

일세. 불가사의한 그 유래를 좀 설명해 주게나.'

동료의 검은 눈동자에는 지혜의 빛이 번득였어.

'기꺼이 가르쳐 주지. 이 물질화 작용은 이해하지 못할 것이 조금도 없네. 우주 만물은 창조주의 생각이 투사된 것이야. 공간 속을 떠다니는 거대한 흙덩어리도 신의 한낱 꿈에 지나지 않지. 신께서는 자신의 마음속에서 만물을 만들어 내셨어. 마치 사람들이 꿈속에서 신의 창조물을 재현하고 생명을 부여하는 것처럼 말이지.

신께서는 처음에 하나의 관념으로 이 세상을 만드셨어. 한순간에 원자 에너지가 생겨나고 잇따라 물질이 존재하게 되었지. 신께서는 흙 원자들을 다듬어 단단한 공 모양으로 빚으셨어. 이 지구를 이루는 분자들은 이렇게 신의 의지에 따라 결합된 것이지. 신께서 의지를 거두실 때 흙 원자는 모두 에너지로 바뀔 거야. 원자 에너지는 그 근원인 의식으로 돌아가고, 지구라는 관념은 객관적 실재를 상실하게 될 걸세.

꿈속의 물질은 꿈꾸는 사람의 잠재의식을 통해 형상화된 것일세. 잠에서 깨어 그 형상들을 결합시킨 잠재의식이 물러나면 꿈과 그 요소들도 해체되고 말지. 사람이 눈을 감고 꿈속에서 삼라만상을 만들어 냈다가도 눈을 뜨면 온 천지가 물거품처럼 사라지지 않는가? 사람은 신께서 보여 주신 원형을 따른다네. 마찬가지로 인간이 우주 의식 안에서 깨어날 때는 우주적 꿈에서 비롯된 삼라만상의 환상이 물거품처럼 해체되는 것일세.

전능한 무한자의 의지와 일체를 이룬 바바지 님께서는 뜻대로 원자들을 결합시켜 어떤 형상이든 만들어 내실 수 있다네. 한순간에 창조된 이 황금 궁전은 지구가 실재하는 것과 같은 의미에서 실재한다네. 바바지 님께서는 자신의 마음속에서 이 아름다운 건물을 창조하시고 나서 의지의 힘으로 원자들을 한데 묶어 두고 계신 거야. 그건 마치 신의 생각을 통해 이 세상이 창조되고 신의 의지를 통해 세상이 유지되는 것과 같지. 바바지 님께서는 이 구조물이 목적을 다하고 나면 바로 해체하실 거라네.'

내가 놀랍고 두려운 마음에 할 말을 잊고 있으려니까 길잡이 동료가 두 팔로 쓸어버리는 시늉을 하면서 말하더군. '온갖 보석으로 장식한 이 휘황찬란한 궁전은 인간의 힘으로 지은 것이 아니야. 그 황금이며 보석은 땅속에서 사람 손으로 캐낸 것이 아니거든. 이 궁전은 인간이 도전해야 할 과제를 일깨워 주는 확고한 증표일세.* 바바지 님처럼 누구든 자신이 신의 아들임을 깨닫는 사람은 자기 내면에 숨겨진 무한한 힘으로 어떤 목표라도 이룰 수 있다네. 길가의 돌멩이 하나에도 엄청난 원자 에너지가 담겨 있을진대,† 인간은 아무리 하찮은 사람이라도 신성한 힘을 간직한 핵발전소와 다름없다네.'

슬기로운 동료는 옆에 있던 탁자에서 우아한 꽃병 하나를 집어 들었어. 꽃병의 손잡이에 다이아몬드가 반짝반짝 빛나더군. '위대하신 우리 구루께서는 허공을 떠도는 무수한 우주 광선을 응결시켜서 이 궁전을 지으셨다네. 이 꽃병과 다이아몬드를 한번 만져 보게. 감각 체험의 극치를 맛볼 수 있을 걸세.'

나는 꽃병을 찬찬히 살펴보았지. 보석 장식은 왕의 소장품으로도 손색이 없겠더군. 번쩍거리는 황금이 두껍게 덮인 벽을 손으로 쓸어 보았어. 만족감이 가슴 속 깊이 퍼졌지. 수많은 삶을 거치는 동안 잠재의식 속에 묻혀 있던 소망이 충족되는 동시에 소멸하는 것처럼 느껴졌어.

나는 의젓한 동료를 따라서 화려하게 장식한 아치와 복도를 지나 황제의 궁궐같은 양식으로 호화롭게 꾸민 방들이 늘어선 곳으로 들어갔어. 그곳은 엄청나게 커다란 홀이었어. 그 한가운데에 휘황찬란한 색색의 보석으로 덮인 황금 옥좌가 자리 잡고 있었어. 바로 거기에 지고하신 바바지께서 연화좌를 틀고 앉아 계셨던 게야. 나는 그분의 발밑으로 다가가 반들거리는 바닥에 무릎을 꿇었지.

'라히리, 아직도 황금 궁전을 보고 싶은 꿈에 젖어 있느냐?' 구루의 눈은 사파이어처럼 빛나고 있었어. '깨어라! 너의 모든 세속적 갈망은 이제 영원히 해소될 것이다.' 그러고는 알아들을 수 없는 축복의 말씀을 속삭이셨어. '내 아들아, 일어나거라. 신의 왕국으로 통하는 크리야 요가를 전수받거라.'

---

* "기적이란 무엇인가? 그것은 하나의 책망./ 인류에 대한 은연중의 비웃음."(에드워드 영, 《밤의 사색(Night Thoughts)》)
† 물질의 원자 구조에 관한 이론은 고대 인도의 《바이셰시카 수트라》와 《니야야 수트라》에 상세히 설명되어 있다. "각 원자의 빈 구멍 안에는 광대한 세계들이 햇살 속의 티끌처럼 무수히 떠다니고 있다."(《요가 바시슈타》)

히말라야에 있는 바바지의 동굴

마하바타 바바지가 가끔씩 머문 라니케트 부근의 동굴. 라히리 마하사야의 손자 아난다 모한 라히리(흰 옷)가 헌신자 세 사람과 함께 성소를 찾았다.

바바지께서 손을 뻗치시자 과일과 꽃으로 둘러싸인 호마(희생)의 불길이 솟았어. 나는 타오르는 제단 앞에서 해탈에 이르는 요가 행법을 전수받았지.

의식은 첫새벽이 되어서야 끝이 났어. 무아경에 빠진 나는 자고 싶은 생각이 들지 않았어. 갖가지 보물과 진기한 예술품이 가득 찬 궁전의 방들을 둘러보고 정원을 거닐었지. 그런데 바로 저 앞에 전날 보았던 동굴과 험준한 바위 턱이 눈에 띄었어. 물론 그때는 이렇게 큰 건물이 인접해 있지 않았고 꽃으로 덮인 테라스도 없었지.

나는 히말라야의 차가운 햇빛 속에 꿈결처럼 반짝이는 궁전으로 다시 들어가 스승님이 계신 곳으로 갔지. 그분께서는 여전히 조용한 제자들에 둘러싸인 채 옥좌에 앉아 계셨어.

'라히리, 배가 고프겠구나.' 그러고는 또 이르셨어. '눈을 감거라.'

다시 눈을 떠 보니 호화로운 궁전과 정원이 온데간데없이 사라져 버린 게야. 바바지 님과 제자들, 그리고 나까지 이제 모두 맨땅에 앉아 있었어. 햇볕이 드는 바위 동굴의 입구에서 그리 멀지 않은 그곳은 사라진 궁전이 있던 바로 그 자리였어. 그제야 문득, 붙들려 있던 원자들이 풀려나서 본래의 모습인 생각의 형태로 환원되면 궁전도 해체될 거라던 동료의 말이 생각나더군. 나는 어안이 벙벙했지만 믿음을 가지고 구루를 바라보았지. 이 기적 같은 날에 또 무슨 일이 벌어질지 짐작이 가지 않았어.

'이제 궁전을 만든 목적이 이루어졌다.' 바바지께서는 바닥에 놓인 질그릇을 집어 드셨어. '여기에 손을 넣고 먹고 싶은 음식을 받거라.'

내가 텅 빈 그릇에 손을 대자 버터를 바른 따끈한 루치(얇게 튀긴 과자)와 카레 요리와 사탕 과자가 나타났어. 그런데 아무리 먹어도 그릇은 여전히 가득 차 있는 게야. 식사를 마친 나는 물을 찾았지. 구루께서 내 앞에 놓인 그릇을 가리키셨어. 다시 보니 음식은 어느 틈에 사라지고 그 자리에 물이 담겨 있더군.

바바지께서 말씀하셨어. '신의 왕국은 세속적 욕망의 왕국을 아우른다는 사실을 아는 사람은 드물다. 신성한 영역은 세속적인 영역에까지 두루 미치지만, 본디 환상에 지나지 않는 속세는 실재의 본질을 드러내지 못한다.'

'경애하는 구루시여, 간밤에 스승님께서는 천상과 지상을 넘나드는 아름다움의 극치를 보여 주셨습니다!' 나는 사라진 궁전의 기억을 떠올리면서 미소를 지었어. 이제까지 평범한 요기가 그처럼 장엄하고 호화로운 환경에 둘러싸여 존귀한 영(靈)의 비의(秘儀)에 입문한 예는 없었을 게다! 나는 극단적인 대비를 이루는 눈앞의 광경을 조용히 바라보았어. 적막한 땅, 아득한 하늘, 원초적인 은신처를 마련해 주는 동굴이 모든 것이 내 주위의 천사 같은 성자들을 위해 자비로운 자연이 꾸민 무대처럼 보였어.

그날 오후에 나는 전생의 소중한 기억들이 서려 있는 담요 위에 앉아 있었어.

그때 지고하신 구루께서 다가와 손으로 내 머리를 쓰다듬으셨어. 나는 곧 니르비칼파 사마디에 들어 이레 동안 내내 지복 상태에 머물러 있었지. 나는 잇따라 펼쳐지는 자아 인식의 계층을 차례차례 가로질러 죽음을 넘어선 실재의 영역으로 뚫고 들어갔어. 미망의 장막이 모두 걷히고, 내 영혼은 우주 영(靈)의 제단 위에 굳건하게 자리 잡았지.

여드레째 되는 날 나는 구루의 발밑에 엎드려, 이 신성한 들판에서 언제나 스승님 곁에 머물 수 있게 해 달라고 간청을 드렸지.

바바지께서 나를 껴안으며 말씀하셨어.

'내 아들아, 금생에서 네게 주어진 역할은 반드시 뭇사람이 지켜보는 앞에서 치러야 한다. 너는 태어나기 전까지 여러 차례 고독한 명상의 삶을 거치면서 축복을 받았으니 이제는 세상 사람들과 어울려야 할 때가 되었다.

네가 결혼을 해서 평범한 가정을 이루고 직업을 갖게 된 지금에 와서야 나를 만났다는 사실에는 깊은 목적이 감추어져 있다. 너는 우리와 함께 히말라야에 은거하겠다는 생각을 떨쳐 버려야 한다. 너의 삶은 도시의 군중 속에서 이상적인 재가 요기의 본보기를 보여 주는 데 그 뜻이 있다.

위대한 자들은 혼란에 빠진 세상 사람들의 간절한 외침을 외면할 수 없었다. 너는 크리야 요가를 통해 진심 어린 뭇 구도자의 영혼을 달래주도록 선택된 것이다. 가정의 굴레와 무거운 속세의 의무에 시달리고 있는 수많은 사람들이 자기와 마찬가지로 재가자인 너에게서 새로운 용기를 얻을 것이다. 가정이 있는 사람도 요가의 높은 경지에 이를 수 있다는 것을 깨우쳐 주어야 한다. 속세에 머물러 있더라도 사사로운 동기나 애착에서 벗어나 자신의 책무를 성심껏 행하는 요기는 참다운 깨달음의 길로 나아가고 있는 것이다.

너는 이미 내면에서 카르마의 사슬을 끊어 버렸으니 구태여 속세를 떠나야 할 이유는 없다. 이 세계에 동화되지 않으면서 거기에 머물러 있어야 하는 것이다. 너는 앞으로도 오랫동안 가정과 직장과 사회에서 주어진 의무를 성실하게 수행하면서 영적 도야에 힘써야 한다. 거룩한 희망의 신선하고 달콤한 숨결이 속인들의 메마른 가슴에 깊이 스며들 것이다. 그들은 너의 균형 잡힌 삶을 통해서, 해탈

의 근본은 외면이 아닌 내면의 포기에 달려 있다는 것을 깨우치게 될 것이다.'

적막한 히말라야의 고원에서 구루의 말씀을 듣고 있노라니 가정이며 직장이며 온 세상이 어찌나 아득하게 느껴지던지! 하지만 그분의 말씀에는 확고부동한 진리가 울려 퍼졌어. 나는 스승의 분부를 받들어 그 축복받은 평화의 안식처를 떠나기로 했지. 바바지께서는 구루가 제자에게 요가 행법을 전수할 때 따라야 할 고대의 엄격한 계율을 일러 주셨어.

'오직 자격을 갖춘 첼라에게만 크리야의 비법을 전해 주도록 해라. 신을 찾기 위해 모든 것을 희생하기로 맹세한 사람이라야 명상의 과학을 통해 삶의 궁극적 신비를 풀어 낼 자격이 있다.'

'천사와 같은 구루시여, 잊혔던 크리야 행법을 부활시켜 인류에게 은혜를 베푸셨으니 입문의 문턱을 조금 낮춰서 더 많은 사람이 혜택을 누리도록 하시는 것은 어떨지요?'

나는 간절한 심정으로 바바지 님을 바라보았어. '깨달음을 구하는 자가 처음부터 완전한 내면의 포기를 맹세하지는 못하더라도 진심으로 수행에 힘써 나아간다면 누구에게나 크리야를 전수할 수 있도록 허락해 주십시오. 삼중고*에 시달리는 이 세상 사람들은 더 큰 격려가 필요합니다. 크리야에 입문이 허락되지 않는다면 그들은 자유를 향한 길을 떠날 엄두도 내지 못하게 될 것입니다.'

자비로운 구루께서 대답하셨어. '그리 하거라. 신의 뜻이 너를 통해 드러난 것이다. 겸허한 마음으로 너의 도움을 구하는 모든 사람에게 크리야를 전해 주도록 해라.'†

---

* 육체적, 정신적, 영적 고통. 이는 각각 질병, 심리적 장애 또는 '콤플렉스', 영적 무지로 나타난다.

† 바바지는 처음에 라히리 마하사야 혼자만 다른 사람에게 크리야 요가를 가르칠 수 있도록 허락했다. 그러자 요가바타(라히리 마하사야)는 자신의 제자들도 크리야를 가르칠 수 있게 해 달라고 부탁했다. 바바지는 청을 받아들이고, 이후로는 크리야 수행이 깊은 자로서 라히리 마하사야에게 직접, 또는 공인된 제자가 확립된 경로를 통해 권한을 부여받은 경우에만 크리야를 가르칠 수 있도록 명했다. 나아가 바바지는, 공인된 크리야 교사를 통해 입문하고 믿음이 충실한 모든 크리야 요기의 영적 복리를 영원히 책임지겠노라는 은혜로운 약속을 베풀어 주셨다.
SRF와 인도의 YSS를 통해 크리야 요가에 입문하는 사람은 반드시 크리야 행법을 다른 사람에게 누설하지 않겠다는 서약을 맺어야 한다. 이런 식으로, 단순하면서도 정밀한 크리야 행법을 자격이 없는 교사가 함부로 고치거나 왜곡하지 못하도록 보호하여 손상되지 않은 본래의 형태로 유지할 수 있었던 것이다.
바바지는 일반 대중이 크리야 요가의 혜택을 누릴 수 있도록 해묵은 금욕과 포기의 규제를 유보했지만, 그럼에도 불구하고 라히리 마하사야와 그의 영적 계보(SRF/YSS 구루들의 계보)를 따르는 모든 후계자에게 이르기를, 입문을 원하는 사바바지께서는 이야기를 잠시 멈추셨다가 이렇게 덧붙이셨어. '제자들에게《바가바드 기타》*에 담긴 이 준엄한 언약을 들려주거라. 스발파마프야스야 다르마스야 트라야테 마하토 바야트[이 다르마(종교적 의례 또는 올바른 행동)를 조금만 수행하더라도 큰 두려움(마하토 바야트: 윤회 과정에 내재하는 엄청난 고통)에서 벗어날 것이다].'

다음날 아침 내가 고별의 축복을 받으려고 구루의 발밑에 무릎을 꿇자, 구루께서는 작별을 못내 아쉬워하는 마음을 알아채고 내 어깨를 토닥여 주셨어.

'우리에게 이별은 없다, 사랑하는 아들아. 네가 어디에 있든 나를 부르기만 하면 나는 곧 네 곁으로 달려갈 것이다.'

스승의 놀라운 약속과 새롭게 발견한 신에 대한 깨달음으로 구원을 얻은 나는 산 아래로 발길을 돌렸어. 사무실에 다다르자, 열흘 동안 내가 히말라야의 밀림에서 실종된 것으로 여기고 있던 동료들이 반갑게 맞아 주더군. 그러는 사이 본사에서 편지 한 통이 도착했어.

'라히리 씨를 다나푸르 사무소로 복귀시키기 바랍니다. 라히리 씨를 라니케트로 발령한 것은 착오이며, 그곳에는 다른 사람을 보냈어야 합니다.'

인도에서도 가장 멀리 떨어진 이곳으로 나를 부른 사건의 숨은 뜻을 되새기면서 나는 남모를 미소를 지었지.

나는 다나푸르†로 돌아가기 전에 모라다바드에 있는 벵골 사람 집에서 며칠을 보냈어. 친구 여섯이 모여 나를 맞아 주더군. 내가 영적인 문제로 화제를 돌리자 집주인이 침울한 표정으로 말을 꺼냈어.

'글쎄, 요즘은 인도에서 성자를 보기가 힘들다니까!'

람은 누구나 크리야 요가의 본격적인 수행을 준비하는 예비 수련 기간을 거치도록 하라고 명했다. 크리야처럼 고도로 진보된 수행법은 산만한 영적 삶과 양립할 수 없다. 크리야 요가는 단순한 명상 기법에 그치지 않는다. 그것은 또한 삶의 한 방식이며, 입문자에 대해 특정한 영적 계율을 따를 것을 요구한다. SRF와 인도의 YSS는 바바지, 라히리 마하사야, 스리 유크테스와르, 파라마한사 요가난다를 통해 전해져 내려온 이러한 지시를 충실하게 이행하고 있다. SRF/YSS 레슨과 공인된 SRF/YSS 교사들이 예비 과정으로 가르치는 홍소 수행법과 옴 수행법은 크리야 요가 수련 과정의 필수적인 부분이다. 이러한 수행법은 자아실현을 위해 의식을 고양시키고 영혼을 속박으로부터 해방시키는 데 매우 효과적이다.(편집자 주)
* II:40.
† 바나라스 부근에 있는 소도시.

나는 분연히 반대했지. '그렇지 않네. 지금도 이 땅에는 위대한 스승들이 분명히 계시다네!'

나는 격앙된 분위기에 이끌려 히말라야에서 겪은 기적 같은 체험을 들려주지 않을 수 없었어. 하지만 그 자리에 모인 사람들은 선뜻 믿지 못하는 눈치였지.

한 친구가 달래듯이 말했어. '라히리, 그동안 높은 산에서 희박한 공기 때문에 심신이 피로해진 모양일세. 자네가 들려 준 이야기는 일종의 백일몽 같은 것이야.'

나는 진실을 밝히려는 열의에 불타서 앞뒤 생각 없이 내뱉었어. '내가 그분을 부르기만 하면 이 집에 당장 나타나실 거야.'

모두들 호기심 어린 눈빛을 반짝이기 시작하더군. 사람이면 누구나 그런 기적을 보고 싶어하기 마련이지. 마지못해 나는 조용한 방에 새 담요 두 장을 깔아 달라고 부탁했어.

'스승께서는 에테르에서 물질화되실 걸세. 문 밖에서 조용히 기다리게. 내가 곧 부르겠네.'

나는 명상에 잠겨 황송한 마음으로 구루를 불렀어. 캄캄하던 방 안에 어느덧 희미하고 포근한 빛이 가득 찼어. 이윽고 바바지 님의 찬란한 형체가 모습을 드러냈지.

'라히리, 하찮은 일로 나를 부르느냐?' 스승께서는 준엄한 눈빛으로 꾸짖으셨어. '진리는 성실한 구도자를 위한 것이지 게으른 자의 호기심을 위한 것이 아니다. 눈에 보이는 것을 믿기는 쉽다. 그러면 어떤 영적 성찰도 필요치 않을 것이다. 오감을 초월한 진리는 물질에 얽매인 회의주의를 극복한 자만이 발견할 수 있는 것이다.' 그리고 침중하게 말씀하셨어. '나를 보내 다오!'

나는 스승님 발치에 엎드려 애원했어. '성스러운 구루시여, 저의 크나큰 잘못을 깨달았습니다. 머리를 조아려 용서를 빕니다. 제가 감히 스승님을 찾은 것은 영혼의 눈이 먼 이들의 마음속에 믿음을 불어넣으려는 것이었습니다. 그지없는 은혜로 저의 기도를 들어주셨으니, 떠나시기 전에 모쪼록 제 친구들에게 축복을 내려 주시옵소서. 그들이 비록 불신자라고는 하나, 적어도 종작없는 제 말이 사실인지 알아볼 마음은 먹었습니다.'

'알겠다, 잠시 머물기로 하마. 나 역시 친구들 앞에서 네 말이 불신당하는 것을 원치 않는다.' 바바지 님은 얼굴을 펴시면서 조용히 한마디 덧붙이셨어. '내 아들아, 이제부터는 네가 나를 부를 때마다 오는 것이 아니라 너에게 내가 필요할 때 올 것이다.' *

내가 문을 열자 좌중에 긴장된 침묵이 흘렀어. 친구들은 자기 눈을 믿지 못하겠다는 듯이 담요 위에서 빛을 발하는 형체를 말똥말똥 쳐다보더군.

'이건 집단 최면이야!' 누군가가 호들갑스레 웃음을 터뜨렸어.

'아무도 우리 모르게 이 방에 들어올 수는 없어!'

바바지께서는 웃으면서 걸어 나와 한 사람씩 당신의 따뜻하고 단단한 살을 만져 보라고 손짓하셨어. 그제야 의심을 떨쳐 버린 친구들은 뉘우침과 외경심에 사로잡혀 바닥에 넙죽 엎드리더군.

'할루아†를 준비하거라.' 바바지께서 이런 분부를 내리신 것은 당신의 육체적 실재를 다시 한 번 확신시켜 주기 위해서라는 것을 나는 알았지. 죽이 끓고 있는 동안 신성한 구루께서는 정겹게 담소를 나누셨어. '의심 많은 도마'들이 독실한 성 바울로 탈바꿈하는 광경은 정말 감격스러웠지. 식사를 마친 후 바바지께서는 우리에게 차례로 축복을 내려 주셨어. 그때 갑자기 번쩍하고 섬광이 일었어. 우리는 바바지 님의 육체를 이루고 있던 전자 요소들이 안개처럼 희뿌연 빛으로 확산되면서 순식간에 분해되는 것을 목격했어. 신과 하나가 된 스승의 의지력이 당신의 육체로 결합되어 있던 에테르 원자들을 풀어 주는 순간, 헤아릴 수 없는 미세한 생명자의 불꽃들이 무한의 저수지 속으로 사라져 버린 거야.

일행 가운데 하나인 마이트라‡가 경건한 얼굴로 말했어. '죽음을 정복한 분을 내 눈으로 직접 보았구나.' 그의 얼굴에는 이제 막 깨달음을 얻은 기쁨이 넘쳐흘

---

* 무한자를 향한 여정에서는 라히리 마하사야처럼 깨달음을 얻은 스승조차 지나친 열정으로 어려움을 겪고 응징을 받을 수 있다. 《바가바드 기타》에서는 신성한 구루 크리슈나가 수행자들의 왕자인 아르주나를 꾸짖는 구절을 자주 볼 수 있다.

† 버터에 튀긴 밀가루를 우유와 설탕에 넣고 끓여 만든 걸쭉한 푸딩.

‡ 훗날 마이트라 마하사야로 알려진 이 사람은 높은 경지의 자아실현을 이루게 되었다. 나는 고등학교를 졸업한 직후에 그를 만났다. 내가 바나라스에 있는 마하만달 아슈람에 기거하고 있을 때 마이트라 마하사야가 그곳을 방문했다. 그때 그는 바바지가 모라다바드에 모인 사람들 앞에서 물질화한 일화를 내게 얘기해 주었다. 마이트라 마하사야는 이렇게 말했다. "그 기적을 보고 나서 나는 평생 라히리 마하사야의 제자가 되었다네."

렀어. '지고하신 구루께서는 마치 아이들이 비눗방울을 가지고 놀듯이 시간과 공간을 가지고 놀이를 하신다. 나는 하늘과 땅의 열쇠를 갖고 계신 분을 보았다.'

나는 곧 다나푸르로 돌아왔어. 영(靈)의 바다에 굳게 닻을 내린 나는 재가 수행자로서 가정과 직장의 잡다한 의무를 다시 짊어졌지."

라히리 마하사야는 긴 이야기를 끝맺었다.

라히리 마하사야는 언젠가 스와미 케발라난다와 스리 유크테스와르에게 바바지와의 또 다른 만남에 대해 얘기한 적이 있다. 그것은 지고한 구루가 '네가 필요할 때는 언제든지 오겠다'고 한 약속을 지킨 일화들 가운데 하나였다.

라히리 마하사야는 제자들에게 말했다.

"알라하바드의 쿰브멜라(순례 축제)에서 있었던 일이야. 나는 직장에서 며칠 동안 휴가를 내고 그곳에 갔지. 성스러운 축제에 참석하기 위해 먼 거리를 달려온 수도승과 사두의 무리를 헤치며 거닐고 있노라니, 탁발 그릇을 들고 온몸에 재를 바른 고행자가 눈에 띄더군. 겉으로만 탈속의 상징을 덮어쓰고 그에 걸맞은 내면의 덕을 갖추지 못한 그 남자가 가식적이라는 생각이 들었어.

그 고행자를 지나치는 순간 나는 깜짝 놀라 눈을 의심했어. 헝클어진 머리를 한 은자 앞에 바바지께서 무릎을 꿇고 계셨던 거야.

나는 서둘러 스승님 곁으로 갔지. '구루지, 여기서 무얼 하고 계십니까?'

'이 고행자의 발을 씻겨 주고 있다. 그러고 나서 밥그릇도 씻어 줄 참이다.' 바바지께서는 어린아이처럼 웃으셨어. 나는 스승께서 깨우쳐 주시려는 뜻을 알아차렸지. 아무도 탓하지 말라는 것, 신께서는 잘난 사람이건 못난 사람이건 가리지 않고 어떤 육체의 사원에나 똑같이 깃들이신다는 것을.

위대한 구루께서는 또 이런 말씀도 하셨어. '현명한 사두와 무지한 사두를 다 같이 섬기면서 나는 신을 기쁘게 해 드리는 가장 고귀한 덕목을 익히고 있는 것이다. 그것은 바로 겸손이다.' "[*]

---

[*] "스스로 낮추사 천지를 살피시고"(《시편》 113:6) "누구든지 자기를 높이는 자는 낮아지고 누구든지 자기를 낮추는 자는 높아지리라"(《마태복음》 23:12)에고, 즉 거짓 자아를 낮추는 것은 자신의 영원한 정체성을 발견하는 것이다.

35
라히리 마하사야의 거룩한 삶

"우리가 이와 같이 하여 모든 의를 이루는 것이 합당하니라."* 예수는 세례 요한에게 이렇게 말하면서 세례를 청함으로써 자신의 구루에게 주어진 신성한 권리를 인정하고 있다.

《성경》을 동양인의 관점†에서 주의 깊게 살펴본 결과와 직관적 인식을 바탕으로, 나는 세례 요한이 전생에 그리스도의 구루였다는 확신을 가지게 되었다. 《성경》의 여러 구절에서 요한과 예수가 전생에 엘리야와 그의 제자 엘리사였음을 암시하고 있다.(구약에 Elijah와 Elisha로 표기된 이름을 그리스 번역자들은 Elias와 Eliseus로 표기했다. 신약에는 이렇게 바뀐 이름이 다시 나온다.)

구약은 맨 마지막에서 엘리야와 엘리사의 환생을 예언하는 것으로 끝을 맺는다. "보라 여호와의 크고 두려운 날이 이르기 전에 내가 선지자 엘리야를 너희에게 보내리니."‡ 그리하여 요한(엘리야)은 그리스도의 강림을 알리는 선지자 역할을 하기 위해 조금 먼저 태어난 것이다. 한 천사가 그 아버지 사가랴에게 나타나 곧 태어날 아들 요한이 다름 아닌 엘리야임을 증언한다.

---

* 〈마태복음〉 3:15.
† 《성경》의 여러 구절은 윤회의 법칙을 이해하고 받아들였음을 보여 준다. 무에서 유(에고 의식)가 창조되어 30~90년 동안 각기 다른 수준의 생명력을 가지고 존재하다가 다시 무로 돌아간다고 상정하는 서양의 통념에 비해, 윤회는 인간이 처한 각기 다른 진화의 상태를 훨씬 합리적으로 설명해 준다. 그러한 무(無)의 불가해한 본질은 중세 신학자의 마음을 설레게 하는 문제다.
‡ 〈말라기〉 4:5.

"천사가 그에게 이르되 사가랴여 무서워하지 말라. 너의 간구함이 들린지라. 네 아내 엘리사벳이 네게 아들을 나아 주리니 그 이름을 요한이라 하라. (…) 이스라엘 자손을 주 곧 그들의 하나님께로 많이 돌아오게 하겠음이라. 그가 또 엘리야의 심령과 능력으로 주 앞에 먼저 와서 아버지의 마음을 자식에게, 거스르는 자를 의인의 슬기에 돌아오게 하고 주를 위하여 세운 백성을 준비하리라."[*]

예수는 두 차례에 걸쳐 엘리야가 곧 요한임을 밝힌다. "엘리야가 이미 왔으되 사람들이 알지 못하고 (…) 그제서야 제자들이 예수께서 말씀하신 것이 세례 요한인 줄을 깨달으니라."[†] 그리스도는 또 말한다. "모든 선지자와 율법이 예언한 것은 요한까지니, 만일 너희가 즐겨 받을진대 오리라 한 엘리야가 곧 이 사람이니라."[‡]

요한이 스스로 엘리야임을 부인한[§] 참뜻은 소박한 요한의 옷을 입고 있는 자신이 이번에는 고결한 구루 엘리야의 모습으로 오지 않았다는 것이었다. 전생에서 그는 자신의 영광과 영적 풍요를 나타내는 '겉옷'을 제자인 엘리사에게 주었다. "엘리사가 이르되 당신의 성령이 하시는 역사가 갑절이나 내게 있게 하소서 하는지라. 이르되 네가 어려운 일을 구하는도다. 그러나 나를 네게서 데려가시는 것을 네가 보면 그 일이 네게 이루어지려니와 … 엘리야의 몸에서 떨어진 그의 겉옷을 가지고."[¶]

엘리야–요한은 이제 완전한 신성에 이른 엘리사–예수에게 명목상의 구루로 머무를 필요가 없어졌기 때문에 역할이 뒤바뀐 것이다.

산 위에서 그리스도의 모습이 바뀌었을 때 모세와 그의 구루 엘리야가 나타났다.[**] 십자가에 못 박힌 최후의 순간에 예수는 큰 소리로 외쳤다. "엘리 엘리 라마 사박다니 하시니 이는 곧 나의 하나님, 나의 하나님, 어찌하여 나를 버리셨나

* 〈누가복음〉 1:13-17.
† 〈마태복음〉 17:12-13.
‡ 〈마태복음〉 11:13-14.
§ 〈요한복음〉 1:21.
¶ 〈열왕기 하〉 2:9-14.
** 〈마태복음〉 17:3.

이까 하는 뜻이라. 거기 섰던 자 중 어떤 이들이 듣고 이르되 이 사람이 엘리야를 부른다 하고 (…) 엘리야가 와서 저를 구원하나 보자 하더라."[*]

요한과 예수를 이어 주었던 시간을 뛰어넘는 구루와 제자의 유대 관계는 바바지와 라히리 마하사야 사이에도 존재했다. 죽음을 초월한 구루는 제자가 두 번의 삶을 거치는 동안 소용돌이치는 윤회의 심해 속을 헤엄치면서 어린 라히리 마하사야가 어른이 될 때까지 각 단계마다 애정 어린 손길로 그를 이끌었다. 제자가 서른세 살이 되어서야 바바지는 한 번도 끊어진 적이 없는 유대의 고리를 새롭게 재정립할 때가 무르익었다고 판단한 것이다.

자아를 초월한 구루는 라니케트에서 사랑하는 제자를 잠깐 만난 다음 곁에 붙들어 두지 않고 외부 세계의 사명을 완수할 수 있도록 놓아 주었다. "내 아들아, 네가 나를 필요로 할 때는 언제든지 오겠다." 이 같은 약속에 담긴 무궁한 뜻을 이 세상의 어떤 사랑으로 이룰 수 있겠는가?

세간에는 알려지지 않은 위대한 영혼의 르네상스가 1861년부터 바나라스의 한구석에서 시작되었다. 꽃의 향기를 억누를 수 없는 것처럼, 이상적인 재가 수행자로서 조용한 삶을 영위하던 라히리 마하사야는 자신의 타고난 영광을 숨길 수 없었다. 인도 각지에서 열의에 찬 헌신자들이 신성한 꿀을 찾는 벌처럼 깨달음을 얻은 스승 곁으로 모여들기 시작했다.

사무소에서 범상치 않은 직원의 초월적 변화를 가장 먼저 알아차린 사람 가운데 하나였던 영국인 소장은 라히리 마하사야에게 '무아경의 바부'라는 애칭을 붙여 주었다.

"소장님, 울적해 보이시는데 무슨 일이 있으십니까?" 어느 날 아침 라히리 마하사야가 걱정스러운 얼굴로 자신의 고용주에게 물었다.

"영국에 있는 아내가 몹쓸 병에 걸렸다오. 걱정이 돼서 견딜 수가 없구려."

"제가 부인에 관한 소식을 좀 알아보지요." 라히리 마하사야는 사무실 밖으로 나가 잠시 동안 외진 곳에 앉아 있었다. 다시 사무실로 돌아온 그는 안도의 미소

[*] 〈마태복음〉 27:46–49.

라히리 마하사야(1828~1895)
요가바타, '요가의 화신'
바바지의 제자이자 스리 유크테스와르의 구루
고대의 크리야 요가 과학을 현대 인도에 부활시켰다.

를 머금고 있었다.

"부인께서는 점차 나아지고 계십니다. 지금 소장님께 편지를 쓰고 계시네요." 전지(全知)의 요기는 편지의 일부를 인용하기까지 했다.

"무아경의 바부, 나는 일찍부터 당신이 보통 사람이 아니라는 것을 알고 있었소. 하지만 당신이 마음대로 시간과 공간을 넘나들 수 있다는 건 여전히 믿기지가 않는구려!"

구루가 예언한 편지가 드디어 도착했다. 소장은 아내가 회복되었다는 기쁜 소식과 함께 몇 주 전에 위대한 스승이 얘기했던 것과 똑같은 구절이 적혀 있는 것을 보고 깜짝 놀랐다.

몇 달 뒤 소장의 부인이 인도에 왔다. 라히리 마하사야를 만난 그녀는 경외하는 마음으로 그를 바라보았다.

"몇 달 전에 저는 런던의 병상에서 눈부신 후광에 싸인 선생님의 모습을 보았습니다. 그 순간 병이 감쪽같이 나았어요! 머지않아 저는 인도로 가는 멀고 먼 뱃길에 오를 수 있게 되었습니다."

숭고한 구루는 날마다 수행자를 한두 사람씩 크리야 요가에 입문시켰다. 그는 이 같은 영적 과업이나 직장과 가정의 직무를 충실히 수행하는 한편으로 교육에도 열정적인 관심을 기울였다. 그는 수많은 연구 모임을 조직하고 바나라스의 벵갈리 토라 지구에 있는 유수 고등학교의 발전에 적극적으로 이바지했다. 훗날 '기타 강독회(Gita Assembly)'라고 불리게 된 주말 모임에서 구루는 열성적인 구도자들에게 경전을 상세히 해설해 주었다.

이런 여러 가지 활동을 통해 라히리 마하사야는 보통 사람들이 궁금해하는 물음에 답하고자 했던 것이다. 우리가 과연 직장과 사회의 의무를 다하고 나서도 헌신적으로 명상을 수행할 시간이 있을까? 위대한 재가 구루의 조화롭고 균형 잡힌 삶은 수많은 사람에게 영감을 불어넣어 주었다. 많지 않은 봉급으로 검소한 생활을 하면서 누구에게나 소탈하고 친근한 모습으로 다가가는 스승은 절도 있는 세속의 삶을 자연스러우면서도 행복하게 이끌어 갔다.

지고한 존재의 반열에 오른 그였지만, 라히리 마하사야는 사람들의 상하 귀천을 가리지 않고 누구에게나 존중하는 태도를 보였다. 자신을 따르는 사람이 인사를 하면 그도 머리를 숙여 답례를 했다. 스승에게 경의를 표하는 것이 동양의 오랜 관습이었음에도 불구하고 구루는 종종 어린아이처럼 겸손한 마음으로 다른 사람의 발을 만지곤 했는데, 정작 남이 자신에게 그런 예를 표하는 것은 허락하지 않았다.

라히리 마하사야의 삶에서 한 가지 중요한 특징을 든다면, 어떤 신앙을 가진 사람에게나 크리야를 전수해 주었다는 점이다. 그가 아끼는 제자 가운데는 힌두교도뿐 아니라 이슬람교도와 기독교도도 포함되어 있었다. 일원론자와 이원론자, 다양한 신앙을 가진 사람이나 특정한 신앙을 갖지 않은 사람도 만인의 구루 앞에서는 모두 평등하게 가르침을 받았다. 일례로, 가장 뛰어난 첼라 가운데 하나인 압둘 구푸르 칸은 이슬람교도였다. 라히리 마하사야는 스스로 가장 높은 신분인 브라만 계급에 속해 있으면서도 엄격한 카스트 제도의 편협성을 깨기 위해 애썼다. 온갖 계층의 사람들이 스승의 넓디넓은 날개 밑에서 저마다 안식처를 찾았다. 신의 영감을 받은 다른 모든 선지자와 마찬가지로, 라히리 마하사야도 사회에서 버림받고 괴롭힘 당하는 사람들에게 새 희망을 불어넣어 주었다.

위대한 구루는 제자들에게 말했다. "너희는 어느 누구에게도 매여 있지 않고 어느 누구도 너희에게 매여 있지 않다는 사실을 명심해라. 언젠가 갑자기 이 세상에 모든 것을 남겨 두고 떠나야 할 날이 닥칠 것이다. 그러니 지금 신과 영교를 맺어 두어라. 매일같이 신성한 인식의 기구(氣球)를 타고 올라 다가올 죽음의 아스트랄 여행을 준비해라. 너희는 미망에 사로잡혀 스스로를 기껏해야 번뇌의 온상에 불과한 살과 뼈의 덩어리로 인식하고 있다.* 끊임없는 명상을 통해 너희 자신이 온갖 형태의 고통에서 벗어난 무한한 본질임을 깨닫도록 해라. 육체의 감옥에 갇혀 있지 말고 크리야의 비밀 열쇠를 사용해서 영(靈) 속으로 탈출하는 방법을 배워라."

---

* "우리 육체에는 얼마나 많은 종류의 죽음이 존재하는가! 거기에는 단지 죽음이 있을 뿐이다."(마틴 루터, 《탁상담화(Table-Talk)》)

스승은 다양한 배경을 가진 제자들에게 각자의 신앙에 따른 전통 규범을 충실히 지키도록 격려했다. 라히리 마하사야는 해탈에 이르는 수행법으로서 모든 것을 아우르는 크리야 요가의 본질을 강조하면서, 첼라들에게 출신과 환경에 따라 각자의 삶을 표현할 수 있는 자유를 주었다.

스승은 이렇게 분부했다. "이슬람교도는 하루에 다섯 번 나마즈(예배)*를 드려야 한다. 힌두교도는 매일 차분히 자리를 잡고 명상을 해야 한다. 기독교도는 매일 시간을 내서 무릎을 꿇고 하느님께 기도를 드린 후 《성경》을 읽어야 한다."

구루는 슬기로운 안목으로 제자들을 각자 타고난 성향에 따라 박티(헌신), 카르마(행위), 즈나나(지혜), 라자(왕도 또는 완전) 요가의 길로 이끌었다. 본격적인 수도승의 길로 들어서고자 하는 수행자들에게 선뜻 허락을 내리지 않았던 스승은 언제나 먼저 엄격한 수도 생활에 대해 충분히 숙고해 보도록 타일렀다.

위대한 구루는 제자들에게 경전에 대한 이론적 토론을 삼가라고 가르쳤다. "예로부터 전해 온 계시를 그저 읽기만 하는 것이 아니라 몸과 마음을 다해 깨닫고자 애쓰는 사람이야말로 지혜로운 사람이다. 모든 문제는 명상을 통해서 해결해라.† 쓸데없는 공리공론을 멀리하고 신과 실제적인 교감을 이루는 데 힘써라. 마음속에서 독단적인 교리의 부스러기를 쓸어 내고, 직접적인 인식을 통해 신선한 치유의 물길을 열어라. 내면에서 생생히 울리는 가르침에 주파수를 맞춰라. 신의 목소리는 삶의 어떤 난제에 대해서도 해답을 가지고 있다. 스스로 문제를 일으키는 인간의 재주는 끝이 없어 보이지만, 무한한 구원자는 그에 뒤지지 않는 지혜를 가지고 있다."

어느 날, 《바가바드 기타》 해설을 듣고 있던 한 무리의 제자들 앞에서 스승의 무소부재한 본질이 드러난 일이 있었다. 진동하는 창조물 안에 깃든 쿠타스타 차이타냐(그리스도 의식)의 의미를 설명하고 있던 라히리 마하사야가 갑자기 숨을 헐떡이면서 큰 소리로 외쳤다.

---

* 이슬람교도가 매일 다섯 번씩 반복하는 주요 기도 의식.
† "곰팡내 나는 책 속이 아니라 명상 속에서 진리를 찾으라. 달을 보려거든 연못 속을 들여다보지 말고 하늘을 올려다보라."(페르시아 격언)

"나는 일본의 해안에서 수많은 사람의 시신과 함께 물속에 가라앉고 있다!"

이튿날 아침 첼라들은 그 전날 일본 근해에서 배가 침몰하는 바람에 여러 사람이 죽었다는 신문 기사를 보았다.

멀리 떨어진 곳에 있는 제자들은 자기를 감싸 주는 스승의 존재를 늘 의식하고 있었다. 라히리 마하사야는 가까이 머물 수 없는 첼라들에게 이런 격려의 말을 들려주곤 했다. "나는 크리야를 수행하는 사람과 언제나 함께 있다. 나는 한없이 넓어지는 너희들의 영적 인식을 통해 너희를 우주의 고향으로 인도해 주겠다."

위대한 구루의 걸출한 제자인 스리 부펜드라 나트 사날*은 말하기를, 1892년에 자기는 어려서 바나라스로 갈 수 없었기 때문에 스승에게 영적 가르침을 달라고 기도했다고 한다. 꿈에 라히리 마하사야가 부펜드라 앞에 나타나 디크샤(입문)를 베풀었다. 훗날 소년이 바나라스로 가서 구루에게 디크샤를 부탁드리자 라히리 마하사야는 이렇게 대답했다. "꿈속에서 이미 입문시켜 주지 않았느냐!"

제자가 세속의 의무를 게을리하면 스승은 부드럽게 타일러서 일깨워 주었다.

언젠가 스리 유크테스와르는 내게 이렇게 말했다. "어쩔 수 없이 사람들 앞에서 첼라의 잘못을 꾸짖어야 하는 경우에도 라히리 마하사야께서는 언제나 온화한 말로 감싸 주셨다." 그러고는 애석한 듯이 덧붙였다. "하지만 어떤 제자도 가슴을 찌르는 스승님의 충고에서 벗어날 수는 없었지." 나는 웃음을 참을 수 없었지만, 내게는 스승님 말씀이 모두 음악처럼 들렸노라고 안심시켜 드렸다.

라히리 마하사야는 크리야의 전수 과정을 면밀히 검토하여 네 단계로 나누었다.† 그리고 수행자가 뚜렷한 영적 진보를 보이는 경우에만 더 높은 단계의 행법을 전수해 주었다. 어느 날, 자신의 가치가 올바른 평가를 받지 못하고 있다고 생각한 어떤 첼라가 불평을 했다.

"스승님, 저는 맹세코 두 번째 단계를 전수받을 준비가 되었습니다." 바로 이때 문이 열리면서 행색이 초라한 제자 하나가 들어왔다. 그는 바나라스의 우체

---

* 스리 사날은 1962년에 세상을 떠났다.(편집자 주)
† 크리야 요가는 여러 갈래로 나뉘어 있다. 라히리 마하사야는 그중에서 실천적 가치가 가장 높은 네 가지 필수 단계를 가려냈다.

부 브린다 바가트였다.

"브린다, 이리 와 내 옆에 앉거라." 위대한 구루는 그를 보고 다정한 미소를 지었다. "말해 보거라, 너는 두 번째 단계의 크리야를 전수받을 준비가 되었느냐?"

몸집이 자그마한 우체부는 두 손을 모아 잡고 애원하듯이 말했다. "구루데바, 아직 멀었습니다. 제가 어떻게 더 높은 가르침을 받아들이겠습니까! 저는 오늘 첫 단계 크리야를 수행하다가 신께서 내려 주신 기쁨에 취해서 편지를 배달할 수 없을 지경이 되었기에 스승님께 축복을 부탁드리러 온 것입니다."

"브린다는 이미 영(靈)의 바다에서 헤엄치고 있구나!" 라히리 마하사야가 칭찬하는 것을 듣고 다른 제자가 고개를 떨구며 말했다.

"스승님, 저는 지금까지 연장 탓만 하는 서툰 일꾼이었습니다."

교육을 받지 못하고 신분이 낮은 우체부는 훗날 크리야를 통해 뛰어난 통찰력을 연마한 결과, 학자들까지도 때때로 풀기 힘든 영적 문제에 부딪히면 그에게 해석을 자문할 정도가 되었다. 문법은 몰라도 마음이 순결한 작은 브린다는 학식이 깊은 범학자들 사이에서 명망을 얻었다.

바나라스에 거주하는 수많은 제자들 외에도 인도 각지에서 수백 명의 헌신자가 라히리 마하사야를 찾아왔다. 그 자신도 두 아들의 처가를 방문하느라 여러 차례 벵골에 다녀왔다. 그 사이에 성인의 발자취가 베푼 축복에 힘입어 벵골 지역에는 소규모의 크리야 수행 단체가 우후죽순처럼 생겨났다. 특히 크리슈나나가르와 비슈누푸르 지역에서는 적지 않은 신도들이 오늘날까지 눈에 보이지 않는 영적인 명상의 흐름을 묵묵히 이어 오고 있다.

라히리 마하사야에게 크리야를 전수받은 여러 성자 가운데는 바나라스에서 이름을 떨친 스와미 바스카라난다 사라스와티와 데오가르의 고매한 은자 발라난다 브라흐마차리 같은 인물이 포함되어 있다. 바나라스의 마하라자(군주) 이스와리 나라얀 신하 바하두르는 라히리 마하사야를 자기 아들의 개인 교사로 초빙했다. 스승의 영성에 감명을 받은 마하라자와 아들은 크리야를 전수받고자 힘썼다. 마하라자 조틴드라 모한 타쿠르도 같은 길을 따랐다.

속세에서 높은 지위를 얻은 제자들은 크리야를 적극적으로 홍보하여 교세를

판차논 바타차리아
라히리 마하사야의 제자

확장하고자 했다. 그러나 구루는 이를 허락하지 않았다. 바나라스의 왕실 주치
의였던 한 첼라는 스승에게 헌정된 '카시 바바'(바나라스의 존자)라는* 칭호를 널
리 알리기 위해 조직적인 노력을 기울였다. 그러나 이번에도 구루는 이것을 금

---

* 제자들이 라히리 마하사야에게 헌정한 칭호에는 그 밖에도 요기바르(가장 위대한 요기), 요기라지(요기의 왕), 무니바르
(가장 위대한 성자) 등이 있다. 나는 여기에 요가바타(요가의 화신)라는 칭호를 추가했다.

했다.

라히리 마하사야는 말했다. "크리야 꽃의 향기가 제 스스로 퍼지도록 놓아두어라. 크리야의 씨앗은 기름진 영혼의 토양에 어김없이 뿌리를 내릴 것이다."

위대한 스승은 현대적인 조직이나 인쇄 매체를 통해 가르침을 펴는 방식을 채택하지 않았지만, 자신의 가르침이 거스를 수 없는 홍수처럼 불어나 스스로의 힘으로 마음의 둑을 허물게 되리라는 사실을 잘 알고 있었다. 나날이 변모하고 정화되어 가는 수행자들의 삶은 사그라지지 않는 크리야의 생명력을 단적으로 보여 주는 증거라고 할 수 있다.

라니케트에서 크리야를 전수받은 지 스물다섯 해가 지난 1886년에 라히리 마하사야는 정년이 되어 퇴직했다.* 여유가 생긴 낮 시간에는 스승을 찾는 제자들의 발길이 끊이지 않았다. 위대한 구루는 이제 연화좌를 취하고 평온한 침묵 속에 대부분의 시간을 보냈다. 산책을 하거나 집안의 다른 곳을 둘러보는 일도 없이, 조그만 거실을 벗어나는 경우가 거의 없었다. 구루의 다르샨(친견: 스승을 뵙고 정신적 고양을 얻는 것)을 바라는 첼라들의 조용한 물결은 그칠 줄을 몰랐다.

라히리 마하사야를 가까이에서 본 사람은 누구나 그의 신체가 나타내는 초인적인 특징들, 이를테면 숨을 쉬지 않고, 잠을 자지 않고, 맥박과 심장 박동이 멈추고, 몇 시간 동안 눈을 깜박이지 않고, 심원한 평화의 영기를 발하는 모습에서 크나큰 외경심을 느꼈다. 영혼의 고양을 얻지 못하고 가는 사람은 하나도 없었다. 누구나 자신이 진정한 신의 사람으로부터 침묵의 축복을 받았다는 것을 알고 있었다.

스승은 제자인 판차논 바타차리아가 캘커타에 '아리아 미션 협회(Arya Mission Institution)'라는 요가 센터를 여는 것을 허락했다. 이 센터는 요가 의학의 생약†을 나누어 주고, 《바가바드 기타》의 벵골어 보급판을 간행했다. 힌디어와 벵골어

---

* 그는 정부의 한 부서에서 모두 35년간 근무했다.

† 힌두교 의학 경전을 《아유르베다》라고 한다. 베다 시대의 의사들은 정교한 수술 기구를 사용하고, 성형 수술을 하고, 유독가스를 중화시키는 방법을 이해하고, 제왕절개와 뇌 수술을 행하고, 의약품을 활성화하는 기술에 정통했다. 히포크라테스(기원전 4세기)는 《약물지(Materia Medica)》의 많은 부분을 인도의 경전에서 빌어 왔다.

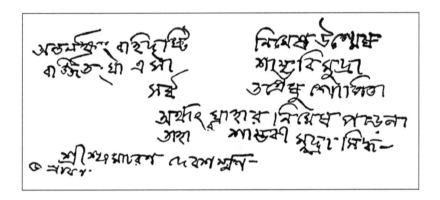

로 된 《아리아 미션 기타》는 수천 가구에 배포되었다.

스승은 고대의 관습에 따라 여러 가지 병을 치료하는 님* 기름을 사람들에게 나눠 주었다. 구루가 어떤 제자를 시켜 기름을 추출하도록 하면 어렵지 않게 기름을 짤 수 있었다. 하지만 다른 사람이 그 일을 하려고 하면 이상하게 잘 되지 않았다. 추출 과정을 순서대로 거치고 나서 보면 액체가 모조리 증발해 버리곤 했다. 꼭 필요한 스승의 축복이 빠졌기 때문이었던 것이 틀림없다.

위의 그림은 라히리 마하사야가 손수 벵골어로 쓴 글과 서명이다.(왼쪽 아래에 '스리 슈야마 차란 데바 샤르만'이라는 서명이 적혀 있다.) 이 글은 한 첼라에게 보내는 편지에 들어 있던 것이다. 위대한 스승은 산스크리트 시구를 다음과 같이 해석하고 있다. "눈꺼풀조차 깜박이지 않는 평온의 상태가 되면 삼바비 무드라에 이른 것이다." †

위대한 선지자들이 흔히 그렇듯이, 라히리 마하사야도 직접 책을 쓴 적이 없다. 그러나 그는 경전을 해석하면서 여러 제자를 가르쳤다. 스승의 손자이자 나

* 동인도의 먹구슬나무. 이제는 서양에서도 그 의학적 가치를 인정하여 쓴맛의 님나무 껍질은 강장제로 사용하고, 씨앗과 열매에서 짠 기름은 나병을 비롯한 질병 치료에 쓴다.
† 삼바비 무드라는 두 눈썹 사이의 한 점에 시선을 고정시키는 것을 의미한다. 요기가 특정한 정신적 평온의 단계에 이르면 눈꺼풀이 깜박이지 않게 된다. 그는 내면의 세계에 완전히 몰입한 것이다.
무드라(手印)는 보통 손과 손가락으로 표현하는 상징적 모양을 가리킨다. 여러 가지 무드라는 특정한 신경에 영향을 끼쳐 심신의 평온을 유지시켜 준다. 고대의 힌두 경전은 나디(우리 몸에 퍼져 있는 7만 2천 개의 신경 통로)와 이들이 마음에 미치는 관계를 상세히 분류하고 있다. 의례와 요가에서 사용하는 무드라는 이처럼 과학적 근거를 가지고 있다. 인도의 도상(圖像)이나 의식 무용에서도 무드라의 정교한 언어를 볼 수 있다.

의 절친한 친구로 지금은 작고한 스리 아난다 모한 라히리는 이렇게 말했다.

"《바가바드 기타》를 포함한 서사시 《마하바라타》의 곳곳에는 이른바 매듭 점 (브야스 쿠타스)이 존재한다. 이 매듭 점을 밝히지 않고 넘어가면 단지 기묘하고 오해를 불러일으키기 쉬운 신화 이야기만 남게 된다. 매듭 점을 이해하지 못하면 인도가 수천 년에 걸쳐 실험을 거듭하면서 초인적인 인내심을 가지고 지켜온 과학을 잃게 된다.*

라히리 마하사야께서는 수수께끼 같은 경전의 은유와 수사에 가려 교묘하게 시야에서 감추어졌던 종교의 과학에서 우화적 요소를 제거하고 새로운 빛을 비춰 주셨다. 스승께서는 《베다》의 교의가 이해할 수 없는 언어의 마술이 아니라 과학적 의미로 가득 차 있다는 것을 밝혀내셨다.

우리는 인간이 사악한 격정 앞에 무기력하다는 것을 알고 있다. 그러나 크리야 요가를 통해 더 강하고 영속적인 지복의 의식이 움틀 때 이런 격정은 힘을 잃고 인간은 그 속에 빠져들 동기를 찾지 못한다. 이때 저급한 본성을 부정하는 '포기'와 지복을 체험하는 '수용'이 동시에 일어난다. 그런 과정을 거치지 않고 단지 부정만을 요구하는 도덕규범은 아무런 쓸모가 없다.

모든 현상적 발현의 배후에는 끝 모를 힘을 지닌 무한이 가로놓여 있다. 세속적 활동에 대한 열망은 우리의 내면에서 영혼에 대한 외경의 감각을 약화시킨다. 현대 과학은 자연의 힘을 이용하는 방법을 가르쳐 주기 때문에, 우리는 모든 이름과 형태의 이면에 깃든 큰 생명을 깨닫지 못하게 된다. 자연을 마구 파헤치다 보니 자연의 궁극적 신비를 업신여기는 결과를 빚은 것이다. 자연과 우리의 관계는 이제 하나의 실용적인 업무가 되었다. 말하자면 우리는 자연을 우리의 목적에 굴복시키는 방법을 발견하기 위해 자연을 학대하고 있는 것이다. 우리는

---

* "최근에 인더스 계곡의 고고학 유적지에서 발굴된 기원전 3000년경으로 추정되는 다수의 인장(印章)에는 오늘날 요가 체계에서 사용하는 명상 자세로 앉아 있는 인물이 새겨져 있다. 이로 미루어, 그 당시에 이미 요가의 몇 가지 기본 원리가 알려져 있었던 것으로 추론할 수 있다. 그렇다고 해서 면밀한 방법론의 도움을 받은 체계적 자기 성찰이 인도에서 5천 년 동안 계속되어 왔다는 성급한 결론을 내려서는 안 될 것이다."(노먼 브라운 교수, 《미국 학술단체 협의회 회보(Bulletin of the American Council of Learned Societies)》)
그렇지만 힌두 경전은 요가의 과학이 인도에서 실로 장구한 세월에 걸쳐 이어져 왔음을 증언하고 있다.

자연의 에너지를 이용하고 있지만 그 근원에 대해서는 여전히 아는 바가 없다. 과학의 관점에서 보면 인간과 자연의 관계는 오만한 주인과 하인 사이의 관계와 같다. 더 나아가 철학적인 의미에서 말한다면 자연은 마치 증언대에 선 포로와 같다. 우리는 자연을 심문하고 다그치며, 자연에 숨겨진 가치를 올바르게 측정할 수 없는 인간의 척도로 자연의 증거를 평가하려 든다.

이와 달리, 자아가 더 높은 힘과 교감하고 있을 때 자연은 별다른 압박이나 긴장 없이 자동적으로 인간의 의지에 순종한다. 깨우침이 부족한 물질주의자는 자연이 그처럼 수월하게 통제되는 것을 보고 '기적'이라고 떠드는 것이다.

라히리 마하사야의 삶은 요가가 신비에 싸인 수행법이라는 잘못된 인식을 바꿔 놓은 본보기를 보여 주었다. 자연과학의 객관성은 그 자체로 존중하면서, 사람은 누구나 크리야 요가를 통해 자연과의 참된 관계를 이해하고 신비한 것이든 일상적인 것이든 모든 현상에서 영적 외경심을 느낄 수 있다.[*] 수천 년 전에는 설명할 수 없었던 많은 일을 이제는 밝혀 낼 수 있고, 지금은 불가사의해 보이는 문제들도 머지않은 미래에는 합리적으로 규명할 수 있게 되리라는 것을 우리는 마음에 새겨야 한다.

크리야 요가의 과학은 영원하다. 그것은 수학과 같은 진리다. 더하기 빼기의 간단한 규칙과 마찬가지로 크리야의 법칙은 결코 파괴할 수 없다. 수학에 관한 책을 모두 불태워 재로 만들더라도 논리적인 정신은 언제든지 그 진리를 다시 발견할 것이다. 요가에 관한 책을 모두 금하더라도 때가 되면 순수한 헌신으로 순수한 지식을 터득한 현자가 나타나 그 근본 원리를 다시 밝혀낼 것이다."

바바지가 마하바타(가장 위대한 아바타)로 불리고 스리 유크테스와르가 즈나나바타(지혜의 화신)라고 불리듯이, 라히리 마하사야는 요가바타(요가의 화신)로 불려 마땅하다.[†]

---

[*] "어떤 사람이 수많은 학술 단체의 회장을 맡고 머릿속에 온갖 실험실과 관측소의 축도를 지니고 있더라도, 자연에 대해 경탄할 수 없고 또 늘 경모하지 않는다면 그것은 마치 눈이 없이 안경만 쓰고 있는 것과 다름이 없다."(칼라일, 《의상철학 (Sartor Resartus)》)

[†] 스리 유크테스와르는 자신의 첼라 파라마한사 요가난다를 신성한 사랑의 화신으로 지칭했다. 파라마한사지가 타계한 후, 그의 수제자이자 영적 후계자인 라자르시 자나카난다(제임스 린)는 그에게 프렘아바타(사랑의 화신)라는 칭호를 공식

위대한 스승은 사회의 영적 수준을 질과 양의 모든 면에서 고양시켜 주었다. 가까운 제자들을 그리스도와 같은 위상으로 끌어올리고 대중들 사이에 진리를 널리 편 라히리 마하사야는 인류를 구원한 성인의 반열에 다가섰다.

선지자로서 그가 이룩한 독보적인 업적은 크리야라고 하는 명확한 방법론의 실천적 측면을 부각시킴으로써 모든 인간에게 요가를 통한 자유의 문을 처음으로 열어 준 데 있다. 요가바타의 삶 속에 나타난 기적들은 제쳐 두더라도, 그는 고대 요가의 복잡한 체계를 보통 사람이 이해할 수 있도록 단순화했다는 점에서 경이의 극치를 보여 주었다.

기적에 관해 논할 때면 라히리 마하사야는 종종 이런 말을 했다. "일반 사람들에게 알려지지 않은 미묘한 법칙을 분별없이 공개적으로 토론하거나 글로 펴내서는 안 된다." 이 책에서 내가 스승의 당부를 어긴 것처럼 보였다면, 그것은 내면에서 스승의 허락을 받았기 때문이다. 하지만 바바지와 라히리 마하사야, 스리 유크테스와르의 삶을 기록하면서 나는 어떤 기적에 관해서는 이야기를 꺼내지 않는 것이 좋겠다고 생각했다. 그런 이야기를 포함시키려면 난해한 철학을 설명하기 위한 책을 또 한 권 써야 했을 것이다.

라히리 마하사야는 재가 요기로서 현대 세계의 요구에 걸맞은 실천적 가르침을 전해 주었다. 지금은 고대 인도처럼 여유로운 경제적 · 종교적 여건을 기대할 수 없게 되었다. 그렇기 때문에 위대한 스승은 탁발 그릇을 들고 떠돌아다니는 고행자라는 낡은 요기의 이상을 장려하지 않았다. 그보다는 쪼들리는 사회의 도움에 의존하지 않고 스스로 생계를 책임지면서 자기 집에서 조용히 요가를 수행할 때 얻게 되는 이점을 강조했다. 라히리 마하사야는 단지 충고에 그치지 않고 그 자신이 본보기를 보임으로써 뭇 사람에게 용기를 북돋워 주었다. 그는 현대에 어울리는 '합리적' 요기의 모범을 보여 주었다. 그의 삶은 큰 뜻을 품은 온 세상의 요가 수행자를 위한 길잡이 역할을 하도록 바바지에 의해 계획된 것이었다.

새로운 인간에게 새로운 희망을! 요가바타는 이렇게 선언했다. "신과의 합일

적으로 헌정했다.(편집자 주)

은 교리상의 신념이나 우주를 지배하는 자의 독단적 의지에 좌우되는 것이 아니라 어디까지나 스스로의 노력을 통해 이룩할 수 있다."

　인간의 신성을 믿지 못하겠다는 사람도 크리야라는 열쇠를 사용하면 언젠가 자기 자신 속에 충만한 신성을 보게 될 것이다.

36
서양에 대한 바바지의 관심

"스승님께서는 바바지 님을 만나 뵌 적이 있으신가요?"

세람포어의 고요한 여름밤이었다. 머리 위에서 열대의 별들이 커다랗게 빛나고 있었다. 나는 아슈람의 이층 발코니에 스리 유크테스와르와 함께 앉아 있었다.

"그럼." 뜬금없는 나의 물음에 스승은 미소를 지었다. 그의 눈가에 흠모의 빛이 서렸다. "나는 불멸의 구루를 세 번이나 뵙는 은총을 입었다. 첫 만남은 알라하바드의 쿰브멜라에서 이루어졌지."

쿰브멜라는 인도에서 아득한 옛날부터 이어져 온 종교 축제다. 쿰브멜라는 영적인 목표가 한시라도 사람들의 시야에서 사라지는 일이 없도록 지켜 주었다. 수백, 수천만 명에 이르는 독실한 힌두교도들이 12년마다 한 번씩 모여 사두와 요기, 스와미, 그리고 온갖 부류의 수행자를 만난다. 이들은 대부분 멜라*에 참석해서 속인들에게 축복을 내려 주는 경우 외에는 절대로 은둔처를 떠나는 일이 없는 은자들이다.

스리 유크테스와르는 이야기를 계속했다.

"바바지 님을 만날 때만 해도 나는 아직 스와미가 아니었다. 하지만 이미 라히리 마하사야 님께 크리야를 전수받은 상태였지. 스승께서는 1894년 1월 알라바하드에서 열리고 있던 멜라에 다녀오라고 내게 권하셨어. 쿰브 축제를 체험한

* 495쪽 각주 참조.

것은 그때가 처음이라, 북적대는 인파며 함성 소리에 정신이 얼떨떨했지. 주위를 아무리 둘러보아도 깨우친 도인의 얼굴은 하나도 눈에 띄지 않더군. 그런데 갠지스 강둑에 걸친 다리를 건너다가 낯익은 사람이 탁발 그릇을 내밀고 서 있는 것을 보았어.

나는 환멸감에 싸여 이렇게 생각했지. '아, 이 축제는 소음과 거지들이 득실거리는 난장판이나 다름이 없구나. 종교를 내세우면서 보시에만 마음을 두는 저 게으름뱅이들보다는 인류의 실질적인 행복을 위해 끈기 있게 지식의 영역을 넓혀 가는 서구 과학자들이 더 신을 기쁘게 해 드리는 것이 아닐까?'

착잡한 기분으로 우리 사회를 개혁할 궁리를 하던 참에, 키가 큰 산야시가 내 앞에 멈춰 서며 말을 건넸어.

'선생님, 어떤 성자께서 당신을 부르십니다.'

'누구신가요?'

'가서 직접 보시지요.'

알쏭달쏭한 얘기를 전해 듣고 머뭇거리면서 따라가 보니, 나무 그늘 아래 한 구루가 준수한 제자들과 함께 앉아 있는 것이 보였어. 범상치 않은 풍모에 번득이는 검은 눈을 가진 그 스승은 내가 다가가자 일어서서 나를 껴안더군.

'어서 오거라, 스와미여.' 그가 다정하게 말했어.

나는 힘주어 대답했지. '저는 스와미가 아닙니다.'

'신의 명에 따라 내게서 스와미 칭호를 받는 사람은 절대로 그 이름을 벗어날 수 없다.' 성자는 간단하게 대답했지만 그의 말에는 진리의 깊은 확신이 담겨 있었어. 한순간 나는 영적 축복의 물결에 휩싸였어. 엉겁결에 고대 승단의 스와미로 격상된* 나는 미소를 머금고 인간의 형상을 한 거룩한 존재의 발치에 절을 올렸지.

그분—다름 아닌 바바지 님—께서는 나무 밑으로 와서 자기 곁에 앉으라고 손짓하셨어. 그분은 젊고 튼튼한데다가 어딘지 라히리 마하사야 님처럼 보였어.

---

* 스리 유크테스와르는 훗날 비하르 주 부다가야의 마한트(수도원장)를 통해 정식으로 스와미 교단에 입문했다.

하지만 나는 두 분의 외모가 아주 닮았다는 말을 종종 들었는데도 그때는 거기까지 생각이 미치지 않았어. 바바지께서는 우리 마음에 어떤 생각이 떠오르지 못하게 하는 힘을 갖고 계시거든. 위대한 구루께서는 내가 그분 앞에서 위압감을 느끼지 않고 편안한 마음으로 대하기를 원하셨던 거야.

'쿰브멜라에 대해 어떻게 생각하느냐?'

'무척 실망했습니다.' 그러고는 급히 덧붙였지. '스승님을 뵙기 전까지는 그랬지요. 어쩐지 성자들과 이런 소란은 어울리지 않는 것 같습니다.'

'애야.' 내 나이가 갑절은 더 되어 보이는데도 스승께서는 나를 이렇게 부르셨어. '몇몇 사람의 잘못을 보고 전체를 탓해서는 안 된다. 이 세상에 있는 모든 것은 마치 모래와 설탕이 뒤섞인 것처럼 혼합된 성질을 가지고 있다. 설탕만 가려내고 모래는 건드리지 않는 개미의 지혜를 배워라. 이곳에 모인 수많은 사두는 여전히 미망 속을 헤매고 있다만, 그래도 멜라는 신을 실현한 소수의 사람들이 베푸는 축복을 누리고 있다.'

나 자신도 이처럼 고결한 스승을 만날 수 있었던 사실을 떠올리면서 선뜻 그 말씀에 동의했지.

'스승님, 저는 조금 전까지 서양의 뛰어난 과학자들에 대해 생각하고 있던 참이었습니다. 여기에 모인 대부분의 사람들보다 지적 능력이 월등한 그들은 멀리 유럽과 미국에 살면서 우리와는 다른 가르침을 따르고, 이런 멜라의 참된 가치를 모르고 지냅니다. 그 사람들이 인도의 스승을 만난다면 큰 혜택을 얻을 수 있을 것입니다. 지적인 면에서는 큰 성과를 올렸을지 몰라도, 천박한 물질주의에 빠져 있는 사람이 적지 않습니다. 과학과 철학에서 이름을 떨친 사람 가운데에도 종교의 본질적 통일성을 깨닫지 못하는 경우가 많습니다. 그네들이 떠받드는 신조는 뛰어넘을 수 없는 장벽이 되어 두 세계를 영원히 갈라놓으려 하고 있습니다.'

바바지께서도 동감하는 빛을 보이셨어.

'네가 동양은 물론이고 서양에도 깊은 관심을 가지고 있는 것을 잘 알고 있다. 모든 사람을 보듬는 네 마음의 고통을 나도 느꼈다. 너를 여기에 부른 것도 바로 그 때문이다.

동양과 서양은 활동력과 영성이 결합된 황금의 중도를 확립해야 한다. 물질적 발전이라는 측면에서는 인도가 서양에서 배울 점이 많다. 그 대신 인도는 서양의 종교적 믿음을 요가 과학의 확고한 토대 위에 올려놓는 보편적 방법을 가르쳐 줄 수 있다.

스와미여, 장차 이루어질 동서양의 조화로운 교류를 위해 네가 맡아야 할 일이 있다. 앞으로 몇 년 후 너에게 제자 하나를 보낼 테니 잘 훈련시켜서 서양에 요가를 전파하도록 해라. 그곳에서 길을 찾는 수많은 영혼의 진동이 파도처럼 밀려오고 있다. 내 눈에는 구미에서 깨우침을 기다리는 미래의 성자들이 보인다.'"

스리 유크테스와르는 여기까지 이야기한 뒤 시선을 돌려 내 눈을 똑바로 응시했다. 그는 밝은 달빛 속에서 미소를 지으며 말했다.

"내 아들아, 오래전에 바바지께서 내게 보내 주겠다고 약속하신 제자가 바로 너다."

나는 바바지가 나를 스리 유크테스와르에게 이끌어 준 것을 알고 무척 기뻤지만, 그러면서도 경애하는 구루와 소박하고 평온한 아슈람을 떠나 머나먼 서양 땅을 떠도는 내 모습이 언뜻 떠오르지 않았다.

스리 유크테스와르는 이야기를 계속했다.

"그리고 또 바바지께서는 《바가바드 기타》에 대해 말씀하셨지. 놀랍게도 구루께서는 내가 《기타》에서 몇 장(章)을 뽑아 해석해 둔 것을 아시고 칭찬을 해 주셨어.

'스와미여, 다른 일을 한 가지 더 맡아 주었으면 좋겠다. 기독교 《성경》과 힌두교 경전 사이의 근본적인 유사점을 간략히 설명하는 책을 써 보지 않겠느냐? 사람들이 분파를 지어 다투기 시작하면서 모두가 하나라는 사실이 잊히고 말았다. 경전의 구절들을 나란히 대조해 가면서 신의 영감을 받은 선지자들이 똑같은 진리를 말하고 있다는 것을 보여 주거라.'

나는 자신 없이 대답했어. '마하라지,* 그런 큰일을 제가 해낼 수 있겠습니까?'

* '위대한 왕'이라는 뜻의 존칭.

바바지께서는 온화하게 웃으시며 나를 안심시켜 주셨어. '내 아들아, 어찌 의심하느냐? 실로 이 모든 것이 누구의 일이며, 모든 것을 행하시는 분이 누구시냐? 신께서 나를 통해 하신 말씀은 반드시 이루어지는 것을 모르느냐?'

성인의 축복으로 힘을 얻은 나는 책을 쓰겠노라고 말씀드렸지. 작별할 때가 된 것을 느끼고, 나는 못내 아쉬워하며 나뭇잎이 깔린 자리에서 일어났어.

그때 스승께서 물으셨어. '라히리를 아느냐? 그는 숭고한 영혼을 가지고 있다. 라히리에게 우리가 만난 일을 이야기해 주거라.' 그리고는 라히리 마하사야께 전할 말씀을 들려주셨어.

내가 공손히 작별의 인사를 올리자 성인께서는 인자한 미소를 지으시며 이렇게 약속하셨어. '책을 다 쓰면 다시 너를 찾아오마. 잘 가거라.'

다음날 나는 알라하바드를 떠나 바나라스로 가는 기차에 올랐어. 구루의 집에 도착한 나는 쿰브멜라에서 경이로운 성인을 만난 이야기를 쏟아놓았지.

'그분을 알아보지 못했다고?' 라히리 마하사야 님의 눈에는 웃음기가 가득했어. '그분께서 네 눈을 가리셨으니 몰라보는 것은 당연하지. 그분은 비할 데 없는 나의 구루, 하늘 같은 바바지 님이시다!'

'바바지!' 나는 경외감에 떨며 다시 외쳤어. '요기-그리스도 바바지! 보이지 않으면서 보이는 구원자 바바지 님! 아, 과거로 돌아가서 다시 한 번 그분 앞에 설 수만 있다면 성인의 연꽃 발아래 나의 온 마음을 바칠 텐데!'

그러자 라히리 마하사야께서 위로해 주셨어. '걱정 말거라. 다시 찾아오마고 약속하시지 않았느냐?'

'구루데바, 거룩한 스승께서 말씀을 전하라고 하셨습니다. 그분께서 이르시기를, 금생을 위해 비축된 힘이 이제 고갈되어 머지않아 바닥이 날 것이라고 스승님께 알려 드리라고 하시더군요.'

이 수수께끼 같은 말이 내 입에서 떨어지자 라히리 마하사야 님의 얼굴이 번갯불에 맞은 것처럼 떨리기 시작했어. 순식간에 온 집안이 침묵으로 얼어붙었어. 미소를 띠고 있던 스승님의 표정이 믿기지 않을 정도로 굳어지더군. 시커먼 목상처럼 그 자리에 꼼짝 않고 있는 스승님의 온몸에서 핏기가 사라졌어. 나는 두려워서 어찌할 바를 몰랐지. 이 기쁨에 찬 영혼이 그처럼 무섭도록 엄숙해지는 모습을 여태껏 한 번도 본 적이 없었거든. 그 자리에 있던 다른 제자들도 걱정스러운 눈으로 바라만 보고 있었지.

침묵 속에서 세 시간이 지나갔어. 그제야 라히리 마하사야께서는 평소의 쾌활한 표정을 되찾으시고, 첼라들에게 다정하게 말씀을 건네셨어. 우리는 모두 안도의 한숨을 내쉬었지.

나는 스승님의 반응을 보고 비로소 깨달았어. 바바지 님의 말씀은 라히리 마하사야 님의 육체가 머지않아 빈집이 될 것이라는 준엄한 암시였던 게야. 스승님의 깊은 침묵은, 그분께서 이내 자신의 존재를 추스르고 물질세계에 연결된 마지막 끈을 잘라낸 뒤 영(靈) 속에 영원히 살아 있는 참나를 향해 훌훌 떠나셨음을 말해 주는 거야. 바바지 님의 말씀은 결국, '나는 영원히 너와 함께 하겠다'는 의미였던 셈이지.

바바지 님과 라히리 마하사야 님은 전지하시기 때문에 굳이 나 같은 중개자를 거쳐서 생각을 전달할 필요가 없었지만, 두 분은 종종 인간사의 무대에 기꺼이 동참해서 배역을 맡아 주곤 하셨지. 때로는 평범하게 다른 사람을 통해 예언을 전해 주기도 하시는데, 그렇게 하면 나중에 예언이 그대로 실현되었을 때 그 이야기를 듣고 더 많은 사람이 더 큰 믿음을 가지게 되거든."

스리 유크테스와르는 이야기를 계속했다.

"나는 곧 바나라스를 떠나 세람포어에 자리를 잡은 다음 바바지께서 당부하신 글쓰기에 착수했지. 일을 시작하자마자 불멸의 구루께 바치는 시를 짓고 싶은 영감이 떠올랐어. 그때까지 한 번도 산스크리트 시를 지어 본 적이 없었는데도 감미로운 시구가 펜 끝에서 술술 흘러나오는 것이었어.

나는 고요한 밤 시간에 《성경》과 '사나타나 다르마*'의 경전을 비교하는 일에

---

* 본래는 '영원한 가르침'이라는 뜻으로, 《베다》의 기본 교의에 붙여진 이름이다. 사나타나 다르마가 힌두교(Hinduism)라고 불리게 된 것은, 알렉산더 대왕을 따라 인도 북서부에 침입한 그리스인들이 인더스 강 유역에 살던 사람들을 인더스인(Indoi) 또는 힌두(Hindus)라고 칭했던 데서 유래한다. 엄밀히 말하면 힌두라는 낱말은 사나타나 다르마, 즉 힌두교를 믿는 사람만을 지칭한다. 인도인(Indians)이라는 용어는 인도 땅의 힌두교도와 이슬람교도를 포함한 전 주민에게(또한, 콜럼버스의 지리적 착각 때문에 아메리카의 황인종 원주민에게도) 두루 쓰인다.

온 힘을 기울였지. 주 예수의 말씀을 나란히 인용하여, 그분의 가르침이 본질적으로 《베다》의 계시와 다르지 않다는 사실을 보여 주려고 했어. 파람구루*의 은총을 입은 덕택에 나는 《신성 과학(The Holy Science)》†을 짧은 기간에 끝낼 수 있었지.

힘겨운 글쓰기를 끝낸 다음날 아침 나는 갠지스 강물에 멱을 감으려고 라이가트로 갔지. 물가에는 아무도 없더군. 나는 따사로운 햇살을 만끽하면서 한동안 가만히 서 있었어. 그러고는 반짝거리는 물에 몸을 담근 뒤 집으로 향했지. 정적 속에서 들리는 소리라고는 걸음을 옮길 때마다 갠지스 강물에 흠뻑 젖은 옷자락이 스치는 소리뿐이었어. 강둑 근처의 커다란 반얀 나무를 지나치다가 불현듯 뒤를 돌아보고 싶은 충동이 일었어. 바로 거기, 반얀 나무 그늘 아래 위대한 바바지께서 제자들을 거느리고 앉아계셨어!

'반갑구나, 스와미여!' 감미롭게 울려 퍼지는 스승님의 목소리를 듣고 꿈이 아니라는 것을 알았지. '책을 무사히 끝내서 참으로 기쁘다. 약속한 대로 고맙다는 말을 하려고 이렇게 왔다.'

나는 뛰는 가슴을 주체하지 못하고 그분의 발밑에 넙죽 엎드렸지. '파람구루지, 제자 분들과 함께 저의 누옥에 왕림하시는 은혜를 베풀어 주십시오!'

지고의 구루께서는 웃으면서 거절하셨어. '아니다, 우리는 나무 그늘이 좋다. 이곳은 무척 쾌적하구나.'

'그러면 잠깐만 기다려 주십시오. 지금 곧 당과를 좀 가지고 오겠습니다.'‡

잠시 후 맛있는 과자를 한 접시 담아 들고 돌아와 보니 천상의 무리는 커다란

고대에는 인도를 '아리아바르타(아리아 인의 땅)'라고 불렀다. 'arya'의 산스크리트 어원은 '거룩한, 고귀한'이라는 뜻이다. 훗날 '아리안'이라는 단어가 민족학적으로 오용되어 영적인 특성이 아니라 육체적인 특성을 나타내는 것으로 왜곡되는 상황이 벌어지자, 위대한 동양학자 막스 뮐러가 따끔한 일침을 가했다. "내가 볼 때 아리안 족의 혈통, 아리안 족의 눈과 머리카락에 대해 이야기하는 민족학자는 장두(長頭) 민족의 사전이니 단두(短頭) 민족의 문법이니 하고 떠드는 언어학자만큼이나 큰 죄를 짓는 것이다."

* 파람구루는 자신의 구루의 구루를 가리킨다. 따라서 바바지는 라히리 마하사야의 구루이자 스리 유크테스와르의 파람구루가 된다. 마하바타 바바지는 크리야 요가를 성실하게 수행하는 모든 SRF/YSS 수행자의 영적 복지를 책임지는 인도의 스승 계보에서 가장 높은 곳에 위치한다.

† 캘리포니아 주 로스앤젤레스에서 SRF에 의해 출간되었다.

‡ 인도에서는 구루에게 다과를 대접하지 않는 것을 결례로 여긴다.

반얀 나무 밑에서 벌써 자취를 감춘 뒤였어. 나는 가트 주변을 이리저리 둘러보았지만, 마음속으로는 모두들 에테르의 날개를 타고 멀리 날아가 버렸다는 것을 알고 있었어.

나는 적이 상심해서 혼자 꿍얼거렸지. '앞으로 다시 만나더라도 바바지 님과는 말도 하지 말아야지. 그렇게 갑자기 떠나시다니 너무 박정하시지 않은가?' 그야 물론 애증에서 우러나온 푸념에 지나지 않았지. 몇 달 뒤에 나는 바나라스로 라히리 마하사야 님을 찾아갔어. 내가 거실로 들어서자 구루께서 웃으면서 반겨 주셨어.

'어서 오너라, 유크테스와르. 방금 이 방에 들어오면서 바바지 님을 뵈었느냐?'

'네? 아니요.' 나는 놀라서 대답했지.

'이리 오거라.' 라히리 마하사야께서 내 이마에 가만히 손을 대시는 순간, 문옆에서 바바지 님의 형상이 연꽃처럼 피어나는 것을 보았어.

나는 전에 상심했던 기억을 떠올리고 인사를 드리지 않았지. 라히리 마하사야께서 놀란 얼굴로 나를 바라보셨어.

거룩한 구루께서는 깊이를 헤아릴 수 없는 눈길로 나를 응시하고 계셨지.

'나 때문에 화가 났구나.'

'그렇지 않겠습니까? 스승님 일행은 마법처럼 허공에서 왔다가 허공으로 사라지셨으니 말입니다.'

바바지께서는 너그러운 웃음으로 받아 주셨어. '너를 다시 찾아오겠다고 했지만 얼마나 머무를지는 말하지 않았다. 그때 너는 지나치게 흥분해 있었다. 실은 너의 들뜬 열기가 거세게 몰아치는 바람에 에테르의 불꽃이 꺼져 버린 것이다.'

구루의 후련한 설명을 듣고 나니 스르르 마음이 풀어졌어. 나는 그분의 발치에 무릎을 꿇었지. 지고의 구루께서는 내 어깨를 정겹게 토닥여 주셨어.

'얘야, 너는 명상을 더 해야 한다. 네 눈은 아직 티 없이 맑지 못하다. 그래서 햇빛 뒤에 숨어 있는 나를 볼 수 없었던 것이다.' 천상의 피리 소리 같은 말씀을 남기고 바바지께서는 보이지 않는 빛 속으로 사라지셨어.

구루를 뵈러 바나라스로 찾아간 것은 그때가 마지막이었어. 쿰브멜라에서 바바지께서 예언하신 것처럼, 재가 수행자로 보낸 라히리 마하사야의 생애가 끝나가고 있었어. 1895년 여름을 나는 동안 그렇게 튼튼하던 그분의 몸에 등창이 생긴 거야. 구루께서는 치료를 마다하고 몇몇 제자의 나쁜 카르마를 자신의 육체로 씻어 주셨지. 보다 못한 첼라들이 한사코 말리자 스승께서는 수수께끼 같은 대답을 하시더군.

'육체는 떠날 구실을 찾아야 한다. 나는 너희가 바라는 일이면 무엇이든 기꺼이 응할 것이다.'

얼마 후, 견줄 곳 없는 구루께서는 바나라스에서 육신을 버리셨어. 나는 이제 더는 그분의 작은 거실을 찾을 필요가 없게 되었지. 어디에나 가득 차 있는 그분의 보살핌이 매일같이 내 삶에 축복을 내려 주고 계시니." 스리 유크테스와르는 이야기를 끝맺었다.

몇 해 뒤 나는 덕이 높은 제자 스와미 케샤바난다*의 입을 통해 라히리 마하사야의 죽음에 얽힌 여러 가지 경이로운 이야기를 들었다. 케샤바난다의 이야기는 이러했다.

"우리 구루께서 육신을 버리시기 며칠 전에, 내가 하르드와르의 아슈람에 앉아 있는데 그분께서 눈앞에 물질화되어 나타나셨다네.

'지금 당장 바나라스로 오거라.' 라히리 마하사야께서는 이 말씀만 남기고 사라지셨어.

나는 서둘러 기차를 타고 바나라스로 달려갔지. 구루의 집에는 제자들이 많이 모여 있더군. 그날† 스승께서는 몇 시간 동안 《기타》를 풀이해 주시고 나서 대뜸 이렇게 말씀하셨다네.

'나는 고향으로 간다.'

우리는 비통한 마음에 울음을 참을 수 없었지.

---

* 내가 케샤바난다의 아슈람을 찾아간 일은 500~503쪽에 기술되어 있다.
† 1895년 9월 26일은 라히리 마하사야가 몸을 떠난 날이다. 예순 일곱 번째 생신을 맞기 며칠 전이었다.

'진정들 해라. 나는 다시 돌아올 것이다.' 라히리 마하사야께서는 이렇게 말씀하시더니 자리에서 일어나 몸을 세 바퀴 돌리신 다음 북쪽을 바라보고 연화좌를 취하신 채 장려하게 마하사마디에 드셨다네.[*]

라히리 마하사야 님의 아름다운 육신은 신성한 갠지스 강가의 마니카르니카 가트에서 재가 수행자를 위한 의식에 따라 엄숙하게 화장되었지. 다음날에도 나는 아직 바나라스에 머물고 있었는데, 아침 열 시가 되자 내 방이 온통 찬란한 빛으로 뒤덮였어. 그리고 다음 순간, 살아 숨 쉬는 라히리 마하사야 님의 형상이 내 앞에 우뚝 서 있었어. 더 젊어지고 더 화사해진 점을 빼고는 예전의 모습과 전혀 다름이 없더군. 거룩한 구루께서 내게 말씀하셨어.

'케샤바난다, 이것은 화장한 내 몸에서 해체된 원자들을 다시 결합해서 부활시킨 나의 형상이다. 이 세상에서 내가 재가 수행자로서 해야 할 일은 다 끝났지만 이승을 아주 떠나는 것은 아니다. 이제부터 나는 바바지 님이 계신 히말라야에서 한동안을 지낸 뒤 바바지 님과 함께 광대무변한 우주에 머무를 것이다.'

시공을 초월한 스승께서는 내게 축복의 말씀을 내려 주시고 자취를 감추셨어. 무언지 모를 영감이 내 가슴을 가득 채웠어. 나는 육체적 죽음 후에도 살아 있는 구루를 본 그리스도와 카비르[†]의 제자들처럼 드높은 영(靈) 속으로 고양되는 것을 느꼈지.

나는 하르드와르의 외딴 아슈람으로 돌아오면서 라히리 마하사야 님의 성스

---

[*] 몸을 세 바퀴 돌리고 북쪽을 바라보는 것은 육신에 최후의 시간이 다가오고 있음을 미리 아는 스승들이 따르던 베다 의식의 일부다. 스승이 우주의 옴에 스스로를 합일시키는 마지막 명상을 마하(大) 사마디라고 한다.

[†] 카비르는 16세기의 위대한 성자였다. 그의 수많은 추종자 가운데는 힌두교도와 이슬람교도가 두루 섞여 있었다. 카비르가 죽었을 때 제자들은 장례 절차를 두고 다투었다. 화가 난 스승은 영면에서 벌떡 깨어나 이렇게 분부했다. "내 유해의 절반은 이슬람 의식에 따라 땅에 묻고, 나머지 절반은 힌두 의식에 따라 화장을 해라." 그러고는 이내 사라져 버렸다. 제자들이 그의 시신을 덮고 있던 수의를 벗기자 아무것도 남아 있지 않고 아름다운 꽃들만 가지런히 놓여 있었다. 분부대로 그 절반은 이슬람교도들이 마가르에 묻었다. 그들은 오늘날까지 그의 영묘를 신성시하고 있다. 나머지 절반은 바나라스에서 힌두교 의식에 따라 화장했다. 그 자리에 카비르 차우라 사원이 건설되어 수많은 순례자의 마음을 사로잡고 있다.

카비르가 젊었을 때 제자 두 사람이 그를 찾아와 신비의 길에 이르는 상세하고 지적인 가르침을 달라고 청했다. 스승의 대답은 간단했다.

길이란 먼 곳에 갈 때 필요한 것이다.

그분께서 곁에 계실진대 무엇 때문에 길을 찾는가?

참으로 우습구나.

물속의 물고기가 목이 마르다고 하니!

러운 유골을 조금 가지고 왔다네. 나는 그분께서 시공이라는 새장에서 풀려나신 것을 알고 있었지. 무소부재의 새가 자유를 되찾은 거지. 하지만 그분의 성스러운 유골을 간직하고 있다는 사실이 마음에 위안을 주었어."

부활한 구루를 뵙는 은총을 입은 또 다른 제자 가운데 성자 같은 판차논 바타차리아*가 있다. 나는 캘커타에 있는 그의 집에 들러 여러 해 동안 스승과 함께 지냈던 이야기를 재미있게 들었다. 그는 얘기 끝에 자기 생애에서 가장 놀라웠던 일을 들려주었다.

"화장을 치른 다음날 아침 열 시쯤, 라히리 마하사야께서 이곳 캘커타에 살아 있는 모습으로 내 앞에 나타나셨다네."

'두 몸을 가진 성자' 스와미 프라나바난다도 진기한 체험을 털어놓았다. 그가 우리 란치 학교를 방문했을 때 들려준 이야기다.

"라히리 마하사야께서 육신을 떠나시기 며칠 전에 나는 바나라스로 당장 오라는 그분의 편지를 받았어. 하지만 피치 못할 사정 때문에 바로 떠날 수가 없었다네. 아침 열 시께 바나라스로 떠날 채비를 하고 있던 참에, 갑자기 내 방에 나타난 구루의 찬연한 형체를 보고 나는 벅찬 기쁨을 가눌 길이 없었네.

라히리 마하사야께서 웃으면서 물으시더군. '왜 그리 서두느냐? 이제는 바나라스에 가도 나를 볼 수 없을 게다.'

그 말씀의 의미를 깨닫는 순간, 나는 지금 눈앞에 보이는 그분의 모습이 단지 환상이었음을 알고 비탄에 빠져 절규했지.

스승께서 곁에 다가와 위로해 주셨어. '자, 내 살을 만져 보거라. 나는 언제나 살아 있다. 슬퍼하지 마라. 내가 영원히 너와 함께 있지 않으냐?'

뛰어난 제자 세 사람의 입을 통해 한 가지 놀라운 사실이 드러났다. 라히리 마하사야의 육신이 불꽃 속에 맡겨진 다음날 아침 열 시경, 부활한 스승은 실재하지만 변모한 몸으로 각기 다른 도시에 사는 세 제자 앞에 나타났던 것이다.

---

* 407쪽 참조. 판차논은 비하르 주 데오가르에 있는 17에이커의 정원에 시바 신전을 세웠다. 이곳에는 라히리 마하사야의 초상화가 모셔져 있다.(편집자 주)

"이 썩을 것이 썩지 아니함을 입고 이 죽을 것이 죽지 아니함을 입을 때에는 죽음을 삼키고 이기리라고 기록된 말씀이 이루어지리라. 죽음아 너의 승리가 어디 있느냐? 죽음아 너의 독침이 어디 있느냐?"[*]

37
미국에 가다

'미국! 이들은 틀림없이 미국인이다!' 내면의 눈앞을 파노라마처럼 지나치는 서양인들의 얼굴*을 보고 나는 이렇게 생각했다.

나는 란치 학교의 창고에서 먼지 덮인 상자 뒤에 앉아 명상에 잠겨 있었다.[†] 그 시절에는 늘 아이들과 지내느라 나만의 은밀한 장소를 찾기가 힘들었다.

환영은 계속 이어졌다. 수많은 군중이 나를 빤히 쳐다보면서 마치 배우들처럼 의식의 무대 위를 휙휙 지나쳐 갔다.

창고 문이 열렸다. 늘 그렇듯이 한 아이가 내 은신처를 발견한 것이다.

나는 유쾌하게 외쳤다. "이리 온, 비말. 네게 들려줄 소식이 있단다. 신께서 나를 미국으로 부르고 계시다!"

"미국이요?" 그 아이는 마치 내가 달나라에 간다고나 한 것처럼 놀란 얼굴로 되물었다.

"그래! 나는 콜럼버스처럼 미국을 발견하러 간다. 콜럼버스는 자기가 인도를 찾았다고 생각했지. 두 나라 사이는 카르마로 이어져 있는 게 분명해!"

비말은 재빨리 뛰어나갔다. 두 발 달린 뉴스 속보가 삽시간에 학교 전체로 퍼졌다.

---

* 나중에 나는 서양에서 그 얼굴들을 다시 마주치고 곧 알아보았다.
[†] 1995년에 파라마한사 요가난다의 미국 방문 75주년을 기념하여 파라마한사지에게 환영이 나타난 란치의 창고 자리에 아름다운 스므리티 만디르(기념 사원)가 헌정되었다.(편집자 주)

나는 어리둥절해하는 교직원들을 불러 모은 뒤 학교의 운영을 당부했다.

"저는 여러분이 라히리 마하사야 님께서 펼치신 요가 교육의 이상을 꿋꿋이 지켜 나갈 것이라고 믿습니다. 자주 편지하겠습니다. 신께서 허락하신다면 언젠가 다시 돌아올 것입니다."

어린 학생들과 햇살이 내리쬐는 란치의 너른 마당을 마지막으로 바라보고 있노라니 눈물이 핑 돌았다. 내 삶의 한 시대가 이제 막을 내렸다는 것을 나는 알았다. 이제부터 나는 머나먼 땅에서 살게 될 것이다. 환영이 나타난 지 몇 시간 후에 나는 캘커타로 가는 기차에 몸을 실었다. 다음날 나는 미국에서 열리는 '세계 종교 회의'에 인도 대표로 참석해 달라는 초청장을 받았다. 회의는 그해 보스턴에서 미국 유니테리언 협회의 후원으로 개최될 예정이었다.

머리가 어질어질했다. 나는 세람포어로 스리 유크테스와르를 찾아갔다.

"구루지, 방금 미국에서 열리는 종교 회의에서 연설을 해 달라는 초청을 받았습니다. 가야 할까요?"

스승은 간단하게 대답했다. "모든 문은 열려 있다. 지금이 아니면 다시 기회는 없다."

나는 풀이 죽어 말했다. "그렇지만 스승님, 제가 연설에 대해 아는 게 있어야지요. 저는 설교도 변변히 못 해 보았고, 더구나 영어로는 한 번도 해 본 적이 없습니다."

"영어든 아니든, 서양 사람들은 너의 요가 이야기에 귀를 기울일 게다."

나는 웃으며 말했다. "글쎄요 구루지, 미국 사람들이 벵골어를 배우려고 할 것 같지는 않군요! 영어의 장벽을 뛰어넘을 수 있는 은총을 베풀어 주십시오."[*]

아버지에게 이 소식을 들려 드리자 아버지는 말할 수 없이 놀라는 표정을 지었다. 아버지는 미국이 한없이 먼 곳으로만 여겨져서, 나를 다시 볼 수 없을까 봐 걱정했다.

아버지는 근엄하게 물었다. "어떻게 간단 말이냐? 비용은 누가 대 주지?" 아

---

[*] 스리 유크테스와르와 나는 평소에 벵골어로 대화를 나누었다.

버지는 그때까지 내 교육비와 생활비를 모두 부담했기 때문에, 이런 질문을 받으면 내가 어쩔 수 없이 계획을 포기할 거라고 기대한 것이 분명했다.

"신께서 틀림없이 비용을 대어 주실 겁니다." 이렇게 대답하면서 나는 오래전에 아그라에서 아난타 형에게 했던 비슷한 얘기를 떠올렸다. 나는 능청스럽게 덧붙였다. "아마도 신께서는 아버지의 마음을 움직여 저를 도와주고 싶은 생각이 들도록 해 주실 겁니다."

"그럴 리는 없다!" 아버지는 안쓰럽다는 듯이 나를 바라보았다.

다음날 아버지가 큰 액수를 적은 수표를 건네주었을 때 나는 깜짝 놀랐다.

"나는 아버지로서가 아니라 라히리 마하사야 님의 신실한 제자로서 이 돈을 주는 것이다. 그러니 저 머나먼 서양 땅으로 가서 교리를 초월한 크리야 요가의 가르침을 널리 펴거라."

나는 큰 뜻을 위해 개인적인 바람을 서슴없이 내던질 수 있었던 아버지의 무구한 영혼에 큰 감명을 받았다. 아버지는 전날 밤 내 계획이 외국 여행을 하고 싶은 평범한 욕구에서 비롯된 것이 아니라는 사실을 깨달았던 것이다.

"아마도 금생에는 우리가 다시 만나기 힘들 것 같구나." 그때 예순 일곱이던 아버지가 슬픈 목소리로 말했다.

나는 직관적인 확신을 느끼고 이렇게 대답했다. "신께서는 틀림없이 우리가 한 번 더 만나도록 해 주실 겁니다."

스승과 고향 땅을 버리고 미국이라는 미지의 세계로 떠날 준비를 하는 동안 나는 적지 않은 두려움을 경험했다. 나는 '물질주의에 젖은 서구'에 관한 이야기를 많이 들었다. 그것은 오랜 세월 이어져 온 성자들의 영기가 깊이 스며 있는 인도와는 전혀 다른 세계였다.

나는 생각했다. '동양의 스승이 서양의 자만심에 맞서려면 히말라야의 추위를 견딜 만큼 강인해져야 한다!'

어느 이른 아침, 나는 기도를 드리다 죽는 한이 있더라도 신의 목소리를 들을 때까지 멈추지 않겠다고 굳게 결심하고 기도를 시작했다. 나는 현대에 만연한 공리주의의 안개 속에서 길을 잃지 않을 것이라는 신의 다짐과 축복을 원했다.

미국에 갈 마음의 준비는 다 되었지만, 그래도 신의 허락을 듣겠다는 결심은 더욱 굳어졌다.

나는 흐느낌을 억제해 가며 기도하고 또 기도했다. 아무런 응답이 없었다. 정오가 되자 내 기도는 절정에 달했다. 견디기 힘든 고통으로 머리가 빙빙 도는 것 같았다. 한 번만 더 울었다가는 내면의 열정이 폭발해서 뇌가 터져 버릴 것 같았다.

바로 그때, 가르파르 거리에 있는 우리 집 문을 두드리는 소리가 들렸다. 문을 열고 보니 남루한 은둔자 차림의 젊은이가 서 있었다. 그는 성큼 집 안으로 들어섰다.

나는 어리둥절해하면서 생각했다. '바바지 님이 틀림없다!' 그 남자의 생김새가 젊은 라히리 마하사야와 흡사했기 때문이다. 그는 내 생각에 대답했다. "그렇다. 나는 바바지다." 그는 감미로운 힌두어로 말했다. "하늘에 계신 우리 아버지께서 너의 기도를 들으셨다. 그분께서 네게 이 말씀을 전하라고 명하셨다. '네 구루의 뜻을 받들어 미국으로 가라. 두려워하지 마라. 내가 너를 보살필 것이다.'"

바바지는 잠시 끊었다가 다시 입을 열었다. "너는 크리야 요가의 가르침을 서양에 널리 전하도록 내가 선택한 자다. 오래전에 나는 쿰브멜라에서 너의 구루 유크테스와르를 만났다. 그때 나는 그에게 너를 보낼 테니 잘 훈련시키라고 일렀다."

나는 그의 존재가 불러일으키는 경외감에 압도되어 숨이 막힐 것 같았다. 그가 나를 스리 유크테스와르에게 이끌었다는 얘기를 직접 들으니 너무나 감격스러웠다. 나는 죽음을 초월한 구루 앞에 엎드렸다. 바바지는 자애롭게 나를 일으켜 세웠다. 그는 나의 삶에 관해 이런저런 이야기를 들려준 뒤, 앞으로 해야 할 일과 함께 몇 가지 내밀한 계시를 내려 주었다.

이윽고 그는 엄숙하게 말했다. "신의 실현을 위한 과학적 수행법인 크리야 요가는 마침내 온 땅에 전파되어 무한한 아버지에 대한 인간의 개인적이고 초월적인 인식을 통해 여러 민족 사이의 화합을 이루는 데 일조할 것이다."

위엄이 넘치는 바바지의 시선에서 그의 우주 의식을 어렴풋이 엿본 나는 순간적으로 감전된 듯한 충격을 받았다.

천 개의 태양이 하늘에서 한꺼번에 타오른다면
위대한 존재의 광채에 견줄 수 있을 것이다.[*]

잠시 후 바바지는 문 쪽으로 몸을 돌리면서 말했다. "나를 따라오려고 하지 마라. 부질없는 일이다."

나는 절절히 외쳤다. "바바지 님, 가지 마십시오. 저를 데려가 주십시오." 그가 답했다. "지금은 안 된다. 때가 올 것이다."

나는 감정이 북받쳐서 타이르는 말이 귀에 들어오지 않았다. 그를 쫓아가려고 하자 두 발이 바닥에 들러붙어 꼼짝도 하지 않았다. 바바지는 문가에서 마지막으로 다정한 눈길을 보냈다. 손을 들어 축복을 내려 주고 떠나가는 그의 뒷모습을 나는 애타는 마음으로 뚫어져라 바라보았다.

몇 분쯤 지나자 발이 풀렸다. 나는 자리를 잡고 깊은 명상에 들어갔다. 신께서 내 기도에 응답해 주시고, 더구나 바바지를 만나는 축복까지 내려 주신 데 대해 한없이 감사드렸다. 먼 옛날부터 영원한 젊음을 유지하고 있는 스승의 손길을 통해 온몸이 신성해진 것처럼 느껴졌다. 바바지를 한번 보는 것은 오래도록 간직해 온 간절한 소망이었던 것이다.

지금까지 나는 바바지를 만난 사실을 누구에게도 이야기한 적이 없다. 나는 그것을 더없이 신성한 경험으로 가슴 깊이 묻어 두었다. 그러나 내가 두 눈으로 직접 그를 보았다는 사실을 밝힌다면, 이 책을 읽는 독자들이 세상을 등진 채 세상을 염려하는 바바지의 실재를 더 확실히 믿게 될 것이라는 생각이 들었다. 나는 화가의 도움으로 현대 인도의 요기-그리스도 바바지의 모습을 사실적으로 재현한 그림을 이 책에 실었다.

미국으로 떠나기 전날 나는 스리 유크테스와르 앞에 인사를 올렸다. 스승은 예의 차분한 어조로 당부했다. "네가 힌두 땅에서 태어났다는 사실을 잊어라. 그렇다고 미국인들의 사고방식을 무작정 받아들여서도 안 되겠지. 두 나라 문화에

---

[*] 《바가바드 기타》 XI:12.(아놀드의 영어 번역을 한글로 옮김)

파라마한사 요가난다
1920년 인도 캘커타에서 촬영한 여권 사진

1920년 10월 매사추세츠 주 보스턴에서 열린 국제 자유주의자 종교회의에 참석한 대표들과 함께. 여기서 요가난다지는 미국에서의 처녀 연설을 했다. (왼쪽에서 오른쪽으로) T. R. 윌리엄스 목사, S. 우시가사키 교수, 자베스 선덜랜드 목사, 스리 요가난다, C. W. 웬트 목사.

서 각기 좋은 점을 취해라. 너는 본디 신의 아들임을 잊지 마라. 다양한 인종으로 지구 위에 흩어져 있는 모든 형제들이 지닌 가장 우수한 자질을 찾아내서 너의 존재 속에 통합시켜라."

그리고 또 이렇게 축복을 내려 주었다. "믿음을 가지고 너를 찾아와 신을 구하는 사람은 누구나 도움을 받을 것이다. 네가 그들을 바라볼 때 네 눈에서 뿜어져 나오는 영적 기운이 그들의 뇌 속으로 파고들어 물질주의에 젖은 습관을 바꾸어 놓고 신에 대한 의식을 더욱 북돋워 줄 것이다." 그는 웃으면서 한마디 덧붙였다. "너는 진지한 영혼들을 끌어당기는 운을 타고 났다. 네가 어디를 가든, 심지어 황야에서도 너는 친구를 만나게 될 것이다."

스리 유크테스와르의 두 가지 축복은 모두 그대로 실현되었다. 나는 아는 사람이 하나도 없는 미국에 혈혈단신으로 건너갔다. 그러나 거기서 나는 시간을 초월한 영혼의 가르침에 목마른 수천 명의 친구를 만났다.

1924년 대륙 횡단 강연 여행 중 알래스카로 가는 증기선의 선실에서

나는 일차 세계대전이 끝난 후 미국으로 운항한 최초의 여객선 스파르타호를 타고 1920년 8월에 인도를 떠났다. 나는 여권 발급과 관련된 여러 가지 번거로운 절차를 거의 기적적으로 처리한 후에야 배표를 구할 수 있었다.

두 달에 걸쳐 항해하는 동안 승객 한 사람이 내가 보스턴 회의에 참석할 인도 대표라는 사실을 알게 되었다.

"스와미 요가난다!" 그는 기묘한 발음으로 나를 불렀다. 그 뒤로 나는 미국 사람들이 내 이름을 이런 식으로 발음하는 것을 많이 들었다. "오는 목요일 밤에

위대한 구름 떼를 사영에서 32년 동안 10만 명이 넘는 제자에게 요가를 전수했다

1924년 콜로라도 주 덴버에서 강좌를 진행하고 있는 요가난다지(연단 위). 그는 수백 개의 도시에서 세계 최대의 요가 강습회를 배풀었다. 파라마한사 요가난다는 미국에서 요가난다는 통신 교육을 위한 책과 레슨을 기획하고 교사들 양성하는 수도원 센터를 설립하여 미국에다 바바지가 그에게 부여한 범 세계적 사영이 계속 이어지도록 했다.

로스앤젤레스 필하모닉 화면에 초청된 파더마한사 요가난다

1925년 1월 28일자 〈로스앤젤레스 타임스〉는 이렇게 보도했다. "필하모닉 화면에서 강연이 시작되기 한 시간 전에 3,000석의 홀이 꽉 들어차 수천 명이 발길을 돌리는 진기한 광경이 펼쳐졌다. 화제의 주인공은 스와미 요가난다였다. 신의 뜻을 전하기 위해 저들어온 이 한두교도는 기독교 사회의 한복판에서 기독교 교의의 본질을 설파했다."

1925년에 스리 요가난다는 도량이 넓은 제자들의 도움으로 마운트 워싱턴의 토지를 구입했다. 그는 거래가 마무리되기도 전에 머지않아 협회의 본부가 될 곳에서 최초의 모임을 갖고 부활절 일출 예배를 드렸다.

승객들을 위해 설교를 해 주셨으면 합니다. '삶의 투쟁에 맞서는 방법'에 관해 말씀해 주시면 모두들 좋아할 겁니다."

어찌하랴! 수요일이 되자, 나 자신이 삶의 투쟁에 맞서야 하는 처지에 놓여 있었다. 영어로 강연할 내용을 정리하기 위해 필사적으로 애쓰던 나는 마침내 모든 준비를 포기했다. 내 생각들은 안장을 노려보는 못된 망아지처럼 영어 문법에 순순히 응하지 않았다. 아무튼 목요일에 나는 스승의 호언을 전적으로 신뢰하면서 증기선의 휴게실에 모인 청중 앞에 나섰다. 내 머리에는 어떤 얘깃거리도 떠오르지 않았다. 나는 할 말을 잊은 채 뭇사람 앞에 멍하니 서 있었다. 십 분 동안 인내심을 시험받던 청중은 나의 곤경을 알아차리고 웃음을 터뜨리기 시작했다.

내게는 눈앞에 벌어지고 있는 상황이 전혀 우습지 않았다. 나는 분연히 스승에게 침묵의 기도를 보냈다. 그러자 이내 의식 속에서 스승의 목소리가 울려 퍼

1927년 2월 22일, 버지니아 주 마운트 버넌에 있는 조지 워싱턴의 납골당에 꽃을 바치는 파라마한사 요가난다

졌다. "넌 할 수 있다! 말해라!"

내 생각들은 한순간에 영어와 우호적인 관계로 돌아섰다. 사십오 분이 지날 때까지도 청중은 조용히 귀를 기울이고 있었다. 강연을 마치고 나자 미국에 오면 이런저런 모임에서 강연해 달라는 초청이 빗발쳤다.

나중에 나는 내가 한 말을 하나도 기억할 수 없었다. 그러다가 승객 몇 사람에게 넌지시 물어본 뒤에야 궁금증이 풀렸다. "당신은 마음을 뒤흔드는 정확한 영어로 영감이 넘치는 강연을 하셨습니다." 기분 좋은 칭찬을 듣고 나는 때맞춰 도움을 준 구루에게 고개 숙여 감사드렸다. 스승은 시간과 공간의 장벽을 넘어서 언제나 나와 함께 있다는 사실을 다시 한 번 깨달았다.

계속 여행을 하는 동안에도 앞으로 보스턴 회의에서 치러야 할 영어 연설에 대한 걱정 때문에 가끔씩 가슴이 타들어 가는 기분을 느꼈다.

나는 간절히 기도했다. "신이여, 저에게 영감을 주소서."

스파르타호는 9월 하순 보스턴 인근의 부두에 닻을 내렸다. 1920년 10월 6일, 나는 '세계 종교 회의'에 참석하여 미국에서의 처녀 연설을 했다. 연설은 좋은 반응을 얻었다. 나는 안도의 한숨을 내쉬었다. 미국 유니테리언 협회의 총재는 회의의 진행 상황을 소개하는 회보[*]에 상당히 호의적인 논평을 실었다.

"란치의 브라마차리아 아슈람에서 온 인도 대표 스와미 요가난다는 자신의 협회에서 보내는 축하 인사를 전했다. 그는 유창한 영어와 힘찬 어투로 '종교의 과학'에 관해 철학적인 성격의 강연을 했다. 강연 내용은 널리 배포할 수 있도록 팸플릿 형태로 간행되었다. 그는 종교가 보편적이며 모두 하나라고 주장했다. 우리는 특정한 관행이나 풍습을 보편화할 수는 없을지 모르지만, 그럼에도 종교의 공통된 요소를 보편화하는 것은 가능하며, 모두 다 같이 그것을 따르고 준수할 것을 요구할 수 있다."

아버지가 주신 넉넉한 수표 덕분에 나는 회의가 끝난 후에도 미국에 머무를 수 있었다. 나는 보스턴에서 삼 년 동안 소박한 생활을 하며 행복하게 지냈다. 공개 강연을 하고, 요가 수업을 지도하고, 뉴욕 시 대학(뉴욕 시립 대학교의 전신)의 학장 프레데릭 로빈슨 박사가 서문을 쓴 《영혼의 노래(Songs of the Soul)》[†]라는 시집도 냈다.

1924년에 대륙 횡단 여행을 시작한 나는 여러 주요 도시에서 수천 명의 청중을 대상으로 강연을 했다. 시애틀에 도착해서는 배를 타고 아름다운 알래스카로 휴가를 떠났다.

---

[*] 《새로운 영혼의 순례(New Pilgrimages of the Spirit)》(Boston: Beacon Press, 1921).
[†] Self-Realization Fellowship에서 출간. 로빈슨 박사 부처는 1939년 인도를 방문하여 요고다 사트상가의 모임에 귀빈으로 참석했다.

1925년 말에 나는 도량이 넓은 학생들의 도움으로 로스앤젤레스의 마운트 워싱턴 언덕에 미국 본부를 설립했다. 이 건물은 오래전 카슈미르에서 환영으로 보았던 바로 그 건물이었다. 나는 서둘러 멀리 미국에서 벌이고 있는 활동을 담은 사진을 스리 유크테스와르에게 부쳤다. 스승은 엽서에 벵골어로 적은 답장을 보내 왔다.

오, 사랑하는 내 아들 요가난다!

너희 수도장과 수련생들을 사진으로 보니 이루 말할 수 없이 기쁘구나. 여러 도시에서 너를 찾아온 요가 수련생들을 바라보는 내 마음은 환희에 넘치고 있다.

기도문 암송이며 치유의 진동, 치유의 기도 등 네가 베푸는 수행 방법을 들으니 감은하는 마음이 절로 우러난다.

정문과 굽이치는 언덕길, 마운트 워싱턴 언덕 아래로 펼쳐진 아름다운 풍경을 바라보고 있노라니 그것들을 모두 내 눈으로 직접 보고 싶은 마음이 간절해지는구나.

이곳은 모든 일이 순조롭게 돌아가고 있다. 신의 은총 속에 언제나 기쁨이 충만하기를 빈다.

1926년 8월 11일

스리 유크테스와르 기리

세월이 훌쩍 지나갔다. 나는 새로운 땅을 이곳저곳 돌아다니며 강연을 하고, 수백 개의 클럽과 대학, 교회, 그리고 온갖 종파의 모임에서 연설했다. 1920년부터 1930년까지 십 년 동안 수만 명의 미국인이 나의 요가 수업에 참석했다. 나는 기도와 영적 사유의 책, 《영원으로부터의 속삭임(Whispers from Eternity)》*을 새로 쓰고 아멜리타 갈리 쿠르치 여사의 서문을 붙여 그들 모두에게 헌정했다.

때때로(보통 SRF의 본부인 마운트 워싱턴 센터의 유지를 위한 청구서가 밀려

---

* Self‑Realization Fellowship(SRF)에서 간행했다.

백악관을 방문한 파라마한사 요가난다

파라마한사 요가난다와 존 밸포어 씨가 캘빈 쿨리지 대통령(창밖을 내다보는 사람)을 예방한 후
백악관을 떠나고 있다.
1927년 1월 25일자 《워싱턴 헤럴드》지는 이렇게 보도했다. "쿨리지 대통령은 스와미 요가난다를
환한 얼굴로 맞이하면서 그동안 이야기를 많이 들었노라고 말했다. 인도 역사상 스와미가 대통령
의 공식 접견을 받은 것은 이번이 처음이다."

드는 매월 초하루에) 나는 인도의 소박한 평화가 몹시 그리워지곤 했다. 그러나
나는 서양과 동양 사이의 이해가 나날이 깊어지는 것을 지켜보는 나의 영혼은
기쁨에 넘쳤다.

'미국 건국의 아버지' 조지 워싱턴은 큰일을 치를 때마다 자신이 신의 인도를
받고 있다고 느꼈다. 그는 대통령 출마를 고사하는 '고별사(Farewell Address)'
에서 미국의 정신을 고취시키는 명언을 남겼다.

"자유롭고 진보적이며 머지않은 장래에 위대하게 될 한 국가의 국민이 언제나
숭고한 정의와 박애 정신을 존중하는 고결하고도 지극히 신선한 본보기를 인류
에게 보여 준다는 것은 참으로 가치 있는 일일 것입니다. 이와 같은 원칙을 한결
같이 고수함으로써 잃게 될지도 모르는 일시적인 이익은 시간과 사태가 경과함
에 따라 그 원칙의 결실을 통해 충분히 보상받게 되리라는 것을 누가 의심할 수

1929년, 멕시코의 에밀리오 포르테스 길 대통령이 메시코시티를 방문한 스리 요가난다를 만나고 있다.

1929년, 멕시코의 소치밀코 호수에서 배 위에 앉아 명상하는 파라마한사지

있겠습니까? 이를 어찌 신의 섭리에 따라 한 나라의 덕성이 영원한 축복으로 이어진 것이 아니라고 하겠습니까?"

월트 휘트먼의 '미국 찬가'
(〈그대의 형제자매를 낳은 어머니〉 중에서)

그대의 찬란한 미래

나날이 번성하고 슬기로워지는 그대의 아들딸들─동, 서, 남, 북을 누비는 그대의 도덕적 · 영적 투사들

정도를 따르는 그대의 풍요와 문명(그때까지는 아무리 오만한 물질문명도 공허할 수밖에 없습니다)

단지 한 권의 성서, 한 사람의 구원자에 머물지 않는─모두를 돌보고 모두를 아우르는 그대의 신앙

그 누구보다 늠름하고 그 무엇보다 신성한, 그대 속에 잠재하는 무수한 구원자들

이것들! 바로 이것들이 그대 안에서 이루어질 것임을 오늘 나는 예언합니다.

38
장미의 성자 루터 버뱅크

"과학적 지식을 논외로 한다면, 식물 육종의 비밀은 바로 사랑에 있습니다."
루터 버뱅크는 캘리포니아 주 샌타로자에 있는 자기 집 정원을 나와 함께 거닐
면서 이런 지혜를 들려주었다. 우리는 식용 선인장을 기르는 묘상 옆에서 발길
을 멈추었다.

"가시 없는 선인장을 만들기 위해 실험을 하는 동안 나는 종종 사랑의 진동을
일으키기 위해 식물에게 말을 걸곤 했지요. '두려워할 것 없어. 너에게는 방어를
위한 가시가 필요하지 않아. 내가 너를 보호해 줄게.' 그랬더니 그 사막 식물은
점차 가시 없는 변종으로 진화했어요."

나는 이 기적에 매료되었다. "박사님, 마운트 워싱턴에 있는 저희 정원에 심게
선인장 잎을 조금 얻어 갈 수 있을까요?"

곁에 서 있던 일꾼이 잎을 뜯어내려 하자 버뱅크가 말렸다.

"내가 직접 뽑아 드리겠네." 그는 잎사귀 세 개를 건네주었다. 나중에 뜰에 심
었더니 선인장들이 무럭무럭 자라서 여간 기쁘지 않았다.

이 위대한 원예가가 첫 번째로 거둔 업적은 이제 그의 이름으로 불리고 있는
커다란 감자였다고 한다. 그는 지칠 줄 모르는 천재성을 발휘하여 이종교배를
통해 개량한 버뱅크 종의 토마토, 옥수수, 호박, 체리, 자두, 천도복숭아, 베리,
양귀비, 백합 장미 등 수백 가지 신품종을 계속해서 선보였다.

루터는 자연의 진화를 획기적으로 앞당길 수 있음을 입증하는 데 이용했다는

유명한 호두나무 앞으로 나를 데리고 갔다. 나는 카메라의 초점을 맞추었다.

"이 호두나무는 불과 십육 년 만에 풍성한 열매를 맺게 되었어요. 자연 그대로 두었다면 시간이 두 배는 걸렸을 겁니다."

버뱅크 박사의 어린 수양딸이 강아지와 장난을 치면서 정원으로 들어섰다.

"저 아이는 나의 인간 식물이에요." 루터는 다정스럽게 손을 흔들었다. "나는 이제 인류를 하나의 거대한 식물로 보고 있어요. 이 식물이 한껏 자라기 위해서는 오직 사랑과 위대한 자연의 축복, 그리고 지적인 교배와 선택이 필요할 뿐이에요. 지금까지 나는 식물의 진화에서 너무나 놀라운 진보를 보아 왔기 때문에, 아이들에게 소박하고 합리적인 삶의 원칙들을 가르친다면 머지않아 건강하고 행복한 세상이 올 것이라는 낙관적인 기대를 갖게 되었어요. 우리는 자연과 그 너머에 있는 신에게로 돌아가야만 해요."

"박사님이 저희 란치 학교에서 야외 수업을 보시면 아주 좋아하실 겁니다."

내 말은 버뱅크의 마음속 깊은 곳에 파문을 일으켰다. 어린이 교육! 그는 깊고 고요한 눈에 관심의 빛을 번득이면서 이것저것 캐묻기 시작했다

그러더니 이윽고 이렇게 말했다. "스와미지, 그런 학교야말로 미래 천년왕국의 유일한 희망이에요. 나는 자연과 단절되고 개성을 억누르는 우리 시대의 교육 제도를 혐오해요. 나는 당신의 실천적인 교육 이념을 충심으로 지지합니다."

온화한 현자에게 작별 인사를 드리자 그는 작은 책에 손수 서명을 해서 내게 주었다.[*]

"이 책은 내가 쓴 《인간이라는 식물 기르기(The Training of the Human Plant)》[†]예요. 새로운 유형의 교육, 두려움을 모르는 실험이 필요해요. 때로는 가장 대담한 실험이 최고의 꽃과 열매를 만들어 내는 경우가 있어요. 어린이를

---

[*] 버뱅크는 또 서명을 한 자신의 사진도 주었다. 나는 예전에 힌두 상인이 링컨의 초상화를 소중히 여긴 것처럼 그 사진을 소중히 간직하고 있다. 남북 전쟁 당시 미국에 있었던 이 힌두 사람은 링컨을 너무나 흠모한 나머지 그 위대한 해방자의 초상화를 얻을 때까지 인도로 돌아가지 않으려 했다. 링컨의 집 앞에서 요지부동으로 버티던 상인은 놀란 대통령이 뉴욕의 유명한 화가 다니엘 헌팅턴에게 초상화를 의뢰하는 것을 허락한 뒤에야 물러났다. 초상화가 완성되자 힌두 상인은 의기양양하게 그림을 캘커타로 가지고 왔다.

[†] New York: Century Co., 1922.

위한 교육도 마찬가지로 더 과감하고 꾸준한 혁신이 필요해요."

나는 그날 밤 열렬한 관심을 가지고 그의 책을 읽어 내려갔다. 그는 인류의 찬란한 미래를 그리면서 이렇게 썼다. "이 세상에서 가장 다루기 힘들고 변화를 일으키기 어려운 생명체는 일단 특정한 습관에 고착되어 버린 식물이다. 이 식물은 오랜 세월에 걸쳐 개체성을 보존해 왔다는 사실을 기억해야 한다. 그것은 어쩌면 수십억 년을 거슬러 바위 그 자체로부터 비롯되었을지도 모르며, 그 장구한 세월 동안 큰 변이를 한 번도 겪지 않았을 수도 있다. 이 식물이 그런 엄청난 반복의 세월을 거치다 보면 비할 데 없이 끈질긴 의지를—그렇게 부를 수 있다면—소유하게 될 것이라는 생각이 들지 않는가? 실제로 어떤 종려나무는 너무나 고집이 세서 아직까지 어떤 인간의 힘으로도 바꾸어 놓을 수 없었다. 식물의 의지에 비하면 인간의 의지는 너무나 연약한 것이다. 그러나 단순히 새로운 생명을 혼합하고, 교배를 통해 철저하고 강력한 변화를 일으킴으로써 평생 동안 버텨 온 식물의 완강한 저항을 단번에 무너뜨릴 수 있다. 그리고 저항이 수그러들었을 때 여러 세대에 걸쳐 끈기 있는 감독과 선택을 통해 새로운 형질을 고정시키면 식물은 새로운 길로 접어들어 다시는 옛 길로 돌아가지 않게 되며, 그 끈질긴 의지도 마침내 꺾이고 변화하게 된다. 어린이의 성격처럼 민감하고 유연한 대상이라면 문제가 훨씬 간단할 것이다."

이 위대한 미국인의 자력에 끌린 나는 몇 번이고 그를 찾아갔다. 어느 날 아침 나는 우편집배원과 같은 시각에 도착했다. 그는 버뱅크의 서재에 천 통쯤 되는 편지를 쏟아 놓았다. 세계 각지의 원예가들이 그에게 편지를 보낸 것이다.

루터가 쾌활하게 말했다. "스와미지가 오신 덕에 정원에 나갈 핑계가 생겼군요." 그는 수백 가지 여행 안내서가 들어 있는 커다란 책상 서랍을 열었다.

"보세요. 나는 이런 식으로 여행을 해요. 식물과 편지에 묶여 있는 처지인지라, 나는 가끔씩 이 사진들을 들춰 보면서 이국땅에 대한 동경을 달래곤 하지요."

루터와 나는 그의 집 앞에 세워 두었던 내 차를 타고 마을의 거리를 따라 드라이브를 즐겼다. 마을 곳곳에 있는 정원들은 그가 개량한 신품종의 샌타로자, 피치블로, 버뱅크 장미로 화사하게 빛나고 있었다.

이 위대한 과학자는 우리가 처음 만나기 시작할 무렵에 크리야를 전수받았다. "스와미지, 나는 크리야를 열심히 수행하고 있어요." 루터는 요가의 다양한 측면에 대해서 여러 가지 진지한 질문을 던진 뒤에 천천히 말했다.

"동양은 정말이지 서구 세계가 미처 손도 대지 못한 엄청난 지식의 보고를 가지고 있군요." *

꼭꼭 숨겨 두었던 여러 가지 비밀을 드러내 준 자연과의 친밀한 교감은 버뱅크에게 한없는 영적 경외감을 안겨 주었다.

"때때로 나는 무한한 힘에 아주 가까이 있는 느낌이 들어요." 그는 조심스럽게 털어놓았다. 섬세하고 선이 고운 그의 얼굴이 지난 기억들로 빛을 발했다. "그럴 때면 나는 병든 식물뿐 아니라 주위의 아픈 사람들도 고칠 수 있었어요."

그는 독실한 기독교도였던 어머니 이야기를 했다. "어머니께서는 돌아가신 뒤로 여러 차례 환영 속에 나타나 내게 말씀을 건네셨어요."

우리는 아쉬움을 달래며 수천 통의 편지가 기다리고 있는 그의 집 쪽으로 차를 돌렸다.

"박사님, 동양과 서양의 진리 인식을 비교 · 소개하는 잡지를 다음 달에 출간할 계획입니다. 잡지 이름을 정해야겠는데, 좀 도와주십시오."

우리는 얼마 동안 의논한 끝에 '동서(East-West)'†가 좋겠다고 의견 일치를 보았다. 서재로 다시 돌아온 뒤 버뱅크는 '과학과 문명(Science and Civilization)'에 관해 써 두었던 글을 내게 건네주었다.

나는 고마움을 표했다. "이 글은 《동서》 창간호에 실릴 겁니다."

우리의 우정은 나날이 깊어졌다. 나는 버뱅크를 '미국의 성자'라고 불렀다. 나

---

* 저명한 생물학자이자 유네스코의 초대 사무총장인 줄리언 헉슬리 박사는 최근에 서구 과학자들이 트랜스 상태(무아경)에 들고 호흡을 통제하는 동양의 기법을 배워야 한다면서 이렇게 물었다. "무슨 일이 벌어지는가? 어떻게 그것이 가능한가?" 1948년 8월 21일자 런던 발 AP통신은 다음과 같이 보도했다. "헉슬리 박사는 새로 창설된 세계 정신건강 협회에서 동양의 비전 지식을 주의 깊게 살펴볼 필요가 있다고 말했다. 이 비전 지식을 과학적으로 탐구할 수 있다면 정신과학 분야에서 엄청난 도약이 이루어질 수 있을 것이라고 그는 조언했다."

† 1948년에 'Self-Realization'으로 개칭되었다.

루터 버뱅크

미국 캘리포니아 주 샌타로자

1924년 12월 22일

내가 스와미 요가난다의 요고다 체계를 검토해 본 바로는 인간의 육체적, 정신적, 영적 특성을 단련하고 조화시키는 데 매우 이상적인 방법이라고 생각됩니다. 스와미의 목표는 교육을 지적 개발에만 한정시키지 않고 신체와 의지와 감정의 단련에도 힘쓰는 '삶의 지혜(How-to-Live)'학교를 전 세계에 설립하는 것입니다.

집중과 명상이라는 간단하고도 과학적인 방법으로 육체적, 정신적, 영적 계발을 추구하는 요고다 행법을 통해 복잡한 삶의 문제를 해결하고 이 땅에 선의와 평화를 불러올 수 있습니다. 스와미가 생각하는 올바른 교육의 이념은 신비주의나 비현실적인 요소가 전혀 없는 평범한 상식입니다. 그렇지 않다면 나의 지지를 얻을 수 없을 것입니다.

나는 삶의 지혜를 가르치는 국제 학교를 설립하자는 스와미의 호소에 마음으로부터 동참할 기회가 주어진 것을 매우 기쁘게 생각합니다. 그러한 학교가 설립된다면 내가 알고 있는 그 무엇보다 천년왕국을 실현하는 데 도움이 될 것입니다.

루터 버뱅크(Luther Burbank)

루터 버뱅크와 파라마한사 요가난다
1924년 캘리포니아 주 샌타로자

는 《성경》 구절을 살짝 고쳐서 외었다. "보라 이는 참으로 인간이라 그 속에 간사한 것이 없도다."* 오랫동안 겸손과 인내와 희생으로 단련이 된 그의 가슴은 헤아릴 수 없을 만큼 깊었다. 장미 속에 파묻혀 있는 그의 작은 집은 검소하고 소박했다. 그는 사치의 무가치함과 무소유의 참된 기쁨을 잘 알고 있었다. 과학적 명성을 겸허하게 받아들이는 그의 자세를 대할 때마다 무르익은 열매 때문에 고개를 숙이는 나무가 떠올랐다. 허세를 부리고 고개를 치켜드는 나무일수록 열매는 보잘것없는 법이다.

1926년, 내가 뉴욕에 있을 때 소중한 친구가 세상을 떠났다. 나는 눈물을 흘리면서 생각했다. '오, 그를 한 번만이라도 더 볼 수 있다면 여기서 샌타로자까지

* 〈요한복음〉 1:47.

걸어서라도 가련만.' 나는 이후 스물네 시간 동안 비서와 방문객을 물리치고 혼자 틀어박혀 있었다.

다음날 나는 루터의 대형 초상화 앞에서 베다 추모 의례를 거행했다. 미국인 제자들이 힌두 예복을 입고 고대의 찬가를 부르면서, 육체적 요소들이 무한한 근원으로 돌아가는 것을 상징하는 꽃과 물과 불을 봉헌했다.

비록 버뱅크의 형상은 예전에 그가 샌타로자의 정원에 심은 레바논 삼나무 아래 누워 있지만, 나에게 그의 영혼은 길가에 핀 천진난만한 꽃송이 하나하나에 깃들어 있다. 루터는 잠시 동안 드넓은 자연의 영혼 속으로 물러나, 그곳의 바람결에 속삭이며 새벽을 거닐고 있지 않을까?

그의 이름은 이제 일상 회화의 영역에 포함되었다. 《웹스터 사전》은 'burbank'를 타동사로 분류하여 이렇게 정의하고 있다. "(식물을) 교배하거나 접붙이다. (비유적으로) 좋은 특성을 선택하고 나쁜 특성을 제거하거나, 좋은 특성을 추가하여 (과정 또는 제도를) 개선하다."

나는 이 글을 읽고서 탄식했다. "경애하는 버뱅크, 당신의 이름은 이제 '좋은 것'과 동의어가 되었군요."

39
성흔을 받은 테레사 노이만

"인도로 돌아오거라. 나는 십오 년 동안 묵묵히 너를 기다렸다. 이제 곧 나는 육신을 벗어나 빛나는 안식처로 떠날 것이다. 오거라, 요가난다!"

마운트 워싱턴 본부에서 가부좌를 하고 명상에 잠겨 있을 때 문득 스리 유크테스와르의 목소리가 내면의 귀에 울려 퍼졌다. 스승의 말씀이 눈 깜짝할 사이에 일만 마일의 거리를 뛰어넘어 번갯불처럼 나의 존재 속으로 뚫고 들어온 것이다.

십오 년! 그제야 나는 올해가 1935년이라는 사실을 떠올렸다. 미국에서 구루의 가르침을 전파하는 동안 어느덧 십오 년의 세월이 흐른 것이다. 이제 그가 다시 나를 부르고 있다.

얼마 후 나는 가까운 친구 제임스 린 씨에게 이 체험을 들려주었다. 그는 매일같이 크리야 요가를 수행하여 놀라운 영적 진보를 이루었기 때문에 나는 그를 '세인트 린'이라고 부르곤 했다. 서양에서도 고대 요가의 길을 통해 참나를 실현하는 성자들이 배출될 것이라는 바바지의 예언이 그를 비롯한 여러 서양인들 사이에서 성취되고 있는 것을 보면 흐뭇한 마음을 감출 수 없다.

린 씨는 친절하게도 여행 경비를 모금하는 일에 발 벗고 나서 주었다. 덕분에 경비 문제가 해결되었으므로, 나는 유럽을 경유해서 인도로 가는 배편을 알아보았다. 1935년 3월, SRF는 캘리포니아 주법에 따라 초종파적 비영리 법인으로 인가를 받았다. 나는 모든 저작권을 포함한 전 재산을 SRF에 기증했다. 대부분의 다른 종교 단체나 교육 기관과 마찬가지로, SRF도 회원과 일반인의 기부금으로 유지된다.

나는 제자들에게 말했다. "나는 다시 돌아올 것이고, 결코 미국을 잊지 않을 겁니다."

정다운 친구들이 로스앤젤레스에서 마련해 준 환송연에서 나는 그들의 얼굴을 한참 동안 바라보며 감사하는 마음으로 이렇게 생각했다. '신이여, 오직 당신만이 베푸신다는 것을 명심하는 사람들 사이에는 훈훈한 우애가 마를 날이 없을 것입니다.'

나는 1935년 6월 9일 유로파호를 타고 뉴욕을 출발했다. 비서인 리처드 라이트 씨와 신시내티에서 온 중년의 미혼 여성인 에티 블레치 씨가 동행했다. 두 사람은 나의 제자들이다. 분주했던 지난 몇 주와는 사뭇 대조적으로 우리는 대양에서 평화로운 나날을 즐겼다. 그러나 한가한 시간은 훌쩍 흘러갔다. 요즘의 배는 너무 빠른 것이 유감이었다!

우리는 호기심에 찬 여느 유람객들처럼 유서 깊은 대도시 런던의 거리를 돌아다녔다. 다음날에는 캑스턴 홀의 대규모 집회에서 강연해 달라는 초청을 받았다. 프랜시스 영허즈번드 경이 런던의 청중에게 나를 소개했다.

우리 일행은 스코틀랜드에 있는 해리 로더 경의 사유지에 초대받아 즐거운 하루를 보냈다. 며칠 후에는 영불 해협을 가로질러 대륙으로 건너갔다. 나는 꼭 바바리아 지방을 순례하고 싶었다. 이번이 아니면 가톨릭의 성녀로 추앙받는 콘너스로이트의 테레사 노이만을 만나 볼 기회가 없을 것으로 생각되었기 때문이다.

몇 해 전에 나는 테레사 수녀에 관한 놀라운 기사를 읽었다. 그 내용을 간추려 보면 다음과 같다.

(1) 1898년 성 금요일에 태어난 테레사 노이만은 스무 살 때 사고로 눈이 멀고 몸이 마비되었다.

(2) 그녀는 1923년에 성녀 '소화(小花)'테레사에게 기도를 드리고 기적적으로 시력을 되찾았다. 후에 마비되었던 다리도 한순간에 치유되었다.

(3) 그녀는 1923년부터 매일 작은 성체(제병) 한 조각 외에는 먹지도 마시지도

않는다.

(4) 1926년, 그리스도가 수난에서 얻은 상처인 성흔이 테레사의 머리와 옆구리, 손발에 나타났다. 그녀는 금요일마다* 그리스도의 수난을 경험하고, 그분이 겪었던 고통을 자기 몸에서 그대로 되풀이한다.

(5) 보통 때는 자기 마을에서 쓰는 순박한 독일어밖에 모르는 그녀가 금요일에 탈혼 상태가 되면 학자들이 고대 아람어로 확인한 구절들을 이야기한다. 어떤 경우에는 환시 속에서 히브리어나 그리스어를 말하기도 한다.

(6) 교회의 승인 아래 과학자들이 그녀를 몇 차례 엄밀하게 관찰했다. 독일 개신교 신문의 편집장인 프리츠 게를리히 박사는 '가톨릭의 사기극을 폭로할' 작정으로 콘너스로이트에 갔지만 결국은 테레사 수녀에게 감복하여 그녀의 전기를 쓰게 되었다.

나는 동양에서든 서양에서든 언제나 성자를 만나기를 갈망했다. 7월 16일, 우리 일행이 고아한 콘너스로이트 마을에 들어섰을 때 내 가슴은 기쁨으로 뛰었다. 바바리아의 농부들은 우리가 미국에서 가져온 포드 자동차와 별난 순례자들—미국 청년과 중년 부인, 그리고 긴 머리카락을 코트 깃 속에 밀어 넣은 올리브색 피부의 동양인—에게 숨김없는 호기심을 나타냈다.

그러나 어쩌랴! 고풍스런 우물 옆에 제라늄이 탐스럽게 피어 있는 테레사 수녀의 단아한 오두막은 문이 걸린 채 적막에 잠겨 있었다. 이웃 사람들도, 지나가던 마을 우체부도 그녀가 간 곳을 몰랐다. 비가 내리기 시작하자 일행 두 사람은 그냥 돌아갔으면 하는 눈치를 보였다.

"아닙니다." 나는 고집을 부렸다. "테레사 수녀를 만날 수 있는 실마리를 찾을 때까지 여기서 기다릴 겁니다."

두 시간이 지나고 가랑비가 스산하게 내리는 속에 우리는 여전히 차 안에 앉

---

* 전쟁 때부터는 매주 금요일이 아니라 일 년 중 특정한 성일에만 수난을 경험했다. 다음은 그녀의 삶에 관한 책들이다. 프리드리히 리터 폰 라마 저 《테레사 노이만: 우리 시대의 성흔 발현자(Therese Neumann: A Stigmatist of Our Day)》 및 《테레사 노이만 연대기 2부(Further Chronicles of Therese Neumann)》, A. P. 쉼베르크 저 《테레사 노이만 이야기(The Story of Therese Neumann)》(1947, 세 책 모두 Bruce Pub. Co., Milwaukee, Wisconsin에서 출간), 요하네스 슈타이너 저 《테레사 노이만(Therese Neumann)》(Alba House, Staten Island, N.Y.에서 출간).

아 있었다. 나는 한숨을 지으며 탄식했다. "신이여, 그녀를 만날 수 없다면 왜 저희를 여기로 인도하셨습니까?"

그때 한 남자가 우리 곁에 멈춰 서더니 영어로 도와줄 일이 있는지 물었다.

"테레사 수녀님이 어디 계신지 확실히는 모르겠지만, 아이히슈테트 대학교에서 외국어를 가르치는 프란츠 부츠 교수님 댁에 자주 가십니다. 여기서 팔십 마일쯤 되지요."

다음날 아침 우리 일행은 한적한 도시 아이히슈테트로 차를 몰았다. 부츠 박사는 자택에서 친절하게 우리를 맞아 주었다. "테레사 수녀님은 여기 계십니다." 그는 사람을 시켜 손님이 찾아오셨다고 알렸다. 심부름꾼이 곧 그녀의 대답을 받아 가지고 왔다.

"주교님께서 허락 없이는 아무도 만나지 말라고 하셨지만, 저는 인도에서 오신 하느님의 사람을 맞이하겠어요."

이 말에 감명을 받은 나는 부츠 박사를 따라 위층의 거실로 올라갔다. 곧바로 테레사 수녀가 평화와 기쁨의 영기를 발하며 방으로 들어왔다. 그녀는 검은 수도복에 티 없이 하얀 머리 수건을 쓰고 있었다. 이때 그녀의 나이는 서른일곱 살이었지만 훨씬 젊어 보였고, 어린아이같이 신선한 매력을 풍기고 있었다. 건강하고 반듯한 용모, 발그레한 볼에 생기가 넘치는 이 사람이 아무것도 먹지 않는 성녀라니!

테레사 수녀는 정감이 넘치는 악수로 나를 맞이했다. 우리는 서로가 신을 사랑하는 사람이라는 것을 마음과 마음으로 느끼면서 말없이 환한 미소를 지었다.

부츠 박사가 친절하게 통역을 자청했다. 모두 자리를 잡고 앉자 테레사 수녀는 천진난만한 호기심을 드러내며 나를 힐끔힐끔 쳐다보았다. 바바리아에서 인도 사람을 보기가 힘들었을 것은 당연한 일이다.

"수녀님은 아무 것도 먹지 않으십니까?" 나는 직접 대답을 듣고 싶었다.

"네, 매일 아침 여섯 시에 성체*를 모시는 것이 전부입니다."

---

* 성찬식 때 신부가 주는 제병.

"성체는 크기가 얼마나 되나요?"

"종이처럼 얇고, 크기는 작은 동전만 하지요." 그리고 곧 부언했다. "성찬식에서 받는 거예요. 성별(聖別)된 것이 아니면 삼킬 수가 없거든요."

"십이 년을 꼬박 그것만 먹고 살 수는 없으셨겠지요?"

"저는 하느님의 빛으로 삽니다."

그야말로 아인슈타인처럼 명쾌한 대답이었다.

"수녀님은 에테르와 태양과 대기에서 생성되는 에너지가 몸속으로 흐른다는 것을 깨닫고 계시군요."

그녀의 얼굴에 금방 미소가 피어올랐다. "제가 어떻게 사는지 이해해 주시니 참 기쁩니다."

"수녀님의 거룩한 삶은 '사람이 떡으로만 살 것이 아니요 하느님의 입으로부터 나오는 모든 말씀으로 살 것이라.* 하신 그리스도의 가르침을 날마다 증거하는 본보기입니다."

그녀는 내 말에 또다시 기쁨을 나타냈다. "정말 그렇습니다. 제가 오늘 이 땅에 살아 있는 이유의 하나는 사람이 음식으로만 사는 것이 아니라 보이지 않는 주님의 빛으로 살 수 있다는 것을 보여 주기 위해서입니다."

"다른 사람에게 먹지 않고 사는 법을 가르쳐 주실 수 있습니까?"

그녀는 살짝 놀란 듯했다. "그건 할 수 없습니다. 주님께서 원치 않으십니다."

그녀의 튼튼하면서도 우아한 손에 나의 시선이 닿자, 테레사 수녀는 두 손등에 난 네모진 상처를 보여 주었다. 손바닥에는 그보다 조금 작은 초승달 모양의 상처가 있었다. 손을 꿰뚫고 지나간 상처가 갓 아문 모습이었다. 그 생김새를 보

---

* 마태복음) 4:4. 인체의 배터리는 거친 음식(떡)으로만 유지되는 것이 아니라 진동하는 우주 에너지(말씀 또는 옴)로 유지된다. 보이지 않는 힘이 연수(延髓)의 문을 통해 인간의 신체로 흘러 들어간다. 이 여섯 번째 중심은 다섯 척추 차크라('바퀴'를 뜻하는 산스크리트어. 생명력이 뿜어져 나오는 중심)의 위, 목 뒤쪽에 위치하고 있다.
우주의 생명 에너지(옴)가 신체에 공급되는 주된 통로인 연수는 두 눈썹 사이의 영안(靈眼)에 자리 잡은 의지력의 근원인 그리스도 의식의 중심(쿠타스타)과 극성(極性)에 의해 직접 연결된다. 이어서 우주 에너지는 무한한 잠재력의 저장소 역할을 하는 뇌 속의 일곱 번째 중심((베다)에서 말하는 '천 개의 잎이 달린 연꽃')에 비축된다. 《성경》에서는 옴을 성령, 즉 삼라만상을 유지하는 보이지 않는 생명력으로 일컫는다. "너희 몸은 너희가 하느님께로부터 받은바 너희 가운데 계신 성령의 전인 줄을 알지 못하느냐"(〈고린도 전서〉 6:19)

니, 서양에서는 본 적이 없지만 동양에서는 아직도 쓰이고 있는 네모지고 끝이 초승달 모양으로 된 커다란 쇠못이 어렴풋이 떠올랐다.

성녀는 매주 겪는 탈혼 상태에 대해 얘기해 주었다. "저는 무력한 구경꾼처럼 그리스도의 수난을 내내 지켜봅니다." 매주 목요일 자정부터 금요일 오후 한 시까지 상처가 벌어지면서 피가 흐른다. 이 때문에 평소 121파운드인 체중이 십 파운드나 빠진다. 연민의 정이 감응하여 심한 고통을 겪으면서도 그녀는 이렇게 매주 주님의 환영을 접하는 날을 설레는 마음으로 기다린다.

그녀의 기이한 삶은 신약에 기록된 예수의 생애와 십자가형의 역사적 진실성을 재확인시키고 갈릴리의 주님과 그리스도인 사이는 언제나 하나로 연결되어 있다는 것을 극적으로 보여 주기 위해 신께서 꾸미신 일임을 나는 문득 깨달았다.

부츠 교수는 성녀에 얽힌 경험담을 들려주었다.

"테레사와 우리는 가끔씩 나라 안을 유람하고 다닙니다. 테레사는 아무것도 먹지 않는데 우리는 세 끼를 꼬박꼬박 챙겨 먹으니 묘한 대조를 이루지요. 테레사는 지칠 줄 모르고 언제나 장미처럼 생기가 넘친답니다. 우리가 허기를 달래려고 길가의 주막집을 찾을 때마다 테레사는 빙그레 웃고만 있지요."

교수는 몇 가지 흥미로운 사실을 알려주었다. "테레사는 음식을 먹지 않기 때문에 위가 줄었어요. 배설 작용은 없지만 땀샘은 제 기능을 합니다. 테레사의 피부는 항상 부드럽고 탄력이 있지요."

헤어질 때 나는 그녀가 탈혼 상태에 드는 것을 곁에서 지켜보고 싶다고 말했다.

"네, 오는 금요일에 콘너스로이트로 오세요. 주교님께서 허락해 주실 거예요. 아이히슈테트까지 일부러 찾아와 주셔서 정말 고맙습니다."

테레사는 다정하게 손을 흔들면서 악수를 하고 우리 일행을 대문까지 배웅해 주었다. 라이트 씨가 자동차의 라디오를 켜자 성녀는 웃음을 띠고 신기한 듯이 들여다보았다. 아이들이 우르르 몰려들자 테레사 수녀는 얼른 집 안으로 몸을 숨겼다. 잠시 후 창가에서 어린아이처럼 손을 흔들면서 우리를 내다보는 그녀의 모습이 비쳤다.

다음날 우리는 테레사 수녀의 친절하고 상냥한 두 남동생과 이야기를 나누다가 성녀가 밤에 한두 시간밖에 자지 않는다는 사실을 알게 되었다. 몸에 많은 상처를 안고 있으면서도 그녀는 언제나 활기가 넘친다. 그녀는 새를 사랑하고, 연못의 물고기를 돌보고, 정원을 정성스레 가꾼다. 그녀는 편지를 많이 주고받는데, 가톨릭 신자들이 치유의 기도와 축복을 부탁하는 경우가 많다. 수많은 사람이 그녀를 통해 심각한 병에서 회복되었다.

스물세 살쯤 된 동생 페르디난트는 테레사가 기도를 통해 다른 사람의 병을 자기 몸에서 고치는 힘을 가지고 있다고 설명해 주었다. 성녀가 음식을 먹지 않게 된 것도, 성직자가 될 준비를 하던 같은 교구의 청년이 앓고 있던 목 병을 자기 목으로 옮기기 위해 기도를 드리면서부터 시작되었다고 한다.

목요일 오후에 우리 일행은 주교의 사택을 찾아갔다. 주교는 치렁치렁 늘어진 내 머리카락을 놀란 눈으로 바라보았다. 그는 바로 허가증을 써 주었다. 수수료는 없었다. 교회에서 정한 규칙은 단지 느닷없이 들이닥치는 관광객들로부터 테레사 수녀를 보호하기 위한 것이다. 예전에는 금요일만 되면 사람들이 수천 명씩 콘너스로이트로 몰려들었다고 한다.

우리는 금요일 아침 아홉 시 반쯤 마을에 도착했다. 테레사 수녀의 오두막은 빛이 잘 들게끔 지붕에 유리창이 나 있었다. 문이 잠겨 있지 않고 우리를 반기는 듯이 활짝 열려 있는 것을 보니 흐뭇했다. 우리는 저마다 허가증을 들고 서 있는 스무 명 남짓한 방문객들 뒤에 줄을 섰다. 대부분 아주 먼 곳에서 신비로운 성흔의 기적을 보러 온 사람들이었다.

테레사 수녀는 교수 댁에서 이미 나의 첫 번째 시험을 통과했다. 그녀는 내가 단지 일시적인 호기심 때문이 아니라 영적인 이유로 자신을 만나려 한다는 것을 직감으로 알아차렸던 것이다.

나는 두 번째 시험을 준비했다. 나는 위층에 있는 그녀의 방으로 올라가기 전에 그녀와 정서적·시각적 영교(靈交)를 나누기 위해 스스로 요가의 무아경에 들었다. 나는 방문객들로 붐비는 그녀의 방으로 들어섰다. 라이트 씨가 내 뒤에 바짝 붙어서 따라왔다. 그녀는 흰 수도복을 입고 침대에 누워 있었다. 문지방을 막 넘어서는 순간, 나는 낯설고 섬뜩한 광경에 경외감을 느끼고 발을 멈추었다.

테레사의 아래 눈꺼풀에서 엷은 핏줄기가 일 인치 너비로 줄줄 흘러내리고 있었다. 그녀의 시선은 위쪽을 향해 이마 한가운데 있는 영안(靈眼)에 집중되어 있었다. 그녀의 머리를 싸고 있던 수건이 가시 면류관의 성흔에서 흘러나오는 피로 흥건히 적셔졌다. 그 옛날 그리스도가 마지막으로 수난을 겪으면서 창에 찔렸던 옆구리의 상처에서 나온 피로 흰 수도복이 가슴께까지 붉게 얼룩져 있었다.

테레사는 애원하는 어머니처럼 두 손을 뻗고 있었다. 그녀의 얼굴에는 고통스러우면서도 거룩한 표정이 감돌았다. 그녀는 조금 말라 보였고 내적·외적으로 미묘한 변화가 느껴졌다. 그녀는 입술을 가늘게 떨면서 초의식의 시야에 나타난 사람들에게 무언가 알 수 없는 말을 중얼거렸다.

그녀와 정신 감응이 이루어지자 그녀의 환시에 떠오른 장면들이 나에게도 보이기 시작했다. 그녀는 조롱하는 군중 사이에서 나무 십자가를 지고 있는 예수를 바라보고 있었다.[*] 그러던 그녀가 화들짝 놀라면서 머리를 치켜들었다. 주께서 십자가의 무게를 못 이겨 쓰러지신 것이다. 환영은 사라졌다. 타오르는 듯한 연민으로 탈진 상태가 된 테레사는 베개 속에 머리를 무겁게 파묻었다.

그때 뒤에서 쿵 하는 소리가 들렸다. 고개를 돌려 보니 누군가가 바닥에 엎어진 것을 다른 사람 둘이 끌어내고 있었다. 그러나 나는 깊은 초의식 상태에서 빠져나오는 중이었기 때문에 쓰러진 사람이 누구인지 금방 알아보지 못했다. 나는 다시 테레사에게 눈길을 돌렸다. 피가 계속 흐르는 그녀의 얼굴은 죽은 사람처럼 창백했지만, 이제는 차분히 진정되어 순결하고 거룩한 기운을 내뿜고 있었다. 잠시 후 뒤를 돌아보았더니 라이트 씨가 피 묻은 뺨에 손을 얹고 서 있었다.

나는 걱정스레 물었다. "딕, 쓰러진 사람이 당신이었어요?"

"네, 너무 무서워서 정신을 잃었나 봅니다."

나는 위로하듯 말했다. "그래도 다시 보려고 돌아왔으니 용감하군요."

한참 동안 줄을 서서 기다리고 있는 순례자들을 생각하고, 라이트 씨와 나는

---

[*] 우리가 도착하기 전에 테레사는 이미 환시를 통해 그리스도가 마지막 며칠간 겪은 일들을 거친 상태였다. 그녀의 탈혼 상태는 보통 마지막 만찬에 이은 사건들로 시작해서 예수가 십자가에서 숨을 거두거나 무덤에 묻히는 것으로 끝난다.

테레사 노이만, 리처드 라이트, 스리 요가난다
1935년 7월 17일 바바리아 아이히슈테트

테레사 수녀에게 말없이 작별을 고한 뒤 성스러운 기적의 현장을 떠났다.[*]

다음날 우리 일행은 남쪽으로 차를 몰았다. 기차를 타지 않으니 시골길을 달리다 아무 때고 차를 세울 수 있어서 편했다. 우리는 독일, 네덜란드, 프랑스, 스위스 알프스를 두루 유람하면서 매 순간을 만끽했다. 이탈리아에서는 청빈의 사도 성 프란체스코를 기리기 위해 모처럼 아시시에 들렀다. 유럽 여행의 마지막 목적지인 그리스에서는 아테네의 신전들을 구경하고 소크라테스[†]가 독배를 마

---

[*] 1948년 3월 26일자 독일 발 INS 뉴스는 다음과 같이 보도했다. "독일의 한 시골 여인이 지난 성 금요일에 자신의 오두막집에 누워 있는 동안, 그리스도가 십자가의 못과 가시 면류관 때문에 피를 흘렸던 머리와 손과 어깨에 성흔이 나타났다. 경외감에 사로잡힌 수천 명의 독일인과 미국인이 조용히 줄을 지어 테레사 노이만의 침대 곁을 지나갔다." 위대한 성흔 발현자는 1962년 9월 18일 콘너스로이트에서 선종했다.(편집자 주)

[†] 에우세비우스의 글에는 소크라테스와 힌두 현인의 만남에 대한 흥미로운 이야기가 실려 있다. "음악가인 아리스토세누스는 인도인에 관해 이런 이야기를 했다. 한 인도인이 아테네에서 소크라테스를 만나 어떤 철학을 하느냐고 물었다. 소크라테스는 '인간의 본성에 대한 탐구'라고 대답했다. 그러자 인도인은 웃음을 터뜨렸다. '신의 본성에 대해 아무 것도 모르면서 어떻게 인간의 본성을 탐구할 수 있습니까?'"

"너 자신을 알라(Know thyself)"라는 그리스 격언은 서구 철학의 한 출발점을 이루고 있다. 힌두인이라면 "너의 참 자아를

신 감옥에도 가 보았다.

우리는 배를 타고 햇살이 눈부시게 내리쬐는 지중해를 건너 팔레스타인에 도착했다. 날마다 성지를 돌아다니면서 나는 새삼스럽게 성지 순례의 가치를 절감하게 되었다. 감수성이 민감한 사람은 팔레스타인 땅 곳곳에 그리스도의 혼이 스며 있는 것을 느낄 것이다. 나는 경건한 마음으로 그리스도의 발자취를 따라 베들레헴과 겟세마네 동산, 골고다 언덕, 감람산, 요단강, 그리고 갈릴리 호숫가를 거닐었다.

우리 일행은 또 아기 예수를 누인 구유, 요셉의 목공소, 나사로의 무덤, 마르다와 마리아의 집, 최후의 만찬 다락방을 방문했다. 옛 역사의 흔적들을 마주칠 때마다 한때 그리스도가 후세 사람들을 위해 연출했던 신성한 드라마가 한 장면 한 장면 눈앞에 펼쳐졌다.

우리는 계속해서 현대의 도시 카이로와 고대의 피라미드가 공존하는 이집트로 갔다. 거기서 다시 배를 타고 길고 긴 홍해와 광활한 아라비아 해를 가로질러 마침내 우리는 인도로 향했다.

알라(Know thy Self)"라고 말할 것이다. "나는 생각한다, 고로 나는 존재한다"라는 데카르트의 기본 명제는 철학적으로 타당하지 않다. 사유 능력은 인간의 궁극적 존재(Being)를 해명할 수 없다. 인간의 마음은 그것이 인지하는 현상 세계와 마찬가지로 끊임없이 유동하므로 궁극적 지식을 산출할 수 없다. 지적 만족은 최고의 목표가 될 수 없다. 신을 찾는 자가 진정으로 추구하는 것은 비디아(불변의 진리)다. 그 밖의 모든 것은 아비디아(상대적 지식)에 지나지 않는다.

40
인도로 돌아오다

나는 감격에 겨워 인도의 신성한 공기를 들이마시고 있었다. 우리가 탄 라지 푸타나호는 1935년 8월 22일 봄베이 항에 닻을 내렸다. 배에서 내리는 순간부터, 눈코 뜰 새 없이 바쁜 나날이 우리를 기다리고 있다는 예감이 스쳤다. 친지들이 꽃다발을 들고 부두에 모여 우리를 맞이했다. 잠시 후 우리는 타지마할 호텔의 스위트룸에서 기자들과 사진사들을 만났다.

나는 이곳이 처음이었다. 봄베이는 서양의 선진 기술을 적극적으로 받아들여 활기 넘치는 현대 도시로 탈바꿈했다. 널찍한 가로수 길에는 종려나무들이 늘어서 있고, 웅대한 관청 건물과 고대의 사원들이 서로 위용을 다투고 있었다. 하지만 시내 구경을 할 틈이 없었다. 나는 사랑하는 구루와 친구들을 한시라도 빨리 보고 싶어서 조바심이 났다. 우리는 서둘러 기차역으로 달려가서 포드 자동차를 수하물차에 실은 뒤 캘커타가 있는 동쪽으로 향했다.*

하우라 역에 도착하니, 우리를 맞이하기 위해 엄청난 군중이 몰려드는 통에 한동안 기차에서 내릴 수가 없을 정도였다. 카심바자르의 젊은 마하라자와 내 동생 비슈누는 위원회까지 만들어 환영식을 준비했다. 이처럼 열렬하고 성대한 영접은 전혀 예상하지 못했던 일이었다.

---

* 우리는 대륙을 반쯤 가로지른 중부 지방의 와르다에서 마하트마 간디를 만나기 위해 도중하차했다. 이때의 이야기는 44장에서 자세히 소개한다.

1935년 캘커타에서 스리 유크테스와르와 요가난다지

스리 요가난다는 이렇게 술회했다. "구루는 겉치레를 요란하게 꾸미지 않은 까닭에 주변에서 그분이 초인임을 알아보는 사람이 많지 않았다. 스리 유크테스와르는 다른 사람과 마찬가지로 필멸의 운명을 타고났지만 시공의 지배자와 다름없는 위격을 성취했다. 스승에게는 인간적인 요소와 신적인 요소를 융합하는 데 큰 어려움이 없었다. 인간의 영적 안일함 외에는 어떤 장벽도 존재하지 않는다는 것을 나 역시 깨닫게 되었다."

블레치 씨와 라이트 씨와 나는 머리부터 발끝까지 꽃다발에 쌓인 채 자동차와 오토바이의 행렬을 앞세우고 흥겨운 북과 나팔 소리가 울려 퍼지는 가운데 천천히 차를 몰아 아버지의 집으로 갔다.

연로한 아버지는 마치 죽었던 자식이 살아온 것처럼 나를 껴안았다. 우리는 기쁨에 벅차 아무 말도 못하고 서로를 한참 동안 바라보았다. 형제자매와 숙부, 숙모, 사촌, 지난날의 제자와 친구가 나를 에워쌌다. 우리는 하나같이 눈물을 글썽이고 있었다. 이제는 기억의 금고에 간직된 정겨운 재회의 장면은 언제까지나 잊히지 않고 가슴속에 생생히 살아 있다. 스리 유크테스와르와의 만남에 대해서는 무어라 말로 표현할 길이 없다. 그 대신 비서인 라이트 씨의 여행 일지를 소개하기로 한다.

"오늘 나는 기대감에 한껏 부풀어 요가난다지를 모시고 세람포어로 갔다.

차를 달리면서 예스럽고 풍취가 있는 가게들을 여럿 지나쳤는데, 그 가운데는 요가난다지가 대학 시절에 즐겨 찾던 음식점도 있었다. 마침내 담으로 둘러싸인 좁은 골목길로 들어서서 왼쪽으로 급히 꺾어지자 눈앞에 스승의 아슈람이 우뚝 서 있었다. 이 층짜리 벽돌집의 위층에 창살이 있는 발코니가 고개를 내밀고 있고, 호젓하고 평화로운 분위기가 곳곳에 배어 있었다.

나는 엄숙하고 겸허한 마음으로 요가난다지를 뒤따라 아슈람의 안뜰로 들어섰다. 우리는 두근거리는 가슴을 달래며 낡은 시멘트 계단을 올라갔다. 진리를 찾는 수많은 수행자들이 바로 이 계단을 밟았을 것이다. 걸음을 내디딜 때마다 긴장감이 고조되었다. 이윽고 층계 위에 고매한 자세로 서 있는 위대한 현자, 스리 유크테스와르지의 모습이 조용히 나타났다.

지고한 분과 마주 대하는 은총에 가슴이 울렁거리면서 북받쳐 올랐다. 눈물 때문에 시야가 흐려졌다. 요가난다지가 무릎을 꿇고 머리를 숙여 영혼에서 우러난 감사의 인사를 드렸다. 이어서 손으로 구루의 발을 만진 다음 자신의 이마에 손을 대어 공손하게 경의를 표했다. 요가난다지가 몸을 일으키자 스리 유크테스와르지가 그의 양 어깨를 가슴에 꽉 껴안았다.

처음에는 서로 아무 말도 나누지 않았지만 소리 없는 영혼의 언어로 강렬한 감정이 오고 갔다. 두 사람의 눈에 재회의 기쁨이 흘러넘쳤다. 부드러운 진동이 고요한 안뜰을 휩싸고, 구름 사이로 태양이 불쑥 얼굴을 내밀면서 은총의 빛을 더해 주었다.

나도 스승 앞에 무릎을 꿇고서 오랜 수행으로 굳은살이 박인 그분의 발을 만지고 축복을 받으면서 나름대로 무언의 사랑과 감사의 마음을 전했다. 그러고는 다시 일어나 그분의 아름다운 눈을 바라보았다. 깊은 성찰이 담긴 두 눈은 기쁨으로 빛나고 있었다.

우리는 거실로 들어갔다. 방의 한쪽 면 전체가 거리에서 제일 먼저 눈에 띄었던 발코니로 통해 있었다. 스승은 시멘트 바닥에 깔린 매트리스 위에 자리를 잡은 뒤 낡은 침대 겸용의 소파로 등을 받쳤다. 요가난다지와 나는 구루의 발치에 놓인 돗자리에 앉아 편안한 자세로 주황색 베개에 몸을 기댔다.

두 분께서 벵골어로 나누는 대화를 이해해 보려고 애썼지만 헛수고였다(사람들이 스와미지 마하라지라고 부르는 위대한 구루는 영어를 할 줄 알고 종종 사용하기도 하지만, 두 분이 함께 있을 때는 영어를 쓰지 않는다는 것을 알았다). 그러나 나는 마음을 다독여 주는 미소와 번득이는 눈빛만으로도 성인다운 그분의 인품을 대번에 알아볼 수 있었다. 때로는 유쾌하고 때로는 진지한 그분의 대화에서 제일 먼저 눈에 띄는 것은 확신에 찬 어조였다. 그것은 자신이 신을 알기 때문에 모든 것을 알 수 있다는 사실을 깨닫고 있는 현자의 징표다. 스승은 모든 면에서 위대한 지혜와 강인한 의지를 뚜렷이 드러냈다.

그분의 옷차림은 간소했다. 원래 황토색이었던 도티와 셔츠가 이제는 흐린 주황색으로 바랬다. 나는 공경하는 마음으로 그분을 틈틈이 관찰했다. 우람하고 강건한 육체는 수행 생활의 시련과 희생을 통해 단련된 것이었다. 그분은 몸가짐이 장중하고, 꼿꼿한 자세로 위엄 있게 발걸음을 옮긴다. 웃을 때는 온몸을 흔들면서 가슴 깊은 곳에서 우러나오는 유쾌하고 천진난만한 웃음을 터뜨린다.

그분의 근엄한 얼굴에서는 신성한 힘이 물씬 풍긴다. 머리카락은 가운데로 가르마를 탔는데, 이마 주위는 새하얗고 좌우로 금발과 흑발이 섞인 은백색의 곱슬머리가 어깨 위로 흘러내린다. 수염은 풍성하지 않고 숱이 적어서 상대적으로 이목구비가 두드러져 보인다. 이마는 마치 먼 하늘을 바라는 듯이 훤칠하게 드러나 있다. 검은 눈 주위에는 영묘한 푸른빛이 테를 두르고 있다. 코는 좀 크고 투박한데, 한가할 때면 어린아이처럼 코를 손가락으로 튀기고 흔들면서 가지고 논다. 입을 다물고 있으면 근엄하면서도 어딘가 부드러운 느낌이 감돈다.

　좀 허름하다 싶은 방 안을 이리저리 둘러보니, 집 주인이 물질적 안락에 집착하지 않는 것을 한눈에 알 수 있었다. 긴 방의 흰 벽은 비바람으로 변색되어 푸르스름한 회반죽 줄무늬가 져 있었다. 방의 한쪽 끝에는 소박한 화환으로 경건하게 장식한 라히리 마하사야의 초상화가 걸려 있었다. 요가난다지가 보스턴에 도착해서 종교 회의에 참석한 다른 대표들과 함께 서 있는 낡은 사진도 있었다.

　그곳은 옛것과 새것이 기묘하게 공존하는 공간이었다. 컷 글라스로 만든 거대한 촛대 샹들리에는 오랫동안 쓰지 않아 거미줄로 뒤덮여 있고, 그런가 하면 벽에는 화사한 새 달력이 걸려 있었다. 방안에는 평화와 행복의 향기가 가득 넘쳤다.

　발코니 너머로는 코코야자 나무들이 말없이 아슈람을 지키는 파수꾼처럼 높이 솟아 있었다.

　스승께서 손뼉을 치시면 어느 사이에 어린 제자들이 달려왔다. 그 가운데 프라풀라라는 이름의 젊은이*는 야윈 몸에 길고 검은 머리카락과 반짝이는 검은 눈을 가지고 있었다. 그가 입가를 살짝 치키며 천국 같은 미소를 지을 때면 어스름 속에서 갑자기 나타나는 별과 초승달처럼 두 눈이 반짝이곤 했다.

　스와미 스리 유크테스와르지의 얼굴에는 자신의 '결실'이 돌아온 것을 진정 기뻐하는 빛이 완연했다(그리고 '결실의 결실'인 나에게도 관심을 보였다). 하지만 위대한 현자의 본성을 지배하는 지혜는 감정이 겉으로 드러나는 것을 억제하고 있었다.

　요가난다지는 제자가 구루에게 돌아올 때 행하는 관습에 따라 스승께 선물을 드렸다. 잠시 후 우리는 자리에 앉아 간소하지만 정성껏 요리된 야채와 쌀밥을 대접받았다. 스리 유크테스와르지는 내가 손가락으로 밥을 먹는다든지, 여러 가

---

* 프라풀라는 코브라가 다가왔을 때 스승과 함께 있던 소년이다(159쪽 참조).

지 인도 관습을 따르는 것을 보고 대견해 했다.

두 분은 반가운 시선과 따뜻한 미소를 주고받으면서 벵골어로 기탄없는 대화를 나누었다. 그렇게 몇 시간을 지내고 나서 우리는 스승의 발에 경의를 표하고 프라남*으로 작별 인사를 드린 뒤, 거룩한 만남을 영원한 추억으로 남긴 채 캘커타로 떠났다. 적다 보니 주로 스승의 외적인 인상에 대해 얘기했지만, 한편으로 나는 그분의 영적인 고매함을 내내 의식하고 있었다. 그분의 위대한 힘에서 느낀 감동을 신이 주신 축복으로 길이길이 간직할 것이다."

나는 미국과 유럽, 팔레스타인에서 스리 유크테스와르에게 드릴 선물을 많이 가져왔다. 스승은 아무 말 없이 웃으면서 선물을 받았다. 나는 독일에서 내가 쓸 우산 겸용 지팡이를 하나 샀다. 인도에 와서 나는 지팡이를 스승에게 드리기로 했다.

"이 선물은 정말 고맙구나!" 구루는 유달리 반색을 하면서 애정 어린 눈길을 보냈다. 손님이 찾아오면 스승은 다른 선물들을 제쳐두고 유독 그 지팡이만 자랑해 보였다.

"스승님, 거실에 새 카펫을 깔도록 허락해 주십시오." 스리 유크테스와르의 호랑이 털가죽이 찢어진 양탄자 위에 놓여 있는 것을 보고 내가 여쭈었다.

"하고 싶으면 그렇게 하려무나." 썩 내키지 않는 목소리였다. "보아라, 내 호피는 아주 멀쩡하다. 나는 내 작은 왕국의 군주다. 그 너머에는 외적인 것에만 관심을 두는 광막한 세상이 있을 따름이다."

이런 얘기를 들으니 세월이 되돌려지는 기분이 들었다. 다시 한 번 나는 날마다 불호령에 혼쭐이 나던 어린 제자가 되었다.

세람포어와 캘커타에서 볼일을 모두 마친 나는 곧 라이트 씨와 함께 란치로 향했다. 그곳에서 우리는 그야말로 열광적인 환영을 받았다. 내가 떠나 있는 십오 년 동안 학교의 깃발이 변함없이 휘날릴 수 있게 해 준 헌신적인 교사들을 껴

---

* 원뜻은 '완전히 갖춘 인사'로, 산스크리트 어근 nam(절하다)과 접두사 pra(완전하게)가 결합된 것이다. 프라남 인사는 주로 수도자나 존경받는 사람 앞에서 한다.

1935년, 스리 유크테스와르의 세람포어 아슈람 2층 발코니에서 스리 요가난다(가운데)가 구루(오른쪽에 서 있는 사람) 옆에 앉아 있다.

안을 때는 눈물이 핑 돌았다. 기숙생과 통학생들의 밝은 얼굴과 행복한 미소야 말로 그들의 정성스런 교육과 요가 수련의 진가를 보여 주는 단적인 증거였다.

하지만 안타깝게도 란치 학교는 심각한 재정난을 겪고 있었다. 카심바자르 궁전을 학교 건물로 기증하고 후한 헌금을 베풀어 주었던 옛 마라하자, 마닌드라 찬드라 눈디 경은 이제 세상을 떠나고 없었다. 공공 지원의 부족으로, 학교에서

파라마한사 요가난다
1935년 12월 18일 인도 다모다르에서 촬영한 사진. 요가난다지가 1917년 디히카 부근에 처음 설립했던 학교 터를 방문하여 한때 즐겨 찾는 은신처였던 허물어진 탑의 입구에서 명상하고 있다.

무상으로 펼치던 여러 가지 자선 활동이 심각한 위협을 받고 있었다.

미국에서 오래 지내면서 나는 그 사람들의 실용적 지혜와 어떤 장애에도 굴하지 않는 정신을 배웠다. 나는 한 주일 동안 란치에 머물면서 시급한 문제들과 씨름했다. 그런 뒤 캘커타에서 저명한 지도자와 교육자들을 만나 상의하고, 카심바자르의 젊은 마하라자와 긴 이야기를 나누고, 아버지에게 재정적 도움을 호소하는 등 갖은 애를 쓴 끝에 천만다행으로 휘청거리던 란치 학교의 토대가 바로잡히기 시작했다. 여기에 마침 때를 맞추어 미국의 제자들이 적지 않은 헌금을 보내왔다.

나는 인도에 도착한 지 몇 달 만에 란치 학교가 법인체로 다시 태어나는 기쁨을 맛보았다. 안정된 기반을 갖춘 요가 교육 센터를 설립하는 평생의 꿈이 이루

1938년 3월, 매년 열리는 학교 설립 기념행사에서 란치 학교의 교사와 학생들이 행진하고 있다.

1970년, 란치에 있는 YSS 학교의 학생들. 요가난다지의 설립 이념에 따라 대부분의 수업이 야외에서 이루어지고, 학생들은 학업 및 직업 교육과 더불어 요가 수련을 받는다.

1936년 7월 17일 란치에서 스리 요가난다(가운데)와 비서 리처드 라이트(오른쪽에 앉은 사람). 스리 요가난다가 원주민 소녀들을 위해 설립한 학교의 교사와 학생들에 둘러싸여 있다.

1936년 란치, YSS 학교의 교사와 학생들 사이에 서 있는 스리 요가난다. 요가난다지가 설립한 이 학교는 1918년 카심바자르의 마하라자의 후원을 받아 벵골의 디히카에서 이곳으로 이전했다.

어진 것이다. 그 꿈은 1917년에 일곱 명의 소년과 더불어 소박하게 시작되어 이 때껏 나를 이끌어 주었다.

'요고다 사트상가 브라마차리아 비디알라야'라는 이름의 이 학교는 문법과 고등학교 과목을 야외 수업으로 가르친다. 기숙생과 통학생들은 또 일종의 직업 교육도 받는다.

학생들은 자치회를 통해 학교생활을 스스로 규제한다. 교육에 첫발을 들여놓으면서부터 나는 선생님을 골탕 먹이는 장난꾸러기들도 자기 동료들이 정한 규칙은 기꺼이 받아들인다는 사실을 알게 되었다. 나 자신도 결코 모범생이 아니었던 까닭에 사내아이들의 짓궂은 장난이나 말썽거리들이 남의 일같이 여겨지지 않았다.

스포츠와 운동 경기를 장려하여 운동장에서 하키와 축구 연습을 하는 소리가 끊이지 않는다. 란치 학생들은 종종 시합에 나가서 우승을 차지하곤 한다. 소년들은 의지력을 통해 근육을 재충전하는 요고다 수행법을 배운다. 마음을 움직여 생명 에너지를 신체의 각 부분으로 보내는 것이다. 이들은 또한 요가의 아사나(자세)와 검술도 배운다. 란치 학생들은 응급 처치법을 익히기 때문에 실제로 홍수나 기근 같은 재난을 당했을 때 지역 주민들에게 긴요한 봉사 활동을 벌이기도 한다. 아이들은 또 텃밭에서 저마다 채소를 가꾼다.

이 지역의 원주민 부족인 콜 족, 산탈 족, 문다 족 사람들에게 초등학교 과목을 힌디어로 가르친다. 인근 마을에서는 여자아이들만을 위한 학급을 운영한다.

란치만이 지닌 또 다른 특징은 크리야 요가를 가르치는 것이다. 학생들은 매일같이 영적 수련을 쌓고 《기타》를 암송하며, 교훈과 모범을 통해 소박함과 자기희생, 명예, 진리 등의 덕목을 익힌다. 악한 행동은 온갖 불행을 낳고 선행은 참된 행복을 불러오는 이치를 깨우친다. 악은 독이 든 꿀처럼 입에 달지만 그 뒤에는 죽음이 도사리고 있다는 것을 배운다.

집중 기법을 통해 몸과 마음의 불안을 극복하면 놀라운 결과를 얻을 수 있다. 란치에서는 아홉 살, 열 살짜리 소년이 눈 한 번 깜박이지 않고 영안에 시선을 고정시킨 채 한 시간 넘게 흐트러짐 없는 자세로 앉아 있는 광경을 흔히 볼 수 있다.

과수원 안에는 거룩한 스승 라히리 마하사야의 조각상을 모신 시바 신전이 있다. 안뜰의 망고나무 그늘 아래에서는 일일 기도와 경전 수업이 열린다.

란치 소유지에 건립된 요고다 사트상가 세바슈람(봉사의 집) 병원에서는 가난한 사람들에게 외과와 내과 진료를 무료로 지원한다.

해발 이천 피트에 위치한 란치는 일 년 내내 기후가 온화하다. 헤엄을 칠 수 있는 널따란 연못을 옆에 낀 이십오 에이커의 땅에는 인도에서 가장 훌륭한 개인 과수원 중 하나가 자리 잡고 있는데, 망고 · 대추야자 · 구아바 · 여지 · 잭프루트 따위의 과일 나무가 오백 그루나 자라고 있다.

란치 도서관은 동서양에서 기증한 영어와 벵골어로 된 수많은 잡지와 책을 소장하고 있다. 여기에는 세계의 경전들을 모아 놓은 것도 있다. 박물관에는 여러 가지 보석과 고고학, 지리학, 인류학의 자료들이 잘 분류 · 전시되어 있다. 이들은 대부분 내가 다채로운 신의 땅 위를 돌아다니면서 그러모은 기념물이라고 할 수 있다.[*]

란치와 같은 기숙사 제도와 요고다 수련 방식을 따르는 분교들이 개설되어 지금까지 번창하고 있다. 서벵골 주의 라칸푸르에 있는 요고다 사트상가 비디아 피트(학교)와 미드나포르의 에지말리차크에 있는 고등학교 겸 아슈람이 그것이다.[†]

1939년에는 다크시네스와르에 갠지스 강을 바라보는 웅대한 요고다 마트(아슈람)가 봉헌되었다. 캘커타에서 북쪽으로 몇 마일밖에 떨어지지 않은 이 아슈람은 도시 주민들에게 평안한 안식처를 마련해 준다.

다크시네스와르 마트는 YSS와 인도 각지에 흩어져 있는 학교와 센터, 아슈람을 통할하는 본부다. 인도의 YSS는 미국 캘리포니아 주 로스앤젤레스에 있는 SRF 국제 본부와 제휴 관계를 맺고 있다. 요고다 사트상가[‡]의 활동에는 계간지

---

[*] 캘리포니아 주 퍼시픽 팔리사데스에 있는 SRF 레이크 슈라인에도 이와 비슷하게 파라마한사 요가난다가 수집한 소장품이 전시된 박물관이 있다.(편집자 주)

[†] 이를 원형으로 한 YSS 교육 기관이 인도의 여러 지역에 속속 설립되어 번창하고 있다. 그 교과 과정은 초등학교에서 대학교까지의 전 단계를 망라한다.

[‡] 요고다'는 yoga(합일, 조화, 평정)와 da(전하는 것)를 합성한 말이다. '사트상가'는 사트(진리)와 상가(모임)로 이루어진

1939년에 파라마한사 요가난다가 캘커타 부근의 갠지스 강가에 설립한 YSS 본부
힌두교 및 기독교의 상호이해센터인 듯

1935년, 바가반 크리슈나가 태어나 어린 시절을 보낸 성도(聖都) 마투라에서 조각배를 타고 야무나 강을 따라 유람하는 스리 요가난다. (앉아 있는 사람들 가운데에서 오른쪽으로) 아난타 랄 고시(스리 요가난다의 큰형)의 딸, 사난다 랄 고시(요가난다지의 동생), 리처드 라이트

인 《요고다 매거진》을 발행하고 인도 전역의 학생들에게 격주로 레슨을 우송하는 일도 포함된다. 이 레슨은 SRF의 에너지 활성화, 집중, 명상 기법에 대해 상세히 설명한다. 이러한 기법들을 성실하게 연마하여 자격을 갖추어야만 다음 단

다. '요고다'는 파라마한사 요가난다가 1916년에 인간의 육체를 우주 에너지로 재충전하는 원리를 발견한 뒤에 만든 말이다(314쪽 참조).

스리 유크테스와르는 자신의 아슈람 조직을 사트상가(진리회)라고 불렀다. 그의 제자인 요가난다지가 그 이름을 유지하고 싶어 한 것은 당연한 일이다.

인도의 YSS는 영구적으로 존속하는 비영리 단체다. 요가난다지는 자신이 인도에서 추진하던 사업들을 모두 이 이름 아래 통합했다. YSS는 현재 서벵골 주 다크시네스와르에 있는 요고다 마트의 이사회에서 잘 관리하고 있으며, 인도 각지에 수많은 YSS 명상 센터가 번창하고 있다.

요가난다지는 서양에서 자신이 펼친 사업을 통합하는 단체에 Self-Realization Fellowship이라는 이름을 붙였다. 1955년부터는 스리 다야 마타가 인도 YSS와 미국 SRF의 회장을 맡았다.(편집자 주)

계의 레슨에서 보다 높은 크리야 요가의 가르침을 받을 수 있다.

요고다의 교육과 종교, 그리고 인도주의 활동은 수많은 교사와 일꾼들의 봉사와 헌신을 요구한다. 이들은 수가 워낙 많기 때문에 여기서 일일이 이름을 열거할 수는 없지만, 저마다 내 마음속의 한 모퉁이에서 찬란한 빛을 발하고 있다.

라이트 씨는 란치의 학생들과 두터운 우정을 나누었다. 그는 한동안 간소한 도티 차림을 하고 아이들과 어울려 지냈다. 생생한 묘사력을 지닌 나의 비서는 봄베이, 란치, 캘커타, 세람포어 등 가는 곳마다 자기가 겪은 일을 여행 일지에 적었다. 어느 날 저녁 나는 그에게 물었다.

"딕, 인도에 대한 인상이 어떤가요?"

그는 생각에 잠겨 대답했다. "평화예요. 이 땅에는 평화의 영기가 깃들어 있어요."

41
남인도의 목가적 풍경

"딕, 서양 사람이 그 사원에 들어간 건 당신이 처음이에요. 찾아온 사람은 많았지만 아무도 뜻을 이루지 못했지요."

라이트 씨는 내 말에 놀라는 것 같더니 이내 기쁜 표정을 지었다. 우리는 남인도의 마이소르가 내려다보이는 언덕에 자리한 아름다운 차문디 사원을 나왔다. 그곳에서 우리는 마이소르 왕가의 수호신인 차문디 여신을 모시는 금과 은의 제단에 절을 올렸다.

라이트 씨는 승려가 장미 향수로 축복해 준 꽃잎들을 정성껏 싸면서 말했다. "분에 넘치는 영예를 누린 기념으로 이 꽃잎을 두고두고 간직할 거예요."

라이트 씨와 나*는 마이소르 주의 빈객으로 1935년의 11월을 보내고 있었다. 마하라자의 유바라자(왕위 계승자)인 스리 칸티라바 나라시마라자 와디야르가 눈부시게 발전하고 있는 자신의 왕국으로 우리를 초대했던 것이다.

지난 두 주일 동안 나는 마이소르 시청과 마하라자† 대학, 마이소르 의과 대학에서 수천 명의 시민과 학생에게 강연을 하고, 방갈로르의 국립 고등학교와 전문대학, 그리고 삼천 명의 청중이 운집한 체티 시청에서 세 차례 대중 집회를 가졌다.

---

* 블레치 씨는 캘커타에 남아 나의 친척들과 함께 머물렀다.
† 마하라자 스리 크리슈나 라젠드라 와디야르 4세.

내가 그려 보이는 눈부신 미국의 모습을 청중이 얼마나 진지하게 받아들였을지는 모르겠지만, 아무튼 동양과 서양의 뛰어난 장점을 주고받으면 서로 득이 될 것이라는 대목에서는 어김없이 큰 박수가 터져 나왔다.

이제 라이트 씨와 나는 열대의 평화로움을 느긋하게 즐기고 있었다. 라이트 씨는 마이소르에서 느낀 인상을 여행 일지에 이렇게 적었다.

"신이 창공 위에 펼쳐 놓은 변화무쌍한 화폭에 넋을 빼앗긴 사이에 꿈결 같은 시간이 흘러갔다. 신의 손길이 닿지 않고는 이렇듯 생명이 약동하는 색채가 만들어질 수 없을 것이다. 인간이 기껏 물감을 가지고 흉내를 내 보아도 그 색채가 발하는 생명력을 붙잡을 수는 없다. 신은 물감이 아니라 훨씬 단순하면서도 효과적인 수단인 빛을 쓰는 까닭이다. 신이 빛을 한 줌 뿌리면 주변이 붉게 물들고, 다시 붓을 흔들면 색이 차츰 뒤섞이면서 주황빛과 황금빛으로 바뀐다. 날카로운 심홍색 빛줄기로 구름을 찌르면 상처에서 붉은 색조가 고불고불 줄무늬를 그리며 스며 나온다. 이렇게 신은 밤낮을 가리지 않고 놀이를 계속한다. 화폭은 항상 변하고, 항상 새롭고, 항상 신선하다. 어떤 무늬도 어떤 색채도 똑같이 되풀이되는 법이 없다. 인도에서 낮이 밤으로, 밤이 낮으로 바뀌는 아름다움은 어느 곳에도 견줄 수 없다. 어떤 때는 마치 신이 팔레트에 담긴 색을 몽땅 하늘에 뿌려 하나의 웅장한 만화경을 펼쳐 놓은 것처럼 보이기도 한다.

마이소르 시에서 십이 마일 떨어진 거대한 크리슈나라자 사가라 댐*을 찾아가던 날의 찬연한 저녁노을도 잊을 수 없다. 요가난다지와 나는 작은 버스를 탔다. 허드렛일을 도맡아 하는 꼬마가 크랭크를 돌려 시동을 걸자 버스는 평탄한 흙길을 내닫기 시작했다. 농익은 토마토를 짓이긴 것처럼 태양이 수평선 위에 붉은 노을을 토해 내고 있었다.

우리는 네모꼴로 끝없이 펼쳐진 논을 지나, 아늑한 반얀나무 숲과 우뚝 솟은 코코야자 나무들 사이를 달렸다. 어디를 가든 초목이 밀림처럼 우거져 있었다.

---

* 마이소르 시 인근 지역에 농업용수를 공급하기 위해 1930년에 건설된 댐. 마이소르 시는 비단과 비누, 백단유의 산지로 유명하다.

산마루에 이르자 거대한 인공 호수가 나타났다. 종려를 비롯한 갖가지 나무와 반짝이는 별들이 수면 위에 비치고, 아름다운 계단식 정원과 줄지어 늘어선 전등 불빛이 호숫가를 에워싸고 있었다.

깎아지른 댐 아래쪽으로 눈부신 장관이 펼쳐졌다. 빛나는 잉크를 내뿜는 간헐천 같은 분수에서 색색의 빛줄기들이 춤을 추며 현란한 푸른색, 붉은색, 초록색, 노란색의 폭포를 만들어 냈다. 웅대한 코끼리 석상들에서도 물줄기가 뿜어져 나왔다. 조명을 밝힌 분수는 1933년의 시카고 세계 박람회를 연상시켰다. 소박한 사람들이 논밭을 일구는 이 태고의 땅에 우뚝 솟아 있는 댐은 전통과 현대의 기묘한 대비를 이루고 있었다. 인도 사람들의 따뜻한 환대를 실컷 누리다가 요가난다지를 모시고 미국으로 돌아갈 일을 생각하니 막막한 심정이 들었다.

나는 또 처음으로 코끼리를 타 보는 진기한 경험을 만끽했다. 어제 유바라자가 우리를 여름 궁전으로 초대해서 집채만 한 코끼리를 타고 노닐도록 해 주었다. 나는 사다리를 타고 코끼리 등에 높이 매달린 하우다(지붕 있는 가마)로 올라갔다. 자리에는 비단 방석이 깔려 있었다. 나는 들썩들썩 튀어 오르고 요동을 치면서 골짜기 아래로 내달았다. 너무 신나서 무서운 생각도 잊었지만, 그래도 행여나 떨어질세라 가마에 바짝 매달렸다!"

역사와 고고학의 유적이 풍부한 남인도는 알 듯 모를 듯한 매력을 지닌 땅이다. 마이소르에서 북쪽으로 올라가면 장려한 고다바리 강이 깎아 만든 그림 같은 고원의 도시 하이데라바드가 나온다. 광활하고 비옥한 평원과 아름다운 닐기리스(푸른 산), 석회암과 화강암의 메마른 언덕들을 끼고 있는 하이데라바드는 파란만장한 역사를 지니고 있다. 이 지역은 삼천 년 전에 안드라 왕국으로 출발하여 힌두 왕조 아래 번영을 누리다가 서기 1294년에 이슬람 통치자들의 손에 넘어갔다.

하이데라바드 부근에 있는 엘로라와 아잔타의 석굴에서는 인도를 통틀어 가장 아름다운 건축과 조각, 회화를 만날 수 있다. 거대한 바위를 통째로 깎아 만든 엘로라의 카일라사 사원에는 엄청난 크기에 미켈란젤로의 균형미를 지닌 신과 사람과 짐승의 조각들이 줄지어 있다. 아잔타 석굴은 비하라(승원) 굴이 스물다섯, 차이티아(사당) 굴이 다섯인데, 석굴을 받치고 있는 거대한 프레스코 기둥 위에는 뛰어난 화가와 조각가들이 남긴 불멸의 자취가 아로새겨져 있다.

하이데라바드 시에는 유서 깊은 오스마니아 대학교와 만 명의 이슬람 신도가 기도를 올릴 수 있는 메카 마스지드 모스크가 위용을 뽐내고 있다.

해발 삼천 피트의 마이소르 주에는 야생의 코끼리, 들소, 곰, 표범, 호랑이들 이 사는 울창한 열대림이 여기저기 우거져 있다. 주요 도시인 방갈로르와 마이 소르는 아름다운 정원과 공원으로 둘러싸인 깨끗하고 매혹적인 고장이다.

마이소르의 힌두 건축과 조각은 십일 세기에서 십오 세기까지 힌두교 왕들의 후원 아래 원숙미의 절정에 다다랐다. 십일 세기 비슈누바르다나 왕의 치세에 완성된 걸작인 벨루르의 사원에는 세계적으로도 보기 드물 만큼 섬세하고 생동 감 넘치는 조각들이 즐비하다.

마이소르 북부에서 발견된 아소카의 칙령은 기원전 삼 세기의 유물이다. 이 바위 칙령들은 인도, 아프가니스탄, 발루치스탄을 아우르는 광대한 제국을 통치 했던 아소카 왕*의 치적을 밝혀 준다. 기둥과 바위, 동굴 벽에 다양한 지방어로 새긴 설법은 그 시대에 글을 아는 사람이 많았음을 입증한다. 바위 칙령 13조에 서는 '담마(佛法)에 의한 정복만이 참된 정복'이라고 하여 전쟁을 규탄한다. 칙령 10조에서는 제왕의 진정한 영광은 백성들을 이끌어 도덕적 진보를 이룩하는 데 있다고 선언한다. 칙령 11조에서는 '참된 선물'은 재물이 아니라 선(善), 곧 진리 를 널리 펴는 일이라고 정의한다. 칙령 6조에서 자애로운 황제는 백성들이 '밤낮 을 가리지 말고 언제든지' 자신과 공무를 상의할 것을 권하면서, 스스로 제왕의 의무를 성실하게 수행하여 '동포에게 지고 있는 빚을 갚겠다'고 공언한다.

아소카는 찬드라굽타 마우리아의 손자였다. 찬드라굽타는 알렉산더 대왕이 인도에 남겨 둔 세력을 몰아내고, 기원전 305년에 쳐들어온 셀레우코스의 마케

---

* 아소카 대왕은 인도 각지에 8만 4000개의 불탑을 세웠으며, 열네 개의 바위 칙령과 열 개의 석주가 지금까지 남아 있 다. 석주 하나하나가 공학, 건축, 조각의 놀라운 성취를 보여 준다. 대왕은 수많은 저수지, 댐, 관개용 수문을 건설하고, 여 행자를 위한 휴게소를 갖춘 대로를 닦고 가로수를 심었으며, 의료 목적의 식물원과 사람과 짐승을 위한 병원을 지었다.

도니아 군대를 물리쳤다. 후에 그는 파탈리푸트나*의 왕궁에서 그리스 사절 메가스테네스를 영접했다. 메가스테네스는 그 시대의 여유롭고 진취적인 인도 사회를 묘사한 기록을 남겼다.

응대한 뜻을 이룬 찬드라굽타는 기원전 298년에 인도의 통치권을 아들에게 물려주었다. 남인도로 건너간 찬드라굽타는 생애의 마지막 열두 해 동안 무소유의 고행자로 지내면서 마이소르에 있는 스라바나벨라골라(훗날의 자이나교 성지)의 석굴에서 참나의 깨달음을 추구했다. 이곳은 서기 983년에 자이나교도들이 성자 고마테스와라를 기리기 위해 거대한 바위를 통째로 깎아 만든 세계 최대의 입상으로 유명하다.

알렉산더의 원정대를 따라 인도에 온 그리스 역사가들은 여러 가지 흥미로운 이야기들을 상세히 기록했다. J. W. 맥크린들 박사는 아리아노스, 디오도로스, 플루타르크, 그리고 지리학자 스트라보의 문헌을 번역하여 인도 고대사에 빛을 던져 주었다.† 인도를 침공한 알렉산더가 힌두 철학에 깊은 관심을 보인 것은 찬탄할 만한 일이다. 그는 이따금씩 길에서 마주치는 요기와 성자를 직접 만나보고 싶은 마음이 간절했다. 서방의 전사는 인도 북부의 탁실라에 이르자 곧바로 오네시크리토스(디오게네스 학파의 제자)를 보내 탁실라의 위대한 산야시 단다미스를 불러 오도록 했다.

숲속의 은둔처에서 단다미스를 찾아낸 오네시크리토스는 말했다. "오, 브라만의 스승이여, 만수무강을 빕니다! 전능한 제우스 신의 아들이시며 만인의 군주이신 알렉산더 대왕께서 당신을 부르십니다. 부름에 응하면 큰 선물을 내릴 것이고, 거절하면 당신의 목을 벨 것입니다!" 요기는 다분히 강압적인 초청을 잠자코 듣고 있더니 '잎사귀로 엮은 침상에서 고개도 쳐들지 않고' 이렇게 대답했다.

---

* 파탈리푸트라(지금의 파트나) 시는 무척 흥미로운 역사를 가지고 있다. 석가모니가 기원전 6세기에 방문했을 때만 해도 이곳은 그리 중요하지 않은 성채였다. 석가모니는 이렇게 예언했다. "아리아 사람이 이곳을 찾고 상인들이 여행을 계속하는 한 파탈리푸트라는 온갖 종류의 물품을 교환하는 중심지가 될 것이다."(《열반경》) 그로부터 이백 년 후 파탈리푸트라는 찬드라굽타 마우리아가 세운 거대한 제국의 수도가 되었다. 그의 손자 아소카는 이 위대한 도시에 더욱 큰 번영과 영예를 안겨 주었다(25쪽 참조).

† 6권으로 된 《고대 인도(Ancient India)》(Calcutta: Chuckervertty, Chatterjee & Co., 15 College Square; 1879, 1927년 재발간).

"알렉산더가 신의 아들이라면 나도 신의 아들이오. 나는 대왕에게 아무것도 바라지 않소. 내가 가진 것에 만족하기 때문이오. 알렉산더는 부하들을 이끌고 아무런 의미도 없이 바다와 들을 떠돌아다니고 있지만, 그의 방랑은 끝내 종착지에 도달하지 못할 것이오.

가서 알렉산더에게 말하시오. 하늘의 군주인 신은 결코 오만한 악행의 근원이 아니라, 빛과 평화와 생명과 물, 그리고 인간의 육체와 영혼의 창조자요. 죽음이 생로병사의 굴레를 벗겨 줄 때, 모든 인간은 그분의 품으로 돌아간다오. 살육과 전쟁을 혐오하고 생명과 평화를 사랑하는 그분이야말로 내가 진실로 경배하는 오직 한 분의 신이오."

현자는 조용히 꾸짖었다. "알렉산더는 죽음을 피할 수 없거늘 어찌 신이라 하겠소? 여태껏 내면적 우주의 영토에서 왕좌에 오르지 못한 그가 어떻게 천하를 다스릴 수 있겠소? 그는 아직 산 채로 저승에 가 보지도 못했고, 광활한 대지를 가로지르는 태양의 행로를 알지도 못하오. 세상의 수많은 민족은 대부분 그의 이름을 들어본 적도 없소!"

'세계의 지배자'가 어디서도 들어 본 적이 없는 통렬한 질타를 퍼붓고 난 현자는 비웃듯이 덧붙였다.

"지금까지 정복한 땅으로도 성에 차지 않는다면 갠지스 강을 건너라고 하시오. 그곳에 가면 당신네 백성을 모두 먹여 살릴 수 있는 땅이 나올 것이오.*

알렉산더가 주겠다고 하는 선물은 내게 아무 쓸모가 없소. 내가 진정으로 소중하게 여기는 것은 쉴 곳을 마련해 주는 나무와 일용할 양식을 베푸는 식물과 갈증을 달래 주는 물이오. 어리석은 사람이 재물 쌓는 일에 마음을 빼앗기면 슬픔과 근심이 떠날 날이 없고 종국에는 제 몸을 망치기 십상이오.

나로 말하면, 잃어버릴 것이 없으니 숲속에 나뭇잎을 깔고 누워 마음 편히 잠들 수 있소. 하지만 내가 값나가는 물건을 가지고 있다면 그 때문에 잠을 이루지

---

* 알렉산더와 그의 장군들은 갠지스 강을 넘지 못했다. 인도 북서부에서 완강한 저항에 부딪힌 마케도니아 군대는 더 이상의 진군을 거부하는 항명을 일으켰다. 알렉산더는 하는 수 없이 발길을 돌려 페르시아 원정을 계속했다.

라마나 마하리시의 아루나찰라 아슈람에서, 스리 라마나와 파라마한사 요가난다(487쪽 참조.)

못할 것이오. 대지는 어머니가 아기에게 젖을 주듯이 내게 필요한 모든 것을 준다오. 나는 물질적 여건에 구애받지 않고 가고 싶은 곳이면 어디든 갈 수 있소.

알렉산더가 내 목을 벤다고 해도 내 영혼까지 파괴할 수는 없소. 흙으로 빚은 나의 머리와 몸은 찢어진 옷처럼 버려져 흙으로 돌아갈 것이오. 그러면 나는 영혼이 되어 신을 만나러 올라갈 것이오. 신은 우리를 육신에 넣어 이 땅에 내려 보냈소. 이곳에서 우리가 신의 섭리를 따르며 사는지 시험하려는 것이오. 우리가 세상을 떠날 때 신은 우리가 어떻게 살았는지 물을 거요. 신은 인간이 지은 죄를 낱낱이 심판하는 분이오. 억압받는 자의 신음소리는 억압하는 자의 징벌을 부르는 법이오.

재물을 탐하고 죽음을 두려워하는 사람은 알렉산더의 위세에 겁을 먹을지 모르지만, 브라만에게는 대왕의 무력도 힘을 쓰지 못하오. 우리는 황금에 끌리지도 않고 죽음을 꺼리지도 않소. 그러니 알렉산더에게 가서 이렇게 말하시오. 그대에게는 내게 필요한 것이 아무것도 없으니 나는 가지 않을 것이오. 내게 원하는 것이 있거든 그대가 나를 찾아오시오."

오네시크리토스는 그대로 전했다. 귀를 기울여 듣고 있던 알렉산더는 단다미스를 만나고 싶은 마음이 더욱 더 커졌다. 수많은 민족을 정복한 그였지만 이 벌거벗은 늙은이는 자기보다 한 수 위라는 생각이 들었던 것이다.

알렉산더는 철학적인 난제를 재기 넘치는 말솜씨로 받아넘기는 것으로 이름난 브라만 고행자들을 탁실라로 초대했다. 플루타르크는 이들 사이의 선문답 같은 말 겨루기를 소개하고 있는데, 이 질문들은 모두 알렉산더가 직접 생각해 낸 것이라고 한다.

"산 사람이 많은가, 죽은 사람이 많은가?"

"산 사람이오. 죽은 사람은 존재하지 않기 때문이오."

"땅에 사는 동물이 많은가, 바다에 사는 동물이 많은가?"

"땅이오. 바다도 땅의 일부이기 때문이오."

"어떤 짐승이 제일 영리한가?"

"사람이 아직 알지 못하는 짐승이오." (사람은 모르는 것을 두려워한다.)

"낮이 먼저 생겼는가, 밤이 먼저 생겼는가?"

"낮이 하루 먼저 생겼소." 이 대답에 알렉산더가 고개를 갸우뚱거리자 브라만이 부언했다. "터무니없는 질문은 터무니없는 답변을 부르는 법이오."

"남에게 사랑을 받으려면 어떻게 해야 하는가?"

"엄청난 힘을 가지고 있으면서도 두려움을 주지 않으면 사랑을 받을 것이오."

"어떻게 하면 신이 될 수 있는가?"*

---

* 이런 질문으로 미루어 볼 때, '제우스의 아들'도 스스로 완전에 이르렀다는 믿음을 갖지 못했던 것으로 짐작된다.

"사람이 할 수 없는 일을 하면 되오."

"삶이 강한가, 죽음이 강한가?"

"삶이오. 삶은 수많은 불행을 견디기 때문이오."

알렉산더는 바라던 대로 인도에서 덕이 높은 요기를 스승으로 모셔왔다. 이 사람은 그리스 사람들이 '칼라노스'라고 부르는 칼리아나(스와미 스피네스)다. 성자는 알렉산더를 수행하여 페르시아로 갔다. 칼라노스는 페르시아의 수사에서 날을 정하고 마케도니아 군대 전체가 보고 있는 가운데 화장용 장작더미에 늙은 몸을 던져 이승을 버렸다. 역사가들은 요기가 고통이나 죽음을 전혀 두려워하지 않는 것을 보고 군인들이 몹시 놀랐다고 기록하고 있다. 그는 불길 속에 몸이 타들어 가는 동안에도 자세를 전혀 흐트리지 않았다. 화장장으로 떠나기 전에 칼라노스는 가까운 벗들을 포옹하며 석별의 정을 나누었지만 알렉산더에게는 작별 인사를 하지 않았다. 힌두의 성인은 그저 이렇게만 말했다.

"나중에 바빌론에서 뵙겠소."

알렉산더는 페르시아를 떠났고, 한 해 뒤 바빌론에서 죽었다. 구루의 예언은 삶에서나 죽음에서나 알렉산더의 곁을 지키겠다는 뜻이었던 것이다.

그리스 역사가들은 인도 사회를 생생하게 묘사한 영감에 찬 증언을 많이 남겼다. 아리아노스에 의하면, 힌두교의 율법은 '만백성 가운데 어느 누구도 어떠한 경우에든 노예가 될 수 없으며, 스스로 자유를 누리면서 모든 인간이 동등하게 지니는 권리를 존중해야 한다'고 명한다.[*]

또 이런 기록도 있다. "인도 사람은 이자를 붙여서 돈을 빌려줄 줄도 모르고 돈을 빌릴 줄도 모른다. 인도 사람이 부정한 일을 행하거나 당하는 것은 오랜 관습에 어긋난다. 따라서 그들은 계약을 맺지도 않고 담보를 요구하지도 않는다.

---

[*] 그리스의 평자들은 한결같이 인도에 노예가 없다고 얘기하고 있는데, 이는 헬레니즘 사회와는 확연히 다른 특성이다. 베노이 쿠마르 사르카르 교수의 《창조적 인도(Creative India)》는 정치, 경제, 사회, 문학, 예술, 철학 분야에서 고대와 현대의 인도가 이룩한 성취와 독특한 가치관을 종합적으로 그려 보이고 있다.(Lahore: Motilal Banarsi Dass, Publishers, 1937, p. 714)

아울러 다음 책을 함께 읽어 볼 것을 권한다. 벤카테스바라 저 《시대를 관류하는 인도 문화(Indian Culture Through the Ages)》(New York: Longmans, Green & Co.).

병을 치료할 때는 단순하고 자연적인 처방을 즐겨 사용한다고 한다. 약을 쓰기보다 식사를 조절해서 병을 다스린다. 이들이 으뜸으로 치는 치료제는 연고와 고약이다. 그 외에는 모두 몸에 해롭다고 생각한다. 전쟁을 치르는 일은 전사 계급인 크샤트리아에 한정된다. 적군도 밭에서 일하고 있는 농부는 해치지 않는다. 농부는 뭇사람에게 이로운 일을 한다고 여겨 언제든지 피해를 입지 않도록 보호한다. 이렇게 약탈을 면한 땅은 풍성한 농작물을 산출하여 주민들의 삶을 안락하게 만들어 준다."

마이소르 곳곳에 자리 잡은 성지는 남인도가 낳은 위대한 성자들을 끊임없이 상기시킨다. 이런 스승들 가운데 한 사람인 타유마나바르는 마음을 흔드는 시를 남겼다.

> 날뛰는 코끼리를 길들일 수도 있고
> 곰과 호랑이의 입을 틀어막을 수도 있고
> 사자를 타고 달리거나 코브라를 가지고 놀 수도 있고
> 연금술을 부려서 돈을 벌 수도 있고
> 남몰래 온 천지를 돌아다닐 수도 있고
> 귀신들을 하인처럼 부릴 수도 있고,
> 영원히 젊음을 유지할 수도 있고
> 물 위를 걷고 불 속에서 살 수도 있지만,
> 마음을 다스리는 것이야말로 어렵고도 뜻깊은 일이다.

인도의 남쪽 끝에 있는 아름답고 비옥한 트라방코르 주에서는 강과 운하가 주된 교통수단이다. 이곳의 마하라자는 먼 과거에 작은 주들을 트라방코르에 병합하는 과정에서 전쟁으로 지은 죄를 씻는 연례 의식을 치른다. 마하라자는 해마다 오십육 일 동안 하루 세 번씩 사원을 방문해서 《베다》 찬가와 낭송을 듣는다. 속죄 의식은 십만 개의 등불로 사원을 밝히는 라크샤디팜으로 마무리된다.

인도 남동부 해안의 마드라스 관구(인도 영국령)는 바다에 면한 평원 지대인 마

드라스 시(지금의 첸나이)와 팔라바 왕조의 수도였던 '황금 도시' 칸치푸람을 아우른다. 팔라바 왕조는 서력기원 초 수세기에 걸쳐 이 지역을 다스렸다. 현대에는 이곳에서 마하트마 간디의 비폭력 사상이 꽃을 피웠다. 그 때문에 선명한 흰색의 '간디 모자'를 어디서나 볼 수 있다. 마하트마는 남부 일대에서 '불가촉천민'을 위한 사원 개혁과 카스트 제도의 개혁을 단행하여 커다란 성과를 거두었다.

전설의 입법자 마누가 창제했다고 하는 카스트 제도의 유래는 감탄을 자아낸다. 그는 인간이 자연적인 진화에 따라 크게 네 가지 부류로 나뉜다는 것을 꿰뚫어 보았다. 육체노동을 통해 사회에 봉사하는 사람(수드라), 농업·기술·상업 등 경제 활동에 종사하는 사람(바이샤), 행정·관리·보호의 재능을 타고난 통치자와 전사(크샤트리아), 명상에 적합하고 영적 자질이 뛰어난 사람(브라만) 등이 그것이다. 《마하바라타》에서는 이렇게 밝히고 있다. "한 사람의 신분은 출생, 성례, 학식, 가문 따위로 결정되지 않으며, 오직 성품과 행실로만 결정된다."* 마누는 사회의 구성원이 지닌 지혜와 덕, 나이, 가문, 그리고 끝으로 재산에 따라 그 사람에게 존경을 표하라고 가르쳤다. 베다 시대의 인도에서는 재물을 쌓아놓기만 하고 자선을 베풀지 않으면 언제나 경멸을 당했다. 아무리 부자라도 덕이 부족한 사람은 사회에서 낮은 지위를 면치 못했다.

그러나 오랜 세월을 거치는 동안 카스트 제도가 경직된 세습의 굴레로 변질

---

* 타라 마타는 《동서》 1935년 1월호에서 이렇게 설명했다.
"이 네 가지 카스트 가운데 어디에 속하는가는 본래 출생에 좌우되는 것이 아니라 그 사람이 설정한 삶의 목표에 따라 드러나는 자연적 능력에 좌우되는 것이었다. 이 목표에는 다음과 같은 것들이 있다. (1) 카마: 욕망, 감각적인 삶의 활동(수드라 단계), (2) 아르타: 재물의 축적, 욕망을 충족하되 절제하는 것(바이샤 단계), (3) 다르마: 수양, 책임과 올바른 행동의 삶(크샤트리아 단계), (4) 모크샤: 해탈, 영성과 종교적 가르침의 삶(브라만 단계). 네 가지 카스트는 다음을 통해 인류에 이바지한다. (1) 몸, (2) 마음, (3) 의지력, (4) 영혼.
이 네 단계는 각각 불변의 구나(자연의 속성)인 타마스, 라자스, 사트바(침체, 활동, 확장. 또는 물질, 에너지, 지성)에 상응한다. 네 가지 자연적 카스트는 다음과 같은 구나의 조합으로 이루어진다. (1) 타마스(무지), (2) 타마스 라자스(무지와 활동의 혼합), (3) 라자사트바(올바른 활동과 깨달음의 혼합), (4) 사트바(깨달음). 이와 같이 자연은 사람 안에서 어떤 구나가 우세한가에 따라 각자의 카스트를 부여했다. 물론, 모든 인간은 세 가지 구나를 모두 가지고 있지만 그 비율에 차이가 있는 것이다. 구루는 한 사람의 카스트, 즉 진화 상태를 올바르게 결정할 수 있을 것이다. 모든 종족과 민족은, 이론상으로는 아니더라도 실제로는 어느 정도 카스트의 틀을 유지하고 있다. 지나친 자유 또는 방종이 만연하여 자연적인 카스트의 양극단 사이에 혼인이 빈번히 이루어진다면 종족의 특성은 점차 희석되고 끝내는 소멸하고 말 것이다. 푸라나 삼히타에서는 이러한 결합으로 탄생한 자손을 예컨대 말과 나귀 사이에서 난 노새처럼 번식력을 갖지 못하는 잡종에 비유하고 있다. 인공적인 종은 결국 절멸한다. 역사를 돌이켜보면 후손을 남기지 못한 위대한 종족의 실례를 얼마든지 볼 수 있다. 인도의 심오한 사상가들은 카스트 제도가 방종을 억제하는 역할을 했다고 믿고 있다. 수많은 고대 종족이 이제 완전히 자취를 감추었지만, 인도는 카스트 제도 덕분에 종의 순수성을 보존하고 수천 년의 영고성쇠를 무사히 견뎌 낼 수 있었던 것이다.

되면서 심각한 악폐가 나타났다. 1947년에 독립한 인도는 출생이 아니라 오로지 자연적인 성품에 바탕을 둔 고대 카스트 제도의 가치관을 되찾기 위해 느리지만 확실한 진전을 이룩해 가고 있다. 지상의 모든 민족은 나름대로 고통을 빚는 카르마를 가지고 있고, 이를 지혜롭게 극복해야 할 과제를 안고 있다. 다재다능하면서도 굴하지 않는 정신을 가진 인도는 카스트 제도를 개혁할 수 있는 역량을 입증해 보이고 있다.

우리는 남인도의 목가적 풍경에 완전히 마음을 빼앗겨 좀 더 머무르고 싶은 마음이 간절했다. 그러나 태곳적부터 타협을 모르는 시간은 조금도 인정을 베풀지 않았다. 나는 곧 캘커타 대학교에서 열리는 '인도 철학회'에서 마무리 연설을 하기로 예정되어 있었다. 마이소르 방문 일정을 마치면서 나는 인도 학술원 회장인 라만 경과 담화를 즐겼다. 이 걸출한 인도 물리학자는 빛의 산란에 관한 연구로 '라만 효과'를 발견하여 1930년에 노벨상을 받았다.

라이트 씨와 나는 마드라스의 학생과 친구들에게 아쉬운 작별을 고하고 다시 여행길에 올랐다. 도중에 우리는 십팔 세기의 성자 사다시바 브라흐만*에게 바쳐진 작은 사원에 들렀다. 사다시바의 삶은 수많은 기적 이야기로 점철되어 있다. 네루르에는 푸두코타이의 라자가 세운 조금 더 큰 사다시바 사원이 있는데, 이곳은 여러 차례 신유(神癒)의 이적이 나타나 순례지로 선포되었다. 푸두코타이의 역대 통치자들은 1750년에 사다시바가 군주를 일깨우기 위해 글로 남긴 종교적 가르침을 신성한 물건으로 소중히 간직해 왔다.

지고한 깨달음에 이른 사랑스러운 성자 사다시바에 얽힌 진기한 이야기들은 지금도 남인도의 주민들 사이에 오르내리고 있다. 어느 날 카베리 강의 둑 위에서 사마디에 잠겨 있던 사다시바가 갑작스런 홍수에 떠내려갔다. 몇 주일 후 코임바토르 행정구의 코두문디 부근에서 흙더미 아래 파묻힌 그의 몸이 발견되었

* 그의 정식 칭호는 스와미 스리 사다시벤드라 사라스와티로, 자신의 책(《브라흐마 수트라》와 파탄잘리 《요가 수트라》의 주석서)에 이 이름을 사용했다. 그는 현대 인도의 철학자들 사이에서 큰 존경을 받고 있다.
스링게리 마트의 상카라차리아인 스리 사치다난다 시바히나바 나라심하 바라티 성하는 사다시바에게 바치는 영감 어린 〈송시(Ode)〉를 썼다.

다. 마을 사람들의 삽이 그의 몸을 건드리자 성자는 벌떡 일어나서 성큼성큼 걸어갔다.

어떤 논쟁에서 나이가 지긋한 베단타 학자를 면박한 일 때문에 구루의 꾸지람을 들은 사다시바는 그때부터 무니(묵언의 성자)가 되었다. 구루는 이렇게 말했었다. "철부지 같으니, 언제나 말을 삼가는 법을 배울 테냐?"

"스승님께서 허락하시면 지금 이 순간부터 그렇게 하겠습니다."

사다시바의 구루는 《다하라비디아 프라카시카》를 저술하고 《우타라 기타》에 해박한 주석을 붙인 스와미 스리 파라마시벤드라 사라스와티였다. 신성에 도취한 사다시바가 길거리에서 '점잖지 못한' 춤을 추는 것을 보고 참다못한 속인 몇 사람이 고매한 구루를 찾아가 불평을 늘어놓았다. "선생님, 사디사바가 미쳤나 봅니다."

그러나 파라마시벤드라는 껄껄 웃으며 탄식했다. "오, 다른 사람들도 그만큼만 미쳤으면 오죽이나 좋을꼬!"

사다시바의 삶에는 '보이지 않는 손'이 빚어 낸 기담과 미담이 끊이지 않았다. 이 세상에는 불의가 넘치는 것처럼 보이지만, 신을 섬기는 사람들은 신성한 정의가 눈앞에서 실현된 사례를 얼마든지 증언할 수 있다. 어느 날 밤, 사마디에 든 사다시바가 어떤 부잣집 곡물 창고 옆에서 걸음을 멈췄다. 파수를 보던 하인 셋이 성자를 치려고 몽둥이를 치켜들었다. 그러자 저런, 하인들의 팔이 뻣뻣이 굳어 버린 것이 아닌가! 세 하인은 마치 조각처럼 팔을 허공에 든 채, 새벽에 사다시바가 자리를 뜰 때까지 기묘한 자세로 서 있었다.

또 한번은, 땔감을 나르는 일꾼들 곁을 지나가던 성자가 얼떨결에 십장에게 떠밀려 짐을 지게 되었다. 성자는 아무 말 없이 자기 짐을 목적지로 나른 뒤 수북이 쌓인 장작 위에 올려놓았다. 그러자 장작더미가 순식간에 불길에 휩싸였다.

사다시바는 트라일랑가 스와미가 그랬던 것처럼 옷을 입지 않았다. 어느 날 아침 벌거벗은 요기가 무심결에 이슬람 족장의 천막으로 들어갔다. 부인 두 사람이 놀라서 비명을 질렀다. 전사는 무자비하게 칼을 휘둘렀고, 그 통에 사다시바의 팔이 잘려 나갔다. 성자는 조금도 개의치 않고 밖으로 나왔다. 두려움과 자책감에 사로잡힌 족장은 바닥에 떨어진 팔을 집어 들고 사다시바를 쫓아갔다. 요기는 말없이 그 팔을 피가 줄줄 흐르는 팔뚝에 끼워 넣었다. 놀란 족장이 머리를 조아리며 영적 가르침을 청하자 사다시바는 손가락으로 모래 위에 이렇게 적었다.

"바라는 일을 하지 않으면 좋아하는 일을 할 수 있을 것이오."

그 이슬람교도는 이 역설적인 충고에 담긴 뜻을 이해하고 불현듯 마음이 정화되는 것을 느꼈다. 그것은 에고를 다스려 영혼의 자유를 얻으라는 가르침이었다. 이 일로 영혼에 큰 감화를 받은 전사는 지난날의 은원(恩怨)을 모두 잊고 성자의 신실한 제자가 되었다.

언젠가 마을 꼬마들이 사다시바에게 몰려와 백오십 마일 떨어진 마두라에서 열리는 종교 축제를 보고 싶다고 어리광을 부렸다. 요기는 꼬마들에게 자신의 몸을 만지라고 일렀다. 그러자 다음 순간, 꼬마들은 모두 마두라 한복판에 서 있었다. 아이들은 구름 같은 순례자들 사이를 신나게 돌아다녔다. 몇 시간 뒤 요기는 예의 간편한 수송 수단을 이용해서 꼬마 승객들을 집으로 데리고 왔다. 부모들은 마두라에서 있었던 일을 생생하게 그리는 이야기를 곧이들을 수 없었지만, 아이들이 마두라의 사탕 봉지를 들고 있는 것을 보고는 깜짝 놀랐다.

불신에 찬 어떤 청년이 이 이야기를 듣고 성자를 비웃었다. 스리랑감에서 다시 종교 축제가 열렸을 때 청년은 사다시바를 찾아갔다.

그는 불손하게 말했다. "선생님, 그 아이들처럼 저도 스리랑감 축제에 데려다 주시지요."

사다시바는 부탁을 들어주었다. 다음 순간 청년은 머나먼 도시의 인파 사이를 누비고 있었다. 그러나 아뿔싸! 청년이 그만 떠나려고 했을 때 성자가 보이지 않는 것이었다. 청년은 지친 몸을 이끌고 집까지 걸어올 수밖에 없었다.

우리는 남인도를 떠나기 전에 스리 라마나 마하르시를 만나기 위해 티루반나말라이의 성지 아루나찰라 산을 순례했다. 성자는 아슈람에서 우리를 다정하게 맞이하면서 옆에 쌓여 있는 《동서》 지를 가리켰다. 우리가 제자들과 함께 담소를 나누는 동안 성자는 거의 입을 열지 않았다. 그의 온화한 얼굴에는 내내 숭엄한 사랑과 지혜의 빛이 넘쳤다.

스리 라마나는 고통 받는 인류가 잊고 있던 올곧은 본성을 되찾기 위해서는 끊임없이 스스로에게 '나는 누구인가?' 하고 물어야 한다고 가르친다. 이것은 더 없이 중요한 물음이다. 다른 모든 생각을 단호히 물리침으로써 수행자는 '참나' 속으로 더욱 깊이 몰입할 수 있고, 더는 온갖 망념(妄念)으로 마음을 어지럽히지 않게 된다. 깨달음을 이룬 남인도의 리시는 이렇게 말했다.

> 이원성과 삼원성이 사물에 달라붙어 있다.
> 절대로 떨어지지 않을 것처럼 보인다.
> 그러나 그 근원을 파헤쳐 들어가면
> 마침내 힘을 잃고 무너진다.
> 거기에 진리가 있다.
> 그것을 보는 자는 결코 흔들리지 않는다.

1935년 캘커타에서 선교 행렬에 나선 스와미 스리 유크테스와르와 파라마한사 요가난다. 깃발 위에 다음과 같은 산스크리트 경구가 적혀 있다: (위) "성인들의 길을 따르라." (아래, 스와미 샹카라의 잠언) "성인을 한순간만 접해도 구원받을 수 있다."

42
구루와의 마지막 나날

"구루지, 마침 혼자 계셔서 잘 되었습니다." 나는 향기로운 과일과 장미꽃을 한 아름 안고 세람포어 아슈람에 막 들어선 참이었다. 스리 유크테스와르는 온화한 눈길로 나를 바라보았다.

"할 말이 무어냐?" 스승은 마치 도망칠 곳을 찾는 듯이 방을 이리저리 둘러보았다.

"구루지, 제가 스승님을 처음 찾아온 것은 고등학생 때였지만, 이제는 나이가 들어 새치도 몇 가닥 생겼습니다. 스승님은 여태까지 제게 무언의 애정을 아낌없이 베푸셨지만, 저를 보고 한 번이라도 '사랑한다'고 말씀하신 적이 있으십니까?" 나는 애원하듯이 구루를 쳐다보았다.

스승은 시선을 떨구었다. "요가난다, 말없이 가슴에 고이 간직한 감정을 굳이 차가운 언어의 영역으로 내몰아야 하겠느냐?"

"구루지, 스승님의 사랑을 전들 왜 모르겠습니까? 하지만 그 말씀을 제 귀로 직접 들어 보고 싶은 거지요."

"정 그러면 할 수 없구나. 결혼 생활을 시작하고부터 나는 요가의 길을 가르칠 아들을 갖고 싶었다. 그런데 네가 내 삶 속으로 들어왔을 때 나는 원을 풀었다. 너에게서 아들을 발견했기 때문이다." 스리 유크테스와르의 두 눈에 맑은 눈물이 맺혔다. "요가난다, 나는 언제나 너를 사랑한다."

"스승님의 말씀이 제게는 하늘나라로 가는 통행증 같습니다." 나는 그 말 한마디에 가슴속에 맺혀 있던 응어리가 영원히 녹아내리는 것을 느꼈다. 나는 구루가 감정을 드러내지 않고 입이 무거운 것을 알고 있으면서도 종종 그의 침묵에 조바심을 내곤 했다. 이따금씩 나는 구루의 기대에 미치지 못한 것 같아서 마음을 졸였다. 그의 성격은 워낙 특이해서 완전히 이해하기는 거의 불가능했다. 구루는 오랫동안 바깥세상의 가치관을 초월해서 살았기 때문에 깊고 고요한 그 심중을 헤아릴 길이 없었다.

며칠 뒤 나는 캘커타의 앨버트 홀에 운집한 청중 앞에서 연설을 했다. 스리 유크테스와르는 내 청에 따라 연단 위에 앉고, 산토시의 마하라자와 캘커타 시장도 자리를 함께 했다. 스승은 아무 말도 없었지만, 연설 도중에 간간이 곁눈질을 해 보니 내심 흐뭇해하는 눈치였다.

이어서 세람포어 대학의 동창생들 앞에서 강연하게 되었다. 이 '미친 수도승'을 올려다보는 옛 급우들을 마주하고 있노라니 체면 불구하고 기쁨의 눈물이 흘러내렸다. 언변 좋은 철학 교수 고샬 박사가 앞장서서 나를 맞이했다. 바로 그 순간, 해묵은 오해가 시간이라는 연금술사의 마법에 씻은 듯이 사라져 버렸다.

십이월 말에 세람포어 아슈람에서 동지 축제가 열렸다. 언제나처럼 스리 유크테스와르의 제자들이 원근에서 모여들었다. 경건한 산키르탄, 꿀처럼 달콤한 목소리를 가진 크리스토 다의 독창, 어린 제자들이 차린 잔칫상, 북적대는 아슈람의 안뜰에서 별빛 아래 스승이 들려주는 가슴 뭉클한 강화…… 추억, 또 추억들! 그 옛날의 즐거웠던 축제들이여! 하지만 오늘밤에는 색다른 기분이 느껴졌다.

"요가난다, 손님들 앞에서 영어로 연설을 한번 해 보거라." 스승은 엉뚱한 주문을 하면서 눈을 반짝거렸다. 내가 배 위에서 처음 영어로 강연을 하게 되어 곤경을 겪은 일을 떠올린 것일까? 나는 동문들에게 그 이야기를 들려주고 우리 구루에게 열렬한 찬사를 바치는 것으로 끝을 맺었다.

"스승님께서는 그 배 위에서 뿐 아니라, 나를 따뜻하게 맞아 준 광대한 미국 땅에서 십오 년 동안 매일매일 나를 이끌어 주셨습니다."

손님들이 떠난 뒤 스리 유크테스와르는 나를 침실로 불렀다. 스승은 꼭 한 번 (비슷한 축제 때) 내가 이 방의 침대에서 자도록 허락한 적이 있었다. 오늘밤 구루

1935년 12월 스와미 스리 유크테스와르지가 배푼 마지막 동지 축제

세람포어 아슈람의 안뜰에 탁자를 놓고 구루(가운데) 앞에 앉아 있는 파라마한사 요가난다. 그는 이 아슈람에서 스리 유크테스와르의 가르침을 받으며 10년간 엉
적 수련을 쌓았다.

1935년 캘커타에 있는 부친의 집에서 요고다(Self-Realization) 강습회에 참석한 크리야 요가 수련생들과 함께 서 있는 스리 요가난다(기운데, 진은 색 옷). 참석자가 많았기 때문에 하탄 요기는 이름 높은 요기난다지의 동생 비슈누 고사가 운영하는 가까운 옥외 수련장에서 강습회를 열었다.

는 그곳에 조용히 좌정해 있고, 발치에는 제자들이 둥그렇게 모여 앉아 있었다.

"요가난다, 지금 캘커타로 떠나느냐? 내일 꼭 이리 돌아오거라. 할 말이 있다."

다음날 오후, 스리 유크테스와르는 몇 마디 축복의 말을 건넨 뒤 나에게 '파라마한사*'라는 새 법명을 내려 주었다.

내가 무릎을 꿇자 스승은 이렇게 선포했다. "지금부터 이 법명은 이전의 스와미 칭호를 공식적으로 대신한다." 나는 서양의 제자들이 '파라마한사지'†를 발음하느라고 고생할 것을 생각하고 속으로 혼자 웃었다.

"이제 이승에서 내가 할 일은 끝났으니 네가 과업을 이어가야 한다." 스승은 차분하고 부드러운 눈길로 조용히 말했다. 내 가슴은 두려움으로 두근두근 뛰었다.

스리 유크테스와르는 말을 이었다. "푸리의 아슈람을 돌볼 사람을 골라 보내거라. 모든 일을 네 손에 맡긴다. 너는 네 자신과 조직의 명이 걸린 배를 신성한 땅으로 무사히 이끌고 갈 수 있을 것이다."

나는 눈물을 떨구며 스승의 발을 껴안았다. 스승은 일어서서 사랑이 담긴 축복을 내려 주었다.

다음날 나는 란치에서 스와미 세바난다라는 제자를 불러 아슈람 일을 일러준 뒤 푸리로 보냈다. 후에 구루는 자신의 유산을 처리하기 위한 법적 절차를 나와 상의했다. 스승은 아슈람 두 곳을 비롯한 재산이 자선 목적으로만 쓰이기를 원했기 때문에, 자신의 사후에 친척들 간에 소유권을 놓고 소송을 벌이는 일이 없도록 미리 손을 써 두고 싶었던 것이다.

"일전에 스승님께서 키더포어에 가려다가 포기하셨네." 어느 날 오후 동문인 아물라야 바부가 이런 얘기를 했다. 왠지 불길한 예감이 들었다. 내가 캐묻자 스리 유크테스와르는 그저 이렇게만 대답했다. "이제 키더포어에는 가지 않을 게다." 그러면서 스승은 겁먹은 아이처럼 떨었다.

---

* Parama는 '지고한', hansa는 '백조'를 뜻한다. 힌두교 신화에서 창조의 신 브라흐마는 백조를 타고 다니는 것으로 그려진다. 신성한 한사는 우유와 물이 섞인 데서 우유만 가려내는 능력을 가졌다고 하여 영적인 식별력의 상징으로 받아들여진다. ahan-sa 또는 'han-sa(hong-sau로 발음)는 본래 '내가 그다'라는 뜻이다. 영험을 지닌 이 산스크리트 음절들은 들숨과 날숨의 진동과 연결된다. 그리하여 인간은 숨을 쉴 때마다 무의식적으로 '내가 그다'라는 존재의 진리를 언명하는 것이다.
† 그들은 대개 곤란을 피하기 위해 나를 선생님(sir)이라고 불렀다.

(파탄잘리는 이렇게 말했다. "육체적 삶에 대한 애착은 그 스스로의 본성에서 비롯되는 것이니[*], 위대한 성인도 이런 애착을 조금씩은 가지고 있다." 구루는 죽음에 관해 강론할 때 이렇게 덧붙이곤 했다. "오랫동안 새장에 갇혀 있던 새가 문이 열렸는데도 익숙해진 보금자리에서 떠나기를 주저하는 것과 같다.")

나는 흐느끼면서 애원했다. "구루지, 안 됩니다! 다시는 그런 말씀을 하지 마십시오!"

스리 유크테스와르는 얼굴을 펴고 평온한 미소를 지었다. 여든한 번째 생일이 다가오고 있었지만 스승은 건강하고 튼튼해 보였다.

겉으로 드러내지 않아도 절절히 느껴지는 구루의 사랑을 매일매일 햇볕처럼 쪼이면서 나는 다가오는 죽음에 대해 스승이 넌지시 비치는 암시를 의식에서 떨쳐 냈다.

"스승님, 이번 달에 알라하바드에서 쿰브멜라가 열립니다." 나는 벵골 달력에서 멜라 날짜를 가리켰다.[†]

"꼭 가고 싶으냐?"

나를 떠나보내기 싫은 스리 유크테스와르의 마음을 눈치채지 못하고 나는 계속 얘기했다. "스승님께서는 알라하바드 쿰브멜라에서 신성한 바바지 님의 모습을 뵌 적이 있으시죠. 어쩌면 이번에는 저에게도 행운이 따를지 모르지요."

"그분을 만나지는 못할 게다." 그러고서 구루는 내 계획을 방해하고 싶지 않은 듯이 입을 다물었다.

다음날 제자들 몇이 어울려 알라하바드로 출발할 때 스승은 평소와 다름없이 차분하게 나를 축복해 주었다. 이때까지도 나는 스리 유크테스와르의 태도에서

---

[*] 즉, 무수한 윤회를 거치면서 경험한 죽음의 기억에서 비롯된 것이다. 이 구절은 파탄잘리의 《요가 수트라》 2장 9절에 나온다.

[†] 《마하바라타》에는 고대의 종교적 멜라(축제)에 관한 언급이 있다. 중국에서 온 구법승 현장은 서기 644년 알라하바드에서 열린 성대한 쿰브멜라에 관한 이야기를 남겼다. 쿰브멜라는 3년 간격으로 하르드와르, 알라하바드, 나시크, 웃자인에서 번갈아 가며 열리다가 하르드와르로 돌아와 12년 주기를 마친다. 각 도시는 쿰브멜라를 치른 후 6년째에 아르드(半) 쿰브멜라를 연다. 따라서 쿰브멜라와 아르드 쿰브멜라는 3년마다 서로 다른 도시에서 열리게 된다. 현장법사에 의하면, 북인도의 하르샤 왕은 왕실의 5년치 수입을 쿰브멜라에 참석한 승려와 순례자들에게 나눠 주었다고 한다. 현장법사는 중국으로 떠날 때 하르샤 왕이 송별 선물로 하사한 보석과 황금을 사양했지만, 그보다 훨씬 귀중한 657권의 경전을 가지고 갔다.

아무런 낌새를 채지 못하고 있었다. 그것은 신께서 내가 무력하게 구루의 임종을 지켜볼 수밖에 없는 상황을 겪지 않게 하려고 배려했기 때문이다. 내 생애에는 이런 일이 늘 있었다. 내가 정말 사랑했던 사람이 떠날 때는 신이 동정을 베풀어 내가 멀리 떨어져 있도록 일을 꾸미곤 했다.*

우리 일행은 1936년 1월 23일 쿰브멜라에 도착했다. 이백만 명에 가까운 인파가 몰려든 광경은 감동적이다 못해 넋을 잃을 지경이었다. 신분이 아무리 낮은 농부도 천성적으로 영(靈)의 가치를 숭상하고, 속세를 떠나 신성한 은둔을 추구하는 승려와 사두를 공경하는 것은 인도 사람들만의 특유한 기풍이다. 물론 사기꾼이나 위선자도 없지 않지만, 하늘의 축복으로 땅을 비추는 소수를 지키기 위해 모두를 존중하는 것이다. 이 어마어마한 장관을 바라보고 있는 서양 사람들은 약동하는 인도 민족의 맥박을 피부로 느끼는 진기한 기회를 실컷 누렸다. 인도가 세월의 풍파를 견디며 꺼지지 않는 활력을 유지할 수 있었던 것은 바로 이런 영적 열정 덕분이었다.

첫날은 그냥 구경만 하면서 보냈다. 수천 명의 순례자가 죄를 씻기 위해 신성한 갠지스 강에서 목욕을 하고, 브라만 승려들이 엄숙한 예배 의식을 치르고, 침묵을 지키는 산야시의 발치에 봉헌물이 뿌려졌다. 코끼리들과 호화롭게 꾸민 말들, 걸음이 느린 라즈푸타나 낙타들이 줄을 잇고, 그 뒤로 벌거벗은 사두들이 금색 은색 지팡이와 반들거리는 벨벳 띠를 흔들면서 이색적인 가두 행진을 벌였다.

허리옷만 두른 은자들이 옹기종기 모여 조용히 앉아 있었다. 그들은 더위와 추위를 피하기 온몸에 재를 바르고, 백단향 반죽으로 이마에 점을 찍어 영안을 선명하게 표시했다. 삭발을 하고 황토색 승복에 대나무 지팡이와 탁발 그릇을 든 스와미가 수천 명씩 돌아다녔다. 이리저리 거닐거나 제자들과 철학적 토론을 벌이는 그들의 얼굴에는 탈속의 평화로운 빛이 감돌았다.

여기저기 나무 밑에는 활활 타오르는 장작불 주위에, 땋은 머리를 둘둘 말아

---

* 나는 어머니와 아난타 형, 큰누나 로마, 스승님, 아버지, 그 밖에 여러 정든 이들의 임종을 지키지 못했다.(아버지는 1942년에 캘커타에서 89세로 돌아가셨다.)

머리꼭지에 얹은 사두*들의 모습이 눈길을 끈다. 몇몇은 길이가 몇 자나 되는 수염을 꼬아서 매듭을 짓기도 했다. 이들은 조용히 명상을 하거나 지나가는 사람들에게 손을 뻗어 축복을 베풀어 주었다. 동냥을 다니는 거지, 코끼리를 탄 마하라자, 찰랑거리는 팔찌와 발찌를 하고 색색의 사리를 입은 여인, 여윈 팔을 기묘하게 치켜든 파키르(탁발 수도승), 명상용 팔꿈치 받침대를 들고 가는 브라마차리(독신 수행자), 근엄한 표정으로 내면의 기쁨을 감추고 있는 겸허한 현자 등 각양각색의 사람들이 쏟아내는 소음 너머로 저 높은 곳에서 끊임없이 우리를 부르는 사원의 종소리가 들려왔다.

둘째 날에 우리 일행은 여러 아슈람과 임시 움막을 찾아가 성스러운 인물들에게 경의를 표했다. 우리는 스와미 교단 기리 분파의 지도자에게 축복을 받았다. 그는 몸이 수척하고 미소가 어린 불꽃과 같은 눈을 가진 고행승이었다. 이어서 우리는 지난 아홉 해 동안 침묵 서약을 지키면서 철저히 과일만 먹고 산 구루가 머물고 있는 아슈람을 방문했다. 아슈람 홀의 단 위에 눈먼 사두 프라즈나 차크슈†가 앉아 있었다. 그는 샤스트라에서 깊은 경지를 이루어 교파를 막론하고 큰 존경을 받는 어른이었다.

힌디어로 《베단타》에 관해 잠시 동안 담론을 나눈 뒤, 우리는 평화로운 아슈람을 떠나 가까이 있는 스와미 크리슈나난다를 만나러 갔다. 그는 혈색이 좋고 어깨가 딱 벌어진 호남형의 승려였다. 그의 곁에는 길들인 암사자가 비스듬히 누워 있었다. 이 밀림의 야수는 스와미의 영적인 매력에 압도당하여(강인한 육체 때문이 아닌 것은 물론이다!) 고기를 전혀 안 먹고 쌀과 우유를 더 좋아하게 되었다. 스와미는 황갈색 털을 가진 야수를 훈련시켜 나직하게 으르렁거리면서 '옴'소리를 내도록 가르쳤다. 맹수를 열성 신도로 만든 것이다!

이어서 우리는 학식이 높은 젊은 사두를 찾아갔다. 그와 나눈 이야기는 재기

* 수십만 명에 달하는 인도의 사두는 7대 분파를 대표하는 일곱 명의 지도자로 구성된 집행 위원회에서 관리한다. 현재 마하만달레슈와르(의장)는 조엔드라 푸리가 맡고 있다. 이 성인은 극히 과묵하여, 진리, 사랑, 일이라는 세 마디 외에는 거의 입 밖에 내지 않는다. 사실 이것으로 대화는 충분하다!
† (육체적 시력을 잃고) '예지로써 보는 사람'이라는 뜻.

넘치는 라이트 씨의 여행 일지에 잘 묘사되어 있다.

"우리는 갠지스 강물에 낮게 걸린 삐걱거리는 배다리 위로 포드를 몰았다. 자동차는 뱀처럼 기어 사람들 사이를 뚫고 꼬불꼬불한 좁은 골목길을 빠져 나왔다. 요가난다지께서 강둑을 가리키며 저기가 바바지와 스리 유크테스와르지가 만난 곳이라고 일러주셨다. 잠시 후 우리는 차에서 내려 한동안 걸었다. 사두들이 지피는 장작불의 자욱한 연기를 뚫고 미끄러운 모래밭을 지나서, 진흙과 짚으로 지은 작고 허름한 오두막들이 모여 있는 곳에 다다랐다. 우리는 그 가운데 한 집 앞에 멈추었다. 문도 없이 구멍만 뚫려 있는 이 초라한 움막은 뛰어난 예지로 이름 높은 떠돌이 청년 사두, 카라 파트리의 은신처였다. 그는 유일한 옷이자 유일한 재산인 황토색 천을 어깨에 걸친 채 짚 더미 위에 다리를 포개고 앉아 있었다.

네 발로 기어 오두막으로 들어간 우리가 이 깨우친 영혼의 발치에 경의를 표하자 세속을 초월한 듯한 얼굴에 미소가 번졌다. 입구에 걸린 등잔불이 신비롭게 깜박이면서 짚으로 쌓은 벽 위에 드리운 그림자가 춤을 추었다. 그의 얼굴, 특히 두 눈과 고른 치아가 반짝반짝 빛났다. 나는 힌디어를 통 알아들을 수 없었지만 그의 표정만으로도 무슨 말을 하는지 알 것 같았다. 그는 열정과 사랑과 영혼의 빛으로 충만해 있었다. 누구라도 그의 위대함을 알아보지 못할 수는 없었다.

물질세계에 집착하지 않는 사람의 행복한 삶을 상상해 보라. 옷에 신경을 쓰지 않고, 음식 욕심이 없고, 동냥을 하지 않고, 조리한 음식은 하루걸러 한 번씩만 먹고, 탁발 그릇을 들고 다니지 않고, 아예 돈을 만지지 않으니 금전 문제에 얽힐 일이 없고, 절대로 물건을 쌓아 두지 않고, 항상 신을 믿는다. 탈것을 이용하지 않으니 교통을 걱정할 필요가 없고, 늘 신성한 강의 둑 위를 걸으며, 애착이 생기지 않도록 한 장소에 한 주일 이상 머물지 않는다.

《베다》에 해박한 조예를 쌓고 바나라스 대학교에서 석사 학위와 샤스트리(경전의 권위자) 칭호를 받은 사람이 이토록 소탈한 영혼을 지니고 있다니! 그의 발치에 앉아 있는 동안에 숭고한 감정이 물결처럼 밀려왔다. 이 모든 것이 뿌리 깊은 인도의 참 모습을 보고자 하는 나의 소망에 보답하는 것처럼 여겨졌다. 그는

1936년 알라하바드의 쿰브멜라에서 스와미 크리슈나난다가 나직하게 으르렁거리면서 '옴' 소리를 내고 초식을 하도록 길들인 암사자를 데리고 있다(497쪽 참조).

영혼의 거인들이 명멸한 이 땅의 진면목을 보여 주고 있었다."

나는 카라 파트리에게 방랑 생활에 대해 물었다. "겨울에 입을 여별의 옷이 없나요?"

"아니요, 이것으로 충분합니다."

"가지고 있는 책이 있나요?"

"아니요, 내 얘기를 듣고 싶어 하는 사람이 있으면 기억을 더듬어서 가르칩니다."

"또 어떤 일을 하십니까?"

"갠지스 강가를 돌아다닙니다."

이처럼 차분한 대답을 듣다 보니 단순하기 그지없는 삶을 동경하는 마음이 사무쳤다. 나는 미국 생활과 내 어깨에 지워진 무거운 짐을 떠올렸다.

문득 구슬픈 생각이 들었다. '아니야, 요가난다. 갠지스 강가를 돌아다니는 삶은 너의 몫이 아니야.'

사두가 자신의 영적 깨달음에 대한 얘기를 들려준 뒤에 나는 불쑥 이렇게 물었다.

"당신의 말씀은 경전의 가르침에서 나오는 것입니까, 아니면 내적 체험에서 나오는 것입니까?"

그는 솔직한 미소를 지으며 대답했다. "반은 책에서 배우고, 반은 경험에서 얻었습니다."

우리는 잠깐 동안 아무 말 없이 행복한 명상에 잠겼다. 그의 성스러운 움막을 떠나오면서 나는 라이트 씨에게 말했다. "그는 황금의 짚으로 만든 왕좌에 앉아 있군요."

우리는 그날 밤 축제 마당에서 별빛을 받으며 저녁을 먹었다. 인도에서는 바나나 잎을 나뭇가지로 엮은 접시를 사용하기 때문에 설거지가 무척 간편하다.

쿰브멜라의 매혹에 흠뻑 젖어 이틀을 더 보낸 뒤 우리는 야무나 강둑을 따라 북서쪽의 아그라로 갔다. 나는 다시 한 번 타지마할 앞에 섰다. 내 곁에서 '하얀 대리석의 꿈'을 황홀하게 바라보던 지텐드라의 모습이 먼 기억 속에 떠올랐다. 우리는 계속해서 브린다반에 있는 스와미 케샤바난다의 아슈람을 찾아갔다.

케샤바난다를 찾은 목적은 이 책과 관련이 있었다. 나는 라히리 마하사야의 삶을 글로 남기라는 스리 유크테스와르의 당부를 결코 잊은 적이 없었다. 인도에 머무는 동안 나는 기회가 닿는 대로 요가바타의 직계 제자나 일가친척과 연락을 취했다. 나는 그들과 나눈 이야기를 여러 권의 노트에 기록하는 한편, 사실과 날짜를 확인하고 사진과 오래된 편지나 서류를 수집했다. 라히리 마하사야에 관한 자료가 점점 늘어나면서, 앞으로 책을 쓰려면 고생문이 훤하겠구나 싶은 생각에 가슴이 막막해졌다. 나는 지고한 구루의 전기를 쓰는 일을 큰 탈 없이 마칠 수 있게 되기를 기도했다. 라히리 마하사야의 제자 가운데는 글로 옮기면 스승의 참 모습이 올바르게 이해되지 않을까 봐 꺼리는 사람도 있었다.

언젠가 판차논 바타차리아는 내게 이렇게 말했다. "차가운 글로는 신성한 화신의 삶을 온전히 그려 낼 수 없다."

다른 제자들도 마찬가지로 요가바타를 불멸의 스승으로서 저마다의 가슴속에 고이 묻어 두기를 원했다. 그럼에도 불구하고 나는 라히리 마하사야가 자신의 전기에 대해 예언한 것을 마음에 새기면서, 그의 외적인 삶과 관련된 사실들을 확보하고 실증하는 노력을 아끼지 않았다.

스와미 케샤바난다는 브린다반에 있는 카티아야니 피트 아슈람에서 우리 일행을 따뜻하게 맞이했다. 육중한 검은 기둥이 늘어선 웅장한 벽돌 건물이 아름다운 정원 가운데 자리 잡고 있었다. 그는 곧바로 우리를 거실로 안내했다. 그곳에는 라히리 마하사야의 사진을 확대한 초상화가 걸려 있었다. 스와미는 아흔이 다 되었는데도 다부진 몸에서 건강하고 힘찬 기운이 뿜어났다. 긴 머리카락과 눈처럼 흰 수염, 기쁨으로 빛나는 눈, 그는 참 스승의 본보기를 보여 주는 듯했다. 나는 인도의 스승들을 소개하는 내 책에서 그의 이름을 언급하고 싶다고 말했다.

"젊은 시절의 이야기를 좀 들려주십시오." 나는 간절함이 담긴 미소를 지었다. 위대한 요기들은 입이 무거운 경우가 많다.

케샤바난다는 겸양하는 모습을 보였다. "외적으로는 내세울 만한 일이 거의 없네. 실제로 나는 히말라야에서 조용한 동굴을 찾아 이곳저곳 옮겨 다니며 고독 속에 온 생애를 보냈어. 한때는 하르드와르 근교에 작은 아슈람을 짓고 지냈지. 사방이 높은 나무숲으로 둘러싸인 그곳은 코브라가 우글거려서 지나다니는 사람이 거의 없는 평화로운 장소였어." 케샤바난다는 싱긋 웃었다. "그런데 나중에 갠지스 강에 홍수가 나서 아슈람과 코브라를 한꺼번에 휩쓸어 갔어. 그때 제자들이 도와주어서 이 브린다반 아슈람을 지었지."

우리는 스와미에게 히말라야에서 어떻게 호랑이에게 화를 입지 않고 지냈는지 물어보았다.

케샤바난다는 고개를 가로 저었다. "그처럼 영적 고도가 높은 곳에서는 맹수들도 여간해서 요기를 괴롭히지 않는다네. 한번은 밀림에서 호랑이와 정면으로 마주쳤어. 내가 벼락같이 고함을 질렀더니 호랑이가 돌로 변한 것처럼 꼼짝도 않더군." 스와미는 기억을 떠올리고 또다시 빙그레 웃었다.[*]

"이따금씩 은둔처를 떠나 바나라스에 계신 구루를 찾아갔어. 구루께서는 내가 히말라야의 광야를 정처 없이 떠도는 것을 두고 놀리곤 하셨지.

'발에 역마살이 붙었구나. 신성한 히말라야가 너를 품을 만큼 넓어서 천만다행이다.'

라히리 마하사야께서는 돌아가시기 전에는 물론이고 그 후에도 여러 차례 내 앞에 모습을 나타내셨어. 그분에게는 히말라야가 아무리 높아도 문제가 되지 않는다네."

두 시간 뒤 케샤바난다는 식탁이 차려진 안뜰로 우리를 안내했다. 나는 몰래 한숨을 쉬었다. 또 풀코스 정찬이로군! 인도 사람들의 환대를 받다 보니 일 년도 안 돼서 몸무게가 오십 파운드나 늘었던 것이다.

하지만 나를 대접하려고 정성껏 준비한 음식을 행여라도 사양했다가는 무례하다는 소리를 들을 것이다. 인도에서는 살이 찐 스와미를 보기 좋다고 생각한다(애석하게도 다른 나라에서는 그렇지 않다!).

식사를 마친 뒤 케샤바난다는 나를 호젓한 구석으로 데리고 갔다. "자네가 올 줄 알고 있었어. 전할 말이 있네."

나는 내심 놀랐다. 아무에게도 케샤바난다를 방문할 거라는 얘기를 한 적이 없기 때문이다.

"작년에 히말라야 북부 바드리나라얀 일대를 돌아다니다가 길을 잃은 적이 있

---

* 호랑이를 물리치는 방법은 여러 가지가 있다. 오스트레일리아의 탐험가 프랜시스 버틀즈는 인도의 밀림이 '다채롭고, 아름답고, 안전하다'는 사실을 발견했다고 말했다. 그가 안전을 지킨 비결은 파리잡이 끈끈이였다. 매일 밤 캠프 주위에 끈끈이 종이를 쭉 펼쳐 놓았더니 아무 탈이 없었다. 이유는 심리적인 데 있다. 호랑이는 명예 의식이 강한 동물이다. 녀석은 어슬렁거리며 사람을 위협하다가도 파리 끈끈이를 보면 슬그머니 꽁무니를 뺀다. 기품을 중시하는 호랑이가 끈적거리는 파리 끈끈이 위에 한번 주저앉고 나면 사람을 마주 대할 엄두가 나지 않는 것이다!

었어. 그러다가 널찍한 동굴을 하나 발견했지. 안에는 아무도 없었지만, 돌바닥의 구멍에 잉걸불이 남아 있더군. 불가에 자리를 잡고 앉아, 이 고적한 은거처의 주인이 누굴까 궁금해하면서 햇빛이 비치는 동굴 입구를 계속 주시했지.

'케샤바난다, 여기까지 찾아와 주어 고맙다.' 뒤쪽에서 이런 말소리가 들려왔어. 흠칫 놀라 고개를 돌린 나는 바바지께서 서 계신 것을 보고 몸 둘 바를 몰랐지. 위대한 구루께서 동굴 한구석에 형상을 나타내신 거야. 여러 해 만에 그분을 다시 뵙게 되어 기쁨에 넘친 나는 그분의 신성한 발아래 엎드렸어.

'내가 너를 이리로 불렀다. 그래서 길을 잃고 내가 잠시 머물고 있는 이 동굴로 이끌려 온 것이다. 우리가 마지막으로 만난 지도 꽤 되었구나. 이렇게 다시 보게 되어 반갑다.'

불멸의 스승께서는 영적인 가르침을 베풀어 주신 뒤에 이렇게 덧붙이셨어. '요가난다가 인도로 돌아와서 너를 찾아올 것이다. 그때 이 말을 전하거라. 요가난다는 자기 구루와 아직 살아 있는 라히리의 제자들에 관련된 문제들로 경황이 없을 것이다. 그러니 애석하지만 이번에는 그를 만나지 않을 거라고 말해라. 하지만 다음에 또 볼 날이 있을 것이다.'"

희망을 주는 바바지의 약속을 전해 듣고 나는 감격했다. 가슴속의 멍울이 가시는 기분이었다. 스리 유크테스와르가 미리 귀띔하기는 했지만, 바바지가 쿰브 멜라에 나타나지 않아서 서운했던 마음이 눈 녹듯 풀어졌다.

아슈람의 손님으로 하룻밤을 보낸 우리 일행은 다음날 오후 캘커타로 떠났다. 야무나 강의 다리 위를 달리면서 우리는 불카누스의 시뻘건 용광로 같은 태양이 하늘에 불을 지르는 순간 브린다반의 스카이라인이 발아래의 잔잔한 수면에 반사되는 장관을 만끽했다.

야무나 강변은 어린 크리슈나의 발자취를 간직하여 신성하게 여겨지는 곳이다. 어린 크리슈나는 여기서 고피(처녀 목자)들과 천진난만한 릴라(놀이)의 즐거움에 빠졌다. 이는 신성한 화신과 헌신자 사이에 영원히 존재하는 고귀한 사랑을 나타낸다. 서구의 주석자들 가운데는 주 크리슈나의 삶을 그릇 해석한 경우가 적지 않다. 상상력 없이 자구에 얽매이면 경전에 담긴 우의(寓意)를 이해할

1936년 스와미 케샤바난다의 브린다반 아슈람에서, 90세가 된 라히리 마하사야의 제자 케샤바난다(왼쪽에 서 있는 사람), 요가난다지, 비서 리처드 라이트

수 없다. 번역자의 터무니없는 실수 하나가 이 점을 잘 보여 준다. 신발 수선공이었던 중세의 성자 라비다스는 모든 인간의 내면에 감추어진 영성을 자기 직업의 단순한 어휘로 노래했다.

아득한 푸른 하늘 아래
가죽 옷(피부)을 입은 신이 살고 있다.

　그런데 서양의 한 저자가 라비다스의 시를 곧이곧대로 해석해 놓은 것을 보면 실소를 금할 수 없다.

　　　훗날 그는 오두막을 지은 뒤 가죽으로 만든 우상을 모셔 놓고
　　　정성껏 예배를 드렸다.

　라비다스는 위대한 카비르의 도반(道伴)이었다. 라비다스의 뛰어난 첼라인 치토르의 라니는 스승을 위해 잔치를 벌이고 브라만들을 초청했지만 그들은 신분이 낮은 신발 수선공과 함께 먹기를 거절했다. 브라만들이 따로 떨어져서 거드름을 피우며 부정 타지 않은 음식을 먹다가 고개를 돌려 보니 각자의 곁에 라비다스가 앉아 있는 것이었다. 이 집단 환영을 겪은 후로 치토르에서는 영적인 부흥 운동이 꽃을 피우게 되었다.

　며칠 후 우리 일행은 캘커타에 도착했다. 스리 유크테스와르를 보고 싶은 마음이 간절했던 나는 구루가 세람포어를 떠나 지금은 남쪽으로 삼백 마일가량 떨어진 푸리에 있다는 얘기를 듣고 적이 실망했다.

　"푸리 아슈람으로 급래." 이 전보는 3월 8일에 한 동문이 캘커타에 있는 스승의 제자 아툴 찬드라 로이 초우드리에게 보낸 것이었다. 전보 소식을 들은 나는 그 뜻을 짐작하고 가슴이 철렁 내려앉았다. 나는 무릎을 꿇고 구루의 목숨을 구해 달라고 신께 빌었다. 기차를 타려고 아버지의 집을 나설 때 마음속 깊은 곳에서 신성한 목소리가 들려왔다.

　"오늘밤은 푸리로 가지 마라. 너의 기도를 받아들일 수 없다."

　나는 비통한 심정으로 말했다. "신이여, 푸리에서 저하고 실랑이하기를 원치 않으시는군요. 구루의 목숨을 구해 달라는 저의 끈질긴 기도를 거절하기가 딱하신 게지요. 기필코 구루는 당신의 명에 따라 더 숭고한 임무를 맡기 위해 떠나야만 하나요?"

　나는 내면의 명령을 받아들여 그날 밤에는 떠나지 않고 다음날 저녁에야 기차를 탔다. 역으로 가는 길에 일곱 시가 되자 갑자기 아스트랄의 구름이 하늘

을 시커멓게 덮었다.[*] 얼마 후 기차가 푸리를 향해 달리는 동안 스리 유크테스와르의 환영이 앞에 나타났다. 구루는 빛에 감싸인 채 자뭇 숙연한 표정으로 앉아 있었다.

"다 끝난 건가요?" 나는 애원하듯이 두 팔을 들었다.

구루는 고개를 끄덕이고 천천히 사라졌다.

다음날 아침 푸리 역에 도착한 내가 아직 희망의 끈을 놓지 않고 플랫폼에 서 있는데 낯선 사람 하나가 다가왔다.

"스승께서 운명하신 소식을 들으셨습니까?" 그 사람은 앞뒤 없이 이 말만 하고는 가 버렸다. 그가 누구인지, 내가 있는 곳을 어떻게 알았는지 통 짐작이 가지 않았다.

정신이 아뜩해진 나는 구루가 갖은 방법으로 비통한 소식을 전하려 하는 것을 깨닫고 휘청거리며 담벼락에 몸을 기댔다. 내 영혼은 운명을 거역하며 끓어오르는 화산 같았다. 푸리 아슈람에 도착했을 때는 금방이라도 쓰러질 것 같았다. 내면에서 잔잔한 목소리가 울려왔다. "마음을 가라앉혀라. 침착해라."

아슈람의 방에 들어서자 스승의 몸이 연화좌를 취한 채 꼭 산 사람처럼 앉아 있었다. 믿기 어려울 만큼 건강하고 아름다운 모습이었다. 돌아가시기 얼마 전에 구루는 열이 좀 났지만, 무한의 영역으로 오르기 전날에는 몸이 완전히 회복되었다. 구루의 정겨운 형체를 아무리 들여다보아도 생명이 몸을 떠났다는 사실을 실감할 수 없었다. 피부는 매끄럽고 부드러웠다. 얼굴에는 고요한 기쁨이 감돌았다. 그는 초자연적인 부름의 순간에 의식적으로 자신의 몸을 버린 것이다.

"벵골의 사자가 떠났다!" 나는 망연자실하여 외쳤다.

3월 10일에 나는 엄숙한 장례 의식을 치렀다. 스리 유크테스와르는 고대의 스와미 의식에 따라 푸리 아슈람의 정원에 묻혔다.[†] 뒤이어 거행된 춘분 추모제에는 원근에서 여러 제자가 도착하여 구루의 얼을 기렸다. 캘커타의 유력 일간지

---

[*] 스리 유크테스와르는 바로 이 시각(1936년 3월 9일 오후 7시)에 숨을 거두었다.
[†] 힌두교의 장례 관습에 따르면 평민은 화장을 하고, 스와미와 기타 교단의 승려는 화장하지 않고 매장한다.(가끔 예외가 있다.) 승려의 육체는 수도 서원을 할 때 상징적으로 지혜의 불에 화장된 것으로 간주된다.

푸리 아슈람의 정원에 있는 스리 유크테스와르 기념 사원

《암리타 바자르 파트리카》는 그의 사진과 함께 다음과 같은 기사를 실었다.

81세로 별세한 스리마트 스와미 스리 유크테스와르 기리 마하라지의 반다라 추모제가 3월 21일 푸리에서 거행되었다. 많은 제자들이 의식에 참석하기 위해 푸리에 모였다.

위대한 《바가바드 기타》 해석가의 한 사람인 스와미 마하라지는 바나라스의 요기라지, 스리 쉬야마 차란 라히리 마하사야의 큰 제자였다. 스와미 마하라지는 인도 여러 곳에 요고다 사트상가(Self-Realization Fellowship) 센터를 설립했으며, 그의 수제자인 스와미 요가난다를 통해 서양에 전파된 요가 운동을 정신적으로 뒷받침해 주었다. 스와미 요가난다로 하여금 대양을 건너 미국에 인도 스승들의 메시지를 전파하도록 영감을 불어넣은 것은 스리 유크테스와르지의 밝은 예지력과 깊은 깨달음이었다.

《바가바드 기타》를 비롯한 경전에 대한 스리 유크테스와르지의 해석은 그가 동서양을 막론한 철학에 깊은 조예를 가지고 있음을 입증하며, 지금까지도 동양과 서양의 통합을 위한 주춧돌 역할을 하고 있다. 스리 유크테스와르 마하라지는 모든 종교적 신념이 하나로 통한다는 믿음을 바탕으로 종교에 과학의 정신을 심어 주기 위해 다양한 교의, 종파의 지도자들과 협력하여 '사두 사바(성자들의 협회)'를 창설했다. 그는 임종을 앞두고 사두 사바의 회장직을 맡을 후계자로 스와미 요가난다를 지명했다.

이제 또 하나의 위대한 인물을 잃은 인도는 더욱 빈곤해졌다. 그를 가까이 접하는 행운을 누린 모든 사람이, 스승이 몸소 체현한 인도의 문화와 사다나(명상 수행법)의 참된 정신을 이어받아 드높이기 바란다.

나는 캘커타로 돌아왔다. 그러나 신성한 기억이 서려 있는 세람포어 아슈람으로 갈 엄두가 나지 않아서, 세람포어에 있는 스리 유크테스와르의 제자 프라풀라를 불러 란치 학교에 들어가도록 조처해 주었다.

프라풀라가 내게 말했다. "선생님이 알라하바드 멜라로 떠난 날 아침에 큰 스승님께서는 소파에 털썩 주저앉으면서 소리치셨어요. '요가난다가 갔구나! 요가난다가 떠났어!' 그러고는 수수께끼처럼 '다른 방법을 써야겠다'하시더니 몇 시간 동안 말없이 앉아 계셨어요."

나는 강의와 수업, 인터뷰, 그리고 옛 친구들과의 모임으로 눈코 뜰 새 없는 나날을 보냈다. 공허한 웃음과 쉼 없는 활동의 뒤꼍에서는 회한의 시커먼 물줄기가 오랜 세월 동안 내 모든 인식의 풀밭 사이로 굽이쳐 흐르던 기쁨의 강물을 오염시키고 있었다.

"거룩한 현인은 어디로 가셨는가?" 찢겨진 영혼 깊은 곳에서 소리 없는 외침이 울렸다.

대답이 없었다.

내 마음은 스스로를 설득했다. "스승께서 무한한 님과 완전한 합일을 이루셨으니 더 바랄 것이 없지 않으냐. 그분은 불멸의 영역에서 영원히 빛나고 계시다."

그러면서도 가슴 한구석이 미어지는 것 같았다. "이제 다시는 세람포어의 옛집에서 스승을 볼 수 없구나. 이제 다시는 친구들을 불러서 그분께 인사를 시키고, '보아라, 여기에 인도의 즈나나바타께서 앉아 계시다!' 하고 자랑할 수 없구나."

라이트 씨는 우리 일행이 유월 초에 봄베이에서 유럽으로 건너갈 수 있도록 배편을 예약해 두었다. 오월에 보름 동안 캘커타에서 송별회와 강연을 치른 후 블레치 씨, 라이트 씨와 나는 포드를 타고 봄베이로 떠났다. 그러나 항구에 도착하자 선박 관계자가 자동차를 실을 자리가 없으니 예약을 취소해 달라는 것이었다. 하지만 유럽에서 돌아다니려면 포드가 있어야 했다.

나는 침울하게 라이트 씨에게 말했다. "걱정 말아요. 푸리에 한 번 더 들르고 싶어요." 그러고는 혼잣말로 중얼거렸다. "내 눈물로 다시 한 번 구루의 무덤을 적셔야겠다."

43
스리 유크테스와르의 부활

'주 크리슈나!' 봄베이의 리젠트 호텔에 묵고 있을 때 어른거리는 불꽃 속에서 눈부신 화신의 형상이 나타났다. 삼층 방의 창문을 열고 바깥을 내다보고 있는데, 길 건너편에 있는 높은 건물의 지붕 위에서 찬연히 빛나던 환영이 갑자기 내 눈앞으로 다가온 것이다.

신성한 형상은 미소를 띠고 고개를 끄덕이며 내게 인사의 손짓을 보냈다. 그계시를 미처 깨달을 사이도 없이, 주 크리슈나는 축복의 몸짓을 남기고 떠났다. 정신이 아뜩해진 나는 이것이 어떤 영적 사건의 전조라는 것을 예감했다.

유럽 여행은 당분간 보류되었다. 나는 벵골로 돌아가기 전에 봄베이에서 몇 차례 공개 강연을 갖기로 되어 있었다.

크리슈나의 환영이 나타나고 한 주일이 지난 1936년 6월 19일 오후 세 시, 봄베이 호텔의 침대에 앉아 명상을 하던 나는 기쁨이 넘치는 빛에 놀라 깨어났다. 휘둥그레진 내 눈앞에서 방 전체가 낯선 세계로 바뀌고 햇빛이 천상의 광채로 변했다.

순간, 생시와 다름없는 스리 유크테스와르의 모습을 마주한 순간 나는 환희의 물결에 휩싸였다.

"내 아들아!" 스승은 천사처럼 눈부신 미소를 머금고 다정하게 나를 불렀다.

생전 처음 나는 무릎을 꿇고 인사를 드릴 겨를도 없이 달려가 스승을 와락 껴안았다. 생애 최고의 순간이었다! 지금 폭포처럼 쏟아지는 행복감에 비하면 지난 몇 달 사이의 괴로움은 아무것도 아니었다.

"제 영혼의 스승이시여, 왜 저를 버리셨습니까?" 나는 가슴이 북받쳐 말도 제대로 할 수 없었다. "어째서 제가 쿰브멜라에 가도록 내버려 두셨습니까? 스승님 곁을 떠난 것을 제가 얼마나 뼈저리게 자책했는지 아십니까?"

"내가 바바지 님을 처음 만났던 성지를 순례한다는 너의 기대를 깨뜨리고 싶지 않았다. 잠시 떠났다가 이렇게 다시 오지 않았느냐!"

"하지만 스승님은 정녕 그 '신의 사자(Lion of God)'이신가요? 아니면 차가운 푸리의 모래밭 아래 묻힌 몸과 비슷한 탈을 쓰고 계신 건가요?"

"물론 나는 그대로다. 이것은 살과 피로 이루어진 몸이다. 내게는 에테르로 보이지만 네 눈에는 물질로 보일 것이다. 나는 우주의 원자들로 완전히 새로운 몸을 창조했다. 이것은 네가 우주적 미망의 세계에서 미망의 모래밭에 묻은 미망의 육체와 똑같은 몸이다. 나는 진실로 부활했다. 다만, 지구가 아니라 아스트랄 행성에 존재할 따름이다. 그곳의 주민들은 지구의 인간보다 훨씬 더 나의 이상에 들어맞는다. 너와 네가 사랑하는 사람들도 언젠가는 그곳으로 와서 나와 함께 할 것이다."

"불멸의 구루시여, 더 말씀해 주십시오!"

스승은 싱긋 웃음을 지었다. "얘야, 팔을 조금만 풀어 줄 수 없겠느냐?"

나는 그때까지 문어발처럼 스승을 꽉 껴안고 있었던 것이다. "그럼 조금만 풀지요." 나는 예전에 스승의 몸에서 나던 것과 똑같이 은은하고 자연스러운 체취를 감지할 수 있었다. 지금도 그 축복받은 순간들을 떠올릴 때마다 스승의 신성한 몸을 만지던 짜릿한 감촉이 여전히 팔 안쪽과 손바닥에 느껴진다.

스리 유크테스와르는 자세한 설명을 들려주었다.

"인간이 저마다 타고난 카르마를 해소하도록 돕기 위해 선지자들을 이 땅에 보낸 것처럼, 나 역시 아스트랄 행성에서 구원자로서 사명을 완수하도록 신의 부름을 받았다. 이곳을 히라냐로카(빛의 행성)라고 한다. 나는 진보한 존재들이 아스트랄 카르마를 소멸시켜 아스트랄계의 윤회에서 벗어날 수 있도록 돕고 있다. 히라냐로카의 주민들은 고도의 영적 진보를 이룩했다. 그들은 모두 지구의 마지막 생에서 명상을 통해 죽음을 맞을 때 의식적으로 육체를 떠날 수 있는(座脫入亡) 능력을 획득했다. 그 누구도 지구에서 사비칼파 사마디를 넘어 더 높은 단계인 니르비칼파 사마디의 경지에 이르지 않고서는 히라냐로카에 들어갈 수 없다.*

히라냐로카의 주민들은 지구의 모든 존재가 사후에 반드시 겪게 되는 다른 아스트랄 영역들을 이미 거쳤다. 거기서 그들은 아스트랄계에서의 과거 행동과 연관된 수많은 카르마의 씨앗을 소멸시켰다. 오로지 진보한 수행자만이 아스트랄 영역에서 그러한 구원의 과업을 효과적으로 수행할 수 있다.† 이들은 우주 법칙에 이끌려, 각자의 영혼에 남아 있는 아스트랄 카르마의 잔재를 남김없이 해소하기 위해 아스트랄의 태양이며 낙원인 히라냐로카에서 새로운 아스트랄체로 다시 태어난 것이다. 나는 바로 이곳에서 그들을 돕고 있다. 히라냐로카에는 또 상위의 코절계(원인계)에서 온 완전에 가까운 존재들도 있다."

내 마음은 이제 구루의 마음과 완벽하게 공명을 이루어, 그가 그려 보이는 세계가 일부는 말을 통해, 일부는 텔레파시를 통해 전달되었다. 이렇게 나는 그의 생각을 압축된 형태로 순식간에 받아들일 수 있었다.

스승은 설명을 계속했다. "너는 신이 인간의 영혼을 잇달아 세 가지 몸에 집어넣는다는 이야기를 경전에서 읽었을 것이다. 그 셋은 이데아(관념)의 자리인 코절체, 마음과 감정의 자리인 영묘한 아스트랄체, 그리고 거친 물질체(물리적 신체)를 말한다. 인간은 지구에서 물리적 감각을 타고난다. 아스트랄 존재는 의식과 감정, 그리고 생명자‡로 이루어진 신체를 가지고 활동한다. 코절체에 든 존재

---

* 304쪽 참조. 사비칼파 사마디에서 수행자는 자신이 영(靈)과 하나라는 깨달음을 얻지만 움직임이 없는 무아경의 상태를 벗어나서는 우주 의식을 유지할 수 없다. 수행자는 지속적인 명상을 통해 상위의 단계인 니르비칼파 사마디에 이르게 되는데, 이때 그는 신(神) 인식을 잃지 않고 이 세계 안에서 자유롭게 움직일 수 있다.

니르비칼파 사마디에서 요기는 물질적·세속적 카르마의 잔재를 해소한다. 그럼에도 불구하고, 여전히 해소해야 할 특정한 아스트랄 카르마와 코절 카르마가 남아 있을 수 있으며, 따라서 높은 진동의 영역에서 아스트랄 환생과 다음 단계의 코절 환생을 다시 거치게 된다.

† 대부분의 인간은 아스트랄계의 아름다움에 도취하여 힘겨운 영적 노력의 필요성을 절실히 느끼지 않기 때문이다.

‡ 스리 유크테스와르는 '프라나'라는 단어를 사용했는데, 나는 이것을 생명자(lifetron)로 번역했다. 힌두교 경전은 '아누(원자)'와 더 미세한 전자 에너지인 '파라마누(원자를 넘어선 것)'뿐 아니라 '프라나(생명자의 창조적 힘)'에 대해서도 언급한다. 원자와 전자는 맹목적인 힘이지만 프라나는 본질적으로 지성적이다. 예를 들어, 정자와 난자의 프라나 생명자는 카르마의 설계에 따라 태아의 성장을 인도한다.

는 지복에 찬 이데아의 영역에 머문다. 내가 하는 일은 코절계로 들어갈 준비를 하고 있는 아스트랄 존재를 돕는 것이다."

"경애하는 스승님, 아스트랄 우주에 대해 좀 더 말씀해 주십시오." 나는 부탁대로 팔 힘을 약간 늦추기는 했지만 여전히 두 팔로 허리를 껴안고 있었다. 이 세상에 둘도 없는 구루가 죽음의 사자를 비웃으면서 내게 돌아온 것이다!

스승은 입을 열었다.

"아스트랄 존재들은 여러 곳의 아스트랄 행성에 흩어져 있다. 그 주민들은 빛의 덩어리인 아스트랄 비행체를 이용해서 전기나 방사선보다도 빠르게 한 행성에서 다른 행성으로 이동한다.

다양한 빛과 색의 영묘한 진동으로 이루어진 아스트랄 우주는 물리적 우주보다 수백 배나 더 크다. 물리적 창조물을 모두 합쳐도 아스트랄계에 비하면 거대한 열기구 밑에 조그맣게 매달린 바구니 정도에 불과하다. 수많은 물리적 태양과 별들이 공간 속을 떠돌듯이, 아스트랄 우주에도 무수한 태양계와 항성계가 있다. 그곳의 행성들은 물리적 우주보다 더 아름다운 아스트랄의 태양과 달을 가지고 있다. 아스트랄의 발광체는 북극의 오로라와 비슷한데, 아스트랄 태양의 오로라가 은은하게 빛나는 달의 오로라보다 더 찬란하다. 그리고 아스트랄의 낮과 밤은 지구의 낮과 밤보다 더 길다.

아스트랄계는 무한히 아름답고, 깨끗하고, 순수하고, 정연하다. 죽은 행성도 메마른 땅도 없고, 지구를 더럽히는 잡초나 세균, 벌레, 뱀 따위도 없다. 아스트랄 행성에서는 지구의 변덕스런 기후나 계절과 달리 영원한 봄이 한결같은 온도를 유지하며, 때때로 하얗게 빛을 발하는 눈과 오색 빛의 비가 내린다. 아스트랄 행성에는 또 오팔빛 호수와 반짝이는 바다, 무지갯빛 강이 넘쳐 난다.

아스트랄의 낙원 히라냐로카와 구분되는 일반적인 아스트랄 우주에는 비교적 최근에 지구에서 온 수백만의 아스트랄 존재와 무수한 요정, 인어, 물고기, 짐승, 마귀, 신령, 반신, 정령들이 살고 있다. 이들은 저마다 카르마의 과보에 따라 서로 다른 아스트랄 행성에 거주한다. 선하고 악한 정령들에게 다양한 구체(球體)의 저택 또는 진동 영역이 주어진다. 선한 정령들은 자유롭게 여행할 수 있지만, 악한 정령들은 제한된 구역에만 머물러야 한다. 인간은 지상에, 벌레는 흙 속에, 물고기는 물속에, 새들은 하늘에 사는 것과 마찬가지로, 갖가지 등급의 아 스트랄 존재들도 각기 적절한 진동 영역에 배정된다.

다른 세계에서 추방당한 타락한 어둠의 천사들 사이에는 생명자 폭탄이나 만 트라*의 진동 광선이 오가는 충돌과 전쟁이 벌어진다. 이러한 존재들은 아스트 랄 우주 아래쪽의 암울한 지역에 머무르면서 각자의 업고를 치른다.

아스트랄 우주의 어두운 감옥 위쪽에 있는 방대한 영역에서는 모든 것이 아름 답게 빛난다. 아스트랄계는 지구에 비해 신의 뜻과 완전성의 계획에 더 자연스 러운 조화를 이루고 있다. 아스트랄계의 모든 사물은 첫째로 신의 뜻에 의해, 그 리고 부분적으로 아스트랄 존재의 자발적 요청에 따라 나타난다. 이들은 이미 신에 의해 창조된 모든 사물의 형태와 성질을 바꾸거나 드높이는 능력을 가지고 있다. 신은 아스트랄계의 자녀들에게 아스트랄 우주를 마음대로 변화시키거나 개선할 수 있는 자유와 특권을 주었다. 지구에서는 고체가 액체나 다른 형태로 변형되려면 반드시 자연적이거나 화학적인 과정을 거쳐야 하지만, 아스트랄계 에서는 주민들의 의지만으로 언제든지 고체를 액체나 기체 또는 에너지로 변환 할 수 있다.

지구의 바다와 땅과 하늘에는 전쟁과 살육의 먹구름이 드리워져 있지만, 아스 트랄의 왕국은 조화와 평등 속에 행복이 넘친다. 아스트랄 존재는 마음대로 자 신의 형체를 물질화하기도 하고 비물질화하기도 한다. 꽃이나 물고기나 짐승이 잠깐 동안 아스트랄 인간으로 변신할 수도 있다. 모든 아스트랄 존재는 어떤 형 태든 자유로이 취할 수 있으며, 서로 스스럼없이 어울릴 수 있다. 어떤 확고한 자연 법칙도 그들을 속박하지 않는다. 예컨대 어떤 나무든지 바라는 대로 망고 같은 과일이나 꽃, 또는 그 밖의 어떤 사물이든 맺고 피울 수 있다. 카르마에 따 른 제약이 있기는 하지만, 아스트랄계에는 여러 형태 가운데 어떤 것이 더 낫다

---

* 만트라(眞言)는 정신 집중의 화포에서 발사되는 주문의 종자 소리다. 푸라나(고대의 힌두교 설화집)는 데바(선신)와 아수 라(악신) 사이의 이러한 만트라 전쟁에 관해 기술하고 있다. 한때 어떤 아수라가 강력한 주문으로 데바를 죽이려고 했다. 그런데 그만 발음을 잘못하여 정신의 포탄이 부메랑처럼 되돌아와 악신을 죽였다.

는 구별이 없다. 모든 사물이 신의 창조적 빛으로 진동할 따름이다.

아무도 여자의 몸에서 태어나지 않는다. 후손은 아스트랄 존재가 우주 의지의 도움을 받아 특정한 본에 따른 형상을 물질화함으로써 탄생한다. 최근에 육체에서 분리된 존재는 비슷한 정신적·영적 성향을 띤 아스트랄 집단의 초대를 받는다.

아스트랄체는 추위나 더위와 같은 자연 조건에 지배되지 않는다. 해부학적 구조에는 천 개의 잎이 달린 연꽃으로 묘사되는 아스트랄 뇌와 수슘나(중추신경계의 축)를 따라 위치하는 여섯 개의 차크라(생명 에너지의 중심점)가 포함된다. 심장은 아스트랄 뇌에서 빛과 함께 우주 에너지를 받아 아스트랄 신경과 신체 세포, 즉 생명자로 보낸다. 아스트랄 존재는 생명자의 힘과 신성한 만트라 진동을 통해 자신의 형체를 변화시킬 수 있다.

대개의 경우 아스트랄체는 마지막 전생의 물리적 형태를 그대로 이어받는다. 아스트랄 인의 얼굴과 체형은 그전에 지상에서 보낸 젊은 시절의 모습을 닮는다. 가끔씩 나처럼 노년의 모습을 그냥 유지하려고 하는 경우도 있지만." 스승은 젊음의 생기를 물씬 풍기면서 너털웃음을 터뜨렸다.

"오로지 오감을 통해서만 인식되는 삼차원 공간의 물질계와 달리, 아스트랄계는 모든 감각을 아우르는 직관으로 감지할 수 있다. 모든 아스트랄 존재는 순수한 직관적 감각을 통해 보고, 듣고, 냄새 맡고, 맛보고, 만진다. 그들은 세 개의 눈을 가지고 있다. 그 가운데 둘은 떴다 감겼다 하지만 제일 중요한 영안은 이마 위에 세로로 나 있고 항상 떠져 있다. 아스트랄 존재도 귀, 눈, 코, 혀, 피부 등 외부 감각 기관을 모두 가지고 있지만, 직관을 사용하여 신체의 어떤 부위를 통해서든 감각을 느낄 수 있다. 귀나 눈이나 피부를 통해 볼 수도 있고, 눈이나 혀를 통해 들을 수도 있으며, 귀나 피부를 통해 맛을 느낄 수도 있다.*

인간의 물리적 신체는 숱한 위험에 노출되어 있어서 쉽게 다치고 불구가 되기도 한다. 영묘한 아스트랄체도 때때로 베이거나 멍이 들 수는 있지만 마음만 먹

---

* 지구상에도 그러한 능력을 보여 준 예가 없지 않은데, 가령 헬렌 켈러처럼 비범한 인물들이 여기에 해당한다.

516

으면 곧바로 치유할 수 있다."

"구루데바, 아스트랄 인은 모두 아름다운가요?"

"아스트랄계에서는 아름다움을 겉모습이 아니라 영적 자질에서 찾는다. 그렇기 때문에 아스트랄 존재들은 얼굴 생김새를 별로 중요하게 여기지 않는다. 하지만 이들은 다채롭고 영묘하게 빚은 새 몸으로 마음껏 치장할 수 있는 특권을 누린다. 속세의 인간들이 축제 때 새 옷을 차려입듯이, 아스트랄 존재도 특별히 디자인한 형태로 자신을 꾸미는 경우가 있다.

어떤 존재가 영적 진보를 통해 아스트랄계에서 해방되어 코절계의 낙원으로 들어갈 준비가 되면 히라냐로카와 같은 상위의 아스트랄 행성에서 흥겨운 축제가 열린다. 그럴 때면 눈으로 볼 수 없는 천신(天神)을 비롯해서 합일을 이룬 성자들도 각자 원하는 모습으로 체현하여 축제에 동참한다. 신은 사랑하는 헌신자를 기쁘게 해 주기 위해 그가 바라는 형상을 취한다. 헌신자가 헌신을 통해서 신을 경배했다면 어머니 여신의 모습을 보게 된다. 예수의 경우에는 다른 어떤 모습보다 무한자의 부성적 측면에 마음이 끌렸다. 신으로부터 개체성을 부여받은 하나하나의 창조물은 무소불위한 신에게 가능하고 불가능한 온갖 요구를 늘어놓는다."

구루와 나는 함께 흐뭇한 웃음을 지었다. 스리 유크테스와르는 플루트처럼 아름다운 목소리로 말을 이었다.

"다른 생에서 가깝게 지냈던 친구들은 아스트랄계에서도 서로를 금방 알아본다. 그들은 이승에서 슬프고 덧없는 이별을 겪을 때마다 의심하곤 했던 사랑과 우정의 불멸성을 다시금 깨닫고 큰 기쁨을 느낀다.

아스트랄 존재의 직관은 장막을 뚫고 지상에서 펼쳐지는 인간사를 관찰할 수 있지만, 인간은 육감이 어느 단계까지 발달하지 않는 한 아스트랄계를 볼 수 없다. 지구인 가운데 아스트랄 존재나 아스트랄계를 잠깐이나마 엿본 사람은 수천 명을 헤아린다.*

---

* 지구에서는 마음이 순수한 어린아이들이 요정의 우아한 아스트랄체를 볼 수 있는 경우가 간혹 있다. 모든 경전에서 금

히라냐로카에 거주하는 진보한 존재는 아스트랄의 긴 낮과 밤 동안 대부분 법열의 상태로 깨어 있다. 그런 가운데 세속에 얽매인 영혼들, 저 '방탕한 아들들'을 구원하고 우주를 다스리는 복잡한 문제를 처리하는 것이다. 히라냐로카의 존재들이 잠을 잘 때는 때때로 꿈을 꾸듯이 아스트랄의 환영을 본다. 그들의 마음은 늘 가장 높은 니르비칼파의 의식 상태에 몰입해 있다.

아스트랄계의 주민들도 여전히 정신적 고뇌를 겪는다. 히라냐로카와 같은 행성에 거주하는 높은 단계의 존재들은 그만큼 민감하기 때문에 진리의 인식이나 행동에 조그만 잘못이 있어도 날카로운 고통을 느낀다. 이처럼 진보한 존재들은 자신의 모든 생각과 행동을 완전한 영적 법칙에 조화시키려고 노력한다.

아스트랄 주민들 사이의 의사소통은 전적으로 아스트랄 텔레파시와 원거리 투시를 통해 이루어지기 때문에 지구인들이 늘 겪는 글과 말의 혼동이나 오해가 생길 여지가 없다. 영화 스크린에 비친 사람들이 연속되는 빛의 그림을 통해 살아 움직이는 것처럼 보이지만 실제로 숨을 쉬지는 않듯이, 아스트랄 존재는 지적으로 인도되고 조정되는 빛의 이미지로서 활동하므로 산소에서 동력을 끌어올 필요가 없다. 인간은 고체, 액체, 기체의 형태로 에너지를 흡수해야 하지만, 아스트랄 존재는 우주의 빛으로 생명을 유지한다."

"스승님, 아스트랄 존재도 음식을 먹나요?" 나는 마음과 가슴과 영혼의 촉각을 곤두세운 채 이 놀라운 설명에 귀를 기울이고 있었다. 초의식의 진리 인식은 언제까지라도 변함이 없지만, 덧없는 감각 경험이나 인상은 일시적·상대적으로만 참일 뿐이어서 머지않아 기억과 더불어 빛이 바래고 만다. 구루의 말씀은 내 존재의 양피지 위에 너무나 날카롭게 새겨져, 언제라도 마음을 초의식 상태로 전환하면 신성한 경험을 또렷하게 되살릴 수 있다.

스승은 이렇게 대답했다.

"아스트랄의 흙에서는 햇살처럼 빛나는 채소가 많이 난다. 아스트랄 존재는 이런 채소를 먹고 눈부신 빛의 샘이나 아스트랄의 강과 개울에서 흐르는 감로수

하는 마약이나 술에 취한 사람도 의식이 착란을 일으키면 아스트랄 지옥의 끔찍한 형상을 지각하는 수가 있다.

를 마신다. 지구에서 눈에 보이지 않는 사람의 영상을 공중에서 포착하여 텔레비전 화면에 비추었다가 다시 공간 속으로 돌려보내는 것처럼, 아스트랄 행성에서는 신이 만든 채소와 식물의 청사진이 보이지 않는 상태로 에테르 속을 떠돌다가 주민들의 의지로 응결되어 모습을 나타낸다. 마찬가지로, 아스트랄 존재들의 자유분방한 심상으로부터 향기로운 꽃이 가득한 정원들이 물질화되었다가 다시 에테르 속으로 모습을 감춘다. 히라냐로카와 같은 낙원에 거주하는 존재들은 음식을 섭취할 필요를 거의 느끼지 않지만, 지복의 만나(신이 내려준 양식) 외에는 아무것도 먹지 않는 상위의 코절계에서는 완전에 가까이 해방된 영혼들이 어떤 제약도 받지 않고 살아간다.

지구에서 풀려난 아스트랄 존재는 이승에 머무는 동안 윤회를 거듭하면서 인연을 맺은 수많은 친척, 아버지, 어머니, 아내, 남편, 친구를 다시 만난다.[*] 이들은 아스트랄계의 다양한 영역에서 불쑥불쑥 나타난다. 그러다 보니 누구를 특별히 사랑해야 할지 갈피를 못 잡게 된다. 이렇게 해서 그는 다 같은 신의 자녀가 개체로 나타나는 이치를 깨닫고 모두에게 똑같이 신성한 사랑을 베푸는 법을 배운다. 사랑하던 사람이 지난 생에서 어떤 품성을 새로 얻었는가에 따라 겉모습이 조금씩 바뀌었을 수는 있지만, 아스트랄 존재는 어긋남이 없는 직관을 통해 언젠가 다른 존재의 단계에서 자기가 사랑했던 사람들을 알아보고 아스트랄계의 새로운 거처로 반갑게 맞아들인다. 삼라만상의 모든 원자는 소멸되지 않는 개체성을 부여받기 때문에,[†] 아스트랄계의 친구가 어떤 옷차림을 하고 있어도 금방 알아볼 수 있다. 이는 마치 지상에서 배우가 어떤 배역으로 분장을 하고 있어도 자세히 보면 누군지 알 수 있는 것과 같다.

아스트랄계에서는 지구보다 수명이 훨씬 더 길다. 진보한 아스트랄 존재의 평균 수명은 지구 시간으로 치면 오백 살에서 천 살에 이른다. 어떤 삼나무는 다른

---

[*] 언젠가 붓다는, 왜 인간은 모든 사람을 똑같이 사랑해야 하느냐는 질문을 받았다. 위대한 스승은 이렇게 대답했다. "모든 사람은 우리가 갖가지 형상으로 수없는 윤회를 거치는 동안 어느 땐가 우리에게 소중했던 사람이기 때문이다."
[†] 원자에서 인간에 이르기까지 창조된 모든 생명을 구성하는 여덟 가지 프라크리티(근본 원질)는 흙, 물, 불, 공기, 에테르, 감각적 마음(마나스), 지성(붓디), 개체성 또는 자아(아함카라)다.(《바가바드 기타》 Ⅶ:4 참조)

나무보다 수천 년을 더 살고, 사람은 대개 육십을 못 넘기지만 어떤 요기는 수백 년을 사는 것처럼, 어떤 아스트랄 존재는 평균 수명을 훨씬 뛰어넘어 장수한다. 아스트랄계로 오는 사람들은 저마다 카르마의 무게에 따라 오래 머물기도 하고 짧게 머물기도 하다가 정해진 시간이 지나면 지구로 다시 돌아가야 한다.

아스트랄 존재는 빛나는 몸을 벗어 버릴 때 고통스럽게 죽음과 씨름하지 않아도 된다. 그럼에도 불구하고 보다 영묘한 코절체를 얻기 위해 아스트랄체를 버린다는 생각에 약간 긴장하기도 한다. 아스트랄계에는 원치 않는 죽음이나 질병, 노화가 없다. 이 세 가지 근심은 지구에 내려진 천형(天刑)이다. 지구인은 생존을 위해 끊임없이 공기, 음식, 잠을 필요로 하는 연약한 물질적 신체와 자신의 의식을 전적으로 동일시한다.

물리적 죽음은 숨이 끊어지고 체세포가 분해되는 과정을 거친다. 아스트랄의 죽음에는 아스트랄 존재의 생명을 구성하는 에너지의 기본 단위인 생명자가 흩어지는 과정이 따른다. 물리적 죽음을 맞는 존재는 육체의 의식을 잃는 순간 아스트랄계의 영묘한 신체를 자각하게 된다. 때가 되어 아스트랄계에서 죽음을 맞는 존재는 거꾸로 아스트랄 생과 사의 의식에서 물리적 생과 사의 의식으로 되돌아간다. 이처럼 아스트랄의 삶과 물리적 삶이 되풀이되는 순환은 깨달음을 얻지 못한 존재의 피할 수 없는 운명이다. 천국과 지옥에 대한 경전의 정의는 때로 '잠재의식보다 더 깊은' 인류의 기억을 일깨운다. 그 속에는 행복한 아스트랄계와 고통스러운 이승에서 오랫동안 축적된 경험이 뒤섞여 있다."

나는 다시 물었다. "경애하는 스승님, 지구에서 환생하는 것과 아스트랄계나 코절계에서 환생하는 것이 어떻게 다른지 좀 더 자세히 설명해 주시겠습니까?"

"개별화된 영혼으로서의 인간은 본질적으로 코절체에 속한다. 이 신체는 근본적 또는 원인적(코절) 사고력으로서 신이 요구하는 서른다섯 가지 이데아가 얽힌 그물망과 같다. 다시 이 가운데 열아홉 가지 요소로 영묘한 아스트랄체가 형성되고 열여섯 가지 요소로 거친 물질체가 형성된다.

아스트랄체의 구성 요소는 정신적 요소와 정서적 요소, 그리고 생명자로 나눌 수 있다. 열아홉 가지 요소는 지성, 에고, 감정, 마음(감각 의식), 그리고 지식의 다섯 가지 도구(시각, 청각, 후각, 미각, 촉각의 영묘한 대응물), 행동의 다섯 가지 도구(아이를 낳고, 배설하고, 말하고, 걷고, 일하는 능력의 정신적 대응물), 생명력의 다섯 가지 도구(신체의 결정화, 흡수, 배출, 대사, 순환 기능) 등이다. 영묘한 아스트랄체에 체현된 이 요소들은 열여섯 가지의 거친 화학 요소로 이루어진 물리적 신체가 죽음을 맞은 후에도 살아남는다.

신은 자신의 내부에서 갖가지 이데아를 떠올리고 그것들을 꿈에 투영했다. 그리하여 우주적 꿈의 여신은 끝없이 확대되는 상대성의 장식으로 온몸을 치장하고 나타났다.

신은 코절체의 서른다섯 가지 사고 범주를 토대로 열아홉 가지 아스트랄 요소와 열여섯 가지 물질적 요소가 조합된 온갖 복합체를 만들어 냈다. 신은 진동하는 힘을 한 번은 영묘하게, 또 한 번은 거칠게 응축하여 인간의 아스트랄체와 물질적 형상을 낳았다. 원시의 단순성을 혼란스러운 다양성으로 바꾸어 놓는 상대성의 법칙에 따라, 코절계/코절체는 아스트랄계/아스트랄체와 구별되고, 물질계/물질체도 다른 두 창조 형태와 구별되는 특성을 띠게 된다.

인간의 육체는 조물주의 꿈이 객관화하여 물화된 것이다. 지구에는 질병과 건강, 고통과 기쁨, 잃음과 얻음 따위의 이원성이 늘 존재한다. 인간은 삼차원의 물질에서 한계와 저항에 부딪힌다. 병에 걸린다든지 하는 이유로 삶에 대한 욕구가 심하게 흔들리면 죽음이 찾아와 육체의 무거운 외투를 잠깐 동안 벗겨 준다. 하지만 영혼은 아스트랄체와 코절체 안에 그대로 머물러 있다. 세 신체*를 하나로 묶는 응집력은 바로 욕망이다. 인간이 겪는 모든 예속의 근저에는 충족되지 않은 욕망이 자리 잡고 있다.

물질적 욕망은 자기 집착과 감각적 쾌락에 뿌리를 두고 있다. 감각 경험의 충동이나 유혹은 아스트랄 애착이나 코절 인식과 연관된 욕망보다 더 강하다.

아스트랄 욕망은 진동과 관계가 있는 즐거움에 집중된다. 아스트랄 존재는 천

---

* '신체(body)'는 거칠고 영묘한 상태를 가릴 것 없이 모든 영혼을 담는 그릇을 나타낸다. 세 가지 신체는 낙원의 새가 깃들이는 새장이다.

상의 음악을 즐기고 변화하는 빛이 무한정 표현해 내는 온갖 창조물을 바라보면서 황홀감을 맛본다. 그뿐 아니라 아스트랄 존재는 빛의 냄새를 맡고, 맛을 보고, 촉감을 느끼기도 한다. 이처럼 아스트랄 욕망은 모든 사물과 경험을 빛의 형태로, 또는 응축된 사고와 꿈으로 발현시키는 아스트랄 존재의 능력과 결부되어 있다.

코절 욕망은 오로지 인식을 통해서만 충족된다. 코절체로만 육화되는 이 자유로운 존재들은 전 우주를 신의 '꿈 이데아'가 구현된 것으로 본다. 이들은 순수한 생각만으로 무엇이든 물질화할 수 있다. 그렇기 때문에 코절 존재는 물질적 감각의 향유나 아스트랄의 즐거움이 너무도 조야해서 영혼의 섬세한 감수성을 질식시킨다고 여긴다. 코절 존재는 바라는 일을 즉각 실현함으로써 욕망을 해소한다*. 코절체라는 섬세한 베일만을 걸치고 있는 이들은 마치 조물주처럼 천지만물을 발현시킬 수 있다. 삼라만상은 우주적 꿈이라는 직물로 짜여 있기 때문에, 코절체의 얇은 옷을 입은 영혼은 엄청난 힘을 발휘할 수 있다.

본질상 눈에 보이지 않는 영혼은 신체의 존재를 통해서만 식별할 수 있다. 신체가 존재한다는 것 자체가, 충족되지 않은 욕망에 의해 그것이 존재하게 되었음을 의미한다.†

인간의 영혼이 하나, 둘, 또는 세 가지 신체의 그릇에 담겨 무지와 욕망의 마개로 단단히 봉해져 있는 한 영(靈)의 바다와 하나가 되는 것은 무망한 일이다. 죽음의 쇠망치가 거친 물질체의 그릇을 깨부술 때에도 다른 두 외피는 여전히 남아서 영혼이 보편적인 생명과 합쳐지는 것을 방해한다. 그러나 지혜를 통해 무욕의 경지에 이르면 그 힘으로 남은 두 그릇을 깨뜨릴 수 있다. 마침내 조그만 인간의 영혼은 그릇에서 빠져나와 자유를 얻고 가없는 무한과 하나가 된다."

나는 거룩한 구루에게 고원하고 신비로운 코절계의 모습을 좀 더 자세히 알려

---

* 34장에서 바바지가 라히리 마하사야로 하여금 전생에 품었던 궁전에 대한 잠재적 욕망을 해소하도록 도와준 것도 그 한 가지 보기다.

† "이르시되 주검 있는 곳에는 독수리가 모이느니라 하시니라."(〈누가복음〉 17:37) 영혼이 물질체, 아스트랄체, 코절체 가운데 어느 것으로 육화되든, 인간의 나약한 감각이나 아스트랄과 코절의 애착을 먹이로 삼는 욕망의 독수리들이 영혼을 옭아매기 위해 모여든다.

달라고 부탁했다.

"코절계는 이루 말할 수 없이 영묘하다. 그것을 이해하려면 눈을 감고 관념 속에만 존재하는 광대한 아스트랄 우주와 물질적 우주를 빛나는 열기구에 매달린 바구니처럼 마음속에 생생히 떠올릴 수 있을 정도로 엄청난 집중력이 필요할 것이다. 이런 초인적 집중력으로 두 개의 우주와 삼라만상을 순수한 관념으로 전환하거나 분해한다면 비로소 코절계에 도달하여 마음과 물질이 융합하는 경계선에 서게 될 것이다. 그곳에서는 창조된 모든 사물, 즉 고체, 액체, 기체, 전기, 에너지, 그리고 모든 존재들, 신들, 인간들, 동물들, 식물들, 세균들을 의식의 형태로 인식한다. 그것은 마치 인간이 눈을 감으면 물질적 눈에는 자신의 몸이 보이지 않고 단지 관념으로 떠오를 뿐이지만 그럼에도 자신이 존재한다는 것을 자각할 수 있는 것과 같다.

인간이 상상 속에서만 할 수 있는 일을 코절 존재는 현실에서 이룰 수 있다. 아무리 상상력이 뛰어난 인간이라도 극과 극을 달리는 상상의 나래를 펼치는 것은 오직 마음속에서만 가능하다. 항성에서 항성으로 건너뛰고, 영원의 끝없는 심연으로 빠져들고, 로켓처럼 은하계의 꼭대기를 향해 날아오르고, 별이 총총한 우주 공간 위로 탐조등처럼 불꽃을 비추고……. 그러나 훨씬 큰 자유를 누리는 코절계의 존재는 물질 또는 아스트랄의 장애나 카르마의 제약 없이 자신의 생각을 즉시 객관적인 사물로 발현시킬 수 있다.

코절 존재는 물리적 우주가 본래 전자들로 구성되어 있지 않고, 아스트랄 우주도 생명자들로 이루어져 있지 않다는 것을 알고 있다. 실제로는 두 세계 모두 신의 생각에 의해 창조되지만, 피조물을 조물주로부터 분리하는 상대성의 법칙인 마야가 농간을 부려 미세한 입자들로 자르고 나누어 놓는 것이다.

코절계의 영혼들은 서로를 기쁨에 찬 영(靈)이 개체화된 점으로 인식한다. 그들을 둘러싸고 있는 것은 그들 자신의 생각에서 비롯된 사상(事象)들뿐이다. 코절 존재는 몸과 생각의 차이란 단지 관념에 지나지 않는 것으로 여긴다. 인간이 눈을 감으면 눈부신 흰 빛이나 푸르스름한 아지랑이가 보이는 것처럼, 코절 존재는 생각만으로 보고, 듣고, 냄새를 맡고, 맛을 보고, 촉감을 느낄 수 있다. 그들은 우주적 마음의 힘으로 무엇이든 창조하고 소멸시킨다.

코절계에서는 죽음과 부활이 모두 생각 속에서 이루어진다. 코절체에 든 존재는 끊임없이 새로워지는 지식의 암브로시아만을 먹는다. 이들은 평화의 샘물을 마시고, 길 없는 인식의 땅을 거닐며, 한없는 기쁨의 바다에서 헤엄을 친다. 보아라! 빛나는 생각의 몸들은 영(靈)이 창조한 무수한 행성과 갓 태어난 소우주의 거품들과 지혜의 별들을 지나쳐, 무한의 가슴 위에 펼쳐진 황금빛 성운의 영롱한 꿈 사이를 누비고 다닌다.

이들은 보통 수천 년 동안 코절 우주에 머무른다. 그리하여 더 깊은 법열에 이른 자유로운 영혼들은 마침내 작은 코절체에서 빠져나와 광대한 코절 우주와 하나가 된다. 권력, 사랑, 의지, 행복, 평화, 직관, 평정, 절제, 집중의 만 갈래 물결, 분리된 관념들의 소용돌이가 끝없는 지복의 바다로 녹아든다. 이제 영혼은 기쁨을 개별화된 의식의 물결로 경험할 필요가 없으며, 온갖 물결과 더불어 하나의 우주적 대양에 융합되어 영원한 희열과 흥분과 감동을 맛본다.

세 가지 신체의 외피를 벗어던진 영혼은 상대성의 법칙에서 영원히 벗어나 말할 수 없이 거룩한 불멸의 존재가 된다.* 날개에 별과 달과 태양이 아로새겨진 편재의 나비를 보아라! 영(靈)으로 확장된 영혼은 빛 없는 빛, 어둠 없는 어둠, 생각 없는 생각의 영역에 홀로 머물며, 신이 펼치는 우주 창조의 꿈 안에서 망아의 기쁨에 젖는다."

"자유로운 영혼이여!" 나는 경외의 탄성을 질렀다.

"비로소 신체라는 미망의 항아리에서 빠져나온 영혼은 개체성을 조금도 잃지 않으면서 무한과 하나가 된다. 그리스도는 예수로 태어나기 전에 이미 이 궁극의 자유를 얻었다. 이승에서 죽음과 부활을 경험하는 사흘로 상징되는 과거의 세 단계를 거치면서 그는 영(靈) 안에서 온전히 되살아날 힘을 획득했던 것이다.

진보하지 않은 인간이 세 가지 신체에서 벗어나려면 끊임없이 물질계와 아스

---

* "이기는 자는 내 하나님 성전에 기둥이 되게 하리니 그가 결코 다시 나가지 아니하리라(즉, 다시는 환생하지 아니하리라) (…) 이기는 그에게는 내가 내 보좌에 함께 앉게 하여 주기를 내가 이기고 아버지 보좌에 함께 앉은 것과 같이 하리라."(《요한 계시록》 3:12, 21)

트랄계와 코절계의 윤회를 거쳐야 한다. 이렇게 해서 궁극의 자유를 성취한 스승은 지구로 돌아와 다른 인간들을 신에게 귀의시키는 예언자의 길을 택할 수도 있고, 나처럼 아스트랄 우주에 머무는 길을 선택할 수도 있다. 그곳에서 구원자는 주민들의 카르마를 대신 짊어짐으로써* 그들이 아스트랄 우주에서 윤회의 사슬을 끊고 영구히 코절계로 건너가도록 돕는다. 또 어떤 경우에는 코절계로 들어가 주민들이 코절체에 머무는 기간을 단축하고 절대적 자유를 획득하는 일을 돕기도 한다."

"부활하신 분이시여, 영혼을 세 가지 세계로 되돌아오게 만드는 카르마에 대해 좀 더 알고 싶습니다." 나는 전지한 스승의 이야기를 언제까지라도 들을 수 있을 것 같았다. 스승이 살아 계실 때는 그분의 무궁한 지혜를 이처럼 한꺼번에 흡수한 적이 없었다. 이제 처음으로 나는 삶과 죽음의 바둑판을 가로지르는 수수께끼 같은 빈 공간에 대해 명석한 통찰을 얻을 수 있었다.

나는 두근거리는 가슴을 달래며 구루의 설명에 귀를 기울였다.

"인간이 아스트랄계에 계속 머물려면 먼저 욕망에 얽힌 물질적 카르마를 완전히 해소해야 한다. 아스트랄계에는 두 종류의 존재가 살고 있다. 아직 해소하지 못한 지구의 카르마가 남아 있어서 그 빚을 치르기 위해 거친 물질체로 돌아가야 하는 존재는 물질적 죽음을 맞은 후에도 아스트랄계에 정착한 주민이 아니라 뜨내기 방문자로 분류된다.

지구의 카르마를 말끔히 씻어 버리지 못한 존재는 아스트랄 죽음 후에 더 높은 우주적 이데아의 코절계로 가지 못하고, 열여섯 가지 거친 요소의 물질체와 열아홉 가지 영묘한 요소의 아스트랄체를 의식하면서 물질계와 아스트랄계 사이에서만 오락가락해야 한다. 하지만 지구에서 진보를 이루지 못한 존재는 물질적 신체를 잃을 때마다 죽음이라는 혼수상태에 빠져 아름다운 아스트랄의 영역을 거의 의식하지 못한다. 그런 사람은 아스트랄계에서 휴식을 취한 뒤 물질계

---

* 스리 유크테스와르는 지구에 머무는 동안에도 가끔씩 제자들의 카르마를 덜어 주기 위해 질병의 무거운 짐을 짊어졌다. 아스트랄계에서도 그는 구원자로서 히라냐로카 주민들의 특정한 아스트랄 카르마를 대신 짊어짐으로써 그들이 상위의 코절계로 좀 더 빨리 진화할 수 있도록 도와주는 사명을 부여받은 것이다.

로 돌아가 수양을 더 쌓고, 오고 감을 거듭하는 동안 아스트랄계의 영묘한 본성에 점차 익숙해진다.

반면에 아스트랄 우주에 오래 머문 붙박이 주민들은 온갖 물질적 갈망에서 영원히 해방되어 더는 거칠게 진동하는 지구로 돌아갈 필요가 없다. 그런 존재들은 아스트랄 카르마와 코절 카르마만 해소하면 된다. 이들은 아스트랄의 죽음을 맞는 순간 무한히 섬세한 코절계로 건너간다. 우주 법칙에 따라 결정되는 특정한 기간이 끝나면, 이 진보한 존재들은 히라냐로카나 그와 비슷한 단계의 아스트랄 행성으로 돌아가서 아직 치르지 못한 아스트랄 카르마를 해소하기 위해 새로운 아스트랄체로 다시 태어난다.

내 아들아, 이제 내가 신의 뜻에 따라 부활했다는 것을 분명히 이해하게 되었을 게다. 나는 지구에서 올라오는 아스트랄 존재보다도 특히 코절계에서 돌아와 아스트랄계에 환생하는 영혼들의 구원자 역할을 한다. 지구에서 오는 영혼들이 물질적 카르마의 흔적을 아직도 지니고 있다면 히라냐로카처럼 지고한 아스트랄 행성으로 올라갈 수 없다.

지구인들은 대부분 명상으로 얻는 예지력을 통해 아스트랄 삶의 즐거움과 우월성을 깨닫지 못한 채, 죽은 뒤에도 제한되고 불완전한 지구의 쾌락에 미련을 가진다. 마찬가지로, 아스트랄 존재 가운데는 아스트랄체의 분해 과정에서 코절계의 차원 높은 영적 즐거움을 내다보지 못하고, 상대적으로 거칠고 저급한 아스트랄의 행복에 마음이 끌려 아스트랄 낙원을 다시 찾고 싶어 하는 경우도 적지 않다. 그러한 존재가 아스트랄 죽음을 거쳐 조물주를 지척에 모신 코절의 관념계에 온전히 머무르기 위해서는 먼저 눌어붙은 아스트랄 카르마를 말끔히 해소해야만 한다.

그러한 존재는 눈을 현혹하는 아스트랄 우주의 삶에 미련을 두지 않고, 그곳으로 돌아가고 싶은 유혹을 느끼지 않을 때라야 비로소 코절계에 머무르게 된다. 갇힌 영혼은 그곳에서 코절 카르마, 즉 과거 욕망의 씨앗을 남김없이 청산하는 과업을 완수함으로써 세 가지 무지 가운데 마지막 마개를 뽑아버리고 코절체의 항아리에서 빠져나와 신과 영원히 하나가 된다."

스승은 넋을 빼앗는 미소를 지었다. "이제 이해가 가느냐?"

"네, 크나큰 은덕에 몸 둘 바를 모르겠습니다."

이제껏 어떤 노래나 이야기도 이렇듯 영감에 찬 지식을 베푼 적은 없었다. 힌두교 경전에서도 코절계와 아스트랄계, 그리고 인간의 세 가지 신체에 대해 언급하고 있지만, 부활한 스승의 생생한 증언에 비하면 경전의 글귀는 얼마나 멀고 어려운 얘기처럼 들리는지! 참으로 구루에게는 '그 경계를 넘어서 돌아온 나그네가 아무도 없는 미지의 땅*'이란 존재하지 않았다.

위대한 구루는 이야기를 계속했다.

"인간의 세 신체가 서로 통한다는 사실은 세 겹의 본성을 통해 여러 가지 방식으로 드러난다. 지구에서 깨어 있을 때 인간은 세 가지 매개체를 어느 정도 의식한다. 감각을 통해 맛을 보고, 냄새를 맡고, 촉각을 느끼고, 소리를 듣고, 눈으로 볼 때는 주로 물질적 신체가 작동한다. 상상력이나 의지를 발휘할 때는 주로 아스트랄체가 작동한다. 코절 존재는 깊은 생각이나 자기 성찰 또는 명상에 잠길 때 그 본성을 드러낸다. 코절체를 자주 접하는 사람은 우주적 사고의 비범한 능력을 얻게 된다. 이런 의미에서 각 개인은 크게 '물질적 인간', '활동적 인간', '지성적 인간'으로 분류할 수 있다.

인간은 매일 열여섯 시간가량 물질체와 동화된 상태로 지낸다. 그러다가 잠이 들어 꿈을 꾸면 아스트랄체에 머물면서 마치 아스트랄 존재처럼 힘들이지 않고 어떤 사상(事象)이든 만들어 낸다. 꿈도 없이 깊은 잠이 들면 몇 시간 동안 '나'라는 의식을 코절체로 전이시킬 수 있다. 그런 잠은 활력을 되찾게 해 준다. 하지만 꿈을 꾸면 코절체가 아니라 아스트랄체와 연결되기 때문에 완전한 휴식을 취할 수 없다."

경이로운 설명을 들으면서 나는 흠모의 눈길로 스리 유크테스와르를 바라보고 있었다.

"천사 같은 구루시여. 스승님의 몸은 마지막으로 제가 푸리 아슈람에서 붙들

---

* 《햄릿》 3막 1장. 죽음을 가리킨다.

고 울던 때와 똑같아 보입니다."

"그렇다. 나의 새 몸은 낡은 몸을 그대로 본뜬 것이다. 나는 지구에 있을 때보다 훨씬 더 손쉽게 이 형상을 물질화하고 비물질화할 수 있다. 이제 나는 빛의 급행열차를 타고 행성에서 행성으로, 아스트랄 우주에서 코절 우주나 물리적 우주로 순간 여행을 한다." 신성한 구루는 웃으며 말했다. "요즘에 너는 정말 분주하게 돌아다닌다만, 봄베이에서 너를 찾는 일쯤은 식은 죽 먹기였지!"

"스승님께서 돌아가신 뒤 저는 줄곧 비탄에 잠겨 있었습니다!"

"아니, 내가 언제 죽었더냐? 그럴 리가 있느냐?" 스리 유크테스와르의 눈에는 장난기가 배어 있었다.

"너는 지구에서 꿈을 꾸면서 나의 꿈 신체를 보았을 뿐이다. 나중에 너는 그 꿈 형상을 땅에 묻었다. 지금 네가 바라보고 있고 꽉 껴안기까지 하고 있는 정화된 육체는 신의 품에서 정화된 다른 꿈 행성에서 부활한 것이다. 그 정화된 꿈 신체와 꿈 행성도 영원한 것은 아니기 때문에 언젠가는 사라질 것이다. 마침내 잠에서 깨어나면 꿈 거품은 산산이 흩어지고 만다. 내 아들 요가난다야, 꿈과 실재를 혼동하지 말거라!"

나는 이 베단타적* 부활이라는 관념에 충격을 받았다. 푸리에서 생기가 사라진 스승의 몸을 보고 연민을 느꼈던 내가 부끄러웠다. 나는 마침내 이해할 수 있었다. 구루는 언제나 신 안에서 완전히 깨어 있으면서, 지구에서의 삶과 죽음, 그리고 지금의 부활까지도 우주의 꿈을 이루는 신적 관념들의 상대물에 불과하다는 것을 인식하고 있었던 것이다.

"요가난다야, 나는 삶과 죽음과 부활에 얽힌 진실을 네게 들려주었다. 이제 그만 슬픔을 거두고 내가 부활한 소식을 널리 알려라! 신의 꿈속에서 인간의 지구를 떠나 아스트랄 영혼의 행성으로 나아간 이야기를 들으면, 꿈을 꾸면서 고통에 몸부림치고 죽음의 공포에 시달리는 사람들의 가슴속에 새로운 희망이 싹틀

---

* 《베단타》는 삶과 죽음이란 사고의 상대물에 지나지 않으며 오직 신만이 유일한 실재임을 일깨운다. 모든 창조물 또는 분리된 존재는 마야, 즉 미망이다. 이 일원론의 철학은 샹카라의 《우파니샤드》 주석에 가장 잘 표현되어 있다.

것이다."

"알겠습니다, 스승님!" 저는 당신의 부활이 안겨 준 이 기쁨을 기꺼이 온 세상 사람들과 함께 나눌 것입니다!

"지구에서는 내 기준이 너무 높아서 사람들의 본성에 어긋나는 때가 많았다. 가끔은 너를 심하게 꾸짖기도 했지만, 너는 어려운 시험을 통과했다. 너의 사랑은 그 모든 시련의 구름을 헤치고 밝게 빛났다." 스승은 다정하게 덧붙였다. "오늘 모처럼 만났으니 이 말을 꼭 해야겠다. 나는 두 번 다시 엄한 눈으로 너를 겁먹게 하지 않을 것이고, 너를 꾸짖지도 않을 것이다."

위대한 구루의 꾸지람을 얼마나 그리워했던가! 한마디 한마디가 나를 지켜주는 수호천사였던 것을.

"경애하는 스승님! 천 번, 만 번이라도 꾸짖어 주십시오. 어서 저를 꾸짖어 주십시오!"

"이제 더는 너를 책망하지 않으련다." 구루의 목소리는 근엄한 가운데도 왠지 모를 웃음기가 감돌았다. "신의 꿈속에서 우리가 분리된 형체로 나타나는 한, 너와 나는 서로 마주보며 웃을 게다. 하지만 결국 우리는 무한한 님의 품 안에서 하나로 합쳐질 게다. 우리의 미소는 그분의 미소가 될 것이고, 하나가 된 기쁨의 노래는 영원토록 진동하며 신과 조화를 이룬 영혼들에게 널리 퍼질 것이다!"

스리 유크테스와르는 여기서 밝힐 수 없는 몇 가지 문제에 대해 조언해 주었다. 봄베이의 호텔 방에서 보낸 두 시간 동안 스승은 나의 질문에 일일이 대답해 주었다. 1936년 6월의 그날 구루가 예언한 여러 가지 일들이 훗날 그대로 실현되었다.

"사랑하는 아들아, 이제 떠나야겠다." 이 말씀과 더불어 껴안고 있던 내 팔 안에서 스승의 형체가 녹아내리는 것이 느껴졌다.

"내 아들아." 구루의 목소리는 내 영혼의 하늘에 울려 퍼졌다. "네가 니르비칼파 사마디의 문을 열고 나를 부를 때마다 나는 오늘처럼 살과 피가 되어 너를 찾아올 것이다."

하늘을 울리는 약속을 남기고 스리 유크테스와르는 시야에서 사라졌다. 꿈결

같은 목소리가 천둥이 되어 메아리쳤다. "사람들에게 말해라! 니르비칼파의 깨달음을 통해 이 세상이 한갓 신의 꿈이라는 것을 아는 이는 누구든지 정화된 꿈의 행성, 히라냐로카로 올 수 있다. 그리고 그곳에서 지구의 육체와 똑같은 모습으로 부활한 나를 발견할 것이다. 요가난다야, 이 말을 모두에게 들려주거라!"

이별의 슬픔이 말끔히 가셨다. 오랫동안 내 마음을 어지럽혔던 스승의 죽음에 대한 연민도 이제는 부끄러운 듯 자취를 감추었다. 무수한 영혼의 기공(氣孔)이 새로 열리면서 더없는 행복감이 샘처럼 솟았다. 오래전부터 쓰지 않아 막혀 있던 구멍들이 홍수처럼 밀려오는 환희에 씻겨 다시 활짝 트였다. 전생의 내 모습이 내면의 눈앞에 활동사진처럼 펼쳐졌다. 스승의 영령이 임하면서 주위에 드리운 우주의 빛 속에 과거의 선한 카르마와 악한 카르마가 씻은 듯이 녹아내렸다.

이 장에서 나는 구루의 명에 따라 기쁜 소식을 전했다. 호기심을 잃은 세대는 어쩌면 이 얘기를 듣고 혼란스러워 할지도 모르겠다. 인간은 비굴해지기도 하고 절망에 빠지기도 한다. 하지만 이는 본성에 어그러진 것이며 인간의 참된 길이 아니다. 마음을 먹기만 하면 인간은 언제라도 자유를 향한 길을 나설 수 있다. 인간은 정복되지 않는 영혼을 외면한 채, '너는 흙이니 흙으로 돌아가라'는 어둡고 비관적인 얘기를 너무 오랫동안 들어왔다.

부활한 구루를 직접 뵙는 은총을 누린 사람은 나뿐이 아니었다.

스리 유크테스와르의 첼라 가운데 마(어머니)라는 애칭으로 불리는 나이든 부인이 있었다. 그녀는 푸리 아슈람 부근에 살고 있었다. 스승은 아침 산책길에 가끔씩 그 집에 들러 한담을 나누곤 했다. 1936년 3월 16일 저녁에 부인이 아슈람으로 찾아와 구루를 뵙기를 청했다.

"저런, 스승님은 한 주일 전에 돌아가셨습니다." 새로 푸리 아슈람을 맡게 된 스와미 세바난다는 부인을 애처롭게 바라보았다.

"그럴 리가 없어요!" 부인은 미소를 지으며 고개를 저었다.

"정말입니다." 세바난다는 장례를 모신 이야기를 자세히 들려주었다. "이리 오세요. 앞뜰에 있는 스승님 묘소까지 모셔 드릴게요."

부인은 머리를 흔들었다.

"무덤이 있을 리 없어요! 스승님께서는 오늘 아침 열 시에 평소처럼 산책을 하시다 우리 집 문 앞을 지나가셨어요! 훤한 길가에서 잠깐 동안 얘기도 나눈 걸요. 그분께서 오늘 저녁 아슈람으로 오라고 하셔서 이렇게 온 거예요.

오, 불사의 구루께서 이 백발의 늙은이에게 축복을 내려 주셨어요! 오늘 아침 시공을 초월한 몸으로 나를 찾아오셨던 거예요!"

몹시 놀란 세바난다가 부인 앞에 무릎을 꿇었다.

"마(어머니), 제 가슴을 짓누르던 크나큰 슬픔을 덜게 되었습니다! 스승님께서 부활하셨습니다!"

44
와르다에서 마하트마 간디와 함께

"와르다에 오신 것을 환영합니다!" 마하트마 간디의 비서인 마하데브 데사이가 블레치 씨와 라이트 씨, 그리고 나를 반갑게 맞이하면서 카다르(손으로 짠 무명) 화환을 선물했다. 팔월의 어느 이른 아침, 와르다 역에 막 도착한 우리 일행은 상쾌한 기분으로 열차의 먼지와 열기에서 빠져나왔다. 우리는 우마차에 짐을 싣고, 데사이 씨를 따라온 바바사헤브 데슈무크, 핀갈 박사와 함께 지붕 없는 승용차에 올랐다. 우리는 잠깐 동안 진흙투성이 시골길을 달린 끝에 인도 민족의 성자가 머물고 있는 마간바디 아슈람에 이르렀다.

데사이 씨는 곧바로 우리를 서재로 안내했다. 방 안에는 마하트마 간디가 책상다리를 한 채 한 손에는 펜, 한 손에는 종이를 들고 앉아 있었다. 그의 얼굴에는 마음을 끄는 따뜻한 미소가 넘쳤다.

"어서 오십시오!" 간디는 힌디어로 이렇게 적어 보였다. 그날은 그가 침묵의 날로 정한 월요일이었다.

우리는 처음 만나는 사이였지만, 서로 다정하게 마주보며 환한 미소를 나누었다. 마하트마 간디는 1925년에 란치 학교를 친히 방문하여 방명록에 격려의 글을 남긴 적이 있었다.

사십오 킬로그램 남짓한 자그마한 성자의 몸에서는 육체적, 정신적, 영적인 활력이 넘쳐흘렀다. 부드러운 갈색 눈은 지성과 성실성, 그리고 분별력으로 빛났다. 이 위대한 지도자는 무수한 법적, 사회적, 정치적 투쟁에서 지혜를 발휘

와르다에 있는 마하트마 간디의 아슈람에서 가진 점심 식사
간디(오른쪽)가 방금 건넨 쪽지를 요가난다가 읽고 있다(그날은 마하트마가 침묵을 서약한 월요일
이었다). 다음 날인 1935년 8월 27일, 간디의 요청으로 스리 요가난다는 그에게 크리야 요가를 전
수했다.

하여 승리를 거두면서 이름을 떨쳤다. 세계의 어떤 지도자도 간디가 수많은 민초의 가슴을 파고든 것처럼 민중의 마음을 사로잡지는 못했다. 그들은 자발적인 존경의 표시로 '마하트마(위대한 영혼)'라는 칭호를 바쳤다.[*]

간디가 종종 시사만화에 등장하는 허리옷만 걸치고 지내는 것은 오로지 이들을 위해서다. 그의 옷차림은 짓밟힐 대로 짓밟힌 민중과 하나임을 상징한다.

데사이 씨가 우리 일행을 숙소로 안내하는 사이에 마하트마는 특유의 예의를 갖추며 재빨리 메모를 적어 내게 건넸다. "아슈람 식구들이 정성껏 모실 테니 무슨 일이든 시키십시오."

데사이 씨는 과수원과 꽃밭을 지나 격자창이 난 기와집으로 우리를 데리고 갔

---

[*] 그의 본명은 모한다스 카람찬드 간디다. 그는 스스로 '마하트마'라고 부른 적이 없다.

다. 앞마당에는 지름이 칠팔 미터 되는 우물이 있었는데, 여기서 가축에게 물을 먹인다고 했다. 그 옆에는 벼를 타작하는 시멘트 바퀴가 돌아가고 있었다. 우리가 묵을 작은 침실은 더할 나위 없이 간소하여, 세간이라고는 새끼줄을 엮어 만든 침대가 전부였다. 회반죽을 바른 부엌에는 한쪽 구석에 수도꼭지가, 또 한쪽 구석에 조리용 화덕이 갖추어져 있었다. 소박한 산골 마을의 소리들이 우리 귀를 울렸다. 까치와 참새의 울음소리, 소들의 음매 소리, 돌을 쪼는 정 소리…….

데사이 씨는 라이트 씨의 여행 일지를 보더니 마하트마의 뜻을 따르는 사람(사티아그라히)들이 반드시 지켜야 하는 사티아그라하* 서약을 한 페이지에 적어 주었다.

> 비폭력, 진실, 훔치지 않음, 순결, 무소유, 육체노동, 식욕 조절, 두려워하지 않음, 모든 종교를 똑같이 존중함, 스와데시(국산품 애용), 불가촉천민의 해방. 이 열한 가지 서약을 겸허한 마음으로 지켜야 한다.

(다음날 간디는 여기에 손수 서명을 하고, 1935년 8월 27일이라고 날짜까지 적어 주었다.)

도착한 지 두 시간쯤 지나서 우리 일행은 점심 식사에 초대받았다. 마하트마는 벌써 서재 건너편에 있는 아슈람 현관의 회랑 아래 앉아 있었다. 스물다섯 명쯤 되는 맨발의 사티아그라히들이 놋쇠 잔과 접시 앞에 쪼그리고 앉아 있었다. 모두 함께 기도를 낭송하고 나자, 커다란 놋쇠 냄비에 버터기름을 바른 차파티(누룩을 넣지 않은 통밀 빵)와 탈사리(야채를 삶아 네모나게 썬 것), 그리고 레몬 잼이 담겨 나왔다.

마하트마는 차파티와 삶은 사탕무, 생야채, 오렌지를 들었다. 접시 한쪽에는 피를 맑게 해 준다는 쓰디쓴 님 잎이 한 덩어리 놓여 있었다. 그는 숟가락으로 님 도막을 조금 떼어서 내 접시에 담아 주었다. 나는 어릴 적에 어머니가 쓴 약

---

* 산스크리트어로 '진리를 굳게 지킨다'는 뜻. 사티아그라하는 간디가 이끄는 유명한 비폭력 운동이다.

을 억지로 먹이던 일을 떠올리면서 그것을 물과 함께 꿀꺽 삼켜 버렸다. 하지만 간디는 아무렇지 않게 님 덩이를 꼭꼭 씹어 먹고 있었다.

이런 사소한 일에서도 마하트마가 언제든지 마음과 감각을 분리할 수 있다는 것을 알 수 있었다. 몇 해 전에 그가 맹장 수술을 받은 일이 생각났다. 마취를 거부한 성자는 수술이 진행되는 동안 자신을 따르는 사람들과 담소를 나누었다. 평온한 미소는 그가 고통을 의식하지 않고 있음을 말해 주었다.

오후에는 간디의 이름난 제자와 이야기를 나눌 기회가 있었다. 그 사람은 영국 제독의 딸 마들렌 슬레이드 양으로, 지금은 미라 벤이라고 불리고 있었다.[*] 유창한 힌디어로 그곳 생활에 대해 들려주는 그녀의 강인하면서도 차분한 얼굴에는 열정이 가득했다.

"농촌 재건 사업은 정말 보람 있는 일이에요. 우리는 매일 아침 다섯 시에 이웃 마을로 가서 봉사 활동과 간단한 위생 교육을 합니다. 특히 변소와 토담집을 청소하는 데 역점을 두지요. 마을 사람들은 글을 모르기 때문에 직접 본보기를 보여 주어야 해요." 그녀는 쾌활하게 웃었다.

나는 영국 명문가 출신의 이 여성을 감탄의 눈으로 바라보았다. 그녀는 참된 기독교도의 겸허한 자세로 불가촉천민이 도맡아 하는 청소 일까지도 마다하지 않았던 것이다.

"저는 1925년에 인도에 왔어요. 이곳에 있으면 고향에 온 느낌이 들어요. 이제 다시는 예전의 삶으로 돌아가고 싶지 않아요."

우리는 한동안 미국에 대해 이야기를 나누었다. 그녀는 이렇게 말했다. "인도를 찾는 미국 사람들이 영적 주제에 깊은 관심을 가지는 것을 보면 언제나 놀랍고 흐뭇해요."[†]

---

[*] 그녀는 마하트마가 쓴 편지를 모아 《간디가 제자에게 보낸 편지(Gandhi's Letters to a Disciple)》(New York: Harper & Bros., 1950)라는 책으로 펴냈는데, 여기에는 구루가 가르쳐 준 수행 방법이 소개되어 있다.
슬레이드 양은 또 다른 책 《영혼의 순례(The Spirit's Pilgrimage)》(Coward-McCann, NY, 1960)에서 와르다로 간디를 찾아온 사람들에 대해 언급하고 있다. "오래전의 일이라 기억이 잘 나지 않지만, 그 가운데 두 사람은 머릿속에 뚜렷이 남아 있다. 한 사람은 터키의 유명한 여성 작가 할리드 에디브 하눔이고, 또 한 사람은 미국에 Self-Realization Fellowship을 설립한 스와미 요가난다이다."(편집자 주)
[†] 슬레이드 양은 미국 우드로 윌슨 대통령의 맏딸인 마가렛 윌슨 양을 상기시켰다. 나는 윌슨 양을 뉴욕에서 만난 적이

그러면서 미라 벤은 차르카(물레)를 부지런히 돌렸다. 마하트마가 애를 쓴 덕분에, 이제 시골에 가면 어디서나 차르카를 볼 수 있게 되었다.

간디가 가내 공업을 부흥시키고자 하는 데는 그럴 만한 경제·문화적 이유가 있지만, 그렇다고 해서 근대적인 진보를 무작정 거부하라고 가르치는 것은 아니다. 기계, 철도, 자동차, 통신은 그의 파란만장한 생애에서 중요한 역할을 했다. 반세기에 걸쳐 감옥을 드나들면서 공무를 처리하고 혹독한 정치적 현실과 씨름하는 가운데에도 그는 치우침 없이 열린 마음과 온건한 분별력, 그리고 부조리한 인간사를 관조하는 유머 감각을 키웠다.

우리 세 사람은 여섯 시에 바바사헤브 데슈무크의 초대를 받아 저녁 식사를 즐겼다. 일곱 시 기도 시간에는 다시 마가바디 아슈람으로 돌아와 지붕으로 올라갔다. 서른 명쯤 되는 사티아그라히가 간디 주위에 둥그렇게 모여 있었다. 간디는 낡은 회중시계를 앞에 세워 놓고 짚으로 엮은 돗자리 위에 쪼그리고 앉아 있었다. 꺼져 가는 태양이 종려나무와 보리수 위에 마지막 빛발을 뿌리고 있었다. 밤을 알리는 귀뚜라미 소리가 들려오기 시작했다. 대기는 고요 속으로 가라앉고, 나는 어느덧 황홀경에 빠져들었다.

데사이 씨가 엄숙하게 성가를 선창하자 다 같이 화답하고 《기타》 독송이 이어졌다. 마하트마는 내게 마무리 기도를 해 달라고 눈짓했다. 생각과 열망이 거룩한 화합을 이루고 있었다. 와르다의 지붕 위에서 초저녁 별빛을 받으며 명상에 잠긴 이 순간은 영원히 잊지 못할 추억으로 남을 것이다.

여덟 시 정각이 되자 간디는 침묵의 서약을 끝냈다. 눈코 뜰 새 없이 분주한 일과 때문에 그는 시간을 쪼개서 써야 했다.

"반갑습니다, 스와미지!" 마하트마가 이번에는 종이에 적지 않고 인사말을 건넸다. 우리는 지붕에서 내려와 서재로 갔다. 가구라고는 돗자리 몇 개에(의자는 없다) 책과 종이와 펜(만년필이 아니다) 몇 자루가 놓인 낮은 책상이 전부였고,

있는데, 그녀는 인도에 깊은 관심을 가지고 있었다. 훗날 퐁디셰리로 건너가 큰 스승 스리 오로빈도 고시의 제자가 된 그녀는 생을 마칠 때까지 다섯 해 동안 수행을 하면서 행복하게 보냈다.

한구석에 허름한 시계가 째깍거리고 있었다. 온 방안에 평화와 헌신의 기운이 가득 넘쳤다. 간디는 이가 많이 빠져 횅뎅그렁한 입가에 특유의 마음을 사로잡는 미소를 띠고 있었다.

간디는 이렇게 설명했다. "몇 해 전에 묵상할 시간을 내려고 매주 하루씩 침묵을 지키기 시작했어요. 그러나 이제는 그 스물네 시간이 영혼의 정화에 꼭 필요한 요소가 되었어요. 주기적으로 침묵을 지키는 것은 고통이 아니라 축복이에요."

나도 전적으로 동감이었다.[*] 마하트마는 내게 미국과 유럽에 관해 이것저것 물었다. 우리는 또 인도와 세계정세에 대해서도 의견을 나누었다.

때마침 데사이 씨가 들어오자 간디가 말했다. "마하데브, 스와미지가 내일 밤 공회당에서 요가에 관한 강연을 할 수 있도록 주선해 주세요."

마하트마에게 작별 인사를 하자 그는 고맙게도 시트로넬라 기름이 담긴 병을 건네주었다.

그는 웃으며 말했다. "스와미지, 와르다의 모기는 아힘사[†]를 몰라요."

다음날 아침 일찍 우리 일행은 통밀 죽에 당밀과 우유를 곁들인 식사를 했다. 열 시 반에는 아슈람 현관에서 사티아그라히들과 함께 점심을 들자는 기별을 받았다. 오늘은 현미와 갖가지 싱싱한 야채, 그리고 카르다몸 씨(소두구)가 식탁에 올랐다.

한낮에 나는 아슈람 마당을 거닐다가 소들이 한가롭게 풀을 뜯고 있는 꼴밭에 이르렀다. 간디는 소를 보호하는 데 열정을 가지고 있었다.

마하트마는 이런 설명을 들려주었다. "나에게 소는 인간의 연민을 자기 종 너머로 확대시켜 주는 생물계 전체를 의미합니다. 소를 통해 인간은 살아 있는 모든 것과 하나라는 사실을 깨닫게 됩니다. 고대의 리시들이 왜 소를 신성시했는지

---

[*] 나 역시 여러 해 동안 방문객과 비서들을 난처하게 만들면서 침묵 기간을 지키고 있었다.

[†] 불살생, 비폭력. 간디 철학의 초석을 이룬다. 그는 아힘사를 근본 덕목으로 받드는 자이나교에 깊은 영향을 받았다. 힌두교의 한 갈래인 자이나교는 기원전 6세기에 붓다와 동시대 사람인 마하비라(위대한 영웅)에 의해 널리 전파되었다. 마하비라가 시대를 뛰어넘어 그의 위대한 계승자 간디를 보살펴 주기를!

나는 분명히 알 수 있어요. 인도에서 소를 신처럼 여긴 것은 풍요를 가져다주기 때문이었어요. 소는 젖을 주었을 뿐 아니라 농사도 짓게 해 주었습니다. 소는 연민의 시예요. 우리는 온순한 동물에서 연민을 읽습니다. 인류에게 소는 마치 어머니와 같습니다. 소를 보호하는 것은 말 못하는 피조물 전체를 보호한다는 의미를 가집니다. 하등한 피조물은 말을 못하기 때문에 오히려 호소의 힘이 더 크지요." [*]

정통 힌두교도는 매일 특정한 의식을 치러야 한다. 그 하나는 동물 세계에 음식을 바치는 부타 야즈나다. 이 의식은 진화가 덜 된 형태의 피조물에 대한 인간의 의무를 돌아보는 것을 상징한다. 그러한 존재들은 신체를 자기와 동일시하는 본능에 얽매여 있으나(이 점은 인간도 마찬가지다), 자유를 희구하는 인간 특유의 자질인 이성을 갖고 있지 않다.

그런고로 인간은 부타 야즈나를 치르면서 약자를 도우려는 마음을 새롭게 다지고, 그 가운데 더 높은 영적 존재의 그지없는 보살핌으로 위안을 얻는다. 또한 인간은 땅과 바다와 하늘에 넘쳐 나는 자연의 선물에서 언제든지 활력을 얻을 수 있다. 자연과 동물, 인간과 아스트랄 천사들 사이의 의사소통을 막는 진화의 장벽은 날마다 묵묵히 사랑을 실천하는 일상적 야즈나(의식)를 통해 극복할 수 있다.

일상적인 야즈나에는 피트리와 느리가 있다. 피트리 야즈나는 조상에게 제를 지냄으로써 인간이 과거 세대에 진 빚에 감사한다는 의미를 담고 있다. 선현들이 남긴 지혜가 오늘의 인류를 일깨워 준다는 생각이다. 느리 야즈나는 낯선 사람이나 가난한 사람에게 음식을 대접하는 것이다. 이는 오늘의 책임, 동시대인에 대한 의무를 상징한다.

오후에는 간디의 아슈람에 들러 어린 소녀들을 만나는 것으로 이웃을 섬기는

---

[*] 간디는 수많은 주제에 관해 주옥같은 글을 남겼다. 그는 기도에 대해 이렇게 말했다. "기도는 신의 도움이 없으면 우리는 무력하다는 것을 상기시켜 준다. 어떤 노력도 기도 없이는 온전히 이루어질 수 없다. 인간이 아무리 애를 써도 신의 축복이 따르지 않는다면 아무 소용이 없다는 확고한 인식이 기도로 나타나는 것이다. 기도는 겸손을 일깨우는 외침이며, 자기 정화와 내적 탐색에 대한 요청이다."

느리 야즈나를 대신하기로 했다. 라이트 씨가 십 분가량 차를 몰아 데려다 주었다. 색색 사리를 두른 꽃처럼 작고 풋풋한 얼굴들! 야외에서 잠깐 동안 힌디어*로 이야기를 나누고 일어서는데 갑자기 소나기가 퍼부었다. 라이트 씨와 나는 웃음을 터뜨리며 차에 올라 휘몰아치는 은빛 빗줄기를 뚫고 서둘러 마간바디로 돌아왔다. 열대의 비바람에 한바탕 소동을 치렀다!

숙소로 돌아온 나는 어디에나 꾸밈없는 소박함과 자기희생의 흔적이 서려 있는 것을 보고 새삼 감탄했다. 간디는 결혼 초에 무소유 서약을 했다. 마하트마는 일 년에 이만 달러가 넘는 수입을 올리던 변호사 생활을 포기하고 전 재산을 가난한 사람들에게 나누어 주었다.

언젠가 스리 유크테스와르는 사람들이 포기라는 개념을 잘못 이해하고 있는 것을 빗대어 이런 우스갯말을 했다.

"거지는 부를 포기할 수 없다. '사업은 실패하고 아내도 떠나 버렸으니 모든 것을 포기하고 수도원에 들어가겠다'고 푸념을 한다면 대체 무엇을 희생한다는 말이냐? 그 사람이 부와 사랑을 포기한 것이 아니라 부와 사랑이 그를 포기한 것이지!"

반면에 간디와 같은 성자들은 눈에 보이는 물질적 희생을 넘어 개인적인 동기나 목표까지도 포기하면서 인류 문명의 거대한 물줄기에 전 존재를 바쳤다.

마하트마의 고결한 부인 카스투르바는 자신과 자식들이 쓸 재산을 따로 남겨 두지 않은 남편을 탓하지 않았다. 어린 나이에 결혼한 간디와 부인은 네 아들을 낳은 뒤 금욕 서약을 했다.† 두 사람이 함께 일군 파란만장한 드라마의 조용한 여주

---

* 힌디어는 산스크리트에 뿌리를 둔 인도아리아어의 하나로, 인도 북부에서 사용하는 공용어. 서부에서는 데바나가리(산스크리트) 문자와 아랍 문자를 섞어 쓰는 힌두스탄어를 주로 사용한다. 그 방언인 우르두어는 이슬람교도와 북인도의 힌두교도가 사용한다.

† 간디는 《나의 진리 실험 이야기(The Story of My Experiments with Truth)》(Ahmedabad: Navajivan Press, 1927~1928, 2권으로 출판)에서 파격적이라 할 만큼 솔직하게 자신의 삶을 기술하고 있다. 이 자서전은 C. F. 앤드류스가 편집하고 존 헤인즈 홈즈가 서문을 붙인 《마하트마 간디, 그 자신의 이야기(Mahatma Gandhi, His Own Story)》(New York: Macmillan Co., 1930)에 요약되어 있다.

하고많은 자서전에서 유명한 인물이나 화려한 사건들을 잔뜩 늘어놓지만 정작 내면적 성장이나 편력에 대해 들려주는 경우는 찾아보기 힘들다. 이런 책을 읽고 어딘지 아쉽다고 느낀 이들은 이렇게 말할지 모른다. "이 사람은 유명한 인물을 많이 알았지만 자기 자신은 전혀 몰랐던 것 같군." 간디의 자서전에 대해서는 이런 반응이 가능하지 않다. 그는 어떤 시대의 기록에서도 보기 드물 만큼 허심탄회하게 진실을 밝히려는 일념으로 자신의 잘못과 허물을 털어놓는다.

인공 카스투르바는 남편을 따라 감옥에 가고, 함께 단식을 하고, 남편의 태산 같은 책임을 거뜬히 나누어 졌다. 그녀는 간디에게 다음과 같은 헌사를 바쳤다.

당신의 평생 반려자이자 내조자로서 특권을 누린 데 감사드립니다. 성(性)이 아니라 브라마차리아(절제)를 바탕으로 이 세상에서 더없이 완벽한 결혼 생활을 영위한 것에 감사드립니다. 인도에 바친 당신의 평생 과업에 저를 동지로 여겨 주신 데 감사드립니다. 장난감에 금방 싫증을 내는 어린아이처럼 아내와 자식에 싫증을 내고 도박이며 경마, 여자와 술에 빠져 지내는 그런 남편이 아닌 당신께 감사드립니다. 당신께서 다른 사람들의 노동을 착취해서 부자가 되려고 아등바등하는 그런 남편이 아닌 것이 얼마나 고마운지 모르겠습니다.

당신께서 뇌물을 멀리하고 신과 나라를 먼저 생각하며, 확고하고 절대적인 믿음과 용기에 찬 신념을 가진 것이 얼마나 고마운지 모르겠습니다. 저보다 신과 나라를 먼저 생각하는 남편께 얼마나 고마운지 모르겠습니다. 예전에 풍족하던 생활이 궁핍해진 것을 불평하고 대들었던 저의 철없는 행동을 참고 견뎌 주신 데 감사드립니다.

어렸을 때 저는 당신의 부모님을 모시고 살았습니다. 시어머니는 지엄하면서 인자한 분이셨습니다. 그분께서는 어떻게 하면 용기 있고 훌륭한 아내가 될 수 있는지, 어떻게 하면 남편을 늘 사랑하고 존경할 수 있는지 가르쳐 주셨습니다. 세월이 흘러 당신께서 인도에서 가장 사랑받는 지도자가 되셨을 때에도 저는, 남편이 출세하면 곧잘 버림을 받는다는 다른 나라의 아내들처럼 걱정을 할 필요가 없었습니다. 우리는 죽는 날까지 부부로 해로할 것을 알았기 때문입니다.

카스투르바는 마하트마를 우러르는 사람들이 모은 공공 기금을 관리하는 일을 오랫동안 맡았다. 인도의 가정에서는 아내가 보석으로 치장을 하고 간디의 모임에 가면 남편들이 애를 태운다는 우스갯소리가 있다. 짓밟힌 사람들을 위해 호소하는 마하트마의 혀는 귀부인들의 팔과 목에서 금팔찌와 다이아몬드 목걸이를 벗겨 헌금 바구니에 담는 마력을 지니고 있었던 것이다.

하루는 회계를 맡고 있는 카스투르바가 4루피를 어디에 썼는지 밝히지 못했다. 간디는 정식으로 감사를 공표한 다음 부인의 장부에서 4루피가 모자라는 것을 가차 없이 질책했다.

나는 미국의 제자들에게 종종 이 이야기를 들려주었다. 어느 날 저녁 강당에 있던 한 여성이 열을 올리며 말했다.

"사람들 앞에서 그런 망신을 주다니! 마하트마건 누구건, 그 사람이 내 남편이었다면 나는 한 방 먹였을 거예요!"

나는 잠시 미국과 인도의 아내들에 관해 격의 없는 농담을 주고받은 후 좀 더 자세한 설명을 들려주었다.

"간디 부인은 마하트마를 남편이 아니라 구루로 여깁니다. 구루는 하찮은 잘못이라도 꾸짖을 수 있는 권한을 가지고 있지요. 부인이 사람들 앞에서 질책을 받고서 얼마 후에 간디는 정치적인 문제로 감옥에 가게 되었어요. 간디가 부인에게 태연하게 작별 인사를 하자 부인은 그분의 발치에 엎드려 공손하게 말했어요. '스승님, 저 때문에 마음 상한 일이 있더라도 용서해 주십시오.'"

아내를 헌신적인 제자로 만들 수 있다는 것은 참으로 기적 같은 일이다! 와르다에서 그날 오후 세 시에 나는 약속대로 성인의 서재를 방문했다. 간디는 결코 잊지 못할 미소를 지으며 나를 올려다보았다.

나는 딱딱한 돗자리가 깔린 그의 곁에 앉으며 말했다. "마하트마지, 아힘사를 한마디로 정의해 주시겠습니까?"

"살아 있는 생명체를 생각이나 행동으로 해치지 않는 것입니다."

"훌륭한 생각입니다! 그런데 자기 자신이나 어린아이를 보호하기 위해 코브라를 죽이면 안 되느냐고 사람들이 물으면 어떻게 하시겠습니까?"

"코브라를 죽인다면 나는 '두려워하지 않고 살생하지 않는다'는 두 가지 서약을 어기게 됩니다. 그보다는 마음속에서 우러나는 사랑의 진동으로 뱀을 달래는 것이 낫겠지요. 형편에 따라 기준을 낮출 수는 없으니까요." 그러고는 예의 솔직한 태도로 덧붙였다. "하지만 지금 당장 코브라와 마주친다면 담담하게 이런 얘기를 할 수는 없겠지요."

나는 최근에 서양에서 나온 식이요법에 관한 책들이 책상에 놓여 있는 것을 보고 연유를 물었다.

간디는 가만히 미소를 지었다. "그래요, 언제나 그렇듯이 사티아그라하 운동에도 식생활은 아주 중요하지요. 나는 사티아그라히에게 철저히 절제된 삶을 권하기 때문에 금욕에 가장 좋은 음식이 무엇인지 알아내려고 늘 애를 씁니다. 생식 본능을 억제하려면 먼저 식욕부터 다스려야 해요. 하지만 무작정 굶거나 치우친 식사를 하는 것은 답이 될 수 없어요. 내면에서 음식에 대한 탐욕을 극복한 다음에는 반드시 필수적인 비타민과 무기물, 칼로리를 골고루 갖춘 채식주의 식단을 잘 지켜야 해요. 식생활에서 안팎으로 지혜를 발휘하면 성적 유동체를 몸 전체에 필요한 에너지로 쉽게 전환할 수 있지요."

마하트마와 나는 육류 대신 먹기 좋은 음식에 대해 의견을 나누었다.

"아보카도가 아주 좋습니다. 캘리포니아에 있는 저희 센터 근처에 아보카도 나무가 많이 자랍니다." 내가 이렇게 말하자 간디의 얼굴에 호기심의 빛이 일었다.

"와르다에서도 잘 자랄지 모르겠군요. 새 음식을 보면 사티아그라히들이 반가워할 거예요."

"나중에 로스앤젤레스로 돌아가면 꼭 아보카도 나무를 보내 드리겠습니다." 그리고 다시 물었다. "달걀은 고단백 식품인데, 사티아그라히가 먹으면 안 되나요?"

"무정란은 괜찮아요." 마하트마는 지난 일이 떠오른 듯 웃음을 지었다. "나는 오랫동안 달걀 먹는 것을 반대했어요. 지금도 나는 달걀을 먹지 않아요. 한번은 우리 며느리가 영양실조로 죽을 뻔한 적이 있어요. 의사는 달걀을 먹이려고 했지만, 나는 안 된다고 하면서 달걀 대신 다른 것을 주라고 했어요. 의사가 이렇게 말하더군요. '간디지, 수정이 안 된 달걀에는 생명의 씨가 들어 있지 않습니다. 살생을 하는 것이 아닙니다.' 나는 그제야 마음이 놓여 달걀을 먹이도록 했어요. 며느리는 곧 건강을 회복했지요."

전날 밤 간디는 라히리 마하사야의 크리야 요가를 배우고 싶다는 뜻을 비쳤다. 나는 마하트마의 열린 마음과 탐구 정신에 감명을 받았다. 천진한 아이처럼 신을 추구하는 그의 모습에는, 예수가 이르기를 "천국이 이런 사람의 것이니라" 했던 어린아이의 순수한 감수성이 묻어났다.

약속한 시간이 되자 데사이 씨와 핑갈 박사를 비롯해서 크리야 행법을 배우려는 사티아그라히 몇 사람이 방으로 들어왔다.

나는 먼저 몸을 다스리는 요고다 행법을 가르쳐 주었다. 마음속에서 신체를 스무 개의 부위로 나눈 뒤 의지의 힘으로 각 부위에 에너지를 보내자 잠시 후에 모두들 내 앞에서 모터처럼 진동하기 시작했다. 간디는 거의 맨몸으로 지내는지라 스무 개의 부위가 잔물결을 일으키는 것이 금방 눈에 띄었다. 그는 아주 말랐지만 피부가 부드럽고 주름도 없어서 보기에 흉하지 않았다.*

얼마 후 나는 참나에 이르는 크리야 요가 행법을 전수해 주었다.

마하트마는 겸허한 마음으로 세계의 온갖 종교를 연구했다. 자이나교 경전과 신약 성서, 사회 문제를 다룬 톨스토이의 저술†은 간디의 비폭력주의를 낳은 세 가지 원천이다. 간디는 다음과 같이 자신의 신조를 밝혔다.

> 나는 《성경》이나 《코란》이나 《아베스타》‡도 《베다》와 같이 신의 영감을 받았다고 믿는다. 나는 구루의 역할이 중요하다고 생각하지만, 이 시대 사람들은 구루 없이 살아가야만 한다. 완벽한 순수함과 완벽한 학식을 아울러 갖춘 사람을 찾기가 힘들기 때문이다. 그러나 우리는 종교적 진리를 깨우치고자 하는 소망을 버릴 필요가 없다. 모든 위대한 종교가 그렇듯이 힌두교의 근본 원리는 변함이 없고 쉽게 이해할 수 있기 때문이다.
>
> 나는 여느 힌두교도와 마찬가지로 신이 하나임을 받아들이며 부활과 구원을 믿는다. (…) 힌두교에 대한 나의 감정은, 이를테면 아내에 대한 감정만큼이나 설명하기 어렵다. 아내는 이 세상의 어떤 여성보다도 나를 감동시킨다. 물론 허물이

---

* 간디는 길고 짧은 단식을 수없이 치렀으면서도 보기 드문 건강을 누리고 있다. 간디가 직접 쓴 《식생활의 개혁(Diet and Diet Reform)》, 《자연 치료(Nature Cure)》, 《건강의 열쇠(Key to Health)》가 인도의 나바지반 출판사에서 간행되었다.
† 간디는 또 소로, 러스킨, 마치니의 사회사상도 주의 깊게 연구했다.
‡ 기원전 1000년 무렵 페르시아의 조로아스터가 남긴 성전.

없는 것은 아니다. 어쩌면 나보다 더 허물이 많을지도 모른다. 그러나 우리 사이에는 끊을래야 끊을 수 없는 결속의 감정이 있다. 그런 것처럼 나는 그 모든 허물과 한계에도 불구하고 힌두교를 아끼고 간구한다. 《기타》의 노래나 툴시 다스의 《라마야나》만큼 나에게 즐거움을 주는 것은 없다. 마지막 숨을 거두는 순간에도 《기타》는 내게 위안이 되어 줄 것이라고 믿는다.

힌두교는 배타적인 종교가 아니다. 힌두교는 이 세상의 선지자들을 모두 받들어 모실 수 있을 만큼 품이 넓다.* 힌두교는 일반적인 의미의 선교적 종교가 아니다. 힌두교가 여러 종족을 울타리 안에 흡수한 것은 틀림없지만, 그 과정은 눈에 띄지 않게 점진적으로 이루어졌다. 힌두교는 사람들에게 각자의 믿음, 즉 다르마†에 따라 신을 경배하라고 가르치며, 그렇기 때문에 어떤 종교와도 평화롭게 지낼 수 있다.

그리스도에 대해 간디는 이렇게 말했다. "만일 그리스도가 지금 여기서 우리와 더불어 살고 있다면 자신의 이름을 들어본 적이 없는 사람도 축복해 줄 것이라고 나는 확신한다. (…) 그러므로 이르기를, "나더러 주여 주여 하는 자마다 다 천국에 들어갈 것이 아니요 다만 하늘에 계신 내 아버지의 뜻대로 행하는 자라야 들어가리라" 한 것이다.‡ 예수는 자신의 삶을 통해 우리 모두가 추구해야 할 숭고한 목적과 뚜렷한 목표를 가르쳐 주었다. 그리스도는 기독교만의 전유물이 아니라 지역과 인종을 초월한 우리 세계 전체에 속한다고 나는 믿는다."

와르다에서의 마지막 날 저녁, 나는 데사이 씨가 공회당에 마련한 모임에서 강연을 했다. 강당에는 요가 이야기를 들으려고 모인 사백 명가량의 사람들이

---

* 힌두교가 세계의 다른 종교와 구별되는 특성은 한 사람의 위대한 선지자가 창시한 것이 아니라 탈개인적 성격의 경전인 《베다》에서 비롯되었다는 점이다. 그러므로 힌두교는 어느 시대, 어느 지역의 선지자도 울타리 안에 받아들여 모실 수 있는 여지를 내포하고 있다. 《베다》 경전은 인간의 모든 행동이 신의 계율과 조화를 이루도록 하기 위해 신앙생활뿐 아니라 중요한 사회 관습까지 세심하게 규제한다.
† 포괄적인 의미의 법(法)을 가리키는 산스크리트어로, 사회의 계율이나 자연의 이법을 따르고 주어진 시기에 자신이 처한 상황에 걸맞은 의무를 다하는 것을 뜻한다. 경전에서는 다르마를 '인간이 그것을 지킴으로써 타락과 고통에서 벗어날 수 있게 해주는 자연의 보편 법칙'으로 정의하고 있다.
‡ 〈마태복음〉 7:21.

창턱까지 들어차 있었다. 나는 먼저 힌디어로 첫머리를 뗀 다음 영어로 강론을 계속했다. 시간에 맞춰 아슈람으로 돌아온 우리 일행은 고요히 묵상에 잠겨 있던 마하트마에게 밤 문안을 드렸다.

새벽 다섯 시에 일어났을 때는 어둠이 여전히 세상을 감싸고 있었다. 그러나 농촌의 삶은 벌써 기지개를 켜고 있었다. 아슈람 대문 앞으로 우마차가 지나가더니, 커다란 짐을 아슬아슬하게 머리에 인 농부가 뒤를 따랐다. 아침 식사 후 우리 세 사람은 작별 인사를 드리러 간디를 찾아갔다. 성자는 새벽 네 시에 일어나 아침 기도를 올린다.

"마하트마지, 안녕히 계십시오!" 나는 무릎을 꿇고 그의 발을 만졌다. "당신의 보살핌 속에 인도는 안온할 것입니다."

와르다의 전원을 떠나온 지 여러 해가 흘러, 땅과 바다와 하늘이 온통 전쟁의 먹구름으로 뒤덮였다. 세계의 주요 지도자들 가운데 간디만이 홀로 무력 대신 비폭력 노선을 부르짖었다. 비폭력적인 수단을 통해 잘못을 바로잡고 불의를 몰아내고자 하는 마하트마의 무저항주의는 날이 갈수록 그 효과가 입증되었다. 그는 자신의 철학을 이렇게 밝혔다.

나는 파괴 속에서도 생명이 지속된다는 것을 알았다. 그러므로 파괴의 법칙보다 더 높은 법칙이 있음에 틀림없다. 오직 그 법칙을 따를 때만 질서 잡힌 사회를 이룩하고 가치 있는 삶을 누릴 수 있을 것이다.

그것이 생명의 법칙이라면 우리는 나날의 삶에서 그 길을 따라야만 한다. 전쟁이 벌어지는 곳, 적과 마주치는 곳이라면 어디서나 사랑으로 이겨 내야 한다. 나는 평생에 걸쳐 파괴의 법칙이 하지 못한 일을 사랑의 법칙이 이루어 내는 것을 내 눈으로 직접 보았다.

우리는 인도에서 이 법칙이 유례를 찾아볼 수 없이 방대한 규모로 작용하는 것을 목격했다. 비폭력주의가 삼억 육천만 인도 국민 전체에 파급되었다고 할 수는 없지만, 놀랄 만큼 짧은 시간에 어떤 다른 사상보다도 깊이 스며든 것만은 사실이다. 비폭력주의의 정신을 체득하려면 상당히 엄격한 훈련 과정이 필요하다. 마치 군인처럼 규율 잡힌 생활을 해야 한다. 마음과 몸과 말이 참다운 조화를 이룰 때만 완벽한 상태에 이를 수 있다. 우리가 진리와 비폭력의 원칙을 삶의 법칙으로 받아들인다면 모든 문제가 저절로 해결될 것이다.

세계 곳곳에서 끊이지 않는 암울한 정치 사건들은, 영적 비전을 상실한 인간은 타락하고 만다는 진리를 처절하게 일깨워 준다. 종교는 물론 과학을 통해서도 인류는 물질적인 세계가 불안정하며 심지어 실체가 없다는 것을 어렴풋이 인식하게 되었다. 인간이 자신의 뿌리이자 원천인 내면의 영(靈)으로 돌아가지 않는다면 이제 어디로 가야 한다는 말인가?

역사를 돌아보면 인간의 갈등을 폭력으로 해결할 수는 없다는 것을 알 수 있다. 일차 세계대전이 빚은 무시무시한 카르마의 눈덩이는 대지를 유린하면서 점점 부풀어 이차 세계대전으로 폭발했다. 자칫하면 삼차 대전으로 번질 수도 있는 이 피에 굶주린 카르마의 거대한 눈덩이를 녹일 수 있는 것은 따뜻한 인류애뿐이다. 끝 모를 죄악으로 치닫는 이십 세기여! 분쟁을 해결하는 데 인간의 이성 대신 약육강식의 논리를 따른다면 이 지구는 비정한 밀림으로 돌아가고 말 것이다. 모두 함께 생명을 나누지 않으면 모두 함께 비참한 죽음을 맞을 것이다. 신이 인간에게 은총을 베풀어 원자 에너지를 발견하도록 한 것은 이런 몹쓸 짓이나 하라는 것이 아니었다!

전쟁과 범죄는 백해무익하다. 포연 속에 허무하게 날려 버린 막대한 돈이 있었다면 질병과 빈곤에서 해방된 새로운 세계를 건설할 수 있었을 것이다. 공포와 혼돈, 굶주림과 질병과 죽음이 난무하는 세계가 아니라, 평화와 번영과 따뜻한 지혜가 하나로 어우러진 드넓은 세계를.

간디가 부르짖는 비폭력주의는 인간의 가장 고귀한 양심에 호소한다. 국가와 민족들로 하여금 더 이상 죽음이 아닌 생명과, 파괴가 아닌 건설과, 증오가 아닌 사랑의 기적과 동맹을 맺도록 하라!

《마하바라타》의 가르침을 되새길 필요가 있다. "해를 입고도 용서할 줄 알아야 한다. 모름지기 인류가 명맥을 잇는 것은 용서하기 때문이라고 했다. 용서는 거룩한 것이다. 용서를 통해 우주는 하나가 된다. 용서는 강한 자의 힘이요, 자기희생이요, 마음의 평화다. 너그럽게 아량을 베푸는 것은 어진 사람의 성품이며, 영원히 변치 않는 덕을 나타낸다."

비폭력은 용서와 사랑의 법칙에 자연스럽게 뒤따르는 결과다. 간디는 이렇게 선언한다. "정당한 싸움에서 생명의 손실이 불가피할 때는 다른 사람의 피가 아니라 예수처럼 자신의 피를 흘릴 각오를 해야 한다. 그렇게 되면 이 세상은 결국 피를 덜 흘리게 될 것이다."

언젠가는 증오를 사랑으로, 폭력을 비폭력으로 이겨 내고, 무기를 들기보다는 참혹한 죽음을 달게 받아들이는 인도의 사티아그라히에 관한 서사시가 쓰일 날이 있을 것이다. 역사적 사례를 살펴보면, 타인의 목숨을 자신의 목숨보다 더 귀하게 여기는 사람들을 보고 깊은 감동을 받은 적군이 부끄러운 나머지 총을 버리고 달아난 일이 실제로 있었다.

간디는 말한다. "피를 부르면서 조국의 자유를 추구하느니, 필요하다면 언제까지라도 기다리겠다." 성서는 우리를 타이른다. "칼을 가지는 자는 다 칼로 망하느니라."[*] 마하트마는 또 말했다.

> 나는 스스로를 민족주의자라고 부르지만 나의 민족주의는 우주만큼 넓다. 나의 민족주의는 지상의 모든 민족을 품에 아우르며[†] 전 세계의 평화와 번영을 염원한다. 나는 조국 인도가 다른 민족의 잿더미를 밟고 오르는 것을 원치 않는다. 나는 인도가 단 한 사람이라도 착취하는 것을 원치 않는다. 나는 인도가 강해지면 다른 나라도 그 힘을 받아 강해지기를 원한다. 오늘날 유럽에서는 그런 나라를 볼 수 없다. 그들은 자기 힘을 다른 나라에 나누어 주려고 하지 않는다.
>
> 윌슨 대통령은 어엿한 '평화 원칙 14개조'를 선언했지만, 끝에 가서 이렇게 토를 달았다. "평화를 이룩하려는 우리의 노력이 결국 실패한다면, 그때는 군대의 힘

---

[*] 〈마태복음〉 26:52. 이는 불가피하게 인간의 윤회가 전제되어야 하는 《성경》의 여러 구절 가운데 하나다(227쪽 주석 참조). 복잡하게 얽힌 생명의 원리는 오직 인과응보의 법칙을 이해할 때만 설명할 수 있다.
[†] "자기 조국을 사랑한다고 자랑하지 말고, 인류를 사랑한다고 자랑하라."(페르시아 격언)

마하트마 간디가 힌디어로 쓴 친필

란치에 있는 요가 수련 학교, 요고다 사트상가 브라마차리아 비디알라야를 방문한 마하트마 간디는 방명록에 이 글을 남겼다.

나는 이 학교에서 깊은 감명을 받았습니다. 이 학교가 물레 사용을 더욱 장려할 것이라는 데 큰 기대를 가집니다.

1925년 9월 17일
[서명] 모한다스 간디

을 빌려야 할 것이다." 나는 이 얘기를 뒤집어 이렇게 말하고 싶다. 우리의 무력 분쟁은 이미 실패했다. 이제 무언가 새로운 것을 찾아보자. 진리의 힘, 사랑과 신의 힘을 시험해 보자. 이것만 있으면 더 이상 아무 것도 필요하지 않을 것이다.

마하트마는 수많은 사티아그라히(이 장의 처음에 소개한 열한 가지 서약을 지키는 사람들)를 훈련시켜 비폭력의 메시지를 널리 펴도록 하고 끈기 있게 민중을 교육하여 비폭력이 영적으로뿐 아니라 물질적으로도 득이 된다는 것을 이해시킴으로써 무력에 의존하기보다 탄압과 투옥, 심지어 죽음까지도 마다하지 않는 무저항 불복종의 이념으로 무장시켰으며, 영웅적으로 순교한 여러 사티아그라히의 본보기를 통해 전 세계의 공감을 불러일으켰다. 이렇게 간디는 전쟁 없이 분쟁을 해결하는 비폭력의 준엄한 힘, 그 실천적 본질을 극적으로 보여 주었다.

간디는 비폭력적인 수단으로 조국을 위해 수많은 정치적 양보를 얻어 냈다. 여태까지 한 나라의 지도자가 무력을 쓰지 않고 이만한 성과를 거둔 적은 없다. 불의와 악을 뿌리 뽑으려는 비폭력 운동은 정치 분야뿐 아니라 인도 사회의 개혁이라는 복잡하고 미묘한 영역에서도 활기차게 전개되었다. 간디와 그를 따르는 사람들은 힌두교도와 이슬람교도 사이의 해묵은 불화를 적잖이 해소했다. 수십만 명에 달하는 이슬람교도가 마하트마를 자신들의 지도자로 받들고 있다. 불가촉천민들은 그에게서 두려움을 모르고 맞서는 수호자를 발견했다. 간디는 이렇게 말했다. "내가 다시 태어날 수 있다면 천민 중의 천민으로 태어나고 싶다. 그렇게 되면 그들에게 더 효과적으로 봉사할 수 있을 것이기 때문이다."

마하트마는 실로 '위대한 영혼'이지만, 그런 칭호를 바칠 마음을 품은 사람들은 글도 모르는 민중이었다. 이 온유한 선지자는 자신이 태어난 땅에서 깊은 존경을 받았다. 신분이 낮은 농부도 간디의 고원한 과업에 힘을 보탤 수 있었다. 사람은 누구나 날 때부터 고귀하다는 것을 그는 진심으로 믿는다. 마하트마는 어쩔 수 없이 실패를 겪더라도 결코 낙담하지 않았다. "사티아그라히는 상대방이 나를 스무 번 속이더라도 스물한 번 믿을 각오가 되어 있다. 인간 본성에 대한 절대적 믿음이야말로 사티아그라하의 본질이기 때문이다."*

한번은 흠잡기 좋아하는 사람이 이런 말을 했다. "마하트마지, 당신은 비범한 인간입니다. 세상 사람이 당신처럼 행동하기를 기대하시면 안 됩니다."

그러자 간디는 이렇게 대답했다. "육체는 개선할 수 있지만 영혼에 숨겨진 힘을 일깨우는 것은 불가능하다고 하면서 우리 자신을 속이는 것은 참으로 이상한 일입니다. 내가 조금이나마 그런 힘을 가지고 있다 하더라도, 나 역시 나약한 인간일 뿐 예나 지금이나 남과 다른 점이 하나도 없다는 것을 보여 주기 위해 애쓸

---

* "그때에 베드로가 나아와 이르되 주여 형제가 내게 죄를 범하면 몇 번이나 용서하여 주리이까 일곱 번까지 하오리이까? 예수께서 이르시되 네게 이르노니 일곱 번뿐 아니라 일곱 번을 일흔 번까지라도 할지니라."(〈마태복음〉 18:21-22) 나는 이 파격적인 가르침을 이해하기 위해 기도를 드렸다. "신이시여, 그것이 과연 가능한지요?" 마침내 들려온 목소리에는 숙연한 깨우침의 빛이 넘쳤다. "인간이여, 내가 너희를 하루에도 몇 번이나 용서하는지 아느냐?"

것입니다. 나도 남들처럼 잘못을 저지를 수 있는 인간에 지나지 않습니다. 다만 스스로 잘못을 인정하고 고칠 줄 아는 겸손함을 잃지 않을 따름입니다. 내가 신의 선함을 굳게 믿고 있고 진리와 사랑에 한결같은 열정을 가지고 있는 것은 사실입니다. 그러나 이런 능력은 누구에게나 잠재해 있는 것이 아닌가요?" 그러고는 한마디 덧붙였다. "우리가 현상계에서 새로운 발견이나 발명을 할 수 있다면, 영적인 영역에서는 파산 선고를 내려야 할 이유가 있을까요? 예외가 조금씩 모여서 규칙이 되는 것은 불가능할까요? 우리는 인간이 되기 전에 꼭 짐승의 탈을 써야만 하는 것일까요?"*

미국 사람들은 십칠 세기에 윌리엄 펜이 펜실베이니아에 식민지를 건설하면서 비폭력의 실험을 성공적으로 이끌었던 것을 자랑스럽게 기억할 것이다. 그곳에는 '요새도, 군인도, 민병대도, 심지어 무기조차도' 없었다. 무자비한 식민지 개척 전쟁이 벌어지고 이주자와 인디언 사이에 학살이 자행되는 가운데에도 펜실베이니아의 퀘이커교도들만은 피해를 입지 않았다. "다른 사람들은 살해되고 집단 학살을 겪기도 했지만 그들은 안전했다. 퀘이커교도 가운데는 폭행을 당한 여성도, 살해된 어린이도, 고문을 당한 남자도 없었다. 퀘이커교도들이 마침내 자치권을 포기하지 않을 수 없게 되자 전쟁이 터지고 펜실베이니아 사람들이 죽임을 당했다. 그러나 퀘이커교도는 단 세 사람만 살해되었는데, 이들은 신념을 저버리고 방어용 무기를 지니고 있던 사람들이었다."

프랭클린 루즈벨트는 이렇게 지적했다. "일차 세계대전에서 우리는 무력에 의지했지만 평화를 얻는 데 실패했다. 승자와 패자가 똑같이 상처를 입었다. 세계는 그 교훈을 받아들였어야 했다."

노자는 "아무리 훌륭한 병기라도 상서롭지 못한 물건이라 세상 사람은 그것을

---

* 이름난 전기 공학자 찰스 스타인메츠가 로저 밥슨 씨에게 질문을 받았다. "앞으로 오십 년 동안 어떤 연구 분야에서 가장 큰 발전이 이루어지겠습니까?" 스타인메츠는 대답했다. "제 생각에 진정으로 위대한 발견은 영적인 분야에서 이루어질 것 같습니다. 영적인 힘이야말로 인간의 발전에 가장 큰 원동력이었음을 역사는 분명히 가르쳐 줍니다. 하지만 우리는 그것을 가지고 장난을 쳤을 뿐, 물리적 힘을 연구한 것처럼 진지하게 연구한 적은 없습니다. 언젠가 사람들은 물질이 행복을 가져다주지 못하며 창조력과 생명력을 키우는 데 아무 쓸모가 없다는 것을 알게 될 것입니다. 그때 세계의 과학자들은 여태까지 손도 대지 못한 신과 기도와 영적인 힘에 눈을 돌리고 연구의 방향을 전환할 것입니다. 그날이 오면 우리 세계는 지난 네 세대 동안 이룩한 것보다 더 많은 진보를 한 세대 만에 이룩할 것입니다."

혐오할 뿐이니 (…) 전쟁에서 승리를 거두어도 상례(喪禮)를 치러야 옳다"라고 했다.

간디는 분명히 말했다. "나는 다름 아닌 세계 평화를 위해 싸우고 있다. 인도 의 독립 운동이 비폭력적인 사티아그라하를 토대로 성공을 거둔다면 나라 사랑 과 더 나아가 생명 자체에 새로운 의미를 부여하게 될 것이다."

서구는 간디의 구상을 한낱 비현실적인 꿈으로 치부하기 전에 먼저 갈릴리 스 승의 말씀에 담긴 사티아그라하의 참뜻을 되새겨 볼 필요가 있다.

"또 눈은 눈으로, 이는 이로 갚으라 하였다는 것을 너희가 들었으나, 나는 너 희에게 이르노니 악한 자를 대적하지 말라. 누구든지 네 오른편 뺨을 치거든 왼 편도 돌려 대며 (…)"*

우주의 절묘한 시간 일치에 따라 간디의 시대는 이미 두 차례의 세계대전으로 황폐화된 이십 세기와 중첩되었다. 그의 삶이 이룩한 금자탑에는 형제들 사이에 피를 더 흘려서는 안 된다는 신의 경고가 새겨져 있다.

* 〈마태복음〉 5:38–39.

마하트마 간디를 추모하며

"그분은 참다운 의미에서 민족의 아버지였습니다. 그런 그분을 어떤 미치광이가 살해했습니다. 태양이 사라져 버리자 온 국민이 슬픔에 잠겼습니다. (…) 이 땅을 밝혀 준 빛은 예사로운 불꽃이 아니었습니다. 그 빛은 천 년이 넘도록 이 나라를 밝히고 온 세상을 밝힐 것입니다." 이것은 간디가 1948년 1월 30일에 뉴델리에서 암살된 직후 인도 총리 자와할랄 네루가 바친 추도사의 한 구절이다.

다섯 달 전에 인도는 평화적으로 독립을 성취했다. 간디는 일흔여덟 살에 일생의 과업을 이루었다. 그는 자신의 최후가 가까워졌음을 알았다. 비극의 날 아침에 그는 종손녀에게 일렀다. "아바, 중요한 서류를 모두 가져오거라. 오늘 안으로 처리해야겠다. 내일이 오지 않을 수도 있으니." 간디는 글 속에서도 여러 차례 자신의 마지막 운명에 대해 암시했다.

단식으로 여위고 노쇠한 몸에 세 발의 총알을 맞고 땅에 쓰러진 마하트마는 서서히 숨을 거두면서 힌두교의 전통적인 몸짓으로 두 손을 들어 말없이 용서를 표했다. 순결한 예술가로서 한평생을 보낸 간디는 죽음의 순간에 그 극치를 보여 주었다. 자아를 초탈한 희생의 삶이 마지막 순간에 그런 사랑의 몸짓을 가능하게 했던 것이다.

아인슈타인은 마하트마에게 바치는 헌사에서 이렇게 말했다. "후세 사람들은 살과 피를 가진 인간으로서 그와 같은 인물이 이 땅에 존재했다는 사실을 믿기 힘들 것이다." 로마 교황청은 즉시 다음과 같은 성명을 발표했다. "간디의 암살은 이곳에 커다란 슬픔을 불러일으켰습니다. 그리스도의 가르침을 실천한 간디의 죽음에 깊은 애도를 표합니다."

올바른 세상을 만들기 위해 이 땅에 온 위대한 이들의 삶은 다양한 상징적 의미를 내포하고 있다. 인도의 통일에 바쳐진 간디의 극적인 죽음은 갈가리 찢긴 세계를 향한 그의 호소에 다시금 귀를 기울이게 만들었다. 간디는 예언처럼 말했다.

"인간의 마음에 깃든 비폭력의 정신은 영원히 살아 숨 쉴 것이다. 그것은 세계 평화의 새벽을 알리는 전령이다."

45
벵골의 '기쁨에 찬 어머니'

"인도를 떠나기 전에 니르말라 데비를 꼭 한번 만나 보세요. 그분은 덕이 아주 높아서 아난다 모이 마(기쁨에 찬 어머니)로 널리 알려져 있어요." 조카딸 아미요 보세가 진지한 얼굴로 나를 바라보았다.

"물론이지! 나도 그 성녀를 무척 만나보고 싶구나. 그분이 높은 깨달음을 얻었다는 글을 읽었다. 몇 해 전 《동서》 지에 그분에 관한 기사가 실렸지."

아미요가 말을 이었다. "저는 그분을 만났어요. 최근에 그분이 저희가 사는 잠셰드푸르 마을에 오셨거든요. 아난다 모이 마는 제자의 간청을 듣고, 죽어 가는 사람을 집으로 찾아간 거예요. 그분이 환자의 머리맡에 서서 이마에 손을 대자 신음 소리가 뚝 그쳤어요. 통증이 씻은 듯이 사라지고 몸이 멀쩡해지자 그 사람은 놀라면서 기뻐했어요."

며칠 후에 나는 기쁨의 어머니가 캘커타의 보와니푸르에 있는 제자의 집에 머물고 있다는 소식을 들었다. 라이트 씨와 나는 곧바로 캘커타의 아버지 집을 나섰다. 우리 차가 보와니푸르로 접어들어 그 집에 거의 다다랐을 때 거리에서 흔치 않은 광경이 벌어지고 있는 것을 보았다.

아난다 모이 마가 지붕 없는 자동차 안에 서서 백 명쯤 되는 제자들에게 축복을 베풀고 있었던 것이다. 그녀는 막 떠나려는 참이었다. 라이트 씨는 조금 떨어진 곳에 차를 세우고 나와 함께 걸어서 조용히 무리 지어 있는 사람들을 향해 다가갔다. 그때 성녀가 우리 쪽을 바라보더니 차에서 내려 우리에게 걸어왔다.

"아버지, 당신이 오셨군요!" 그녀는 벵골 말로 이렇게 환호하면서 팔로 내 목을 끌어안고 머리를 어깨에 얹었다. 내가 성녀를 만난 적이 없다는 얘기를 들었던 라이트 씨는 이 별스러운 환대를 무척 흥미롭게 지켜보았다. 백 명이나 되는 첼라의 놀란 눈도 정감 넘치는 광경에 일제히 쏠렸다.

나는 곧 성녀가 깊은 사마디에 들어 있는 것을 알았다. 그녀는 여성으로서의 겉모습을 잊은 채 자신을 변치 않는 영혼으로 인식하고 있었다. 그런 상태에서 신에게 헌신하는 또 다른 벗을 기쁘게 맞이하고 있었던 것이다. 그녀는 내 손을 잡아 차 안으로 이끌었다.

내가 말렸다. "아난다 모이 마, 저 때문에 갈 길이 늦어지겠어요!"

"아버지, 저는 수많은 세월을 거쳐 이승에서* 처음으로 당신을 만나고 있는 거예요! 부디 그냥 떠나지 마세요."

우리는 차 뒷좌석에 함께 앉았다. 기쁨의 어머니는 이내 꼼짝도 하지 않고 무아의 경지에 빠져들었다. 아름다운 두 눈은 하늘을 향해 반쯤 감긴 채 가깝고도 먼 내면의 낙원을 고요히 응시하고 있었다. 제자들이 짧은 기도문을 잔잔히 읊조렸다. "거룩한 어머니께 영광을!"

나는 인도에서 깨달음에 이른 사람을 많이 보았지만, 여태껏 이처럼 숭고한 여성 성자를 만난 적은 없었다. 그녀의 온화한 얼굴은 '기쁨의 어머니'라는 이름에 걸맞게 형언할 수 없는 기쁨의 빛을 발했다. 삼단 같은 머리카락이 베일을 쓰지 않은 머리 뒤로 흘러내렸다. 이마 위에 백단향으로 찍은 붉은 점은 그녀의 내면에서 언제나 깨어 있는 영안을 상징했다. 작은 얼굴, 작은 손, 작은 발은 거대한 그녀의 영혼과 사뭇 대조를 이루었다.

아난다 모이 마가 무아경에 잠겨 있는 사이에 나는 가까이 있는 여성 첼라에게 이것저것 물었다.

"기쁨의 어머니는 인도 곳곳에 있는 수백 명의 제자를 만나러 여행을 자주 다니십니다. 그분은 바람직한 사회를 만들기 위해 용감하게 앞장서셨습니다. 성녀

---

* 아난다 모이 마는 1896년에 동벵골의 트리푸라 행정구에 있는 케오라 마을에서 태어났다.

캘커타에서 만난 아난다 모이 마, 남편 볼라나트, 파라마한사 요가난다

께서는 브라만 신분이시지만 카스트를 따지지 않으십니다. 우리도 늘 무리를 지어 그분과 함께 여행하면서 편의를 돌보아 드립니다. 그분은 자신의 몸에 신경을 쓰지 않으시기 때문에 우리가 일일이 챙겨 드려야 하지요. 누가 음식을 주지 않으면 그분은 먹지도 않고 달라고 하지도 않으십니다. 심지어 음식이 앞에 놓여 있어도 손을 대지 않으시니까요. 우리 제자들은 그분이 이 세상에서 사라질세라 우리 손으로 먹여드립니다. 그분은 며칠씩 신성한 무아경에 머물러 계시면서 숨도 거의 쉬지 않고, 눈도 깜박이지 않으십니다. 그분의 수제자 가운데 한 분이 바로 남편입니다. 남편인 볼라나트는 오래전에 결혼하자마자 침묵의 서약을 맺었습니다."

첼라는 긴 머리에 흰 수염을 기르고 어깨가 벌어진 남자를 가리켰다. 용모가 훤칠한 그는 여느 제자처럼 경건한 자세로 두 손을 모은 채 무리 가운데 조용히 서 있었다.

무한의 심연에서 원기를 얻고 돌아온 아난다 모이 마는 이제 물질계에 의식을 집중시키고 있었다.

"아버지, 지금 머무시는 곳이 어딘가요?" 그녀의 목소리는 맑고 고왔다.

"지금은 캘커타나 란치에 있지만 곧 미국으로 돌아갈 겁니다."

"미국이요?"

"네. 그곳의 구도자들은 인도의 성녀를 진심으로 환영할 겁니다. 같이 가 보지 않으시겠습니까?"

"아버지가 데리고 가신다면 저도 가겠어요."

이 대답에 곁에 있던 제자들이 화들짝 놀랐다.

한 사람이 나서며 결연하게 말했다. "우리는 언제나 스무 명 이상이 기쁨의 어머니와 함께 여행합니다. 어머니 없이는 살 수 없어요. 어머니가 가시는 곳은 어디든지 우리도 가야 합니다."

자원자가 갑자기 불어나는 바람에 나는 계획을 포기하지 않을 수 없었다.

나는 성녀에게 작별을 고했다. "그러면 제자들과 함께 란치에라도 한번 와 주십시오. 성녀님도 신의 자식이니 우리 학교 아이들을 보면 반가울 거예요."

"아버지가 부르시면 언제라도 가겠어요."

얼마 후 란치 비디알라야는 성녀가 방문한다는 소식을 듣고 축제 분위기에 휩싸였다. 아이들은 잔치라면 언제든지 환영이었다. 수업을 하는 대신 춤과 노래를 즐기고, 무엇보다도 맛난 음식을 실컷 먹을 수 있으니까…….

"만세! 아난다 모이 마에게 영광을!" 성녀 일행이 학교로 들어서자 정문에 모여 있던 아이들이 열광적으로 구호를 외치며 손님들을 맞이했다. 흩날리는 금잔화 꽃잎들, 땡강땡강 울리는 바라 소리, 활기 넘치는 소라고둥 소리며 므리당가 북소리! 기쁨의 어머니는 언제나 낙원을 가슴속에 품고 다니는 듯이 함박웃음을 띠고 햇살이 내리쬐는 비디알라야의 운동장을 이리저리 거닐었다.

"참 아름다운 곳이에요." 내가 본관으로 안내하자 아난다 모이 마가 상냥하게 말했다. 그녀는 천진한 미소를 지으며 내 곁에 앉았다. 그녀의 주위에는 친한 친구 같은 느낌을 주면서도 멀리 떨어져 있는 듯한 분위기가 감돌았다. 그녀는 어디에나 있으면서 고립되어 있는 역설 속에 존재하는 것 같았다.

"지나온 삶에 대해 들려주시겠습니까?"

"아버지는 다 알고 계신데 그럴 필요가 있나요?" 그녀는 윤회의 짧은 한순간에 벌어진 잡다한 일은 주목할 가치가 없다고 생각한 것이 분명했다.

나는 빙그레 웃으면서 거듭 부탁했다.

"아버지, 할 얘기가 별로 없어요." 그녀는 미안하다는 듯이 우아하게 두 손을 벌려 보였다. "내 의식은 한 번도 덧없는 몸과 맺어진 적이 없어요. 내가 이승에 오기 전에도 '나는 그대로였어요.' 어렸을 때도 '나는 그대로였어요.' 어른이 되어서도 여전히 '나는 그대로였어요.' 내가* 태어난 집에서 결혼을 하게 되었을 때도 '나는 그대로였어요.' 그리고 지금 아버지 앞에서도 '나는 그대로예요.' 영원의 무대에서 나를 둘러싸고 펼쳐지는 창조의 춤이 끊임없이 변할지라도 '나는 언제까지나 그대로일' 거예요."

---

* 아난다 모이 마는 자신을 '나'라고 부르지 않고 '이 몸', '소녀(小女)' 또는 '당신의 딸'이라고 겸손하게 에둘러 말했다. 그녀는 또 어느 누구도 자신의 '제자'라고 부르지 않는다. 그녀는 사사로움이 없는 지혜를 발휘하여 어머니 우주의 거룩한 사랑을 모든 인간에게 똑같이 나누어 준다.

아난다 모이 마는 다시 깊은 명상에 빠져들었다. 그녀의 형상은 조각처럼 꼼짝도 하지 않았다. 언제나 그녀를 부르는 자기 안의 왕국으로 달려간 것이다. 짙은 연못 같은 눈은 생기가 끊어져 무표정해 보였다. 이런 모습은 성자들이 육체에서 의식을 분리할 때 흔히 나타나는데, 이때 육체는 영혼이 없는 진흙 덩어리처럼 된다. 우리는 한 시간 남짓 함께 무아경에 잠겨 있었다. 그녀는 싱그레 엷은 웃음을 지으면서 이 세계로 돌아왔다.

"아난다 모이 마, 같이 정원으로 갑시다. 라이트 씨가 사진을 찍어 드릴 거예요."

"물론이죠. 아버지의 뜻이 제 뜻이에요." 카메라 앞에서 포즈를 취하는 그녀의 아름다운 두 눈에는 한결같이 신성한 광채가 어려 있었다.

어느새 식사 시간이 되었다. 아난다 모이 마는 담요 위에 자리를 잡고, 제자 하나가 바로 곁에서 식사를 거들었다. 첼라가 성녀의 입에 음식을 가져가면 그녀는 갓난아이처럼 고분고분 받아먹었다. 기쁨의 어머니는 카레와 사탕의 차이를 느끼지 못하는 것이 분명했다.

땅거미가 젖어 들자 성녀는 장미꽃잎 세례를 받으며 두 손을 들어 아이들에게 축복을 내려 주면서 일행과 함께 자리를 떴다. 아이들의 얼굴은 성녀가 자연스럽게 불러일으킨 사랑으로 환하게 빛났다.

그리스도는 말씀하셨다. "첫째 계명은 이것이니 네 마음을 다하고 목숨을 다하고 뜻을 다하고 힘을 다하여 주 너의 하나님을 사랑하라."

*아난다 모이 마는 세속적인 집착을 모두 떨쳐 버리고 오로지 신께 몸과 마음을 바친다. 천진무구한 성녀는 학자들처럼 사소한 일을 꼬치꼬치 따지는 것이 아니라 의심할 수 없는 믿음의 논리를 토대로 인간의 삶에서 유일한 문제, 곧 신과 하나가 되는 일을 이루어 냈다.

인간은 이제 끊이지 않는 문제들에 정신을 빼앗겨 이처럼 꾸밈없는 순박함을 잊어버렸다. 이 땅의 민족들은 창조주 유일신에 대한 사랑을 저버리고 허울 좋

* 〈마가복음〉 12:30.

1936년 아그라에 있는 '대리석의 꿈', 타지 마할을 찾은 파라마한사 요가난다 일행

은 자선이라는 제단 앞에 형식적인 경배를 올림으로써 불신을 감추려고 한다. 이러한 인도주의적 제스처는 인간이 잠시나마 타인에게 관심을 돌리도록 하는 효과가 없지는 않다. 그러나 이런 일로 예수가 '첫째 계명'이라고 한 삶의 기본적 책임을 면할 수 있는 것은 아니다. 인간은 오직 하나뿐인 은인이 아낌없이 나누어 준 공기를 맨 처음 마시는 순간부터 신을 사랑해야 할 행복한 의무를 지는 것이다.[*]

아난다 모이 마가 란치 학교를 방문한 지 몇 달 후에 나는 다시 한 번 그녀를 만날 기회가 있었다. 그녀는 일행과 함께 세람포어 역에서 기차를 기다리고 있었다.

그녀가 말했다. "아버지, 저는 히말라야로 갑니다. 어떤 고마운 분들이 우리를

---

[*] "사람들은 새롭고 더 편한 세상을 만들고자 하는 욕구를 느낍니다. 하지만 그런 문제에 몰두하기보다는 신에 대한 명상에 마음을 집중할 때만 온전한 평화를 얻을 수 있습니다. 인간의 의무는 신, 즉 진리를 추구하는 것입니다."(아난다 모이 마)

위해 데라 둔에 아슈람을 지어 주셨어요."

아난다 모이 마가 기차에 오를 때 나는 그녀가 군중 속에 있건, 기차를 타고 있건, 잔치를 치르러 가건, 말없이 앉아 있건, 언제나 신에서 눈길을 돌리지 않는 것을 보고 경탄했다.

그녀의 목소리는 한없이 달콤한 메아리가 되어 여전히 내 귓가를 맴돌고 있다.

"보세요, 지금도 앞으로도 영원한 신과 하나인 '나는 언제까지나 그대로예요.'"

46
먹지 않는 요기니

"구루지, 오늘 아침에는 어디로 가는 건가요?" 차를 몰던 라이트 씨가 길에서 눈을 돌려 궁금증 가득한 시선으로 한참 동안 나를 바라보았다. 그는 날마다 다음에는 벵골의 어떤 지방을 찾아가게 될지 짐작할 수가 없었다.

나는 경건한 태도로 대답했다. "신의 뜻대로라면 우리는 이 세상의 여덟 번째 불가사의, 공기만 먹고 사는 성녀를 보러 갈 겁니다!"

"테레즈 노이만 이후로 기적의 연속이로군요." 그러면서도 라이트 씨는 싱글벙글하며 힘차게 액셀을 밟았다. 아무나 접할 수 없는 색다른 이야깃거리로 여행 일지를 장식할 수 있게 되었으니!

우리는 해가 뜨기 전에 일어나 란치 학교를 막 떠나온 참이었다. 일행 가운데는 비서와 나 외에 벵골 친구 세 사람이 더 있었다. 우리는 천연 와인처럼 상쾌한 아침 공기를 들이마셨다. 라이트 씨는 일찍 일하러 나온 농부들과 등이 불룩한 황소가 느릿느릿 끄는 이륜마차 사이로 조심조심 차를 몰다가, 경적을 울리며 끼어드는 차와 길을 다투기도 했다.

"구루지, 먹지 않는 성녀가 어떤 분인지 궁금합니다."

"그분 이름은 기리 발라예요. 나는 오래전에 학덕이 높은 스티티 랄 눈디 님에게 성녀 얘기를 처음 들었어요. 그분은 가끔씩 가르파르 거리의 집으로 와서 내 동생 비슈누를 가르쳐 주었어요.

스티티 바부가 말씀하더군요. '나는 기리 발라를 잘 안다. 그분은 요가의 비법을 익혀서 먹지 않고도 살 수 있단다. 우리는 이차푸르 근처에 있는 나와브간지* 에 살면서 가까운 이웃으로 지냈지. 그분을 주의 깊게 살펴보았지만, 음식을 먹거나 마시는 기미가 전혀 보이지 않았어. 나는 너무나 궁금한 나머지 부르드완의 마하라자†를 찾아가서 조사를 해달라고 부탁했단다. 이야기를 듣고 크게 놀란 마하라자는 성녀를 자신의 궁전으로 초대했지. 성녀는 기꺼이 검사를 받기로 하고 두 달 동안 별채의 작은 방에 갇혀 지냈어. 나중에 성녀는 궁전으로 돌아와서 스무 날을 머문 뒤 세 번째로 보름 동안 검사를 받았어. 마하라자는 세 차례의 엄격한 검사를 통해서 성녀가 먹지 않고 사는 것이 틀림없다는 확신을 갖게 되었다고 내게 직접 말했단다.'

스티티 바부가 들려준 이야기는 이십오 년이 넘도록 내 마음에 남아 있어요. 미국에 있을 때 나는 가끔 요기니‡를 만나 보기 전에 세월의 강이 그분을 삼켜 버리지 않을까 걱정했어요. 그분은 이제 상당히 늙었을 거예요. 나는 그분이 어디에 사는지, 살아 있기는 한지조차도 몰라요. 그러나 몇 시간 후면 우리는 그분의 동생이 살고 있는 푸룰리아에 닿을 거예요."

열 시 반쯤 우리 일행은 푸룰리아에서 변호사 일을 하는 기리 발라의 동생 람보다르 데이를 만나 이야기를 나누었다.

"네, 누님은 살아 계십니다. 누님은 가끔씩 여기서 저와 함께 지내시지만, 지금은 비우르에 있는 큰집에 가 계십니다." 람보다르 바부는 포드 자동차를 미심쩍은 눈으로 바라보았다. "스와미지, 제가 알기로는 여태껏 자동차가 비우르 안쪽까지 들어간 적이 없습니다. 고생이 좀 되더라도 우마차를 이용하는 편이 나을 것 같습니다."

우리는 한목소리로 디트로이트가 자랑하는 포드를 두둔했다.

"이 자동차는 미국에서 여기까지 왔습니다. 이 녀석이 벵골 한복판을 달릴 기

---

* 벵골 북부에 있는 마을.
† 지금은 고인이 된 비자이 찬드 마흐타브 전하. 그의 가족은 기리 발라에 대한 세 차례 조사의 기록을 틀림없이 보관하고 있을 것이다.
‡ 여자 요기.

회를 놓친다면 무척 섭섭할 겁니다."

"가네시*의 가호가 있기를!" 람보다르 바부가 웃으며 덕담을 건네고는 정색을 하며 덧붙였다. "스와미지가 그곳에 가신다면 누님이 무척 반가워할 겁니다. 누님은 일흔이 다 되었지만 아직도 정정합니다."

"누님께서 아무 것도 안 드신다는 이야기가 정말인지 궁금합니다." 나는 그의 눈을 똑바로 들여다보았다. 눈은 숨길 수 없는 마음의 창인 까닭이다.

"정말입니다." 그의 눈길에는 아무런 거리낌이 없었다. "저는 오십 년 넘게 누님이 음식에 입을 대는 것을 보지 못했습니다. 오늘 당장 세상에 종말이 온들, 누님이 무얼 먹는 것보다 더 놀랍지는 않을 겁니다!"

두 가지 다 있을 법하지 않은 일이라는 생각에 우리는 서로 눈웃음을 주고받았다.

"누님은 수행을 하려고 은둔 생활을 고집한 적이 없습니다. 평생 가족과 친구들에게 둘러싸여 지냈지요. 사람들은 이제 모두 누님의 예사롭지 않은 상태에 익숙해져 있습니다. 누님이 갑자기 음식을 먹겠다고 한다면 깜짝 놀라지 않을 사람이 하나도 없을 겁니다. 누님도 인도의 여느 과부들처럼 은거하고 지내지만, 푸룰리아와 비우르에 사는 주변 사람들은 누구나 누님이 정말로 범상치 않은 분이라는 것을 알고 있습니다."

동생의 얘기가 사실인 것은 분명했다. 우리 일행은 진심으로 감사를 드리고 비우르를 향해 떠났다. 가는 길에 노점에 들러 카레와 루치 빵을 먹었는데, 라이트 씨가 인도 사람처럼† 손으로 먹는 것을 구경하려고 개구쟁이들이 우 몰려들었다. 왕성한 식욕으로 기운을 돋운 덕분에, (그때까지는 몰랐지만) 여간 고되지 않은 오후의 노정을 견뎌 낼 수 있었다.

여행길은 이제 동쪽으로 뙤약볕이 내리쬐는 논을 지나 벵골의 부르드완 지역

---

* 장애를 물리쳐 주는 번영의 신.
† 스리 유크테스와르는 이렇게 말했다. "신께서는 우리에게 좋은 땅에서 나는 열매를 주셨다. 우리는 음식을 보고, 냄새 맡고, 맛보고 싶어 한다. 인도 사람은 심지어 음식을 만지고 싶어 한다! 그리고 곁에 아무도 없으면 소리까지 듣고 싶어 한다!"

으로 이어졌다. 길가에는 초목이 빽빽이 우거져 있었다. 커다란 우산 같은 가지를 드리운 나무들 사이로 찌르레기와 꾀꼬리의 노랫소리가 흘러나왔다. 이따금씩 소달구지의 나무 바퀴와 굴대가 엇도는 삐걱삐걱 소리가 도시의 아스팔트 위를 달리는 자동차 타이어의 쌩쌩 소리와 극명한 대조를 이루며 귀를 울렸다.

"딕, 차를 세워요!" 갑작스런 지시에 자동차가 덜커덩거리며 볼멘소리를 냈다. "저기 주렁주렁 달린 망고 나무가 우리를 애타게 부르고 있어요!"

우리 다섯 사람은 아이들처럼 망고가 뒹굴고 있는 곳으로 달려갔다. 나무는 잘 익은 열매를 아낌없이 땅에 뿌려 놓았다.

내가 한마디 했다. "이렇게 많은 망고가 태어났다가 아무도 모르게 차가운 땅에 묻혀 버리다니, 아까운 단맛이 덧없이 낭비되고 있군요."

벵골 태생인 제자 사일레시 마줌다르가 웃으며 말했다. "미국에는 이런 즐거움이 없지요, 스와미지?"

"없지요." 망고로 실컷 배를 채운 나는 이렇게 털어놓았다. "서양에 살면서 나는 이 과일이 얼마나 먹고 싶었는지 몰라요. 인도 사람에게 망고가 없는 천국은 생각도 할 수 없어요!"

나는 돌팔매를 쳐서 제일 높은 가지에 도도하게 매달린 신의 작품을 떨어뜨렸다.

열대의 태양에 달궈진 암브로시아를 한입 베어 물면서 물었다. "딕, 차에 카메라가 있나요?"

"네, 트렁크에 있습니다."

"기리 발라가 진짜 성녀로 밝혀지면 서양에 돌아가서 그분에 관한 글을 쓰고 싶어요. 그런 영적 능력을 지닌 요기니가 이 망고처럼 아무도 모르게 살다가 떠나서는 안 돼요."

그 뒤로도 삼십 분이 넘도록 나는 고요한 숲 속을 거닐고 있었다.

라이트 씨가 귀띔해 주었다. "선생님, 마음에 드는 사진을 찍으려면 해가 지기 전에 도착해야 합니다." 그는 씩 웃으며 덧붙였다. "서양 사람은 의심이 많기 때문에 사진이 없으면 성녀 얘기를 믿지 않을 거예요!"

그것은 부인할 수 없는 사실이었다. 나는 유혹을 뿌리치고 다시 차에 올랐다.

"맞아요, 딕." 길을 서두르면서 나는 탄식했다. "서구 현실주의의 제단에 망고의 낙원을 희생하기로 하지요. 사진이 없으면 안 돼요!"

길은 점점 험악해졌다. 수레바퀴 자국이 주름살처럼 갈라지고 딱딱하게 굳은 진흙이 부스럼처럼 돋아 있는 시골길은 낡은 시대의 슬픈 상흔을 보는 듯했다. 우리 일행은 라이트 씨가 편하게 차를 몰도록 가끔씩 차에서 내려 뒤를 밀어 주었다.

사일레시가 푸념했다. "람보다르 바부 말이 옳았어요. 자동차가 우리를 나르는 게 아니라 우리가 자동차를 나르고 있으니 말이에요!"

때때로 예스럽고 소박한 마을이 눈앞에 펼쳐져 차에 탔다 내렸다 하는 지루함을 달래 주었다.

라이트 씨는 1936년 5월 5일의 여행 일지를 이렇게 기록했다.

"우리가 가는 길은 숲 속에 호젓이 들어앉아 태곳적부터 오염되지 않은 마을들과 종려나무 숲을 휘돌아 꼬불꼬불 이어졌다. 초가 움막들은 대문마다 신의 이름을 하나씩 붙여 장식해 놓은 것이 무척 인상적이었다. 벌거벗은 아이들이 천진난만하게 뛰놀고 있다가, 자기네 마을을 마구 휘젓고 다니는 커다랗고 시꺼먼 마차를 보고는 야단법석을 피웠다. 여자들은 그늘 속에서 그저 신기한 듯이 훔쳐보고, 길가에 늘어선 나무 밑에 나른하게 누운 남자들은 무심한 척 하면서 힐끔힐끔 곁눈질을 했다. 한곳에서는 마을사람들이 옷을 입은 채 저수지에 몸을 담그고 흥겹게 멱을 감고 있었다(목욕을 마치면 젖은 옷을 훌렁 벗어던지고 마른 옷을 몸에 걸친다). 여자들은 커다란 놋동이에 물을 담아 집으로 가져간다.

우리는 언덕과 산마루를 넘어 굽이치는 길을 즐겁게 쫓아갔다. 덜컹덜컹 튀어 오르고, 개울에 빠지고, 끊어진 둑길을 돌아가고, 말라붙은 갯바닥 위로 미끄러지기도 하면서 드디어 오후 다섯 시께 목적지인 비우르 가까이에 이르렀다. 반쿠라 행정구의 오지에 들어앉은 이 작은 마을은 빽빽한 수풀 깊숙이 숨어 있어서 우기에는 여행자들의 발길이 뚝 끊긴다고 한다. 그때가 되면 개울이 거센 급류로 바뀌고 길은 뱀처럼 독기 서린 흙탕물을 뱉어 낸다.

마을 밖에 있는 사원에서 기도를 드리고 집으로 돌아가는 사람들을 만나 길을 물었다. 그러자 반쯤 벌거벗은 사내아이 여남은 명이 둘러싸더니 차 위로 기어오르며 서로 안내를 해 주겠다고 소동을 피웠다.

길은 다시 토담집들이 옹기종기 모여 있는 대추야자 숲으로 이어졌다. 숲을 바라고 달리던 차가 한순간 모로 기우뚱하더니 허공으로 튕겼다가 떨어졌다. 수풀과 못을 비껴 산등성이 너머로 뚫린 좁은 오솔길은 여기저기 웅덩이가 지고 고랑이 파였다. 차가 덤불에 엉켰다가 흙더미에 들이박히는 바람에 바퀴 밑에 흙덩어리를 괴어 들어 올려야 했다. 우리는 조심조심, 느릿느릿 나아갔다. 그런데 느닷없이 잡목 더미가 나타나더니 길이 끊겨 버렸다. 하는 수 없이 가파른 바위 턱을 따라 내려가다 보니 마른 저수지로 들어서고 말았다. 우리는 진흙을 긁어내고, 자귀질, 삽질을 한 끝에야 겨우겨우 그곳을 빠져나왔다. 가면 갈수록 길은 건널 수 없는 심연처럼 보였지만, 순례자는 발길을 멈출 수 없다. 아이들과 부모들이 구름처럼 모여서 구경을 하는 사이에 고맙게도 마을 청년들이 삽을 가지고 와서 장애물을 치워 주었다(가네시의 가호가 있기를!).

잠시 후 우리는 다져진 마차 바퀴 자국을 따라 길을 헤쳐 나갔다. 아낙네들은 오두막 문간에서 휘둥그런 눈으로 바라보고, 남정네들은 우리 옆쪽과 뒤쪽으로 줄을 지어 따라왔다. 아이들도 폴짝거리면서 행렬에 끼어들었다. 아마도 우리가 이 길을 지나가는 최초의 자동차였을 것이다. 여기서는 틀림없이 '우마차 조합'이 위세를 떨치고 있을 것이다! 우리가 불러일으킨 충격은 엄청난 것이었다. 미국 사람이 이끄는 무리가 요란스럽게 콧김을 내뿜는 쇠 마차를 몰고 그들의 작은 보금자리에 들이닥쳐 태곳적부터 간직해 온 은밀한 신성을 침범했으니!

좁은 오솔길 옆에 차를 세우고 고개를 들어 보니 삼십 미터도 안 되는 곳에 대대로 내려온 기리 발라의 집이 보였다. 길 위의 기나긴 악전고투가 불현듯이 막을 내리자 성취감을 넘어서 전율이 느껴졌다. 벽돌과 회반죽으로 지은 커다란 이층집이 토담집들 사이로 우뚝 솟아 있었다. 열대 특유의 대나무 골조를 둘러친 것으로 보아 집을 수리 중인 모양이었다.

벅차오르는 기대감과 기쁨을 억누른 채 우리는 신의 축복으로 '배고픔에서 해

먹지 않는 성녀 기리 발라

요가의 비법을 익힌 그녀는 에테르와 태양과 대기에서 얻은 우주 에너지로 신체를 재충전한다. 성녀는 이런 얘기를 들려주었다. "나는 여태껏 아픈 적이 없어요. 잠도 조금밖에 안 잡니다. 자고 있는 것이나 깨어 있는 것이나 내게는 마찬가지거든요."

방된'사람의 열린 문 앞에 섰다. 마을 사람들은 젊은이건 늙은이건, 옷을 입은 사람이건 벗은 사람이건 가리지 않고 놀란 입을 다물지 못한 채 생전 처음 보는 광경을 지켜보았다. 여자들은 얼마만큼 거리를 두고 있었지만 궁금한 기색이 가득했고, 남자들은 어른 아이 할 것 없이 부끄러운 줄 모르고 우리 뒤를 따라왔다.

이내 몸집이 자그마한 사람이 문간에 모습을 나타냈다. 기리 발라였다! 그녀는 옅은 금빛이 도는 명주 천으로 몸을 감싸고 있었다. 그녀는 전형적인 인도 여인답게 겸손한 태도로 머뭇거리며 머리에 두른 스와데시(인도산) 천 밑으로 우리를 응시했다. 그녀의 두 눈은 머릿수건의 그늘 속에서 은은히 타오르는 잿불처럼 빛났다. 우리는 세속적 집착을 다 놓아 버리고 자비와 참나를 실현한 얼굴에 마음을 사로잡혔다.

우리가 스틸 카메라와 무비 카메라로 사진을 찍으려고 하자* 그녀는 가만히 다가와 순순히 촬영에 응했다. 그녀는 수줍어하면서도 자세를 고치고 조명을 조절하는 따위의 번거로운 일을 참을성 있게 견뎌 주었다. 마침내 우리는 오십 년이 넘도록 먹지도 마시지도 않고 살아온 이 세상에 하나뿐인 여성의 사진을 기록하여 후세에 전해 줄 수 있게 되었다.(물론 테레즈 노이만도 1923년부터 금식하고 있다.) 우리 앞에 서 있는 기리 발라의 표정은 어머니처럼 자애로웠다. 헐겁게 늘어뜨린 천으로 온몸을 가리고 있어서, 겉으로 보이는 부위는 눈을 내리뜨고 있는 얼굴과 손과 작은 발뿐이었다. 아이처럼 떨리는 도톰한 입술과 여성적인 코, 가늘게 반짝이는 눈, 아쉬운 듯한 미소가 보기 드물게 평온하고 초연한 얼굴을 만들어 내고 있었다.”

나도 기리 발라를 보고 라이트 씨와 비슷한 인상을 받았다. 부드럽게 빛나는 베일처럼 영성이 그녀를 감싸고 있었다. 그녀는 재가자가 승려를 맞이하는 관습에 따라 내 발치에 경의를 표했다. 그녀의 소박한 매력과 조용한 미소는 달콤한 수사를 뛰어넘는 마력을 발휘하여, 먼지 속에 힘든 길을 달려온 피로가 다 가시는 듯했다.

자그마한 성녀는 베란다에 가부좌를 틀고 앉았다. 그녀의 모습은 세월의 흔적을 담고 있었지만 노쇠한 느낌은 들지 않았다. 올리브색 피부는 여전히 윤기가 돌고 건강해 보였다.

나는 벵골어로 말했다. “어머니, 저는 스물다섯 해가 넘도록 이 순례를 간절히 기다려 왔습니다. 스티티 랄 눈디 바부께서 어머니의 거룩한 삶에 대해 얘기해 주셨습니다.”

그녀는 알겠다는 듯 끄덕였다. “네, 그 사람은 나와브간지에서 가까운 이웃으로 지냈지요.”

---

* 라이트 씨는 세람포어에서 마지막 동지 축제가 열렸을 때 스리 유크테스와를 무비 카메라로 촬영하기도 했다.

"그동안 저는 바다 건너 낯선 땅에 있으면서도 언젠가 당신을 만나 보리라는 생각을 잊은 적이 없습니다. 어머니께서 이곳에 숨어 펼치고 계신 숭고한 드라마를 세상에 널리 알려서, 신성한 내면의 양식을 오랫동안 잊고 지내 온 사람들에게 용기를 주어야 합니다." 성녀는 잠깐 눈을 들어 담담하게 관심을 나타내며 미소 지었다.

"바바(존경하는 사부)께서 어련히 알아서 하시겠습니까?" 그녀는 온유하게 대답했다.

기리 발라가 싫은 내색을 하지 않는 것이 다행이었다. 세상에 알려지는 것을 요기들이 어떻게 받아들일지는 아무도 모른다. 그들은 조용히 영적 탐구에 전념하고 싶어 하기 때문에 나서기를 꺼리는 게 보통이다. 깨달음을 구하는 이들을 위해서 자신의 삶을 드러내야 할 때가 되면 내면에서 부름을 받게 된다.

나는 말을 이었다. "그러면 어머니, 번거롭게 해 드려서 죄송하지만 이제부터 이것저것 여쭈어 보겠습니다. 마음에 내킬 때만 답해 주시면 되고, 대답을 안 하셔도 괜찮습니다."

기리 발라는 자애로운 몸짓으로 두 손을 펼쳐 보였다. "나처럼 하찮은 사람에게 듣고 싶은 얘기가 있다면 기꺼이 대답해 드리지요."

"하찮다니요, 당치 않은 말씀이십니다! 어머니는 위대한 영혼이십니다."

"나는 뭇사람을 섬기는 종이에요. 나는 음식을 지어서 사람들한테 대접하는 것을 좋아해요."

먹지 않는 성녀로서는 묘한 취미라는 생각이 들었다. "어머니께 직접 듣고 싶습니다. 정말로 음식을 먹지 않고 사십니까?"

"그렇습니다." 그녀는 잠시 말을 끊고 기억을 더듬는 듯하더니 입을 열었다. "열두 살 넉 달째부터 예순여덟을 맞은 지금까지 오십육 년이 넘도록 먹지도 마시지도 않았습니다."

"먹고 싶은 유혹을 느끼신 적은 없었나요?"

"먹고 싶었으면 먹었겠지요." 하루 세 끼에 길든 우리 세계에서 당연하게 여기는 진리를 그녀는 간결하면서도 태연하게 말했다.

"하지만 무언가는 먹고 계시겠죠!" 나는 짐짓 반론 조로 되물었다.

"물론이죠!" 그녀는 곧 말뜻을 알아채고 미소를 지었다.

"어머니께서는 공기와 햇빛의 질 좋은 에너지*와 연수(숨골)를 통해 신체로 흡수되는 우주 에너지에서 자양분을 얻습니다."

"바바께서 알고 계시군요." 이번에도 그녀는 잠자코 동의했다.

"어머니, 어린 시절에 대해 말씀해 주십시오. 이 얘기는 온 인도 사람뿐 아니라 바다 건너의 형제자매들에게도 아주 중요한 일입니다."

기리 발라는 예의 삼가는 태도를 거두고 말머리를 뗐다.

"알겠습니다." 그녀의 목소리는 낮으면서도 확고했다.

"나는 이 숲 마을에서 태어났어요. 어린 시절은 주체할 수 없는 식욕을 타고났다는 점을 빼면 특별할 게 없었어요.

나는 아홉 살 때 혼약을 맺었어요.

어머니께서 늘 타이르셨어요. '얘야, 어떻게든 식탐을 좀 줄여 보려무나. 다음에 시댁에 가서 낯선 사람들과 지낼 때 허구한 날 먹기만 하면 어른들이 어떻게 생각하시겠니?'

어머니께서 걱정하시던 일이 현실로 나타났어요. 나는 겨우 열두 살에 나와 브간지에 있는 시집에 들어가 살게 되었어요. 시어머니는 아침 낮 밤 없이 내 식탐을 가지고 핀잔을 주었어요. 하지만 시어머니의 나무람은 도리어 복이 되었어요. 내 안에 잠자고 있던 영적 소질을 깨워 주었으니까요. 어느 날 아침 시어머니는 여느 때보다 더 심하게 나를 타박했어요.

---

* 클리블랜드의 조지 크라일 박사는 1933년 5월 17일 멤피스에서 열린 의사들의 모임에서 다음과 같은 취지의 연설을 했다. "우리가 먹는 것은 다름 아닌 빛입니다. 음식은 무수한 에너지의 양자들입니다. 태양 광선을 통해 음식에 축적된 에너지는 신체의 전기 회로인 신경계에 필요한 전류를 방출합니다. 원자는 태양 에너지가 축적된 용수철 같은 운반체입니다. 이 무수한 원자에 담긴 에너지가 음식으로 섭취됩니다. 인체 안으로 들어온 이 압축된 운반체, 즉 원자들이 원형질에서 복사 에너지를 방출하면서 새로운 화학 에너지, 새로운 전류를 공급합니다. (…) 우리 몸은 그런 원자들로 이루어져 있습니다. 그것이 우리의 근육이고 뇌이며, 눈이나 귀와 같은 감각 기관입니다."
언젠가 과학자들은 인간이 태양 에너지를 직접 먹고 살 수 있는 방법을 발견할 것이다. 윌리엄 로렌스는 《뉴욕 타임스》에 이렇게 기고했다. "엽록소는 자연계에서 '햇빛을 가두는' 구실을 하는 유일한 물질이다. 엽록소는 햇빛의 에너지를 '붙잡아서' 식물 안에 저장한다. 이것이 없이는 어떤 생명도 존재할 수 없다. 우리는 식물성 음식물이나 식물을 먹는 동물의 살코기에 저장된 태양 에너지로부터 생존에 필요한 에너지를 얻는다. 석탄이나 석유에서 얻는 에너지도 몇 백만 년 전에 엽록소에 의해 식물 안에 가두어진 태양 에너지다. 우리는 엽록소의 작용을 통해 태양을 먹고 사는 것이다."

나는 발끈해서 쏘아붙였지요. '두고 보세요. 죽을 때까지 다시는 음식에 손도 대지 않을 거예요.'

시어머니는 코웃음을 쳤어요. '그래! 온종일 먹어 대지 않고는 못 배기는 네가 어떻게 굶고 살겠느냐?

나는 뭐라고 대답할 말이 없었어요. 하지만 가슴속에는 굳은 결심이 솟구쳤어요. 나는 외진 구석으로 가서 하늘의 아버지를 찾았어요.

나는 끝없이 기도를 드렸지요. '신이여, 음식이 아니라 당신의 빛으로 사는 법을 가르쳐 줄 구루를 보내 주십시오.'

순간 나는 무아경에 빠져들었어요. 그러고는 신비로운 마력에 이끌려 갠지스 강가에 있는 나와브간지 가트로 향했지요. 가는 길에 시댁에서 모시는 스승님을 만났어요.

나는 아무 의심 없이 말했어요. '고매하신 스승님, 부디 먹지 않고 사는 법을 가르쳐 주십시오.'

그분은 대답 없이 나를 빤히 쳐다보더군요. 그러더니 달래는 투로 말했어요. '아가야, 오늘 저녁에 사원으로 오거라. 네게 어울리는 베다 의식을 치러 주마.'

나는 그런 모호한 대답을 원한 것이 아니었어요. 계속 가트를 향해 걸어갔지요. 아침 햇살이 물속을 뚫고 퍼졌어요. 나는 마치 신성한 입문 의식을 치르는 것처럼 갠지스 강물에 몸과 마음을 깨끗이 씻었어요. 젖은 옷을 걸치고 강둑을 떠나려는 참에, 대낮의 환한 빛 속에서 마침내 스승의 모습이 내 앞에 나타났어요!

그분은 애정 어린 연민의 목소리로 말씀하셨어요. '사랑스런 아이야, 나는 너의 간절한 기도를 들어 주기 위해 신이 보내신 구루다. 그분은 예사롭지 않은 네 기도에 깊은 감명을 받으셨다. 오늘부터 너는 영계의 빛으로 살며, 네 몸의 원자들은 무한한 전류로 충전될 것이다.'"

기리 발라는 다시 침묵에 잠겼다. 나는 라이트 씨의 연필과 수첩을 집어 들고 그가 이해할 수 있도록 몇 가지 내용을 영어로 적어 주었다.

성녀는 들릴락 말락 잔잔한 목소리로 이야기를 계속했다. "가트에는 사람이 없었지만 구루께서는 나중에라도 길을 잘못 든 목욕꾼이 방해하지 못하도록 빛

의 장막을 둘러치셨어요. 그러고는 인간의 거친 음식에서 몸을 해방시키는 크리
야 행법을 내게 전수해 주셨어요. 특정한 만트라*를 외는 법이며 보통 사람이 수
행하기 힘든 호흡법도 가르쳐 주셨지요. 크리야 외에 무슨 약이나 마술 같은 것
은 쓰지 않아요."

나는 예전에 미국의 신문 기자들이 내게 하던 것처럼, 세인들이 관심을 가질
만한 일들을 이것저것 물었다. 기리 발라는 다음과 같은 사실을 조목조목 들려
주었다.

"나는 오래전에 홀몸이 되었고, 낳은 자식도 없어요. 나는 잠을 조금밖에 안
잡니다. 자고 있는 것이나 깨어 있는 것이나 내게는 마찬가지거든요. 낮 동안에
는 살림을 돌보고 밤이 되면 명상을 해요. 나는 계절에 따른 기후 변화에 둔감한
편이에요. 여태껏 아프거나 병에 걸린 적이 없지만, 어쩌다 다쳐도 고통을 별로
느끼지 않아요. 나는 배설을 하지 않고 맥박과 호흡을 조절할 수 있어요. 그리고
가끔씩 구루와 함께 위대한 영혼들이 환영으로 나타나곤 합니다."

내가 물었다. "어머니, 먹지 않고 사는 법을 다른 사람에게 가르쳐 줄 생각은
없으십니까?"

그러나 굶주리는 세상 사람들을 구제하려는 나의 야심 찬 소망은 여지없이 무
너지고 말았다.

"아니에요." 성녀는 고개를 가로저었다. "구루께서 비밀을 누설하지 말라고
엄명하셨어요. 신이 펼치는 창조의 드라마에 함부로 끼어드는 것을 바라지 않으
신 거죠. 세상 사람들한테 먹지 않고 사는 법을 가르쳐 주면 농부들이 좋아하지
않을 거예요! 달콤한 과일도 쓸모없이 땅바닥에 굴러다니겠지요. 고통과 굶주림
과 질병은 우리를 다그쳐서 삶의 참된 의미를 추구하도록 만드는 카르마의 채찍
이라는 생각이 들어요."

나는 넌지시 물었다. "어머니, 먹지 않고 살 수 있는 능력이 딱히 당신에게 주

---

* 강력한 진동을 일으키는 주문. 산스크리트어 만트라를 직역하면 '생각의 도구'를 뜻한다. "만트라는 창조의 한 측면
을 나타내는 관념적이고 귀에 들리지 않는 소리를 의미하며, 음절로 발음하면 보편적인 술어가 된다."(《Webster's New
International Dictionary》 제2판) 소리의 무한한 힘은 우주 창조의 발동기가 내는 소리인 옴, 즉 '말씀'에서 비롯된다.

어진 이유는 무엇일까요?"

"인간이 영(靈)임을 보여 주려는 것이죠." 그녀의 얼굴은 지혜로 빛났다. "신성한 진보를 통해서 음식이 아니라 영원한 빛으로 사는 법을 차츰 깨우칠 수 있다는 본보기로 삼으려는 것이지요."*

성녀는 깊은 명상에 잠겼다. 그녀의 시선은 내면으로 향하고, 깊고 온화한 눈에서 표정이 사라졌다. 그녀는 한숨을 몰아쉬더니 호흡을 끊고 몰아의 상태로 빠져들었다. 한동안 그녀는 일체의 분별을 떠난 영역, 내적 기쁨으로 충만한 낙원을 노닐고 있었다.

열대의 밤이 내려앉았다. 그늘 속에 조용히 웅크리고 앉아 있는 마을 사람들 머리 위에서 작은 호롱불이 가물가물 흔들렸다. 어지럽게 날아다니는 개똥벌레와 멀리 오두막의 등불이 우단 같은 어둠 위에 섬뜩한 빛의 무늬를 수놓았다. 어느덧 아쉬운 작별의 시간이 다가왔다. 문 밖에는 더디고 지루한 여정이 우리를 기다리고 있었다.

성녀가 눈을 뜨기를 기다려 내가 말했다. "어머니, 사리 한 조각을 주시면 정표로 간직하고 싶습니다."

성녀는 곧 바나라스 비단 조각을 가지고 와서 손에 펼치더니 갑자기 땅에 엎드렸다.

나는 정중하게 말했다. "어머니, 오히려 저에게 축복받은 당신의 발을 만지게 해 주십시오!"

---

* 기리 발라가 획득한 절식의 경지는 파탄잘리의 《요가 수트라》 3장 31절에서 말하는 요가의 힘이다. 그녀는 척추에 위치한 영묘한 에너지의 다섯 번째 중심인 비슈다 차크라를 깨우는 특정한 호흡법을 사용한다. 목 반대쪽의 비슈다 차크라는 신체 세포의 원자 내 공간에 충만한 제5의 원소인 아카시(에테르)를 조절한다. 수행자가 이 차크라(바퀴)에 집중하면 에테르의 에너지로 살 수 있게 된다.

테레즈 노이만은 거친 음식을 먹지도 않고, 과학적인 요가 기법을 행하지도 않는다. 비밀은 개인적인 카르마의 복잡성 속에 숨겨져 있다. 테레즈 노이만이나 기리 발라처럼 신에게 헌신한 삶은 적지 않지만, 겉으로 드러나는 표현 방식은 저마다 달랐다. 먹지 않고 산 기독교 성자들(그들은 또한 성흔을 받았다) 가운데는 쉬담의 성녀 리드비나, 렌트의 복녀 엘리사벳, 시에나의 성녀 카타리나, 도미니카 라자리, 폴리뇨의 복녀 안젤라, 19세기의 루이즈 라토 등이 있다. 플뤼에의 성 니콜라오(15세기에 화합을 부르짖는 감동적인 탄원으로 스위스 연방을 구한 은수자 브루더 클라우스)는 20년 동안 절식했다.

47
다시 서양으로

"저는 인도와 미국에서 여러 차례 요가 강좌를 열었지만, 이렇게 영국의 수련 생들을 지도하게 된 데 대해 한 사람의 인도인으로서 남다른 기쁨을 느끼는 것을 고백하지 않을 수 없습니다."

런던의 강좌에 참석한 사람들은 고개를 끄덕이며 웃었다. 어떤 정치적 혼란도 요가를 통한 평화를 방해할 수는 없었다.

인도에서 보낸 나날들은 이제 아득한 추억이 되어 버렸다. 어느덧 1936년 9월, 나는 런던에서 다시 강연하겠다는 열여섯 달 전의 약속을 지키기 위해 영국에 와 있다.

영국도 역시 시대를 초월한 요가의 가르침에 깊은 관심을 보였다. 기자들과 뉴스 촬영기사들이 그로브너 하우스의 내 숙소로 밀려들었다. 세계 신앙 협회(World Fellowship of Faiths)의 영국 협의회가 9월 29일 화이트필드 회중 교회에서 모임을 가졌는데, 그곳에서 나는 '인류애에 대한 믿음이 어떻게 문명 세계를 구할 수 있는가' 하는 중대한 주제를 가지고 강연했다. 캑스턴 홀에서 열린 여덟 시 강연에는 청중이 너무 많이 몰려, 이틀 동안 미처 입장하지 못한 사람들이 아홉 시 반에 열리는 두 번째 강연을 듣기 위해 윈저 하우스 강당까지 와서 기다리는 일이 벌어졌다. 그 뒤로 몇 주 사이에 요가 강좌는 규모가 점점 불어나서 라이트 씨가 다른 장소를 알아봐야 할 정도가 되었다.

영국 사람의 끈기는 영적인 관계에서 그 진가를 발휘한다. 런던의 요가 수련생들은 내가 떠난 뒤에도 신의를 저버리지 않고 스스로 SRF 센터를 조직하여, 혹독한 전쟁을 치르는 와중에도 매주 명상 모임을 가졌다.

우리는 런던 시내를 돌아본 다음 몇 주 동안 아름다운 시골을 두루 다니면서 잊지 못할 추억의 시간을 보냈다. 라이트 씨와 나는 믿음직한 포드 자동차를 타고 영국 역사를 빛낸 위대한 시인과 영웅들의 출생지와 묘지를 방문했다.

우리 일행은 시월 말에 사우샘프턴에서 브레멘 호를 타고 미국으로 향했다. 뉴욕 항에 이르러 웅대한 자유의 여신상이 눈에 들어오자 우리는 반가운 마음에 목이 메었다.

포드 자동차는 태고의 땅에서 고투를 벌이느라 조금 닳기는 했지만 여전히 힘이 넘쳤다. 이번에는 캘리포니아에 이르는 대륙 횡단 여행을 거뜬히 버텨 냈다. 1936년이 저물 무렵, 우리는 마침내 마운트 워싱턴 센터에 도착했다.

로스앤젤레스 센터에서는 해마다 연말 축제를 벌이는데, 12월 24일(영적인 성탄절)에 여덟 시간에 걸친 명상회를 열고* 다음날(세속의 성탄절) 연회를 베푼다. 올해의 축제는 세계 여행에서 돌아온 세 사람을 환영하기 위해 먼 길을 달려온 벗들과 제자들 덕분에 더욱 활기를 띠었다.

성탄일 연회에는 이 기쁜 날을 맞아 일만 오천 마일을 건너온 카슈미르산 구치 버섯이며 라사굴라와 망고 통조림, 파파르 비스킷, 아이스크림 향미료로 쓰이는 케오라 꽃 기름 등 갖은 진미가 차려 나왔다. 저녁에는 커다랗게 반짝거리는 크리스마스트리 주위에 다 같이 모여 앉았다. 곁에 있는 벽난로에서는 향이 좋은 삼나무 장작이 탁탁 소리를 내며 타고 있었다.

선물의 시간! 머나먼 땅 팔레스타인, 이집트, 인도, 영국, 프랑스, 이탈리아에서 구한 선물들…… 미국에 있는 벗들에게 건네줄 귀한 물건이 행여나 좀도둑 손을 탈세라, 배를 갈아탈 때마다 라이트 씨가 얼마나 부지런히 트렁크를 챙겼

---

* 1950년부터는 12월 23일에 종일 명상회를 열고 있다. 전 세계의 SRF 회원들도 이런 전통에 따라 크리스마스 시즌 동안 하루를 내어 각자의 가정과 SRF 사원이나 센터에서 깊은 명상과 기도를 행한다. 수많은 사람이 파라마한사 요가난다가 시작한 이 연례 의식을 통해 커다란 영적 도움과 축복을 받았음을 증언했다. 파라마한사지는 또 마운트 워싱턴 센터에 세계 기도회(Worldwide Prayer Circle)를 설립했다. 이곳에서는 개인적인 문제를 해결하거나 해소하기 위해 도움을 청하는 모든 이를 위해 매일 기도를 드린다.(편집자 주)

는지 모른다. 성지의 신성한 올리브 나무로 만든 장식판, 벨기에와 네덜란드에서 뜬 섬세한 레이스와 자수, 페르시아 양탄자, 곱게 짠 카슈미르 숄, 향기가 변치 않는 마이소르의 백단향 쟁반, 중앙 인도에서 찾아낸 시바의 '황소 눈' 보석, 오래전에 사라진 인도 왕조의 동전, 보석으로 장식한 꽃병과 찻잔, 장식 소품, 벽걸이 융단, 사원에서 쓰는 향과 향료, 스와데시 무명 사라사, 칠기 그릇, 마이소르 상아 조각품, 앞코가 길고 뾰족한 페르시아 신발, 고색창연한 채색 필사본, 벨벳, 수단, 간디 캡, 도자기, 타일, 놋 세공품, 기도용 깔개. 이것들은 세 대륙을 누비면서 그러모은 우리의 전리품이었다.

나는 트리 밑에 산처럼 쌓인 선물 더미에서 알록달록 포장한 꾸러미를 하나씩 나누어 주었다.

"시스터 갸나마타!" 나는 성인처럼 깊은 깨달음과 맑은 얼굴을 지닌 미국 여성에게 기다란 상자를 건네주었다. 시스터 갸나마타는 내가 없는 동안 마운트 워싱턴 센터를 맡아 주었다. 그녀는 포장지를 풀고 금빛 바나라스 비단으로 지은 사리를 꺼냈다.

"고맙습니다, 구루지. 이 사리를 보니 인도의 축제 행렬이 눈앞에 선하게 떠오르는군요."

"디킨슨 씨!" 이번 꾸러미에는 내가 캘커타의 장터에서 산 선물이 들어 있었다. 그때, 디킨슨 씨가 틀림없이 좋아할 것 같은 느낌이 들었다. 애제자인 E. E. 디킨슨 씨는 1925년에 마운트 워싱턴 센터를 설립했을 때부터 한 번도 빠짐없이 성탄절 축제에 참석했다. 열한 번째를 맞는 올 축제에도 그는 내 앞에서 네모난 꾸러미의 리본을 풀었다.

"은잔!" 그는 애써 감정을 추스르며 선물로 받은 커다란 술잔을 빤히 쳐다보았다. 그는 눈에 띌 정도로 망연한 표정을 지으며 멀찍이 떨어진 자리에 가 앉았다. 나는 애정이 담긴 미소를 건네고 산타클로스 역할을 계속했다.

웃음꽃 넘치는 저녁 시간은 이 모든 선물을 내려 주시는 분께 기도하고 함께 크리스마스 캐럴을 부르는 것으로 끝을 맺었다.

며칠 후에 나는 디킨슨 씨와 마주 앉아 이야기를 나누었다.

"구루지, 은잔에 새삼 감사드리고 싶습니다. 성탄절 날 밤에는 할 말을 잃었습니다."

"그 선물은 내가 특별히 당신을 위해 고른 것입니다."

"저는 사십삼 년 동안 그 은잔을 기다려 왔습니다! 사연을 얘기하자면 깁니다. 마음속에 꼭꼭 묻어 두었던 이야기지요." 디킨슨 씨는 수줍어하며 나를 바라보았다.

"시작은 아주 극적이었습니다. 저는 물에 빠져 허우적거리고 있었어요. 네브래스카에 있는 어떤 마을에서 형이 장난을 치다가 두 길쯤 되는 연못에 저를 빠뜨린 겁니다. 그때 저는 겨우 다섯 살이었어요. 두 번째로 물속에 잠기는 순간, 찬란한 오색 빛이 어리더니 온 누리를 뒤덮는 것이었어요. 그 한복판에는 고요한 눈가에 훈훈한 미소를 머금은 한 남자의 형상이 서 있었습니다. 제가 세 번째로 빠져들고 있을 때 형의 친구 하나가 길고 가느다란 버드나무 가지를 끌어내려 물 밑으로 드리워 주었습니다. 저는 필사적으로 가지에 매달렸지요. 형들이 저를 둑으로 끌어올려 바로 응급 처치를 해 준 덕에 목숨을 건졌습니다.

십이 년 뒤 열일곱 살이 된 저는 어머니와 함께 시카고에 갔습니다. 1893년 9월이었는데, 역사적인 세계 종교 회의가 열리고 있을 때였습니다. 어머니를 따라 중심가를 걷고 있던 저는 또다시 강렬한 섬광을 보았습니다. 몇 발자국 떨어진 곳에, 그 옛날 환영처럼 나타났던 바로 그 남자가 유유히 걸어가고 있었습니다. 그 사람은 커다란 강당으로 다가가더니 문 안으로 사라졌습니다.

저는 소리쳤습니다. '어머니, 물에 빠졌을 때 나타났던 바로 그 사람이에요!'

어머니와 제가 서둘러 건물 안으로 쫓아 들어가 보니 그 남자는 연단 위에 앉아 있더군요. 우리는 이내 그분이 인도의 스와미 비베카난다*라는 것을 알았습니다. 영혼을 뒤흔드는 그분의 강연이 끝난 뒤 저는 연단 앞으로 가서 그분을 뵈었습니다. 그분은 마치 오랜 친구처럼 다정한 미소로 저를 맞이했습니다. 저는 아직 어려서 어떻게 감정을 표현해야 할지 몰랐지만, 마음속으로 그분이 제 스

---

* 그리스도와 같은 스승 라마크리슈나 파라마한사의 수제자.

승이 되어 주기를 간절히 바라고 있었습니다. 그분은 저의 생각을 읽었습니다.

'아닐세, 젊은이, 나는 자네의 구루가 아니야.' 비베카난다는 꿰뚫는 듯 영롱한 눈빛으로 제 눈을 들여다보았습니다. '훗날 진짜 스승이 나타나 자네에게 은잔을 건네줄 걸세.' 그분은 잠시 말을 끊었다가 웃으면서 이렇게 덧붙였습니다. '그 사람은 자네가 지금 감당할 수 있는 것보다 더 큰 축복을 그 잔에 부어 줄 걸세.'

며칠 후 저는 시카고를 떠났는데, 그 뒤로 다시는 비베카난다 님을 만나지 못했습니다. 그러나 그분의 말씀은 의식 깊은 곳에 지울 수 없는 각인으로 남았습니다. 세월이 흘러도 스승님은 나타나지 않았습니다. 1925년 어느 날 밤 저는 신께 구루를 보내 달라고 애타게 기도했습니다. 몇 시간 뒤 저는 감미롭게 귀를 울리는 선율에 잠이 깼습니다. 플루트며 갖가지 악기를 손에 든 천상의 음악대가 눈앞에 어른거리더군요. 천사들은 장엄한 음악으로 대기를 가득 채우고 나서 천천히 사라졌습니다.

다음 날 저녁, 저는 이곳 로스앤젤레스에서 처음으로 구루지의 강연에 참석했지요. 그때 저는 기도가 이루어졌다는 것을 알았습니다."

우리는 말없이 미소를 주고받았다.

디킨슨 씨는 계속 이야기했다. "저는 구루지의 제자가 되어 지금까지 십일 년 동안 크리야 요가를 수행했습니다. 때로는 은잔의 예언이 궁금하기도 했지만, 결국은 비베카난다의 말씀을 하나의 은유로 받아들이고 거의 체념한 상태였습니다. 그러나 성탄절 날 밤에 구루지가 트리 옆에서 작은 상자를 건네주었을 때 저는 한평생 세 번째로 똑같은 섬광을 보았습니다. 다음 순간 제 눈앞에는 사십삼 년 전에 비베카난다가 예언했던* 구루의 선물, 은잔이 놓여 있었습니다!"

---

* 디킨슨 씨가 스와미 비베카난다를 만난 것은 1893년 9월인데, 파라마한사 요가난다는 같은 해 1월 5일에 태어났다. 비베카난다는 요가난다가 다시 환생했으며, 인도의 철학을 가르치기 위해 미국으로 가리라는 사실을 분명히 알고 있었다. 1965년에 89세가 되어서도 여전히 정정하게 활동하던 디킨슨 씨는 로스앤젤레스에 있는 SRF 본부에서 의식을 치르고 요가차리아(요가의 스승)라는 칭호를 얻었다. 그는 종종 파라마한사지와 함께 장시간에 걸친 명상을 하고 매일 세 차례의 크리야 요가 수행을 거르지 않았다.

1967년 6월 30일 운명하기 2년 전에 요가차리아 디킨슨은 SRF 수도사들에게 강론을 했다. 그는 파라마한사지에게도 미처 얘기하지 못했던 흥미로운 일화를 털어놓았다. "

시카고에서 내가 스와미 비베카난다를 뵈려고 연단으로 올라가자, 인사도 나누기 전에 이렇게 말씀하시더라군요. '젊은이, 물가에 가까이 가지 말게나!'"(편집자 주)

48
캘리포니아의 엔시니타스 아슈람

"놀라셨지요! 스승님이 해외에 계신 동안 저희가 이 엔시니타스 아슈람을 지었습니다. 무사히 다녀오신 것을 축하하는 선물입니다." 린 씨와 시스터 갸나마타, 두르가 마를 비롯한 수도자들이 미소를 지으면서 나를 이끌고 정문을 지나 나무 그늘이 우거진 오솔길로 안내했다.

거대한 원양 여객선처럼 푸른 바다를 향해 튀어나온 건물이 눈앞을 가로막았다. 나는 한순간 말을 잃었다가, 이윽고 "오!"와 "아!"를 연발하면서 빈약한 인간의 어휘로 기쁨과 감사를 표했다. 아슈람을 찬찬히 둘러보니 엄청나게 큰 방이 열여섯 개나 되는데, 하나하나가 모두 운치 있게 꾸며져 있었다.

천장까지 닿는 창문들이 줄지어 있는 웅대한 중앙 홀은 제단처럼 펼쳐진 초원과 바다와 하늘을 바라다보고 있다. 마치 에메랄드와 오팔과 사파이어가 한데 어우러진 듯했다. 커다란 벽난로의 선반 위에는 그리스도와 바바지, 라히리 마하사야, 스리 유크테스와르의 초상화가 걸려 있다. 이 평온한 서양의 아슈람에 스승들의 축복이 넘쳐흐르는 것이 느껴진다.

홀 바로 밑의 가파른 벼랑을 그대로 깎아 만든 두 개의 명상 동굴은 가없는 하늘과 바다를 마주보고 있다. 뜰에는 일광욕을 즐길 수 있는 휴식처가 있고, 판석이 깔린 산책로를 따라가면 고요한 수풀과 장미 화원이며 유칼리나무 숲, 과수원이 이어진다.

"성인들의 선하고 고결한 영혼이 이곳에 강림하시어(아슈람의 어떤 문에 걸려

파라마한사 요가난다와 제임스 린(훗날의 스리 라자르시 자나카난다. 261쪽 사진 참조). 1933년 로스앤젤레스의 SRF/YSS 국제 본부에서 구루의 제자가 함께 명상을 수행하고 있다. 요가난다지는 이렇게 얘기했다. "사업 사람은 명상을 할 수 없다고 말하는 이들도 있지만 그것은 사실이 아닙니다. 린 씨가 처음 크리야 요가를 전수받고 나서부터 나는 그가 마음속으로 신과 교감하고 있지 않은 모습을 한 번도 본 적이 없습니다."

1939년 SRF 엔시니터스 아슈람에서 파라마한사지와 페이 라이트(훗날의 스리 다야 마타. 261쪽 사진 참조). 그녀가 1931년 SRF 아슈람에 입문하고 얼마 되지 않아 구루는 말했다. "당신은 나의 드문한 말임이에요. 당신이 왔을 때 나는 앞으로 이 길을 따르는 참된 헌신자들의 발걸이 굶이지 않으리라는 것을 알았어요." 훗날은 이런 덕담을 건네기도 했다. "우리 페이는 좋은 일을 아주 많이 할 거예요!... 분여들이는 제도이 뛰어나서 큰일을 이 잘 해낼 거예요."

있는 젠드 아베스타의 '거처를 위한 기도' 가운데 한 구절) 우리와 함께 하며 땅처럼 넉넉하고 하늘처럼 드높은 은총으로 치유의 힘을 내려 주시기를!"

캘리포니아 엔시니타스의 방대한 토지는 1932년 1월에 크리야 요가에 입문한 후 충실하게 수행에 정진해 온 제임스 린 씨가 SRF에 기증한 것이다. 미국인 사업가인 린 씨는 수많은 유정을 관리하고 세계 굴지의 화재보험 회사를 운영하느라 다사다망한 중에도 매일 시간을 내서 오랫동안 심도 깊게 크리야 요가를 수행한다. 그는 이렇게 균형 잡힌 삶을 추구하면서 사마디의 경지에 이르러 흔들림 없는 마음의 평화를 얻었다.

내가 인도와 유럽에 머무르는 동안(1935년 6월부터 1936년 10월까지) 린 씨[*]는 캘리포니아에서 나와 편지를 주고받는 사람들과 애정 어린 음모를 꾸미고 엔시니타스에 아슈람 짓는 일을 비밀에 부치기로 했던 것이다. 이처럼 놀랍고 기쁜 일이 또 있을까!

미국에 건너와서 처음 몇 해 동안 나는 바닷가 아슈람을 지을 작은 터를 찾아 캘리포니아 해안을 샅샅이 뒤졌다. 그런데 알맞은 곳을 찾으면 번번이 무슨 일이 생겨 계획이 틀어지곤 했다. 이제 이렇게 햇살이 내리쬐는 엔시니타스의 너른 뜰을 바라보고 있노라니, 스리 유크테스와르가 오래전에 예언했던 '바닷가의 은둔처'[†]가 정말로 실현된 것을 깨닫고 다시금 고개가 숙여졌다.

몇 달 뒤, 1937년 부활절에 나는 새 아슈람의 잔디밭에서 처음으로 부활절 일출 예배를 드렸다. 수백 명의 제자들이 매일 아침 일어나는 기적, 동쪽 하늘에서 온 누리를 깨우는 태양의 의식을 그 옛날 동방 박사들처럼 경외심 어린 눈으로 바라보았다. 서쪽으로 펼쳐진 태평양은 엄숙한 찬가를 우렁차게 불러 젖히고, 저 멀리 조그맣고 하얀 돛단배 위로 갈매기 한 마리가 외롭게 날고 있었다. "그리스도여, 봄의 태양과 더불어 영원한 영(靈)의 새벽 위로 그대가 떠오르고 있습니다!"

---

[*] 린 씨(라자르시 자나카난다)는 파라마한사지가 타계한 후 SRF와 인도 YSS의 회장직을 맡았다. 린 씨는 구루에 대해 이런 이야기를 했다. "성자와 함께 지낸다는 것은 얼마나 거룩한 일인가요! 내가 일생 동안 겪은 일 가운데 파라마한사지께서 베풀어 주신 축복만큼 값진 것은 없었습니다."
린 씨는 1955년에 마하사마디에 들었다.(편집자 주)

[†] 163~164쪽 참조.

태평양을 굽어보는 캘리포니아 주 엔시니타스의 SRF 아쉬람을 하늘에서 내려다본 광경. 널따란 돌에는 아쉬람 주거 시설과 Self-Realization 은거처가 있고, 바로 가까이에 SRF 사원이 있다.

1940년, 태평양이 내려다보이는 벼랑 위에 자리한 SRF 엔시니타스 아슈람의 뜰을 거니는 파라마한사 요가난다

꿈처럼 행복한 몇 달이 지나갔다. 더없이 아름다운 엔시니타스의 자연 속에서 나는 오래전부터 계획해 온 《우주의 송가(Cosmic Chants)》*를 완성했다. 인도의 노래에 영어 가사를 붙이고 서양식 악보로 옮겨 적은 것이다. 여기에는 샹카라의 〈태어남도 없고 죽음도 없다(不生不滅)〉, 산스크리트어로 쓰인 〈브라흐마에 바치는 찬가〉, 타고르의 〈나의 신전에는 누가 있는가?〉, 그리고 내가 지은 〈나는 언제나 그대의 것〉, 〈꿈 저편의 땅〉, 〈나의 영혼이 당신을 부릅니다〉, 〈내 영혼의 노래를 들어 보세요〉, 〈침묵의 신전에서〉 등이 실려 있다.

송가집의 머리말에서 나는 동양의 성가에 대한 서양 사람들의 반응을 처음으로 접한 일을 소개했다. 1925년 4월 18일, 뉴욕의 카네기 홀에서 열린 공개 강연에서 있었던 일이다.

하루 전날 나는 미국인 제자 앨빈 헌시커 씨에게 내 계획을 털어놓았다. "청중

* SRF에서 출간. 파라마한사 요가난다가 《우주의 송가》에 실린 노래들을 직접 부른 녹음 자료도 SRF에서 구할 수 있다.(편집자 주)

에게 인도의 옛 노래 〈오 아름다운 신이여〉*를 부르자고 할 생각이에요."

헌시커 씨는 미국 사람들이 동양 노래를 쉽게 이해하지 못한다며 난색을 표했다.

나는 대답했다. "음악은 보편적인 언어입니다. 미국 사람들도 이 고결한 노래에 담긴 영적 갈망을 틀림없이 느낄 겁니다."

다음날 밤 〈오 아름다운 신이여〉를 외치는 경건한 선율이 삼천 명의 입에서 한 시간이 넘도록 울려 퍼졌다. 경애하는 뉴욕 시민들이여, 풍요에 지친 그대들의 가슴은 순박한 기쁨의 노래 속에 훨훨 날아올랐도다! 그날 저녁 사랑으로 신의 이름을 외친 헌신자들은 거룩한 영혼의 치유를 경험했다.

1941년에 나는 보스턴의 SRF 센터를 방문했다. 보스턴 센터를 이끌고 있는 M. W. 루이스 박사는 예술적으로 꾸며진 스위트룸을 예약해 주었다. 박사는 미소를 지으며 말했다. "미국에 처음 오셨을 때 구루지는 이 도시에서 몇 해 동안 욕실도 없는 싱글 룸에 묵으셨지요. 보스턴에도 쾌적한 숙소가 있다는 것을 보여 드리고 싶었습니다!"

캘리포니아에서 눈코 뜰 새 없이 바쁜 가운데 행복한 나날이 흘러갔다. 1937년에는 엔시니타스에 SRF 공동체†가 설립되었다. 제자들은 SRF의 이상을 따르는 여러 가지 공동체 활동을 통해 다방면에 걸친 훈련을 쌓는다. 이들은 또 엔시

---

* 구루 나나크가 지은 노랫말은 다음과 같다.

오 아름다운 신이여,
오 아름다운 신이여!
숲에서 그대는 푸르고,
산에서 그대는 높고,
강에서 그대는 멈추지 않고,
바다에서 그대는 근엄합니다.
섬기는 이에게 그대는 섬김이고,
사랑하는 이에게 그대는 사랑이고,
슬퍼하는 이에게 그대는 연민이고,
수행자에게 그대는 더없는 기쁨입니다.
오 아름다운 신이여, 오 아름다운 신이여,
그대의 발치에, 오 나는 머리를 조아립니다!

† 이제 번창하는 아슈람 센터로 자리 잡은 이 공동체에는 원래의 수도원 본관과 남녀 수도자를 위한 아슈람, 식당 시설, 회원과 친지들을 위한 아름다운 명상처가 마련되어 있다. 널찍한 뜰의 큰길가에는 금박을 입힌 연꽃으로 머리를 장식한 흰색 기둥이 늘어서 있다. 인도 미술에서 연꽃은 뇌 속에 있는 우주 의식의 중심(사하스라라 차크라), 이른바 '천 개의 잎이 달린 금빛 연꽃'을 상징한다.

니타스와 로스앤젤레스 센터의 식구들이 먹을 과일과 야채도 기른다.

"인류의 모든 족속을 한 혈통으로 만드사."* '사해형제(四海兄弟)'라고 하면 거창하게 들릴지 모르지만, 인간은 스스로를 세계시민으로 인식하면서 공감대를 넓혀 나가야만 한다. 이 세계가 나의 미국이요, 나의 인도요, 나의 필리핀이요, 나의 유럽이요, 나의 아프리카임을 진정으로 이해하는 사람은 보람되고 행복한 삶을 가꿀 수 있는 통찰력을 얻게 될 것이다.

스리 유크테스와르의 몸은 한 번도 인도 땅을 벗어난 적이 없지만 이러한 형제애의 진실을 이미 체득하고 있었다.

"세계가 곧 나의 조국이다."

---

* 〈사도행전〉 17:26.

49
1940년부터 1951년까지

"우리는 명상의 가치를 깨닫고 그 무엇도 우리 내면의 평화를 어지럽힐 수 없다는 것을 알게 되었습니다. 지난 몇 주 동안 우리가 모임을 갖는 사이에도 공습경보가 울리고 포탄 소리가 그치지 않았지만 우리는 한결같은 마음으로 수련의 즐거움을 만끽하고 있습니다."

런던 SRF의 지도자가 쓴 이 멋진 글은 미국이 제2차 세계대전에 참전하기 전에 전쟁으로 파괴된 영국과 유럽에서 나에게 보내온 수많은 편지 가운데 하나였다.

《동양의 지혜 시리즈(The Wisdom of the East Series)》의 저명한 편집자인 크랜머 빙 박사는 1942년에 다음과 같은 편지를 보내왔다.

"나는 《동서》* 지를 읽으면서, 서로 다른 두 세계에 살고 있는 우리가 얼마나 멀리 떨어져 있는지 깨달았습니다. 성배의 축복과 위안을 가득 실은 배가 적에게 포위된 항구를 찾아오듯이, 로스앤젤레스에서 건너온 아름다움과 질서와 평화가 나에게 전해집니다.

마치 꿈속처럼 종려나무가 우거진 엔시니타스의 사원이 보이고 너른 바다와 산의 풍경이 펼쳐집니다. 그리고 무엇보다도 조화 속에 하나로 뭉쳐 창조적인 일에 몰두하고 명상을 통해 활력을 얻는 사람들의 영성 넘치는 우애가 느껴집니다. 새벽을 기다리는 망루에서 한 병사가 SRF의 모든 친구들에게 안부의 인사

---

* 지금은 《Self-Realization》으로 이름이 바뀌었다.

파라마한사 요가난다

1950년 8월 20일 캘리포니아 주 퍼시픽 팰리세이즈에 건립한 SRF 레이크 슈라인의 봉헌식에서

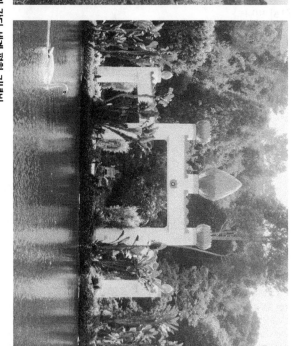

SRF 레이크 슈라인과 간디 세계 평화 기념비

캘리포니아 주 로스앤젤레스 퍼시픽 팰리세이즈에 자리잡은 10에이커의 레이크 슈라인은 1950년 8월 20일 파라마한사 요가난다에 의해 봉헌되었다. 파라마한사 지는 1949년에 건설과 조경 작업을 돕보는 동안 기금씩 왼쪽 사진에 보이는 선상 기옥에 머물렀다. 옆 사진의 기운데 기둥들 사이로 마힌트마 간디의 유골을 모신 조각 석관이 보인다. 호수 건너편에는 왼쪽 사진에 나온 윈드밀 채플이 있다. 일반인에게 개방되어 있는 레이크 슈라인에서는 매주 SRF 예배와 명상회, 강습회가 열린다.

를 전합니다."

SRF의 일꾼들은 캘리포니아 주 할리우드에 '범종교 교회(Church of All Religions)'를 지어 1942년에 봉헌했다. 한 해 뒤에는 샌디에이고에, 1947년에는 롱비치에* 사원이 건립되었다.

1949년에는 세계에서 가장 아름다운 곳의 하나인 로스앤젤레스 퍼시픽팰리세이즈 지구의 꽃동산이 SRF에 기증되었다. 십 에이커에 이르는 땅이 초록빛 언덕으로 둘러싸여 천연의 원형극장을 이루고, 왕관에 박힌 푸른 보석처럼 산속에 커다란 자연 호수가 펼쳐져 '레이크 슈라인(호수의 성지)'이라는 이름을 얻었다. 뜰에는 예스러운 네덜란드 풍차를 짓고 그 안에 호젓한 예배실을 차렸다. 침상원(沈床園, 지면보다 한 층 낮은 정원) 옆에서는 커다란 물레바퀴가 한가로운 물소리를 음악처럼 뿜어낸다. 중국의 대리석 조각 두 점이 운치를 한결 돋우어 준다. 하나는 불상이고 하나는 관음상이다. 폭포 위의 언덕에는 실물 크기의 그리스도상이 서 있는데, 밤이 되면 조명을 비추어 온화한 얼굴과 길게 늘어뜨린 옷이 환히 빛난다.

레이크 슈라인에 있는 마하트마 간디 세계 평화 기념비는 미국 SRF가 삼십 주년을 맞은 1950년에 봉헌되었다.† 인도에서 보내온 마하트마의 유골 일부가 천 년 묵은 석관에 고이 모셔졌다.

1951년에는 할리우드에 SRF '인도 센터'‡가 설립되었다. 캘리포니아 주 부지사 구드윈 나이트 씨와 인도 총영사 아후자 씨가 봉헌식에 참석했다. 이곳에는 이백오십 명을 수용할 수 있는 '인도 홀'이 있다.

여러 센터를 처음 찾는 사람들은 요가에 대해 좀 더 자세히 알고 싶어 한다. 나는 가끔 이런 질문을 듣는다. "어떤 단체에서는 인쇄된 자료를 가지고 요가를 공부하면 효과가 없고 직접 교사의 지도를 받아야만 한다는데 정말 그런가요?"

---

* 롱비치 교회는 식구가 늘어나 1967년에 캘리포니아 주 풀러턴에 있는 널찍한 SRF 사원으로 옮겼다.(편집자 주)

† 1950년 8월 27일 로스앤젤레스에서 나는 30주년을 기리는 성스러운 의식을 베풀고 500명의 제자에게 크리야 요가를 전수했다.

‡ 인도 센터와 그 옆의 사원은 널따란 아슈람 센터의 중심을 이룬다. 이곳은 인도주의에 입각한 봉사에 힘쓰면서 각자의 삶에서 파라마한사 요가난다의 이상을 실현하고자 하는 헌신자들이 관리하고 있다.(편집자 주)

원자력 시대에 요가를 가르치려면 SRF 레슨* 같은 새로운 방법이 필요하다. 그렇지 않으면 이 해방의 과학은 여전히 선택받은 소수에게만 주어질 것이다. 수련자가 저마다 신성한 지혜를 갖춘 구루를 곁에 모실 수 있다면 더할 나위가 없겠지만, 세상에 '죄인'은 넘치는데 성자는 드문 것이 현실이다. 그렇다면 참된 요기가 글로 쓴 가르침을 집에서 공부하는 길 외에 그 많은 사람이 어떻게 요가의 도움을 받을 수 있겠는가?

아니면, '보통 사람'이 요가를 모르고 살아도 모른 체하고 내버려 두는 수밖에 없을 것이다. 그것은 새 시대를 위한 신의 계획이 아니다. 바바지는 신실한 크리야 요기들이 누구나 신성한 목표를 향해 나아갈 수 있도록 이끌고 지켜 주겠다고 약속했다.† 인간이 신의 아들로서 자신의 지위를 회복하려는 참된 노력을 다했을 때 그들을 반겨 줄 평화와 풍요의 세계를 실현하기 위해서는 겨우 몇 십 명이 아니라 그 몇 천 배, 몇 만 배의 크리야 요기가 필요하다.

서양에서 '영혼의 꿀을 담는 벌통' 역할을 할 SRF 조직을 설립하는 일은 스리 유크테스와르와 마하바타 바바지가 나에게 명한 의무였다. 이 성스러운 과업을 수행하는 데는 어려움이 없지 않았다.

"파라마한사지, 정말 그만한 가치가 있었습니까?" 어느 날 저녁, 샌디에이고 사원을 이끌고 있는 로이드 케넬 박사가 짧지만 함축된 질문을 건넸다. 나는 그 의미를 이렇게 이해했다. "미국에 와서 행복했나요? 요가를 오해하고 전파를 막으려고 안달하는 사람들이 퍼뜨린 헛소문을 들어 보았습니까? 환멸과 상심을 맛보았나요? 이끌지 못하는 지도자, 따르지 못하는 수련생은 또 어떻습니까?"

나는 이렇게 대답했다. "주님의 시험을 받는 자는 복된 사람입니다. 주님께서는 때맞춰 제게 시련을 내려 주는 일을 잊지 않으셨으니까요." 그러고서 나는 믿음을 간직한 그 모든 사람들, 미국의 혼을 밝게 비추는 사랑과 헌신과 이해를 떠

---

* 이 종합적인 통신 교육 시리즈는 파라마한사 요가난다가 크리야 요가의 명상 과학과 영적인 생활양식을 널리 전하기 위해 설립한 단체인 SRF의 국제 본부를 통해 제공된다(608쪽 참조).(편집자 주)
† 파라마한사 요가난다 역시 동서의 제자들에게, 이승을 떠난 뒤에도 모든 크리야반(크리야를 전수받은 SRF 레슨의 수련생. 392쪽 각주 참조)의 영적 진보를 계속 지켜보겠다고 언약했다. 요가난다지가 마하사마디에 든 후 스승의 가르침이 어디에나 있음을 깨닫게 된 수많은 크리야 요기들이 보내온 편지들이 이 아름다운 약속의 진실을 입증해 주었다.(편집자 주)

1951년 4월 8일 캘리포니아 주 할리우드, 아래 사진의 SRF 사원에 이웃한 SRF 인도 센터의 봉헌식에 참석한 요가난다지와 구드윈 나이트 캘리포니아 부지사(가운데), A. B. 로즈 씨

할리우드 Self-Realization 사원(범종교 교회)

올렸다. 나는 천천히 힘주어 말했다. "그러나 내 대답은 '네', 천 번이라도 '네'입니다! 내가 꿈꾸었던 것보다 훨씬 더 값진 일이었습니다. 동양과 서양이 변치 않는 오직 하나의 끈, 영성(靈性)으로 이어져 조금씩 가까워지는 것을 보았으니까요."

서양에 깊은 관심을 보였던 인도의 위대한 스승들은 현대의 상황을 잘 이해하고 있었다. 모든 국가와 민족이 동과 서의 고유한 덕목들을 융화시키기 전까지는 세계정세가 개선될 수 없다는 것을 알고 있었다. 동과 서는 서로 상대방이 세계에 기여하는 귀중한 자산을 필요로 한다.

세계를 여행하는 동안 나는 수많은 고통을 보았다.* 동양에서는 주로 물질적인 면에서 고통을 받고, 서양에서는 주로 정신적이거나 영적인 불행을 겪고 있었다. 온 세상 사람들이 균형을 잃은 문명 때문에 심한 몸살을 앓고 있다. 인도를 비롯한 동양의 여러 나라는 미국과 같은 서구 세계의 물질적 효율성과 사물을 실질적으로 파악하는 태도를 본받음으로써 큰 편익을 얻을 수 있다. 반면에 서양 사람은 삶의 영적 토대에 대해 좀 더 깊은 이해가 필요하며, 특히 인간과 신의 의식적 교감을 위해 고대 인도에서 발전시킨 과학적 수행법에서 도움을 얻을 수 있을 것이다.

균형 잡힌 문명을 이룩한다는 이상은 부질없는 꿈이 아니다. 수천 년 동안 인도는 영적인 빛과 물질적인 번영을 함께 누려 왔다. 인도의 오랜 역사에 비추면 곤궁했던 지난 이백 년은 잠시 거쳐 가는 카르마의 한 단계에 불과하다. 그전까지만 해도 세상에는 '인도 부자'라는 소문이 널리 퍼져 있었다.† 물질적인 풍요와

---

* 그 소리는 마치 휘몰아치는 파도처럼 나를 에워쌉니다.
　"네 땅이 그토록 망가져 산산조각이 났느냐?
　보라, 네가 내게서 도망치니 만물이 네게서 도망치지 않느냐! (…)
　내가 네게서 빼앗았던 것은
　너를 해치기 위해서가 아니라
　다만 네가 내 품에서 그것을 찾도록 하기 위해서였느니라.
　네가 어린아이 같은 마음에
　잃은 줄로 착각했던 모든 것을
　내가 너를 위해 집에 간수해 두었다.
　일어나서 내 손을 꼭 쥐고 집으로 가자!"
　　　　　　　　　　　－프랜시스 톰슨, 〈천국의 사냥개(The Hound of Heaven)〉
† 역사 기록을 보면 18세기까지만 해도 인도는 세계에서 가장 부유한 나라로 꼽혔다. 그리고 힌두 문헌이나 전승에는 먼 옛날 아시아의 다른 지역이나 유럽에서 온 아리아인이 인도에 '침입'했다는 서구의 역사 이론을 뒷받침하는 내용이 전혀

영적인 풍요는 모두 리타(우주의 법칙, 자연의 질서)가 구체적인 형태로 표현된 것이다. 전능한 신과 현상계를 지배하는 자연의 여신은 아낌없이 베푼다.

힌두 경전의 가르침에 따르면, 인간이 이 땅에 온 이유는 윤회를 거듭하는 동안 영(靈)이 물질적 조건을 통해 표현되고 물질계를 지배하는 무한한 이치를 조

없다. 당연한 일이지만, 학자들은 이 가상적 여정의 출발점을 밝히지 못하고 있다. 아비나스 찬드라 다스는 1921년 캘커타 대학교에서 펴낸 독특하고 아주 재미있는 책 《리그베다의 인도(Rig-Vedic India)》에서 인도가 태곳적부터 힌두교의 발상 지임을 가리키는 《베다》의 내재적 증거를 제시했다. 다스 교수는 인도의 이주자들이 유럽과 아시아의 여러 지역에 정착해 서 아리아인의 언어와 전승을 퍼뜨렸다고 주장한다. 일례로 리투아니아어는 여러 면에서 산스크리트어와 놀랄 만큼 유사 하다. 산스크리트어를 전혀 몰랐던 철학자 칸트는 리투아니아어의 과학적인 구조에 경탄하며 이렇게 말했다. "리투아니아 어는 언어뿐 아니라 역사의 모든 수수께끼를 풀어 낼 열쇠를 가지고 있다."

《성경》에서는 인도의 부에 대해 언급하면서(《역대하》 9:21, 10), '다시스의 배들이' 오빌(봄베이 해안의 소파라)에서 '금과 은과 상아와 원숭이와 공작' 그리고 '백단목과 보석'을 실어다 솔로몬 왕에게 바쳤다고 전한다. 그리스의 사절 메가스테네 스(기원전 4세기)는 인도의 번영을 상세히 묘사한 글을 남겼다. 플리니우스(서기 1세기)는 로마인들이 당시에 막강한 해양 세력이었던 인도의 산물을 수입하는 데 매년 5백만 세스테르티우스를 썼다고 증언한다.

중국의 여행자들은 풍요로운 인도 문명과 널리 보급된 교육, 뛰어난 통치 체제에 대해 생생하게 기록하고 있다. 중국의 승 려 법현(5세기)은 인도 사람들이 행복하고 정직하며 살림이 넉넉했다고 말한다.[새뮤얼 빌의 《서역의 불교 기록(Buddhist Records of the Western World)》(중국인에게는 인도가 '서방 세계'였다!)와 토머스 와터스의 《현장의 인도 여행(On Yuan Chwang's Travels in India, A.D. 629~645)》 참조.]

15세기에 신세계를 발견한 콜럼버스는 사실 인도로 질러가는 무역로를 찾아 나선 것이었다. 유럽은 오래전부터 인도에서 나는 물건을 구하기 위해 열을 올렸다. 교역품에는 비단과 섬세한 옷감(너무 고와서 '바람으로 짠 옷'이라든가 '투명한 안 개'라는 찬사를 들었다), 사라사, 양단, 자수, 양탄자, 날붙이, 갑옷, 상아와 상아 세공품, 향수, 향, 백단유, 도자기, 약품과 연고, 인디고, 쌀, 향신료, 산호 세공품, 금, 은, 진주, 루비, 에메랄드, 다이아몬드 등이 포함되었다.

포르투갈과 이탈리아의 상인들은 비자야나가르 제국(1336~1565)의 어마어마한 위용에 경외감을 느꼈다고 전한다. 아라 비아의 사절 라자크는 제국 수도의 영화를 일러 "지상에서 그에 견줄 만한 곳은 눈으로도 보지 못하고 귀로도 듣지 못했 노라"라고 찬탄했다.

16세기에 인도는 오랜 역사를 통틀어 처음으로 비(非) 힌두인의 지배를 받게 되었다. 투르크계인 바베르가 1524년 인도에 침입하여 이슬람 왕조를 창건한 것이다. 태고의 땅에 새 군주들이 정착한 뒤에도 인도의 부는 고갈되지 않았다. 하지만 17 세기 들어 내분으로 약화된 부국 인도는 유럽 열강의 먹이가 되고 말았다. 마지막에 지배자로 부상한 것은 영국이었다. 인 도는 1947년 8월 15일에 평화롭게 독립을 획득했다.

수많은 인도인이 그렇듯이 나에게도 이제야 털어놓을 수 있는 이야기가 있다. 일차 세계대전이 벌어지는 동안, 대학 시절 에 알고 지냈던 청년들이 나를 찾아와 혁명 운동에 앞장서 줄 것을 간청했다. 나는 이렇게 거절했다. "영국인 형제들을 죽 이는 것은 인도를 위해 전혀 득이 되지 않네. 인도의 해방은 총탄을 통해 성취되는 것이 아니라 영적인 힘을 통해 성취될 걸세." 그러고서 그들에게 건네줄 무기를 실은 독일 배가 벵골의 다이아몬드 하버에서 영국군에게 나포될 것이라고 귀띔 해 주었다. 하지만 청년들은 계획을 강행했고, 끝내 내가 예견한 대로 실패를 겪고 말았다. 친구들은 몇 달 뒤 감옥에서 풀 려났다. 그 가운데 폭력에 대한 믿음을 버린 몇 사람은 간디의 이상을 따르는 정치 운동에 동참했다. 마침내 그들은 인도 가 평화적인 수단으로 승리를 거두는 모습을 지켜볼 수 있었다.

가슴 아프게도 국토가 인도와 파키스탄으로 분단되고, 그 사이 일부 지역에서 간간이 유혈극이 벌어진 것은 근본적으로 종교적 맹신(이는 부차적인 것인데도 흔히 주된 이유처럼 이야기된다) 때문이 아니라 경제적 요인에서 비롯된 것이다. 힌 두교도와 이슬람교도들은 예로부터 지금까지 서로 배려하며 사이좋게 지내 왔다. 두 진영에 속한 수많은 사람이 '종파를 초월한 스승 카비르(1450~1518)의 제자가 되었다. 이날까지도 그를 따르는 사람(카비르 판티)은 수백만 명에 이른다. 이 슬람 왕조의 아크바르 대왕이 다스리는 동안에는 인도 구석구석에서 폭넓은 신앙의 자유를 누렸다. 오늘날에도 95%의 평 범한 사람들 사이에는 별다른 종교적 불화가 없다. 진정한 인도, 마하트마 간디를 이해하고 따를 수 있는 인도의 참모습은 혼잡한 대도시가 아니라 아득한 옛날부터 판차야트(촌민 집회)를 통해 단순하고 공정한 자치를 실현해 온 70만 개의 촌락 에서 찾아볼 수 있다. 이제 막 해방된 인도를 괴롭히고 있는 문제들은 시간이 지나면 틀림없이 해결될 것이다. 늘 그랬던 것처럼 위대한 인물들이 나타나 올바른 길로 인도할 것이다.

금씩 더 완전하게 깨우치기 위한 것이다. 서로 다른 방식으로 이 위대한 진리를 배우고 있는 동양과 서양은 각자가 발견한 것을 기꺼이 서로 나누어야 할 것이다. 이 땅의 자녀들이 빈곤과 질병, 영혼의 무지에서 벗어난 세계 문명을 이룩하기 위해 애쓰는 것을 보면 신께서도 틀림없이 기뻐하실 것이다. 인간이 (자유 의지를 그릇되게 사용한 결과로*) 자신의 신성한 뿌리를 잊는 것이야말로 온갖 고통의 근본 원인이다.

세상의 병폐를 '사회'라고 하는 추상적 관념의 탓으로 돌리기보다는 보통 사람들 각자의 책임으로 받아들이는 것이 더 합당할 것이다.† 유토피아가 만민의 덕목으로 꽃을 피우려면 먼저 한 사람 한 사람의 가슴속에서 싹을 틔워야 한다. 내적인 혁신은 자연스럽게 외적인 혁신으로 이어지고, 스스로를 혁신한 사람은 천 사람, 만 사람을 혁신할 것이다.

세월의 시련을 견딘 세계의 경전들은 사람들에게 영감을 주어 높은 곳으로 이끈다는 점에서 본질적으로 일치한다. 나는 《Self-Realization》지에 기고할 신약 성서에 대한 해석을 구술하면서 더없이 행복한 한때를 보냈다.† 나는 이천 년 동안 심각할 정도로 잘못 이해되어 온 그리스도의 말씀에 담긴 참뜻을 깨칠 수 있도록 인도해 줄 것을 간절히 기원했다.

어느 날 밤 침묵 기도를 드리고 있는 사이에 엔시니타스 아슈람의 거실이 영

---

* 사랑하는 것도 사랑하지 않는 것도
  우리의 의지에 달린 것이니,
  자유로이 사랑하기 때문에 자유로이 섬긴다.
  우리가 바로 서는 것도 넘어지는 것도 그러한즉,
  어떤 자는 불순종에 굴복하여
  하늘에서 깊은 지옥으로 떨어졌다. 어찌하랴
  그토록 지고한 복락에서 비애의 나락으로!
  　　　　　　　　　　　　　　　　　－밀턴, 《실낙원》

† 신의 릴라(놀이)를 통해 현상계가 존재하게 되었을 때 그 바탕에는 피조물과 창조자 사이의 상호 관계가 자리 잡고 있었다. 인간이 신에게 바칠 수 있는 유일한 선물은 사랑이며, 신의 가없는 은혜를 받기 위해서는 그것으로 충분하다. "너희 곧 온 나라가 나의 것을 도둑질하였으므로 너희가 저주를 받았느니라. 만군의 여호와가 이르노라 너희의 온전한 십일조를 창고에 들여 나의 집에 양식이 있게 하고 그것으로 나를 시험하여 내가 하늘 문을 열고 너희에게 복을 쌓을 곳이 없도록 붓지 아니하나 보라."(《말라기》 3:9~10)

† 파라마한사 요가난다가 사복음서를 포괄적으로 해석한 글이 Self-Realization Fellowship에서 《그리스도의 재림: 내 안에서의 그리스도의 부활(The Second Coming of Christ: The Resurrection of the Christ Within You)》이라는 책으로 출간되었다.(편집자 주)

1950년 7월, 캘리포니아 주 엔시니타스의 SRF 아슈람에서

룽한 푸른빛으로 가득 찼다. 나는 축복에 싸인 주 예수의 빛나는 형상을 보았다. 스물다섯쯤 되어 보이는 젊은이는 숱이 많지 않은 수염을 기르고, 가운데 가르마를 탄 길고 검은 머리카락 주위에 어른거리는 금빛 후광이 드리워 있었다.

한없이 경이로운 그의 두 눈은 내가 바라보는 동안에도 끊임없이 변하고 있었다. 성스러운 눈의 표정이 바뀔 때마다 전해지는 지혜를 나는 직관적으로 이해했다. 그의 영광스러운 시선에서 무수한 세계를 떠받치는 힘이 느껴졌다. 예수의 입에서 성배가 나타나더니 내 입술로 내려왔다가 다시 그에게로 돌아갔다. 잠시 후 그는 아름다운 말씀을 들려주었는데, 사사로운 내용인지라 내 가슴속에만 간직해 두려 한다.

1950년과 1951년에는 캘리포니아의 모하비 사막 근처에 있는 조용한 은거처에서 대부분의 시간을 보냈다. 그곳에서 나는 《바가바드 기타》를 번역하고 다양한 요가의 길을 소개하는 상세한 주석을 붙였다.*

이 위대한 경전은 요가 행법(《바가바드 기타》에 언급된 유일한 수행법이자 바바지가 단순히 크리야 요가라고 부른 바로 그 수행법)을 명확하게 두 번 언급하면서[†] 도덕적인 가르침뿐 아니라 실제적인 가르침도 전하고 있다. 숨(호흡)은 꿈 세계의 바다에서 낱낱 물결(인간을 비롯한 모든 물질의 형상들)의 의식을 불러일으키는 미망의 폭풍과 같다. 철학적 지식이나 윤리적 지식만으로는 인간을 개별 존재의 고통스러운 꿈에서 깨울 수 없다는 것을 알고 있는 주 크리슈나는 요기가 자기 몸을 지배하고 의지에 따라 순수한 에너지로 바꿀 수 있게 해 주는 신성한 과학을 가르쳐 주었다. 요가로 이룰 수 있는 일은 원자력 시대를 개척하는 현대 과학자들의 이론적 틀을 벗어나지 않는다. 모든 물질은 에너지로 환원될 수 있다는 것이 실제로 증명되었다.

---

* Self-Realization Fellowship에서 출간한 《신과 아르주나의 대화: 바가바드 기타―신의 실현을 위한 궁극의 과학(God Talks with Arjuna: The Bhagavad GitaRoyal Science of God-Realizaiton)》. 《바가바드 기타》는 인도에서 가장 사랑받는 경전이다. 《기타》는 영(靈)을 상징하는 주 크리슈나와 제자 아르주나(이상적인 헌신자의 영혼을 상징) 사이의 대화로 이루어져 있다. 그것은 시간을 초월해서 진리를 추구하는 모든 사람에게 영적인 길잡이가 되는 말씀이다. 《기타》의 주된 가르침은 인간이 신에 대한 사랑과 지혜를 바탕으로 집착에서 벗어나 올바른 행동을 함으로써 해방을 얻을 수 있다는 것이다.
† 《바가바드 기타》 IV:29; V27~28.

힌두 경전에서 요가 과학을 높이 평가하는 이유는 사람들이 널리 이용할 수 있기 때문이다. 물론, 힌두교도가 아니어도 신에게 헌신하는 초월적 능력을 지닌 신비주의자들처럼 요가 행법을 정식으로 익히지 않고 숨의 신비를 밝힌 경우도 적지 않다. 기독교도와 이슬람교도를 비롯한 여러 성자들이 숨도 쉬지 않고 움직이지도 않는 황홀경(사비칼파 사마디)에 든 모습을 보이기도 했다.[*](사비칼파 사마디를 거치지 않고는 깨달음의 문턱에 들어설 수 없지만, 성자가 최고의 경지인 니르비칼파 사마디에 도달하면 숨이 있건 없건, 움직임이 있건 없건 되돌릴 수 없는 신과의 합일을 이룬다.)

17세기의 기독교 신비주의자 로렌스 신부는 나무 한 그루를 보고 처음으로 신을 깨달았다고 한다. 나무를 보지 못한 사람은 드물 테지만, 나무에서 그 창조자를 본 사람도 드물다. 동서양을 막론한 모든 구도의 길에는 억누를 수 없는 헌신의 능력을 타고난 에칸틴(일편단심의 성자)이 이따금씩 출현한다. 하지만 대부분의 인간은 그런 능력을 갖고 있지 못하다. 그렇다고 해서 보통 사람이 신과 교감할 가능성이 막혀 있는 것은 아니다.[†] 영혼을 다스리기 위해서는 크리야 요가를 수행하고 매일같이 도덕규범을 따르며, "신이여, 당신을 알고 싶습니다!" 하고 진심으로 외칠 수만 있으면 충분하다.

이와 같이 요가의 보편적인 매력은 보통 사람의 정서를 뛰어넘는 헌신적인 열정보다는 일상에서 쉽게 실천할 수 있는 과학적 방법을 통해 신에게 다가가는 데 있다.

자이나교의 위대한 스승들을 '티르탕카라'(여울길 내는 사람)라고 불렀는데, 이 말에는 혼란에 빠진 인류가 폭풍우 몰아치는 삼사라(윤회)의 바다를 건널 수 있는 길을 밝혀 준다는 뜻이 담겨 있다. 삼사라(원뜻은 현상을 따라 '계속되는 흐름')는 인간으로 하여금 조금이라도 편한 길을 택하도록 부추긴다. "그런즉 누구

---

[*] 26장 참조. 사비칼파 사마디에 든 모습을 보인 기독교 신비주의자 가운데 아빌라의 성녀 테레사를 들 수 있다. 그녀의 몸은 꼼짝도 하지 않고 굳어 버려 깜짝 놀란 수녀들이 아무리 애를 써도 몸을 움직이거나 의식을 깨울 수 없었다고 한다.
[†] '보통 사람'은 어느 때, 어느 곳에선가 영혼의 길을 떠나야만 한다. 노자는 "천 리 길도 한 걸음부터 시작된다(千里之行始於足下)"라고 했다. 또, 석가모니는 이렇게 말했다. "'내게 업보가 오지 않으리라' 하고 선을 가볍게 여기지 말라. 물방울이 고여서 항아리를 채운다. 슬기로운 이는 조금씩 선행을 쌓아 마침내 선으로 가득 차리라."(《법구경》)

든지 세상과 벗이 되고자 하는 자는 스스로 하느님과 원수 되는 것이니라."* 인간이 신과 벗하려면 마야(미망)의 세계에 줏대 없이 묵종하도록 끊임없이 다그치는 악의 카르마를 이겨 내야만 한다. 카르마의 냉엄한 법칙을 깨우친 구도자는 그 굴레를 깨고 궁극적 해방의 길을 찾아 나설 용기를 얻는다. 인간 존재가 카르마에 예속되는 것은 마야에 미혹된 마음에 그 뿌리가 있기 때문에, 요기는 마음을 다스리는 데† 공을 들인다. 카르마적 무지의 갖가지 허울을 걷어내면 인간은 자신의 순수한 본질을 직시할 수 있다.

　인간이 이승에 머무는 단 한 가지 목적은 삶과 죽음의 수수께끼를 푸는 것이다. 그것은 숨과 깊이 얽혀 있다. 숨이 없으면 죽음도 없다. 이 진리를 깨달은 고대 인도의 리시들은 숨이라는 한 가닥 실마리를 끈질기게 파고들어 숨을 벗어나는 정밀하고 합리적인 과학을 발전시켰다.

　만약 인도가 우리 세계에 달리 공헌한 것이 없었다 해도, 크리야 요가 하나만으로도 최고의 찬사를 듣기에 부족함이 없을 것이다.

　신은 육체와 영혼 사이의 영묘한 이음매 역할을 하는 숨을 만들었다. 《성경》에는 히브리 예언자들이 이 사실을 잘 알고 있었음을 보여 주는 구절이 있다. "여호와 하나님이 땅의 흙으로 사람을 지으시고 생기를 그 코에 불어넣으시니 사람이 생령이 되니라."‡ 사람의 몸은 '땅의 흙'에도 들어 있는 화학 물질과 금속 물질로 이루어져 있다. 숨(기체 에너지)이라는 매개를 통해 영혼에서 육체로 전달되는

---

* 〈야고보서〉 4:4.
† 바람이 없는 곳에서는 등불이 흔들리지 않듯이
　참나와 하나가 되기 위하여 수련하는 요기의 마음도 이러하다.
　요가 수련으로 마음이 고요해질 때
　참나는 스스로 참나를 보며 참나 안에서 만족을 찾아낸다.
　감각을 뛰어넘어 지성을 통해서만 알 수 있는
　더없는 기쁨을 경험할 때
　그는 실재를 조금도 벗어나지 않고 참나 안에 자리 잡는다.
　그것을 얻고 나면 그보다 더한 것은 없다고 생각한다.
　그 안에 확고하게 자리 잡아 어떠한 고통에도 흔들리지 않는다.
　요가는 고통과의 고리를 끊는 것이다.
　이러한 요가는 굳은 결의를 가지고 끈기 있게 수련해야 한다.
　　　　　　　　　　　　　　　－《바가바드 기타》 VI:19~23.
‡ 〈창세기〉 2:7.

위대한 요기가 타계하기 3일 전인 1952년 3월 4일 로스앤젤레스의 SRF 국제 본부에서, 주미 인도 대사 비나이 센 박사와 스리 요가난다

3월 11일에 열린 장례식의 추도 연설에서 센 대사는 이렇게 말했다. "오늘날 유엔에 파라마한사 요가난다와 같은 인물이 있었다면 세상은 지금보다 훨씬 나은 곳이 되었을 것입니다. 제가 알고 있는 한, 인도와 미국의 국민을 하나로 맺어 주기 위해 그분처럼 온몸을 바쳐 애쓰신 분은 없습니다."

생명의 흐름이 없었다면 깨우치지 못한 사람의 육체는 에너지를 표출하지 못하고 아무런 활동도 하지 못했을 것이다. 사람의 몸에서 다섯 겹의 프라나(생명 에너지)로 작동하는 생명의 흐름은 편재하는 영혼의 옴 진동이 표출된 것이다.

사람이 자기 몸에 집착하는 단 한 가지 이유는 영혼에서 비롯된 육체의 세포들에 투영된 생명의 빛이 너무나 생생하기 때문이다. 그저 흙덩어리였다면 그렇게 애지중지하지 않을 것이 틀림없다. 인간은 스스로를 육체적 형상과 동일시하는 오류에 빠진다. 영혼에서 비롯되는 생명의 흐름이 숨을 통해 너무나 강렬하게 육체로 전해지기 때문에 결과를 원인으로 착각하고 육체가 스스로 생명을 가지고 있다고 덮어놓고 믿는 것이다.

인간의 의식 상태는 육체와 숨을 자각하는 것이다. 잠이 들면 살아나는 잠재의식 상태는 인간의 정신이 일시적으로 육체와 숨에서 분리되는 것이다. 초의식 상태는 '존재'가 육체와 숨에 의존한다는 미망에서 벗어나는 것이다.[*] 신은 숨 없이 산다. 그러나 신의 형상을 본떠 만든 인간의 영혼은 오직 숨을 벗어난 상태에서만 처음으로 스스로를 의식하게 된다.

영혼과 육체를 잇는 숨이 진화의 카르마에 의해 분리될 때 '죽음'이라는 급격한 이행이 이루어진다. 신체 세포는 무력한 자연 상태로 되돌아간다. 하지만 크리야 요기는 불시에 닥치는 카르마의 필연성이 아니라 과학적 지혜를 통해 마음대로 숨의 이음매를 분리한다. 요기는 죽음을 맞이해서야 인간이 물질적 신체에 무분별하게 매달린다는 사실을 문득 깨닫는 것이 아니라, 이미 실제 경험을 통해 자신의 본질이 비물질적임을 자각하고 있다.

생을 거듭하면서 인간은 저마다 자기 신성화의 목표를 향해 (일정하지는 않아도 나름의 보조에 따라) 나아간다. 죽음은 이 도도한 흐름을 끊는 것이 아니라, 인간이 좀 더 차분한 아스트랄계의 환경에서 불순물을 정화할 수 있도록 배려하는 것이다. "너희는 마음에 근심하지 말라. (…) 내 아버지 집에 거할 곳이 많도다."[†] 신이 이 세상을 만드는 데 창의력을 다 써 버렸다거나, 다음에 올 세상에서 하프를 타는 것보다 우리의 흥미를 끌 만한 일을 아무것도 마련해 두지 않았다는 것은 정말 믿기 어려운 얘기다.

죽음은 존재가 완전히 소멸하여 생을 영영 벗어나는 것이 아니다. 죽음은 불멸로 이어지는 문도 아니다. 세속의 즐거움에 빠져 참나를 저버린 사람은 아스트랄계의 섬세한 아름다움 속에서 참나를 되찾지 못할 것이다. 기껏해야 그곳에서 아름다움과 선함(이 둘은 하나다)에 대해 좀 더 섬세한 인식과 좀 더 민감한

---

[*] "그대가 세상을 제대로 즐기려면 바다가 그대의 혈관 속을 흘러야 한다. 그대는 하늘로 옷을 지어 입고 별로 머리를 장식하고, 스스로 온 세상의 유일한 상속자라고 여겨야 한다. 아니 그 이상이다. 인간은 모두가 그대처럼 유일한 상속자로서 세상에 존재하므로, 그리고 수전노가 황금을, 왕이 권력을 좇듯이 신의 품 안에서 노래하고 즐기고 기뻐할 수 있어야 하며 시대를 넘어선 신의 길이 산책로나 식탁처럼 익숙해지고, 세상의 밑바탕에 깔린 컴컴한 무(無)에 친숙해져야 한다."(토머스 트러헌, 《명상의 시대(Centuries of Meditations)》)
[†] 《요한복음》 14:1-2.

반응을 서서히 더해 갈 뿐이다. 고난에 맞선 인간은 이 거친 이승의 모루 위에서 영적 정체성이라는 불멸의 황금을 벼리고 다듬어야 한다. 그것은 탐욕스러운 죽음이 받아들이는 단 하나의 선물이다. 어려움을 이기고 이 보물을 손에 넣으면, 인간은 마침내 육체적 윤회의 수레바퀴에서 완전히 벗어날 수 있다.

몇 해 동안 나는 엔시니타스와 로스앤젤레스에서 파탄잘리의 《요가 수트라》를 비롯한 힌두 철학의 주요 저술에 대한 강좌를 벌였다.

어느 날 저녁 강의를 듣던 수련생 하나가 물었다. "신은 왜 영혼과 육체를 하나로 합쳤을까요? 애초에 신이 이 창조와 진화의 드라마를 펼친 목적은 무엇이었을까요?" 수많은 사람이 이런 질문을 했고, 철학자들은 만족스러운 대답을 찾으려 했지만 모두 허사였다.

스리 유크테스와르는 미소를 띠며 이렇게 말하곤 했다. "내세에 풀 수수께끼를 몇 가지 남겨 두어라. 인간의 제한된 사고력으로 어떻게 영원 자존하는 절대자의 숨은 뜻을 이해할 수 있겠느냐.* 현상계의 인과율에 묶여 있는 인간의 이성은 시작도 원인도 없는 신의 수수께끼 앞에서 좌절하고 만다. 인간의 이성으로는 창조의 수수께끼를 가늠할 수 없더라도, 결국은 신 자신이 헌신자를 위해 모든 신비를 밝혀 줄 것이다."

진심으로 지혜를 갈망하는 자는 삶의 '아인슈타인 이론' 같은 정밀한 수학 공식을 조급하게 요구하는 것이 아니라 신의 설계에 담긴 기본 이치를 겸허하게 익히고 깨우쳐 구도의 첫발을 떼는 것으로 만족한다.

---

* "여호와께서 말씀하시기를, 이는 내 생각이 너희의 생각과 다르며 내 길은 너희의 길과 다름이니라. 이는 하늘이 땅보다 높음 같이 내 길은 너희의 길보다 높으며 내 생각은 너희의 생각보다 높음이니라."(《이사야》 55:8−9) 단테는 《신곡》에서 이렇게 증언했다.

> 나는 그분의 빛이 가장 밝게 비추는 하늘에 있었다.
> 거기서 내려오면 누구든
> 말로 표현하거나 기억해 내지 못하는 것들을 나는 보았다.
> 우리의 지성은 바라던 대상에 가까이 다가갈수록 깊이 빠져들어
> 기억이 그 발자취를 따라가지 못하기 때문이다.
> 하지만 그 성스러운 왕국에서
> 내 마음에 보물로 간직할 수 있었던 것은
> 이제 내 노래의 주제가 되리라.

"본래 하느님을 본 사람이 없으되('시간'이라는 마야의 상대성*을 따르는 어떤 필멸자도 무한자를 인식할 수 없다) 아버지 품속에 있는 독생하신 하느님(합일의 다양성을 표현하기 위해 영원 자존하는 신의 '품'에서 나와 옴 진동을 통해 온갖 현상을 인도하는 내면의 그리스도 의식 또는 그것이 외부로 투사된 절대 지성)이 나타내셨느니라(형상을 통해 드러내 보였다)." †

"내가 진실로 진실로 너희에게 이르노니 아들이 아버지께서 하시는 일을 보지 않고는 아무 것도 스스로 할 수 없나니 아버지께서 행하시는 그것을 아들도 그와 같이 행하느니라." ‡

신이 현상계에서 스스로를 드러내는 세 가지 위격이 힌두 경전에서는 창조의 신 브라흐마, 유지의 신 비슈누, 파괴와 재생의 신 시바로 상징된다. 삼신일체를 이루는 이들의 활동은 진동하는 창조의 전 과정에 걸쳐 끊임없이 나타난다. 절대자는 인간의 개념 능력을 넘어서기 때문에 힌두교도는 트리무르티의 존귀한 형상(三主神)§을 빌어 최고신(梵)을 경배한다.

하지만, 창조, 유지, 파괴의 양상은 신의 궁극적 본성이 아니며 심지어 본질적 특성도 아니다(우주 창조는 신의 릴라, 즉 놀이일 뿐이다).¶ 트리무르티의 수수께끼를 모두 밝혀낸다 해도 신의 내재적 본성을 완전히 이해할 수는 없다. 법칙에 따른 원자의 유동 속에 현시되는 신의 외적 본성은 신을 드러내는 것이 아니라 단지 표현할 뿐이기 때문이다. 신의 궁극적 본성은 '아들이 아버지께로 갈'** 때에만 드러난다. 카르마에서 벗어난 인간은 진동의 영역을 가로질러 진동이 없는 근원으로 들어간다.

---

* 빛에서 어둠으로, 어둠에서 빛으로 순환하는 지구의 일주(日周)는 우주 만물이 마야의 대립 상태를 수반한다는 사실을 인간에게 끊임없이 상기시킨다.(따라서 밤과 낮의 이행기인 해 뜰 녘과 해 질 녘은 명상에 상서로운 것으로 여겨진다.) 요기는 두 겹으로 짠 마야의 장막을 뚫고 초월적 합일을 인지한다.

† 〈요한복음〉 1:18.

‡ 〈요한복음〉 5:19.

§ 사트, 타트, 옴, 또는 성부, 성자, 성령과 같은 삼위일체(Trinity)의 실재와는 다른 개념이다. 브라흐마, 비슈누, 시바는 타트/성자, 즉 진동하는 창조에 내재하는 그리스도 의식의 측면에서 트리무르티(삼신일체)가 표현된 것이다. 신성한 에너지 또는 삼주신의 '배우자'를 가리키는 샤크티는 진동을 통해 우주를 지탱하는 유일한 원인적 힘인 옴/성령을 상징한다.(197쪽 각주, 253쪽 각주 참조)

¶ "주께서 만물을 지으신지라 만물이 주의 뜻대로 있었고 또 지으심을 받았나이다."(〈요한 계시록〉 4:11)

** 〈요한복음〉 14:12.

파라마한사 요가난다 — '마지막 미소'

1952년 3월 7일 캘리포니아 주 로스앤젤레스, 인도의 비나이 센 대사를 위한 만찬에서 마하사마디
(요기가 최후에 의식적으로 육체를 떠나는 것)에 들기 1시간 전에 찍은 사진.

수많은 친지, 수행자, 제자 하나하나에게 보내는 작별의 축복처럼 보이는 애정 어린 미소가 사진에
담겨 있다. 이미 영원을 응시하고 있는 두 눈은 여전히 인간적인 따뜻함과 이해심으로 가득 차 있다.
이 견줄 데 없는 신의 헌신자에게 죽음은 해체의 권능을 행사하지 못했다. 경이롭게도 그의 시신은
불변의 상태를 유지했다. (606쪽 참조)

위대한 예언자들은 사람들이 궁극적 비밀을 밝혀 달라고 하면 한결같이 침묵을 지켰다. 빌라도가 "진리가 무엇이냐?"* 하고 물었을 때 그리스도는 아무 대답도 하지 않았다. 빌라도 같은 지성주의자의 호사스러운 질문은 열렬한 탐구 정신에서 우러나는 경우가 드물다. 그보다는 영적 가치†에 대한 신념이 모자란 것을 '열린 마음'의 징표처럼 여기는 헛된 오만에서 비롯되었을 공산이 크다.

"내가 이를 위하여 태어났으며 이를 위하여 세상에 왔나니 곧 진리에 대하여 증언하려 함이로라. 무릇 진리에 속한 자는 내 음성을 듣느니라."‡ 그리스도의 이 짧은 말에는 깊은 뜻이 담겨 있다. 신의 아들은 자신의 삶을 통해 '증언하고' 진리를 체현한다. 여기에 자세한 설명까지 덧붙인다면 그것은 군더더기가 될 것이다.

진리는 과학 이론도, 철학의 사변 체계도, 지적인 통찰도 아니다. 진리는 실재와의 정확한 합치다. 인간에게 진리는 자신의 참된 본성, 영혼으로서의 참나에 대한 확고한 앎이다. 예수는 생애의 모든 말과 행동을 통해 자기 존재의 뿌리가 신에 있다는 진리를 알고 있음을 보여 주었다. 편재하는 그리스도 의식과 완전히 합치된 그는 주저 없이 말할 수 있었다. "무릇 진리에 속한 자는 내 음성을 듣느니라."

부처 역시 형이상학적 근본 원리를 밝히려 하지 않고, 인간이 이승에 머무는 짧은 순간을 가장 보람 있게 보내는 방법은 덕을 갈고닦는 것이라고 했을 뿐이다. 중국의 신비가 노자는 귀한 가르침을 주었다. "아는 사람은 말하지 않고, 말하는 사람은 알지 못한다(知者不言 言者不知)." 신의 궁극적 신비는 토론의 대상이 아니다. 신의 수수께끼를 푸는 열쇠는 인간이 인간에게 전해 줄 수 없으며 오

---

* 〈요한복음〉 18:38.
† 덕을 사랑하라. 그것만이 자유로우니
　덕은 그대에게 천공의 종소리보다
　높이 오르는 법을 가르쳐 줄 수 있다
　혹시라도 덕이 힘을 잃으면
　하늘이 몸소 그 위로 몸을 낮추어 주리라.
　　　　　　　　　　　　　　－밀턴, 《코머스》
‡ 〈요한복음〉 18:37.

직 신만이 가르칠 수 있다.

"너희는 가만히 있어 내가 하나님 됨을 알지어다."* 편재함을 내세우는 법이 없는 신의 목소리는 완전한 침묵 속에서만 들린다. 창조의 옴 진동으로 온 우주에 울려 퍼지는 궁극의 소리는 합일을 이룬 헌신자가 알아들을 수 있는 말씀으로 즉시 바뀐다.

《베다》는 신이 우주 만물을 창조한 목적을 인간의 이성으로 파악할 수 있는 범위에서 설명한다. 리시들은 신이 하나하나의 인간을 영혼으로 창조했으며, 그 영혼이 절대적 정체성을 되찾을 때까지 무한자의 속성을 저마다의 형태로 드러낸다고 가르친다. 이처럼 신성한 개별성을 부여받은 인간은 누구나 똑같이 신에게 소중하다.

민족들 가운데 맏형 격인 인도가 축적한 지혜는 인류 전체의 유산이다. 어떤 진리나 마찬가지로 《베다》의 진리는 인도가 아니라 신에게 속한다. 《베다》의 깊고 거룩한 뜻을 담는 순수한 그릇 같은 마음을 지닌 리시들은 온 인류를 돕기 위해 다른 별이 아니라 이 지구에서 태어난 인류 공동체의 구성원이었다. 진리의 영역에서는 인종과 민족을 가르는 일이 무의미하며 누구든 진리를 받아들이는 영적인 적성만 갖추고 있으면 족하다.

신은 사랑이다. 창조를 위한 그분의 계획은 오직 사랑에만 뿌리를 두고 있다. 박식한 논리보다는 오히려 단순한 생각이 사람의 마음에 위안을 주지 않는가? 실재의 핵심을 꿰뚫었던 성자들은 하나같이 신의 계획이 존재할 뿐 아니라 아름답고 기쁨으로 가득 차 있다고 증언했다.

예언자 이사야에게 하느님은 이렇게 당신의 뜻을 밝혔다.

> 내 입에서 나가는 말(창조의 옴)도 이와 같이 헛되이 내게로 되돌아오지 아니하고 나의 기뻐하는 뜻을 이루며 내가 보낸 일에 형통함이니라. 너희는 기쁨으로 나아가며 평안히 인도함을 받을 것이요 산들과 언덕들이 너희 앞에서 노래를 발

---

* 〈시편〉 46:10. 요가 과학의 목표는 진실로 '신을 아는' 데 필요한 내면의 고요함을 얻는 것이다.

하고 들의 모든 나무가 손뼉을 칠 것이라(〈이사야〉 55:11-12).

"너희는 기쁨으로 나아가며 평안히 인도함을 받을 것이요." 세파에 찌든 이십 세기 사람들은 이 놀라운 약속에 간절히 귀를 기울인다. 신의 유산을 되찾기 위해 꿋꿋이 애쓰는 헌신자는 누구나 그 안에 담긴 진리를 온전히 실현할 수 있다.

크리야 요가의 축복받은 역할은 동과 서에서 이제 막 시작되었다. 인간의 온갖 고통을 이겨 낼 수 있는 참나 실현의 확고하고 과학적인 수행법이 존재한다는 사실을 모든 사람이 알게 되기를 기원한다!

빛나는 보석처럼 이 세상에 흩어져 있는 수천의 크리야 요기들에게 사랑의 진동을 보내면서 나는 감사한 마음으로 되뇌어 본다.

"신이여, 그대는 이 수행자에게 참으로 큰 가족을 주셨습니다!"

파라마한사 요가난다
요기의 삶과 죽음

파라마한사 요가난다는 1952년 3월 7일 미국 캘리포니아 주 로스앤젤레스에서 인도 대사 비나이 센 박사를 위한 만찬에 참석하여 연설을 마친 뒤 마하사마디(요기가 최후에 의식적으로 육체를 떠나는 것)에 들었다.

위대한 스승은 삶에서 뿐 아니라 죽음에서도 요가(신의 실현을 위한 과학적 수행법)의 참된 가치를 보여 주었다. 타계한 지 몇 주일이 지나서도 그의 얼굴은 전혀 부패하지 않고 신성한 빛을 발했다.

위대한 스승의 시신을 임시로 안치한 로스앤젤레스 포레스트 론 공원묘지의 영안실장 해리 로우 씨는 Self-Realization Fellowship에 다음과 같은 내용이 담긴 공중 서한을 보내 왔다.

"파라마한사 요가난다의 시신에 부패의 징후가 전혀 보이지 않는 것은 저희 경험에 따르면 극히 놀라운 일입니다. (…) 영면한 지 20일 후에도 시신에 분해 현상이 나타나지 않았습니다. 피부에는 곰팡이가 피는 기미가 없고, 신체 조직도 뚜렷한 건조가 진행되지 않았습니다. 이처럼 완벽한 보존 상태는 영안실 기록에서 전례를 찾을 수 없는 것입니다. (…) 요가난다의 시신을 인수할 때 영안실 직원들은 늘 그렇듯이 유리로 된 관 뚜껑을 통해 부패가 진행되는 모습이 보일 것으로 예상했습니다. 그러나 하루하루 지켜보아도 시신에 눈에 띄는 변화가 나타나지 않자 놀라움은 점점 커졌습니다. 요가난다의 시신은 누가 보아도 불변의 상태에 있었습니다. (…)

시신에서는 부패하는 냄새가 난 적이 한 번도 없었습니다. (…) 브론즈 관 뚜껑을 덮기 직전인 3월 27일까지도 요가난다의 겉모습은 3월 7일 밤과 다름이 없었습니다. 그때와 마찬가지로 훼손이 없이 깨끗했기 때문에, 3월 27일에도 시신이 이렇다 할 육체적 해체를 겪었다고 할 만한 근거가 없었습니다. 이러한 이유로 저희는 파라마한사 요가난다의 사례가 그간의 경험에 비추어 유례가 없는 일임을 다시 한 번 밝힙니다."

1977년 인도 정부는 파라마한사 요가난다의 마하사마디 25주년을 맞아 그를
기리는 기념우표를 발행했다. 우표와 함께 발행된 리플릿에는 다음과 같은 설명
이 적혀 있다.

파라마한사 요가난다의 삶 속에는 신에 대한 사랑과 인류에 대한 봉사의
이상이 온전하게 구현되어 있다. (…) 그는 대부분의 삶을 인도 밖에서 보냈
지만, 여전히 우리의 위대한 성인들 사이에 자리매김한다. 그의 과업은 나날
이 성장하여 빛을 더해 가면서 온 세상 사람을 영(靈)을 향한 순례의 길로 이
끌고 있다.

■ ■

파라마한사 요가난다의 크리야 요가와 관련된 추가 자료

Self-Realization Fellowship은 전 세계의 탐구자들을 무상으로 지원하는 일에 힘쓰고 있습니다. 해마다 열리는 SRF의 공개 강연과 강좌, 세계 곳곳의 SRF 사원과 센터에서 베푸는 명상회와 예배 의식, 칩거 수행 일정 등 다양한 활동에 관한 자세한 내용은 저희 웹사이트를 방문하시거나 국제 본부에 문의하시기 바랍니다.

www.yogananda-srf.org
Self-Realization Fellowship
3880 San Rafael Avenue Los Angeles, CA 90065
(323) 225-2471

■ ■

Self-Realization Fellowship 레슨

요가 명상과 영적인 삶에 관한 파라마한사 요가난다의 지도와 가르침을 받을 수 있는 개인별 자택 학습.

《어느 요기의 자서전》에 서술된 영적 진리에 마음이 끌리신다면, Self-Realization Fellowship 레슨(영어, 스페인어, 독일어로 제공)을 받아 보실 것을 권합니다.
파라마한사 요가난다는 진실된 탐구자들이 이 책에 소개된 고대의 요가 명상법과 크리야 요가의 과학을 배우고 익힐 수 있는 기회를 마련하기 위해 이 통신 교육 시리즈를 시작했습니다. 아울러 '레슨'은 육체적, 정신적, 영적으로 균형을 이룬 행복을 얻기 위한 실제적 지침을 제시합니다.
Self-Realization Fellowship 레슨은 소액의 수수료(인쇄비와 우송료)로 신청하실 수 있습니다. 모든 수련생은 무료로 각자의 수행 단계에 따라 SRF 수도승의 맞춤 지도를 받으실 수 있습니다.

■ ■

추가 정보

무료 소책자 《Undreamed-of Possibilities》(영어, 스페인어, 독일어로 제공)에는

Self-Realization Fellowship 레슨에 관한 자세한 내용이 실려 있습니다. 이 소책자와 신청서 양식을 받으시려면 저희 웹사이트를 방문하시거나 국제 본부에 문의하시기 바랍니다.

■■

파라마한사 요가난다가 영어로 쓴 책들

서점이나 아래 연락처에서 직접 구하실 수 있습니다:

Self-Realization Fellowship
3880 San Rafael Avenue • Los Angeles, California 90065–3219
전화 (323) 225–2471 • 팩스 (323) 225–5088
www.srfbooks.org

■ Autobiography of a Yogi
■ The Second Coming of Christ: The Resurrection of the Christ Within You
예수의 본래 가르침에 대한 계시적 해설.
■ God Talks with Arjuna; The Bhagavad Gita
새로운 번역과 해설.
■ Man's Eternal Quest
파라마한사 요가난다의 강연과 비공식 담화 모음집 제1권.
■ The Divine Romance
파라마한사 요가난다의 강연, 비공식 담화, 수필 모음집 제2권.
■ Journey to Self-Realization
파라마한사 요가난다의 강연과 비공식 담화 모음집 제3권.
■ Wine of the Mystic: The Rubaiyat of Omar Khayyam—A Spiritual Interpretation
《루바이야트》의 수수께끼 같은 심상(心象)에 숨겨진, 신과 교감하는 신비의 과학을 밝혀 주는 영감에 찬 해설.
■ Where There Is Light: Insight and Inspiration for Meeting Life's Challenges
■ Whispers from Eternity
파라마한사 요가난다가 명상의 초월 상태에서 드리는 기도와 신성한 체험들.
■ The Science of Religion
■ The Yoga of the Bhagavad Gita: An Introduction to India's Universal Science of God-Realization
■ The Yoga of Jesus: Understanding the Hidden Teachings of the Gospels

- In the Sanctuary of the Soul: A Guide to Effective Prayer
- Inner Peace: How to Be Calmly Active and Actively Calm
- To Be Victorious in Life
- Why God Permits Evil and How to Rise Above It
- Living Fearlessly: Bringing Out Your Inner Soul Strength
- How You Can Talk With God
- Metaphysical Meditations

영혼을 고양시키는 300편 이상의 명상, 기도, 증언.

- Scientific Healing Affirmations

긍정의 과학에 대한 파라마한사 요가난다의 심원한 설명.

- Sayings of Paramahansa Yogananda

가르침을 구하는 이들에게 파라마한사 요가난다가 허심탄회하게 들려주는 애정 어린 조언과 금언 모음집.

- Songs of the Soul

파라마한사 요가난다의 영감에 찬 시 모음.

- The Law of Success

삶의 목표를 달성하기 위한 행동 수칙.

- Cosmic Chants

헌신의 노래를 통해 신과 교감하는 법을 풀이한 해설을 곁들인 60편의 영가와 노랫말(영어).

■ ■ 파라마한사 요가난다의 오디오 기록

- Beholding the One in All
- The Great Light of God
- Songs of My Heart
- To Make Heaven on Earth
- Removing All Sorrow and Suffering
- Follow the Path of Christ, Krishna, and the Masters
- Awake in the Cosmic Dream
- Be a Smile Millionaire
- One Life Versus Reincarnation
- In the Glory of the Spirit
- Self-Realization: The Inner and the Outer Path

■ ■

Self-Realization Fellowship의 기타 출판물

Self-Realization Fellowship의 출판물과 오디오/비디오 기록이 망라된
전체 목록을 요청하시면 우송해 드립니다.

■ The Holy Science—Swami Sri Yukteswar 저
■ Only Love: Living the Spiritual Life in a Changing World—Sri Daya Mata 저
■ Finding the Joy Within You: Personal Counsel for God-Centered Living—Sri Daya
Mata 저
■ God Alone: The Life and Letters of a Saint—Sri Gyanamata 저
■ "Mejda": The Family and the Early Life of Paramahansa Yogananda—Sananda Lal
Ghosh 저
■ Self-Realization—파라마한사 요가난다가 1925년에 창간한 계간지

■ ■

DVD(다큐멘터리)

■ AWAKE: The Life of Yogananda
파라마한사 요가난다의 삶과 업적을 기리는 수상작 다큐멘터리

구루들의 계보

마하바타 바바지는 크리야 요가를 성실하게 수행하는 SRF/YSS 회원들의 영적 성장을 보살피는 인도 스승들의 계보에서 가장 윗자리를 차지하는 구루다. 그는 이렇게 약속했다. "지금의 세계 주기가 끝날 때까지 나는 이승에 인간의 모습으로 남아 있을 것이다." (33장과 37장 참조).

1920년에 마하바타 바바지는 파라마한사 요가난다에게 말했다. "너는 크리야 요가의 가르침을 서양에 널리 전하도록 내가 선택한 자다. (…) 신의 실현을 위한 과학적 수행법인 크리야 요가는 마침내 온 땅에 전파되어 무한한 아버지에 대한 인간의 개인적이고 초월적인 인식을 통해 여러 민족 사이의 화합을 이루는 데 일조할 것이다."

'마하바타'는 '위대한 화신' 또는 '신성한 화신'을 의미하며, '요가바타'는 '요가의 화신', '즈나나바타'는 '지혜의 화신'을 의미한다.

'사랑의 화신'을 뜻하는 '프렘아바타'는 파라마한사 요가난다의 뛰어난 제자 라자르시 자나카난다(제임스 린)가 스승에게 헌정한 칭호다(410쪽 각주 참조).

Self-Realization Fellowship의 목표와 이상

설립자　파라마한사 요가난다

회장　브라더 치다난다

　신과 직접적인 교감을 이루는 과학적으로 정립된 수행법을 세상 사람들에게 널리 전한다.

　필멸의 인간이 자기 수양을 통해 유한한 의식을 신(神) 의식으로 진화시키는 것이 삶의 목적임을 가르친다. 이를 위해 신과의 교감을 이어 주는 SRF 사원을 전 세계에 건립하고, 사람들이 저마다 가정과 가슴속에 작은 신전을 모시도록 장려한다.

　예수 그리스도가 가르친 본래의 기독교와 바가반 크리슈나가 가르친 본래의 요가는 서로 조금도 어긋남이 없으며 근본적으로 하나임을 밝힌다. 아울러 이러한 진리의 원칙들은 모든 참된 종교에 공통된 과학적 토대임을 보여 준다.

　참된 믿음의 만 갈래 길이 궁극적으로 통하는 하나의 신성한 정도(正道), 끊임없이 신에 헌신하는 과학적 명상의 길을 펼쳐 보인다.

　사람들이 육체적 질병, 정신적 부조화, 영적 무지의 삼중고에서 벗어날 수 있도록 인도한다.

　'소박한 삶과 숭고한 생각'을 장려하고, 인간은 다 같은 신의 아이들이라는 불변의 진리를 일깨움으로써 여러 민족 사이에 우애의 정신을 북돋운다.

육체보다 정신, 정신보다 영혼이 더 소중하다는 것을 몸소 실천해 보인다.

악을 선으로, 슬픔을 기쁨으로, 잔인함을 친절함으로, 무지를 지혜로 극복한다.

과학과 종교의 근본 원리가 다르지 않다는 깨달음을 통해 과학과 종교의 벽을 허문다.

동과 서의 문화적, 영적 이해를 증진하고 두 세계에서 가장 값진 자산의 상호 교류를 촉진한다.

개인이 확대된 큰 자아로서의 인류에 봉사한다.

CPSIA information can be obtained
at www.ICGtesting.com
Printed in the USA
BVHW08s1443131018
530115BV00019B/345/P